ピーボディ姉妹

The Peabody Sisters

Three Women Who Ignited American Romanticism

アメリカ・ロマン主義に火をつけた三人の女性たち

Megan Marshall
メーガン・マーシャル
著

大杉博昭
城戸光世
倉橋洋子
辻祥子
訳

南雲堂

The Peabody Sisters: Three Women Who Ignited American Romanticism
by Megan Marshall

This book is published in Japan by arrangement with
Brockman, Inc., New York.

セジウィック姉妹
ジョシーとサラ、
そしてわが妹エイミーに捧ぐ

目次

家系図

この家系図はピーボディ姉妹の人生で重要な役割を果たした親族に限られている。スミス家、アダムズ家、ハント家、ピックマン家、パトナム家においては、兄弟姉妹の名前が省かれている場合もある。

アビゲイル・スミス
(1744-1818)
||
ジョン・アダムズ大統領
(1735-1826)
|
アビゲイル(「ナビー」)
(1765-1813)

エリザベス・スミス
(1750-1815)
||
(1)ジョン・ショー牧師
(1748-1794)
(2)スティーヴン・ピーボディ牧師
(1741-1819)

エドワード
(1782-1797)

アミーリア
(1784-1855)
||
アベル・ウィンズロー・カーティス
(1816 歿)

ソファイア
(ロイアル・タイラーの庶出の娘)
(1786-1862)
||
トーマス・ピックマン医師
(ベンジャミン・ピックマン(1740-1819) の息子)
(1773-1817)
|
メアリー・トッパン
(「メアリー・トップ」)
(1816-1878)

ラブ・ローリンズ・ピックマン
(「ローリンズ嬢」)
(1786-1863)

ジョージ
(1788-1855)

キャサリン
(1791-1869)
||
ヘンリー・パトナム
(1778-1827)
|
ジョージ・パーマー・パトナム
(1814-1872)

ナサニエル・クランチ・ピーボディ(「ナット」)
(1811-1881)
||
サラ・エリザベス・ヒバード
(「E・ナット」)
(1814-1899)
|
エレン・エリザベス
(1836-1906)
メアリー
(1837-1917)

ジョージ・フランシス・ピーボディ
(1813-1839)

ウェリントン・ピーボディ
(1815-1837)

キャサリン・パトナム ピーボディ
(1819年4月26日-6月11日)

ピーボディ家

ジョゼフ・パーマー将軍
(1716–1788)
||
メアリー・クランチ
(いとこ、1720–1790)

リチャード・クランチ
(1726–1811)
||
メアリースミス
(1741–1811)

メアリー（「ポリー」）
(1746–1791)

エリザベス
(1748–1814)
||
ジョゼフ・クランチ
(いとこ、1806 歿)

ジョゼフ・ピアス
(1750–1797)

キャサリン・ハント（「ケイト伯母」）
(1751–1814)

エリザベス・ハント（「ベッツィ」）
(1755–1838)

ジョゼフ
(1773–1798?)

メアリー
(1775–1866)
||
ロイアル・タイラー
(1757–1826)

エリザベス（「イライザ」）
(1777?–1853)
||
ナサエエル・ピーボディ医師
(1774–1855)

ジョン・ハンプデン
(1780–1813)

エリザベス・パーマー・ピーボディ
(1804–1894)

メアリ・タイラー・ピーボディ
(1806–1887)
||
ホレス・マン
(1796–1854)

ソファイア・アミーリア・ピーボディ
(1809–1871)
||
ナサニエル・ホーソーン
(1804–1864)

ユーナ
(1844–1877)

ジュリアン
(1846–1934)

ローズ
(1851–1926)

ホレス・ジュニア
(1844–1868)

ジョージ・クーム
(1745–1921)

ベンジャミン・ピックマン
(1848–1926)

日本の読者に向けて

私はカリフォルニア州パサディナで育ちましたが、その土地は、ピーボディ姉妹の暮らしたニューイングランドとは日本と同じくらいかけ離れた別世界です。ピーボディ家の人たちと言葉こそ共有していますが、その他の生活のほとんどが異なっています。彼らの時代と私の時代の間に一世紀の歳月が流れているということを認めたとしても、二つの土地には大きな違いがありますす。私にとって夏と冬は同じくらい暑い季節でしたし、雪が降ったり、楓が紅葉したりするのを見たことがありませんでした。生活のリズムが違うのです。

しかし私が生まれる前、私の両親が——彼らもカリフォルニア人なのですが——マサチューセッツ州ケンブリッジに数年住んでいたことがありました。その間に父親がハーヴァード大学の大学院を卒業しました。そのため、私はニューイングランドというと、高尚な文化の中心であり、重要な学問が達成されるところと思うようになりました。偶然か親近感からか、どちらかわかりませんが、私の両親は子供を育てるのに、ニューイングランド風の家を選びました。それは一九二〇年代にある家族が建てたものですが、彼らはニューイングランドから南カリフォルニアに引っ越してきて、まさに自分たちが知っている建築スタイルを再現したのでした。それは、外壁が白い羽目板で中央に玄関があり、緑の鎧戸がはまっているコロニアル風の建物で、玄関を出たところに樫の木がありました。

その家族は、一九五九年に私の両親に家を売ったとき、持ち物の多くを残していきました。そのなかには一八八〇年代にまでさかのぼる児童書が一揃いあり、私は少女時代、熱心にそれを読んだのでした。いまだに大切にしているのが凝った装幀のルイーザ・メイ・オルコット作の『若草物語《リトル・ウィメン》』で、ページは黄色く変色し傷んでいますが、当時はそれをほとんど暗記してしまっていました。それから、贅沢に挿絵が施されたナサニエル・ホーソーンの『タングルウッド・テールズ』。これは一回に何時間もかけて熱心に見ていました。私は、自分自身が大学生として「東部に戻って」教育を受けるチャンスを得る前に、すでに東部の土地や人々から学んでいたのです。

そういうと、オルコットやエマソン、ホーソーン、フラー、そしてアメリカン・ルネサンスのその他偉大な作家を知る多くの日本の読者の皆さんは、私と同様、これらの作家が生きて活動した実際の場所と想像上の関係を築いたことを思い出すことができるのではないかと思います。あるいはいままでに、ウォールデン湖、オーチャード・ハウス、そしてスリーピー・ホローの墓などをめぐる巡礼の旅を自ら経験されたかもしれません。私は十六歳のときに、大学主催のニューイングランド旅行で、そのようなほとんど聖地化された場所を初めて訪れました。そして幸運にも、大人になってからほぼずっと、マサチューセッツ州コンコードの近くに住み、そのような訪問を何度もするようになりましたが、そのつど、物語で語られている過去に旅をしている気分になっています。

ですがもちろん、彼ら十九世紀のニューイングランド作家は、生まれ育った土地がどこであれ、母語が何であれ、普遍的真理やわれわれすべてに共通する問題について語っています。ピーボディ姉妹はそのグループの中心にいました。彼女たちの著述の大半は個人的な手紙や日記のなかから見つかっていますが、それは同じ普遍性、つまり自然のすばらしさ、人間の精神の不屈さ、家族生活や公的生活の厄介な問題やその代償などについて語っています。私は、ピーボディ姉妹の思想が、家族の個人的な文書が保存されている保管庫のなかに閉じ込められたままではいけないと思ったからこそ、彼女たちについて書く決意をしたのです。

彼女たちの手書きを判読し、彼女たちの共同生活の証拠を集めながら、私が時折感じたのは、エリザベス、メアリー、ソフアイア・ピーボディの三人が、私がかつて物語のなかで愛した『若草物語』の「小さな婦人たち《リトル・ウィメン》」そのものであるということでした。日本の読者に彼女たちの本当の話をお届けできるのは、遠い昔、遠い場所で行われたとはいえ、いまだに私たちに身近なものとして感じられる時代に対する、姉妹の力強い貢献のおかげです。

メーガン・マーシャル
マサチューセッツ州ベルモントにて

ピーボディ姉妹

アメリカ・ロマン主義に火をつけた三人の女性たち

序文

十九世紀の最初の十年間に、ニューイングランドの貧しい一家に三人の姉妹が生まれた。若いアメリカ国家と同じく、この姉妹のルーツは植民地時代の大変動期にまでさかのぼることができ、彼女たちの未来には、自己創造をうながす機会があふれていた。

三姉妹は、現在アメリカン・ルネサンス[1]として知られている時代に大人になった。この頃、新しい共和国とその夢のような合衆国憲法がもたらした知的自由に満ちた環境で、芸術と思想が花開いた。当時まだニューヨークと繁栄を競い合っていたボストンが、この宇宙の中心だった。主要作家であるエマソンやソローの最高の作品に霊感を与えた野性の自然は、今ではその野性味も失われたニュートンやコンコードの郊外にあたるボストンの街の境界を少し越えた場所で、当時まだ見いだすことができた。

姉妹のなかでは最年長で、この運動の指導者であったエリザベス・ピーボディの言葉を借りるなら、もう一つの「より内面的な革命」[2]をアメリカが経験したのは、ここニューイングランドにおいてであった。この革命は、総督たちが宗教的なしきたりとしてまだ全州に「断食日」を宣言し、教区牧師を経済的に支えるために町が市民に税金を課していた偏狭な神権政治から、近代の世俗的な民主主義へと、国家を変えることになった。このとき知恵と啓示のよりどころとして、講演壇が説教壇にとって代わったのである。

知識人たちの間で女性が自由に活動でき、常に印刷物の形ではなかったにしても、会話のなかでは女性の考えが歓迎されていたこのアメリカ史の一幕に、ピーボディ家の姉妹、エリザベスとメアリーとソファイアの三人が登場することになったのは、幸運なことであった。男女双方にとって、社交生活はまだ「別々の領域」に厳密に分かれてはいなかった。またこの短い歴史的瞬間には、何世紀も続くプロテスタントの宗派や、ハーヴァード、イェール、プリンストンなどの大学のように、アメリカの大地にすでに根付いていた様々な制度の権威に対して、異議が唱えられ始めていた。それは男女をほぼ平等な関係に置くようなやり方で行われていたのである。自由思考の持主である男女はともに、男性の特権という砦にはほとんど用はなかった。アメリカ人として初めて全国的に有名になったリベラル派の神学者、ウィリアム・エラリー・チャニングの衝撃的な説教のおかげで、「知識」、「愛情」、「活動」[3]といった言葉が時代のスローガンになった。これらの責務がアメリカ初の文化覚醒をもたらしたのである。当時のアメリカ国家は生き生きとした自己発見の時代を迎え、この時期にアメリカ人の性質は、非常に独立心が強く、熱烈に社会的なものと定義されることになる。

さらに姉妹にとって幸いだったのは、型にはまらない自由な母親に育てられたことだった。彼女たちの母にとっては、娘たちが「シャツを縫い、プディングを焼く」という、女性らしさ獲得のための因習的手段を学ぶことよりも、「きちんとした独立心」をもった大人になることが肝心であった。当時流行していた新しい女性向けの学校には貧しすぎて通えなかったが、姉妹たちは学校教師であった母親から、ほとんどの大学通いの男性たちと同じくらい、しっかりした決意を抱いて教育を受けていた。十代後半で仕事を見つける時期が来ると、三人は皆母親より一つ上を行きたいと望んだ。彼女たちは単に、女性に開けていた唯一のホワイトカラー職である教師になっただけではない。この仕事に、執筆や編集、翻訳、出版、書籍販売を加え、末の妹の場合はさらに、絵描きや彫刻まで付け加えたのだった。

しかし実際、姉妹たちのエネルギーは自分たち自身に向けられたものであった。それは人を惹きつけ、刺激し、育むようなエネルギーである。男性を家庭に引き寄せる姉妹はよくいるだろう。美しく溌剌としていたり、あるいは魅惑的な慎み深さを見せるこういった女性たちは、求婚者たちを検討し、互いに譲り合うなかで、女性的魅力を急速に開花させる。そのような話は、聖書のラケルやレアの話と同じくらい古いものだ。ピーボディ姉妹たち自身もそのような女性たちを知っており、学校に来る教え子として彼女たちを教育した。ボストンのエミリーとメリーアンのマーシャル姉妹は、勉強をさぼって、ハリソン・グレイ・オーティス市長の息子ウィリアムのような金持ちの夫を見つけるまで、男性たちに媚を見せていた。またハサウェイ家の双子やスタージス家の女の子たちは、輸入業者や銀行家、医者と結婚していった。

ピーボディ姉妹たちは、男性の気を引くには貧しすぎたし、まじめすぎた。彼女たちはめったにパーティや舞踏会に招待されることはなかったし、新しい襟につけ変えるだけで次の日の服装に変化を持たせることがよくあった。彼女たちが宝石を身につけたり、髪にレースを飾ったりするとき、それらは借り物だった。ホレス・マンが次女メアリーについて言ったように、三人とも「富も資産もなく」、「社交界における名声」も持っていなかった。しかし同じことが、マン自身も含め、彼女たちと交流のあった男性たちのほとんどに言えることだった。マンは、姉妹たちが最初に知り合ってから何年もの間、法律事務所の一部屋での生活を強いられていた。質素な下宿屋の家賃さえ払えなかったからである。「私たちの社会における第一級の地位を占めるために」、友人たちをイギリス詩人ウィリアム・ワーズワースに紹介した手紙のなかで、エリザベス・ピーボディが語ったように、これらの男性たちは「自然の力とのみ対話してきた……田舎出身」の人たちだった。ホレス・マンとセオドア・パーカーは農家の出だったし、ナサニエル・ホーソーンは、財産を築く前に命を落としてしまった船長の息子だった。ラルフ・ウォルドー・エマソンもまた父を知らずに育ち、成人しても、当時わずかであったハーヴァード大学の学費を支払うだけのお金に事欠くほどだった。

姉妹たちの魅力は、精神と魂にあった。彼女たちの家庭は、活動の中心地というより、「キャラバンサライ（隊商宿）」[4]であった。「キャラバンサライ」とは、ナサニエル・ホーソーンがかつて、一八四〇年代のボストンでピーボディ姉妹たちが行っていた水曜夜の自宅開放日に集ってきた、改革者や文学的名士たちの異種集団について使った表現である。ピーボディ家のウェスト・ストリートの家に対して別の訪問者が名付けた、この「超絶主義交流会」[5]において、思想が生まれ、意見が形成され、大義が論争され、ときにそれが勝利を収めた。姉妹たちの会話と幅広い関心は、当時のもっとも才能ある男性たちの想像力に火をつけ、愛情をつかんだ。政治の世界ではマンの、文学ではホーソーンの、宗教と哲学の分野ではエマソンの。ライバル同士であった彼ら三人は、お互いを信頼することもなく、好意を抱くことさえなかった。しかしピーボディ家の表の客間では、三人は皆落ち着けたし、そこでインスピレーションを見出した。奥の居間では、そのうち二人がピーボディ家の女性たちと結婚したのだった。

しかし結婚は第一の目標ではなかった。実際三人の姉妹たち全員にとって、時に結婚は第一の障害、その危険や制限のために避けるべき運命だと思えることもあった。姉妹たちは一様に、「結婚がいちばんの願望だ」という女性たちを蔑み、「才能」がないと見なして彼女たちを哀れんでいた。そのような女性たちにとっては、「人生は長くうんざりする重荷に違いない」とメアリーはかつて書いたことがあった。姉妹たちが自分たちに提起した問題は、結婚では、部分的に、あるいは不満足にしか答えられないものだった。従来のやり方ではけっして公的領域に入り込めないのであれば、激しいエネルギーと知力と決意にあふれた女性は、その才能をどう扱えばよいのだろうか。束縛は緩んできていたけれども、当時はまだ、彼らの友人エマソンの言葉によれば、「私たちの社会における女性が疎外と隠遁のなかで安全と幸福を見出し」、「市場や法廷や投票所、舞台や劇場に呼ばれないことで自分を祝う」[6]時代だった。影響力のある男性たちに近づき、それに伴って影響力を持つ可能性を手に入れること、末妹のソファイアが言ったように、「借り物の光で輝く」[7]誘惑に屈することは、一つの選択肢でもあった。しかしそれは唯一の選択肢ではなかったし、エリザベスが最後に誓ったように、「自分自身でありたいし、行動したい」[8]と願う女性にとっては、最高の選択肢でもなかった。そのような女性にとって、才能は恵みであると同時に苦しみでもあり、野心はまったくの災いだった。ピーボディ姉妹はジレンマに苦しむが、それぞれが自分たち自身の答えを見出すことになる。

この本は、一人の天才が成功し名声を得るまでの、ゆりかごから墓場までの一生を語る従来どおりの伝記ではない。集団としてのアイデンティティを歓迎すると同時に、個人としての自己実現を求める際には苛立ちを感じていた、三人の姉妹の絡み合った人生の物語である。そしてこの物語は、その中間地点で、すなわち、約四十年間、共にいることで時に力を与えたり、息苦しくなったりしながら、結局は、結婚が彼女たち三人の道を分かつ時点で終わっている。彼女たちの人生の証拠となる文書、膨大な量にのぼる家族間の私的な手紙や日記を少しずつ集めながら、私はピーボディ姉妹の物語がここにあるとはっきりわかった。信仰と信頼と愛情の表現のなかに、あるいは、三人がそれぞれ、世界のなかで自分の居場所を探していた時期に、彼女たちの日常生活にあふれていた、非難や反論、そして互いに影響を与え、凌ぎを削ろうとする努力のなかに。

私がピーボディ姉妹を最初に意識したのは、半世紀以上前に書かれた本からだった。『セイラムのピーボディ姉妹』は一九五〇年に登場し、当時の読者の趣味に合った物語を語った。その本のなかでは、三姉妹はルイーザ・メイ・オルコットの『若草物語』にどこか似ているようにみえた。「頭脳タイプ」「美人タイプ」「虚弱タイプ」と簡単に類別可能な、生き生きとしているけれども風変わりなあの『若草物語』の三人に。この本は非常に人気があった。私がこの仕事に取り掛かった一九八五年になっても、ボストン公立図書館の棚は、当時の需要に応えるために三十年前に購入された、古い版でいっぱいだった。

古本屋で手に入れたボロボロの本を読みながら、かつて「貴婦人」と呼ばれていたニューイングランドの女性たちについて書くことを専門にしていた作者ルイーズ・サープが、頭脳派のエリザベスが書いた大量の著作のどれ一つとして読んでいないこと、さらに姉妹の住んでいたより大きな知的世界を、彼女がほとんど理解していなかったということが、私にはすぐにわかった。サープは一番年下の妹、ソファイアの芸術家としてのキャリアについても省いてしまっていた。倣えるような手本もほとんどなく、訓練も限られていた女性としての彼女の達成の度合いを、サープは評価できなかったのだ。その代わり彼女が強調したのは、ソファイアが病弱であることだった。それをサープは支配的な母親と依存的な末娘との病的な共生の産物と見なした。サープはピーボディ夫人を、一九五〇年代にあっては典型的な、過保護で口うるさい母親として描いており、欠点はあっても真に偉大であったこの女性の出版著作のどれも、また手紙や日記のほとんどについても、調べてみる手間をかけることがなかった。それでも私はサープの本のおかげで姉妹たちが人々の心のなかで生き続けたこと、それがまだそこにあって、もっと調べてみたいと私を駆り立ててくれたことを喜んでいる。

ピーボディ姉妹の物語を書こうと決めたとき、彼女たちが手紙や日記、出版物として書いたものすべて、さらには読んだり気にかけたりした書物のほとんどを、私は読み始めた。彼女たちが内面ではどんな人たちであったのか、何になりたかったのか、そして何になったのか、私は知りたかったのだ。幸いにも、有名人たちとの繋がりのお陰で、彼女たちの日記や手紙は保存されていた。彼女たちの手紙のいくつかは、特定の男性の人生を照らす「借り物の光」のために、よく知られてさえいた。しかしルイーズ・サープ以来、三姉妹の私的文書を、この女性たち自身の人生がどのように明らかになるかを知るために、全部読もうとした人間はいなかった。

一度探し出すと、サープが一九四〇年代に手に入れた以上の手紙や日記が見つかり、それだけでも充分ではないかと思った。しかし実際には、このプロジェクトの半ばで隠されていた個人的な日記を発見し、それがこの女性たちについての私の見方を劇的に変えてしまった。それはまた、エリザベスとソファイア・ピーボディ、そして二人が共に愛した男性、ナサニエル・ホーソーンの三角関係についての驚くべき新情報をも提供することになった。

結局私はこの仕事に二十年のほとんどを費やすことになった。何千ページもの原稿を辿って解読しないといけなかったし、入手しないといけない世に知られていない本も何冊か存在した。あるときには、たった一日の出来事を描写する多彩な手紙や日記の記載を見つけることもあった。姉妹たちは網の目のように広がったいくつもの人生のなかに生きていたため、必然的に彼女たちの知り合いの私的な文書にも目を向けないといけないことがわかった。これらの原稿は、全米のあちこち、メイン州からカリフォルニア州まで十以上もの大きな古文書館に散在しており、私はそこで何時間も、時には何週間、何カ月も、読んだりノートを取ったりして時を過ごした。二百年以上もの間、聞く人が現れるのを待っていた物語も見つかった。また苦労して探した後に、マンやホーソーン、エマソンらの伝記でくり返し使われてきた、出所の怪しい逸話を葬ることもできた。同時に、もっと小さなコレクションから、あるいはいまだに子孫の手にある手紙のなかから、驚くような発見もあった。あるとき、一通の手紙を読むために小さな町の図書館へと出かけ、そのなかで姉妹の一人に最初に求婚した者が誰だったかを突き止めることができた。『セイラムのピーボディ姉妹』のなかで、ルイーズ・サープが憶測をたくましくし（そして的を外した）あの宿命の恋人である。

私は姉妹の筆跡や、彼女たちの祖先や両親、友人たちの筆跡を解読するのに熟達した。どの時代、どの手紙のやりとりも、それぞれ新たな挑戦となった。まとまりのない筆跡、ひょろ長い筆跡、小さくて読みにくい筆跡があった。単語の最後のｔに横棒を引かないものも、ｆとｓが入れ替わっているものもあった。綴りも大文字使用も句読法も、不規則だったり風変わりだったりすることがあった。紙や郵便代を節約するために、姉妹はよく一枚の紙を九十度横にして、既に筆跡で埋まっている紙の上に返事を書いて送っていた。このように横に書かれた行に私は特に注意を払うようになった。そこで姉妹たちは常に、手紙を急いで締めくくる最後の瞬間、心の奥底にある感情を打ち明けていたからである。ここで私は、ニュースを伝えるために、あるいは用件を終わらせるために後に取って置かれた、緊急の個人的メッセージを見出したのだった。そのような追伸の一つで、私はエリザベスがホレス・マンと交わした会話を説明している箇所を見つけた。そのなかで二人は率直に互いへの愛情について語っており、最後にそれが何を意味するのかという点で同意したのだった。

私は一度筆跡に精通すると、ほとんど異質な感性を伝えているかのような、まったく新しい言語を読んでいるような気がし始めた。例えば、現在使われることがあるとしても常に誤用されている言葉、「公平無私（disinterested）」が、姉妹の手紙や日記では、最高の賞讃の言葉として何度も登場していることに気づいた。このほとんど古風とさえ言える言葉が、私をピーボディ姉妹の世界へ導いてくれた。それは、無私の行動こそが最大の目標である世界であり、友情と、大小問わない慈悲深い行為が過大に評価され、姉妹たちが、名声ではないとしても、真に地位を得ていた世界だった。ホレス・マンがメアリーについて、彼女が富や資産を持っていないことに注意を向けた後、彼女への賞讃として書いたように、「彼女の輪のなかにいるときはいつでも、なすべき善や取り除くべき悪があり」、彼女は「真の威厳と人生の真の目的」という変わらぬ意識をもって、それを行うために存在していたのだ。これは私にとって馴染みのない領域だった。十代の少女たちが、親友を「カッコイイ」とか「ステキ」といった言葉ではなく、「公平無私」という言葉で表現する時代というのを、はたして想像できるだろうか。代理経験ではあっても、この世界に住むことができたのを私は光栄に感じ、現代の読者たちにもこの世界について知ってもらいたいと思ったのである。

十九世紀の女性たちは、経験と純潔と従順さという厳しいスタンダードに女性を縛りつけた、「真の女性らしさ礼讃」のもとに苦しんでいたのだと、近年アメリカ史家たちは同情を寄せている。しかしピーボディ姉妹たちの言葉を読み、彼女たちが若い女性として行った選択をじっくり考えると、私には憐れむ点はほとんどなく、賞讃すべき多くの点が見つかった。三姉妹はほぼ世紀末にまで達するほどの長い人生を生きた。母親や未亡人となり、どの時代にも新しい大義の先導者となった。しかし私が魅了され続けたのは、姉妹が人生を始めたばかりの年月、すなわち、心と魂の超越への憧れが広まり、そこからアメリカのロマン主義が誕生した時代であり、ピーボディ姉妹をはじめとするボストンとコンコードの男女の一集団が、当時「新しさ」と呼ばれたものを創り出すために団結した時代だった。それは若きアメリカ国家を、活動的な成熟の段階へと刺激することとなった運動である。このような時代に、エリザベス、メアリー、ソファイアのピーボディ三姉妹は成長し、本との、芸術との、思想との、そして男性たちとの、恋に落ちていったのである。

メーガン・マーシャル
マサチューセッツ州ニュートン
二〇〇五年四月

プロローグ

一八四二年七月九日

　ボストンの夏は、一八四二年も、今とまったく変わらず暑かった。わずか二十年前に市として体をなしたばかりの港町は、この十年ほどの建築ブームで煉瓦や石造りの州都に変貌していた。海からの微風も、埠頭に面して立つみかげ石の市場関係の建築物や倉庫群を越えていく見込みはなかったし、ましてや広場や堂々たる州議会議事堂に続くすべての通りをぎっしりと埋めつくした煉瓦の家並みまで届くことはなかった。冬にはいかにも居心地がよさそうに見えたぎっしりとこみ合った周辺地域も、数日でも気温が上がり湿気が上昇すると、人口ほぼ十万の市が逃げ場のない焦熱地獄と化し、耐えられなくなっていくのだった。ボストンコモンのフロッグ・ポンドがオアシスの一つだった。そこでは、温度計が三十二度より下がろうとしない日の日没近くなど、水際でおもちゃのヨットを手にした幼い男の子たちにじゃれていた犬がおもわず池にザブンと飛びこんだりして、散歩中のカップルを面白がらせたりもした。そこの他市内のどこでも、空気は息がつまるほどで、気分はいらいらし、眠ることなどできはしなかった。そのうち、お決まりの激しい雷雨が丸石の通りや煉瓦の歩道を一晩と一日ほど冷やすのだが、やがてまた暑さが戻り、同じプロセスが繰り返されるのだった。

　それはよく晴れ過熱した空が昼下がりまでには厚い雷雲に覆われてしまいそうな、七月のある土曜の朝のことだった。ボストンコモンやフロッグ・ポンドに飛びこむ犬たちからは半ブロックばかり離れていたが、ウェスト・ストリートに面したある質素な三階建ての煉瓦造りのテラスハウス（アーチ形の前部もなければ張出し窓もなかった）の二階の応接間には、少人数の結婚式の参列者が集まっていた。花嫁は小柄な女性で、それこそ五フィートたらず、その体型と子どもっぽいしぐさからは、彼女が三十二歳だとは見えなかった。先月友人の一人に手伝ってもらいながら急いで縫い上げ、借り物の袖口をつけたガウンを身にまとい、編んだ明るい茶髪にスイレンの花をあしらったソファイア・ピーボディは、傑出した三姉妹の末妹ながら、結婚ではいちばんになろうとしていた。

　エリザベス、メアリー、ソファイアのピーボディ三姉妹には、けっして結婚の申し出がなかったわけではない。実際、エリザベスもメアリーも、申し分ないほどちゃんとした、感心するほど根気づよい求婚者たちを袖にしたことがあるのを、それぞれひそかに誇りにしていた。彼女たちには、こうした求婚者たちは、はっきり言って不十分だった。財産家であったり知的な将来性があったりしたとしても、彼らは天才ではなかったからである。ピーボディ姉妹は、結婚するとなると、母と同じあやまちだけは犯したくなかった。彼女らの母は、安定した生活を求め、若くして結婚し、自ら選んだ男性に対し、結局失望していたからだ。とはいえ、家がかなり貧しかったにもかかわらず、姉妹が高い判断基準をしっかり保つことができたのは、ほとんどその母のおかげであった。イライザ・ピーボディ夫人は、自分の娘たちがそれぞれ自己の才能に気づき、それを伸ばし、一般的な綴りではないが「自立した（independant）有為な人」[1]になるよう、心を尽くして育て上げた。娘たちが男に依存する必要などないようにという思いからであった。彼女が自分の娘たちにイギリスの女王や聖母や叡知をあらわすギリシャ語の名をつけたのは、たまたまではなかったのである。ピーボディ夫人は、たとえずっと先の日のことであろうとも、「はてしなく永続的かつ無限のひろがりをもつ行動範囲こそが女性のめざすべきもの」[2]と固く信じていた。そして彼女の目からすれば「心情も見解も才能も連繫しあっている」と見えた三人の娘たちは、その日が早くくるよう最善を尽くしてきていた。

いま家族が集っているウェスト・ストリート十三番地の家は、それこそがピーボディ夫人の娘たちにかける大いなる望みの記念碑だった。たしかにこの家は、住まいということに関するかぎり、ボストンコモンのよい側に建ってはいなかった。ウエスト・ストリートはビーコンヒルのようなわけにはいかなかったし、波止場の近くでかつて上流とみなされた最高の暮らしぶりの名残をとどめるグリーン教会のまわりにいまなお蝟集《いしゅう》している小ぎれいな家々の小集団にほど近かったわけでもない。この家は貸し馬屋に面していたのである。しかしピーボディ家の女性たちは、ありきたりの家族生活をする気など、さらさらなかった。

この家は、ボストンの「出版屋通り」であるワシントン・ストリートの角をまわったところにあり、外国語の書店や自分の出版業を始めるには絶好の位置にあるということで、いまや三十八歳になる長女エリザベスが、一八四〇年に目をつけていたものだった。しかも彼女は裕福な後援者をなんとか説き伏せ、書棚いっぱいの本を仕入れるだけの資金を貸してもらっていた。以来エリザベスは、一階の居間を占める「極小書店」を、ニューイングランドの超絶主義の牧師や作家や革新主義者たちのための町中の集会所として、市外にも知られるほど有名にしていた。エリザベスの書店は、ドイツ、フランス、イタリア、スペインなどから輸入された幾百もの本や新聞雑誌でぎっしりであり、その多くは予約購読書として販売され、ピーボディ一家にとっては不確定な収入しかもたらさなかったものの、一群の「新派」と呼ばれ始めた多種多様な心酔者たちのためには、確固たる情報の供給源となっていた。彼らは、超絶主義者の機関誌『ダイアル』に発表した論文でエリザベスが書いているように、「山なす慣例や因襲を打破しはじめようではないか……と敢然と呼び交わす」男女たちであった。

ウェスト・ストリートでは、水曜の夕刻、姉妹が家を開放すると、そこには自由思想の一団が招かれて集い、近くのウェスト・ロクスベリーにあるブルック・ファームのユートピア的共同体構想から、急進的ユニテリアンであるジェイムズ・フリーマン・クラークやセオドア・パーカーの率いる新たな教会構想にいたるまで、様々な計画を練り上げた。午前には、書店となっている部屋で、マーガレット・フラーが女性のための「談話会」を開き、この運動の創始者たちの妻や娘や姉妹たちから、哲学、宗教、芸術、さらには政治に対する彼女らの発言をひきだしていた。やがて奴隷制度廃止論者となるリディア・マライア・チャイルドや婦人参政権論者のエリザベス・ケイディ・スタントンも、毎週行なわれる談話会によってフラーの張りめぐらした影響下に取り込まれた女性たちであった。しかしエリザベス・ピーボディは、席は確保しながらも、様々な思想の飛び交う会場にわざわざ入って行く必要などなかった。いまや彼女は、すでに五指に余る著書や訳書があり、自らの雑誌の創刊者であり、当時のリベラルな新聞や雑誌の寄稿者であったばかりか、E・P・ピーボディ出版社の名のもと、ナサニエル・ホーソーン、ウィリアム・エラリー・チャニング、セオドア・パーカー、さらにはマーガレット・フラーなど、その地域の幾人もの名だたる文学者たちのための出版元ともなっていたのである。一八四二年一月以来、エリザベスは『ダイアル』誌の出版元となり、新たな編集者ラルフ・ウォルドー・エマソンと協力していた。

　ウェスト・ストリート十三番地の活発な活動は一階だけに限られていたのではない。上の階の部屋では、三十五歳になる次女メアリー・ピーボディが、平日の午前は女子学生たちを教え、午後は男子生徒ならびに若い女性たちにフランス語、ドイツ語、さらにはラテン語を教え、余暇には初等文法から地理や植物学にいたるまで、諸教科の教科書を執筆していた。メアリーの手になる最良の教科書は、すでに第三刷となる『花びと』という子ども向けの園芸ガイドで、姉エリザベスによって出版されたものだった。上の階には、誰しもがもっともすぐれた才能のひらめきを持ち合わせていると認める妹のソファイアも、その寝室にアトリエを構えていた。そこで彼女は風景画を描いたり、後になって石膏で——あるいはいつかは大理石で——鋳造するため粘土で胸像の原型や浅浮き彫りの像を作ったりした。[3] ソファイアは十代の頃から散々苦しめられたひどい偏頭痛のため、仕上げられた作品はわずかで限られてはいたが、その作品が展示されたりいつもそれなりに売れたりしている、ニューイングランドでは数少ない、ほんのひと握りの女性芸術家の一人だった。

　ピーボディ夫人は、こうした活動のいずれからも、かけ離れていなかった。四十年にわたる結婚生活のほとんどを教師として勤めてきた人だったし、現在は、ソファイアが病気のときはその看病にあたり、エリザベスが角をまわったワシントン・ストリートの出版事務所にいるときは書店の営業を担当し、さらにエリザベスの出版社から刊行すべく、メアリーとともにドイツ語の物語の翻訳もしていた。夫ナサニエル・ピーボディ医師は、生まれつき気が小さく、初めは開業医として、ついで農夫として、さらには歯科医として、ぎりぎりにでも家族を支えるべく奮闘しながらも、やがて挫折してしまうというような人だったが、引退してからは同種療法の薬を実験しては、それをエリザベスの店で売ってくれと言いつつ、毎度あたりをうろついていた。

だがいまや、姉妹のなかで最年少かつ虚弱で、誰の目にも「世界一優しい母」に頼りきっていた娘ソファイア・ピーボディが、自分の家庭を築くべく、この激動の家庭をあとにしようとしていた。一八四二年七月九日午前の結婚式は、超絶主義者のおとぎ話が成就したかのようだった。三年におよぶひそかな求愛ののち、ついにソファイアは、ますます名声が高まってきた美形作家、ナサニル・ホーソーンと結婚することになったのだ。彼女は彼とともにその日の午後、マサチューセッツ州のコンコードへ馬車で行くことになっていた。ここで二人は、ラルフ・ウォルドー・エマソンが選んでくれた家を住居と定め、ヘンリー・デイヴィッド・ソローが二人のために植えつけてくれた菜園の作物を食べ、ソファイアが自らの手で描いた楓の寝台で初夜を過ごすことになっていた。その絵はグイド・レーニのかの有名なローマのフレスコ画『オーロラ』風に、同時代の賞讃者の一人によれば、「精妙な光のような人影や馬や若者や乙女らが宙を飛翔していた」。[4]

ただし、この超絶主義的なおとぎ話にも暗鬱な側面はあった。外部の者には姉妹は一致団結しているように見え、その献身的な母は「心で繋がりあっている」と信じてはいたが、三人はつねづね対抗心を秘め、協調すべき相手を組み換えてしまうところがあった。この七月の結婚式は、そもそも長女が愛した男性を、ソファイアがなんとしても自分の方を好きにさせようと画策した結果であった。しかし彼の類いまれな才能を見抜き助成しようとしたのは、ニューイングランドでもエリザベス・ピーボディが最初の方だったのである。黒髪でむっつりしたホーソーンが初めてピーボディ家の敷居をくぐったのはエリザベス・ピーボディの招きによるものであり、「バイロン卿よりもハンサム」と最初に断言したのもエリザベスだったし、彼が自らの胸にきびしく秘めた野心と個人的な苦悩を親密な会話で最初に打ち明けたのも、エリザベスに対してであった。

いちばん下の妹ソファイアが感情もあふれんばかりに「まさしくこの世の王であり詩人」と呼ぶ男性との結婚をひかえ、頬を紅潮させているのを見つめながら、この土曜の朝エリザベスが感じた想いはいかばかりであっただろうか。そのことでは、メアリーにしてもその心は、ホーソーン同様かつてエリザベスの親友であった一人の男性への、いまだ報われない愛によって占められていた。

わずか四日前の七月四日、独立記念日のパレードが、メアリーの愛するホレス・マンを先頭に、選出された役人たち、牧師たち、教師たち、日曜学校の子どもたち、さらには独立戦争の退役軍人たちを従え、ウェスト・ストリートのピーボディ家の前を通り、いくつものボストンの通りを縫ってオデオン劇場まで進んで行った。ここでマンは、彼の生涯でもっとも重要な演説をしたのであった。州の第一教育委員会長官として五年にわたる精魂尽き果てるような運動ののち、マンは首尾よくマサチューセッツ議会を説き伏せ、州の学校制度を改革するための潤沢な予算を彼に交付するよう議決させていた。十年前、エリザベス・ピーボディと出会うまで、マンは教育ということについてはまったく関心を寄せてはいなかった。それがいまや、身長六フィートの銀髪の改革者が聴衆に対し「神が日光や雨を注ぐがごとく、光と真実を注ぐのです……前進あるのみ、さあ人民の教育をするのです」という調子で聴衆を説けば、その演説はたちまち人気となり、夏の終りまでには二万部が印刷されようとしていた。しかしこの数年のうちにマンが信頼をおくようになっていたのはメアリー・ピーボディで、彼女は彼の原稿を編集したり、彼の『公立学校ジャーナル』に匿名で寄稿すらしていたほどであった。それでもなおマンの心は両姉妹にはいまだに謎であり、彼女たちは破綻した「姉妹関係」のままウェスト・ストリートでの生活に折り合いをつけようとしていた。メアリーは妹のため六月最後の一、二週のうちに、コンコードの家を暮らせるまでに整えてやるほどの親切さを発揮したが、その彼女も目に余るほどのソファイアの一人よがりぶりにはうんざりし始めていた。その夏が終る頃には、なおも幸せいっぱいという態度の新婚夫婦に対し、彼女は「あのね、あなた、もっと違った美しい生活だってあるのよ」とたしなめたほどだった。

では、ソファイアは？　結婚式の日の朝、式そのものが予定よりかなり先延ばしになっていたのだが、挙式のための身支度を、彼女は姉たちにではなく親友の二人に頼んだ。もともと挙式は六月中旬にと予定されていながら結局は六月三十日と決まり、それがさらに一週間先の七月の土用の日まで延ばさざるを得なかったのは、ソファイアがなんども原因不明の高熱や動悸でぐったりしてしまったからであった。三年間も秘密にしていたので、ソファイア・ピーボディとナサニエル・ホーソーンが結婚しようとしていることが式の前月になって初めて明かされたときには、誰しもが緊張に包まれてしまった。ソファイアの友人であり相談相手でもあったマーガレット・フラーは、妙に手短かな祝福の手紙をしたため、「大いなる至福や悲痛のときは、おのずとそれは察せられるもので、本当のことを不必要な言葉でたどたどしくたどるまでもないのです」と、あいまいな弁明でしめくくっていた。「悲痛の」とはどういう意味だったのだろうか？　フラーもまた嫉妬していたのだろうか？　ナサニエル・ホーソーンその人に対しては、フラーの感情は強固でゆるぎなく、「かつて私が、女性の心を理解する細やかな優しさと、女性を充足させ得るほどの穏やかな深遠さや男らしさを合わせ持つ男性にお目にかかれたとしたら、それはホーソーンさんです」[5]と書いたことがあり、なぜフラーがそのような認識に達したのか、ソファイアは考えこまされることになったのだった。

セイラムに住む、寡婦となったナサニエル・ホーソーンの母ならびに未婚の姉妹二人は、ソファイアにとって義理の親族となるはずだったが、家族の一員として彼女を少しも迎え入れようとはしなかった。おそらく、ホーソーンの過度なまでの秘密主義のせいもあってのことだが、その結婚式についてはニューイングランド中でいちばん最後に知らされた人たちだったので、三人とも「気持ちの整理をするため」の時間がないという理由を並べたて、式への出席を拒んだのであった。彼女たちからの祝福は、作家がセイラムまで赴き、ホーソーン家の女性たちに再考をうながして初めて発せられたのである。彼の姉エリザベス、愛称エビーは、もともとソファイアとは親しかったのだが、二人の結婚が幸せなものとなるのであればと、最後に渋々容認した。それでもなお、彼女はソファイアに対し、「結婚生活にはつきものの気苦労や悩みごとなどで、不安じゃないの？」[6]ときつい迫りかたをしたのだった。エビーとしては、女性が「自ら引きこもる権利」を保てるような、結婚とは異なる「状況」のほうを好んでおり、「様々のことがどっと自分にのしかかってくるような気がする」ことには二の足を踏んでしまうのだと手紙で書くことで、ソファイア自身の懸念を代弁していたのかもしれないが。

一八三九年の新年に婚約して以来、ソファイアはナサニエル・ホーソーンのことを「夫」と呼んでいたのだが、その夫はどうだったのだろうか？　このひと月、作家はソファイアに劣らず浮つきぎみで、彼女のことをわが「小鳩さん」[7]と呼びたがっていた。ときには手紙のなかで、こんな無用な「交流のようなもの」などと愚痴をこぼしながら、これ以上「僕の気持ちを書く」のはお断りにしたいと、彼女を悩ませたりもした（三年の間に彼はもう百通をこえる熱烈な手書きのほぼ七万語の恋文を送り届けていた）。これからは「外面的なこと、仕事、事実、末梢的なこと」を伝えるためだけにペンを手にすると言い切り、結婚式は最初の計画通り六月に行なうと言い張り、あと何日しか残っていないと数えあげたりもした。もう「震えたり、尻ごみしたりし始めているのではないのですか」とおどけてとがめたり、「ああ、おろかな乙女よ！　もう手遅れだね、どうしたって僕たちの仲を割くことなどできはしませんよ」と脅しのフリをして、彼女をからかったりもした。しかしたいていいつもホーソーンは結婚を先延ばしにすることを受け入れ、フロッグ・ポンドの移りゆく情景を眺めながら夏の日を過ごすこと以上の楽しみは思いつかない、と日記のなかで打ち明けてもいる。ソファイアと同様、彼もマサチューセッツのセイラムで生まれ育った。ただし、ながらく海とかかわりのある家においてであった。彼の父は船長だったが、ナサニエルが三歳のとき、スリナムで黄熱病のため亡くなっていた。その悲報がその帰宅を待つまだ若い家族のもとに届くには、数週間はかかった。ホーソーン自身は乗客としてのほか、けっして船で出かけたりはしなかったが、まさに結婚生活に船出しようとしていた時期、「完璧に艤装され……模造の波のうえで上下に揺れている」いくつもの模型の帆船と、その「綱と帆についてはすべて熟知した」小さな船長さんたちに心ひかれるようになったのは、時宜にかなっていたようだ。「本物よりも想像力をかきたてるほどの印象」[8]をもたらすものはなにか、と彼は考えこんだのだった。

折々に一定期間、猛然と創作に集中することはできたが、ホーソーンは根が怠け好きで自分は「不精」[9]だとすすんで認めていた。彼の花嫁になろうとしている人と同様、彼も子どもの頃は様々な原因不明の体調不良に悩み、数カ月続けざまに学校を休み、ベッドで本を読んだりした。ソファイアののらりくらりが七月までもちこされると、彼は二人の結婚式を、自分の三十八回目の誕生日である七月四日より先まで延ばそうと言い張った。ボストンコモンで行なわれる花火を見たかったからである。彼は、四日の朝オデオン劇場までホレス・マンの後を追って行くような、きまじめな愛国者のなかにはいなかった。だが、ニューイングランドでかつて見られたなかでも「もっとも華麗だ」と各紙が伝えた花火大会をその目で見ようと、近郷の町々から集まったほぼ十万人の住人やお祭り好きの群集のなかにはいたのだった。この地域一帯は、一八三七年、発足してまもない国家を襲った財政危機の暗雲から、いちはやく抜け出ていた。ボストンの銀行関係者たちは、賢明にも、合衆国銀行の謀略には距離をおいていたのだが、ニューヨーク市やフィラデルフィアなどはいまだその手管のしがらみを引きずっていた。それに、ボストンと内陸の市場を結ぶ鉄道が建設されたおかげで、ボストンは、同規模都市のなかで、いまや合衆国随一の港湾都市となっていた。そこで、市が新たに蓄財した富のなにほどかは、独立記念日の派手な催し物に注ぎこまれたのだ。午後八時三十分、二組の楽団が演奏を始め、日が暮れると、イタリアの太陽、回転ピラミッド、ペルシャの花、などなどの夜空を照らす花火が次々と上がり、合間には鳩の群れも放たれ、クライマックスには、百十フィートもある「自由に捧げられた壮大なる寺院」が銀色の火に包まれて燃えた。その夜の輝かしい見世物は、百発の打ち上げ花火が煙たちこめる夜空で爆発し、「色とりどりの星、金色の雨、そして大蛇たち」を群集の頭上に降り注ぐ「大かがり火」で打ちどめとなった。

六月最後の週か七月初めの数日のうちに、神経のこまやかな二人は、婚約に同意した日から自分たちはすでに「結婚」していたのだということを再確認した。「式なんて意味がないわ、私たちの本当の結婚は三年前のことだったのですもの」と、ソファイアは親友の一人に書いている。ホーソーンは、二人の結婚を最終的に法律的なものにしてくれるにせよ、牧師は二人を結びつけるというより「僕たちの間に割りこんでくるようなものだね」と冗談めかしたりした。二人は、夏の新婚旅行が終れば、そろって互いの創作活動を続けたいと願っていた。ソファイアには、「きたるべき秋と冬には画布と大理石で大作をものにしたいという、いくつもの夢」があったし、ナサニエルは「祝福されつくした」ソファイアとついに結婚したという満足感によって、妻をめとることに伴う家計上の重圧を相殺できればと思っていた。彼はすでにノートブックに書きつけ始めていたいくつもの短篇を売りこみ、二人の生活を支えるつもりだった。しかし、どうしてそれがうまく行くと二人は確信したのだろう。どう見ても、この二人にとっては、結婚こそがもっとも恐るべきものであったはずなのだ。なにしろ二人は、気の向くままに「引きこもりの才能」を行使することに慣れ過ぎていたからである。ソファイアは病気の発作や芸術的霊感を得るたびに。ナサニエルの場合は、創作のため書斎に閉じこもるか、いま自分がどこにいるか手紙によってさえ察知されないよう自分の所在を秘密にしたまま、長期にわたる夏の散策のためにあっさり町をあとにするかして。

一八三九年の婚約以来、二人は同じ町に住んでいたことすら、めったになかった。同じ年ホーソーンがボストン税関の計量官として仕事についたとき、ピーボディ家の人たちはまだセイラムを拠点としていた。ホーソーンのこの仕事は、彼が家計の心配なしに創作できるよう、確実な収入を保証し、最少限の責務を果たせばすむよう、エリザベス・ピーボディが彼のために見つけてくれたものだった。にもかかわらず、彼は賃金奴隷のごとき有様となり、波止場の「けたたましい隠語のわめき屋ども」のなかで何日も働いた後では、疲れすぎて創作もできなかった。彼はソファイアがくれた恋文を胸のポケットに入れ、いつも彼女のことを想うよすがとし、彼女がたまにボストンに来てくれるのを励みとしていた。ビーコンヒルの彼が借りた部屋を彼女は自分の想像して描いた二枚のコモ湖の風景画で飾った。その風景画は、婚約した二人のいわば理想の世界であり、どちらの絵においても二人は前景の小さな人物像として描かれていた。ホーソーンはこれらの絵があまりにも二人の私的な、彼の言葉でいえば「聖なる」意味をしのばせるものなので、しばらくはその上に黒いカーテンをかけ、部屋に一人でいるときだけそれを開いたほどだった。そして、ソファイアが家族とともにボストンへ越してきたのちには、一八四一年の六カ月を、ホーソーンはブルック・ファームで過ごすというようなこともあった。二人は発足したばかりのこの自治共同体を自分たちの最初の住いにしたいと望んでいたが、引きこもりがちのホーソーンは、ユートピアの仲間たちにも、住人に課せられる何時間もの過酷な農作業にも、とうとう我慢ができなくなってしまった。なにしろ彼は、大学卒業後の十年のほとんどを、母の家の屋根裏部屋に閉じこもり、そのほとんどが発表されぬまま放りっぱなしになるような短篇を書いて過ごした男である。彼が妻に住いを与えるべくこのブルック・ファーム自治共同体での生活を選びとろうと考えるならば、それはソファイアに対する彼の愛の強さの証となるはずであった。そのような彼が、三年を経たいま、どうして急いで結婚しようという気になれたのだろうか?

とはいえ、互いに向けての否定しようのない思慕の念はあったのであり、おそらくこの二人ほど結ばれることに対し同じように慎重かつ切望していた似た者どうしは、どこにもいなかったであろう。ソファイアは、「想像力のまったく欠如した」生活に束縛されることを心底怖れていたので、ナサニエル・ホーソーンがまだ一般から得られずにいた賞讃を、それこそ自分のほうからすすんで彼に差し出そうとしていた。三十八歳にして、彼は一冊の短篇集、『トワイス・トールド・テールズ』を出したばかりだったが、それは販売上の成功というよりは批評家受けのするものだった。[10] E・P・ピーボディ出版から出した三冊の児童書は、彼の名声をさらに広めるには少しも役立たなかった。それだけに、ソファイアが、彼に対する「世の賞讃」は彼を敬愛する彼女の胸に集まってきていますと手紙に書き、彼のことを「神権を与えられた王」と呼び、彼女の愛とともに「崇敬の念」を捧げてくれたとき、その気にさせる魅惑には抗いがたいほどのものがあった。彼は彼女に、「君の愛が僕に充満し、僕は……美しい文章を書くようになり、君のためにも僕は有名になりたい」と書いている。「僕の心の奥底まで入りこみ、全身を貫いて輝く」この女性を彼は必要としていたのだ。強烈な意志を備えた女性たちのいる一家において、懸命に自分の居場所を求めてきた——しかしその後にたいてい病気にかかって引きこもってしまったのだが——ソファイアにとっては、恋に落ち、自分の愛が報われるのを目のあたりにするのは、救いであり啓示でもあった。結婚式の一年前、彼女はナサニエルに、「私の魂がいかに強くあなたを必要としているか、言葉では言いつくせません。あなたの心を求め胸が高鳴り、ほとんど呼吸ができなくなってしまうときもあるのです」と書いていた。「あなたから人生の感応を得られないかぎり、私の人生はないのです」と確信するまでになっていたのである。

　そういうわけで、ついにそのときがきた。若き牧師ジェイムズ・フリーマン・クラークは、姉妹が催す水曜夜の集いには客員としてしばしば招かれていたが、十一時にはちゃんと到着した。これまでクラークはナサニエル・ホーソーンと対面したことはなかったので、あとでメアリーに、くっきりした完璧な顔立ちといい、黒い目、秀でた額、ゆたかな黒髪といい、この作家のまるで「王のような容貌」に度胆を抜かれてしまい、式をちゃんととり行なうのに苦労したと打ち明けたほどであった。クラークの姉である画家のサラ・アン・クラーク、そして催眠術師のコニー・パークといったソファイアの友人たちも、立会人としてピーボディ家の人々に加わった。階下の図書室には、セイラムから遅れて到着した、姉妹にとっては叔母にあたり、ピーボディ夫人の三人の妹のうちの一人である、ソファイア・ピックマンがいた。彼女は新着の新聞雑誌など見回したあと、物おじしやすい恋人二人を「動揺させる」のをはばかり、お祝いの言葉を述べないまま立ち去って行った。

　正午までには「執行」がなされ、「僕たちは立派に決着をつけると天国へ直行した」と、ホーソーンはセイラムの妹に書いている。実際の旅は直行とは言えないものだった。華氏九十七度の炎熱のもと二人は馬車で西へ進み、コンコードまであと七マイルの地点で二人は、「天空の砲兵隊のような低い雷鳴……続いて篠つく雨」によって足止めされたと、ソファイアは翌日、母に手紙で伝えている。路傍の旅宿に避難し、この新婚夫婦はまる一時間は待たされたが、そのうち「西方に銀色の薄明かりが射し、私たちは進み始めた」のであった。この遅延のおかげでソファイアは、自分の体内の気象の変化にも気づくこと

ソファイアとナサニエル・ホーソーンのシルエット画（オーギュスト・エドゥアール作）

ができた。それまで数週にわたり頭痛や高熱が続いていたのだが、いま彼女は「馬たちが歩を進めるたびに、私は気分がよくなり、ちっとも疲れていない」のに気がついたのだ。彼女の夫は、ついにソファイアをわがものとしたことがほとんど信じられず、「突然消えてしまうことのある蜃気楼でもあるかのように私を見つめていた」のであった。

　ホーソーン夫妻は五時にはコンコードに着き、二人の新居に入った。それはこのあたりでは「旧牧師館（オールド・マンス）」と知られていたかつての教区牧師館だったが、そこには二人のため、どの部屋にも切り花をいけた花瓶が飾りつけてあった。翌日、二人は早々に目覚め、「まぎれもないエデンの園にとりかこまれている」のがわかると、「瑞々しい」緑の田舎道を、あたりに人影はなく、「アダムとイヴ」になったような気分で、コンコードに最近建てられた戦闘記念碑まで歩いた。ソファイアは自分の「清明な新生活」が始まったことを確信していた。ナサニエル・ホーソーンが、空想めかして、「君が僕の腕のなかですやすやと呼吸していてくれるなら、僕の眠りはいかに甘美であり、目覚めもどんなに甘美なことだろう……愛しあうものが同じ枕で憩うことができるなら、それはなんと幸せで聖なることだろう」と、彼女宛ての手紙で書いてから三年が過ぎていた。コンコードでついに妻と枕を共にしながら、いまや「この世界が天国であるかのように」自分は生き始めたと彼は感じていた。

　しかしボストンでは、日没になっても温度計は華氏九十一度で止まったまま、しかも雨の降る徴候はなかった。ウェスト・ストリート十三番地ではイライザ・ピーボディ夫人が、病弱な娘の世話から解放された今、これからどう生きていくべきかと考え始めていた。ソファイアのいなくなったアトリエにはすぐ下宿人を入れようというのが、ピーボディ夫人がまだ娘だった独立戦争時代に身につけ、結婚後もずっと実行してきた倹約生活の知恵だった。夫人は残る娘二人の顔をしげしげと観察してみた。そこには緊張したものがあったのはたしかだが、彼女自身の子ども時代のそれとは比較にもならないものだった。かつて夫人は長女に宛てて、「互いの真価を確信して愛し合う姉妹が抱く情愛は、同じ家で養育されたというだけで生まれる動物的な愛着とは違うのです」と書いていた。「養育」とは、ピーボディ夫人自身の受けた一貫性のないしつけには当てはまらない言葉ではあった。自分がつかんだ教訓をしっかり刻印すべく、夫人はその話や、その一部を、くり返し三人の娘に語り聞かせたものだった。ソファイアが夫として文系の男性を選んだのは、皮肉なことではあった——ピーボディ夫人としては、まさにいちばん恐れていた類いだったからである。さりながら、いつだって傷つきやすく、すぐとり乱してしまうので、三人娘のなかでただ一人ソファイアにだけは、自分のすさまじいまでに衝撃的な子ども時代のことは打ち明けていなかった。いずれにせよ、ソファイアが結婚することになろうとは、夫人は思ってもいなかった。誰一人思ってもいなかったのである。

第I部

出自

一七四六—一八〇三年

第1章　家母長

現存するエリザベス・パーマー・ピーボディ夫人の似顔絵は、緊張してポーズをとった一枚の影絵のほかには、一八三〇年代初期にソファイアが一冊のスケッチブックに描いた小さな鉛筆画があるだけである。この時点ではソファイアも姉たちもすべて二十代になっており、彼女たちの母は六十歳に近づいていた。家族のものにはイライザとして知られていた夫人は、四人の娘（一人は幼少にして死亡）と三人の息子を出産し、持ち家は一つとしてないが十以上ものちがう住まいに家族を出たり入ったりさせながらも、起きている時間のほとんどを、若い子女たちを教えたり個人教授したりして、夫の乏しい収入の補填に捧げていた。その過酷な仕事ぶりをそれとなく示すものが、ピーボディ夫人のひきしまった顎やその疲れた目に出ている。しかしソファイアが描こうとした「ママ」は、一見したところ日常の苦労からは解き放たれているように見える。横顔を見せ、髪をレースの頭巾にたくしこみ、うれしそうにテーブルに向かい読書しているところが描かれたこの活人画は、仕上げとして花瓶も一つ描かれている。

エリザベス・パーマー・ピーボディ夫人
（ソファイア・ピーボディによる鉛筆画）

ピーボディ夫人の顔には微笑みのようなものが浮かんでおり、この部屋にいるのは彼女だけではないことを思わせる。このやさしげな表情が向けられているのは、ソファイアに対して、それともその姉たちに対してなのだろうか？　ソファイアはこの居間の情景を、母以外の家族は絵の枠の外にいて、読書したり談話したりしているかのように描いている。この絵には解説として、ピーボディ夫人の助言の言葉がつけられていてもよかっただろう。それはスケッチがなされたのとほぼ同じ時期、すなわちソファイアはもう体調がよくなることはなく、結婚も家を出て行くこともないだろうと家族が思いこみ始めたときに書かれたものである。彼女はソファイアに「おだやかにではあれ家族の輪に定着する愛は、いかなる愛よりも深く、揺るがず、効力のあるものなのです。あなたの全霊を家族愛に投錨しなさい」[1]と助言していた。

ソファイアは、当時ボストンの知識人たちに人気のあったイギリスの画家ジョン・フラックスマンのギリシャ神話を題材とした挿画にひらめきを得ると、好んで自分の友人や家族を、無駄のない、ほとんど様式化されたスケッチ画風に描いた。肌寒いニューイングランドの春の日であったろうに、母の丈の短いケープと長い袖とを輪郭線だけで描いている。しかし、この母の肖像画のために彼女が頼りとしてあっさり選んだものは、フラックスマンの線画の一枚におけるダイアナの矢やパンドラの箱に劣らず、意味深長である。本と花とは、女性としての深い教養と洗練さを示している。とはいえ、ピーボディ夫人は気どった教養人ではなかった。発表した作品のある詩人であり、これまでずっと広範かつ批判力のある読書を続けながら、文学への情熱を自分の娘たちに伝えてきたので、娘たちも書物と学習とを彼女たちの生活の中心としていた。彼女は花を珍重し、時間と庭がありさえすれば、また夫の嫌味な言葉で足止めさえされなければ、自分の花壇に移し替えようと、珍しい花を求め遠くまで歩いて行ったりした。その母をソファイアは、母がそう見られたいように、また自分がそう記憶したいように、スケッチした。つまり、母がいちばん没頭したいことの基本のような品々にとりかこまれ、くつろいでいる姿である。このスケッチを描いてから十年後、新郎ナサニエル・ホーソーンと家を後にして一カ月が経っても、ソファイアはまだ母のことをこう思い描こうとしていた。「私は一人の完璧な女性像を、お母さんに見ることができます」[2]と母宛ての手紙で書き、実家における年月を回想している。それでもソファイアは、「お母さんの上にかかっている、ありとあらゆる世の暗雲を通してですが」とつけ加えずにはいられなかった。

暗雲はかかっていたのである。ずっと一家のかかりつけであり友人でもあったウォルター・チャニング医師は、名高いユニテリアン派の牧師ウィリアム・エラリー・チャニングの弟であったが、かつてピーボディ夫人について、「私の記憶のなかで彼女はいつも微笑んでいるが、その微笑みは、大きな悲しみとの果敢な闘いが人間苦の刻印を深く刻みこんでいる仮面の後ろから覗いている天使の顔から輝き出ているように思えた」と書いている。ソファイアも姉たちも、生涯を通じ、母の大きな悲しみについては悩まされたり慰められたり、母の敗北の屈辱を自分たちが豊かな教養を身につけることで晴らさせられ、その苦悩に満ちた結婚生活を自分たちの大恋愛によって補償させられたりすることにもなった。独立戦争後の五十年、アメリカの女性の多くが女性らしく家庭を守ることの美徳を称揚したように、ピーボディ夫人もその全霊を「家庭的な愛」に「投錨」しようとしたのは、それがいつまでもつかめそうでつかめなかったからである。

ピーボディ夫人には格闘すべき私的な悩みがいくつもあったが、当時は独立が宣言されたのち、十三州のいたるところで男と女が家庭内の権力をめぐり手練手管を弄した時代でもあった。イライザ・ピーボディの子ども時代の十年に相当する一七八〇年代には、家族は再結束し、女性たちがその「領域」として家庭の支配権を握っていた。しかしある女性たちにとっては、家庭における権力など、アメリカの男たちが戦時中のつとめによって得た報酬、すなわち公的な生活の場における特権に比べれば、ずいぶん見劣りのするものだった。女性にとって共和国の息子たちを育てることは価値ある仕事だと自ら確信することもできたし、女性たちが「共和国の母」というイデオロギーを用いて獲得したのは、いくつもの新たな特権、とりわけ教育を受ける権利と、さらには教師や改革者として働く機会とであった。しかしイライザがそうであったが、一家の男たちが戦場で戦っているさなか、そうした兵士たちの農場や事業の営みを手伝った娘や姉妹として成長し自立した女性たちにとっては、家庭における権力の掌握などまったく不十分なものだったし、のちに彼女たちが妻として母として懸命に手にしようとした家庭の平安など、容易なことでは訪れはしなかったのである。

かつてピーボディ夫人は、娘のメアリーに「私は手段や力が欲しいの……ペティコートを着ている私なんか、どうしたって州知事にも……市会議員にも、裁判官や陪審員にも、上院議員にも下院議員にもなれやしない——だからおとなしくしているか、慈悲深い神様におすがりするしか仕方がないのよ」と書いたこともあった。けれどもピーボディ夫人は、その願望を沈黙させることなどできず、それを自分の娘たちに、先祖の数々の物語というかたちで譲り渡したのである——これらの物語はこの国の初期の歴史とからまり合っており、くり返しくり返し語られるうちに、並みはずれた活力と影響力を持つ女性となっていく三人の娘たちのための試金石となった。この「愛国的な母」のおかげで「この国の歴史における勇ましい時代から教えられました」と、長女のエリザベスはよくそう言ったほどである。その勇ましさは、すくなからず、母のものでもあった。なぜなら彼女は、一族の負の遺産ともいうべき裏切りと損失を克服すべく、苦闘したのだったからである。

第2章　代々の遺しもの

ソファイアの描いたピーボディ夫人の顔に浮かぶ微笑みのような、表層的な歴史というか、大いなる時代に展開された武勇伝のようなものを、夫人は誇らしげに語ったものだが、たいていその物語の結末には触れずじまいだった。彼女は、脚色したり改訂したりしながら、自分の一族が経てきた過去の出来事に基づいた小説を書いたりもしている。[1] この小説は出版こそされなかったものの、執筆後一世紀にわたりピーボディ家の貴重な文書の一つとして残り、世代が変わるたびその子孫に、アメリカ共和国発足後の数十年にわたり苦闘を続けたこの女性たちの一家を導いてくれた物語を、生かし続けたのである。

彼女はエリザベス・パーマーとして生まれた。マサチューセッツ植民地のなかでは富裕な夫妻の九人の子どものうちの三番目だった。その富は祖父ジョゼフ・パーマー将軍がもたらしたものだが、この祖父のことを彼女は幼い頃から、その時代、その地の、「誰よりも古めかしい英国の田舎紳士風の人」として記憶していた。将軍は彼を知る誰からも、動物からさえも愛され、不在のときなど、書斎にかけてあったジョン・シングルトン・コプリーの手になるその肖像の肩に、彼の愛猫がよじ登ろうとしたともいわれている。

しかしイライザは、受け継げたかもしれない豪奢など、ほとんど知らずじまいだった。生まれた頃には一家の生活は破綻をきたしており、その出生も、なされたとしてだが洗礼も、記録に残ってはいない。二月ではあったが、家に伝わる錯綜した文書では、一七七八年のことだったのか、一七七六年のことだったのか、あるいは一七七七年かわからない。[2] これはやがてパーマー家にとっては暗い年月となるはずの、まさに戦争の行なわれていた年月であり、町役場の記録もしっかりとは残されていなかったのである。

華やかなりし頃には、パーマー家の人たちは樫材と石材で建造された大きな長方形の家に住んでいた。大きな四つの煙突が四隅に高々と立つこの家は、ボストンから十三マイル南のジャーマンタウンの、スナッグ・ハーバーの名で知られるきれいな入江を見下ろす丘の上に建っていた。大邸宅とはいえないまでもこの家は、慈善的なパーマー将軍が、そのチョコレート工場、鯨蝋や塩やガラスの工場、さらにストッキング縫製工場などを操業する「自由で自立した職人や製造者たちの集結地」を監督した十八世紀半ばの数十年間、フレンドシップ・ホールの名で知られるようになっていた。実際パーマーは、のちにジョン・ハンコックやジョン・アダムズが出身者として有名になる町ブレインツリーの、その最北端でボストン湾に突き出ている小さな半島を占めるジャーマンタウンを、すべて自分のものに

ジョゼフ・パーマー将軍
（ジョン・シングルトン・コプリーによる肖像画からの彫版画）

していた。

一七四六年にイギリスから移民してきた夢多きパーマーは、ほとんどがヨーロッパからきたばかりの自分の仕事の従業員とその家族に、工場近くの石造りの家数棟をあてがうのが適切と判断し、ジャーマンタウン集結地を、初期ピューリタンの「丘の上の町」の商業版としていた。しかも彼は、ローレンスやローウェルなどニューイングランドの規範となるような工業都市の建設よりほぼ一世紀も早くこの計画を達成していた。イライザはそこに暮らしたことはなかったが、フレンドシップ・ホールをジャーマンタウン随一の建物として記憶していた。マホガニーの床や手すりは磨きこまれ、壁紙には古代ギリシャ・ローマの廃虚が描かれていたし、建物のある丘の中腹に植えられた果樹は下のスナッグ・ハーバーまで続いていた。この館でかつて「祖父パーマー」がアダムズ家、パーマー家、クインシー家の人々からなる新興の特権階級をもてなしたことを、彼女は知っていた。クインシー家は三人のボストン市長を生み出し、その一人は続いてハーヴァード大学の学長となり、このブレインツリーの一帯はのちに彼にあやかり名称を変更することとなった。

フレンドシップ・ホールでの集いでは、女性たちも強烈な存在であった。パーマーの義弟リチャード・クランチは、移民であり従弟でもあったが、近くのウェイマス出身の才能豊かなスミス三姉妹の一人と結婚し、ブレインツリーに居を構え、そこでついには判事になっていた。クランチの花嫁は長姉のメアリー、次姉アビゲイルはジョン・アダムズと結婚、末妹のエリザベスはのちにイライザ・パーマーの人生において、きわめて重要な役割を演ずることになった。フレンドシップ・ホールに集うのは、実践的な理念をもつ人たちの緊密なグループで、堅固な財政基盤と多彩な親族的つながりを持つ知識人たちでもあった。たとえ会話のなかに英国の規則についての不満がまぎれこもうとも、フレンドシップ・ホールは確乎たる聖域であり続けるように思われていた。

パーマー将軍はジャーマンタウンで、娘二人、ポリーとエリザベス、ならびに一人息子ジョゼフ・ピアス・パーマー、すなわちイライザの父を育て上げていた。息子のジョゼフが一七七一年にハーヴァードを卒業し、ケンブリッジのすぐ西のウォータータウンで牧師から蒸溜酒製造業者に転じた男の、美人と評判な娘たちの一人ベッツィ・ハントと結婚すると、パーマー将軍は息子がボストンで輸入業を始められるよう資金援助してやった。イライザの兄である三代目ジョゼフ・パーマーは、一七七三年にそこで生まれた。しかし彼女の父は企業上の冒険には少しも熱意がなく、ひたすら高邁な行動綱領と鋭敏な知性の持ち主として知られるほうを選んだ。ところが一七七〇年代半ばのボストンは、確固とした信条の持ち主にとっても、ニューイングランドと英国との間に高まってきた緊張関係のほかには目を向けるのが難しい場所だった。アメリカのまさに第一世代であったジョゼフ・ピアス・パーマーの規範が彼を導いていったのは、愛国者としての大義に加担することであった。

イライザの母ベッツィがよく話したのは、一七七三年十二月の夜のことである。独りで家にいて「座ったまま赤ちゃんをあやしていると、門扉と戸の開くのが聞こえた」のだった。夫が会合から帰ってきたものと思ってベッツィが見上げると、玄関の間に立っていたのは「屈強な三人のインディアン」だった。若い母親は「悲鳴をあげ、驚愕のあまり失神してしまっていたことだろう」が、そのインディアンの一人が夫の声で「こわがるなよ、ベッツィ、僕だよ。僕らはちょいとばかり塩水のお茶をたててきたところさ」と言うのが彼女にはわかった。ベッツィは夫の言葉に冷静さを取り戻したが、数日後にはジョゼフ・ピアスと相棒のインディアンたちは居所をつきとめられ、ボストン茶会事件に加担したかどで反逆者との宣告を受けた。報復として、英国の兵士たちはボストンのロング・ウォーフにあったパーマーの倉庫数棟を略奪し、放火したので、若者一家はウォータータウンへ逃れ、ベッツィの実家、ハント家に避難した。

父はもうすぐ六十歳、息子は二十代だったが、ジョゼフ・パーマーは二人とも英国の支配には抵抗しつづけた。まず州議会で勤め、つづいて独立戦争の最初の銃弾が発射されたレキシントンとコンコードでの戦い、さらにはブリーズヒルでの戦いを支援した。父パーマーは、議会議長を一期務め、茶葉の排斥運動の組織を援助するなど、議会における積極的な活動、愛国軍への資金や物資の寄贈、勝敗の鍵を握る重要な合戦での支援などにより、ついには准将に叙せられ、その息子は需品長に取りたてられた。しかし、レキシントンの戦いが新しい国家の誕生を刻んだとすれば、それは同時にパーマー家の資産衰退の合図でもあった。パーマー将軍のボストンの倉庫群はすでに略奪されていたし、戦争勃発後、ジャーマンタウンから貴重な鯨蝋を積載した船舶の一つが英国軍により拿捕されていた。戦争の大義により男たちが徴用されるにつれて、父ジョゼフ・パーマーは労働者不足のため工場を閉鎖せざるを得なかったが、それでも愛国の大義のための出費は続けていた。開戦後の二年間に、パーマーは英貨五千ポンド、今日の通貨にすればほぼ七十五万ドルもの大金を寄付したのだった。

やがて悲惨なロードアイランドの戦闘となった――のちに「茶番劇」と呼ばれた戦いである。パーマー将軍は、一七七七年秋、ロードアイランドのニューポートへ奇襲攻撃をかけることを提案したが、まさか自分が進撃の最高司令官を務めることになろうとは夢にも思ってはいなかった。六十代の実業家であるパーマーは自分の軍務を、ほぼ軍隊の召集と要塞建設の監督に限っていた。ところが上官のジョゼフ・スペンサー将軍は、その提案に同意し、ニューポートの近くに野営している三千六百の英独兵士に対抗すべく、九千の民兵をあてがう約束をして、パーマーに攻撃の指揮をとらせたのである。

ドタバタ喜劇の展開となった。スペンサーは「ボートもなにもかも」ニューポートに準備できていると約束したが、パーマーとその軍隊が行ってみると、大々的な修繕が必要な様々な平底漁船や釣り舟ばかりだったのである。愛国補充兵たちのなかにいたわずか少数の腕のたつ大工たちは、「技術兵」になるのを拒み、修繕に力を貸すよりはと辞めてしまった。遅延に激怒した一握りの兵士たちは寝返り、新たな英国将校にパーマーの計画を漏らしてしまった。不運がたてつづけに襲った。偵察隊は道に迷い、豪雨が攻撃をさらに遅らせ、おまけに明るい月夜の空が愛国部隊を敵の目にさらしてしまった。結局パーマーは退却指令を余儀なくされた。批判を免れようとしたスペンサー将軍が、作戦どおり攻撃を遂行し得なかった「怠慢と不服従」の罪でパーマーを軍法会議にかけることを命じたとき、喜劇は悲劇となってしまった。

すでにへまな侵攻を演じた自分の役割を悔いていたパーマーは、自分の名誉が問われることが判明すると、がっかりしてしまった。彼はかつてブレインツリーでの隣人だった、今は大陸会議の議長になっているジョン・ハンコックに、自分がどのような嫌疑を並べたてられているのか、その一覧を提出してくれと懇願した。ハンコックは拒み、この年長者が場合によっては生涯、審議に対し抗弁できないようにしてしまった——自らの弁明の準備をする機会もないままに。結局この訴訟は法廷ではなされなかったが、議会委員会はさらに六カ月にわたり証言を集め証拠を吟味した後でようやく、パーマーにかかわる嫌疑をすべて免除した。彼は大陸軍の犯したもっと重大な過誤に対する非公式な身代りにされていたのである。パーマーは息子、つまりイライザの父を、ロードアイランドの合戦の一つでは指揮官に任命していたので、両者ともこの屈辱から立ち直ることはなかったようである。

戦いが勝利を収める頃には、パーマー家の男たちに翳りをもたらした恥辱に、いくつもの金銭的な損失が輪をかけていた。植民地の資産階級の人々の多くがそうであったように、パーマー家も借金がかさんでいた。通貨価格がはげしく変動し、パーマー将軍は債権者たちに対しては、ジャーマンタウンの土地やフレンドシップ・ホールを売却して決済するほかなかった。戦争終結後三年以内に、老齢になった将軍は、ほかならぬ隣人やかつて家に長期滞在していた友人たちに借金を懇願していたし、息子の方は、その後続けざまに事業破綻をもたらすことになる数多の不況の第一弾を被っていた。独立戦争はこれほどまでパーマー家の男たちを痛めつけていたので、イライザが祖父の不運を小説化するとき、彼女は祖父の没落を、まぎれもなく英国軍によるジャーマンタウンとフレンドシップ・ホール攻撃の結果だったと述べている。「太陽が名状しがたい大破壊の舞台に昇ってきた。どの家も小屋も地に伏していた。チョコレート、グラス、塩、ローソクなどが、海岸沿いに散乱し、さらに広大な地面や牧草地にまで播き散らされていた……かくして

二、三時間の間に、近隣の誰に対しても友であり後援者であった彼は、かなり貧しくなっていた」と彼女は書いている。もちろん本当はもっと複雑で穏やかならざるものだった。パーマー家の人々は、愛国的な大義のため持てるものすべてを差し出しながら、同国人によって裏切られていたのである。

ジョゼフ・ピアス・パーマーの第三子イライザ・パーマーは、まさにこの衰退期にウォータータウンで生まれた。この地に彼女の両親は、ボストン茶会事件の報復のすぐ後、逃げてきていたのである。ほどなくイライザは、母、兄ジョー、レキシントンの戦いのさなかの一七七五年生まれの姉メアリーとともに、パーマー将軍の地所にあった無人の職人小屋へ移った。この戦争初期の年月は父や祖父の頻繁な不在が記憶に刻印されてはいても、イライザには「人生の春」そのものに思えたと、のちに彼女はその日記のなかで打ち明けている。彼女は自由と高い身分に恵まれたこの束の間の思い出を、いつまでも大事にしていた。当時は兄や姉とともに、ジャーマンタウンの丘の斜面や海岸を歩きまわった。幼い二人の女の子たちは、戦争中でも入手可能だった最高の「ピンクのフロック、赤いモロッコ靴、ならびに白い長靴下」を身につけていた。彼女の生涯を通じて、一家の金銭上の困窮がその心にのしかかることがなかったのは、そのときだけであった。

ジャーマンタウンでイライザは、メアリーやジョーにくっついて学校へ通うことが許されていた。フレンドシップ・ホールの上階にある陽当たりのよい教室で、伯母エリザベス・パーマーが教鞭をとる少人数のクラスへ通ったのだ。三人のなかではイライザが最優秀であることが判明すると、読み方を学ぶやいなや、彼女には祖父の書斎への自由な出入りが許された。ずっと後になって、イライザは自分の三人の娘たちのために、書斎の磨きあげられた床に寝そべり、パーマー将軍の集めたシェイクスピアのフォリオに熱中した幸せな日々を回想している。一家の言い伝えによると、イライザはわずか四歳にして全集を読み通したという。ときおり祖父の帰宅によって、イライザは家族の和みのようなものを心に抱き、生涯を通じてそれを取り戻そうとすることになった。彼女はほぼ五十年後、「おじいちゃんの机を囲み、かわるがわる聖書の興味深い部分や、いくつかの短い教義問答やかわいい讃美歌を読み上げると、お年寄りはもとより、もっと若い親族の人たちが、ご褒美とばかりに満面の笑顔と抱擁をくり返してくれ、みんなそろってほんとに楽しかった」と書いている。フレンドシップ・ホールそのものが不安定な基盤にのってはいたのだが、その人たちの周辺にいたことにより、イライザは幼くして豊かさということを、敬虔、家族愛、学習など、無形のものによって判断するすべを学んでいた。

戦時中には、この大きな家は女性たちで満ちあふれていた。イライザの伯母であるポリーやエリザベスのような若い女性たちもいれば、未亡人であったり、病気だったり、それこそさびしげであったりするような年老いた女性たちもいて、彼女らを将軍は哀れに思っていたのだった。逆境に対し団結してたち向かおうとする才能があり生産的な女性たちの家族は、イライザの終生かわらぬ理想の一つとなった。自身の小説のなかで彼女は、こうした一団を活力ある自立した「姉妹同士」と述べている。「私たちの巣箱には怠け者は一人もいない」と、こうした女性たちについて彼女は書いている。彼女たちは戦争前までは読書したり、絵を描いたり、見事な針仕事をしていたが、いまはくったくなく兵士たちのシャツを縫い、出征した教師に代わりその地の学校で教壇に立ち、鶏を飼育し、野菜と交換するためのショールや靴下や帽子を編んだりしているのであった。「高度な教養も洗練さも、この賞讃すべき家族のものたちが自らの自立を保持するためには、どんなみじめな仕事でも引き受けるのを妨げはしなかった」とイライザは誇らしげに書いている。幼いイライザは、男たちが戦場へ行っていても家族がちゃんと機能していることを、間違いなく気づいていたのである。

　だが彼女がこの当時身近の家族から耳にし始めた様々な物語のすべてが、女性に必要なものは男性の気をひくことだということ——同時に、それには失敗の危険が伴うということも語っていた。彼女の母の家系であるウォータータウンのハント家の女性たちの歴史は、結婚こそ出世の手段であるという教えを明白に裏書きしていた。ハント家の男性たちは、イライザの父ジョゼフ・ピアス・ハントがそうだったように、ハーヴァード大学仕込みであったが、ハント家の女性たちは、慎重に無学のままに留めおかれていた。イライザの母ベッツィ・ハントとその姉妹たちは——彼女たちの兄弟のハーヴァード大学の学友たちから「ウォータータウンの美女たち」と呼ばれていたほど——その美貌で知られていた。彼女たちの父の考えでは、娘たちが結婚できるために必要なものは、いくつかの家事能力だけであった。ウォータータウンの店や旅籠屋の常連客たちからハントの旦那と呼ばれていた彼は、ある夏の散歩のおり、少女の一団が丘を転がり下りる真似をして遊んでいるところへ通りかかり、自分の妻を選びとっていた。彼は将来の妻に会う前に、彼女の「むき出しの靴、長靴下、それに下着」が気に入ってしまったのである。一家の言い伝えによれば、ハントが気をひかれたのは、けっして好色さからではなかった。その少女の下着がじつに上品で、きちんとしていたため、彼は自分でよき主婦を見つけたと確信したのだ。その後ハントは、自分の娘たちを、「シャツとプディングが作れさえすればいい」という玉条のもとに育てたのである。

　しかし娘たちが結婚適齢期になる頃には、北大西洋岸沿いのいくつかの植民地の都市に住む資産もあり身分も高い男性からの求婚を勝ちとるためには、美貌と家事能力以上のものが必要になってきていた。裕福な人々のサークルでは、女性の人品は、会話力、筆力、優美な針さばきなど、その女性が余暇を利用して身につけた技量によって判断されたのだ。ウォータータウンの淑女のためにハーヴァード大学の男性たちによって催されたパーティで、ベッツィ・ハントが初めてジョゼフ・ピアス・パーマーに出会ったのは、彼女がちょうど十四歳のときだったが、この出会いをちゃんと活用するほどしっかりしていた。ベッツィにしても当初は、ある威勢のよい若者がもう一人の男性と彼女にキスができるかどうかでマデイラ・ワイン一本を賭けたときには、満更でもなかったであろう。しかしジョゼフ・パーマーは、その若者が首尾よくハント嬢の頬にキスし、衆目のなかで彼女を当惑させているのを目にすると、ベッツィのため敢然と立ち上がった。両者の間に割って入りながら、自分の将来の妻に語りかけた最初の言葉は、「君はこれまでどんな本を読んできたの?」[3]という質問だった。のちにベッツィが自分の娘たちに語っているように、その質問に続く会話は、「私がかつて耳にしたり期待したりしていたものとはまったく違っていたので、彼がすっかり気に入ってしまった」のである。

十四歳にして、ベッツィ・ハントはそれまで一冊の本も読んだことがないことを認めざるを得なかった。彼女はときおり発行された『スペクテイター』誌をどうにか読み通せるぐらいだったのである。パーマーは事態を改善すべく大学の自分の書棚にある本を彼女に貸そうと言い出し、定期的な文章作法の勉強会を提案した。パーマーが持参した最初の本は、サミュエル・リチャードソンの小説『チャールズ・グランディソンの来歴』で、この上なく気高い紳士が純潔な美女を凶暴な女たらしから救い出し、その優しさによって彼女の愛を勝ちとるという物語である。ベッツィ・ハントを困った連中から救い出しながら、明らかに若きパーマーはリチャードソンの主人公の新世界版気どりだった。ベッツィ・ハントもその求婚者のことを同じように見なしていたにちがいない。というのも、二人の学習課程が達成されるはるか前に、彼女は優しく雄弁なジョゼフ・ピアス・パーマーと結婚する決心を固めていたからである——彼が申しこめばすぐにでもと。

しかし求婚は待たねばならなかった。息子が旅籠の経営者の娘、それも十一人兄弟姉妹のうちの一人に求愛していると知ると、パーマー将軍はこの縁組みを破棄させようとかかった。それでも若きパーマーは引きさがりはしなかった。自らに課したベッツィ・ハントの教育という楽しさを放棄したくなかったのである。その後ハーヴァード在学中は毎週レッスンを続け、二人はロマンティックな小説から算数、地理、歴史などの教材へと手をのばし、歩いているときも馬に乗っているときも討議を続けたほどだった。毎週彼は幾冊かの本をベッツィのもとに置いて行き、それを彼女は屋根裏部屋に隠し、父や姉妹の目を逃れることができるたびに読んでいた。そしてついに、フィアンセが自分の家族の心をとらえるほど生来の美貌に洗練さが備わったと判断すると、彼は両親や姉たちにひき会わせるべく彼女を家へ連れて行った。いまやほぼ十七歳になったベッツィは、以前なら答えられず黙っているほかなかったような質問にも答えることができた。義父となるはずの人の心も魅了し、ほどなく彼女は、フレンドシップ・ホールとジャーマンタウンの工場財産の跡継ぎ、ジョゼフ・ピアス・パーマーとめでたく結婚することとなった。一家の言い伝えによれば、結婚式の宴には、パーマーののちの茶会事件の仲間たちとともにポール・リヴィアもいたという。一七七二年十一月の結婚式では、二人の将来はめざましいまでにバラ色だった。

対照的に、ベッツィの姉で、イライザの伯母にあたるケイト・ハントは、結婚市場では目立たなくなっていた。読み書きをまったく習っていなかったため――ベッツィがのちに自分の娘たちに語っているのだが――それがもとで恋人を失ったのである。その若者はエルブリッジ・ゲリーで、独立戦争の大義をめぐってはジョゼフ・ピアス・パーマーの同志の一人であり、その後の米国憲法の立案では中心人物となった人だった。ボストン茶会事件騒動の頃、パーマー、その妻、その幼い息子らとともに、ゲリーはウォータータウンのハント家に下宿することになった。そこで彼はケイトの美貌に心を奪われ、数カ月にわたり求愛した。州議会勤務のためウォータータウンを去ってからもゲリーはこまめに手紙を書き、つながりを保とうとした。ケイトは妹のベッツィに――いまや文筆のことは熟知していたので――ゲリーの手紙を音読してもらっていたが、ベッツィに返事の代筆を頼むことは自尊心が許さず、求婚者に自分の無知を認めることは恥ずかしすぎた。彼の手紙は返事がないままとなり、ゲリーはケイトの沈黙を自分が袖にされたものと解釈した。結局、ゲリーは別の女性と結婚し、ケイトは二度と恋人を得ることはなかった。

ケイト伯母の話は、姪のイライザにとっては教訓となり、もしも求めていたならば、幼くして熱心な読書人になるための拍車ともなったはずである。しかしイライザのパーマー家側の伯母たち――彼女の父の姉たちであるポリーとエリザベス――は、正反対の問題と格闘した。女性は自分の身につけた教育をひけらかさぬよう、さらに、ともすればその教育に附随するかのごとき自己主張の衝動を抑制すべく心配りすべきことも、イライザは学んだ。彼女は自分の三人娘に、この教訓をも教えようとしたのであった。

パーマー将軍は自分の娘たちに対し、息子のそれと同等の教育をほどこし、精神面での自立を促した。イライザはその結果を直接その目で確かめられる年齢になっていた。子どもながら、通学したり、ときにはフレンドシップ・ホールでの夕食会に同席したりして、イライザはポリー伯母が一家のなかでは弱者であること、三十代の初めでありながら「震えてか弱い」女性であること、物音に敏感すぎて激しい雷雨のときは小部屋に閉じこもっていること、すぐおびえてしまうので家族の人たちは彼女を「気の弱い子ども」として扱っていることなど、ちゃんとわかっていた。しかし思春期に入ってからのイライザは、パーマー将軍の第一子にして最愛の子どもだったポリーが、かつて美貌と「文才」、とりわけ勇気で有名だったことを知った。将軍はポリーをビジネス上の相談相手とし、十六歳の頃のポリーは、彼に代わり自分一人で重要な取引をしたりもしていた。そのためには一人で森を通り、ボストンまでの十三マイルを馬に乗って行ったりした。お金を持参しなくてはならないような任務では、父が使い方を教えてくれた銃を携えてもいた。

しかしこの独立戦争以前ののどかな生活は、そう長くは続きようもなかった。ある午後のこと、パーマー将軍は隣人ジョサイア・クインシー大佐とともに狩猟の旅から帰ってきた。大佐はすでにポリーにロマンティックな関心を抱いていた。二人は彼女が「草の上に横になり……夢中で本を読んでいる」のに気づいた。将軍はクインシー大佐にポリーの恐れを知らぬ強さや銃さばきの技量を自慢し、クインシーが彼女を驚かせることができるかどうか賭けをしかけた。将軍はわが娘の「驚くべき神経の強さ」を確信し、悪戯に同意すると、クインシーがポリーの背後へしのび寄り、彼女の頭上で銃を発砲するのを傍観していた。イライザがその小説で再現している描写によれば、ポリーは飛び上がり、気を失い、「砲弾に撃たれたかのように倒れた」。「発作」と昏睡とが交互した一夜が明けると、「父が自慢した彼女の神経系は永遠に破壊されていた」。ポリーの文筆の才も破滅させられていた。何年にもわたり彼女の両手は激しく震え、ペンを持つことすらできなかった。その日以来、パーマーとピーボディの両家でくり返しくり返し語られた話によると、ポリー・パーマーは家に閉じこもってしまい、思いきって家から出たのは、クインシー大佐を訪れ、彼に「悪意を抱いてはいない」と念押ししたときだけだった。

パーマー将軍の才能ある娘たちの不運は、それだけでは終らなかった。一七八〇年代初めの金銭上の損失に伴い、パーマー家はフレンドシップ・ホールからドーチェスターの小さな家へ引っ越した。そして工場の所有者として得たもとの成功を再現すべく、パーマーは投資家たちに、ボストン・ネックに設立予定の製塩所への投機を説いた。その地は埋め立てによって今のバック・ベイやサウス・エンドができるまでは、ドーチェスターとロクスベリーを本来のボストンに繋ぐ拳のような細い半島だった。ドーチェスターの家で、イライザの伯母エリザベス・パーマーは、ナサニエル・クランチとの激しい情事を始めた。彼は遠い従兄にあたり、ボストンで法律を学ぶべく、戦前に英国から移ってきていたのである。イライザは初めからエリザベス伯母のことを、厳格で、小さな生徒たちがどうしてもそわそわしようものならすぐ怒りだすような、とっつきにくい教師だと思っていた。そのエリザベス・パーマーは、彼女の求愛者に対しても、まったく同じように厳格だった。数年のうちにロマンスは喧嘩から喧嘩へと展開していった。最後の諍いは、ある冬の夜、パーマーのドーチェスターの家の居間で始まった。そこで、のちに家族の意見が一致しているように、エリザベスはその恋人を「憤慨させて」しまったのである。ナサニエル・クランチは憤然と外の冷気のなかへ歩み出て行き、翌朝、彼の「ボロボロになった」死体が、ボストン・ネックの海岸に打ち上げられているのが発見された。明らかに自殺であった。

こんどはエリザベス伯母が「長期にわたる厳しい異常状態」に落ちこむ番だった。イライザがその小説のなかで語り伝えるところによると、エリザベス伯母があのすべての諍いにおいて自分こそ非難されるべきだったことに気づくのが遅すぎたのは、「女性に対してはしかるべき敬意が示されるべしという、ロマンティックな考えに彼女が意地になって固執していた」からである。姉ポリーと同様、エリザベス・パーマーは、病床から出てきたときには精神はボロボロで、その「自己本位な悲しみすら……抑制され」、まったく別人のような女性になっていた。それから数年後、パーマー将軍が卒中により亡くなったとき、その製塩所は完成にはほど遠く、未婚の二人の娘にも生活の糧は何一つ残されてはいなかったので、エリザベスはナサニエルの弟で軍需品の製造をしているジョゼフ・クランチと結婚した。彼女は夫とともにニューヨークのウェスト・ポイントへ越したが、病弱な姉ポリーも同伴した。ここでポリーはゆっくりゆっくりと衰弱し、一年も生きられなかった。震える手で書かれたポリーの手紙は、火薬を乾かすための原っぱに隣接して暮らさねばならぬ苦痛、作家になりたいという彼女の挫折した夢、しだいに募る絶望感、そして究極の拒食について語っている。ポリーの死からさして間もなく、ジョゼフ・クランチは肝臓病で倒れ、働けなくなってしまった。エリザベスはまた教師になったが、こんどは少人数の幼い姪や甥たちのための善意からではなく、切実に必要としていた収入のためであった。

ポリーやエリザベス・パーマーが幼いイライザに示した手本は、極端なものであったかもしれないが、けっして唯一無二なものではなかった。一八三〇年にアレクシス・ド・トクヴィルがアメリカを訪れたとき、彼はアメリカ女性の生き方のなかに一つのパターンがあり、それは彼女たちが自立と家事という矛盾する社会要請に直面した独立革命前夜に端を発していることに気づいた。彼は「つい少し前まで子どもだったような女性が、すでに自らのために考え、自由に発言し、自らの衝動によって行動している」と、アメリカ人女性の目覚ましい解放について述べているが、それはあたかも若き日のポリー・パーマーについて述べているかのようである。しかし彼は「アメリカでは女性の自立は、婚姻のしがらみにより、取り戻し不可能なところまで失われている……（婚姻は）女性の側に多大な放棄と、義務のためにはたえず自らのよろこびを犠牲にすることを求めている」とも記している。ポリー・パーマーは、病床に伏すときこの必然的に見える自己犠牲に抵抗していたかもしれないが、病弱な身で自分なりの制約のごときものをさだめ、自らの生き方の制御はできていたのである。エリザベス・パーマーもまた結婚への服従を拒んだが、そのうちにそれに見合うものもなくなっていた。二人とも、読み書きの能力と同じように生き残るための基本的な術である男性からの要求に対する気配りは、身につけていなかったようである。

パーマー姉妹の悲劇の物語が、数世代にわたり女性の子孫たちに伝えられてきたのは、教育や大望のある女性たちの心に深く響くものがあったからである。フレンドシップ・ホールの文学的な雰囲気のなかで育ったため、おませなイライザ・パーマーは直観的にシャツやプディング作りに長けたハント家の親族には不信感を抱き、パーマー家の伯母たちや、彼女らの友人だったアダムズ家、クランチ家、クインシー家の女性たちの並外れた高い教養に感嘆していた。実際に、家運が傾いてきても、彼女は教育こそが——教育職への第一歩としてであれ、いま自分はそこから急速に落下中ではあるが、その上流階層で一人の夫をひきつける手段としてであれ――貧困から身を救う唯一の方策であると信じるようになっていた。だが、ポリーやエリザベス・パーマーのありのままの反面教育は、彼女になにももたらさなかったわけではない。早くからイライザは、自立したいという願望――それを「私の最大の欠点」と呼んだこともあった――を抑制することをおぼえた。彼女は、結婚するときがいちばんその可能性がありそうだが、パーマー家の伯母たちと同様、自分もいつか文学への野心を放棄せざるを得なくなれば、それまでの数々のがんばりに見合うだけのものは得たいと期待することも覚えていた。

そして、いま述べてきたことのなかには、いくつかの厳然たる真実も埋めこまれていたのである。ポリー・パーマーが終生の病弱者になったのは、はたして、彼女にロマンティックな関心を寄せていた男性が彼女の頭上で発射した一発の銃声の衝撃に耐えられなかったからであろうか？　そうかもしれない。だが、もっと重大なのは、この事故が家族全体の挫折の前兆となっていることである。ポリー・パーマーは、富と特権と自主性のもとで育ったのであった。ところが、一人の女性として歩みだす寸前に、すべてを失ってしまったのである。彼女は愛する父が国を援助しようとしながら辱めを受けるのを目にした。アメリカにおける植民地を解放した「世界中に鳴り響いた銃声」は、パーマー家の人々に精神的な衝撃を与えた。自らの傷を刻みこんだポリーが、それ以来、すっかり変わってしまった世の中に出ていくのを拒むようになったのも、不思議ではなかった。同様に、エリザベス・パーマーのナサニエル・クランチに対する尊大な接し方も、姉の精神的崩壊と父の運勢の逆転後では、そのままというわけにはいかなかった。もはや彼女は求婚者たちをもてあそぶことはできなかった。結局、彼女は結婚するかホームレスになるかしかなくなってしまったのだ。彼女のことは、家族内ではもっぱらしかるべき女性としての品行上の教訓として語られたが、真の教訓は、独立戦争終結後の年月、なんの資力もない一人の女性が過酷な経済状況下で直面したものであった。彼女の姪イライザ・パーマーも、もっと若年にして、まったく同じ教訓を学ぶことになるのである。

第3章　誘惑劇

パーマー姉妹の物語というドラマも、彼女たちの弟とその子どもたち、すなわちイライザ・パーマーのすぐ身近な人たちの運命と較べれば、顔色なしであった。パーマー将軍は独立戦争からちょうど五年ほど生きのびた。ジョゼフ・ピアス・パーマーは父の最後を看とると、一家の栄華を取り戻す夢は断念してしまった。かつては騎士道的ですらあったイライザの父は、「ほとんど女性のような神経の男性」になっていた。かつてベッツィ・ハントの救出に駆けつけ、さらにはボストン茶会事件に参加したほどの大胆さはなくなり、かわりに長い発作のような鬱状態になって、この状態では仕事もままならなくなっていた。イライザの母は、万事家庭のことでは、先頭に立たざるを得なくなったのである。

ベッツィ・パーマーが最初にくだした決断は、ボストンの中心にあるキングズ・チャペル近くのスクール・ストリートの家へ、家族そろって引っ越すことだった。この家に下宿人を泊めることにしたのは、他の家族を住まわせることによって生活費を補填したり、なにがしかの儲けが得られたりするのではと当てにしたからだ。[1] しかし、実務においては夫にもまして経験がなかったため、ベッツィは帳尻を合わせることなどできはしなかった。一家は一七八〇年代にはほぼ二年毎に引っ越しをした。最初はボストン港を見渡すフォート・ヒルのキューポラのある宏大な家へ、それからはそのつど立地条件の劣る地区の小さな家へ越しつづけた。その最後の家はボストンの商業地区であるビーコンヒルの路地にあった。その家で暮らしながら、イライザの姉メアリーは、まるで「檻に入れられた」ような気がしたと回想している。同じく二年毎にベッツィは出産し、その子を、なんとか幼児の世話ができる年齢にはなっていたものの外で働くにはまだ若すぎたイライザが、もっぱら乳母役で世話したのである。

状況がのっぴきならなくなるにつれ、ベッツィ・パーマーは、なんとかして自分の子たちを家から出て行かせた。長男のジョゼフは十四歳になると、キャビン・ボーイとしてボストンを出港し、二度と戻ってこなかった。彼女は二番目の子メアリーには、クインシーのクランチ一族のもとで長期にわたり過ごすようなだめすかしした。そこでメアリーは、育児の義務などなしに、フレンドシップ・ホール時代の贅沢をしばらくは享受していた。そのメアリーも十代に達すると、子守りとしてニューヨーク市の、かつてケイト・ハント伯母の男友だちであり、その父の愛国活動の旧友でもあったエルブリッジ・ゲリーの家へ送られた。メアリーは家族の友人の家庭へ入って行った屈辱を、痛切なかたちで記憶に刻みこんだ。なにしろ、対等に処遇されるものと思っていたのに、子ども部屋の向こうの暗い物置があてがわれ、食事は料理番のお手伝いと一緒だと申し渡されたのである。ほどなくメアリーは家族のもとへ戻った。しかしエリザベス・パーマー・クランチ伯母がウェスト・ポイントの自分の家で手伝ってくれる女の子がほしいと手紙で頼んでくると、ベッツィ・パーマーは自分の年少の子どもの一人を手放すことに同意した。幼いアミーリア・パーマーがわずか七歳にして、幌馬車、荷馬車、小型船での長い一人旅をすることになった。彼女の家族は一人分の片道運賃しか用意できなかったのである。結局アミーリアは伯母エリザベスの養女となり、成人するまで自分の大家族と再会することはなかった。

一七八五年の秋、いつも家にいた最年長の娘はイライザであったが、このとき父は製材取引の仕事を探しにメインへ行き、家族のことはスクール・ストリートの下宿人の一人、ロイアル・タイラーという名の、ハーヴァード大学以来のハンサムな年下の友人の世話に委ねていた。そのことこそ、それまでにも様々な不幸はあったのだが、つねづねイライザ・パーマーが「わが家族の歴史における最初の悲劇」と見なす年の始まりだった――彼女はこの悲劇の第一目撃者であり、その後遺症的な衝撃からすれば第一被害者であった。

少しのちにロイアル・タイラーは、ボストンからチャールストンにかけて公演された、新大陸風の喜劇『コントラスト』によって、アメリカが生んだ最初の劇作家として名声を博し、さらにのちにはヴァーモントで法律家ならびに裁判官として経歴を築くことになる。だがいま、一七八〇年代の半ばでは、才気煥発で魅力的な一家の友人であり、パーマー家が最近失ったのとほぼ同じほどの遺産に恵まれてはいたが、失恋によって深く傷ついてもいた。というのは、一七八五年九月には、タイラーは、ジョンとアビゲイル・アダムズの一人娘ナビィ・アダムズにふられていたからである。

みじめなわが身の定めをいつも念頭から払拭したいと思っていたし、夫に対する失望を募らせてもいたイライザの母は、ナビィ・アダムズがヨーロッパから書き送ったそっけない手紙によってタイラーの求愛を拒んで以来数カ月の間、ロイアル・タイラーをだれよりも慰撫したのだった――その数カ月は、たまたま、メインへ出かけたジョゼフ・ピアス・パーマーの不在期間と合致してしまった。ベッツィはタイラーがすすり泣いたり嘆いたりするのに耳を傾け、彼に不都合なことはすべて聞き流してしまった。この男についてクランチ家やアダムズ家の姻戚のものたちは、魅力的ではあるが誠実さのないおべっか使いと見なしていた。ベッツィは、再浮上してきてブレインツリーの知識階級に反タイラーの影響力を持つようになっていた彼のハーヴァード時代の噂など、まったく聞いていなかった

ロイアル・タイラー

のかもしれない。噂では、彼は大酒飲みで、ギャンブラーで、大学の雑役婦との間にロイアル・モースという子どもまでもうけていた。ジョゼフ・ピアス・パーマー自身も、そうした噂はすべて無視しようとしていた。タイラーを信頼して下宿させていたばかりでなく、雑貨商やパン屋の未払い請求書に即刻支払いを求める令状を手に、警官が家まで来たとき、少なくとも一度は仲裁の労をとっている。大騒動に対応し、一握りの銀貨を手にしたタイラーが階段をドタドタと下りてきたとき、ベッツィ・パーマーは涙をこぼしながら戸口でへたりこんでしまったのだった。

ベッツィ・パーマーは一七八五年の冬から一七八六年にかけて、ロイアル・タイラーが側にいてくれるのを喜んでいたようだし、少なくとも彼のしてくれる金銭上の支援への見返りとして、彼の言い寄りを快く受け入れていた。しかし九歳だったイライザは、父の留守中に母とこの「文学的卓抜さをもつ洗練された男性」との間に展開していることを目にし、驚愕してしまった。この体験については、何十年ものちになってようやく婉曲にではあるが書けるようになったのだが、イライザはいまだにロイアル・タイラーが「卑劣きわまりない目的で、就寝中の無垢な少女の、それもほんの幼年でしかない子どもの聖域に入ってきたとき」に彼女が感じた「身震いのするような恐怖と嫌悪感を、信じ難いほど鮮明に思い出す」ことができた。[2] ベッツィはスクール・ストリートの家では幼い子どもたちと寝室をともにしていたのだが、他の下宿人たちに気づかれないよう、ここで彼女の情事はなされたのである。しかしその夜、イライザは眠ってはいなかった。彼女は目覚めたまま横になり、ロイアル・タイラーが「女性を思いのままにし、その子どもたちをも汚しかねなかった」のを、まじまじと見つめていた。

その冬、タイラーがイライザを手にかけたことは、ほぼまちがいない。ロイアル・タイラーは幼い少女には目がなかったのだ。彼がナビィ・アダムズに手を出したのは、彼女がわずか十六歳のときであった。しかも、ブレインツリーにおいて姉妹の母と関係を持ちながら、イライザに気づかれずに、大伯母の家で一人きりのメアリーをひょっこり訪ね、その手をとり、彼女を自分の膝にのせたりしていた。スクール・ストリートの実家の事態についてはなにも知らなかったので、幼いメアリー・パーマーは、タイラーの「陽気な響きのよい声」にすっかり参ってしまい、彼の「緋色のビロードのコート、白のベスト、襞襟のあるシャツと膝丈のズボン」、さらには彼の美貌と洗練された物腰に、すっかり心を奪われていた。「あれほどきれいなものは見たこともなかった」と、のちに彼女は回想している。強く魅惑させられたのはどちらも一緒だった。しかしイライザは、この「穢らわしい卑劣漢」にたらしこまれはしなかった。のちに彼女は彼のことを、「名家に入ったら最後、誰か気の毒な人が彼のたくらみの餌食となるまで、出て行きはしないようなやつ」と呼んでいる。イライザはタイラーが母を思いのままにするのを見ていたので、彼の関心が自分に向いてきたときにも「恐怖と嫌悪」を覚えただけだった。イライザがタイラーの餌食となることから逃れ得たかどうかはわからないが、憎悪をこめて彼について書く彼女の筆致からすれば、彼女が逃れ得なかったことが察せられる。

ジョゼフ・ピアス・パーマーは、一七八六年四月にメインから帰ってきた。彼の妻は五カ月後に第七子を出産し、その嬰児ソファイアはひどく驚くことがあって予定より早く生まれてきたのだと言い張った。しかしソファイアは十分にからだができており、ベッツィ・パーマーがこれまでに産んだ子どもたちのなかでは、出産時いちばん大きかった。その家庭事情を知っていたものは、だれもが実の父親はロイアル・タイラーだと確信していた。

パーマー家ではしばらく後悔と非難合戦がつづいた。ジョゼフ・ピアス・パーマーとロイアル・タイラーは、ソファイアが生まれる前の数カ月間は、スクール・ストリートの家で仲良く共存できていた。しかしこの赤ちゃんが生まれると、ゴシップはボストンからブレインツリーへ伝わり、また戻ってきた。ジョゼフ・ピアス・パーマーの叔母メアリー・クランチは、スクール・ストリートまでめったにしない旅をして、この赤ちゃんをじっくりと観察した。のちに彼女は、当時ヨーロッパにいた妹アビゲイル・アダムズに宛て、「いろいろな臆測の対象になっているこの子を自分の目で見てみようと決心したの」と書いている。彼女はベッツィの説明を、呆れて信じられないというかのように、こう続けている。「あなたも笑うでしょうが、その子の母がなにかささいなことに驚いて、二、三時間後には十分に成育したきれいな赤ちゃんが妊娠五カ月たらずで生まれてくるなんて、いまや私たちは新発見の時代に生きているのね」と。イライザが大叔母を二階の両親の寝室に案内したのだったが、そこでメアリー・クランチが目にしたのは、三人の大人が「それこそ仲良さそうに」そろって座っているところだった——ベッツィはわが子に授乳中、パーマーはいかにも父親然とかまえ、タイラーは両靴を脱ぎベッドにゆったりもたれながら、メアリー叔母のために見え透いた芝居を演じていたのである。

スクール・ストリートを訪ねていた間は、メアリー・クランチもベッツィ・パーマーの説明に納得したフリをしていたが、自身の体験からも「産科術を学んだ」経験からも、妊娠後わずか五カ月でまるまるとした嬰児が生まれることなど「あり得ない」ことはよく知っていた。二通目の手紙で、彼女はアビゲイル・アダムズに、ロイアル・タイラーが「なんと一家のもとに居つづけ、警告一つ受けていない」ことへの驚きを書き送っている。いったいどうしてジョゼフ・ピアス・パーマーは「同じ屋根の下にその安寧を脅かす怨敵の居ることに耐えられたのかしら」と、彼女は訝っている。彼女としては「二人は協定を結んでいる」としか思えなかった。パーマーはその子を自分の子として受けいれることに同意し、タイラーが一家の請求書の支払いを続けてくれるなら、情事の継続にも目をつむるという同意すらしていたのであろう。しかしメアリー・クランチがとりわけ心配したのは、この情事の噂が一家の枠を超えて広まってしまったなら、パーマー家の「無垢な子どもたちに対してすらつきまとい続けることになる不名誉」についてであった。パーマーの年上の娘二人にタイラーの魔手が伸びていることを知っていたならば、彼女の心配はさらに深まってしまったことであろう。

協定があったにせよ、なかったにせよ、ほどなく事態は耐えがたいものとなってきた。タイラーとパーマー夫妻とは、メアリー・クランチのような訪問者に対しては「完璧な調和」というわべをとりつくろうことはできたが、イライザは「裏切られ、侮辱された」父の感じていた「根深い懊悩」を忘れることはなかった。ソファイア・パーマーの誕生後ほどなく、ロイアル・タイラーはパーマーの下宿屋を出て行き、一家にとってこれまで以上の「苦痛と貧窮」に満ちた時代をもたらした。イライザの姉メアリーは、この時期の大半をブレインツリーで過ごしていたので、大叔母の家で会ったロイアル・タイラーという威勢のいい男性が、「理由はまったくわからないけれど町を出て行き、二度と会えなくなってしまった」とだけ記憶していた。おそらく前年に受けた心の傷のため、このことでイライザはなにも言ってはいない。いずれにせよ、まだ幼いながらも、前年の冬に体験したタイラーの誘惑についての詳細は、姉に対してすら秘密にしておいたほうがいいと判断したのである。

気どった貧しさこそ幼いイライザが身に備えたものだった。その他にはほとんどなにも知ってはいなかった。フレンドシップ・ホールでの姉妹関係を誇りに思い、祖父の事業や軍事的失敗について恥じてもいなかった。幼年期のはじめの頃の贅沢な暮らしが失われたことについても、読んだり書いたりする贅沢な時間の他には、なにも嘆いてはいなかった。しかし、母のロイアル・タイラーとの情事のことで感じた屈辱と恐怖、この男と自分がいくたびか遭遇したときに覚えた嫌悪感は、どうしても克服することができなかった。彼女は懸命に、母のことを「殉教者」だと、道徳的に腐敗しきった凌辱者の犠牲者なのだと、そう思おうとした。しかし彼女は、ずっと昔の戦時中のことだったが、父の留守中にフレンドシップ・ホールを訪れたフランスの軍人たちを迎えるべく母が何時間もかけて身支度をしていたことも、思い出さないわけにはいかなかった。彼女の母はジョゼフ・ピアス・パーマーの長期にわたる個人指導にもかかわらず、いつまでも「ウォータータウンの美女」のままでいたのだろうか？　それとも、ベッツィ・ハント・パーマーは、家計のやりくりでも個人的なことでも、あまりに自棄的になり、自らすすんでこのような「下劣の極み」のような罪業を演じてしまったのだろうか？　そのいずれもが可能性のあったことであり、イライザは生涯を通じ自らにその回避を言い聞かせることになった。彼女はすでに、祖父パーマーの没落をもたらしたスペンサー将軍やジョン・ハンコックなどの悪人がそうだが、財力と政治権力を持つ男たちを信用してはならないと学んでいた。いまや身に備わった魅力を最大限に利用しようとする男たちへの嫌悪感も、彼女のなかで大きくなってきており、それが彼女の自立心を強固にしたのである。この自立心こそ――

家庭においてすらアウトサイダーとして生きていくようになるにつれ――彼女の特質ともいうべきものとなっていた。

・・・

ベッツィ・パーマーをなんとかして支援してやろうというロイアル・タイラーの気前のよい金銭提供がなくなると、彼女はボストンでの生活に絶望してしまった。一七九〇年に彼女は、自分の実家ハント家の二人の兄弟が所有するフレイミングハムの農場へ家族で引っ越すことを二人と取り決めた。ボストンから西へ二十マイルほど入ったかなり内陸にあるため、フレイミングハムはジャーマンタウンよりも市街へ出るには遠かった。わずかな数の農場と市場があるだけで、川や運河によって大きな港湾都市と連結しているわけでもなく、海岸に近い町などよりはるかに孤立したままの地域共同体であった。それだからこそ、この地は好ましからざる人たちの隠れ処として、長い歴史を持っていたのであろう。前世紀のセイラムの魔女裁判のさなか、魔女と判決されたサラ・クレイズとレベッカ・ナースの家族はフレイミングハムの西側に移り住み、そのあたりはパーマー一家の時代にも、「セイラムの外れ」として知られていた。

ある意味では、パーマー家の人々も、やはり隠れ処へ移動したのであった。ハント農場では、他の家はまったく見えなかったし、郵便も二マイル半離れた郵便局に週一回届くだけだった。毎朝教室で過ごしていたはずのパーマー家の子どもたちは、雌牛の乳搾りやフェンスの修理をすることになった。ある郷土史によれば、ハント家ではフレイミングハムの地所に旅籠屋を持ちつづけ、ベッツィとジョゼフ・パーマーにその営業を要請したのだという。しかし、何よりまずパーマーが期待されたのは、疲弊しつくしたものと判明はしたが、その地を耕すことであり、利益を義理の兄弟たちと分かち合うことであった。

農業をするにはまったく不向きだったので、分相応に暮らすべく、パーマーは「仕事を変える」ほかなかった。近隣の農家の人たちに自分の土地を耕したり草刈りをしてもらう代わりに、夏にはトウモロコシの除草をしたり干し草をかき集めたりした。冬には、薪をもらう代わりに、パーマーは隣人たちの収支書作りと取り組んだ。最初の冬は、家の居間を使い、自分の幼い息子たちや近所の男の子たちのために、教室を開いたりもした。十三歳のイライザも出席を認められ、授業を受けるのは七年ぶりの体験ではあったが、姉メアリーの伝えるところによれば、「文法の勉強でも発表でも、断然群を抜いていた」ということである。

しかしイライザがいちばんめざしていたのは、もっと実用的な技術の習得であった。彼女自身によれば、フレイミングハムに来たときの彼女は「亜麻、綿布、毛布などの加工の仕方についてはなにも知らなかったので、いまや家族のための必要物資を得る唯一の手段である糸車を回すよりは、シェイクスピアを読むほうがはるかに好きだった」が、イライザはそれでも紡ぐことを身につけ、「文学的向上をめざしたいという抑えがたい欲求を完全に抑制した」のだった。家族の全員が寝静まった夜中にようやく、イライザは勉強を続けることができ、祖父パーマーの蔵書のうちわずかに残されたシェイクスピアや英国詩人の幾巻かを、なんどもなんども読んだのだった。彼女は学ぶことへの「抑えがたい欲求」がこみあげてくるのに気づき、こうした深夜、いつの日か教師になることに、できれば作家になることに、夢を馳せていたのであった。

一七九一年の冬までに、ジョゼフ・ピアス・パーマーはすっかり意気消沈し、学級で教えることも暖をとるための薪を貯えることすらしなくなっていた。イライザはこの仕事も引き受けたが、緊急の場合もよくあった。空が曇り嵐になりそうなので薪入れを点検してみると、燃すものが残っていないこともあった。彼女が「家から半マイルも離れた森まで走って行き、両腕いっぱいに薪を抱えて帰り、自分の手で短く切る」頃には、あたりに雪が吹き荒れていたこともあった。それでも父への同情は、きまって母へのそれよりも強かった。情況が悪化するにつれ、ベッツィ・パーマーの最悪の部分が露呈しつづけた。イライザは、母がイライラするたびに、「鞭打たれ、閉じ込められ――夕食もとらず寝かされた」のを覚えている。「罰を受けたことに対してではなく、その不当さに対して、私の根っからの自由精神は反撥したものでした」と彼女は書いている。おそらくベッツィ・パーマーは、幼い娘のまさに本能的な反感を感じとり、彼女を叩いたのであろう。いっぽうイライザの父のほうは「けっして声を荒げたことも、私をののしったことも、叩いたことも、荒れまくったこともありませんでした……私がまちがったことをしても、優しく叱り、道理を説き、納得させ、こまかい心づかいをしてくれました」という。

それでも、その後二年の間に一家の窮状が深まってくると、パーマーの洗練された態度が、年長の娘たちにさえ、次第にそぐわないものと思われ始めた。ある記述によると、彼はメアリーとイライザに、長時間にわたる仕事を切り上げ、毎日午後は盛装してお茶にしなさいと言い張ったが、二人の晴れ着は着古したお下がりだったばかりか、お茶そのものも不足していた。妻がまだ育児に忙しい何カ月間は、パーマーは毎朝、ココア好きのベッツィのためには必需品を犠牲にしてでも、温めたホットチョコレート一杯を、自ら妻のもとに運んでいたが、それは妻の愛を取り戻すための努力だったのかもしれない。[3]

しかもまだ後に続く幼児たちが何人もそこにいたのである。フレイミングハムでは、イライザが面倒をみなくてはならない五人の弟や妹たちがいて、その子たちに対する両親の接し方は、育児放棄と言っても言い過ぎではないものだった。幼いソファイアはほとんどほったらかしにされていたので、話し言葉をおぼえるのに支障があった。姉のメアリーはソファイアが、「幼い頃には、新奇でおもしろいものではあったけれども、自分だけに通用する言葉で話していたので、成長するにつれ、それを修正するのにかなり苦労していた」と回想している。フレイミングハムでのある冬の朝のこと、この家族が目を覚ますと火が消えてしまっており、五歳のジョージが近所の家まで火ばさみを持って火種をもらいに行かされたことがあった。その帰り途で、熱い燃えさしが衣服に燃え移り、この子は大やけどを負ってしまったのだった。

このような極貧状況のさなかに、ロイアル・タイラーが再び登場してきた。メアリーやイライザは知るよしもなかったが、長期にわたる不可解な不在の間にも、タイラーは彼女たちの父に手紙を書き続けていたのである。この年下の男はマサチューセッツ西部まで出向き、ここでシェイズの反乱を鎮める工作に参加していたのだった。だが彼の手紙には戦地からのニュースだけが記されていたのではない。その一つで彼は、「何人かのじつにきれいな少女」を目にしたと言及し、すべての手紙のなかで、思春期の少女メアリーを「わが幼妻」と呼びながら、彼女によろしくとパーマーに頼んでいたのである。メアリーが十八歳になった秋のこと、タイラーは突如「立派な恰幅のいい黒馬で」フレイミングハムのパーマー農場に姿を現わした。メアリーの見るところ、彼の到来は奇跡的な救出であった。しかしイライザは、少女時代の悪漢が再び彼女の家に招き入れられるのを目にして仰天してしまった。たちまち彼女は、さらなる誘惑劇を目撃させられることになったのである。

タイラーはヴァーモント州南部で弁護士の仕事を始めたという知らせをもって来たのだった――そこはいまや全米でもっとも急速に発展している州だった。しかも彼はパーマーのために、自分の働いているギルフォードから六十マイル離れたヴァーモントのある町に住む一家の個人教師の仕事も見つけてきていた。それから彼はメアリーを傍らに呼んで正式な結婚の申しこみをした。メアリーの説明によれば、彼女の両親は「私と同じくらい喜んだ」というが、これからはタイラーの寛大さが家族全員に及ぶと考えたからであろう。彼の求婚は承諾された。だがヴァーモントをめざして最初にフレイミングハムを出て行ったのは、ジョゼフ・ピアス・パーマーであった。このような事の成りゆきをベッツィ・パーマーがどう考えたか、ましてや家にはロイアル・タイラーがいるというのに、彼女はまた夫不在の状態に置かれてしまったのであるから、それは想像をたくましくしてみるほかはない――もちろん、この結婚が、ほぼ十年前ボストンで三人が結んだ取り決めの一部だったのでないとしたならばであるが。

メアリーの父は遠方にあり、タイラーは明らかに自分の婚約者を思いのままにできると考えたはずである。メアリーの説明によると、タイラーは、「彼に対する私の愛と信頼を試してみるつもり」なのだと言明した。彼はメアリーに、理由は言わぬまま、ただちに秘密の結婚に同意するよう求めた。しかも次の冬まで彼女をヴァーモントへ連れて帰ることはできないと言い渡した。そのときは「橇で私を迎えに来る、それ以外に私と荷物を移動させることは不可能だから」と言ったと、何年ものちになってメアリーは書いているが、タイラーの尋常ではない振舞いを弁明しているかのようでもある。

新共和国が発足して間もないこの当時では、男女が結婚しても、挙式後数週間は同居しないということは珍しくはなかった。しかし、丸一年というのは常軌を逸していたというほかない。メアリーは回想記において、結婚は一七九四年春になされたと断言しているが、挙式についてはまったく委細を尽くしていない。ひょっとしたら、この秘密の結婚というのは――タイラーの衝動的な求婚にしてもそうだが――メアリーの創作、ないしは、自分の母のそれにあまりにもよく似たロイアル・タイラーとの禁断の情事についての事後弁明なのではないだろうか。いずれにせよ、結婚していようといまいと、二人の関係は性的なものになっていた。タイラーがヴァーモントへ帰るとすぐに、メアリーは自分が妊娠しているのに気づいた。何カ月も彼女は自分の懐妊を、妹のイライザのほか誰にも秘密にしていたが、「極度の」不安を覚えてはいた。しかしついに、タイラーの愛情を確保する手だてでもあったのだろうか、メアリーは周囲の人たちに対しタイラー夫人として自己紹介しはじめた。赤ちゃんが生まれると、その父親にあやかり、ロイアル・タイラー・ジュニアと彼女は命名したのである。

さて冬になった。メアリーのトランクは梱包され、その赤ちゃんはしっかり布にくるまれていた。メアリーは夫が橇で彼女を迎えに来るのに十分な深さまで雪が積もるだろうかと不安げに見守っていた。そうした姉をイライザは懸命に慰めていた。タイラーはちゃんと戻ってきて、わが子をベタ褒めした。新妻には白イタチの襟つきの黒繻子のコートを持参し、ボストンの劇場へ連れて行ったりした。ところが、またしても彼女を同伴することなく、ヴァーモントへ帰ってしまった。こんどは敢えてそのわけも言わぬままだった。その回想記によれば、タイラーの「作家としての評判は高く、彼の天与の才能はその無数の短所を相殺していた」とメアリーは説明している。けれどもこの二度目の待機期間は、メアリーにはほとんど耐えがたいものだった。彼女が相談できる相手は十代のイライザだけだった。なぜかメアリーは、「お母さんはどうしても私の気持ちをわかってくれない」[4]と感じていた。自らの「罪深い性分」に対する罪悪感に苦しんで、しだいにメアリーが気落ちしていくにつれ、イライザは幼いロイアルの世話も引き受けた。自身でも心の慰めが欲しくて、イライザがデイヴィッド・ケロッグ牧師のフレイミングハム第一教区教会に加入したのは、この時機だったようである。この牧師は罪と悔悟について、人々を力づけるように正統派の福音を説く人だった。

タイラーが彼の子と若妻のもとに帰ってきたのは一年後だったが、このとき彼女は二人目の息子を身ごもっていた。こんどはタイラーも結婚生活に身を入れる気になったようで、メアリーとロイアル・ジュニアばかりか、他にパーマー家の子どもたち二人も乗れるような大きな橇でやってきた。すなわち、イライザの弟ハムデンと妹ソファイアである。この少女は、イライザとその両親は知っていたのだが、ロイアル・タイラーの娘であった。タイラーはその子たち全員の面倒を自分がみると約束した。メアリーにとっては幸せな結末であった。タイラーが二度とパーマー家を訪れる理由はなくなり、イライザは安堵したにちがいない。しかし、この「無垢なる者の誘惑者」がいまや家族の一員となったという意識は、いつまでも彼女を苦しめつづけた。

姉のいわばシングル・マザーとしての体験が、イライザをして、のちに彼女の娘が述べているように、「なんらかの仕事を身につけることによる自立」をめざす決意を、いっそう強固にさせたのであった。パーマー家の家族が大幅に減少したことによって、ついに彼女が自分の学校を開く努力をしてみる機会が訪れたのである。十八歳の誕生日の少し前、イライザは、まだ元気だった父が家で最後の冬にしていたように、自宅の応接間に近所の幼い子どもたちを集め、彼らに読み方と作文を教え始めていた。今度は大規模なかたちで実験に着手したのである。彼女はとりわけ厳格な学院を模倣しながら、学期末には町内でも目立った存在の人たちを招き、自分の生徒たちが学課を暗誦するのを聴いてもらうことにしたのだ。いちばんよかったのは、のびのびになっていたフレイミングハム農場に課せられた税金をどうにか支払えたことであった。しかしこの勝利の期間は束の間のものだった。

ロイアル・タイラーがその約束を果たすのを待っていた二年間、メアリーとイライザには父からの連絡はほとんどなかったし、彼が家族に送金することなどまったくなかった。ついにメアリーが家を出て行ってから一年ばかりのちの、一七九七年の夏、ジョゼフ・ピアス・パーマーが橋から落ちて死んだという知らせがもたらされた。家族に伝えられたのは、彼は建設現場を移動していて足場を踏み外したというものだったが、事故の性質からみても、それはもっとすさまじいものだったようだ。そのことは、彼の最後の手紙がそれとなく物語っている。その手紙を受けとったのはメアリーだった。手紙はパーマーがいまだに自分の事業の失敗を苦にし、その失敗が妻と疎遠になった原因だとして自らを責めていたことを示していた。彼が妻にではなくメアリーを選んで手紙を書く気になったのは、「妻宛てに書いてもどうにもならないとわかっている」からだったし、彼としては娘に精一杯妻との仲をとりなしてもらいたかったのだろう。さらに彼はベッツィ・ハントに求愛していた頃のことを回想している。「きみのお母さんは、私の会話や応答ぶりが並みの男性のそれとは全然ちがうことが、よくわかっていたはずだ」ともパーマーは書いている。「私の行動指針はちゃんとしていたし、よく読み、記憶力もしっかりしていた。こうしたことで私は彼女の愛と深い信頼とを獲得したのだ。」しかし彼のこまやかな感性も、戦争後の困難な時代においては、さして役には立たなかった。彼は次のように結んでいる。「私はこの十年、ほんとに誰よりも感情面において苦悩したが、それさえなかったなら、君のお母さんと知り合ったとき、彼女が私のことをそう思ってくれたように、私はずっとよき伴侶であったはずなのだ。」

しかしイライザからすると、彼女の父は被害を受けた側だった。彼女は、生きているとき以上に、おそらく記憶のなかでずっと父を好意的に見るようになっていた。したがって、夫を選らばなくてはならなくなったときにも、彼女は学識のある男性を探そうとし、その紳士としての振舞いにおいても父の基準に当てはめてみようとした――その基準は、パーマー家の人たちが一つの理想社会の中心であったはるか昔のフレンドシップ・ホール時代よりも、さらに高いものになっていたのであるが。

イライザ・パーマーが成年に達する頃の数年は、アメリカの若者たちの性的規範がゆるくなった頃で、そのゆるみたるや、その後百五十年は並ぶもののないほどだった。独立戦争後の十八世紀末には、第一子の三人に一人が婚外交渉によって受胎されていたのである。ちなみにピューリタンの十七世紀には十人に一人以下であった。実験と激動の時代に独立したアメリカの第一世代は、自らの基準で生きていたのである。イライザの母や姉の婚外交渉にしても、それほど破廉恥なことではなかった。それはクランチ家やアダムズ家の人々がパーマー家の結婚生活の破綻を大目に見た寛大さからも証されていよう。だが目撃者かつ犠牲者としてイライザが受けた心の傷は深甚なるものだった。しかもイライザ自身が成人し自分の娘たちを育てるようになる頃には、現行の道徳規範は再び方向を変えていた。アメリカ人たちは十八世紀末のかなり混乱した男女関係に背を向け、十九世紀のはるかに抑制されたヴィクトリア朝の道徳律へと向かいつつあった。この社会慣習の変化も、独立戦争後に自分の家族の女性たちに起こったことを考えてみればみるほど、イライザの抱いた嫌悪の情を強くするだけだった。

イライザは長年にわたり沈黙を守っていたのだが、しまいには、ロイアル・タイラーの凌辱行為の経緯を、年長の娘二人、エリザベスとメアリーにだけ打ち明けて話した。娘たちは、こんどは母の秘密を精一杯守ろうとしたのだった。メアリー・ピーボディは、一度だけ、彼女の母は「自分のことだけでなく他の人のためにも、ずいぶん苦しみました」と、遠回しにほのめかしたことがあった。しかし「母が耐えたこと、母が克服したこと、それは語ることのできない昔の話」と書いている。自分の息子たちと、自分の妹ソファイアにちなんでイライザが名づけた病弱な娘の前では、いつまでも秘密にしておこうとするあまり、その出来事は「話すのも憚られる性質を帯びた」ままであった。だが彼女がこのエピソードについて語ることがなければないほど、それは彼女の想像力のなかで不気味さを増すのであった。イライザ・パーマーは凌辱的な男性に対する恐怖を払拭することはできず、彼女なりのロマンティックな愛のかたちをひそかに思い描き始めたが、それはスペンサー風の騎士道精神とキリスト教徒的な信心深さを合成したもので、パーマー家の遺産というべき慢性化した経済的困窮状態のもとでは、ほとんど達成不可能と判明するはずのものであった。

第4章「ベリンダ」

イライザ・パーマーが二十歳になる頃には、かつて誇りにあふれていた一家は没落しきっていた。一七九七年に彼女は、未亡人となった母といちばん年下の弟や妹とともに、フレイミングハムからウォータータウンのハント家の家族のもとへ引っ越した。そこはフレイミングハムよりもさらに受け入れがたい環境であった。ウォータータウンはボストンには近いものの、町なかのハント家のよろずやと下宿屋を中心とする社会生活は、読み書きのできるフレンドシップ・ホールの「姉妹関係」とは、似ても似つかぬものだった。彼女の母は、チャールズ河にかかる近くの橋で九歳のジョージが一緒に遊んでいる男の子たちに不安を覚えながらも、彼やその妹キャサリンを監督する余裕はなかった。イライザにしても、このときばかりは同じであった。ベッツィ・パーマーは伯母ケイト・ハントと洋裁業を始めていて、イライザにしてもその仕事を同等に分担することが期待されていたからである。しかしここでは、紋切り型の家庭的なハント家の女性たちに囲まれ、イライザはこれまでのように自分が頼まれたことは何でもすすんでやる気はなくなっていた。イライザの評価では、「ウォータータウン全体の関心事は、全能のお金のことばかり」だったし、彼女は「この頃のウォータータウンの極端に当世風な生活にはほんとにむかつく」ようになっていた。

イライザはいつまでも自分の感情を隠してはいられなかった。彼女はいつもペンと紙を持ち歩くようになったので、彼女の母は「あの娘は――階段に置いてあった糸車のところに立ったまま、ペンをとり出し――頌歌を書いていたりした」ことがよくあったと、誇りと不満とがないまぜになったように回想している。詩について、ハント家の人たちは、パーマー家の人たちとは違う感情を抱いていたため、ほどなく「ペンや本なんかで時間を浪費している」といってイライザを批判するようになった。「こうした家族中から受ける批判は、一人の娘の精神形成にはいちばんよくない」とわかっていたので、ベッツィ・パーマーは、一家のいくつもの秘密をずっと秘守してくれた娘がこの家を出て行けるよう、彼女に力を貸す気になったのである。

ベッツィは亡き夫の叔母メアリー・クランチ――十年前にパーマー一家のご乱交続きのボストンの家を面白がって訪れた女性である――に援助を求める手紙を書いた。メアリー・クランチは、自分がベッツィとロイアル・タイラーの情事を知っていることは、けっして彼女に漏らさなかったし、いまや姪の、父親を亡くした娘や息子たちに対する気づかいも持ち続けていた。最近フィラデルフィアの大統領邸におさまった妹アビゲイル・アダムズ宛ての手紙では、情報がありしだい、パーマー家の動向を日課のように伝えている。その彼女がイライザに、仕事が見つかるまで、クインシーの自分のところへおいでなさいと招いたのである。

一七九八年五月、ベッツィ・パーマーはイライザをメアリー・クランチのもとへ送り出す際に、紹介状で娘のことを、その幼年期は「心をずたずたにするような数々の悲痛にまみれたもの」ではあったが、「ほんとによい娘」だと書いている。イライザのいちばん大きな願いは「ちゃんと自立すること」であり、クランチ夫人が提案する「将来の生活の糧になるものであれば、何に対してであれしりごみするようなことはありません」と母は約束している。イライザ自身、ジャーマンタウンにおける幼年時代の、あの活気に満ちた知的風土を取り戻したいと熱望していた。貧困の下降階段からの脱出は、自己教育か、よい結婚をすることにかかっていると、彼女にはわかっていたのだ。何よりもまず彼女が避けようとしていたのが、自分で目撃した、母や姉が絶望のあまりはまりこんだ、もつれた性的関係への妥協であった。

しかしイライザがクランチ夫妻のもとにいたのはわずか二、三週間で、一七九八年の晩春からはボストンで店員として働き始めた。この最初の「ちゃんとした自立」をめざす努力は束の間のものだった。その夏までに黄熱病の大流行が市の通商を停止させてしまったからである。イライザの雇用主たちはボストンを逃げ出し、病人と死にかけた人以外誰もいない家が多い町中で、この若い女性は自分で自分の身を守るほかなくなった。イライザは自分の健康が良好であるかぎり、看護の仕事を志願し果たしていた。彼女がボストンにとどまったもう一つの理由として、ロマンスの可能性が考えられる。ベッツィ・パーマーはメアリー・クランチ宛てに、一七九八年七月、彼女の娘がなんの予告もなく訪ねてきたと書いている。このとき、イライザはだれかを好きになったことを、それとなく話したにちがいない。ベッツィは「娘の感じている至福ぶりに、私の胸も喜びでいっぱいです」と書き、さらに「あの娘の他人を疑わない心情には不安を覚えます——けれどもあの娘の思慮分別を私は信じております」ともつけ加えている。明らかにベッツィ・パーマーは、イライザに対するすべての責任を、クランチ夫人に譲り渡してしまっていた。なぜなら彼女はイライザの大叔母に、この初めてのロマンスでイライザを導くために「あらゆる必要な警告」を行使してくれるよう頼んでいるからである。

けれどもその夏の終わりまでに、イライザはクインシーのクランチ夫妻のもとに戻っていた。彼女は、黄熱病ではなく過労で、病気になってしまったのだ。おそらく彼女の体調の崩壊には、失意もからんでいたのだろう。なぜなら、その夏の「至福」については、もう何一つ言及も記述もなされていないからである。イライザが回復するまでには、彼女の雇用主たちはボストンに戻っていたが、彼らはイライザの代わりに一人の男性を雇ったのだった。

そこでクランチ夫人は、いちばん下の妹のエリザベス・スミ

エリザベス・スミス・ショー・ピーボディ
（ギルバート・スチュアートによる肖像画）

ス・ピーボディに頼むことにした。彼女は、その秋の初め、十八歳の同名の娘エリザベスを亡くしたばかりだった。エリザベスの二度目の夫（最初の夫は一七九四年に死亡していた）スティーヴン・ピーボディ牧師は、アトキンソンというニューハンプシャーの小さな農業共同体での牧師としての勤めに出るほかに、農場と評判のよい私立中等学校を営んでいた。そこはヘイヴァリルからわずかにマサチューセッツ州境を越えたところにある、メリマック川沿いのにぎやかな製粉工場町である。エリザベス・スミス・ピーボディは、頭脳の明晰さでも学識の点でも姉たちにひけをとらなかったし、おそらく知力においては、ずんぐりしてユーモラスなピーボディ「牧師」を凌駕していたであろう。共学になったばかりのアトキンソン学院において、彼女は男の子たちにも女の子たちにも作文を教えたり、いつも十数人はいた寄宿生たちの寮母を務めたりして、大きな役割を果たしていた。数年来、アビゲイルとメアリーは、アトキンソンでの生活を厳しく孤立したものと判断し、様々なかたちでエリザベスを援助しようとしてきていた。アビゲイルは教育を受けさせるべく幼い孫息子たちをこの学院に送りこみ、授業料も多めに払っていた。そして今回メアリーは繁忙な家族の助手として、イライザ・パーマーの勤務を提案したのである。クインシーを訪れたときイライザに会ったはずのアビゲイルも、この考えに賛同した。姉二人の希望を表明したエリザベス宛ての手紙の一つでメアリーは、「パーマー嬢は、まちがいなく心づかいと勤勉さにより、大家族のかかえる大きな重荷をあなたから取り除いてくれるとともに、人をもてなす品のよさ、自ら改める素直さも持ち合せているので、あなたの余暇のよき相手にもなってくれるでしょう」と書いている。

メアリー・クランチは、パーマー家の人たちに対して、ピーボディ夫人はイライザを実の娘のように受け入れてくれるはずだとそれとなくだが伝えている。しかしメアリー・クランチは、溺愛していた娘を喪失した妹の大きな悲しみを計算に入れることができていなかった。イライザにとっては避難所となるはずとメアリー・クランチの考えた家族が、「ちゃんとした自立」をめざす旅の途上にあった彼女には、もっとも不安定な最後の中間駅となったのである。

一七九八年十二月末、アトキンソンの教区牧師館に到着したイライザ・パーマーは、エリザベス・スミス・ピーボディに、

「このうえなく感じのよい人柄の人……私が心底から求めていた、まさに優しく、親切で、力になってもらえる仲間」という印象を与えたのだった。イライザの側では、彼女は新しい保護者に畏敬の念を抱いていた。のちに彼女が書いているように、この新たな保護者は、「羨望を覚えるほどの知的習得」を身につけていた。その人に気に入られるべく、イライザは本当の自分以上に世慣れて自信に満ちた若い女性を演じた。エリザベス・スミス・ピーボディはメアリー・クランチに、イライザは「満足できないのではないかしら——ここは、華美な場所とか若々しい仲間がいっぱいのボストンとは大違いだから」と、彼女のことを心配している旨の手紙を書いている。彼女はイライザがほんの数カ月クインシーで過ごした間にも、自分の生き方をちゃんとわかっているようだと考えていた。それで「あの娘がこれまでに体験してきたいかなる状況ともこのアトキンソンは正反対だろうと思うわ」と書いているのである。エリザベスの考えたことはまったくの的外れではあったが、イライザには矜持《きょうじ》があって、自分の幼年期に体験したつらいことなど口にはしていなかったのだ。最初からエリザベスは、たしかに実際面では救いであったけれども、イライザの存在を感情的には負担に感じていた。「私自身、これまでのようによい話し相手ではいられない気がしているの」と、彼女は姉のメアリー・クランチに書いていた。彼女がいつも考えていたのは、「あの冷たい土の下に横たわる」もう一人のエリザベスだけであった。

イライザがエリザベス・スミス・ピーボディに感じた素っ気なさが、自分は娘代わりにではなく、「ありとあらゆる仕事をさせるためのメイド」としてアトキンソンに連れてこられたのだという思いを増幅させることとなった。その失意は深刻なものであった。イライザはその保護者を見かけることもほとんどなく、指示は一家に昔からいる召使いリディア・スプリンガーから受けた。イライザはクランチ夫人宛てに、「三度の食事の準備の手伝い、いくつもの部屋の掃除、台所と隣接した小さな寝室を除いたすべての床磨き、洗濯、アイロンがけ……ほぼ全員のための繕いや修理」を求められたと書いている。ピーボディ家の家族のほかに、その冬この家には十四歳以下の下宿生八人がいて、彼らの頻繁に破れる衣服がイライザの特別担当部門となっていた。エリザベス・スミス・ピーボディはさらにイライザに対し、必要最小限の衣服もないままこの学院へやってきたアダムズの孫息子たちのために、そのシャツを縫いあげる義務をも課したのである。

こうした数多くの雑用はあったが、イライザがアトキンソン学院の生徒たちと友だちになる時間はあったにちがいなく、彼女はすぐ「生き字引」のあだ名を頂戴している。ところがこの名声を彼女は悔いることになった。というのは、彼女は先生でも生徒でもないのに、そのめざましい才能が両者の役割における最悪の事態を彼女にもたらしたからだ。メアリー・クランチ宛ての手紙で書いているように、「たいへん骨の折れる仕事の真っ最中に、下宿生たちがペンやインクや紙を手にしてやってくる」と、にぎやかに、「私の小文をすぐ書いてよ、こんどの土曜に発表する私の詩を書いてよ、今日学校へ持って行く手紙を書いてね、私の作文を直してね、私の修辞法のできばえをさっと見てほしいの、できれば少し書いてほしいな、地理の授業で教わったことを言うから聞いてみて」などとせがむのだった。「こうしたすべての頼み」に応じてやらなければ「みんな私のことを不親切だと思うでしょう」と彼女は感じていたのである。

　こうした求めがイライザに重くのしかかったが、自分の文学的かつ指導的な能力がこの厳格な私立中等学校で十分役立っているのがわかると、彼女は自らのこうした能力に自信を抱いた。わずかな余暇を利して詩を書きつづけているうちに、生徒たちの朗唱におけるイライザの作品のできばえを耳にしたピーボディ牧師は、彼女にそれらを発表したらとすすめた。彼女の詩のいくつかを、彼は週刊新聞の発行を始めていたヘイヴァリルの友人たちに渡したので、たちまちイライザの詩篇は『ヘイヴァリル・フェデラル・ガゼット』紙に「アポロの竪琴」の見出しのもと、定期的に掲載されるようになった。一七九九年の春から夏にかけて彼女が発表した七つの意欲的な詩に、彼女は「ベリンダ」の筆名を用いている。[1] これはアレグザンダー・ポープの『髪の略奪』における喜劇的なヒロインの名を借用したものである。だがイライザの詩的声明はユーモアからはほど遠いものであった。

　ベリンダの名のもと、イライザ・パーマーは女性のための擁護者として姿を現わし、この十年間に鬱積した怒りのなにほどかを言葉にしたり、驚くべき理想主義を見出したりもしている。「当節の重大局面に触発された感懐など」と題された、一七九九年三月に発表された詩では、アメリカの政治家たちは、あの不名誉なXYZ事件に引きつづき、フランスとの戦争に突入する前に、共和国の女性たちの声に耳を傾けるべきだ、とイライザは唱えている。ポープを思わせる韻を踏んだ二行連句により、彼女は力強い問いかけから始めている。

まず問いたい――女心をみじめな怯えに閉ざすような
制約を課してしまったのは誰か？
国のひずみを感じとり、人民の車を導くほどの
特権的な魂が男にはあるのか？

イライザは、女性たちは「家庭という領域で輝く」ことはあろうと譲歩はしている。しかし、神は男性にも女性にも「ともに同じ不滅の心」を与えたと彼女は書いている。「行動を起こすべきときには」女性にも男性と同等の「力がある」と彼女は主張する。略奪的な男性を個人的に知っていることで、女性は道徳的優位性に達したと、つまり、しばしば国々を戦争に導くことのある「男性の悲しむべき堕落」を指摘することができるのだ、と主張したのである。

　翌月発表された詩において、彼女は「ある真の淑女」の人物像を描いている。ここで再び彼女は――ルソー、ミルトン、人気のあったイギリスの随筆家であるフォーダイスとグレゴリー

など——とりわけ文学的な男性たちを取り上げ、女性は浅はかで男より劣るという彼らの女性観を吟味しようとしている。

彼らの書いたものが語るのはただこのひとこと
女は愛らしく、そしてか弱くなくてはならない！
女が生まれてくるのは、まさにたくましい男を祝福するため！
男のために考え、振舞い、動き、身を飾れ！

そのあとイライザは彼女が理想とする女性について述べているが、それはハント家の家庭性とパーマー家の知性とが結合したようなもので、それに自らの厳しい社会体験が翳りを加えている。これはのちに自分の娘三人を育てるときの指針となるはずの哲学の表明であった。

ゆえに私がもっとも美しいと見なす女性は
もったいぶった偽りのつつしみ深さなど振りすて
言ってはならないなどと気にすることはなく
美徳は真の美徳のためにだけ崇敬する……
そしていつも聖なる時間を捧げるのは
有用な学習と真剣な思考のためでなくてはならぬ
それゆえにその高邁で不滅の心は
すべてのものが分かつ来世に備えることとなる
穏やかで人柄もきりりとしていなくてはならぬ
家事については完璧な知識を有し
友情に厚く愛情には誠実であり
目的にはゆるがねど苛烈にはあらず
きわみなき悲哀にその心が屈することはなく
むしろ天のくだした災いにも凛として耐える
このような生き方を虐げられた女性は高く掲げ
神を崇めつつ「へつらいのない賞讃」を手にする

冒頭の挑発的な数行に比べれば、イライザの「ある真の淑女」に求められるものは穏当に見える。だが彼女の秘められた真意は強烈なものである。ポープの詩のなかのベリンダは、鏡の前で何時間も過ごすような虚栄心の強い愚かな少女であり、『髪の略奪』は彼女の髪をめぐり客間で展開される口論のようなものである。「ある真の淑女」においてイライザ・パーマーは、客間のすぐ奥にひそむ誘惑や性的虐待については直接に体験していたので、その作者とは反対にベリンダの肩を持っている。イライザのベリンダは、ちょうど合衆国で支持を得はじめていた一七九二年発表の『女性の権利の擁護』でメアリー・ウルストンクラフトが用いているのとそれほど違わない言葉で、女性の知的かつ精神的な尊厳を強く弁護している。ウルストンクラフトもまた、虚栄心とか無知とかの批判から女性たちを解き放つことに腐心していた。イライザはその詩において、女性は男性が押しつけてくる低級な女性としての行動規範を拒否し、誠実さ、知性、そして美徳を希求すべしというウルストンクラフトの呼びかけに同調している。新たな独立の時代に、アメリカの女性は必ずやその女性性を改善できるというイライザの信念が、彼女の詩に切迫感と楽観性を与えている。彼女の詩は、イギリスのフェミニズムを長調でとらえていたのである。

エリザベス・スミス・ピーボディは当初、夫とともに、彼らの若き助手の文学への打ち込みを励ましていた。彼女自身、女性に対しては同様な見解をたくさん抱いていたし、「ベリンダ」という筆名をイライザに思いつかせたのも彼女だったのかもしれない。（ポープはエリザベス・スミス・ピーボディのお気に入りの詩人であった。）彼女はイライザの詩のいくつかを息子のウィリアム・スミス・ショーに送ったりもした。伯父であるジョン・アダムズの特任助手の地位を得ていたからである。「わが息子よ、アポロがアトキンソン高地をパルナッソス山【ギリシャの山で、ギリシャ神話でアポロ神が祭られたとされる】と勘違いしたって聞いていましたか？」と書き、さらに続けてイライザの書いたものを、「あのおとなしいベリンダの調べは彼の竪琴と完璧に調和しています」と賞讃している。さらに彼女は息子に、イライザの詩を大統領に手渡すよう薦めている。彼女としては大統領が「とりわけ当節の諸般の重大事に触れた作品を気に入って」くれればと期待していたのである。エリザベス・スミス・ピーボディは、フランスとの戦争についてのイライザの平和主義的な感情が義兄を喜ばせることがわかっていたし、一七七六年の昔に姉が始めた、ジョン・アダムズに「女性のことを忘れないで」と言う運動を続けていたのかもしれない。

ジョン・アダムズ大統領はイライザの詩を読み、それが気に入ったようである。続く秋に、エリザベス・スミス・ピーボディはなおも息子に「パーマー嬢のペンからほとばしり出たもの」を送り、それを大統領に手渡して貰おうとしているが、これはアダムズの孫たちの一人が朗唱に用いた散文作品であった。ところがピーボディの教区牧師館周辺では、イライザの詩は別の注目を集めるようになっていた。それは彼女が書いているような「へつらいのない賞讃」ではなく、学園で授業をしていたピーボディ牧師の聖職者をめざす学生たちが抱いたロマンティックな関心だったのである。この反応ばかりは、ピーボディ牧師夫人が自分の預かり者に対して望まないものであった。とりわけそれが、かねてよりイライザには不興を覚えていた家政婦リディア・スプリンガーの嫉妬にかられた怒りをかきたてたことを、彼女は察知していたからだ。イライザがメアリー・クランチに書いているように、スプリンガーは「私がみなさんから頂戴する好意が、彼女がみなさんから頂戴するそれとは違っていようものなら、傷つき不満になってしまう」ような人であった。

田舎の教区牧師館で聖職者をめざす若い候補生にとって、イライザ・パーマーは魅力的な人物に思えたことであろう。彼女は強烈な理想の女性像を描いた作品を発表した詩人でありながら、召使いとして雑多な仕事をこなしつつ、自らの生活費を稼がなくてはならない女性だった。イライザの「ある真の淑女」

にある、一人の人柄のよい女性が彼女にふさわしい高潔な男性とめぐり合う瞬間を描いた詩行が、アトキンソン学院の一人、ないしは複数の教員をして、われこそはとその愛を表明させたであろうことは、容易に想像がつく。

ゆえに美しい友情は卑しいまじりけを知らず
ひたすら喜びの源、その泉のみ証し
やがてたがいの胸にひとつの思いがこみあがる
魂は魂と語り、飛翔し結合する

イライザが文学的な名声を得たかと思うと、ほとんどすぐにピーボディ家から解雇されそうになったときの彼女の怒りも、想像に難くはない。イライザ・パーマーへの非難の記録はないが、この件について彼女は、メアリー・クランチ宛てに手紙を書いている。その文言からは、彼女がなおも――彼女とポープの両方の――ベリンダを念頭においていたことがわかる。「詩人が何の役にも立たないというのは一般に受けとめられている考えですし、ある人がお化粧に五時間も費やしながら愛されあがめられているのに、ペンを手にして一時間を過ごす人は責められるのです」と、彼女はメアリー・クランチに書いている。だがピーボディ牧師館で評価の規準とされたのは、鏡の前ではなく、家事において費やす時間であった。リディア・スプリンガーは、明らかに召使いの階級からいっきに跳び出ようとしていたイライザの努力を不快に思っていたが、その嫉妬心を、イライザがまた文学的追求のため時間を「浪費している」と非難することに向けていたようだ。

アビゲイル・アダムズからメアリー・クランチに宛てた手紙の一つは、スミス家の姉たち二人がイライザ・パーマーの窮状に大いに同情していたことを示している。アビゲイルは、「妹ピーボディ」がイライザに対しては「あまりにも厳しすぎる」し、「自分だって若いときがあったこと、思い出せるかぎりのだれとも同じように感じやすく優しい心の持ち主だったこと」を忘れやすくなっているようだと心配していた。イライザについて彼女は、「気だてはよい」と書き、それから――たぶん彼女もよく知っていたベッツィ・パーマーの性癖を思い出してであろうが――あの娘には「その体質に遺伝的なロマンスの隠し味があるのよ」とも書いている。イライザには導きが必要だったが、抑圧は無用だった。「冷たい青春は凍えた老年になるだけ」と、アビゲイルは警告している。

しかしこの姉の意見は、エリザベス・スミス・ピーボディまでは届いていなかったようである。彼女は悲しみに沈んだままで、自分のことしか考えられなかった。彼女はアビゲイルに、自分の「義務を果たすべきとき」と「たゆまぬ尽力」とが、「多くの時間を文学的向上のために捧げること」を妨げ、「病弱な身体、数々の失意、さらにはありとあらゆる苦悩とが、青春時代の情熱に水を差し、私の才能を消沈させ、ほとんどすべてのきらめくような潜在能力を失わせてしまったの」と、愚痴をこぼしている。その「才能、そして態度が、静穏な他者にとって魅惑的すぎる」ほど精力的だったイライザ・パーマーに対して、エリザベス・スミス・ピーボディが自分の家政婦と敵愾心を共有したとしても、それは不思議ではない。

いまやイライザは自分がアトキンソンでは歓迎されない身であることがわかっていた。さりとて、彼女には行く所はなかった。二十二歳になっていた。すでにメアリー・クランチの寛大さにも限界が見えていたし、ウォータータウンのハント家の人たちのもとへ戻ることもできなかった。イライザのいまの苦境を耳にした彼女の母が同情した。「ああ、なんてこと！　あの娘は妬みと悪意に苦しんできたのよ」と、ベッツィ・パーマーはメアリー・クランチに書いている。そして、これが最初というわけではないが、娘の「考え方が、その環境に合わせ、抑えられたらよかったのに」と歎じたのであった。しかし彼女はイライザのために安息の場を提供することはできなかった。

イライザは、自分の唯一の選択肢は相手に屈することだと感じていたはずである。「折り合いをつけるためにはできるだけのことはするつもりです」と、彼女はメアリー・クランチに書いている。彼女は「もう、それもできるだけ少なくするつもりですが、手紙の他には、二度と何も書かない決心をしました。安息日をのぞいて、本にも手を触れないつもりです。そして、いつも何か仕事に専念いたします」というのである。ごく幼い頃から駆りたてられるように心の生活を追求しつづけてきたイライザ・パーマーは、こうした禁止をずっとつづけることはできないであろう。それでも彼女は自らの大きな夢を文学から転じ、いまや貧困と依存から脱するためにただ一つ遺された道とも思えたはずの方向へ向けたのである。すなわち、結婚であった。

第5章 結婚への逃避

二十六歳のナサニエル・ピーボディは、一七九九年の夏、イライザ・パーマーの気を引こうとして彼女にたいへんな難儀をさせた男たちのなかにはいなかった。彼女が、当時大学の最終学年だったこのダートマス大生と出会ったのは、一八〇〇年の初めだった。このとき彼は、週末を利用し、恩師でもあり遠縁にもあたるスティーヴン・ピーボディ師を訪ねてきていた。

一七七四年生まれのナサニエル・ピーボディは、イライザ・パーマーより二、三歳年長ではあったが、現実の社会経験ではかなりおくれをとっていた。ニューハンプシャー州南部の町ニューボストンでの幼年時代は、独立戦争にともなう数々の出来事とほとんどかかわりがなかったし、その幼年期の家庭生活はフレンドシップ・ホールの上品で知的な雰囲気とはまったくほど遠いものだった。ナサニエルは、マサチューセッツ州トップスフィールドで仕立屋をしていたアイザック・ピーボディとその妻メアリー・ポッター・ピーボディの八人の子どもたちの二番目で長男として生まれた。少年が九歳のとき、父はさして遠くない州境を越え、家族とニューボストンに移り、農業を始めたのだった。少年は、森を伐り拓き、手元にあるあり合わせの材料で家族の家を建てたときのことを、鮮明に記憶している。「地下室や基礎に一つずつ石を置いたのも、材木を一本ずつ直角に並べた」のも、ナサニエルだった。

ナサニエルの父アイザックは、アトキンソンのスティーヴン・ピーボディ牧師と同様、アメリカで生まれたピーボディ一族[1]の第三世代の一人だった。だがピーボディ牧師が饒舌であったのに対し、彼は無口で、最後まで字は読めなかった。ナサニエルが父に手彫りの杖を贈物として送ったときなど、この杖には「父さんの名前の文字が略さずすべて」刻んであることをだれかに声に出して読んでもらえるよう、メモを同封しなくてはならなかった。ナサニエル・ピーボディは、アイザックの無口な気質を受け継いだが、イライザ・パーマーと同じく、早くから、教育こそが粗野な田舎暮らしから脱出する手段であろうと、心に決めていた。ただし、彼の脱出は必死の逃避ではなかった。大学入学に備え彼が家を出たのは、たいていの少年たちよりは後で、しかも不安を抱えてのことであった。彼は、ニューボストンの家の傍らを流れる小川を渡り、これが見納めとばかり振り返ると、涙がこぼれ、「自分が大海原に船出しようとしていることはわかっていても、どこへ上陸することになるか予測もつかなかった」日のことを、いつも思い出していた。紆余曲折はあったが、ナサニエルの選択は幸運なものと判明した。彼が農場に残してきた弟や妹たちは、土地だけに頼って生計を立てるためにたいへんな難儀をすることになったのである。新世紀の初めの数十年間、弟妹のうち二人は債務者刑務所で服役したのであった。

無学な農夫を父に持つ長男ナサニエルが、いったいどうやってスティーヴン・ピーボディ師の学院に入り、おそらくは若い生徒たちを教えて自分の生活費を稼いだのであろうほどの学力を身につけたのか、その事情は不明である。しかし、イライザ・パーマーがナサニエル・ピーボディと出会った一八〇〇年初めの数カ月までには、彼はアトキンソン学院において、将来有望な聡明な学生として、同時に「真価、良識」を備えた、しかも「なにか独自の才能」をも持つ「有徳」の人として、ゆるぎない名声を得ていた。彼がダートマスで優等学生友愛会に選出されたことが、こうした評価を裏づけているように思われる。二人が顔を合わせる前から、イライザは彼のことをかなり耳にしており、ナサニエル・ピーボディこそ自分の愛の対象となる有資格者だと確信していた。初期の手紙の一つで彼女は、「私は天空の惑星の一つを見つめるようにあなたを見つめていました――賛嘆はしても、私のものとは呼びようのないものとして」と書いている。彼の来訪中のある瞬間、二人は自分たちの間に「結びつき」が「突然形成されていた」という認識を得た。それはおそらく、イライザがナサニエルのために彼女の詩「ある真の淑女」を読んだときのことだったのだろう。のちにそのときのことを、自分の詩を少し言い換えながら、「私はほんとに嬉しかったのです。喜びの感情は同じように私たちの心にひびき、『互いの胸に一つの思いがこみあがり／魂は魂と語り、飛翔し結びつく』からです」と彼女は書いている。しかし、週末は一緒に外出したり、互いに朗唱しあったりして過ごしていながら、なぜかイライザ・パーマーはナサニエル・ピーボディの実像を大目に見ていたようだ。

どう見ても、ナサニエル・ピーボディの田舎の貧乏暮らしからの立身は、なにほどかの大胆さをいくらか犠牲にして達せられたのだった。小柄で、まるでなにかを諦めたかのようにやや猫背の彼は、決然とはしていても小心者であり、野心的ではあっても用心深いところがあった。この二つの特質は、イライザ・パーマーへの求愛が始まった頃から彼にはあり、その心のなかでたえず葛藤し、そのすべての行動を煮え切らないものにしていた。当初、イライザはナサニエルの慎重な性格に惹かれていたかもしれない。洗練さには欠けていたが、この若者は、不品行なロイアル・タイラーよりははるかに、温厚ながらも消極的なところのある彼女の父に通ずるものを持っていた。それでも、彼女はすぐ自分の婚約者の立ち往生する傾向に気づいた――のちに彼女が彼の「体質的小心さ」と呼んだものである。これが「議論のために反対意見を蒸し返す」癖と相まって、しばしば彼の努力を頓挫させてしまうのだった。イライザは、二人の「結びつき」の始まりとなった週末に続くほぼ三年の折衝期を経ると、でしゃばり屋として振舞うようになっていた。

ナサニエルが大学の課程を終えるべく一八〇〇年春にダートマス大学へ戻ってからは、求愛はもっぱら手紙で行われた。イライザの側の往復書簡しか残っていないけれども、彼女の手紙からは、ナサニエルの一通に対し二通の割合で彼女が書いていたことがわかる。彼女の手紙は長く、じつに入念な説得力のあるものばかりで、二人のロマンスと将来の結婚について条件をつけようとするものであった。控えめなナサニエルとしては、自分ではほとんど表明できない感情を、イライザに定義してもらいたかったのかもしれない。とはいえイライザの指令的な雄弁さには尻ごみもしていたであろう。

イライザ自身、自分の決意は隠すべきだとわかっていた。自分の両親の教育者的な求愛の仕方をおそらくは無意識に真似て、イライザはこれらの手紙のなかで、ナサニエル・ピーボディを「指導者」と位置づけている。彼女ははっきりと、「自分の取るに足らない長所が、人格面でも教育面でもまさに幸運児中の幸運児ともいうべき人の目をひきつけられる」とは、夢にも思っていなかったと言っている。「ほんとにできの悪い詩です」と言いながら、彼に「ある真の淑女」の写しを一部送ったときにも、これに改良を加えてほしいと彼女は頼んでいる。だが、誰かが指導をしていたとすれば、それはイライザだった。すでに活字になるほどまで洗練されていた彼女の詩は、彼女がどれほどの女性であるかということも、彼女が結婚によって成就したいと念願していた親和力のある魂の「結びつき」についても、ナサニエル・ピーボディに語りかけていたのである。

その詩においてそうしたように、彼女は手紙においても、「すべての人々に、女性はまったく純粋に、また怯むことなく、愛の高貴な情熱を感じることができるということを、懸命に説く」努力をしているとも書いていた。そう書くとき、彼女の心の後ろには彼女の母がいたのであろうか？　いずれにせよイライザはナサニエルに、彼に対する彼女の愛は高揚したもの、現世的というより精神的なものであり、現実化された理想だと話したのであった。実際に二人の結婚は前世から定められていたのだとさえ彼女は主張した。そうでなければ、二人の共通の知り合いである「Rさん」について、彼女が同じような感じ方などしなかったはずだと書いている。彼女は「私があなたに対し即座にきっぱりと好感を覚えたわけを、それこそ私たちの魂は同じ型で鋳造され、同じ灯火によって点灯されたという考えに気をよくしながら説明することができた」のであった。

女性の問題になると、彼女は執拗だった。女性は「自然界の美しい欠陥」であるとするミルトンの定義を批判する自分の詩の一行を言いかえながら、彼女は、ナサニエルとしては適切な答えは一つしかないと思わせる言葉で、「世界を代表して、あなたは、女性は天地創造のつけたしだとお思いですか？」と尋ねている。彼女は、「適切な学習をした女性は、大いなる精神を身につけられると確信」していたのである。学習した女性は理想の伴侶になるばかりでなく、きわめて優れた母にもなると、イライザは力説している。「女性の心を涵養することの必要性こそが、いま私がまさに熱中している主題なのです」と彼女はナサニエルに書いている。そして、大目標を文学から母となることに移した自身の哲学を、以下のように略述している。

彼女たちは異性の人たちとは違う領域で行動しますが、彼女たちが果たす義務は、その重要さにおいて劣るものではありません。その義務がとりわけ重要なのは母としての場合です。その役柄において、彼女たちは大家族の世話を担うことにもなるでしょう。したがって有能でなくてはならず、まだ舌たらずな幼児に正しい話し方も教えなくてはならないのです。しかも幼い心が拡がるにつれ、徳目の原則を充填しなくてはなりません——初期に心に刻印されたものは消えにくいからです。そして、この世に生をうけたその朝から、正しい考え方、徳目を敬うこと、慈悲心を陶冶することを教えられた男性は、どのような人間的な事態においても人間性の鑑となるでしょう。このように考えてみますと、私たちの国の運命は、かなりの程度まで、その女性たちの教育にかかっているのです。

他の多くの場合もそうであるが、この論述もイライザは——「私などよりあなたのほうがずっとよくご存じのことを長々と申し上げましたこと、お許しください」——と、弁解で締めくくってはいるが、明らかに彼女はナサニエル・ピーボディに、自分を妻として家庭を築き上げてみてはいかがですかと売りこんでいる。

記述による見解の表明がやや説得力を欠くと判断すると、イライザはナサニエルの衣服や寝具類の繕いを始め、それを彼女は郵便で返送したのだが、それに手作りのギフトを添えた。つねづね彼女は、自分のパーマー系の知性をハント系の家庭性で薄めようとしていたのである。しかしイライザにとって、家庭的なものがありきたりなものになるようなことは、けっしてなかった。ナサニエルの懐中時計を入れるため、彼女が「飾り」としてオリーヴの小枝を刺繍したズボンの時計ポケットにしても、「私たちの将来の生活の表象になってくれればいいのですが。私たちの心をつなぐ結び目が、純粋と無垢によりしっかり固められますように、あのオリーヴの小枝が、私たちのすぐ近くでいつまでも繁りますように」と彼女は書いている。

こうしたイライザ側の行為——繕い、刺繍、手紙の送付——のすべてが、エリザベス・スミス・ピーボディの注目を逃れることはできなかった。またしても彼女は、イライザの向こう見ずな性格とも思えるものに、怖れをなしてしまった。再び慌ただしい手紙のやりとりが、ピーボディ家とクランチ家の家族の間でなされ、ベッツィ・パーマーは自分の娘の不適切な振舞いに対し注意を促され、警戒を怠らなかったのであった。エリザベス・スミス・ピーボディは、「なんにつけてもあの娘は少々性急すぎだったと思いますし、あの娘の母も、じつはあなたと同じ考えだったのです」とメアリー・クランチ宛てに書いている。イライザの大伯母たちは彼女以上に、表には出ないが、ナサニエルの一家の大黒柱としての力量不足に気づいていたようである。大学の卒業も遅く、二十六歳にしてなお「教育の初期段階」にあるような、夫のこの被保護者が、「どんな職業に就くべきか、まったく決断できずにいる」ことを、エリザベス・

スミス・ピーボディは知っていた。聖職に就くための勉強をしたらとナサニエルに提案しようにも、イライザが口出ししすぎるのを、彼女は残念に思っていた。どのような職業に就くかを若者が決断しようとも、「急婚」はとんでもない過ちであるというのが、イライザの大伯母たちの一致した見解であった。この考えをとりわけイライザの母は支持し、自らのつらい体験からも、「いい気になって高望みをしている人たちにとって、貧乏ほど恐ろしいものはないのよ」と書いている。エリザベス・スミス・ピーボディはイライザに、「おそらく何年もということになる」であろうが、ナサニエル・ピーボディが「しっかりした支えと上流生活のできる生計費を得られる見通しがたつ」までは、結婚するのは待つべきだと言い聞かせていた。

当時の通常の求愛期間は、少なくとも一年、多くの場合はもっと長かったことを考えれば、知り合って二カ月たらずで、「私の心は無条件であなたのものです」[2]とナサニエルに手紙で書いたイライザは、「性急すぎ」たのかもしれない。その手紙で彼女は、ナサニエルとの接し方を間違えていると言い張る「批判がましい人」――おそらくエリザベス・スミス・ピーボディ――からの非難に対し、身の潔白を主張している。彼女はあんなに急いで自分の本心をさらすべきではなかったと叱られ、自分でも「慎重さがあればもっと自制していたでしょう」と認めてはいた。しかし彼女は「猫かぶりには不慣れ」だったし、あの運命の週末に感じた即座の確信が、自分たちの結婚はあらかじめ定められていたのだということの確証のようだった。この心からの確信が、ひるがえって、二人の愛と彼女の告知の「無邪気さ」を証してもいた。イライザはすでに、アトキンソンのピーボディ一族によって幼い日に抱いた大きな望みの一つを砕かれていたから、そのようなことは二度とさせないつもりだった。

しかし、ナサニエルの本能的な用心深さもあって、遅延は避けられなかった。貧乏こそが、ハーヴァード大学で学んだ紳士の娘と、読み書きのできない農夫の息子とを結びつけた大いなる平等主義者であった。イライザはよく、自分とナサニエルとは「早くから逆境の学校で鍛えられたのです」と言っていた。しかし困窮は、二人を引き離すようなこともしたのである。二人とも現状からの脱出を切望していた。イライザにとって、結婚はその脱出だった。ところがナサニエルには、妻と子どもたちの扶養ということを考えただけで、イライザとの「結びつき」を恒久化することが、次第に恐ろしいことに思えてきたのであった。

もしもピーボディ牧師の援助的な介入がなかったならば、二人の結婚は実現していなかったことであろう。一八〇〇年の秋、この教区牧師によって、イライザとナサニエルの抱えていた問題を解決するかのような提案がなされた。マサチューセッツにある近くの町アンドーヴァーの有力な住民数名が、ノース・パリッシュ・フリースクールという名の学校を開く決定をした――この州で最初の男子と女子の両方のための教室を備えた、最初の法人化された学校となるはずのものである。学校を経営するには二人の「教師」が必要で、ピーボディ牧師はイライザ・パーマーとナサニエル・ピーボディを推薦したのである。イライザは自分などその任務には相応しくないのではと心配だったが、ずっと憧れていた職業で婚約者とともに働ける機会を辞退することはできなかった。おそらく彼女としては、ナサニエルもこの連帯した仕事の申し出を、求婚するためのよい徴候として引き受けてくれればと期待もしたはずである。しかし、男子クラスの教師としての仕事は引き受けたものの、ナサニエルは求愛の進行を早めるようなことはまったくしなかった。一八〇一年一月、二人は校舎の別々の棟に任ぜられ、イライザは教師兼寮母として五十一人の「若き淑女」を担任することとなった。

アンドーヴァーはアトキンソンよりも大きく豊かな町であったし、その最初の共学の学院は、近隣二十五の町の成功した商人や地主たちの息子や娘たちから関心を引きつけていた。ある町史研究者によれば、アンドーヴァーは新世紀のはじめには「めざましいほど社交的な町」であった。イライザ・パーマーの受け持った若い女性たちは、彼女が「ある真の淑女」に似つかわしいと考えた何時間にも及ぶ孤独な学習や瞑想などよりは、度重なるパーティのほうに慣れ親しんでいた。女性の読み書き能力は、他地域を抑えニューイングランドでは高かったが、ウォータータウンのハント家の女性たち同様、イライザの生徒たちの母親の多くは読み書きができなかった。彼女たちが自分の娘たちを学校へ入れたのは、それが流行になっていたからだった。五十一人の生徒たちに、イライザは「針仕事、文法、地理、算数、読書、筆記、そして作文」の授業をした。ところが生徒の母親たちは、他の教科はさておき、イライザの見事な針仕事の指導ぶりに興味を覚えたのだった。しかもその何人かは、学校の同僚である若い男性に寄せるイライザの明白な傾倒ぶりにとりわけ関心をよせ、噂話の種にした。

たちまちイライザは教師としての有能さを証明してみせた。彼女はメアリー・クランチに、自分が担任する生徒たちの心はすでにつかんでいると、「これほど多人数で、これほど整然とした学校はほかにはありません。生徒たちは私の指示にすぐ、しかも喜んで従ってくれています」と書いている。しかし、噂の標的とされることへの当惑に加え、あまりにも多人数の生徒を抱えての授業の準備はたいへんだったため、彼女はすぐ体調を崩してしまい、激痛をともなう咳をするようになってしまった。一年ほど授業したのち、イライザは休養と研修のため数カ月仕事を休み、ナサニエル・ピーボディとの求愛の進捗具合をよく考えてみた。彼女はまたボストンの南岸に戻ってきていたのだが、このたびは伯母エリザベス・パーマー・クランチのミルトンの家にであった。この伯母は、自分たちも学校を始めるべく、ごく最近、イライザの妹アミーリアを伴い、ウェスト・ポイントから戻ったばかりであった。

ミルトンからナサニエルに宛てたイライザの最初の手紙には、彼に対する彼女のじれったさが滲み出ている。ナサニエルに「ほんとうにつましく新生活を始めるおつもり」があるかどうかを、彼女は率直に問いかけ、「高級な生活をしている少数の人たちの嘲り」など無視したらと促している。彼女は「なにもせかしたいなどと思っているわけではありません――あなたのご意向に逆らってまで」と書いている。だが「ほとんど同居しているような人と学院にいる」彼女の存在については、いろいろな噂が広まっていることも彼に伝えている。彼女を支持してくれる人たちさえも、「私がいつまでも慎重すぎれば――噂はいじわるなものになっていくはずと考えています」とも。ある女性は、もしイライザとナサニエルが「一体であれば」――つまり、結婚していれば――「たちまちそうした噂も止み――P嬢は困惑させられるような情況から救われるのに」と、婉曲に提案してくれたともイライザは伝えている。

しかしイライザの圧力戦術はナサニエルをためらわせただけだった。次の手紙で彼女は、「あなたのお友だちは、誰一人として、危険を冒してみよ！　とは望まれないのですね――ではこんどの夏ということにいたしましょう――もう一年、ひょっとしたら何年でも」と、請け合うように書いている。彼女の期待としては、「あなたの心の平穏を犠牲にしてまでとは申しませんが……スキャンダル的発言を封じたかったのです」。そうした努力を、彼女は一枚のレースの刺繍に向けた。それを彼女の批判者の一人に贈る気になったのだ。イライザは文法も算数も地理も勉強していたが、生徒の母親たちからこっぴどい批判を受けたのはその装飾的裁縫――有閑婦人の洗練さの象徴ともいうべきもの――に対してであった。自分の時間をそのような軽薄ともいえる手仕事に費やすのは不本意ではあったが、彼女はこのレース刺繍に、これまでナサニエルへの求愛を押しすすめるべく注ぎこんだ全精力を傾注したのである。自分の作品を他者のそれと比較すべく、彼女はボストン中の学校を訪れ、自分の作品は観覧したどの作品にも劣らない出来栄えであることにようやく満足した。彼女の作品は、ジョージ・ワシントンの肖像だった――一七九九年の彼の死によって、刺繍による記念品の主題として彼は人気となっていた。自分の清潔な人柄の評判に対してとまではいかなかったが、彼女は自分の能力に対しては、満々の自信を覚えながら指導に戻ることができた。

ミルトンから出したナサニエル宛ての最後の手紙では、彼女は再び慎ましい願望をテーマとしているが、今回はそれを、気乗りのしない恋人でも喜びそうな言葉で表現している。「ある人たちは幸せとは富をたくさん手にすること、あるいは隣人よりも立派な家に住み、きれいな馬車に乗ったり、毎日ぜいたくな暮らしをしたりすることだと思っていますが、私の心と性分は、幸せとは静かに、どちらかといえばむしろ引きこもり、愛する人が周りにいてくれさえすれば、質素でも卑しからぬ一連の家事に専念していたいというようなものなのです」と書いている。ナサニエルの弟が成功を求め海へ出て行こうと計画しているのを彼女は知っており、ナサニエルにはそのような計画の餌食とならないよう願っていた。「事業が豊かな富をもたらすことはありますが、それが家族を富裕の高みから貧困の深みへと突き落とすこともよくあるのです」とも書いている。彼女の父と祖父が、海外交易を基盤とした巨大な資産を失ってしまったばかりでなく、若年にして成功を求め船出した彼女の兄ジョゼフなどもう何年も音信がなく、もはや死んだものと思われていたからである。「たとえ私のお友だちの誰かが乗りこんで行くとしても、港から出て行く立派な船の持ち主であるよりも、私は衣食をもたらしてくれる農場の一つでも持っているほうがいいです」と、彼女は書いている。

こんどはイライザの説得が効いた。一八〇二年の夏、彼女はアンドーヴァーのノース・パリッシュ・フリースクールへ戻り、その婚約者の傍らで仕事を再開した。十月初めには、母宛てに「この冬は家事をするつもりです」と書いている。十一月二日に、イライザ・パーマーとナサニエル・ピーボディは、アンドーヴァーで結婚した。どちらの側の家族も、だれ一人として出席しなかった。旅費の出費が大きすぎたのだ。新婚旅行は、まだアメリカでは定着していなかったが、新婚のピーボディ夫妻は二週間ほど授業を休みにしてもらい、その間にウォータータウンやボストンのパーマー家の親族や友人たちを訪ねた。その大きな目的は、アンドーヴァーに戻ったら営もうとイライザが計画していた学生下宿用の家具を買ったり、リンネル製品を調達したりすることだった。彼女は自分の弟妹二人——十四歳のジョージと十一歳のキャサリン——も自分の新家庭に受け入れるつもりだった。

イライザ・パーマーはついにナサニエル・ピーボディを結婚まで漕ぎ着けさせた。だがナサニエルは婚約者としてはもとより、夫としても頑固であることに、彼女は気づかされた。一度だけ自分の長女に打ち明けているように、結婚して最初の一週間でナサニエルは、「僕が結婚したからといって——君を愛してはいても、自分の意見を譲ったり、自分のやりかたを変更したり、これまでより寝起きが少し早くなったり遅くなったりでもするとは、期待しないでくれ」と宣言したのであった。「あの奇妙な演説は、いつまでも払拭できないような効き目を私の心に刻んだのよ」と、彼女は娘に語っている。

エリザベス・パーマー・クランチ伯母の「女性は尊重されるべきというロマンティックな考え方への頑固な固執」がもたらす、悲惨な結果を描いた独立戦争時代の小説は、まだイライザは書いていなかった。だがいまや、「結婚生活についての、あまりにロマンティックな考え方の形成」と称した自らの理想主義がもたらした結果を、とくと吟味せざるを得なくなってきた。彼女はナサニエル・ピーボディを、自分の父や祖父によって示された騎士道精神の規範にまで高く評価しすぎていたのだ。父や祖父は、「その全生涯を通じロマンスのなかのいかなる恋人たちにも匹敵したであろう」とまで、かつて彼女は書いていた。したがって、彼女はすでに失望していたのである。父の彼女の母に対する「細心の優しさ、こまやかな心くばり」と較べれば、ナサニエルの宣言はけちくさいものでしかなく思われた。彼女は、「私たちが受けた教育の大きな違い」や「早期の人間関係」を思いおこしてみようとさえした。ナサニエルは「自分の感情の表明すら禁ずるような、強い偏見」のある家庭で育てられたことを彼女は知っていた。しかし彼女を悩ましくさせたのは、発言においてすら夫は、「私の身に備わった力のようなもの」への嫉妬を露呈してしまっているという、しだいに募ってくる意識だった。

けれどもイライザはすぐに、結婚生活のなかで、なんとしても自分の道を進むべきことを学んだようである。一年を経るか経ないうちに、この夫妻はアンドーヴァーの職を辞し、近くのビルリカの農場で生計を立てることにした。ここでイライザは小さいながらも自分の学校を開くことになり、ナサニエルの方は医学の見習いを開始した。ようやく彼も、一つの職業に就いたのである。そして、夫妻の第一子が誕生し、母にあやかって命名された——エリザベス・パーマー・ピーボディと。

第Ⅱ部

家庭学校

一八〇四―一八二〇年

第6章「わが望み、すべて幸せ」

自らの学校を開く計画を立て、一八〇四年四月にビルリカへ越したとき、イライザ・ピーボディは二十七歳、第一子を身ごもって八カ月であった。彼女は、アンドーヴァーでの学生下宿のやりくり（経費節約のため、洗濯も料理もすべて自分でしていた）と、妊娠後も長期にわたって五十人以上もの女生徒の指導にあたったため、疲労困憊していた。また咳も出はじめた。それでも彼女はビルリカで母となったばかりの年月を、大いなる楽観主義の頃として記憶することになる。のちに彼女は、最初の子が「生まれ、授乳していると、私の心は安らいで、わが望みはすべて幸せなものになっていました」と回想している。自分の赤ちゃんに授乳しているときの母親の精神状態が、その子の性格形成に大いにかかわると彼女は信じていた。一八〇四年五月十六日、ビルリカで、巻毛のゆたかな金髪で生まれてきた青い目のエリザベスは、彼女の子どもたちのなかで「いちばんしっかりした体格」をしていた。エリザベス自身、のちに「優しい雰囲気に包まれた家庭の第一子」であったことを幸運だったと回想している。

妻の気の強さに対するナサニエルの「嫉妬」から生まれた緊張も、彼がビルリカのペンバートン博士と医学見習い生として契約すると、しだいに和らいできた。十八世紀が新世紀に移ろうとする時点では、教職は女性が心から憧れる最高の職業であったが、大学出の男性にとっては最低に近いものであり、一般的には、法律や医学や聖職の前段階の仕事だった。ナサニエルの手紙のどこにも、はたして彼が医師になろうという決断に納得していたのかどうか、また、農夫の息子にとって医師としての実践的な仕事はきわめて適した選択とも思えたではあろうが、それを思いついたのがナサニエルだったのかイライザだったのか、それを示すものは何もない。たしかに彼は自分の仕事に対し、妻がかつては文学に、今では教育に捧げているような情熱は見せていなかった。彼が医師として実際に営業したほぼ二十年を通じて見ても、彼の書簡のあちこちには、町には病気が不足しているとか、自分より若い競争相手たちが現れたとか、嘲笑的な愚痴が散見される。しかし一八〇四年の時点では、こうした試練はまだ始まってなかったのであり、薄給の教職から抜け出せるはずの決断に達しただけでも、それはナサニエルにもイライザにも救いであった。きわめて慎重なかたちでしか意欲を示せなかったナサニエル・ピーボディにとって、医師としての仕事は、安全かつ名誉ある富の蓄積手段であった。

イライザは、ナサニエルの実習訓練が終了すれば、自分が授業をする日々も終るのだという期待とともに、気分も上向きになった。彼女はまた詩を書くのを楽しみに、幼いエリザベスに授乳しながら、農場の家の空き部屋で、少人数に絞った小さな寄宿学校――「家庭学校」[1]を開く計画を立てた。彼女は、食費と授業料の代わりに、授業時間中に料理と赤ちゃんの世話をしてくれる若い女性を雇った。自分と同じ名を持つわが子に、自分が受けたよりはるかにちゃんとした生誕の祝いをしてやりたくて、イライザはその第一子の生後四日目に、ビルリカ第一教会において洗礼を受けさせたのであった。その名――エリザベス・パーマー・ピーボディ――は、この教会の一八〇四年五月二十日の記録に、ちゃんと記載されている。

その年、ビルリカの町そのものが新たな希望で活気づいていた。ボストンやセイラムのような大きな港町から三十マイルも内陸に位置しながら、ビルリカは農村から商業の中心地へと、当時は着実とも見えた発展へ歩を踏み出したところだった。ビルリカには、近くのアンドーヴァーのような定着した貴族階級がなく、ピーボディ夫妻は、イライザの学校を満たすだけの「若き淑女たち」を集めるにはどうすればいいのか、かなり頭を悩ませたことであろう。しかしこの十年の間に、町は千二百人足らずからほぼ千四百人へと人口が増え、新規事業の見通しに惹かれた新しい階層の住人でなお膨張しつつあった。一八〇三年には、大胆なミドルセックス運河計画が達成されたばかりで、この全長二十五マイルの人工水路は――国内初の牽引式運河であったが――ニューイングランドの奥地からボストン港まで、岩場の多い海岸を避け、ビルリカを通って、農産物や板材の輸送を速めるものと期待されていた。さらにピーボディ夫妻が到着してまもなく、ミドルセックス高速道が認許された。当時立案されたこの計画は、馬車や駅馬車が北部からビルリカの中心を通ってケンブリッジへとつづく最初の直線道で、新運河とともに町に商業を呼びこんでいた。ビルリカは、ニューイングランドのすべてがそうだったが、新世紀とともに繁栄が訪れ、あの戦争の記憶とそれに続く混乱した余波を払拭してくれるものと感じ始めていたのである。

生まれたばかりのエリザベスの一年目は、その母親の揺るぎない教師生活のリズムに合わせたものだった。それは、六時間の授業日が、半日になる金曜日を除いて週に五日、年間を通じて四半期毎に三週間の休みが入る、というものだった。そしてほどなくして、もう一つ母性のリズムも戻ってきた。一八〇六年の初め、イライザは再び妊娠していた。だがそれは、家族にとっても町にとっても、束の間の楽観的な季節でしかなかった。イライザが第二子の誕生に備えていたとき、ビルリカのバラ色の展望に翳りが生じてしまったことを彼女は知らされてしまったのである。三年にわたる操業の結果、ミドルセックス運河は利益をもたらすほどの事業誘致に失敗したことが判明し、その姉妹計画であった高速道も、ビルリカの富裕な地主たちの圧力により、町の外側に路線を移されてしまったのだ。いったん上昇した人口も下降し始め、ピーボディ夫妻も一八〇六年秋には移住者の集団に加わり、ケンブリッジへとビルリカを後にしたのだった。

一家としてはナサニエルの医学の勉強を移住の理由にした。

どんな医師の実習生も免許状のためにはそうしたように、彼もハーヴァード大学の医学部で講義を受けるつもりだったからである。それに自分の訓練を、著名なボストンの外科医ジョン・ジェフリーズの指示指導のもとに仕上げるつもりでいた。いわば自分の履歴に光彩を添えるための移動であった。ジェフリーズは、ヨーロッパの大学で訓練を受け学位を授与された、ほんの一握りのニューイングランドの医師の一人だった。

いまやハーヴァードで医学博士の学位を取得することは可能となったが、それはナサニエル・ピーボディが対応できる学問的努力を大幅に超える研鑽をして初めて得られるものであった。このような選択をしたのは、彼だけではなかった。一七八八年に第一号を授与して以来、ハーヴァード大学が授与していた医学博士の学位はわずか五件だったのである。ハーヴァードの基本的な医学修士号も、一七八二年の医学校開設以来、授与されたのは五十人足らずであり、二年にわたるすべからき受講が求められていた（実際には一年分の課程が反復されていたのではあるが）。当時は医学教育も最小限の規制しかなされていなくて、ニューイングランドの医師たちの大多数が学位もないのに医師を自称していたのである。ナサニエル・ピーボディがハーヴァード大学で受講することを重視したことが、ハーヴァードが提供していたヨーロッパ式教室訓練を評価する患者たちのために尽くしたいという彼の熱意を物語っている。彼がそれを完遂するための具体的な見通しを立てていなかったことは、彼の金銭的な逼迫が募ってきていたことのしるしでもあった。

なぜならナサニエルは船乗りになった弟から金を借りるようになっていたからである。ケンブリッジへ引っ越す数カ月前、少なくとも一度はニューボストンの一族の農場へ戻り、わずかな収益の分け前を打診している。またしてもイライザは妊娠八カ月まで働きつづけ、慣例の三週間の休みを引越しと出産に充てようとした。一八〇六年十一月十六日、ケンブリッジで二番目の娘が生まれたが、今回は家族の生活が逼迫しており、洗礼式を授ける余裕はなかった。

メアリー・タイラー・ピーボディの誕生は――ロマンティックで冒険好きなイライザの姉にあやかって命名されたのだったが――町の記録にも教会のそれにも記録されなかった。この第二子の授乳をしているときのイライザの精神状態は平静そのものだったので、メアリーはのちになって、家族のなかで自分が無名な存在であるという意識にずっと悩まされることになった。引越しのごたごたに埋没させられてしまったような感情は、やがて自分がきわめて感情的な三姉妹の真ん中に位置していることに気づいたとき、さらに募った。黒髪のメアリーの美しさは、子どもの頃ですら、きわだっていた。ところがその美貌も、なんだか気まずいかたちで、彼女を孤立させてしまった。成長するにつれメアリーは、自分はただ顔と姿が魅力的というだけの存在であり、本当の自分を隠して、もっとも彼女をよく理解しているはずの人たちにも気づかれていないのだと感じることも時々あった。

ピーボディ夫妻はケンブリッジに永住するつもりはなかった

のであろう。しかし、ここでもまた彼らは、一つのブームの頂点にある地域社会を選んでしまっていた。したがってここにとどまるのは、そのブームが霧散してしまうまでであった。彼らの家は、ケンブリッジポートの新しい橋の近く、町の東端に建っていた。入学してくれそうな生徒の一人に、イライザは、「気持ちよい、ちょっと奥まった場所です」と書いている。ナサニエル・ピーボディにとっては、ジェフリーズ博士のボストンにある診察室とハーヴァードの医学校の中間という位置は、願ってもないほど便利な場所だった。しかしこの地は、ちゃんとした学校を維持するには奥まりすぎていた。

ウェスト・ボストン・ブリッジとして知られる新しい橋が一七九三年に開通し、チャールズ河に架かる二番目のものになっていた。もっと小さなグレート・ブリッジは一世紀以上前に、三マイルも上流のハーヴァード大学の近くに築かれたものだった。ウェスト・ボストン・ブリッジは、ボストンの商業地のど真ん中に初めて直接続くものであったから、投機家たちはすぐケンブリッジ側の沼地を買い占め、排水し、商業区画用としてしまった。ビジネスは河を越え波及すると確信していたのである。しかし一八〇〇年の時点では、売れた区画はほとんどなかった。投資を埋め合わせるべく、投機家たちはミドルセックス高速道（ビルリカを豊かにすることになった道路）計画の主だった後援者となり、ハーヴァードや昔の町の中心部を完全に迂回して、ニューハンプシャーのような北部から新しい橋の近くの市場まで商品を運ぼうとしたのである。一八〇五年には橋に隣接してチャールズ河の岸に荷渡し港が設置され、町の新地区にはその名がつけられた。

ピーボディ夫妻が一八〇六年にやってきたときのケンブリッジポートは、植民地風の邸宅や、緑豊かな広場、下見板張りの教会、あるいはハーヴァード大学の古い中心街のまわりに密集する煉瓦造りの校舎などがそろったケンブリッジとは、似ても似つかぬ場所であった。世紀半ばにはそうなるのだが、まだ混み合った労働者の居住区でもなかった。旧ケンブリッジはケンブリッジポートを教区から分離する評決をしたばかりの頃だった――それはこの新しい商業的企業体がいかに町民の多くの不興を買っていたかを物語る法案であった。しかしケンブリッジポートの住民たちはまだ、みずからの礼拝堂を建てるほどの募金をしてはいなかった。ひょっとしたら、これもメアリーの出生が記録されなかった理由の一つだったのかもしれない。ごく数人の最初の投機家たちは、この地域に家を建てていた。そのなかには、裕福なフランシス・デイナ判事も含まれていた。影響力をもつ編集者であり詩人でもあったリチャード・ヘンリー・デイナの父である。この人はハーヴァードからあの橋にかけての、河沿いの土地のほとんどを所有していた。しかしデイナ判事は結局、ケンブリッジポートへの投機で、財産のほとんどを失ったのだった。ニューイングランドの農夫たちは、仮の市場への貫通道などには少しも興味はなかったし、さらにヤンキーの船長たちときたら、その船倉を満たすほどの輸送物のない港など、一顧だにしなかった。

イライザは、メアリーの誕生後まもない一八〇六年の冬に開いた自身の学校の魅力を懸命に宣伝した。彼女はわずか四、五人の生徒を、すべて下宿生として受け入れるつもりだった。家族の生活費の支払いに供するためであった。入学を考えているある姉妹に、イライザは、「私どもの生徒数は少ないですが、申すまでもなく、多人数の公立学校よりも利点はずっと大きいのです」と書いている――公立学校では、女子は男子の授業の終った放課後、毎日わずか二時間の授業が認められているだけです、と彼女はつけ加えてもよかったであろう。だがビルリカではしばらく通用した計画が、ケンブリッジではなかなかうまくいかなかった。河の向こうのボストンには、しっかりした私立の女学校がいくつもあって、競合したからである。ナサニエルがハーヴァード大学で必修とされる通年科目の再履修を拒んだためか、あるいはイライザが自分の生徒を確保できなかったせいか、ピーボディ夫妻は年内にまた引っ越すことになった。一八〇七年に、イライザは、ボストンから海岸を二、三マイル北上したところにある、まだ発足したばかりの製靴の町、リンの女学校の指導職を引き継いだ。この地で彼女の夫はハーヴァード大学の学位という後ろ楯もないまま、ついに医療を開業したのである。

ところが、リンもまた、一家にとっては通過駅の一つでしかなかったことが明らかになった。一年後、再びイライザは、あまりにも多人数の女子生徒の指導監督に困憊《こんぱい》し、職を辞してしまった。一八〇八年五月十六日、エリザベスの四歳の誕生日に、ピーボディ一家はリンを去り、隣接する北部の古い港町セイラムへ向かった。イライザの家庭学校のためにもナサニエルの医師としての仕事のためにも、富裕な商人階級のなかにしっかりした顧客を見出せればとの期待をこめてのことだった。これまでのところイライザは、自分の娘二人のために、自分が幼児だった頃に覚えたような安心感を与えてやることができずにいた。幼い子どもたちを育てながら女学校を営むというのでは、フレンドシップ・ホールの頃から彼女が憧れつづけた、知的探究に専心する心の通い合う家族関係を築くことなど、できそうには思えなかった。優雅な煉瓦造りの邸宅、すべるように海をゆく帆船、充実したアセニーアムの図書館や多数の教会、などなどをもつセイラムが招いていた――それはこれから十年間、ピーボディ一家をしっかり受けとめてくれることとなる。

第7章　セイラムでの少女時代

今日セイラムの町は、ピーボディという名と切り離しては考えられない。美術館にしても、数多の地元機関にしても、十九世紀の銀行家にして慈善家であったジョージ・ピーボディにあやかって名づけられているからである。彼は他でもないナサニエル・ピーボディの縁戚だった。しかし一八〇八年の時点では、すでにセイラムに住んでいたイライザとナサニエルにとって意味があったのは、ナサニエルの弟のジョンだけだった。彼は最近ジョン・ピーボディ船長になったばかりで、ピーボディ医師の七人兄弟のなかで、田舎っぽいニューハンプシャーを出て行った唯一の人だった。その前年、ジョンはセイラムのエリザベス・マニング（一八〇一年にナサニエル・ホーソーン船長と結婚した、同じくセイラムの、もう一人のエリザベス・マニングの従妹）と結婚していた。さすらえるピーボディ兄弟二人は強い絆で結ばれ、ともに自分の家族を持った。ナサニエルはジョンが航海に出て長期にわたり留守のときは、義理の妹の保護者として振舞うことができ、ジョンは、ナサニエルが医師の仕事を確立するまでは、いざというとき兄に金を貸してやることができたわけである。

イライザ・ピーボディにしても、自分の娘たちは、ささやかな漁村でしかないリンよりは、もっと世界の広い町で育てたいと望んでいた。リンに比べてセイラムは、ニューイングランド第二の大きな都市であり、人口も一万二千に近づこうとしていた。ボストンはセイラムのほぼ三倍の大きさであり、若い一家にとっては圧倒されるような大きな町であったし、イライザにとっては両親の挫折を思い出させる辛い町でもあった。セイラムは生新な門出をもたらしてくれ、そこの小さくはあってもしっかりした上流階級は、イライザが優雅な身分から失墜してしまった理由についてあまり詮索することもなく、彼女の才能をちゃんと評価してくれそうだった。あるセイラム住人の回想記によれば、「当時のセイラム社交界には貴族的なところは歴然としてありましたが……その愛顧を得ようとする加入希望者がまぎれもない先祖を明示できたならば、本人のいまの資産を問うようなことはありませんでした。知性や学力は常に査定され評価されましたが、その貴族性はあくまで家系についてのことでした」ということである。イライザは、質問する者があれば誰に対しても、ジョゼフ・パーマー将軍の孫として自己紹介できたし、自分の学校へ生徒たちを集めるために入って行かざるを得なかった社交界では、自らの才覚を頼りとすることもできた。いまや彼女が教育をつづけられるのは、不定期的にだけということは明白であった。ピーボディ一家が町へ来て間もなく、長らく支那と東インド貿易を支配してきた港町セイラム

クラウニンシールズ・ウォーフ、セイラム（ジョージ・ロペス、1806年）

は、一八〇七年十二月に国会で承認されたトーマス・ジェファソンによる禁輸条例のもたらす破滅的な経済効果を感じ始めていた。

もし四歳のエリザベス・ピーボディが、セイラムへ越してきた年に、波止場付近をさまよい歩くことが許されたとしたら、彼女の母が独立戦争期に幼い少女として目撃したのとほぼ同じような壊滅的光景を目にしていたことだろう。禁輸条例は、合衆国の港からの、いかなる船舶の外国向け出港をも禁ずるもので、連続的に貿易制限を押し進めては、私掠船によるアメリカ貨物の拿捕を助長したフランスとイギリスに対し報復するためのものだった。アメリカの船長たちが拿捕に抵抗するようになると、結果として布告なしの海戦が起こった。しかしフランスとイギリスの手を強引にはねのける代わりに、一八〇七年の禁輸条例は、いきなり大西洋岸の大きな港すべての通商を全面禁止としたのである。ある目撃証言によると、一八〇八年の夏までには、「港という港が装備をはがされた大型船で一杯になり、それらが波止場で腐朽するがままになっていた。何千人もの船員が解雇されていた……あたりを荒廃の気の陰鬱な翼が覆っているようだった」[1]という。セイラムでは、二百二十五艘の商船団のほぼすべてが、禁輸条例が一年後にイギリスとフランスとの交易を除き撤廃されるまで、埠頭に繫留されたままだった。撤廃後でさえも、貿易商たちはさっそく自分の船をカリブ海、バルト海、さらには極東まで航海させたものの、その船も船員たちも、いつフランスやイギリスの私掠船に拿捕されるかもしれないという深刻な危険にさらされたままであった。

ジェファソンの後継者、ジェイムズ・マディソンは、一八一二年にイギリスに対し宣戦布告をし、これまでの敵対関係にケリをつけカナダとの交易を得ようと努力した――これにはセイラムの船主たちは大いに無念な思いを味わわされたのであった。船主たちは大損害の責任はフランスにあると確信していたからである。渋々セイラムは大義のため四十艘の船団を提供したが、一八一五年に平和協定を結んで終戦となるまでに、二十六艘を失ったのだった。ところがその協定には、カナダの領土のいかなる併合地も含まれてはいなかったのである。戦争が始まった時点でセイラムに登記されていた二百二十五艘のうち、わずか五十七艘が生き残ったが、その他は逼迫した経済の犠牲となってしまった。セイラムは以降二度と海外貿易で主導的な立場をとり戻すことはなく、その地位をボストンやニューヨークなどの水深がより深い港に譲ったのだった。セイラムの商人階級は萎縮し、過去の栄光と利息収入にすがって生きる程度の上流階級になり下がっていた――したがって彼らは、その新米の医師ナサニエル・ピーボディとその若い家族に対し、一時的な安心感以上のものは提供しようもなかったのである。

宣戦布告がなされる前、ピーボディ一家はユニオン・ストリートに落ちついていた。[2] そこは下見板の家々が密集した横通りで、これが波止場地区までつづいていた。ピーボディ一家は、セイラムの大通りであるユニオン・ストリートとエセックス・ストリートの交差する角近くの新商業地区に隣接した煉瓦の町家の一つに住んだ。幼いエリザベス・ピーボディがこの世に生まれて初めてさまざまなことを心に刻んだのは、このユニオン・ストリートの家においてであったが、その多くは母の教室を中心としたものだった。

四歳と五歳のとき、エリザベスはまだ「ほんとに幼かったので、空想でもって言葉にさまざまな想像上のイメージを着せて」いたが、彼女がとりわけ夢中で耳を傾けたのは、母の語る独立戦争時の一家の栄光と、教室で説明されるイギリスからのニューイングランド移住の一部始終であった。ピーボディ夫人がしきりにピルグリム・ファーザーズの一員だった「先祖《アンセスターズ》」[3]のことを話題としてとりあげたので、エリザベスは、乗ってきた小舟からプリマス・ロックへと、「ぞろぞろと進んで行く」、「白衣に身を包んだ色白の女性たちの行列」を思い描き始めた。エリザベスは母の言う「アンセスターズ」という言葉を、自分なりに想像をめぐらし、「アン・シスターズ（姉妹）」のことと思い違いしていた。何人もの「姉妹《シスターズ》」がいて、彼女たちは「不思議なことに全員がアンと名づけられていた」と考えたのだった。

その心の目でエリザベスが見たのは、「この清らかな女性たちが森の木々の下の雪のなかで跪き、海上でのさまざまな危難から彼らの安全を守ってくれた神に感謝すると、働き始め……火を焚くために枯れ枝を集め、木の枝で雨露をしのぐ避難小屋を築くところ」であった。彼女の母は、「このような最初の粗末な建物のなかには……校舎も一つあり、そこですべての子どもたちが聖書を読むことを教えられることになった」と強調したのだ。後年エリザベスが回想しているのだが、この「自作の神話」はとても魅力的なものだったので、先祖という言葉の正確な定義がわかったのちにもずっと――植民地時代の先祖のなかには男性たちもいたことを学んだのちにも、自分版の「アン姉妹《シスターズ》」を大事に胸にしまっていたという。このような授業は、女性のための「個人の自由と自立した活動」について、初めて彼女が受けたものだった。それを彼女はけっして忘れはしなかった。

「アン姉妹《シスターズ》」の物語は、自分が生まれてまだ何年にもならないのに、ほぼ毎年のように新しい学校[4]を開く母を見ていた幼い少女には、すべて信じられるものに思えたことであろう。エリザベスが五歳になる頃には、ピーボディ家の家族のありかたはほとんど女性的なものになっていた。家族という星座のなかで、ピーボディ医師はしだいに遠い星になっていたからである。家の空いている部屋は、イライザの「若き淑女」である下宿生たちや、教師としての訓練をしてもらうのと引き換えに家族のために働く家政婦たちで、満杯だった。イライザが思い出せる限り、母の未婚の妹たちの一人が家族と同居していた。最初はパーマー家の末妹キャサリンが、一八〇七年にボストンの弁護士ヘンリー・パトナムと結婚するまで居て、こんどは美貌だが教育を受けていないソファイア・パーマーが、ヴァーモントのタイラー農場を出て、結婚相手を見つけるつもりでセイラムに来ていた。それにピーボディ姉妹たちもいた。メアリーはエリザベスが行くところにはどこでもついて行けるまでになっていた。そして、一八〇九年九月二十一日、三番目の妹が生まれ、叔母二人にあやかり、ソファイア・アミーリア・ピーボディと名づけられた。エリザベスが、自分の国は、たくましく自己再生するような女性たちによって移住され、開発されたのだと信じたのも、少しも不思議ではなかったのである。

　しかしエリザベスが自分たち姉妹小集団の長としての地位をめざして努力すれば、緊張は避けられなかった。「妹のメアリーはとっても小柄できれいだった」ので、「私はいつも彼女の美しさを耳にしていた」と、エリザベスは忘れず日記に書いている。「私も同じようにきれいだったらと思ったことはない」と、エリザベスは嫉妬を覚えたことがなかったと断言しているが、自身の容姿に失望することにはなった。「私は自分の容貌は気に入らなかった」と彼女は書いている。たとえ嫉妬を覚えることなどできなかった――あるいは、したくなかった――としても、自分の身体の造作を気にしないようにすることはできた。彼女の巻き毛はとりわけ「悩みの種」で、「きれいに見えるようにする」のに手こずらされていた。ある朝のこと、母が髪のもつれを梳《くしけず》ってくれていたとき、エリザベスは手元の裁縫道具入れのハサミに手をのばし、母が制止するまもなく、自分の巻き毛のほとんどを切り落としてしまった。エリザベスは、自分の容姿に少しも関心のない姉として、自らを定義し始めたのである。ハサミ事件は、早熟な禁欲主義ならびに精神生活優先の徴候として、年月を経るにつれ、彼女がいっそう誇りをこめて語るエピソードとなった。

　イライザのほうも、自分では経験したことのない母親らしい献身を、娘たちに注ごうと努力していた。それでも彼女は、「心というものを形成する、親としての気配りという大切なものをほぼ」自分自身はしてもらえなかったと痛切に意識していた。もし彼女が、自分が夫として選んだ、慎重だが頑固な男との対処の仕方をじっくり考えてみたならば、それほどまでに自分の三人娘の育て方をめぐり、動揺しなくてもよかったであろう。彼女は、自分が幼い日に得られなかった「穏やかな影響力を持つ優しさと励まし」を与えようと心に誓い、しばしばそれに成功していた。すでに彼女は、女性にできる活動というものを、鮮明なイメージで長女に鼓吹していたのである。自分のような頑固な子どもは、「お母さん以外のどんな母親にとっても、災難でしかなかったでしょう」と、エリザベスは書いたこともある。

しかし、やむを得ない失敗もあった。イライザは、自分が学んだのと同じように幼い年齢でエリザベスに読み方を教えようとして、四歳の娘を自分の教室の席に座らせたのである。最初のうちエリザベスは覚えが悪く、母が自分のことを「頭の悪い女の子」と思っていると感じ始めた。事態がさらに悪化したのは、イライザがエビー・ホーソーンという隣家の聡明な幼い子を家に招き、毎日二時間エリザベスと一緒に読書し、娘に発破をかけてもらおうとしたときのことである——エビーはまさに評判の「本の虫」であり、その隠遁ぎみで未亡人でもあった母は娘を学校に行かせないようにしたこともしばしばあったほどだった。しかしこの試みは裏目に出てしまった。自分のささやかな能力と、自分より二歳年長のエビーの「驚嘆すべき学力」を較べて、エリザベスはさらに落ちこんでしまったからである。エビーへの「若い日のあこがれ」がしっかりと心に刻まれていたので、自分と同い年のエビーの弟ナサニエルのことなど、彼女はまったく気にもとめてはいなかった。エリザベスはのちに、たった一度だけ、裏窓から、「髪のふさふさした」、がっしりした肩の少年が、下の隣の庭で遊んでいるのを見かけたことがあったのを、思い出している。二年足らずでピーボディ家の人たちは別の地域へ移り、両家の接触はなくなってしまった。

教室で起きた二つ目のつらい状況は、母がエリザベスと長時間一緒にいることで、かえって二人の間の隔たりが生じたことだった。ある日の放課後、年長の生徒の一人がエリザベスを膝にのせ、「私を優しく撫でながら、かわいい、きれい、ダーリン、などと言っていたかと思うと、突如私をきついほど抱きしめながら、声を上げてこう言ったのです……あんたを造ったのはだれ?と」。この質問者は、ごく普通の日曜学校でなされる問いかけを復唱したにすぎず、その正しい答えは、「私をお造りになったのは神さまです」というものだったが、そのようなことはエリザベスにはわからなかった。のちの彼女の回想によれば、そこで彼女が思いめぐらしているうちに、「一つの顔がすぐ近くに浮かんできて、それはそれは優しい笑顔で私を見つめた」のだった。エリザベスの答えは、「男の人」というものであった。

その年長の少女はすっかり驚愕し、エリザベスを膝から払い落としてしまった。幼い女児が自分なりの慈愛に満ちた神さまの姿を無邪気に述べているだけで、自分の受胎をあられもなく話しているのではないとまでは、思い及ばなかったのである。慰めを求めエリザベスは母のもとへ走ったが、イライザは生徒の肩を持ち、自分の娘には、諭すようにカルヴァン派の神学を話したのであった。「その結果、私の頭のなかにもう一つ神さまのイメージができてしまいました」と、エリザベスは回想している。その神というのは「われらがピューリタンの牧師の身なりのような、黒い絹のガウンと三角帽を身にまとい、はるかな雲の上に座り……悪いことをしている違反者を罰すべく、子どもたちを見張っている老人」の姿をしていた。

イライザとしては、エリザベスに、それほどきびしく対応したくはなかったのかもしれない。というのも、二、三年以内にイライザは、彼女の最初の教科書——『安息日の日課』——を出版することになっており、そこで彼女は、「若い人たちの、宗教的な型にはまったものはなんでも陰気な考えに結びつけるような」傾向との戦いをめざしていたのだからである。だがイライザは、自分が孤独な十代の頃、フレイミングハムの第一教区教会で学んだ正統カルヴィニズムを、まだ疑い始めてはいなかった。ここでは、なにがなんでも必要だった生徒たちに、神聖な創造については、しっかりと正統な説明をしておかねばと思ったのである。ここでの厳しい、秘められた日課は、実際には神学的なものではなかった。むしろそれは、一日二十四時間ずっと家にたむろしている生徒たちとエリザベスが、母を共有しなくてはならないことだった。すでに母が自分のことをできの悪い生徒と思いこんでいると気づいて、エリザベスの「心に秘めた自信は揺らいでいた」のであった。母が自分に同情してくれなかったために、押し出されてきたのは、彼女が思い描いた神の「慈愛に満ちた微笑み」ばかりでなく、なびくような白いガウンに身を包んだアン姉妹《シスターズ》であった。いまやエリザベスは自分でも思っていないかったほど、自分をしっかりと持つようになっていた。

自分の母がしてくれたよりもこまやかにわが娘たちの世話をしてやりたいと念じながらも、イライザは、家計が逼迫したときとか、出産ないし家族に病人が出て十分な世話ができそうもないときには、母と同じやり方を踏襲し、長期にわたって親戚のところで暮らすよう、子どもたちを送り出した。最初に送り出された六歳のエリザベスは、母の選んでくれた親代わりとして、よい人に恵まれたのがせめてもの幸運だった。なぜなら、ほとんど一年を通じ、未亡人となった大伯母エリザベス・パーマー・クランチと暮らしながら、静かな家庭生活を楽しみ、ここでようやく心ゆくまで読書させてもらえたからである。彼女はこの老齢の大伯母が大好きになったが、この人こそ、四十年前フレンドシップ・ホールの日射しの明るい二階で、彼女の母に読書の手ほどきをしてくれた女性だった。たちまちエリザベスは、見つけた本はなんでも手にしたが、それは主に子ども向けの寓話で、くり返しくり返し彼女は読んだのであった。

エリザベスが家に戻ってきたときには、エビー・ホーソーン並みの本の虫になっていた。再び母の教室に参加すると、ここで彼女は見聞したものをまるで写真のような鮮明さで記憶し、吸収する能力のみならず、哲学や宗教をめぐる討議を好む性向をも示しはじめた。彼女は、母娘二人を引き離してしまった、まさに精神的な問題について母と議論をする準備をしていたのである。それは自分を一年も島流しにした母へのお返しの手段として始まったものであったが、当時の知的な生活の中心となっていたキリスト教神学をめぐる白熱した討議問題に自分が惹きつけられていることに気づいてからは、エリザベスが生涯にわたり情熱を傾けるものとなっていく。

　慈悲深いのか報復的なのか、単一なのか三位一体なのか――神性をめぐる討議がニューイングランドで猛威をふるい、セイラムではとりわけ激しかった。イライザやナサニエルの世代のパーマー家やピーボディ家を含め、すべての家族が討議によって分断されたかたちとなり、それが究極的には、ニューイングランドの町々の教会を、リベラルなユニテリアン派と正統な会衆派とに分裂させることになった。町に来てほどないピーボディ夫妻は、幼いソファイアをセイラムのサウス・チャーチで受洗させた。この教会の牧師ダニエル・ホプキンズは、ハーヴァード大学出の原始ユニテリアンの牧師たちが圧倒的に多かった町でただ一人、イェール大学の正統派神学校の卒業生であった。これがイライザの母、ベッツィ・ハント・パーマーと、ウォータータウンのハント家の女性たちの宗教だった――イライザがそれとともに成長し、一度も疑ったことのない宗教だったのである。

　ところが、たちまちピーボディ家の人々は、セイラムのノース・チャーチという、なにより繁栄を願う家族で構成され、穏健なトーマス・バーナードに率いられた信徒の集会に、参加するようになった。ここで、一八一一年八月、大伯母の家から戻ってきたばかりのエリザベスは、特別に招かれた牧師、ボストンのウィリアム・エラリー・チャニングが説教するのを聴くこととなった。皮肉なことに、七歳のエリザベスについてくるよう言い張ったのは、彼女の母であった。チャニングがすばらしい説教者であることを耳にし、イライザは彼が幼い子に及ぼす力を試してみようとしたのである。その朝、エリザベスを連れてノース・チャーチに向かいながら、母が父に言っていた、「子どもたちの心をつかむには真の才能が必要よ」という言葉を、エリザベスはずっと記憶することとなった。

　エリザベスは、初めて目にした、小柄で青白い顔をした男の姿をも、けっして忘れることはなかった。彼は「旅行用の厚地の外套に身を包んで」到着すると、すぐ説教壇に歩み寄り、「大きな、ひときわ目立つ両目に、何かを見ているような表情を浮かべ、視線を上げる」と、祈りを唱え始めた。エリザベスは、「神と言葉を交わしている」一人の人間の姿に、「ついぞこれまでにないほど胸をドキドキさせられた」のだった。チャニングを見つめながら、エリザベスは、自分

ウィリアム・エラリー・チャニング牧師
（ワシントン・オールストンによる肖像画、1811 年）

で作り上げ、見ることも触れることすらもできそうなのに禁じられた、優しい神の姿を思い出していた。母の言うような、厳格で罰する神ばかりではないのでは、という希望がそこにはあった。

この三十一歳になるボストンの牧師は、この道に進んでちょうど八年になっていたが、自分がユニテリアンだとは、まだ公式には言明していなかったし、このセイラムでの説教を筆写したものも残ってない。しかしチャニングは、すでに正統ならざる福音を説いて、かつては活気の失せていたフェデラル・ストリート・チャーチの会衆席を、専断的な権威よりも神の赦しや精神的な問いに基づいた、より個人的な宗教を希求する、新たなタイプのニューイングランド人でふくれ上がらせていた。一年前、チャニングはボストンの会衆に、「完全」は人としてめざすべき目標であり、誰もがつき進んでいくことのできる目的地である、と説いていた。これは急進的な発言であって、すべての人間は生まれながらにして「堕落」しており、「恩寵」は意地悪な神によって、一握りの「選ばれしもの」に分け与えられる、という正統なカルヴィニズムの考えには、真っ向から反駁するものだった。「みなさんは、この完全がどこにあると思いますか？」とチャニングはくり返し尋ねた。「私なら、それは知識に、愛に、そして行動に、と答えます。」エリザベスを大人になるまで推進しつづけた目標を、これほど簡潔に明言することのできた人はいなかった。

ソファイア・ピーボディは正統派の教会で洗礼を受けはしたが、嬰児の頃でさえ、彼女には常套的なところはまったくなかった。いろいろな話を考え合わせてみても、ソファイアは生まれつき「反抗精神」を備えており、たちまち「きわめて強情で、頑固な子」となった。初めからイライザのソファイアに対する愛着はきわめて保護的なもので、あからさまに彼女は、末娘を厳しくしつけることを避けたのである。イライザがソファイアの自立した性質に同情的だったのは、その子が自分によく似たところがあるのに気づいたせいもあろうが、自分の母が腹立ちや欲求不満のあまりよくしていたような、叩くという手段よりも、「優しさと激励という穏やかな影響力」によって、彼女をしつけようと心に決めていたからでもあった。それでも結局イライザは、ソファイアの意志を自分のそれに従わせるため、もっと巧妙な方法を見つけた。というのも、イライザがいくらソファイアに同情したとはいっても、若い女性たちの教育に心血を注いでいる家庭においては、彼女だけ好き勝手に振舞わせるわけにはいかなかったからである。

後年、イライザはソファイアに宛てて次のように書いている。当時田舎育ちのナサニエルやパーマー家の妹たちまでもが、子育てに罰は必要だと主張したのだが「あなたを育てるにあたって、いかなる強制もしないようにしたのよ。あなたが金切り声をあげても、あなたの心が柔らかくほぐれてくるまで、なだめ、慰めたの。そのうちあなたは自分で反抗心を抑えようと頑張ってくれて、ほんとにほっとしたわ」。ソファイア自身も回想しているように、彼女の母が必要としたのは、癇癪をしずめるべく、その耳に「いい子ね」と諭すようにささやくことだけだった。この言葉が母の「なにか困惑した悲しみ」を伝え、「ごく幼くして、無言の悲嘆の及ぼす力の方が、私には、誰からの叱責よりも強烈だと感じていた」というのである。この母娘の感情は深いところで混じり合ってきていたので、ソファイアは「私の魂は母のそれに編みこまれている」と思うようになってしまった。この相互依存を断つためには、ソファイアはたいへんな苦労をしなくてはならなくなる。

ソファイアがまだ幼い頃から、イライザはこの子の激情的な性格は、パーマー家の親族たちが言うような「性格の悪さ」からではなく、過敏な感受性——彼女がソファイアの「体質」の「繊細さ」と呼ぶもの——から来ていると結論づけた。ソファイア自身、この評価に確信を深め、成人したのち、「この世に生まれて以来、私は、実におびただしい苦痛や喜びが出てくる道具のようなものでした」と書いている。だが、ソファイアの繊細さは体質的なものではなかったようだ。彼女が一歳になる前に、イライザとナサニエルは、末娘の危険な生歯《せいし》の発作とばかり思っていたものを治療すべく、はからずも彼女の健康を台なしにするようなことをしてしまったのである。

十九世紀を通じ、いやつい最近までも、おびただしい数の幼年期の病気が、歯が生えてくるせいにされていた。発熱、下痢、ソファイアがなりやすかったはずの慢性の気難しさなど、すべて「生歯困難」のせいにされていた。このすましたような語句には真の恐怖が隠されていた。生歯は数多の病気の原因と考えられたため、ニューイングランドのいくつもの町史において、しばしば乳幼児死亡の一因と記されており、しかも乳幼児の死亡率は恐ろしく高かったのである。北東部の町においては、なんと四人に一人の子どもたちが一歳になる前に死んでいたとされ、その世紀の初頭に医療に当たっていたあるアメリカ人医師によれば、こうした死者六人のうち一人は、生歯かその合併症が原因だったとされている。

その結果、瀉血、水疱施術、投薬の大量服用など、思いきった手段が唱道されたために英雄的治療と称揚されたものが、歯の生えかけた子どもたちに用いられてしまい、しばしば「病気」そのものよりも大きな害を生じてしまったのである。生歯のせいとされた生死にかかわる発熱も、その多くは、炎症を起こした歯茎を切開することによりもたらされた感染の結果だったようだ。このような処置は、たいてい家庭において、不衛生な台所用ナイフを用いながら、両親によってなされたのである。ソファイアは切開こそ受けずにすんだようだが、ピーボディ一家を崩壊させかねないほどだった彼女の癇癪に対し、両親が投薬を決断したため、いっそうひどい「治療」を受けることになった。なんと甘汞《かんこう》の粉末を水に溶かした水銀を、定期的に大量服用させられてしまったのである。

自分の三女を生涯にわたり病気と闘うような目に遭わせてしまったのは、皮肉にも、ピーボディ医師の医療研修だったようだ。ハーヴァード大学で訓練を受けた彼は、診療に当たるようになって最初の二、三年は、断固として大胆な医療機関の側に立っていた。一八一一年、ソファイアが二歳になった年、彼がマサチューセッツ医療協会の会員として認められたのは、ジェフリーズ博士のもとで訓練を受けたことと、自ら五年間の実習を完遂したことが評価されたのであろう。ピーボディ医師は、生歯やその合併症と考えられるものを、身体から液体をとり除けば病気の進行を遅らせることができるという理論に基づき、「下剤」や催嘔剤を用いて治療するという標準的な治療法を熟知していた。しかし、イライザの姉メアリー・パーマー・タイラーによって一八一〇年に書かれたものを含め、当時一般に流布していた子育て手引書ですら、極度な癇癪、発熱、あるいはその他、迅速な対応が必要とされる徴候が見られるとき、切開や下剤を用いるやりかたに対しては、重ねて批判を加えていたのである。

入手できる下剤のなかでも最も強力な甘汞こそ、ピーボディ医師がソファイアの病気の治療に選択したものだった。通常子どもたちが甘汞を服用させられると、やがて大量の唾液を分泌しはじめる。今では急性の水銀中毒の症状として知られているものである。子どもたちの舌は通常の数倍に腫れ上がり、口のなかの唾液は干上がってしまう。甘汞による手当てを受けたたち、脱水症状で死ぬ子たちもいたが、親も医者もこの治療こそが真犯人かもしれないとは疑いもしなかった。回復した子どもたちも、薬で中枢神経を損傷された結果、「震え、不安、弱気、リューマチのような痛み、悪寒、落ち着きのなさ、錯乱、などなど様々な無力症」の再発する人生を生きていくことになった。しかし、こうした病気の結果のどれ一つとして、その世紀の中葉まで、医療機関によっても——ソファイアの家族によっても——水銀と結びつけられることはなかったのである。[5]

ソファイアの世話がきわめて複雑かつ心配なものになってきたので、ほぼ一年間、イライザは自分の学校のことは断念せざるを得なくなり、ピーボディ家の家計はさらに逼迫したものとなった（エリザベスが大伯母のところで過ごした年のことである）。それでも結局、これまでどおりすぐ興奮し、神経症の疲労困憊になりやすい状態のまま、ソファイアの治療は終った。（水銀は体内の器官系統の多くに永く残留し、震顫《しんせん》や突発的発作から慢性的な疲労、人格変容、精神異常にいたるまで、神経性中毒の作用をもたらすことが、いまでは知られている。）イライザは娘たちに対し、家事の技量を身につけるよう要求するような人ではなく、ソファイアが何歳になっても、家事の雑用のみならず、教室への定期的な出席すらも免除してやった。これによって、ソファイアが病気や疲労を逃げ口上にするのを認めてしまうというパターンが定着し、あまつさえ彼女の激しい感情は、過重な負担を担った母や従順な姉たちに対する代償的な発散の役目を果たしたのであった。

しかし、そうした特別免除にもかかわらず——あるいはそれだからこそ——ソファイアは制約に会うたび、激しくそれと抗いつづけた。六歳の誕生日の前、おそらく一八一一年から一八一五年にかけて生まれた三人の弟たちの一人が誕生した後、ソファイアはかなり長期にわたって預かってもらうよう、祖母ベッツィ・ハント・パーマーのウォータータウンにある洋裁所に送られた。この手はずをととのえた滞在は、セイラムでの家計のやりくりがいかに逼迫していたかを示す証拠だが、エリザベスが大伯母エリザベス・クランチと過ごした至福のひと時のようなわけにはいかなかった。

対照的に、祖母パーマーは、何年ものちにソファイアが書いているように、「厳格な規律主義者」であり、毎晩六時にはソファイアを一人で暗い屋根裏部屋のベッドへ行かせた。[6] おまけに、祖母の「無教養な宗教熱」と凝った衣服好きとが合体して、日曜の朝毎にソファイアを苦悩させたのである。明らかにベッツイ・パーマーは、幼い孫娘の滞在を、自らの裁縫師としての技量を宣伝する好機としてとらえていた。ウォータータウンでの日曜毎に、ソファイアは祖母から「きつすぎるほどの子ども服をこれみよがしに着せられ」、「正統派の教会まで歩かされ、さらに「うんざりするほど果てしない」説教の間、じっと座りつづけさせられたのである。そのあげく、日曜学校に連れて行かれ、「他の不運な赤ちゃんたちとともに、一言もわからない教義問答で苦しめられた」のだった。

華美な服を着せようとする祖母の主張に、ソファイアがさらにみじめな思いをしたのは、ある集いで紹介を受けるために、彼女が盛装させられたときのことである。「小さな繻子のブーツやパンタレットを着なくてはならなかったときの苦痛、はたして忘れられるでしょうか?」と、回想記のなかで彼女は書いている。これらは彼女の心に「なんとも言いようのない、やりきれない不快感と束縛感」をもたらし、口々に「お人形さんみたい」と言うウォータータウンの女性たちに紹介された後、ソファイアは自分の部屋へ逃げこみ、「パンタレットを締めつけていた残酷な紐」を解いてみると、「柔らかな肉に紐が食いこんだ、私の哀れにもちいさなくるぶしのまわりには、鮮烈な緋色の線」ができていたという。束縛から解放されほっとしたソファイアが、素足になって集いの場にもどると、叔母の一人が「とりわけ無垢な鳩に襲いかかる、翼をひろげた禿鷹のように」彼女を「さっと宙に捕らえ上げ」、不服従の罰として、昼間から寝室へ送りこんでしまったのであった。

ウォータータウンの家では、厳格な叔母たちや祖母の目が届かないところで、ソファイアはハント家の年長で乱暴な従妹たちから、まぎれもないいじめを受けた。「きっと私の神経のこまかいところが刺激したのでしょう、巧妙なやりかたでつらい目やこわい目に遭わされました」と、のちにソファイアは書いている。幼い女の子が特別扱いを期待しているらしいのに憤慨して、年長の子たちはソファイアにいろいろな悪戯をしたが、あるときなど、彼女にきれいな庭を見せてあげるといって、地下貯蔵室のドアから押し込み、錠をかけて閉じ込めたこともあった。またあるときは、七面鳥でいっぱいの中庭に連れて行き、七面鳥を彼女の方へ追い立てたこともあった。「鳥たちは無数の悪魔のようにガアガア鳴いていました」とソファイアは回想している。

上流の流行に敏感なハント家の人々に対するソファイアの本能的な拒絶には、労働者階級の町、ウォータータウンの真ん中で、未亡人となった祖母の家に加わった際に感じた、当惑と不安が隠されていたのかもしれない。ピーボディ一家はみな若い女性たちに教養をつけさせようと努力していた。それが、彼女たちがちゃんとした結婚をしたり、イライザが婦人服を仕立てる人を少し見下して使った言葉であるが、「婦人服作り」として働いたりせずにすむように、教師になるのに必要なものであった。ソファイアが祖母や叔母たちに見た宗教的正統性と度の過ぎた衣服への関心は、上昇志向のピーボディ家の人々のスパルタ式知性とは対照的に、ハントならびにパーマー家の人たちの下降移動を表していた。ウォータータウンにおいてソファイアは、貧しくとも品のよい自分と、けばけばしく浅薄な祖母とを区別する、細い線のあることを感じていた。したがって、ソファイアは自分が家を離れ、どれほどつらい思いをしたか、母にわからせていたにちがいない。なぜなら彼女が成人するまで、家を離れての長期滞在はこれが最後となったからである。[7]

それでも、セイラムの家にいてすら、あの恐怖は払拭できていなかった。回想記でソファイアは、「家の門を出て……初めての一人歩き」とやらで通りをさすらった日のことを書いている。実はいまだ反抗的だったこの子は、家を飛び出したのであった。「なんとも素敵だった。歩む足には翼が生え、どちらを向いても、そこには、これまであるとは思いもしなかったほどの広がりがあった。あらゆる束縛から自由になった解放感は、くらくらするほどのものだった。――帽子もなく、散歩用の服も着ず、手袋もしていなかった」と彼女は回想している。だが、このときの愉快な反抗に決着をつけたのは家族の一人ではなく浮浪児、それもソファイアとほぼ同年の少女だった。ソファイアがある丘の急斜面をよじ登り、「大地のてっぺんに立った」気分になっていたとき、「これほどボロボロの衣服を身にまとい、汚れた人間は見たことがない」ほどの、乞食の少女から声をかけられたのである。少女はソファイアの手をつかむと、お辞儀をするよう命じた。ソファイアは拒み、怖くなって家へ駆けもどったが、母には言えなかった。なにしろ、だまって家を飛び出していたことを打ち明けることはできなかったからである。それからしばらく、その乞食の少女はソファイアにつきまとっていたようで、ピーボディ家の前を通りすぎながら、ソファイアが戸口に立っていようものなら、おどし文句を呟いたり、きっと戻ってきて誘拐してやるとか、「撲ってやる」[8]とか言うのであった。

ソファイアは、この小悪魔的な自分の分身に、あらかじめ不安を抱いていたのだろうか？　彼女は――ある時点までは――貧しいことについては気にしていなかったようだ。粗末な服を着ていても、祖母が作り上げた華やかなドレスを着ていても、同じようなものだった。しかし乞食の少女に膝を曲げてお辞儀をするよう強要され、いまやまぎれもない敗者になろうとしていることに、愕然としてしまったのだ。一度は逃げ帰れてよかったが、逃れて駆け戻る家がなければどうなるのか？　それでもソファイアは、やはりあの少女に心ひかれてしまったようだ。垢で汚れ、粗末な身なりをしていながら、自分の気の向いたところへ自由に行き、他の子たちに命令し、自分以外のだれの言葉にも耳をかさない子、それはおそらく、彼女と母が協力して抑制してきた反抗的な自我の化身だったのであろう。この文無しの乞食の少女がソファイアに及ぼした迫力は、恐ろしくも羨ましいほどのものであった。あのような力を自分のものにする唯一の手段は、上流階級の女性たちの虚飾をすべて捨て去ることだったのだろうか？

幼い頃から、ピーボディ家が品のよい貧しさよりさらに没落し始めているのではないという幻想を維持するにも、社会的地位を表す象徴のようなものが必要であることを、ソファイアはよく知っていた。帽子も手袋もせず町を走りまわっている少女は、それがない少女だということは、セイラムに住む他人の目にはすぐ見てとれることだった。しかしソファイアは、生来の強情さと、きついドレスを「束縛」として、また帽子や手袋を「枷《かせ》」として体験した反抗心とを、けっして失うことはなかった。成長するにつれ、家出人になることはなかったが、ほかでもない病弱者の寝台兼長椅子の上の他に、彼女はどこでこうした拘束を逃れることができただろう？

ソファイアの繊細さは、完全にとまでは言えない程度に社会慣習に屈しながらも――高度な情感に心ゆくまで耽る贅沢、読んだり、書いたり、のちには絵を描いたりする安逸など――そこから得ることのあった女性としての育ちのよさを確実に高める手段として生まれてきたのかもしれない。病気が、「自身ではそうと知らぬ間に彼女を支配していた」と、ある近親者は書いている。イライザはというと、ソファイアの虚弱さに悩まされはしたが、娘の一人が毎日の苦労などしないですむ生きかたをしていることを――家族にとって負担ではあったが――内心では喜んでいたようである。しかしその病気は、それなりに牢獄であることが、やがて判明することとなる。

女の子や若い女性たちで満ちあふれていたピーボディの家庭で、次女のメアリーは逃亡者を演ずるコツをつかんだ。ソファイアが家族の「もやしっ子」に、エリザベスが教室で輝く存在になりかけていたとき、メアリーは自分の「繊細な神経」を口実として、「自分の気の向くまま教室に出入り」したり、家の狭苦しい部屋にいるよりも「林のなかや空のもとにいるほうが多かった」。ソファイアと同じように、メアリーも病弱な子で、彼女もまた甘汞を服用させられ、「だいたいいつも唾液過多の状態にあった」と、自分の幼年時代の回想記で書いている。だが彼女は、病気などよりもはるかにましな逃避の手段を、町外れの森の散策に見出していた。そして、家族の増えた一家がセイラムの波止場地区を離れ、エセックス・ストリートとケンブリッジ・ストリートの一画に建つ大きな煉瓦造りの家[9]の貸間に移ったとき、彼女はその野外生活を可能にしてくれる恩人と出会ったのである。

エセックス・ストリートとしては高級地区に住むようになっ

ベンジャミン・ピックマン

たピーボディ家の新しい隣人となった初老のベンジャミン・ピックマンは、セイラム有数の商家の家長であった。彼は独立戦争の年月をロンドンで過ごした王統派でもあったので、この事実により、帰国した際にもセイラムの親英派の上流階級から責められたりはしなかった。普通なら、身分や政見の違いにより、ピーボディ家の人たちとピックマン家の人たちが知り合うことにはならなかったであろう。だがベンジャミン・ピックマンの才気煥発で最愛の息子トーマスが医師だったので、ピーボディ医師と知り合いになっていたようだ。ピーボディ一家がセイラムにやってきてほどなく、ピックマン医師はピーボディ家でかなりの時間を過ごすようになり、いつしかイライザの妹ソファイア・パーマーに対し恋愛感情を募らせていた。彼女は一家のセイラム移住以来、家族に加わっていたのである。ピーボディ夫妻にはかなり驚きであったが、二人は一八一五年に結婚した。ソファイア・パーマーは妹ではあったが、ロイアル・タイラーの子であることをイライザは知っていたし、若い頃かまってもらえなかったため、会話を覚えるにも難があった。彼女の貧弱な素養は、いまだ読書よりもトランプ遊びが好きなところに露見していた。それでも彼女は首尾よく、セイラムでも屈指の金持ちに嫁いだのだ。そして、セイラムの自分の豪邸に落ち着くや、ソファイア・パーマー・ピックマンは姉たちの家族との交際を避けるべく腐心したようである。

しかし、その結婚のかなり前、老ベンジャミン・ピックマンは、自分でこう呼んでいたのだが、「メアリー・P」が気に入っていた。メアリーには、すでに年長の人たちをも感嘆させ始めていたエリザベスほどの言葉の早熟さこそなかったものの、ベンジャミン・ピックマンと同様に花好きであり、彼女の子どもらしい美しさはまぎれもないものであった。七十歳を過ぎ、悠々と隠居していたベンジャミン・ピックマンには、家族の誰よりもメアリーの相手をする時間があった。四歳のときから、「ほとんど毎日、何年にもわたって……彼の腕のなか、彼のかたわらで」過ごしたと彼女は回想している。天気がよければ、二人は彼の広々とした花壇を散策し、老紳士は足をとめると小枝を摘み、その名を説明したり、育て方を説明したりするのだった。彼女が五歳だった一八一二年から始まり、一八一九年の死に至るまでのベンジャミン・ピックマン自身の日記によれば、しばしばメアリーは彼のセイラムの屋敷を夕食どきに訪れるか、町の南側にある彼の四百エーカーの農場を訪ねるかしている。冬には、使用人の一人を、通りをずっと下ったピーボディの家まで行かせ、雪の吹きだまりを踏み越えながら、メアリーを連れて戻らせたこともあった。のちになってメアリーは、

「優しく、えこひいきな」ベンジャミン・ピックマンと過ごした親密な年月を振り返り、「私の人生でもっとも美しい一章」と言っている。

メアリーは、「四十頭の雌牛と、それが産んだ子牛たち、「それに」そこの動物たちを実際に清潔に保っている模範的な豚舎のある」ピックマンの農場が好きだった。スイレンの並ぶガチョウやアヒル用の池、春にはスミレでおおわれる丘陵地、「七面鳥やホロホロチョウ、孔雀やオウム」のいる家禽用囲い地などがあり、そのすべてがメアリーの「大好きな仲間たち」となった。ベンジャミン・ピックマンは、エセックス・ストリートにある左右均整のとれた庭の小区画をメアリーに与え、植物の植え方や育て方を教えた。彼女のお気に入りとなった本で二人はともに学んだ。それはフランスの植物学者ベルナルダン・サン・ピエールの『自然の調和』で、心優しい人間である庭師たちが栽培する植物の楽園として世界を描いたものであった。年老いてからメアリーは、幾度か夏の間はずっとアンドーヴァーのピックマン邸で過ごした。そこでベンジャミンの未婚の娘ローリンズ・ピックマンが彼女の世話をしてくれたのである。そこでは「丘陵に心を奪われてしまい、私は野を駆け回りました……子どもたちの一団を率いており、その子たちはそれまで散歩する勇気もなかったのに、私の指揮のもと、丘陵を登ったり、小川を歩き渡ったり、野の花を探しまわったり、ツバメの巣を探して木や物置小屋の上まで上がったりし、あやうく首の骨を折ってしまうところでした」と彼女は書いたこともある。

しかしメアリーの野外生活をもってしても、彼女が自分の家で感じていた無名性を償ってはくれなかった。エリザベスの早熟ぶりはたちまちセイラムでは有名になったのに、メアリーには「読むことは随分早く教わりましたので、いつどのようにして学んだかは覚えていません」という記憶があるだけだった。母と同じように、メアリーもごく早くからシェイクスピアを読んでいたが、彼女がそうなったのは、たまたま父の座っている椅子の後ろの椅子に立ち、その肩ごしに文字を判読しようとしたからであった。家族で『リア王』を読んでいたとき、突如、彼女は幼い舌足らずな発音で――「風よ吹け、おまえの頬がさけるまで！」――と叫んだことがあったが、笑われただけで励まされもしなかった。エリザベスは父からラテン語を教わる特別扱いを得ていた。ラテン語は女子にはめったに教えられない教科だったので、ナサニエルの知識がイライザのそれを上回る数少ない教科の一つだったのである。ちょうど二歳年少のメアリーは、あれほど集中した学習をしてみるには体力が足りないと言われたが、ラテン語への関心をエリザベスにも両親にも隠し、エリザベスのラテン語の教科書を可能なかぎり持ち出し、人知れず「屋根裏部屋で学習した」のだった。

エリザベスの圧倒的な資質に対抗するため、メアリーはそれはそれは苦労した――それはメアリーに限ったことではなかったけれども。二人の少女が一緒のときには、メアリーはエリザベスの「衛星」となり、後ろにさがっていた。エリザベスが天文学や地理学について、ナサニエル・バウディッチ博士と話しているときがそうだった。この人はセイラムの著名な天文学者で、エリザベスが「学問好きな子ども」であることを耳にすると、いつでも好きなときに来て彼の望遠鏡を覗いてよいと招いてくれたのだ。あるいはジョン・エメリー・アボット師と神学について話しているときもそうだった。この人はノース・チャーチの新任牧師で自分の膨大な蔵書のうちどれでも貸してあげると申し出ていた。そのような外出の際、エリザベスはメアリーを同伴したがった。おそらくエリザベス自らの生来の内気さを和らげるためだったのであろう。しかし会話に夢中になってくると、どうしても妹のことは忘れてしまい、メアリーは放りだされたような気になって内心では憤慨していたものだった。

ちょうどエリザベスがメアリーの美貌に対する妬みを、熟慮のすえ、自分の容貌は気にしないことにつなげたように、メアリーはエリザベスの知的な征服ぶりに対する複雑な感情を、仲の良い姉妹を演ずることで隠していた。「記憶にある限り、私の存在が姉のそれと切り離されていたことはありません」と、かつてメアリーはローリンズ・ピックマンに書いたことがあった。「誰かがあるとき、Eも私も、片方が欠けては完全ではないと言いました——私もそう感じているのです。」でも実際には、エリザベスが衛星の存在によって得るもののほうが、メアリーがエリザベスの栄光の反射によって浴するものより多いのではと、しばしば彼女は思っていた。よく真ん中の子にみられる身を引く傾向が、彼女の身に備わってきた。メアリーは、交友関係、学業成績、持ち物などをめぐり、エリザベスとあからさまに張り合ったりはしなかった。彼女はこうしたことについて気にしていることなど、エリザベスには——ほかの誰にも——悟られないようにもしていた。「私は誰にも自分の内心の動きを見せてはならないと考え、どのような感情も表に出さない力を得たいと思ったものです」と、彼女は回想している。内心がとても平静とは言えない状態のときでも、彼女は「穏やかな表情を保持する習性」を身につけようとしていた。これは注目すべきことだが、彼女は二人がともに成人するまで、エリザベスがピックマン側の友人たちに会うことだけは、どうにか押しとどめている。彼らをエリザベスが奪い去ってしまうのではと恐れていたのである。

メアリーは生き生きとした想像の世界に引きこもったが、それは姉や妹のそれに劣らず、どこまでも情熱的な感情の飛翔する余地でもあった。ソファイアやエリザベスにもまして、メアリーの夢想は、セイラムの少年たちへの惚れこみというかたちをとった。ごく幼い頃から、礼儀正しいベンジャミン・ピックマンと一緒にいて影響されたのであろうが、メアリーは「最良の男性の妻」としての自分を「夢想した」のであった。七歳のとき、のちに「赤ちゃんみたいな情熱」と呼ぶことになるものを、近所の年上の、チャーリー・ピカリングという「このうえなく気品のある、純粋で、繊細かつ洗練された少年」に対し、覚えたのである。チャーリーが自分の集めた貝殻や小石を、混ぜたり分類したりしているのを見守りながら、彼女は「青い目をした金髪の理想の人」として、彼への「敬意」を高めていっ

ギャロウズ・ヒルからのセイラムの眺め（アルヴァン・フィッシャー、1818年）

た。その彼は、ハーヴァード大学で茶番めいた学生騒動のうねりのなか、主導的な役割を演ずることになり、卒業式の前週、放校されてしまった。理由は、最終試験の前夜でも酔っぱらう権利はあるという級友たちを、擁護したからだった。するとメアリーは、そのような「俗っぽい相手」への愛はあっさりとり下げ、彼女が「理想とする完全な人物」が新たに出現してくるのを待つことにした。

それでも、メアリーとエリザベスには共通するところが多々あった。教えたり、みずからを実例としたりすることで、彼女たちの母は三人の娘たちすべてに「天才への嗜好と熱意」を吹きこんだと、エリザベスは書いている。幼い頃から彼女たちは、「教育、そして知性の育成」こそが、アメリカの社会において「恒久的な地位の基盤となる唯一のもの」ということを、教えられていたのである。彼女たちは、自らの才能を見出し育成しようとしたばかりでなく、他者のすぐれた才能をも認識し支援しようとした。エリザベスが説教壇で目にしたチャニング師の姿、メアリーの富裕かつ実力を備えた男性への憧憬、これらに見られるように、二人の少女は家庭という制約の向こうにまで目を向け始めていた。たしかに彼女たちは、咲き始めたスノードロップ摘みのために毎年早春に行なうギャロウズ・ヒルへのハイキングのように、自分で歩きながら家の外で最大の成果を得たのであった。一世紀以上前に「哀れな魔女たちが首を吊らされた、なにも生えていない、岩石の多い高台」の上で、二人並んで立って「彼方の青い海」を眺めていると、「心を揺さぶられるような」気配が感じられ、それぞれ夢中になって自分の将来を思い描いていたと、のちにメアリーは回想している。

第8章　医師とその妻

家庭生活は、しだいに「悲嘆と心労とで翳りを見せてきた」と、のちにエリザベスは書いている。家庭におけるイライザの優位は、彼女の実力の結果であると同時に夫の力不足の結果でもあったからである。家族の夜毎の祈りといった日常的なことですら、緊張とあげ足とりの場となっていた。ピーボディ医師が祈りを先唱したが、妻や娘たちががっかりするような唱え方だった。いつも同じ祈りでエリザベスは不満だったし、彼は祈りを唱えながら、「自分の声の響きに萎縮している」ようにも見えた。おとなしいというのが、娘たち全員が父に当てはめた言葉だった。定期的にノース・チャーチの聖歌隊で歌っていたので、歌唱だけが彼を自分の殻から引き出しているように見えた。だがピーボディ医師は頑固で、意見が違ったりすると癇癪を起こしやすいところもあった。それは彼からラテン語を学ぶようになって、エリザベスが気づいたことだった。結果的には自分でもラテン語を教えられるほど学んだのではあったが、父との学習は、彼女には不満の残るものだった。ピーボディ医師は、翻訳すべき数節を彼女に割り当てると、彼女を一人にしてしまい、彼女は「口頭での援助などないまま、文法書や辞書から言葉を見つけなくてはならなかった」。原則として、「父が私の知りたいことを説明しながら、私の質問に答えることなど、まったくありませんでした」。ピーボディ医師としては、ニューハンプシャーの田舎の公立学校のやりかたと思えたものを、エリザベスに与えるつもりだったのであろうが、彼女はすでにイライザのもとで数年にわたり勉強していたのである。イライザは、エリザベスの記憶では、教育においても「母としての直観を大切にしていた」という。エリザベスは父の人間味のない厳しい原則には憤慨し、そんなもの要らないと思っていた。

夫とは対照的にピーボディ夫人は、劇的な朗読、生き生きとした会話、創作的な作文練習の三つを興味深く融合させながら、自分の教室を運営していた。彼女がめざしたのは、「生徒たちを楽しませ、生徒たちが情報や援助を求め……いそいそと自分のまわりに押しよせてくる」ことだった。彼女は生徒たちを「言い負かしたりなどせず、むしろ、精神的にも道徳的にも、自分と同じ水準まで引き上げていました」と、エリザベスは振り返っている。イライザは、地理学を教えるために、生徒たちが地名辞典やガイドブックでその所在地を調べて選んだ目的地から、みずからの郷里に宛て想像上の手紙を書かせたりした（世紀の変わり目のアメリカの教室では、地図は稀少品であった）。彼女の生徒たちは、ニューイングランドの作家ハンナ・アダムズの手による歴史書、マライア・エッジワースの小説、さらにはド・スタール夫人の政治評論も読み、その結果、

「女性には文学や科学の分野で高度な教育を受ける力が欠けているとか、いかなる主題についても著述力が不足しているとかという考えなど、まったく念頭にありませんでした」と、エリザベスは書いている。ピーボディ医師がエリザベスにラテン語を教えようとしたことは、女性の知性に対する妻の考え方を共有していたということになるだろう。しかしエリザベスは、のちに突出した知識人となる同時代の天才少女たち――マーガレット・フラーやキャサリン・ビーチャーなど――のような献身的な父の愛弟子ではなかった。だが父の指導が欠けていることには恩恵もあった。少なくとも家庭においてエリザベスは、聡明さと女性らしさが相容れないものだと感じさせられたことはなかった。またビーチャーやフラーが野心的な父親によってそうされたように、同性のなかから特別扱いで選び出され、他の女の子たちや女性たちとの間に齟齬をきたしたと感じさせられることもなかったからである。

その代わり、ピーボディ医師は、いつも思いつめた様子で、気難しさに拍車がかかっている人であった。ニューイングランドの経済、とりわけセイラムのそれが、通商停止令や戦争の間に悪化したのは、どうにもならないことだった。頼るべき家族資産のない人のほぼすべてが、金銭上の危機にさらされたのである。ナサニエルの弟ジョンは、この世紀の最初の十年は、「虎穴に入らずんば虎児を得ず」という態度で、海で成功を収めていたが、すでに深刻な被害を受けていた。そこで戦争も終結に向かおうとしていた時期、ナサニエルは、また通商が再開されたらたっぷり返済してもらおうと、ジョンに金を貸しつづけていたのである。二人はともに一族の農場に目を向け、幾ばくかの利益を分かち合おうとしたが、そんな余裕などなかった。そして、一八一六年から一八一七年の間に、ナサニエルの弟モーゼズと姉リディアとが事業倒産の憂き目に遭い、いまにも債務者として収監されようとしていた。モーゼズもリディアも一族に援助を求めてきたが、長男としてピーボディ医師は、憤然と、二人の借金の身代わり返済を認めようとはしなかった。モーゼズは刑務所に入り、そこで自分の過誤をじっくり考えてみるべきだと彼は考えていた。リディアの場合は、比較的低額の保釈金を一族が支払うことができた。

ピーボディ医師は、破産に引きつづき農場そのものも危機にさらされているのでは、という強迫観念にとらわれていた。そこで、いま財産を管理している弟のフランシスに、「敵に気をつけよ」と助言していた。ピーボディ医師はフランシスに、「疑いもなく、君が自分の心臓の血を流失してしまうのを見て喜ぶ連中がいるのだよ――君の暮らし向きがいいと思えば特にね」と、いかにも彼らしく不信感もあらわに助言したのだった。それでもなお、フランシスが提案した、煉瓦製作、多軸紡績機への投資など金儲けのための投機的事業のすべてに対し、ピーボディ医師はつよく警告し、延引させた。「一撃を加える前に熟考せよ」というのがお気に入りの警告であったが、これは普通、まだ何も成就されてはいないという意味だったのである。

ピーボディ医師自身、すぐ金持ちになる方法を考案していたわけではない。自らに「自分が無一文なのは、かえっていいことなのかもしれない」と言い聞かせようとしたこともあったが、「財産家は国の看板であり支えでもある」と信じてもいたので、そうなりたいと大いに切望していた。一八一七年、エリザベスが十二歳のとき、彼は歌唱学校を開設し、四半期で八十ドルの利益を生む目論見をたてた。一族の農場で攪乳器を回して作ったバターをセイラムの市場で売ろうともしてみたし、メアリーの仲良しである老ベンジャミン・ピックマンの計理士として勤める根回しもしている。一族の地所を流れる小川のほとりでフランシスが操業できるようにと、入念な製材所計画も立てた。その木片からは、フランシスが小さな貯蔵箱を組み立て、ピーボディ医師が医療活動の際に接する薬剤師たちに売りつけるはずだった。しかし、臨時収入を稼ぎ出そうとした彼の計画のほとんどは、失敗してしまった。歌唱学校にはあまりにもわずかの生徒しか集まらなかったし、バターの価格は急激に変動してしまい、どちらの計画も利益にはつながらなかった。薬剤師用の薬箱のためにはデザインの説明をぎっしり記した手紙を数多く書き、一月のある雪解けの間、フランシスが怠けて製材所を留守にしているのに気づいたときなど、怒り狂って、「なんだ！なんだ！なんだ！なんだ！　貴様ってやつは！！！！！」とくり返し叱責したりしたが、その計画からも何一つ生まれなかった。

　こうした計画の主な結果が、ピーボディ医師が選んだ職業を徐々に蝕んでいった。一八一五年の夏における彼との短い出会いを記した、この当時のセイラムの日記の名手であったウィリアム・ベントリー牧師は、彼など「半分医師兼教師、残り半分はなにかそれ以外のもの」と、歯牙にもかけていない。セイラムでの十年ばかりの間に、ピーボディ医師は、まともな患者を常連にすることはできなかった。それどころか、もっと定評のある医師たちが治療に失敗したとき、最後の綱として呼ばれる程度の医師であった。九歳のナサニエル・ホーソーンが、ボール遊びをしていて軽傷を負ったのち、原因不明だが、足が不自由になったとき、診察を受けた三人目の医師がピーボディ医師であった。そのような場合の他、彼の稼ぎは伝染病の発生時に限られていた。セイラムで「病気発生」の幸運な月には、二百ドルぐらいは手にしたけれども、その半分以上は家庭の支出に費やされた。増えていく家族のため小麦粉を供給するだけでも、ひと月十五ドルはかかった。一八一七年春の時点では、フランシスに宛てピーボディ医師は、「生活必需品を買うための金を手にするのに、どれだけ苦労したことか」と書いている。

　ピーボディ家に三人の息子たち——一八一一年にナット、一八一三年にジョージ・フランシス、一八一五年にウェリントン[1]——が生まれてきたことが、さらに家計を緊迫したものにしたが、ナサニエルに対する家族の女性たちの拮抗力を弱めることにはならなかった。セイラムに移ってほぼ十年後、一つの傾向が定着してきていたが、それは明らかに古い港町の社会が持つ俗物主義によって助長されたものだった。ピーボディ医師は（か細い声ではあるが）家族の祈りを先唱し、一八一〇年から妻が出版し始めた教科書の著作権を保有し、激怒したときにはおびえた家族を時々屈服させたりもした。しかし家族全員が、内心では、より学識のある、より洗練された態度の、立派な先祖を持つ家柄のよいイライザを、その最高権力者と見なしていた。安息日は「静かに、でも常に楽しく過ごすための日」と言い切ったのはイライザであり、エリザベスの回想によれば、「他の日は忙しくしていても、私たちに絵を描かせたり、切り紙をさせたり、他にもささやかな娯楽を用意して、母は私たちを幸せにするために力を尽くしていた」という。ピーボディ夫人が「砂糖は奴隷労働のたまものなので、食べないように」と言うと、彼女の子どもたちはそれに従った。長男のナットはのちに家族の系図学者となったが、父はつねづねイライザの優勢を認めていたようだと回顧している。実際、ナットは、父は母に遠く及ばず、「母の人格の丈も幅も深さも……けっして十分には理解していなかった」と考えていた。

しかしイライザもナサニエルも、このような状態で満足していたわけではない。ままよとばかり、その用心深さと態度の立派さをよりどころに夫を選んだのではあったが、イライザはなおも、愛すべき父や祖父の特質――魅力、文学のたしなみ、彼女の言う「こまやかな優しさ」など――を多少なりとも備えた男性を望んでいた。彼女がかつて夫について書いたように、ナサニエルは「家族の女性たちが懸命に働き、粗末な衣服を身に纏っていても、休日にそこそこの衣服を着られさえすれば喜ぶという見方に慣れっこになっていた」のである。イライザは――たとえば古いボネットがくたびれてきたので新しいものをとか――「必要なものを彼に言うことへの嫌悪感を抑制すること」ができず、夫たるもの、言われる前に支給してくれるべきだと感じていた。成長するにつれエリザベスは、母の必要とするものに気づき、すり切れたボネットや靴を、自分のお金で新調してあげられるほどになっていた。エリザベスは母に、家庭の重圧を逃れ、小旅行でもしたらとつよく勧めもしたが、ナサニエルはイライザが家を空けることを意地になって警戒し、大家族でヴァーモントの保養地ブラトルバロへ引越し、暮らしぶりの良い彼女の姉メアリー・タイラーのところへ二、三日訪問することさえ、認めようとはしなかった。おまけに、イライザの父ジョゼフ・ピアス・パーマーとは態度が違っていたものの、この義父をほぼ再起不能にさせた不況に対し、なんの影響も受けなかったわけではなかった。モーゼズ、フランシス、そして夫が金銭的大損害を被るのをその目で見てきたイライザは、「落ちこんだり、自分たちは極貧状態になるだろうと考えたり、努力は無駄だと信じこみ努力を放棄してしまう」ことを、ピーボディ家の男たちの「家族病」と見なし始めた。

続けざまに妊娠するたびに、イライザはしだいに絶望感を募らせ、一八一五年のウェリントンの誕生とともに、ついに彼女は「私の生涯でもっとも苦悩した時期」に入ったのであった。過酷な仕事の緊張のもと、アンドーヴァーで学生下宿を行なっていた頃から、彼女を苦しめていた咳がひどくなった。当時は薬屋ですぐ入手できた阿片を、ごく少量だが使い始めた。阿片は、一度に二十四時間は症状を抑えてくれたが、神経は過敏となり「身体が麻痺するような」頭痛が残った。この当時、ピーボディ医師の癇癪は、しばしば発火点に達した。

イライザが見抜いたように、夫ナサニエルのいらつきは、治療不可能な、「精神文化の点で正確に対等ではない家族の結びつき……によるのではという疑念」から生じたものだった。驚くまでもなく、ナサニエルは、自分の方が劣っているというほのめかしには敏感で、ただちに防御的になるのであった。イライザはそのあたりを理解してやろうと努力した。「あの人のように、ほんとに教育のない家庭から出てきた人たちには、ほとんどきまって見られる事例なの」と、彼女はエリザベスに書いたこともあった。家庭の安寧を保つため、イライザは懸命に謙虚であろうとし、エリザベスの批判を鎮めるべく、「私はね、あの人の誇りやこまやかな神経を傷つけるぐらいなら、私のそれを千倍でも傷つけられるほうがましなのよ」と言い切っている。彼女は自分の娘たちに対しては、きっぱりと、彼とは違った種類の男性を選ぶよう導いてはいたが、自身は精一杯ひかえめであろうとしていたのである。

子どもたちはすべてピーボディ夫人のことを、「競争ぎらい」で「激情的なものへの恐れ」を抱いていたと記憶しているが、ソファイアだけが父の「度を越した暴力」の爆発を記録している。その事件はソファイアが成人してからのことだったが、ほぼおなじみのものだったので、メアリーに手紙で知らせるにも、「ご自分がからんだことで腹を立てたときの父がいつもどうなるかは、よくご存じでしょう」と書いている。このとき、引越しの提案をめぐってイライザとナサニエルが戦わせた議論を、ソファイアと幼いナットが目撃していたのだが、ピーボディ医師は「完全に狂っていた」というのである。「父が怒りにまかせ激しく不機嫌をぶちまけつづけるので、とうとうナットは、この会話を終らせるには自分が部屋を出て行った方がいいと思うと言いました……数分後、ナットが驚いたことに、父が同じような激しい調子でまくしたてているのが聞こえ、続いて母が震え声で父をなだめようとしているのが聞こえてきたのです……（父が）腹を立てているときは、誰であれなんであれ念頭にはなく、あるのはとことんまでその情念をぶちまけることだけなのです。」ソファイアは、父は家のなかでも「子どもがいるところでは暮らすべきではないのです」と結んでいる。しかし、多年にわたり、彼のまわりには六人もの自分の子たちがいたのだった。

夫の癇癪玉の破裂から子どもたちを守る術は、まずイライザにはなかったし、幼い三人の息子たちに多くの時間を割く余裕もなかった。息子たちの初期教育にはわずかに目を向けただけで、読み書きの基本や、その他試してみたいことを教えるのは、娘たちの実験に任せたのである。彼女は、いつか授業料が払えるようになればと、息子たちの大学進学に備え、女子よりも男子により充実したカリキュラムを提供していたセイラムの公立学校を頼りにしていた。（もう半世紀待たなければ、アメリカには女子のための大学はなかったのである。）イライザは、これらの学校の統制や厳格さをののしり、とりわけ息子の一人が予習を怠ったという理由で鞭打たれ、両手に痣をつけられて帰宅したときには学校に毒づいたが、転校の余地はなかった。彼女はのちになって、息子たちに対する自らの怠慢を悔いることになるのだが、娘たちにしてやったように、彼らを自分のクラスに入れてやることもできなかったのである。ピーボディ夫人の学校に女の子を通わせた家庭の人たちは、共学の試みなど歓迎しなかったからである。

大人になってからのナットは、母が家庭で姉たちにほどこした広汎な文化的教育など、若い少女たちの心にロマンティックな考えや誤った希望を生みだすだけだと、軽蔑するようになった。しかし子どもの頃の彼は、「片方の隅の高くなった教壇には……母がいて、机に向かい座っていた」と、母の二階の教室を鮮明なかたちで印象にとどめていた。一団の少女たちが母をとり囲みながら話し合ったり、ピーボディ夫人が声高らかにスペンサー、ミルトン、シェイクスピアなどからとった物語を読んでいるのを聞きながら、座って針編み刺繍をしているところなどをのぞき見て、彼が羨んだことは明らかである。戸口に立ちながら、ナットは、教室ではいちばん活発に発言することの多かったいちばん上の姉が、知的な自由を求め、母との葛藤の真っただ中にあったことなど、知るよしもなかった。

第9章「異端的傾向」

一八一一年八月のある日、リベラルな考え方のウィリアム・エラリー・チャニングが説教するのを聴くため、七歳のエリザベスを同伴したのはイライザであったが、宗教が、早くから母娘のせめぎ合いの場となり、それを変えるには多くの年月と度重なる口げんかを必要とすることになった。イライザが、自分が少女時代に得た以上の母の教えを長女に施す決意をしたということは、エリザベスの精神的成長に対する支配力を手放したくなかったということである。エリザベスとしては、家庭的ないざこざをめぐっての議論では母の意見に与《くみ》したけれども、自身の信仰を形成する許可を得るためには、ねばりづよく闘っていた。

昔から世の母親たちもその思春期の娘たちも、お互いに相手より優位に立とうとしてきた。しかし十九世紀初頭のセイラムに住んでいたピーボディ家の人々にとっては、この闘いは当時のニューイングランドの人々の多くを巻きこんでいた宗教論争の様相を呈していた。若く進歩的なハーヴァード出の牧師たちが、カルヴィニズム信仰の基本的教義を疑問視しながら説教を始めるにつれ、より保守的な――「正統派」の――聖職者や会衆派の人たちは、一歩も譲ろうとしなくなった。対立点は基本的なものだった。はたしてキリストは、人類の罪の贖罪という力わざを行なうべく遣わされた、聖なる三位一体の位格の一つをなす聖なる存在であるのか？　はたまた、彼は人間にして、意を決したものが従うことのできるほどの倫理的規範を体現した師であるのか？　基本的な人間性こそが問題点だった。カルヴァン派の考えでは、子どもたちは「堕落して」生まれ、大人になりおのれの罪を告白し、改宗を実践しつつ神の赦しを求めることによって、初めて救済を達成できる――さもなくば地獄で永劫の罰を受けることになる、というものであった。宗教的自由主義者たちは、正反対の考えを抱いていた。すなわち、子どもたちは生まれながらにして無垢であり、生来の精神性を保ち、キリストを規範とすれば、生涯のうちにそれを完全なものとすることができる、というものである。はたして三位一体はあるのかという、抽象的な理論上の疑問ともいえるものが、信者たちの日常生活において、実践上の大きな成果をもたらしたのである。

エリザベスは気がつくと、その両親たちを分裂させたのと同じ複雑な神学問題を、自分と同年齢の幼い子どもたちと熱心に議論するようになっていた。とりわけ彼女が記憶しているのは、十歳か十一歳のとき、「早熟で、カルヴィニズムの論証に長けた……驚くべき少女」とやり合った、言葉による激論だった。その少女は、カルヴァン派の改宗を表す常套句だが、まずはじめに神を憎んだことを認め、神の赦しを乞わないものはみな、「永劫の罰」を逃れることはできないと主張しつづけた。エリザベスは自らが幼くして思い描いた、優しい人の顔をした神さまを譲らず、「私は神を憎んだことはないと激しく抗議した」のだった。その論争相手と同じように早熟だったので、エリザベスは三位一体の教義を攻撃しつづけた。キリストは神ではなく人間だと、彼女は主張したのだった。さらに彼女は、キリストが示したように、すべての人々には等しく「善き人になる自由」があると主張した。「救済は遍在する父なる神の目のもとでの精神の成長」であり、報復的な神からの「気ままな恵み」ではないと彼女は抗議した。二人の少女は、どうしても仲直りすることはできなかった。

だがエリザベスの主戦場は家に、彼女の家族のなかにあったのである。そこでは、セイラムの学校の児童たちに囲まれた路上におけるほど、この問題は単刀直入なものではなかった。ピーボディ家の全員が精神的なものの探究を開始していたからである。問題は、だれの修正的な見解が勝つかということだった。

エリザベスは、ピーボディ医師がノア・ウスターの『父と子と精霊についての聖書便り』を家に持ち帰った日のことを、克明に記憶していた。彼女はまだ十歳にもなっていなかったが、両親が聖書について、ウスターの穏やかながらも反三位一体的な本に沿って議論しているのを、傍で立ち聞きしていた。宗教が「探究と議論の主題であり、信じなくてはならないとされている一般の神学体系のように定まったものなんかではない」ことがわかって、「ほっとしました」と、のちに彼女は書いている。（ウスター自身、自らの考えを書きとめ印刷したものの、それにより心安らいだわけではなく、同書を一八一〇年に出版したのちはニューハンプシャーの説教壇から追われ、二度と説教をすることはなかった。）次にエリザベスが聞いたのは、両親がクエーカー教徒であるウィリアム・ペンの『揺れる砂上の楼閣』を音読しているところだった。これは百年以上前にペンをロンドン塔に投獄することになった、反三位一体の小冊子であった。家族の友人の一人が、十八世紀スウェーデンの神秘主義者、スウェーデンボルグの考えを一家にもたらす頃には、エリザベスは議論に参加できるまでになっていた。

スウェーデンボルグの英訳された著作を普及させるための協会が結成された一八一〇年以降、彼の教えには、ノア・ウスターの『聖書便り』や、一八一一年のチャニング牧師の説教とともにセイラムに入りこんできたユニテリアン派のさざめきに、いくつかの共通点があった。スウェーデンボルグは三位一体を統一された「神格」に圧縮し、生来の堕落という教義など、あっさり否定していた。当時の母親たちの多くと同様、ピーボディ夫人もかねてより、「改宗」を体験する年齢になる前に死ぬ子どもたちは天国には行けないとするカルヴァン派の断言には、心を悩ませていた。それで彼女はこの新しい信仰体系に、ここぞとばかり「飛び込んだ」、とエリザベスは回想している。彼女の父もやはり共鳴していた。しかし独力でエリザベスはスウェーデンボルグの著作を読み進み、天国と地獄についての彼の奇想天外な想像図には「うんざり」させられていた。反三位一体の大義に彼女の関心を向けさせたのは、イエスの人間性をめぐっての歴史にもとづいた議論だった。宗教的神秘主義など、彼女には我慢ならないものだった。彼女は母に自分の新たな考えを長々と話してみたこともあったが、「ムダ」だった。結局、ピーボディ夫人は「この問題ではすっかり激してしまい」、宗教がらみの話題は、「二人の間では完全になくなってしまいました」と、のちにエリザベスは回想している。

時を同じくして、自由主義的な動きの一環として、チャニング牧師の若い神学生が、しばらくの間セイラムのノース・チャーチの牧師となった。チャニングはジョン・エメリー・アボットの聖職位授与式で説教を行なった。一八一五年のことで、この年十一歳のエリザベスは、逃がすことなく彼の説教を聴いている。このたびのチャニングは、「なによりも知性を惑わす感情である恐怖心」に頼る「非合理な宗教」として、カルヴィニズムの正統派学説をきっぱり否定しながら自説を説いた。真の宗教は、「ただちに〈理解〉を求め、〈心〉に向けられるべきものです」[1]と、彼はセイラムの会衆に語りかけた。チャニングの保証を得たかたちのアボット牧師は、ただちにエリザベスの宗教的考究の対象となった。日曜には、教会での礼拝が終わってから、彼女はアボットの姿を求め、熱心な質問によって彼の心をひきつけた。彼は、ハーヴァード大学の神学生だった頃に集めた図書を彼女に貸すことや、彼女の興味をひいたどんな本についてでも討議することを、自分から申し出た。だがアボットは病弱だったので、一年と少しのちには、完全に病床の人となってしまった。いまやエリザベスには、「助言を求めるべき友が一人もいなくなって」しまった。すでに父には失望していたし——父が信頼に足るほど優しくもなければ、真の意味での権威を備えてもいなかったことが、神のあるべき「父」の姿をめぐる大きな討議のためにはいつも邪魔になっていた——母にはなんでも打ち明けられるというわけでもなく、エリザベスはいつも、自分には「先導者がいない」という思いにとらえられていた。

その間に、七歳にして家を離れウェスト・ポイントへ移っていた母方のパーマー家の妹、エリザベスの叔母にあたるアミーリアがセイラムに姿を現わし、ここで彼女も学校を開いていた。姉よりも伝統的な宗教観の持ち主で、姪の知的早熟ぶりに心うたれたアミーリアは、エリザベスにピアノと音楽のレッスンをしてあげようと申し出ていた。ただし、セイラムの正統派タバナクル・チャーチの牧師であり、チャニングの強烈きわまりない対立者の一人でもあったサミュエル・ウスター牧師のもとで、カルヴァン派の著作だけを読み学習することが条件だった。ピアノは、ピーボディ家の人たちにはとても手の届かない、教養ある女性の世界を表すものであり、そのレッスンの申し出には心ひかれながらも、エリザベスは叔母の提案に敢えて「反抗した」のであった。それがチャニングやアボットの影響から彼女を「分断する」ためのものであることを、彼女は察知していたのである。この交換条件つきの取引は、「さまざまな分派の主張を検討し……自分で判断しようと、すでに私がかためていた決心を強固にした」だけだったと、エリザベスはその日記に記している。

十二歳になると、エリザベスは、旧約聖書を原語で読み「真実を見出す」べく、ヘブライ語の独習を開始した。彼女はいつの日か自分の手で「聖典の新たな完訳と節ごとの注釈の執筆」を行なうことを夢みていたのである。セイラムの聖職者がしばしば訪れる貸出し図書館からいくつもの本を借り、キリストは人間であり神ではないとする考えの強固な支持者である英国のソッツィーニ派の著作を彼女は見つけていた。[2] イギリスや、とりわけニューイングランドでは、ユニテリアンを自認している者ですら、「ソッツィーニ派」の烙印を押されることを恐れており、ソッツィーニ派の本を手にすることは、エリザベスには「熱い石炭を握りしめるように」感じられたはずである。しかし彼女の母すらもが「恐れをなして」傍観しているうちに、エリザベスはソッツィーニ派のものを読むことで、「私の心のなかに力強い感じ、頭のなかに明晰な感じ」が残っていることに気づいた。キリストの地上における苦難が不滅の存在によって演じられた単なる「野外劇」であったということなど、彼女には絶対に信じられないことだった――彼女はキリストの殉教は現実のことと信じ、その人間としての生きざまから霊感を得たいと切望していたのである。ソッツィーニ派の著作を読みながら、「キリストの文字どおりの人間性と、すべからき堕落からさえも人は生来自由であること」を、歴史的証拠からも聖書分析からも立証すると思えたものをエリザベスは見出したのだった。

それでもエリザベスは、「私の親族全員が私に反対している」気がして、「私の考えは堕落している」と言われるのを耳にし、心安らかではなかった。かつてエリザベスにとって救いとなっていた家庭内での宗教をめぐる討議も、いまや耐えがたいほど「苦痛なもの」になっていた。彼女は「ひとりぼっちで不幸」に感じ、自分が見出した新しい考えに「必死な思い」でしがみついているような気がしていた。自分の考えが反対に遭おうものなら、彼女は「すぐに情熱的になり、その情熱の強さと苦痛が、私の五体を揺さぶり、圧倒した」という。エリザベスの両親は「大いに驚愕し」、彼女にその学習を中断せよと命じたが、それに対しエリザベスは激しく抗議した。その結果、両親は妥協策を提案した。一夏中、エリザベスは聖書だけなら読んでもよい、ただしいかなる解説書も、ことにソッツィーニ派のものは禁ずる、というものであった。「その期間が過ぎたのち、いまの願望を抱いてさえいれば、私はまったく自由に」読みたいものは読み、自分で選んだ信念に従えばいいのだと思ったと、エリザベスは回想している。

そういうわけで、十三歳になると、エリザベスは新約聖書を三カ月のうちに三十回読み通したが、そのつど教義については違った論点に拠っていた。この計画は、少なくともエリザベス自身の目からすれば、めざましい成果を収めた。関連した節を書き抜き、それぞれ比較検討することによって、これまで以上に彼女は「正統派特有の教義」は真のキリスト教の「腐敗」であると確信するようになった。彼女はのちに、「深く学習すればするほど、私は納得し、喜びに包まれていました」と書いている。彼女は「道に迷っていた自分が、家に戻ってきたような」気がしていたのである。

その同じ夏のこと、エリザベスはセイラムを訪れた一人の訪問者と出会った。この人はチャニングのフェデラル・ストリート・チャーチに加わったばかりであった。そのデイヴィス夫人はエリザベスの学識に驚嘆し、家族が「異端的」と見なした彼女の学習を賞讃したため、その夫人の言葉を聞いたエリザベスは、自分には「なにほどかの才能がある」という確信を深めたのであった。デイヴィス夫人は、秋になったらボストンの彼女の家を訪れて、チャニング牧師と会えるまで滞在するよう、エリザベスを招いてくれた。彼は新しい教会員の家を、牧師のつとめの慣行として、訪れることになっていたからである。エリザベスは、ボストンまで二十マイルを旅し、六週間滞在して毎日曜日チャニングの説教を聴き、彼女のヒーローともいうべき人と個人的に知り合うという大きな収穫を得ないうちは、帰らないつもりだった。

説教壇で説教するところを、エリザベスがついに聴くことになった当の男性は、当時三十七歳、ニューイングランドでもっとも著名な牧師の一人であった。ウィリアム・エラリー・チャニングの人気は、地獄の業火と改宗を説いて多くのニューイングランド人をひきつけ始めていた復活論のカルヴァン派の牧師たちの人気とは、まったく質の違ったものに由来していた。まだ若年ではあったが、チャニングの健康は聖職者をめざしての二年にわたる猛勉強のために損なわれてしまったと言われていた。病弱で、背が低く、小柄なチャニングは、説教壇において、見るからに——肉体的にも精神的にも——苦しそうで、教区の信者たち、とりわけ女性信者たちの同情をひくほどだった。エリザベスは彼の不思議なほど人の心をとらえる声について、「消耗し尽くしたかのような訴えをつづけ、弱まり、細くなってしまい、もう哀願と説得のほか述べる力もない」ほどのものだったと記述している。情熱にあふれ知的だったチャニングは、アメリカ北東部人特有の自己否定に基づいて育ちながらも、新時代の宗教的探究にもすぐ対応でき、新世代のニューイングランド人たちの心を鼓舞する方法を、本能的に知っていたようである。

チャニングはハーヴァード大学でも際だって雄弁な学生で、十八歳のとき卒業生たちのため学位授与式でスピーチをしたほどだったが、それでも会衆を導く能力がはたして自分にはあるかと自問していた。神学研究をやり遂げると、ボストンの二つの教会から声がかかり、彼は小さく、みすぼらしい方のフェデラル・ストリート教会を選んだ。この教会の給与は安く、評判もかなり劣っていた。そのような教会においてすら、成功はおぼつかないと彼は恐れていたのだろう。ところが彼の人気が、かつては減少ぎみだった会衆をして、増大する信者数を収容できるほどの新しい教会を建設させるまでになったのである。最初からチャニングは、説教壇を用いて自らの個人的な疑問を教区の人々と分かち合おうとした。それが人々の信仰と彼のそれとを支え合わせるという、逆説的な効果をもたらしたのであった。説教壇において、彼ほど親しみやすく、打ち明けやすい牧師はいなかったし、牧師になった最初から最後まで、彼は説教において、きまって彼の個人的体験――自分の子の洗礼とか、最愛の親族の死とか――を用いたのであった。チャニングは、アメリカが生んだ一連の影響力ある雄弁家たちのなかで、私的な体験を公の説法に持ちこんだ最初の人であったし、これはエマソン、ソロー、ホイットマンなど、彼につづく世代の作家たちへの、彼の最大の贈物となったともいえるだろう。

それでも、意図せずしてそうだったのではあろうが、チャニングその人が相手を怖気づかせることもあった。デイヴィス夫人がチャニングの信徒である女性たちの討論会へエリザベスを連れて行くと、エリザベスはチャニングがすすんで「質問者の一人としての立場をとろうとする」姿勢に心うたれたのであった。しかし、さらに衝撃的だったのは、大人の女性たちが、自らの考えを人に合わせて語ろうとしのぎを削っている姿だった。チャニングがきわめて穏やかな言葉使いで質問をしたときですら、「沈黙はぞっとするほど恐ろしいものだった」と、のちにエリザベスは回想している。その沈黙を自分が破りたいという誘惑に彼女は駆られたが、「チャニング博士を怖いとは思わなかったけれど、黙っている女性たちと同じようにしていた」のであった。「自分がまだ十三歳そこそこのよそもの、いわば邪魔者」でしかないことを思い出し、エリザベスは口をつぐんでいた。「おし黙った女性たち」の姿が、その後多年にわたり脳裡からはなれず、誰とも違う自分でありたい、そして他の女性たちが自らの思いを発言できるよう力になってあげたい、という二重の意味での強い意欲に駆られたのであった。

そしてついに、待望していた対面が実現した。エリザベスの回想によれば、「チャニング博士が応接間にいらしているという言葉を耳にしたとたん、私はお話ししたくてすっ飛んでいきました」というが、牧師はそれに「優雅な、輝くような笑みをたたえ、両手をさしだし私の手を求めながら」応じてくれたのだった。このときは憧れの人の質問のすべてに、エリザベスはためらわず答えた。その質問のほとんどは、セイラムの日曜学校における子どもたちの活動についてであった。「あの人と話していて、私がどんなに嬉しかったか、言うまでもありません」と、のちにエリザベスは書いている。チャニングも同じぐらい喜んだようである。彼は帰宅すると、「今日はほんとに嬉しく、びっくりしたよ。女の子が私の腕のなかへ走りこんできて、私ならわかってくれるものと全幅の信頼をおきながら、その思いのたけを滔々と話してくれたのだよ!」と、妹に語ったのだった。もしエリザベスがこの数年で行なった読書について、そのあらましでも話していたならば、チャニングはもっと驚嘆していたことだろう。すべて独力で、しかも十三歳にして、彼女は彼がハーヴァードの神学部の院生たちに薦めた学習課程のかなりの部分を、ちゃんと読み進んでいたからである。

二人は私的には十年以上も再会することはなかったが、エリザベスは一人の天才との会話によって、しっかりとした確信を得ていた。彼女は、当時の大思想家の考えであっても、ただ聴いたり本のなかで読むだけのことであっては、けっして心ゆくまで満足することはなかった。手紙を書いたり、訪ねたり、話し合ったり、議論したり、こちらの意見を通したりしなければ、彼女は満足しなかった。すでに十三歳までにエリザベスは自分の思考力と発言力に確信を抱き、これにより、たいていの大人の女性ですら知的にも社会的にもその活動をとめられてしまうたしなみの境界を、超え続けられたのである。彼女がまだ理解できずにいたことがあるとすれば、セイラムやボストンの進歩的なグループのなかの子どもには、こうした境界がかなり緩やかであったことである。そこでは「胸のうちをすべてさらけだした」幼い少女も、幼年期の無垢な叡智を立証しようと躍起になっていた大人たちから優しく受け入れられた。大人になっていくにつれ、エリザベス自身、まわりの大人たちが若い女性の率直な態度を不穏当なものと見なし始めるという事実には、気づかざるを得なかった。

しかし、いまやエリザベスは、宗教に対する考え方にはこれまでと変わらず確信を抱き、意気揚々とセイラムへ戻ってきた。彼女はずっと聖書を読み研究しつづけていたので、「私の異端的傾向についても、家ではなにも言われませんでした」とエリザベスは回想している。「しかし、これによりこの問題はまた隠微な叱責をうけた」のだった。そして「父と母は、私を好きなようにさせてきたことが……私の信条となってしまったことに気づきました。二人はそろって、強く異議を唱えましたが、私が心を動かさないのがわかると、好きなものを読んでよいと完全に自由にしてくれました」という。エリザベスの勝ちであった。

第10章「これからがほんとうの人生だ」

一八一九年は、ピーボディ家の人々にとっては転機の年となった。外部の世界の出来事と家庭の危機とが連結して、家族構造に改革をもたらしたのである。春には、聖職者のなかの自由主義的な人たちが、ニューイングランドにおける宗教をめぐる討議を改めるべく、一つの催しを目論んだ。新しい考えを大胆に声明する機は熟しており、ウィリアム・エラリー・チャニングがその大仕事に選ばれた。五月に、彼はボルティモアまで赴き、もう一人のハーヴァード出の子分、ジャレッド・スパークスの聖職位授与式の説教を行なった。そのなかで彼は、ユニテリアンであるとはどういうことであるかを概説し、この呼称は自分にこそ相応しいと力説し、歓迎したのである。チャニングの「ボルティモア説教」の重要性は、いくら高く評価してもし過ぎることのないほどのものである。東部諸州の印刷所は、時間外労働までしてその反論や応答を公刊することとなった。そのなかにはセイラムのサミュエル・ウスターからの敵意に満ちた攻撃も含まれていた。しかしこの論争が、チャニングの説教そのものを印刷してほしいという要請に拍車をかけてしまったのである。この冊子はたちまちアメリカでもっとも広範に出版される文書となり、その地位は十年以上も不動であった。聖職者や信徒のユニテリアン主義への転向はすさまじいまでになり、歴史的な法廷闘争にまで展開し、その結果、その年のうちに、カルヴァン派によるマサチューセッツ州内の教会支配は終焉したのである。

ピーボディ家では、十五歳になったエリザベスへの家族による締めつけは、緩くなっていた。実際、イライザは長女が先陣をきっていると――イライザの言葉では「セイラムの時代を先行している」と――思い始め、その考えはその後何年も変わらなかった。いまやエリザベスは、ソファイアの精神的教育という重責を担い、この最年少の妹には「ひどい教義などけっしてその耳に入らせまい」と決心していた。メアリーはそのような実験をしてみるには年齢がゆきすぎていたし、むしろエリザベスの仲間というところだった。エリザベスの立てた計画は、ソファイアを、「無垢なまま、人間に起こりうることは現在の喜びであるか将来の指針であるという簡潔な信条のもとで、いつまでも向上しつづけるような……そういう成長をし続ける」[1]典型とすることであった。イライザはその計画に少なからぬ賛意を表明した。それというのも、彼女自身の人生もしだいに自分で抑制できないものになってきているような気がしたからである。

一八一九年の春、イライザは七人目の子を出産しようとしていた。なにか災難の起こる予感のようなものがあって、イライザは、チャニングの説教を聴こうとまたボストンのデイヴィス一家を訪れていたエリザベスに、助言の手紙を書いた。イライザはもう四十歳を過ぎていたし、いちばん下の子ウェリントンが生まれて四年になっていた。彼女はこのたびの出産の成りゆきには「確信が持てず」、自分が生き残れないのではと怯えていた。いかにも彼女らしいが、自分の考えをしっかり身につけている長女に、家族の輪を離れたところで自分の意志を表明するときはもっとガードを固めるようにと警告し、アトキンソン時代の彼女の保護者であったエリザベス・スミス・ピーボディから受けたひどい仕打ちを思い出させている。死の可能性に直面しても、イライザがいちばん気がかりだったのは、長女には、ちゃんとした女性らしい行儀作法を守るのが難しいことだった――イライザにはよくわかっていることではあったのだが。

しかし亡くなったのは、イライザではなく、新生児のキャサリンだった。一八一九年四月二十六日生まれのキャサリン・パトナム・ピーボディは、わずか七週ほど生きただけで、肺炎のため六月中旬に死亡した。その死を目撃し、その夏中母の悲しみを支えたのは、エリザベスでも、メアリーですらもなく、ソファイアだった。エリザベスはボストン滞在中だったし、メアリーはその夏、ブラトルバロのメアリー・タイラー伯母の農場で過ごしていた。その秋、メアリーがセイラムへもどってくると、「更紗の喪服を着た背の高い少女が戸口に座っており……ずいぶん様変わりしていて誰だかわからないほどだった」という。十歳になったソファイアだったのだが、いつもの陽気さが消え、代わりに、「疲れ、憔悴しきった表情をしており……それからの彼女は、頭痛が肉体を纏っているようなことになってしまった」のであった。この夏こそ、その後二十年にわたってソファイアを苦しめ、しだいに病室に避難させることが多くなる偏頭痛が、最初にその姿を現わしたときとなった。

イライザが自分も用いていた阿片でソファイアの頭痛の治療を始めたのは、エリザベスもメアリーも家を留守にしていた、おそらく一八一九年のこの夏の間のことだった。阿片は、どこでも調合されていたルビー色のアヘンチンキのように、処方箋なしに、丸薬でも粉薬でもアルコールを主成分とする内服液としてでも、自由に入手できていた。この世紀の終盤になって阿片から抽出され、皮下注射によって注入される純粋なモルヒネに較べれば、効力はまだ軽いとはいえ、阿片はやはり中毒性を持つものであった。水銀の場合と同様、阿片は治すよりももっと多くの厄介な難問をソファイアにもたらすこととなった。後年の彼女の回想によれば、その麻薬を摂取するようになったのは「幼い少女時代のことで……頭痛を止めるためでした」が、二十代後半では毎日それを用いていたのである。それでも頭痛があったのは、おそらく彼女が阿片を用いた結果だったのであろう。十九世紀における阿片中毒についてある著者が記しているように、どの症状が阿片の服用によってもたらされたものか、阿片の効力が消えてから出てくるものか、その判断は不可能だったのである。[2]

この世紀の当初、根気よく使えばあらゆる種類の激痛にとってかわって至福感をもたらすことのできるこの奇跡の薬と、夢魔の幻像や、激しい頭痛、副作用としての光や音に対する過敏症などとを結びつけたり、阿片の中毒性をもつ特性を理解できた人は、アメリカにはほとんどいなかった。トーマス・ド・クインシーの話題沸騰の書、『あるイギリス人阿片常用者の告白』が出版されたのは一八二一年のことであった。これは阿片中毒者の快感と苦痛――さらに使用中止後の激痛をともなう痙攣、異常な高熱、不眠症など――について叙述したものだが、それでもイギリスとアメリカの医師たちは阿片の施薬を続けたのであった。医師にとっても患者たちにとっても、阿片は、催嘔、発疱、瀉血など、なじみの「大胆な」治療よりましに思えたのである。中毒は稀だと推定されたのは、苦痛を軽減するためよりも快感を求めて阿片が摂取された結果であろう。一八三〇年代には、阿片はアメリカでもっとも広く処方された薬となっていた。医師が父であったため、ソファイアは常備薬としての阿片とともに成長したのであった。

ごく幼少期から、ソファイアと母を結びつけたものは病気であった。キャサリンの死後、ソファイアを苦しめはじめた頭痛が、おそらくイライザをして、亡き子の代わりにもう一人の娘の世話に向かわせたのであろう。ソファイアの看護をすることになったことが、わが子の死後しばしば女性たちを苛む罪悪感を、和らげることになったかもしれない。より寛大なスウェーデンボルグの神学、さらにはユニテリアン派の人たちを歓迎しながらも、イライザは、幼い子の死はその母親の罪に対する罰だと母親に説くカルヴィニズムに基づいて育てられてきていた。結婚生活の苦労を受けとめるためには、イライザにも心の葛藤があったが、しばしばそれは罪深い自己中心主義との闘いのように感じられていた。神がこのように彼女を罰しておられるのなら、ただ一人の子を召し上げられただけで神はおやめになるだろうか？　この当時ソファイアの病気は偏頭痛として現れていたのだが、娘の苦しみを綴るイライザの記述には、娘は危険な状態にあり、助からないのではないかという不安な調子がある。ソファイアはすぐに、母がそうしたように、自分の疾患に対し真剣な注意を向けることを覚えた。

秋になるとメアリーが家に帰ってきたが、彼女もまた体調不良を訴えはじめた――身体の疾患というよりも気力の喪失によるものであったが、それはおそらく家庭の暗い雰囲気か、一八一九年五月の、高齢の恩人ベンジャミン・ピックマンの死に起因していたのであろう。もう彼の農場や庭園へ逃れていくことも、彼と並んで歩くこともできなくなっていた。それにピックマン家のなかで二番目に仲の良かったローリンズ嬢が、もう一人のメアリー、ピーボディ三姉妹にとっては三歳の従妹にあたる「メアリー・タップ」、すなわちメアリー・タッパン・ピックマンの世話にかかりきりだったのだ。この子は、一八一七年の父の急死ののち、母ソファイア・パーマー・ピックマンとともに、ピックマン家のエセックス・ストリートの邸へ越してきていた。メアリーは愚痴をこぼさなかったが、ローリンズ嬢はメアリーの「たいへんなおしゃべり好きからひかえめな人へと性格の変化」があったことを述べている。ソファイアも、後年になってメアリーに書いているように、「姉さんの陽気さに翳りがかかって……しだいに陰気で暗くなってしまった」のである。

節約をめざし、再びピーボディ家の人たちは転々と移動することになった。まず小さくはあっても「心地よい」コート・ストリートの家へ、続いてメアリーの記述によれば、「エセックス・ストリートの、ある店の後ろに建っていた煉瓦作りの共同住宅」へ移った。その住宅は「暗く、陰気で、なにもかもが不足しており、悲しくなるばかりだった」という。ピーボディ医師の医業収入は年ごとに数百ドル減少しつづけ、彼は懸命に他の収入源を求めていた。最近の例では、無償で志願し、その一員となっていた町の教育委員会に、新しい中学校の建設を指揮して費やした時間に相当する金を支払ってくれと催促していた。おそらくピーボディ医師の気分はまた荒れていたのであろう。一八一九年九月、ピーボディ夫人はその日記に、結婚生活における「放縦でわがままな気性」について聴いた説教のことを特記している。彼女は牧師の言葉を、「やがて夫は、家の支配者ではなく、厄介者、あるいは暴君となります……休戦協定が結ばれ、あからさまな敵意がしばらくやんだとしても、それは更なる敵意や悪意のために力をたくわえるためでしかないのです」と引用している。

エリザベスは、しだいに緊迫してくる家族の緊張関係に、「感性を興奮状態」にして臨もうとした。それは彼女の偶像ともいうべきチャニングが、今回は若きアボット牧師の葬送の説教をするためではあったが、一八一九年十月セイラムに帰還してきたことによって触発されたものだった。数年前アボットが病気のため病床に伏すようになったときから、エリザベスは精神的な助言者としての彼を失ってはいたのだが、彼の死によって、セイラムが知的な憩いの港になってくれればというエリザベスの希望も潰えてしまった。すぐにも始めねばならない職業のため、無我夢中でその準備をしているうちに、彼女はしだいにボストンを、彼女のいろいろな考えの根源と見なすようになっていた。教育こそが、母や叔母たちのセイラムの学校で何年もの学習と観察をつづけてきたピーボディ姉妹全員の、究極の目的であった。家庭の収入が減少するにつれ、エリザベスに仕事を始めてもらう必要が、緊急なものとなっていた。だが彼女自身、この仕事はしたくてたまらなかったものだった。幼年時代からアン姉妹についての「自作の神話」に促され、鮮明に自らの「明確な考えの不足に苦しんだこと」を記憶していたので、エリザベスは「若い人たちの思考力を引きだす」機会のくることを、期待しつづけていたのだ。彼女がかろうじて教えられるだけの年齢だったということは、彼女が教師というものに求めていたことをまだ覚えていられるほど若い年齢だったということでもあった。

一八二〇年の春、再びエリザベスは、ボストンのチャニングの教区に所属する友人たちのもとに滞在し、「途方もない図々しさ」を発揮して、この偉人に接近し、あわよくば会話にもちこもうとしていた。この市にいる間に、彼女は六十五歳のハンナ・アダムズとの会見にも漕ぎつけた。エリザベスをはじめ、ニューイングランドのほぼすべての生徒たちが学ばされた、アメリカ史の教科書の著者である。当時アダムズは、ボストンではもっとも高名な女性作家であり、ペンで生計をたてた最初のアメリカ人女性でもあった。しかし、いまや自信がみなぎってきていたエリザベスには、並外れた学識を持つアダムズ女史も「みすぼらしい女性」としか見えず、十五歳の少女はその会見を「たいして楽しくなかった」とふり返っている。

しかし、気負いたった情感と高まる野心でもって、いまにもセイラムの軌道から飛び出しそうなエリザベスではあったが、ピーボディ姉妹の四番目で最年少の妹の死は、生き残った三人の娘たちにとっては「共通の不幸」と思われた。この悲嘆と消沈と、エリザベスにとっては無我夢中の活動の時期に、「私たち三人は、初めて団結した」と、のちに彼女は回想している。彼女はソファイアに宗教学習の指示をする任務をも真剣に果たそうとしたし、家を離れているときも、読むべき図書のリストや学習計画がぎっしりつまった長い手紙を書き送った。この時点から、いろいろな意味で、三姉妹は自分らしさを発揮するようになったのであった。

セイラムでは楽しいときもあったが、それはもっぱら女の子たちの手によってもたらされたものだった。彼女らは弟たちを、町の堂々たる広場をめぐる遠足に連れて行ったこともあり、そこである日のこと、幼いウェリントンは、広場の緑をとり囲む家々をみんな自分のものにできるほどの金持ちになってみせると誓ったりした。楽しい日曜の午後など、みんなで近くの眺めのいいパラダイス・ヒルを歩いて上がり、野の花を摘んだり、港の船を見たりした。エリザベスは、町に住む自分よりも知識のある数人の女性たちの味方にもなった――クエーカー一家であるチェイス家の三人娘たち、さらにセイラムの男やめダニエル・アップルトン・ホワイト判事の娘たち、メアリーおよびエリザベス・ホワイトなどである。少女たちは社交サークルを結成し、自分たちの書いたものを互いに読み、議論した。十三歳のメアリーは、寄稿するには幼すぎたが、みんなの後を追い、のちにはグループが設けたシステムを記録したり、参加を促したり、批判的な意見が出た際に感情を害されることがないようにした。「会員全員が、部屋に入ってくる際、一つの箱に手を入れて、自作の論文、詩、物語、書評などをそこへ置くか、置くふりをしました」とメアリーは書いている。そのあと、会員の一人が作品名を伏せて読み上げ、続いて個々の作品の長所をめぐり討議したのだった。すぐれた作品は書き写され、大きな冊子になっていった。当時、少女たちが知っていたかどうかはともかく、これは若い共和国のいたるところで女性たちが結成していた文芸クラブと同じようなもの、つまり、ハリエット・ビーチャー・ストウのような駆け出しの作家たちの大望を支える個人的な読者を生むものであった。

エリザベスが頑張って書いた最初の作品は、母と同じように、詩だった。しかし彼女はすぐ、エッセイを書くのが好きになった。このことがグループで知的な議論を戦わすことにつながり、彼女は楽しかった。彼女は討議のため数冊もの神学や哲学の本を紹介し、難解すぎるものについては、幾度となく要約を書いた。それで他の少女たちは、原書より読みやすいと思ったのである。なによりも、彼女は友人たちの考えをひきだし、論戦を挑むのが好きだった。社交サークルの仲間たちであっても、表明された考えが「両親や指導者から聞いたもの」にすぎなければ、彼女はそれを容赦しなかった。一連の集会のうち、あるときは、マルティン・ルターやウィリアム・ペンの著作について自分が書いた批評を提示したりもした。これらの著作を、彼女は何年にもわたる独学の期間に、読みきっていたのである。「この人たち二人とも私は尊敬しますが、それは、私が同意できないところのある彼らの内省的な見解に対してではなく、彼らの私と同じ研究指針に対してです」と彼女は書いている。自らの体験にもとづき、彼女は「才能や時間や機会に恵まれたいかなる人も、いかに単純なものであれ、細部にいたるまでよく吟味するまでは、いかなる信条にも満足しきってはならない」と信ずるようになっていた。これは社交サークルで始められた議論の延長として、チェイス姉妹の一人に宛てて書いた手紙にある一節である。「探究する機会があるのに、じっと座ったまま蒙をひらく光を請うなんて茶番です」と彼女は強調している。

しかし社交サークルは、ほどなくエリザベスのさしでがましさから解放されることになった。ついに父のかぼそい財源が底をつき、セイラムよりも生計をたてやすいと思われる場所を探さざるを得なくなったからである。一八二〇年の時点で、ピーボディ医師の唯一の定職は、地元の救貧院の医師としてであり、これはたいていの町では新米の医師向けの身分であった。ピーボディ医師は薬屋を開こうかとも思ったが、弟フランシスに書いているように、「大儲けをするような時代は過ぎてしまった」のであった。「あらゆる事業がしのぎを削っているし、安売り競争のはて、資産まで売りつくすことになって、債権者たちはどうすれば自分のもらうべきものが得られるか、密談をしているありさまだ」と、彼は説明している。ピーボディ医師の医療の仕事が失敗したのは、彼だけの過誤によってではなかった。ニューイングランドのどこへ行ってみても、仕事の数よりもはるかに多くの腕のいい専門家たちがいたのである。

若い医師たち、弁護士たち、そして牧師たちが、オハイオやケンタッキーなど、西部に大きなチャンスをもとめ、マサチューセッツをあとにしていた。だがピーボディ医師はもう若くはなかった。たいへんな距離を移動するには、家族が多すぎたし、ニューイングランドに根をおろしすぎていた。彼はニューハンプシャーへ引き返すことも考えてみた。そこでなら最近、ニューボストンの町医者が去り、補充ができないでいた。だが彼は決断できなかった。やがて彼の耳に、マサチューセッツの内陸部にあるランカスターという町のことが入り始めた。ナシュア川の岸に沿って四十マイルほど西にある小さな村だが、そこにセイラムの裕福な住人の幾人かが避暑用の別荘を建てていたのである。その一人である医師が、医療をやめるつもりなので、もしピーボディ一家が夏までに越してくるならば、家も農場も一緒に譲ってもいい、ただしピーボディ医師がこの取引を秘密にしておかねば、競争相手がどっと町へ殺到してくるだろう、との警告がついていた。なかなかいい条件のように思えた。少年時代の自分の仕事だった農作業を、また自分の手でやってみることもできれば、数時間の医療もできるし、セイラムでよりもいい暮らしができそうだった。その農家には、若い女性たちのためにちゃんとした学校を開けるほどの余裕もありそうだった。

一八二一年の冬から春にかけて、彼の心は決断がつかず、揺れ続けていた。しかしセイラムの町議会が、新しい学校で彼が勤めてもそれには給与は払えないと、否決したことが判明した。学校の委員会が経費についてまず同意を求めてこなかった、という理由であったため、ピーボディ医師のセイラムに対する感情はついに悪化してしまった。彼は町に対し百五十ドルの補償を求める訴訟を起こし、引越しにかかる同額の借金をなんとか工面すると、五月早々、大家族とわずかな所持品を馬車に載せ、誰もがこれが最後と思いながら港町を後にしたのであった。少女たちは――チェイス家、ホワイト家、ピックマン家の人たちなど、友だちを恋しく思うことになるはずではあったが――ランカスターでのもっといい暮らしを求める両親の願いを分かち合っていた。

新しい町へ移って一週後、ピーボディ医師は弟のフランシスに宛て、「私たちは、これからがほんとうの人生だと思いたい」と書いた。そして、めずらしく楽観的な気分で、妻と長女のため、『マサチューセッツ・スパイ』紙に、次のような広告を載せた。

ランカスター寄宿学校

ピーボディ夫人とその娘が若い女性のための昼間・寄宿学校を、五月第三月曜日に開学します。場所はランカスター、教会堂から北へ半マイルばかりのところ。指導は英語教育の全分野、ならびに装飾裁縫と絵画。作文と純文学は特別指導。食費と授業料、四半期につき計二十八ドル――装飾裁縫と絵画は四半期につき二ドル加算。

ピーボディ夫人はほぼ二十年にわたりこの仕事に従事、心からうちとけてくれる人には満足してもらえる自信あり、すでに若い女性をさまざまな学校・学院に進学できるまで養成の実績あり。夫人は当学校を州内のいかなる女学院にもひけをとらないものといたします。

ランカスターにて、一八二一年五月十一日

エリザベスはまもなく十七歳の誕生日を祝うところであった。広告には明確に記されていないけれども、この学校は彼女自身のものとなるはずであった。

第Ⅲ部

エリザベス

一八二二―一八二四年

第11章　ランカスター

ピーボディ家の姉妹が三人ともランカスターの地を気に入るようになったのは、おそらく一家が春のうちにそこに到着したからだろう。これまでに住んだどの町でもそうであったように、一家はまもなく経済的な困難に見舞われることになる。しかし姉妹たちにとって、ランカスターの町やその周囲の田園地帯は、ソファイアの言葉を借りれば「地上でもっとも輝かしいところ」、いわば至福の場所となり、その風景の美しさは、のちのあらゆる自然体験の尺度となったほどであった。そしてこの地は三姉妹が十年近く、ともに過ごす最後の場所となった。後から思えば、そのつる草の絡んだ白いランカスターの農家が彼女たち自身の「フレンドシップ・ホール」になったのである。

町の中心部は、ゆるやかに蛇行するナシュア川の北と南の支流が出会うところ、すなわち「川の合流点」のちょうど北側の三角地帯にあった。実際、姉妹たちがランカスターの肥沃な牧草地帯をどの方向に歩いても、その川に出た。川幅は二十ヤードもないくらいで、夏の終わりごろには歩いて渡れるほど浅かったが、十二の橋がかかっており、景色を見るのに眺望がきく場所は無数にあった。姉妹たちは、手紙や日記に、太陽や虹や雨雲の色や月の光の強さ、珍しい木や野草の名前を記録しながら、植物を育てたり、空を眺めたりすることを趣味とした。彼女たちにとって、自然は文学とは違った大きな娯楽となり、様々なものの舞台となり、ほとんどいつも味わうことのできる贅沢ともなった。ニューイングランドの他の文化的前衛派たちと同様、ピーボディ姉妹も、自然の世界を観察や議論の対象とし、ひいては芸術や文学の題材とするようになった。

ピーボディ家の農場は町のなかでもっとも古いものであった。町の大通りは、ナシュア川の北の支流とだいたい並行に走っていたが、彼らの家は、その大通り沿いにたくさんある白い羽目板住宅の一つであった。姉妹が冗談めかして「邸宅」と呼んだその家は、十分広く、とくに彼らが最近までいたセイラムの家と較べるとそうであった。だが一階は基礎の部分から傷みかけていた。とはいえ、彼らの所有地は川の方までずっと延びており、西はこの地域で唯一の高地であるワチュセット山に面していた。いつもながら収入が増えることを期待して、ピーボディ医師は最初の夏、何日もかけて農場を耕し、干し草の種を撒いた。彼は自分たちより裕福な隣人の家畜をそこに放牧させることで、ちょっとした副収入を得ようと目論んでいた。しかし彼の娘たちは、その土地を別のやり方で利用したのだった。

暑い夏の昼下がり、十一歳と十四歳になったソファイアとメアリーは、家から弟が使わなくなった脚の長い子ども用食事椅子を引きずり出して川の浅瀬に置くと、そこに座ってラテン語の『初等教本』を勉強した。川の水は彼女たちの周りを渦巻き、土手沿いに並んで生えている大きなニレの木のてっぺんの枝は、頭上に広がる天蓋となって木陰を提供した。ソファイアよりも活動的なメアリーは、わざわざ椅子など持ちだす必要はなかった。その代わりに本を持ってきて、お気に入りのシダレヤナギの低い枝の上に座り、読みながら水のなかで足をバタバタさせるのであった。幼い頃のピーボディ姉妹にとって、勉強と戸外の楽しみはとてもよく結びついていたので、ある午後のこと、ソファイアが五歳の弟ウェリントンに、「運動《エクササイズ》になるから」川まで走ってきたらと言ったとき、彼は姉が置き忘れた文法練習《エクササイズ》の本を取りに行ってほしいのかと思ったという。

ランカスターには、よく耕された農場、綿花、製材、製粉などの工場が川沿いに点在しており、産業時代の転換期におけるニューイングランドの村は皆そうだったのだが、じつに穏やかな土地のように見えた。しかしこの町には、姉妹たちにここを荒野の一部と思いこませるほどの歴史があったのである。十七世紀、ランカスターはマサチューセッツ湾植民地の最西端の町の一つであった。またこの町は、ニューイングランドにおいて先住民の土地をめぐる最後の、そしてもっとも残酷な戦いであるフィリップ王戦争において、被害をもっとも激しく受けた地域の一つでもあった。一六七五年二月、先住民による奇襲攻撃の後、あまりに犠牲者が多く被害も甚大であったため、五年もの間この町には人が住めなかった。しかし、もしメアリー・ローランソンという女性がいなければ、このような悲劇も一八二一年までには忘れ去られてしまっていただろう。彼女は牧師の妻であったが、先住民の襲撃に遭い、幼い娘とともに捕らえられた。彼女は子どもの世話をしているときにライフルで撃たれたのだが、同じ弾で子どもも傷を負ったのだった。命が助かったのはメアリーだけで、彼女はそれから数カ月の間捕虜として命をつなぎ、白人の植民者たちと小競り合いをくり返すクオボーク族の戦士団とともに、冬中キャンプ生活を余儀なくされた。身代金が払われたことでようやく解放されたメアリーは、自分の経験をもとにした物語を出版したのだが、それは身の毛のよだつような恐ろしい細部の描写や、敬虔な自己反省、彼女を捕らえた先住民に対する驚くべき同情の発露などから、多くの読者を惹きつけ、ピーボディ一家がランカスターに到着した当時でも、まだいくつもの小冊子の形で出版されていた。セイラムと同様このランカスターも、女性が重要な役を演じる歴史を持つ、ニューイングランドでは数少ない町の一つであった。セイラムでは魔女裁判が起こった。ランカスターからは、メアリー・ローランソンの苦しみの物語が生まれた。それらはすべて、フロンティアの正義によって犠牲になった女性の物語である。だが彼女たちの情熱的な声は、何世紀を経てもなお人々の心に記憶されている。

一八二一年までに、ランカスターはまったく違った類の前哨地となっていた。この教区を治めるのは、ユニテリアン派のナサニエル・セアー博士だったが、彼はケンブリッジで非常に尊敬されていたので、怠惰なハーヴァード大学の神学生たちは、彼のもとへ「田舎送り」になっていた。というのも彼の指導を受ければ、彼らもまじめに勉強しようという気になって大学に戻ってくるだろうと期待されていたからである。セアー博士の田舎学生たちは、第一級の男子専門学院（歴代の教師にはチャニング牧師もいる）の生徒とともに、まさに町のあらゆる空き家を埋め尽くした。それがエリザベスの作った学校の成功を危うくすることになった。そのような町に好んで若い娘を下宿させようとする親はほとんどいなかったからだ。しかし、多くの比較的野放し状態の若者たちは、そのうちの一部はどうしようもない問題児ではあったが、ランカスターにおける姉妹の経験に、思いのほか活力を与えた。ピーボディ夫人は娘たちに、「人と交わる喜びは、この国では最大のもの」で、そこでは人々に受け入れてもらうのに「必ずしも超一流の生活をするだけの」お金を持っている必要はないのよ、とうまく説得してランカスターに行かせた。事実、夫人の言ったことは正しかった。というのも大人の一歩手前の三人の娘たちにとって、ランカスターで過した日々は、知性と社交性と女性らしさが稀にみるほど見事に結びついた時期だったからである。ピーボディ姉妹は人気者になったのだった。

エリザベスは、セイラムからランカスターまで家族とともに馬車で移動したのではなく、ボストン経由で単身やってきた。ランカスターで初めて自分の学校を運営することに不安があった彼女は、ボストンで六週間かけて集中的に学び、日曜ごとにチャニング牧師の礼拝や、日曜学校の集会や聖書学習会に参加していた。彼女が馬車でランカスターに到着したのは、五月の下旬であった。彼女はのちに次のように記している。初めてかけた眼鏡の助けを借りて、「私の目は……そのうっとりするような谷間に広がる感動的な自然の美しさに目覚めたのです」。彼女が家族より遅く到着したのは、自らの運命を父親のそれと切り離し、ランカスターの人々に自分自身を印象づけようと意識的に努力したからであろうが、その結果として彼女はある偉人の歓迎を受けることになった。

エリザベスが町で迎える最初の朝、セアー博士が、彼女に挨拶をするためピーボディ家を訪れ、彼女と数時間話した後、自分の娘を生徒の一人として彼女の学校に通わせることを約束した。その後、ドーカス・クリーヴランド夫人が珍しくエリザベスを訪ねてきた。彼女は、音楽家兼随筆家として成功しており、セイラム運送業界の実力者である夫とともにランカスターに住み、息子たちをセアー博士の学院に通わせていたが、町の知的サロンの女主人でもあった。ただちにエリザベスは彼女の魅力に心を奪われた。彼女は女性としての理想を実現しているように見えたのである。エリザベスはこの新しい知人のことを、セイラムにいる友人に宛てた手紙のなかで次のように記している。「彼女はまったく気取らず、魅力的で、思慮深さが伺われないことはけっして口にしない方なの。それに、彼女の立ち居振舞いはあまりに完璧で優美だから、誰も彼女のことを『自称文学婦人』とは思わないでしょう。」エリザベス自身は、自分の並外れた知性を、礼儀正しい人付き合いのなかではひけらかさないように努力していたのだが、クリーヴランド夫人はまさにその点でもお手本のようだった。しかしながら、夫人は資産家であり、結婚もしていることから、強引に自分の思想を売り込んだり、女学生の教師として社会的に従属的な役割に甘んじたりする必要もなかった。エリザベスは自身の知的才能を効果的に使おうとしたので、こうした相矛盾する要求に、娘時代の大半、ずっと悩み苦しんでいたのだった。

エリザベスはクリーヴランド夫人の「シンポジア」に招待されることとなった。「シンポジア」とは、エリザベスがクリーヴランド邸での形式張らない夜会に対してつけた呼び名だった。それは、ボストンの夜会と比べると華やかさの点では劣っていたが、性別や階級別に厳密に分けられたセイラムの夜会よりははるかに勝っていた。一八二一年の夏の間、彼女はベテランも新人も含めて学院の教師たちと会った。現職の校長、ソロモン・P・マイルズや、のちにハーヴァード大学の学長になった、牧師であり編集者であり歴史家という多才なジャレッド・スパークス、そして教育改革家であり、ボストンの英語古典学校の校長であるジョージ・B・エマソンたちである。セアー博士は常連であった。有能な数学者ウォレン・コールバーンもそうであった。彼はまもなくローウェルにある新しい製粉所の管理者に任命された。話題といえば、ペスタロッチやルソーといったヨーロッパの教育理論家についてだったり、彼らの思想を新大陸でどのように活用するかについてであった。クリーヴランド夫人の集まりに入りこめた将来有望な若い女性は、エリザベスだけではなかった。エリザベスは、機知に富んだキャロライン・ホワイティング女史と親友になった。彼女はエリザベスに、放課後一緒にラテン語を勉強しないかと誘ってくれたのだった。エリザベスより二、三歳年上なだけであったが、彼女はすでにセイラムの新聞に掲載されるような詩を書いていた。だがキャロラインはエリザベスに誤解されるのを恐れ、知り合いの紳士の一人がその詩を「知らないうちに」投稿してしまったのだと説明していた。ホワイティングはのちに多産な小説家になり、結婚後の名前であるキャロライン・リー・ヘンツの名で本を出版するほどになった。

エリザベス・ピーボディ自身も異彩を放っていた。彼女は、チャニング牧師の甥で、ランカスター・アカデミーの生徒でもあったウィリアム・ヘンリー・チャニングに鮮烈な印象を与えた。彼はこの頃エリザベスと通りで会ったことを覚えていた。このとき彼女と一緒にいたのは、おそらくキャロライン・ホワイティングとドーカス・クリーヴランドであろう。

それは、五月の明るい夕暮れのことだった。
十六歳の少女が、両脇を二人の年上の友人に挟まれ
二人の助言に熱心に耳を傾けながら、視線は地面に落としつつ
夕陽のなかを西にむかって歩きながらやってきた。
彼女は色白で、頬は明るく

栗色の毛を真ん中できちんと分けていて
身体つきや立居振舞いは華奢かつ優美であった。
彼女がどんなに善良で、清純で、やさしく
かつ美しくさえ見えたか、私は覚えている。
彼女の内面のすばらしさはその体から輝き出ており
彼女が動くたびに、その光は顔や姿にあふれ出ていた。

実際は、エリザベスはランカスターに到着したその月に十七歳になっていた。子どもの頃の金髪は茶色に変わってしまっていただろうが、その夕べにかぎってはそれはきちんと分けられていたのかも知れない。というのも、エリザベスは巻き毛になるのをずっと嫌っていて、一度腹立ち紛れに刈ってしまったことがあるからだ。すでに彼女の母の手紙には、洋服ダンスを整理しなさいという忠告や、「整頓は義務です」とか、「心の清らかさは、着ているものの清潔さによって知られるのです」といった助言がしばしば書きこまれるようになっていた。しかし、チャニングの言葉、「美しくさえ見えた」というのは、言い得て妙であった。

エリザベスは細身で小柄、色白で青い目をしており、あらゆる点で並々ならぬ愛らしさだった。しかも彼女には人を惹きつける力があった。つまりチャニングが述べたように、知的かつ精神的なオーラのようなものがあった。しかし若い男性にとって、エリザベスにはどことなく当惑させられるところがあった。ひとたび顔を挙げて視線を合わせると、彼女はひたむきに率直な態度を取るので、男性はそもそも彼女のどこに惹かれたのか、たちどころに忘れてしまうのであった。エリザベスのすさまじいばかりの知性と向かい合うと、彼女の美しさなど突然意味がなくなってしまうのだった。彼女の魅力は、他の事柄に関してはけっして保守的ではない男性たちでさえ、簡単にはつかめないものであった。彼らはエリザベスを好きになれたし、現に好きになった男性たちもいた。しかし、その恋愛が続いたかどうか、それをエリザベスが望んでいたかどうかは、まったく別問題であった。

エリザベスがお決まりのおしとやかなドレスや礼儀作法に無頓着だったのは、女らしい美しさがもたらす究極の結果、すなわち男性とのロマンティックな関係をとくにこの時期は避けるための、彼女独自のやり方だったのかもしれない。彼女がのちに書いているように、この時期というのは、彼女が「教職に就くのを目前に控えており、そのために幼い頃から教育を受けてきた」わけだから、特に重要であった。彼女の計画は野心的なものだった。彼女が学校でやりたいと願ったことは、単に「教える」だけでなく、「子どもを初歩から、知的にのみならず、道徳的かつ精神的に教育する」ことであった。エリザベスは知識を教えなければならないことはわかっていたが、母の手本に改良を加え、教育というものを自分が独力で進めてきた多岐にわたる研究が報われるような職業にしようと決意し、たゆまぬ気力で、その職業に関わり続けたいと思っていた。十三歳で、聖書の翻訳版を独自に作ろうとした少女は、十七歳になって、いかなる男性にも憂き身をやつすことはなかったし、いかなる教室での教育にも満足していなかった。

　自分の娘の成功を強く願ったピーボディ医師は、彼女のために台所の隣に最初の教室を作り、その端に、身長が五フィートもないエリザベスが授業をするとき立てるように、高めの教壇も作ってやった。彼は、エリザベスが比較的高く設定した授業料に見合うような、いかにも学園風の教室にしてやりたかった。新米の田舎女教師にしては、一学期二十八ドルの授業料は高かったからである。ヴァーモント州に住むエリザベスの従姉の一人アミーリア・タイラーは、ちょうどこの頃セイラムで教えており、一クラスの生徒を教えて一学期に二十四ドルしか得ていなかった。新しい教室に、エリザベスは収入源となる一期生を集めた。それは、ランカスターの農夫や商人の娘たち六人で、年齢は十歳から十八歳にわたっていて、うち二人は教師より年上だった。エリザベスはさらに自分の弟や妹五人を加えて教室をいっぱいにした。病気がちなソファイアとメアリーにとって、エリザベスの教室は、二人が受けた唯一の正規の学校教育となった。しかし、エリザベスのやり方はあまりに奇抜であり、彼女がこだわった六時間ばかりの授業は通常のものとはいえなかった。

　エリザベスの学校には、文法書も綴り字教本もなかったし、計算用の石版もなければ、暗記用の掛け算表もなかった。エリザベスは自分が見つけうるもっとも刺激的なテキストを使って歴史を教えた。フランスの歴史家チャールズ・ロランによるギリシャ・ローマ年代記の英訳版や、スコットランド人の聖職者ウィリアム・ロバートソンによる新世界の発見と入植についての解説、そしてハンナ・アダムズによるニューイングランド史である。エリザベスは、プルタルコスの『英雄伝』に出てくる政治家や兵士の相対的な長所について生徒に質問したところ、十一歳のソファイアが「大変興味をもって」、「彼らの英雄的偉業を要約して並べ立てた」とのちに回想している。彼女は生徒に読み方を教えるときには、自分のお気に入りの詩や散文を持ち込ませ、それをクラス全体に向けて大きな声で読ませた。それも他のクラスメートを楽しませたいと思いながら、はっきり表現力豊かに読むことを心がけさせた。読み方の後は、綴りの練習だった。エリザベスは、その子が読んだことのあるいくつかの文章を選び出して、一語一語綴らせた。このようにして、何度もくり返して使われる言葉は簡単に記憶され、彼女の生徒たちは喜んで、より難しい綴りに挑戦するようになった。

　エリザベスは算数の原理を、クリーヴランド夫人のサロンでウォレン・コールバーン氏から説明してもらったやり方に従って教えていた。エリザベスはコールバーン氏から、「算数とは、計算力の訓練であり、いかなる段階においても、けっして記憶の問題ではない」と教わった。エリザベスは、子どもは独力で「算数の法則を発見したり作ったりすること」ができるし、むしろその過程でよりよく理解することができるようになると信じていた。生徒たちはすべての数学の機能を習得するまで、大量の乾燥豆を教材に、それを足したり、引いたり、掛けたり、割ったりして勉強した。（プラスチックのおはじきを使った同じような教育法は、現在アメリカの小学校で広く用いられている。）

エリザベスが文法を教える方法は、まったく彼女独自のもので、彼女の言葉やその使い方に対する情熱こそ、新米教師としての彼女の成功を支えるもっとも大切なものであった。彼女がのちに自分の教育法をまとめたもののなかで書いているように、言葉の学習というのは、「あらゆる精神的なものに生命を与えるもの」なのである。彼女は自分の授業を「言葉の吟味」と称し、退屈な「文法」という呼称はすべて排して、代わりに「人の思考や感情の、きわめて繊細な影や変化まで伝える記号」としての言葉の重要さを生徒たちに納得させ始めた。綴りの授業と同様、生徒たちは人々に愛されている物語や詩から取った文章を一語ずつ分析するようになった。発話の各部分は、物や行動や観念などを伝えるものとして、その役割がしっかりと確かめられた。時制は「時」、人称は「話し手」というように教えられた。「授業は、いつも会話の形で行ったので、私が生徒たちと同じくらい熱心に参加しているのが彼らにもわかったでしょう」とエリザベスは書いている。彼女が目指したのは、たいていの学校で一般的に行なわれている「課題の暗唱」ではなく、課題の『研究』であることを強調すべく、授業を教師と生徒が打ち解けて交流できるものとすることだった。一つの単語の分析が、深淵な哲学的疑問を生み出すこともあった。たとえば、物と観念の違いとはなにか、というものである。教師も生徒もわれを忘れて議論に没頭してしまうので、いくたびかの試行錯誤の結果、エリザベスは、いつも昼食前の一時間をこれらの授業に当てることにした。朝からやれば、午前中ずっとかかってしまうからであった。生徒の数が少ないことと、メアリーが時々ちょっとした反乱を起こすことを除けば――そのためメアリーはときに「悩みの種」ではあったのだが――エリザベスの教師としての初舞台は成功だった。

エリザベスの教え方は独立革命後のアメリカに設置されたいかなる学校においても試みられていない斬新なものであった。しかし彼女の、なんでも試してみるという性質は、母から受け継いだものだったのである。まさしく、教育史の研究者たちも述べているように、「十九世紀のもっとも重要な教育改革の多くが、自分のところの女学校で自由に『実験』のできた女性教育者の手によってなされた」のである。私立であれ公立であれ、男子校では、機械的な暗記、成績順位をめぐる競争、体罰といったものが、ほとんど疑問をもたれることなく広く行われていた。さらに、エリザベスの改革は、歴史や神学や人間性に対する彼女独自の情熱的な関心の結果であった。これまで、彼女はこれらの領域を、自分の田舎の教室で、一人で開拓していた。やがてある日、彼女と同じようにニューイングランドの教育制度を再建しようと決意した社会改革家たちが多数仲間に加わることになる。だが彼女はまだそれを知るよしもなかった。

エリザベス自身の朝は、学校が始まるずっと前、牧師館まで歩いて行って、セアー博士が五時から七時まで庭仕事をする間、彼と話をすることから始まった。二人は、エリザベスが読んだ本についてその時間いっぱいかけて話すのであった。その本の多くは、セアー博士の蔵書から借りたものだった。一八二一年の夏の間、二人は、まず『自然神学』と『倫理・政治哲学の原理』を手始めに、ウィリアム・ペイリーの全著作について、さらにジャレッド・スパークスが近年出版した『聖職者、儀式、そしてプロテスタント監督派教会の教義に関する書簡』について議論した。エリザベスはセアー博士にとっても特別な存在であった。彼女は若く、女性の身でありながら、博士のハーヴァード大学の教え子たちよりもはるかに勉強熱心だったし、臆することなく博士の考えに反論してきた。チャニング牧師と同様、博士もエリザベスを受け入れ、彼女のいつまでも続く質問にも快く答えた。彼の方がはるかに年上であり、既婚者でもあり、さらに牧師としての役割があること、これらが重なったおかげで、二人は親密な知的交流ができた。もしエリザベスが若い男性であったら、博士は彼女が牧師になれるよう手助けしたであろう。実際はそうではなかったため、博士ができたことといえば、彼女を自分の教会の「洗礼志願者」にし、教会員になるための準備をさせることぐらいだった。

しかし弱冠十七歳のエリザベスにとって、教会員にならないかという申し出は、願ってもない贈り物であった。彼女はもし男だったら得られたはずのものに対して嘆くような性分ではなかった。まさしく彼女は自分の母を通して、女性には、男性より優れた力――それには道徳的、精神的、かつ知的な力さえも含まれている――があり、それは女性であるがゆえなのだということを無意識のうちに教え込まれていた。のちに記しているように、エリザベスは、「女性は、もし望むなら、自分に適したいかなる道をも選ぶことができるし、選ぶことが許されている」と信じようとしたのである。しかしエリザベスは、自らの理想に向かって挑戦しようとするとき、現状に甘んじるような人間ではなかった。彼女は、教義上、その思想の自由を十分に認めたうえで、教会員になることを受け入れてくれるような教会が見つかるなどとは、期待したこともなかった。エリザベスは、セイラムのユニテリアン・ノース教会のように、教会員には、聖餐式に参列することを求めるいかなる信徒集団にも入ることを拒否した。彼女にしてみれば、聖餐式はキリストの人間性を侮辱する儀式だったのだ。（この観点から見ると、彼女はラルフ・ウォルドー・エマソンよりいくらか先んじていたといえる。十年後、エマソンは、ボストンのユニテリアン第二教会で、聖餐式をとり行なうよう要求されて、牧師の職を辞することになる。）ボストンにあるチャニング牧師のフェデラル・ストリート教会でさえ、エリザベスが批判している信仰告白を依然として要求していた。セアー博士の教会はそのような要求をしなかった。それはエリザベスがかつて参加した唯一の既存の教会であった。

神学の話題のほかに、エリザベスがセアー博士と朝の議論をするとき楽しみにしていたのは、博士が面倒を見ているハーヴァード大学の学生たちが仲間に加わることであった。三人の若者が、年齢がメアリーやエリザベスたちと近いこともあり、放課後の時間をともに過ごすことがしだいに多くなった。そのうちの一人がラッセル・スタージスで、彼はハーヴァードでも騒々しいことで悪評をかっていた一八二三年度生だった。このクラスには、メアリーがかつて好きだったチャーリー・ピカリングも在籍していたが、卒業までにこのクラスからは半数以上の退学者が出た。一八二〇年代はハーヴァードでも大学当局と学生との間の抗争が再燃した時期であった。そこで、第十四代学長ジョン・カークランドは、十代の男子生徒のための贅沢な予備校と何ら変わらぬ状態であったハーヴァードを、規律正しい大学へと生まれ変わらせようと改革を試みた。一八二三年度生は、卒業試験の前の晩に開かれてきた伝統的な宴会を禁止したカークランド学長の措置に対し、最初に抵抗した学生たちであった。その宴会は、大学から少しはなれた居酒屋で行われ、ビリヤード、ボーリングなどのゲームもでき、夜更けまで何度も乾杯をしあうものであった。ラッセル・スタージスは、そのような宴会を企画するのに協力しただけでなく、クラスで歌う宴会の歌をそのとき即興でつくり、翌朝試験を受けに集まったクラスメート全員に配ったのだった。

「大学の権威に対抗する学生組織に入っていた」かどで、スタージスは即刻停学になった。しかしクラスメートの間では、彼の行動は、クラスに対する忠誠心の極みと考えられ、彼が懲罰を受けると、ありとあらゆる抗議行動が起こった。大学の懲罰記録によると、集団欠席あり、花火あり、さらには、ある学生が学生部長を誹謗する紙をつけた大砲の弾を自分のいる四階の窓から落とし、それは「石畳の階段を壊し、危うくダウニング教授の命を奪うところだった」という事件まであった。スタージスのことを告げ口したごく少数の学生は、「ブラックリスト」に載せられ、大学在学中ずっとやじり倒されたが、彼らは大学側には気に入られるようになった。スタージスは停学期間が過ぎて大学に戻ると、いきなりチャニング牧師による重要な講義を妨害した。というのも彼が遅刻して入ってきたとき、クラスメートたちが立ち上がって彼を賞讃の拍手で迎えたからである。この妨害行為によって、彼は丸々九カ月の停学となり、その期間の大半をランカスターで過ごした。しかしスタージスはクラスでもトップの成績の学生の一人だった。彼は非常に自信に満ちていて、ハーヴァードの権威に逆らうことなどものともしなかったので、即座にピーボディ姉妹たちに気に入られた。スタージス自身はとりわけメアリーに惹かれた。

さらに、一八二一年にハーヴァード大学に入学したジョン・F・ブラウンという学生がいた。サウスカロライナ州チャールストン生まれのブラウンは、ニューイングランドの大学生活になじめなかった。彼はとてもハンサムだったので、ピーボディ姉妹たちに「美しい人」と呼ばれた。それに彼は春にはグレーのサテンのスーツを着るというように、身なりが垢抜けていて、粋な風情があった。しかしブラウンは、わずか数カ月でクラスから落ちこぼれてしまった。多くの学生と同様、彼はタバコを吸い、酒を口にし、ほとんどまったくといってよいほど勉強しなかった。ある土曜日、彼は友人とボストンへ馬車で出かけ、帰ってきたら大学寮の自分の部屋から火の手が上がっていた。この火事は結果的に大学の施設に多大な被害を与えることになった。ブラウンは、「不注意のため停学」となった。教師たちも、すでに彼は授業に完全に落ちこぼれており復学するには頑張って追いつかなければならないと結論づけていた。数カ月セアー博士の指導を受けるというのが、彼の唯一の頼みの綱であった。

エリザベスは、セイラムの友人に宛てた手紙にも書いているように、勉強しないというのは「大学生活における最悪の罪です。だって、大学生が勉強にやる気を出さないとしたら、他の何にやる気を出すのでしょう」と考えていた。その点で彼女はセアー博士と意見を一にしていた。大学に入学することができなかったエリザベスは、その機会を与えられながら、なぜそれを無駄にできるのか、想像さえできなかった。しかし彼女はランカスターで出会ったスタージスやブラウンやその他六人ばかりの停学中の学生に対し、嫌悪感を覚えながらも、実際には同情を禁じ得なかった。大学から停学処分を受けたことで、これらの若者たちは若い女性たちとまったく同じ立場に置かれていた。つまり、どちらも大学の外で大学レベルの勉強に追いつこうとしていたのである。すでに勉強は彼女たちにとっては習慣以上のものになっていた。それはもう生き方の一部だった。この男性たちだって、どうして学問にかける情熱を共有できないことがあるだろうか。ブラウンを更正させることが姉妹たちにとって、一つの目標になった。姉妹たちは、ブラウンのことを「燃えさかる情熱の騎士」と呼んだが、それは伝説のゲール詩人オシアンの表現から借りたいくつかのあだ名の一つだった。こうしたあだ名を、彼女らはもっと気を引く魅力的な紳士の訪問者たちにつけていたのである。姉妹たちがハーヴァード大学の寮の火事のことを知っていたかどうかはわからないが、そのあだ名は、ゆっくりした話しぶりで聴く者の心をうっとりさせる、魅力的かつ情熱的なこの南部人にぴったりだった。彼は姉妹たちがボストンでもセイラムでも会ったことのないタイプの男性だった。彼女たちはブラウンを、お茶や感謝祭のディナーに招き、彼の書斎で勉強を教え、もっとまじめに生きるよう説教をし、近所に住む農夫たちの居間や、ときにはエリザベスの教室で冬の夕刻開かれる即興舞踏会に連れて行ったりもした。

エリザベスが彼女の最初の求婚者と出会うことになったのは、この不良学生のブラウンを通してだったようだ。その若い求婚者がどのような人であったかというのは、長年憶測を呼んでいる。エリザベスは、「その事」が終わって十年以上もたってから、しかもL・B[1]というイニシャルで、たった一度だけ彼のことに言及している。しかし当時の彼女の手紙から集めた証拠をつなぎ合わせてみると、それだけでも、元教師のライマン・バックミンスターこそが、エリザベスが十七歳になったその年にしつこく彼女に求婚していた若者であると確証できる。

彼はセアー博士の引き受けた成績不良の学生やランカスター在住の大学進学予定者の家庭教師として、「十分な給料をもらっていた」人物であった。

ライマン・バックミンスターは、エリザベスが知っている大学生たちより年上で、最近ハーヴァード大学神学部の大学院を修了したばかりだった。エリザベスがランカスターに越してきた年の六月、彼はボストン牧師協会に承認されて、教会が見つかればすぐにでも説教師としての仕事を始める準備ができていた。ライマン・バックミンスターは、将来有望な花婿候補であったに違いない。二十五歳にして、彼には明るい未来が広がっていた。それでも彼は、優秀な腹違いの兄で、今は亡きジョゼフ・スティーヴンス・バックミンスター牧師には遅れをとっていた。

兄のジョゼフは、生まれつき聖職者になるための類まれなる才能に恵まれていた。五歳にして彼は、自身の大家族――両親や兄弟、召し使いたち――の日々の祈りを先導していた。彼は四歳の時からラテン語とギリシャ語を習い始め、十二歳にしてハーヴァード大学に入学する準備ができていた。彼は一八〇四年、二十二歳のときにボストンの名高いブラトル・ストリート教会を引き継ぎ、当時の記録によると、そこでの彼の説教は「歓喜と感嘆」をもって迎えられたという。ジョゼフは、ライマンの年齢になる頃にはすでに、ハーヴァード大学の卒業式で、うっとりするほど感動的なファイ・ベータ・カッパ【成績優秀な学生からなる米国最古の学生友愛会】の演説を行っていた。ここでの演説こそ、この町でもっとも名誉あるものであった。彼はハーヴァード大学で最初の聖書批評を教える講師職を得た。もし二十八歳でてんかんのため夭折するということがなければ、ジョゼフ・スティーヴンス・バックミンスターは、エリザベスが心に抱いていた牧師たるものの殿堂入りを成し遂げていたことだろう。実際に殿堂入りしたのは、チャニングであった。なぜなら、一八一二年のジョゼフの悲劇的な死によって生じたボストンのユニテリアン派指導部の穴を埋めたのは、チャニングだったと言われていたからである。

「永遠にその死を惜しまれる」兄と比べると、弟ライマン・バックミンスターに関する情報はほとんど得られない。大所帯だった彼の家族史の記載を読むか、ハーヴァード大学時代からのわずかな断片的記述によって、ぼんやりとした輪郭を得るくらいしかできない。ライマンの父、ジョゼフ・バックミンスター神学博士は、ニューハンプシャー州ポーツマスの教区で信望の厚い牧師だったが、深刻な鬱状態になり、幼い息子のジョゼフ・ジュニアが、母の死後、家庭での祈りを引き受ける頃には、完全な鬱状態に陥っていた。ライマンの母、つまりジョゼフ・シニアの二度目の妻は、息子を出産した直後から病弱になっていた。彼女はライマンがちょうど九歳になったときに亡くなり、そのせいで彼女のことを、「ほとんど崇拝に近い激しい情熱」で愛していたと言われる父親は、再び意気消沈の状態に陥った。ライマンと三人の弟や妹たちの世話は、腹違いの二人の姉たちに委ねられた。気力を取り戻すと、父は「強くて優しい」親としての役割を果たした。しかし彼はしばしば「名状しがたい憂鬱、見たところ原因不明の不安」に襲われるのだった。

そのような気分が、ライマンがハーヴァード大学に入学した一八一二年の春の間ずっと、「父の心に暗い雲のように垂れ込め始めていた」。ライマンは彼の父が家で強迫観念に見舞われていることを姉たちから聞いて知っていたかもしれない。父は耳を傾けてくれる人には誰かれとなく、自らの恐怖についてくり返し口にしていた。それは、「自分が神の慈悲も届かないような罪を犯したのではないだろうか。聖職といっても、罪深い不誠実な試みを偽善的に行ってきたに過ぎないのではないか、そして自分が今まで関係のある人すべてを堕落させてしまったのではないかという恐怖」だった。こうした陰鬱な気分を振り払おうとヴァーモントを旅していた老バックミンスターに、息子ジョゼフの死に関する虫の知らせがあった。その数時間後、その不安が的中していたことを裏づける知らせが届き、その夜のうちに、ジョゼフ・シニアは息子の「後を追って」死んでしまった。両親とも失ったライマン・バックミンスターは、その学期を残してハーヴァード大学を去った。それ以来一八二一年六月のある日まで、彼の青年期の記録は残っていない。この日、彼はボストン牧師協会が主催する説教師の資格試験を受けていた。彼が使ったテキストは新約聖書のテモテへの手紙一章十五節であった。「罪人のなかでも最たる者が私なのだが、イエスはその罪人を救うためにこの世に来られたということ、これは信ずるべき言葉であり、すべて受け入れてよいことである。」

これが、ランカスターで一八二一年の秋から一八二二年の冬にかけエリザベスに求婚していた若者の経歴である。エリザベスはまだわずか十七歳で、おそらく結婚するには若すぎたであろうが、求婚の対象としては若すぎはしなかった。彼女が彼の申し出を笑って取り合わなかったも同然だったのは、彼女の若さないし野心のためであったのだろうか、それとも、いちばんありえそうなことだが、ライマン・バックミンスターはまったく彼女の好みではなかったのだろうか？ 彼は「われらが友人ライマン」という愛称をもらうほど、ピーボディ家では顔なじみになっていた。彼はエリザベスに、ウェルギリウスの小さな詩集をプレゼントしたことさえあった。しかし、彼が「核心に迫って」一八三三年の早春に求婚すると、彼女の返事はきっぱりとした「いいえ」であった。エリザベスは明らかに、彼は求婚などという馬鹿なことをすべきでないと感じていた。しかしながら、彼女は彼にプロポーズされたことを忘れることはなかった。彼女はそれを自分の女性らしさの証として、時が経つにつれて価値を増してくる贈り物として、記憶のなかに大切にしまった。

エリザベスは何年も経ってから、その話を少し違ったふうに語っている。彼女は「求婚され、もう少しのところで射止められるところだった」と主張しているのである。バックミンスターは、彼女にそっけなく拒絶された後も、求婚し続けたという証拠もある。拒絶されたことがいかにつらいものであったか、彼女にせめて知っておいて欲しいという気持ちがあったのかもしれない。しかし目下のところ、エリザベスは「われらがライマン」よりも、気まぐれなブラウンのほうにはるかに興味をもち続けていた。またエリザベスは、ランカスターに引っ越す前に会った若い詩人アロンゾについて、セイラムの友人たちにあれこれと手紙で尋ねていた。「どこでアロンゾを見たの？　彼はまた詩を書いたかしら。私からの手紙をまた受け取ったかしら」[2] などと。そのアロンゾは、エリザベスがランカスターに行っているうちに、フランス人女性と結婚してしまったのだが、エリザベスはそれを気にしていないそぶりだった。その代わりに彼女は、かつてあれほどまで熱心に「世に出そう」としていた彼の詩を、出版するほどのものではないと突然宣言したのであった。

　エリザベスは結婚する心構えはできていなかったが、結婚そのものが頭にないわけではなかった。貧乏から抜け出す確かな道がよい結婚以外にない若い娘にとって、それは致し方ないことだろう。アロンゾの結婚のニュースは、以後数年の間に彼女が耳にすることになる数多くの友人たちの婚約の知らせのうち、まさに最初のものであった。そんなわけで、エリザベスの一八二一年から二二年までの読書のなかには、ペイリーやスパークスの作品の他に、結婚を題材にした大衆教訓小説がいくつも含まれており、それについて彼女は、女友達と熱心に議論したのだった。

　エリザベスがじっくり読み込んだ本とは、イギリス人作家ハンナ・モアの『妻を探すシーレブズ』であった。そこに込められたモアのメッセージとは、女子教育が重要なのは、本人のためになるからではなく、女性をよりよい妻にするからであるというものだった。主人公チャールズは、題名の「シーレブズ」その人であるが、「家族の指導者に、子どもの教師に、自分の話し相手に」なってくれる女性を探していた。彼の両親は自分の教養として、音楽とか、描画とか、古典語だとかの、これ見よがしの修得に飛びつくような女性は避けたほうがいいと彼に警告していた。父親は彼をたしなめて、「おまえは話し相手が欲しいんだろう。芸術家なら雇えばいいのだ」と言っている。チャールズは結局ルシーラ・スタンリーに自分の理想とする女性を見出した。彼女は「自分自身が才能の持ち主であるよりも、むしろ他人の才能を見分けることに長けていると言えるような」女性であった。ルシーラはすでにラテン語を修得していたが、そのことをチャールズがさぐり出すにはある程度時間がかかった。というのも、彼女は自分の教養を人前でひけらかすことはけっしてしないという奥ゆかしい人柄だったからだ。しかしながら、エリザベスから見ると、ルシーラの「謙虚さと遠慮深さ」は「きわめて不自然だった」。彼女はフィービーという登場人物のほうが好きだった。フィービーは貞淑で、はっきりものを言う若い女性で、家庭教師としての訓練を受けていたが、病弱な母親を一人放置するに忍びず、紙でできた花を売って生計を立てていた。自分の知性を隠すことなどエリザベスには受け入れがたかった。しかし自分の野心を妥協させて、家族に対する義務を果たすことは、やりがいのある自己犠牲のように思われた。

『妻を探すシーレブズ』は、結婚すべきか否か、エリザベスが答えなくてはならないような疑問を突きつけてきた。彼女は自らの才能を追及すべきなのか、それとも単に他人の才能を伸ばすべきなのか。自分の野心を追究するために家を出るべきなのか、それとも貧しい家族のもとに留まって、身近でできることだけをやるべきなのだろうか。彼女の学校の生徒数が、最初に集めた地元の一握りの少女たち以上には増えないことが明らかになるにつれ、エリザベスは別の選択肢を考えなければならなくなった。さらに彼女は、ランカスターへの引越しが自分の父親に経済的破綻をもたらしていることに気づき始めていた。ピーボディ医師によると、隣町で天然痘が大流行し儲かりそうなことを除けば、この界隈は一家の滞在中、「きわめて健康」なままであった。彼はいまや、彼の前任者が、農場と開業権が売りに出されている間すべて秘密にするよう強調したのは、策略であったことがわかった。ランカスターでは本当にこれ以上医者は必要なかったのだ。自分の農場とエリザベスの学校からのわずかな収入に依存せざるを得なくなった彼は、医者から歯医者に転身することを決心した。当時、それが失敗した医者の最後の手段だった。しかし、ランカスターのような農村で歯科の開業はほとんどうまくいきそうになかった。エリザベスは、父親が家族をどこへ連れて行こうともそれについて行くか――セイラムに帰るという可能性がもっとも高かったのだが――あるいはボストンのような都会で自分自身の野心を追求するべきか、どちらかを決めなければならなくなった。

一八二〇年代のニューイングランドでは、娘より長男が直面する問題というのがたくさんあった。エリザベスにとって家を出ると決断することは、成長するにつれて彼女の周りで見てきた娘らしい行動規範の一つ一つに反することであった。ランカスターでもセイラムでも、彼女が知っているあらゆる娘たちが、結婚するまで家に留まっていた。そして結婚しない娘は、ずっと両親とともに住み、その老後の面倒を見ようとしていた。しかしいまや、自分の家が他と比較して貧しいということは、エリザベスにとって一つの幸運のように思えたかもしれない。この頃彼女の胸に深く秘められた望みは、自分の教養を高めること、教師として新しい試みをすること、そしておそらくは、執筆をすることであった。経済的な逼迫ということが、女性の野心や単なる放浪癖でさえ、人目につかぬようにしてくれる都合のよい隠れ蓑になっていた。小説『妻を探すシーレブズ』は、エリザベスに魅力的な結婚のお手本も、外で働くような人生の見本をも提示してくれはしなかったが、それとは別のわくわくするような考え方を確かに示してくれた。それは、おそらくハンナ・モアが女性読者に受け取らせようとは意図していない考え方だった。チャールズが嫁探しにロンドンに来たとき、彼は、たとえ最愛の人を探せなくても、サミュエル・ジョンソンの言葉を借りれば、「理性の饗宴と魂の奔出」を享受することがきっとできると考え、自分を慰めたのであった。その後ずっと、ピーボディ姉妹のうち誰かが、楽しい知的な付き合いを経験したときには――その誰かというのはしばしばエリザベスだったのだが――その経験を述べるのにこの言葉を使った。ボストンでそのような饗宴がエリザベスを待っていると気づいたことで、家族のもとにいるべきか出て行くべきかの決断をするとき、彼女は後者に傾いたのである。

一八二二年の冬までに、エリザベスは自分の職業上のジレンマをもっと共有してくれる作家の作品を読んでいた。それはスタール夫人であった。ほかのニューイングランドの前衛知識人たちと同じように、エリザベスはヨーロッパのロマン主義の思想家や詩人たちに何とか近づこうとしていた。彼らの考え方は、もっぱらスタール夫人のドイツに関するエッセイを通して、一八二〇年代初頭、広くアメリカ人に知られていた。（カントやその弟子たちの著作は買うことはできても、ドイツ語を理解できる者はほとんどいなかったが、スタール夫人の随筆は、原語のフランス語でも最近の英語訳でもはるかに読みやすかった。）ボストンでは、チャニングやエマソンのような男性たちは、スタール夫人の作品を系統立てて批判的に読んでいたが、エリザベスもランカスターではそのようにしていた。彼女は、カリスマ性のあるローマの女流詩人を題材にしたスタール夫人の小説で、「きわめて精巧なロマンス」である『コリンヌ』に否定的だった。友人マライア・チェイスへの手紙のなかで書いているように、彼女は唯一、そのなかに「現在のイタリアに関する最良の説明」が入っていることを認めただけだった。ナポレオン・ボナパルトの政権下でスタール夫人がパリから追放された経験の追憶である『十年の放浪』などは、「単に寄せ集めの書類の束であり、改訂するまで出版の予定はなかったはずのもの」だった。エリザベスが心底敬意をおぼえたのは、他でもない『ドイツ論』であった。「新しい」ドイツ哲学と、ドイツ文学ならびに政治生活におけるその位置づけを徹底的に分析したものである。またエリザベスは、スタール夫人の著作中の純粋に知的でないものは批判する傾向にあったのだが、それでもスタール夫人から、男性が学ぶ以上のものを学んだ。ボナパルトはこの作家を、自分の政権をずけずけと批判する者として追放していた。スタール夫人の妥協をしない性質、彼女の政治性、サロン、そして文学的経歴、それらすべてがエリザベスの想像力をかきたてた。エリザベスはスタール夫人の著書を読み進めながら、家を出る決心を固めていったのである。

結局クリーヴランド夫人との予期せぬ出会いが、事態を強引に押し進めた。この出来事に関して正確なことはわかっていないのだが、明らかにクリーヴランド夫人はエリザベスの存在が鬱陶しくなり、彼女を皆の前で厳しく批判した。これは自分が尊敬する年上の女性によってエリザベスが受けた、いくつかの手厳しい仕打ちの最初のものであり、十七歳の少女はひどく傷ついた。夫人は、エリザベスが淑女に相応しくない振る舞いをしたといって責め、最後には、エリザベスは「ろくでなしになるに決まっている」と言い放った。エリザベス自身は、そのように責められる筋合いはないと信じていた。しかし彼女はドーカス・クリーヴランドを、その礼儀正しさゆえに理想化していたので、彼女の意見を完全には否定できなかった。またクリーヴランド夫人が、結婚生活という因習のなかに閉じ込められた才能ある女性であるがゆえに、エリザベスが若く、一般の女性より自由であることを妬んで、激しく攻撃するのだと考えることもできなかった。

エリザベスにとって、ランカスターを離れることはけっして幸せなことではなかったが、クリーヴランド夫人から嫌われてしまったことで、この町の魅力もかなり失せていた。引越しに関しては、心は揺れていたが、彼女はランカスターを去ってからも、そこを「この小さな楽園」と呼んでいたことからもわかるように、自分はそこから無理やり追い出されたのだと思いたかったようだ。逆説的なかたちになってしまったが、エリザベスは責められたことでむしろ、ほかの誰よりも知的な人物だと世間に思われるようになろう、そして、「気取らない」優美さで内面の悪意を隠しているような、社会的に有力な女性たちの影響力から逃れようといった、自らの本能的な選択を後押しされることにさえなったのかもしれない。しかし彼女は、独身女性にとって、人生というものがいかに心もとない危険な道かということを実感し始めていた。エリザベスがランカスターで知り合ったハーヴァード大学の学生たちは、大学で乱暴をはたらいたために、ランカスターという「楽園」に来ることになったのだが、エリザベスは過ちを犯したためにそこを出て苦しい思いをすることになったのだった。

ラッセル・スタージスの父親は、自分が所有するビーコンヒルの邸宅にエリザベスのための教室を一つ用意してくれて、自分のもっとも幼い子どもたちを生徒として送り出してくれた。チャニング牧師は、自分のところには彼女の教えを待っている四人の生徒がいると手紙で知らせてくれていたので、心強く思いながら、彼女は一八二二年の春にランカスターを出てボストンに向かった。のちに彼女は、「自分の弟たちに大学教育を受けさせるためのお金を稼ごうと、高揚した英雄のような気分で」発ちましたと明言している。それは少なくとも彼女が挙げた理由ではあるが、自分自身の野心を追い求めていながらも、その野心をもっと適当な、弟たちの学歴をつけるのに役立てたいという願いで覆い隠し、家族の異論が出ないようにするものであったのかもしれない。というのも、ピーボディ家のような母系家族においてすら、よりよい暮らしへの希望は男子に託されていたからである。姉妹たちは、自分の弟たちのほんのわずかな学問的才能も見逃さず、それをいつか「立派な人になる」証拠と見なした。したがって、もしエリザベスや妹たちがお金を稼げなければ、弟たちが大学教育を受けるチャンスはほとんどなくなってしまうはずだった。男の子たちの将来は、大学という学歴なしでは考えられなかった。数々の失敗にもかかわらず、少なくともピーボディ医師は学位を持っており、それが専門職の階級に彼が属することのできる唯一の資格となっていた。ナットは、エリザベスの弟たちのなかでいちばん年上だったが、彼女が家を出てボストンで自分の学校を始めようというとき、その身勝手さを責め、もし彼女がライマン・バックミンスターとの結婚に同意していたら、[3]家族全員が経済的に豊かに暮らせただろうと主張した。しかし一八二二年の時点で、六歳、八歳、十歳の三人の弟たちは、反対したり不満を表明したりするには幼すぎたし、女性には見事なまでの聡明さが備わり、男性は何をやらかしても失敗するのが遺伝となっているような、そういう家族のなかで自分たちが育つ悩みのようなものを示すにも、幼すぎたのである。

イライザ・ピーボディこそ自分の最年長の娘を行かせることにもっとも苦悩した人だった。ピーボディ夫人は、十八歳の誕生日のほんの数日後の一八二二年五月にボストンに行こうとするエリザベスの衝動に似た気持ちを、夫よりもはるかによく理解していた。夫人は当初の手紙に書いているように、エリザベスが「学問の中枢」ともいうべきボストンで、「知識階級」の人々と交わりながら出会うと思われる、ジョンソン的「知的饗宴」や「時代精神の思潮」が羨ましかった。しかし彼女は、自らが未婚の学校教師として過ごした時期、自分の評判を落とさないようにするのに苦労したことも思い出していた。そして夫人は遠い昔の子ども時代から、力の強い男性がか弱い女性をいかに性的に食い物にするかを記憶しており、その記憶にいつも悩まされていたのだった。彼女はエリザベスに、「若さと健康と才能と友人のおかげで、あなたが強固な希望を抱くのはいいけれど」、予期せぬ出来事が「そうした希望や、それに付随した利点さえ、すっかり台なしにしてしまうこともあるのよ」と注意もした。もし新しい学校がうまくいかなかったら、いつでも家に帰ってきて、「次の道が開けるまで」家にいていいとも言っていた。ピーボディ夫人はエリザベスに宛てた手紙のなかで、「あなたが昼も夜もずっと勉強していた小さな机を目にする」たびに、「胸が締めつけられる」気がすると認めざるを得なかった。自分自身の人生ではうまくいっていることなどほとんどないことを考えると、彼女は楽観的にはなれなかった。それでも結局、いちばん最初に生まれた、自分と同名の、「私の希望と祈りを托した子」に、イライザは愛情をこめた別れを告げたのである。

第12章　ボストン

エリザベスは、ボストンでの最初の数週間、一八二二年の五月下旬から六月初旬までを、遠縁にあたる弁護士、オーガスタス・ピーボディの家で過ごした。そこの家族は夏の間は避暑のため、ランカスターにいたのだった。その家は、ビーコンヒルの頂きに建てられていて、近くにブルフィンチの銅製丸天井の壮観な州議会議事堂があった。エリザベスによると、五階建てのピーボディの家は、以前はボストンでもっとも高い建物だったハンコック元知事の家よりも高くそびえていた。そこはエリザベスの母方の曽祖父にあたる

ボストン港の眺め

パーマー将軍が、かつて情状酌量を懇願した場所でもあった。彼女は東向きの五階の部屋を与えられたが、そこからの眺めは、五階まで上る苦労に十分報いて余りあるものだった。エリザベスがセイラムの友人マライア・チェイスに書いた手紙によると、ボードン家の青々と茂った庭がちょうど真下にあり、その向こうには「ボストンの町全体が広がっていて……小島や船の浮かんでいる美しい港の完璧な景色が見えた」という。

エリザベスがその春見渡していた町は、独立戦争の時代から大規模な変貌を遂げている最中であった。一八二〇年代、ボストンは外国からの輸入に頼る港から、ローレンスやローウェルといった内陸の工場町の勃興により、輸出で栄える港に変化していた。独立した経営者たちは、新しい波止場や橋を建てた。ボストンとブルックラインの間の沼地を西に延びる有料道路は、多数の新しい工場に水力を提供する大掛かりな堤防システムの上に敷設された。ミル・ダム【水車堰】として知られるこの最近の事業は、将来的にバック・ベイまで町を拡大するための土台となるものだった。ボストンはかつて大西洋に突き出した硬いこぶしのような姿だったが、もう数十年経てば、ほぼ二倍の広大な土地になるだろうと予測された。その七つの丘は削り取られ、川底は掘り返されて、五万人以上に膨らむ人口を支えるべく、埋立地にされていた。

ボストンは、文化的にも生まれ変わろうとしていた。ボストンが生んだもっとも意欲的な芸術家、ワシントン・オールストンは、二十年間、ローマ、パリ、ロンドンで国外居住者として

過ごした後、一八一八年に故郷に帰っていた。オールストンによる膨大な数のレンブラント風の寓意画は、ヨーロッパで広く展示されていた。彼はそのヨーロッパで、文学者たちと懇意になった。(彼はコールリッジを親友の一人に挙げている。)しかし一八一五年に妻に先立たれ、自身の絵がペンシルヴァニア美術学校によい値段で買い取られると、オールストンは、新世界もロンドンと同様、居心地のよい場所になるのではと考えるようになった。彼にとって、ボストンはアメリカの首都だった。彼はそこに戻って、新しい図書館を見つけた。ボストン・アセニーアムである。ボストン・アセニーアムは、芸術作品のための潤沢な展示スペースがある建物や、ボストンを国家創設の地として確立することをめざす活動的な歴史協会、そして、ギルバート・スチュアートをはじめ幾人かの重要な芸術家たちのためのアトリエを作ろうとしていた。ボストンの人々は、オールストンの喧伝された到着とともに、視覚芸術の豊かさに目覚めた。エリザベスがボストンで過ごした最初の一週間、彼女は、展示されていた画期的な絵画の前に足を運んだ。そこは、五十二点のヨーロッパの名作の模写が展示されており、アメリカ人が大西洋を渡らずに高踏芸術にもっとも近くで接することができる場所だった。母親に宛てた手紙によると、彼女は他の二倍はありそうな、ボストンでもっとも大きな展示場であるドゲット・ギャラリーの薄暗い光のなか、絵画を「あまりに長いこと熱心に」見つめていたので、近視が進んでしまったという。

一八二二年の時点で、ボストンは生計を立てたいと思っている独身女性にとって魅力的な地だった。彼女たちの一部は、もっとも初期のアイルランド系移民であり、家政婦や洗濯婦、仕立屋、粉挽きといった彼女たちが就けるいくつかの職業に従事していた。しかし大抵の女性はニューイングランド生まれで、多くが前世紀のエリザベスの祖母パーマーのように、収支を合わすべく、借家を下宿屋にしてしまうような未亡人や夫に捨てられた妻たちであった。さらに、看護婦や助産婦として働く者もいたし、非常にわずかだが、波止場近くの小さな家で、イギリスの商品や食料品やおもちゃを売る者もいた。

しかし一八二〇年代には、事実上ほとんどの商売や職業に性差別があった。男性だけが就ける職業として、弁護士、商人、牧師、外科医、本屋、音楽家、靴屋、綱製造業、金箔師、煉瓦職人、大工、飲食店主、タイル工、パン屋があった。これらは、当時のボストン市の住所氏名録で、男性が自分の住所とともに載せている職業名のほんの一部でしかない。教職は、男女両方に開かれている唯一の職業だったが、そのなかにも地位の格差はあった。当時の学校案内によると、男性は、ボストンの私立中等学校、あるいは「公立」学校で教えた。また男性は、大学進学を控えた男子生徒や、ある学校の案内書にあるように「ビジネス界の専門職に就くために、公立の学校より高度な教育を必要としている」男子生徒のための専門学校を経営していた。また、主に男子生徒のために、絵や音楽や言語、作文、ダンスといった教科で特別授業を行っていた。それとは対照的に、女性は女子生徒の小さなクラスか、ときに幼い子どもたちの男女混合クラスを家や貸間で教えていた。一八二二年に、ボストンの住所氏名録にそういった仕事を載せている「女性教員」は五十人以上いたが、おそらくわざわざ登録などせずに教職に就いている女性が同数程度はいたと思われる。これらの「初等学校」の女子生徒は、読み書きや、地理、算数、裁縫の基礎知識しか習っていなかった。

エリザベス・ピーボディのように、挑戦的な、あるいは革新的なカリキュラムを提供できる女性教師はほとんどいなかった。しかしエリザベスはまだ十八歳であり、自分の母親の「家庭」学校より大きな規模の学校経営に関してほとんど何も知らなかった。ボストンに単身移住するには勇気がいったが、実質的には西も東もわからぬ町で、彼女がランカスターで教えていた生徒よりも多く集めようと計画したのは、途方もなく大胆なことだった。実際はボストンでさえ、自分の娘を厳しいカリキュラムのもとで学ばせたいと望む親はほとんどいなかった。さらにそういった親も、女子生徒のための体系的な教育の需要が高まったことに乗じて大学教員が始めていた新しい専門学校のほうへ、娘たちを行かせようとした。ボストンに到着して一年のうちに、エリザベスがクリーヴランド夫人の家で会ったことのあるジョージ・エマソンその人が、ボストンの男子校である英語古典学校長の職を辞して、大きな、より利益の上がる女子校を創設した。ピーボディ医師がいくぶん不快感をもって書いているところによると、「紳士（教師）たちは、皆女々しい男になっている」のであった。少なくともボストンの中核をなすいくつかの家族たちが、エリザベスの並外れた知性について知るまでは、彼女が女性であることは、熾烈な生徒獲得争いにおいて不利に働いた。彼女は女性教師の一人にすぎなかったのである。

おそらく、エリザベスは学識者としての名声が自分の主な強みになるとわかっていたので、ボストンの町での最初の数週間、ボストンにいるもっとも初期のユニテリアン信者の家族や、彼女が「聡明な人たちの集合地」と呼んだチャールズ河対岸の知的な町ケンブリッジに住むより有力な家族を精力的に訪ね回った。彼女はそのケンブリッジの応接間や食堂で目の当りにした、対抗意識むき出しの雰囲気のもとでも、明らかにうまくやっていた。そこから彼女はセイラムの友人マライア・チェイスに手紙を書いている。「ここには、絶えず向上へと駆り立てるものがあります。たとえあなたが今日、ほかの誰よりものをよく知っていたとしても、彼らは徹夜して勉強をし、明日はあなたを打ち負かすかもしれないのです。」一年前、ボストンに六週間滞在していた間に、彼女はハーヴァード大学のもっとも著名な教授陣の数人とすでに面識を得ていた。リーヴァイ・フリズビー（自然宗教）、ジョージ・ティクナー（近代言語）、ヘンリー・ウェア（神学）、アンドリューズ・ノートン（宗教文学）、ジョン・ファラー（数学）たちである。ファラーは、ライマン・バックミンスターの腹違いの姉と結婚していて、エリザベスのことを、「男性的知力と学識、それに機知、活気、優雅さとを備えた女性」として印象深く覚えていた。実際ルーシー・バックミンスター・ファラーやケンブリッジの女性たちに、エリザベスは男性と同じくらいつよく惹きつけられていた。エリザベスはマライア・チェイスにこのように書いている。「そこではドレスと訪問のことしか念頭にない女性は一人も見つからないでしょう。」

ランカスターで過した冬の間に、彼女はソファイア・デイナと会っていた。ソファイアは元ハーヴァード大学学長の孫であり、未来の小説家リチャード・ヘンリー・デイナ・ジュニアの従姉妹である。リチャードの弟フランクは、ランカスター・アカデミーに在学中だった。その頃エリザベスは、ケンブリッジにあるデイナ家に一週間招待されていた。彼女がマライア・チェイスに宛てた手紙によると、デイナ家は「大学幹部やニューイングランドでもっとも早くから文芸に関わった男女がよく集まる場所だった」。ここでエリザベスは「完璧に優雅で気品に満ちた」[1]画家、ワシントン・オールストンと出会った。ワシントンは、ソファイア・デイナの叔母と二度目の結婚をしようとしていた。エリザベスは、ハーヴァード大学学長のジョン・T・カークランドと、すっかり親しくなった。彼はエリザベスが、「これほど広く誰からも愛されている人を私は知りません」と評する人物である。カークランドは、すすんでエリザベスに自分の書斎を貸し、「その慈善的な活動がうまくいくように」、彼女が教えている生徒のボストンにいる家族の経歴や特徴について教えてくれた。しかしソファイア・デイナのことを知ることが、エリザベスにとって真の勉強になった。彼女はエリザベスとまさに同年代で、ラテン語、フランス語、イタリア語を知っており、歴史や現代文学も学んでいたが、エリザベス自身が専門にしている「形而上学に関してもかなりの関心を寄せていた」。いちばん印象的だったのは彼女の礼儀作法で、それは彼女が幼い頃から、ケンブリッジ地区のもっとも洗練された人たちと直接、日常的に接しながら成長してきた結果であった。

エリザベスは、言語や文学の習得という点で、この新しい友人に追いつこうと懸命に勉強した。しかし、洗練された態度というものは、ケンブリッジの知識人たちと幼少期を過ごすことで得られるもので、成人してから獲得するのは無理ではないかと彼女は懸念していた。実際、ソファイア・デイナや彼女の友人たちのこうした資質に対して、エリザベスはずっと賞讃しながら、一方で苛立ってもいた。後になって彼女は、ソファイア・デイナのイタリア語のクラスに若いイタリア人旅行者とともに誘われた。エリザベスは彼と一緒に、ケンブリッジの女性たちについて話し合った。しばらく二人で、六人の女子生徒——エリザベスの見たところ「もっとも活発なグループ」——が、ハーヴァード大学のイタリア語講師フォルサム氏の声に合わせて課題を暗唱するのを観察していた。しかしそのイタリア人の客人は、女子生徒たちと彼女たちがマスターしようとしている言語の間のあまりの差異に驚いたのだった。彼は、エリザベスに自分の意見をそっと打ち明けたのだが、それによると、ニューイングランドの女性は、もっとも活気に満ちた日常会話においてさえ、「もの言う彫像のように」あまりに「冷静」で、「感情を抑制している」というのだった。それこそが、エリザベス自身がけっして身につけられないはずの落ち着きだった。もちろん彼女はそれを身につける努力を何年も経ってからやめてしまうのではあったが。

しかしエリザベスは、持ち前の熱心さ、知性、強力な意見によって、ケンブリッジの社交界に受け入れられた。デイナ家の客として迎えられた彼女は、その厚意にお返しはできなかったが、若い男性の関心を大いに集めた。ファラー教授宅で開かれた音楽の夕べには、教授の義理の妹メアリー・バックミンスターがピアノを弾くなかで、エリザベスはランカスター時代の知り合いのジョージ・エマソンとダンスをした。そして、デイナ家での週末の最初の朝は、ランカスター・アカデミー校長のソロモン・マイルズとフォルサム氏がエリザベスをハーヴァード大学の構内まで案内してくれた。母親に宛てた手紙に書いているように、その外出でエリザベスが抱いた興味は、娯楽的というより、学術的なものであった。エリザベスの報告によると、「私たちは図書館を隈なく見て回り」、それから「哲学の部屋」に行ってファラー教授に会い、まもなく息子オリヴァー・ウェンデル・ホームズがハーヴァード大学に入学するというエイビエル・ホームズ牧師を最後に訪問したという。ホームズ氏の息子に与えられたチャンスを羨ましく感じたり、訪問した図書館や教室を女の自分は使えないのだということに不満を持ったりしたとしても、エリザベスは口に出しては言わなかった。彼女は自分を案内してくれる大学卒業生と知的には同等であると見なされたかったし、自分の能力を証明する一つの手段として、彼らが会った教授たちをすかさず会話のなかに引き入れた。大学関係者がエリザベスのことをどのように見ていたかは、はっきりしたことは言えない。しかし午後には、同じメンバーの男性たちがエリザベスをハーヴァード大学の植物園や温室に案内してくれて、「最高の」花束を彼女にプレゼントしてくれた。その贈り物を彼女は嬉しそうに受け取ったのだった。

その夜エリザベスは、デイナ家の女性たちやホームズ家の娘たち、そして「われらが友人バックミンスターを含む六、七人の神学部の学生たち」とともにパーティに参加した。それは、エリザベスから結婚の申し出を断られて以来、ライマン・バックミンスターが参加した最初のパーティだったと彼女は知った。彼はエリザベスと鉢合わせになることを恐れて、自分の妹ルーシー・ファラーの夜の音楽会に出席することさえ避けていた。ソファイア・デイナの母親は、自分が「そのこと」に関してライマンの「相談役」になっており、プロポーズはしないほうがよいと彼に忠告していたことをエリザベスに告げた。今あらためてデイナ夫人は、彼が自分の忠告を受け入れていたらよかったのにと思っていた。というのもライマンはまだ失意から立ち直れずにおり、二度と立ち直れないのではと夫人は心配だったからだ。エリザベスは少し気を良くし、一方で少し不愉快に思って、そのことをそのまま自分の母親に伝えた。エリザベスは「彼の姿以外は」パーティを楽しめたと告白している。

「彼はとても憂鬱そうに見えました。」

　バックミンスターのことを気の毒に思いながら、エリザベスは翌朝、彼やデイナ家の娘たちと一緒に、チャニング牧師の説教を聴くためにボストン市内まで歩いて行った。一行は早朝の日曜の静けさのなかを出発し、ケンブリッジ広場の「緑のカーペット」を横切り、大抵の学生が目を覚ます前にハーヴァード大学の建物のそばを通り過ぎた。その週は、ボストンに通じる大通りは、農作物や住宅建材を積んだ荷車で混み合っていた。しかしこの日曜の朝は、両側に野ツツジが咲き乱れる牧草地や沼地があって、まったく別の田舎道のように思われた。彼らは四マイルのほとんどを黙ったまま歩き続けた。

　一行はケンブリッジポートにあるウェスト・ボストン橋に辿り着いた。この近くに、エリザベスは子どものころ一年間住んだことがあった。皆立ち止まって、チャールズ河の「広く、美しい流域」を賞讃した。川岸の一方では「州議会議事堂やボストンの教会の尖塔が柔らかな色合いで美しく水面に映り、もう一方では、青々とした丘や気品のある邸宅や美しく豊かに実った果樹園などがあるロクスベリーやブライトンやブルックラインの風景」が映っていた。それは、エリザベスがケンブリッジ滞在中のある晩、偉大なオールストンが「ナポリ湾に勝るとはいえないとしても、それに匹敵する」と言ったほどの光景だった。エリザベスは、イタリアのことは本で読んだこと以上には何も知らなかったので、嬉しそうに同意した。この日、落胆したバックミンスターが横に立っていたが、エリザベスにとってはボストンでの知的挑戦のほうが、結婚や恋愛よりも、はるかに魅力的だった。しかしその挑戦を独力でやり遂げることができるのだろうか。

　教会の鐘が鳴り始めたとき、一行は急いで橋を渡り、ボストンコモンを横切って、チャニング牧師のいるフェデラル・ストリート教会に向かった。エリザベスは、牧師がまもなくボストンを発ち、ヨーロッパへ療養にいくことを知っていた。しかしランカスターで一年過ごした後、彼女にとっての英雄が、いまや「まるで幽霊」のような弱々しい姿になっているのを見て、自分がどんなにショックを受けるかということは、その時になるまでわかってはいなかった。彼は衰弱しすぎて歩けなくなっており、ささやきよりも弱々しい声で話す間も、机に寄りかかっていた。次の日曜日、彼は別れの説教を行ったのだが、会衆の多くは、彼は生きて帰ってくることはないだろうと思った。

　ボストンでその日、エリザベスはチャニング牧師に同情するあまりそうなったかのように、神経衰弱に陥ってしまった。両眼の視力が低下し始めていた。母親に宛てた手紙によると、その午後遅くには、目はあまりにも弱って、「どんなものもじっと見ることが辛くなった」。デイナ家の娘たちはエリザベスに、ライマン・バックミンスターには一人で帰宅してもらうことにして、自分たちだけ一緒に馬車でケンブリッジまで帰りましょうと説得した。それは慌ただしい別れであった。そして、そのときエリザベスは知るよしもなかったが、それが彼との最後の別れとなった。デイナ家で、エリザベスはほとんど目が見えなくなり、座ったまま医者の診断を待っていた。彼女は、こうした症状の原因は、ドゲット・ギャラリーで一日ずっと絵を見て過ごしたことにあると思った。それに加えて、彼女は話しているときや教えているとき以外は、たいていいつも薄暗いなかでずっと読書していたのだ。さらに遠いところを見るのに使っていた粗末なつくりの眼鏡も、彼女の目を悪化させたのかもしれない。

しかし、この視力低下の発症[2]は、彼女が極度に緊張したときに苦しめられることになる症状の最初のものだった。そして極度のストレスこそが、おそらくこのなんとも不思議な病気の説明としては、もっとも妥当なものであった。学校を開くときには援助するというスタージスとチャニングの約束だけを頼りにボストンにやって来たエリザベスだが、鬱々としているバックミンスターを見るやいなや、前の冬の早まった決断を思い出した。優秀な若い神学部の男性からのプロポーズを断るなんて、若い女性ならまずしないはずの選択であった。さらに悪いことに、経済的に楽になれるかもしれないという期待を、家族そろって自分の非現実的な計画に托すがままにしておいた。エリザベスは、父親の借金がどれくらいあったのかは知らなかったかもしれないが、プレッシャーは感じていた。エリザベスがボストンに引っ越した直後、彼女の祖母パーマーがヴァーモントのタイラー家宛てに書いた手紙によると、「エリザベスのボストンの学校での成功しか、皆を深刻きわまりない苦境から救う方法はないのです」という事態だった。

その朝、教会でエリザベスは、スタージス一家が彼女に授業をすぐに始めてほしいと待ち望んでいることを伝えるメモを受け取っていた。エリザベスが訪問にあてた時間は終わりになっていたのだが、彼女の目が一時的に見えなくなったことから、彼女を優しく看病する余裕のある家族のもとで、しばし休息をすることになった。医師の指示で、エリザベスのデイナ家滞在は一週間延びた。彼女は両眼とも眼帯に覆われていて、毎日の大半を、友人たちに朗読や話をしてもらいながら、揺り椅子に座って過ごした。一日に二回、デイナ家が呼んでくれる医者が、彼女の目を見て回復の兆候を調べた。

翌日の土曜日はチャニング牧師の最後の説教の日で、デイナ家の娘たちはエリザベスをつれてボストンへと向かった。その際、以前と同じ美しい道を通ったのだが、今回は眼帯のせいで何も見えなかった。彼女は教会に座った時だけ眼帯をはずし、目を開けることを許されたが、自分の目がはっきり見えたとき、それだけいっそう彼女は病身の英雄と自分とを重ね合わせ、感情移入することになったようだ。エリザベスは、まもなく「自然と社会生活の間のはかなくも優しい絆を裁ち切ろうとしている」病身の男性を、誰に気兼ねすることなくじっと見つめることができたという。彼女は自分の母親に宛てた手紙のなかで、そうしたことを書きながら、無意識のうちに自分自身の苦境について要約していたのだった。チャニングは、「真実の探究を続けることで、体力も、おそらく命そのものも使い果たしてしまわれたのです」。それでも、この「深刻きわまりない心の動揺の瞬間」にも、自分が選んだ道に「満足している」ことをあの方は宣言なさったのです、と彼女は書いている。これから一年は、土曜日になっても、説教台で人々に安心感を与えるチャニングの姿を見ることができないこと、そして、彼がヨーロッパへの旅から生きて帰ってこられないかもしれないというさらに恐ろしい可能性を考えると、エリザベスは彼が話しているときの「静謐《せいひつ》な美しさ」を、「たとえ自分の試練が大きなものであろうと」自分を鼓舞してくれるものとして、記憶に留めておこうと心に誓った。

翌日、エリザベスはビーコンヒルにあるオーガスタス・ピーボディ家から、海岸近くのヒル・ストリートの借家に引っ越し、働き始めた。それによって、ケンブリッジやボストンでの楽しい生活は中断した。彼女がランカスターの家族に宛てた手紙によると、眺めは「そんなに変化しなかった」というが、「新鮮な風に向けて白い帆を広げている」いくつもの美しい商船がそこにはあった。彼女はバイロンを読んでいたので、その港の光景のなかに、「寂しい海岸には、ある種の恍惚がある」と始まる『チャイルド・ハロルドの巡礼』の一節を思い出させるものをちゃんと見つけていた。彼女は今まで一度も都市に住んだことはなかったし、それほどの孤独を感じたこともなかった。彼女の実家は、いつも下宿屋として機能しており、母親の生徒たちであふれていたが、エリザベス自身が下宿をしたことはなかった。もっと困ったのが、彼女の新しい部屋が、チャニングのフェデラル・ストリート教会から一ブロックしか離れていないことだった。主を失った説教壇が彼女の住んでいるそばにあることは、それだけいっそう辛かった。

エリザベスはボストンコモンを毎朝歩いて、ビーコンヒルにあるスタージス家の別邸で少人数の授業を行い、六時間後にまた戻ってきた。途中で足を止め、夕暮れのなか、少年たちのチームがクリケットをしているのを見たりもした。しかし彼女は自分に自由な時間を持つことをほとんど許していなかった。その代わりに自己を磨くことに没頭した。まず、彼女はセイラムで父親と始めた古典語の勉強を継続するために、ギリシャ語の家庭教師を探した。たまたま、ギリシャ語の豊富な知識を備えた十九歳のハーヴァード大学出の男性、ラルフ・ウォルドー・エマソンが、その年、ボストンに自分の兄ウィリアムズが開いた若い女性向けの学校で教鞭をとっていた。その学校はハイ・ストリートのエリザベスの部屋を出て、角を曲がったところにあった。二人は、ウォルドーの従兄弟で、エリザベスのダンスのパートナーでもあったジョージ・エマソンによって紹介された。エリザベスが後で書いているところによると、そこで、「勉強机に向かい合って先生と生徒が座り」、一連の奇妙な授業が始まった。「互いに目は本からはなさず、私が『グラエカ・マジョラ』の詩を暗唱すると、彼はもっとも教育的な方法で、助言をしたり明確な解説をしたりした」のだった。このような公式な場面においてすら、「二人はお互い、思い切って他の会話をすることを極力恐れていた」。この二人の未来の超絶主義者たちは、デイヴィッド・ヘンリー・ソロー（のちのヘンリー・デイヴィッド）という名の五歳児が、ちょうど町の向こうのコーンヒルに父親が開いた新しい学校で、初めての講読の授業を受けていることは知らなかったし、二十一歳のマーガレット・フラーが毎日橋を通って、ケンブリッジポートからマウント・ヴァーノン・ストリートにあるパーク博士の女学校に、ラテン語、フランス語、イタリア語（ギリシャ語は含まれていなかった）を学びに来ていることも知らなかった。

ボストンの女性グループは、午後遅く集まり、ジョージ・ティクナー教授がハーヴァードの学生相手に、前学期に行ったフランス文学についての講義録を、大きな声で朗読していた。エリザベスもその仲間に入った。それは、女性たちの誰しもが出席したがっていた大学の授業にもっとも近いものだった。ティクナーはその読書会に参加していなかったが、エリザベスはこの「とても醜い」が「いちばん人気のある」教授のことを知り敬服していた。彼はエリザベスの敬愛するスタール夫人にまつわる話がごろごろしているヨーロッパに長期間旅行をして、最近帰国したばかりだった。エリザベスが知ったところによると、ティクナーは、「ヨーロッパの文人たちで混みあう」スタール夫人のサロンの常連となっていて、「そこでは、あらゆる話題が議論され、政治的にはライバルや敵同士であっても個人的には友人になっていた」という。彼はスタール夫人が人生の最期を迎えていた数時間、病室で彼女に付き添いさえしたという。エリザベスが友人マライア・チェイスに語ったところによると、ティクナーはアメリカに帰ってきて、「巨万の富を持つ」女性と婚約したのだった。彼女が相続した財産のおかげで、ティクナーは安月給のハーヴァード大学教授職に甘んじることができたし、ボストンでは次の世紀には特別なことでなくなるのだが、ひたむきに研究生活にうちこむこともできるようになったのである。

若き日のラルフ・ウォルドー・エマソン

ニューイングランドでは知識人が非常に尊敬されていたので、もしもハーヴァード大学で教えているとか、有名な教会の説教壇で説教をしているとか、正真正銘の才能を示す作品を発表している男性であれば、裕福な父親たちは喜んで娘たちを嫁がせた。エリザベスの情報によると、アンドリューズ・ノートン教授は、ティクナーの婚約者の姉と結婚していた。その（エリオット姓の女性の）持参金は十五万ドル（現在のお金に換算して約二百万ドル）であった。そしてチャニング牧師は、中国貿易の女相続人で、自分の従妹のルース・ギブズと結婚していた。ワシントン・オールストンは、最初の妻がチャニングの姉であったが、アメリカに帰って仕事が必要になると、裕福なケンブリッジのデイナ家の娘と結婚しようともくろんでいた。その後二十年の間には、新しいハーヴァード大学の学長ジャレッド・スパークスとヘンリー・ワズワース・ロングフェロー教授が後に続いた。スパークスは、セイラムの社交界のメアリー・シルスビーと、ロングフェローは、ローウェル・ミルズ家の相続人、ファニー・アップルトンと結婚した。しかし結婚することで経済的に保証される道は、女性の優れた知識人には一般的に閉ざされていた。エリザベスは、ライマン・バックミンスターのような将来有望な牧師候補の心をとらえることはあっても、「巨万の富」の相続人には相手にされなかった。彼女の知性は、玉の輿の結婚をするための手段というよりは障害であったし、彼女自身そのことはわかっていた。

エリザベスは少なくとも一週間に一回は、実家にいる母親や妹たち宛てに手紙を書き、自分がボストンで経験した「理性の饗宴」について報告していた。しかし、その返信として受け取るニュースは、けっして励みになるものではなかった。メアリーからの手紙によると、エリザベスが残してきた五人の生徒を母親がなんとか教えている間、ピーボディ家の男の子たちはメアリーの手に余るのだという。とくに六歳のウェリントンは三人兄弟のうちもっとも頭が良かったが、メアリーによれば、「家では文字通り自堕落なの。毎日何もせず、怠け者で、抑制でもしようものなら機嫌が悪くなる」のだった。幼いウェリーは自分の舌を口からだらりと垂らすという情けない癖を身につけてしまい、わざと両親や姉たちを怒らせるのだった。何度も高いところから落ちて、そのためにひどく自分の舌を噛んでしまったのに、ウェリーはその癖をやめようとしなかった。おそらく姉たちがハーヴァードの堕落した学生たちにかまけているのを見て、三兄弟は幼くして気晴らしの仕方を会得し始めていたのだろう。メアリーも自分の目のことで悩み始めていた。彼女はクリーヴランド夫人から古い眼鏡をプレゼントされていたが、その眼鏡は彼女にさらに多くの悩みをもたらしただけだった。彼女はそれを人前に出るときにかけていたのだが、姉妹たちのランカスター時代の男友だちは、彼女が滑稽に見えたので、「眼鏡が輝いて、目がまるで二つの星のようだ」と言って笑うのだった。ソファイアも、メアリーは「とっても不機嫌に見えるので、復讐の女神さまが十人も彼女の顔にとりついているように見えました」と報告している。男好きのするところのあったメアリーは、ずっとのちになってから、「不愉快だった」けれど腹を立てていたわけではないと認めてはいるが、からかわれたことで彼女の容姿への自信は揺らいだのだった。

ソファイアの頭痛は悪化する一方だった。彼女は家事の大半を免除されてはいたが、「将来教師になったときに役に立つ」であろうと母親が望んでいたことを勉強したり準備したりするのは難しいと思っていた。ソファイアをずっと自分の知的財産のように思っていたエリザベスも、そしてピーボディ夫人も、ソファイアの知性は、潜在能力としては、エリザベスのそれに匹敵すると考えていた。母親が書いているように、ソファイアは文章がうまく、「多くのすぐれた考えや高尚な情操が彼女の書いたものには表現されていた」のである。「彼女の進化を妨げ」ていたのは、「頻発する激しい頭痛」だけだった。もしソファイアが教職に就けないとしたら、彼女はどうなるのだろう。エリザベスにとって、もう一つ重荷が増えることになるのだろうか。

頭痛のせいかどうかは別として、エリザベスは、メアリーからの手紙で、十二歳のソファイアが、専門学校の男子学生とキスゲームをして戯れているとか、ケンブリッジにいるエリザベスの友人の弟、フランク・デイナと森に遊びに行っているということを聞かされていた。ソファイアは自己弁護して、若いトーマス・オールストンが「四つんばいになってキスしようとした」のを自分は押しのけたと主張した。森の散歩については、メアリーが後ろからついてきてくれると信じていたので、フランクと一緒に行ったのだと言った。春の間中、メアリーとソファイアは森や小川を散策し、「なめらかな木の肌を見つけるたびに」、そこに自分たちの名前を刻んだのだった。しかしエリザベスがいなくなって、彼女たちの散策は変な噂がたつようになり、ピーボディ夫人はもはや娘たちを同伴者なしに森にやることを許可しなくなった。「もしフランクについてきてもらえないなら、私たちはずっと家にいなければならないの」とソファイアは不満を漏らした。「私たち姉妹がフランク・デイナと一緒に歩くことは間違っていると思う？」とエリザベスに問いかけている。

エリザベス自身も、母親が遠くから押しつけようとする社会的制約を考慮しなければならなかった。女家主の許可を得て、訪問してくる紳士たちは階下の応接間でもてなせるようにするなど、「世間体を保つために必要な、自分の置かれている立場がわかる繊細さと慎重さ」を、夫人はエリザベスに強く求めてきた。イライザ・ピーボディは、長女エリザベスが、女性であろうと男性であろうと、自分と気が合う人とはすぐに友達になってしまうことを知っており、「自分の部屋に男性を入れることは不謹慎です」などと警告した。とくに、クリーヴランド夫人と「口さがない女性たち」には「要注意」と気配りを求めていた。ピーボディ夫人は、自分自身の若い頃の経験から、もし男性がエリザベスの部屋に誰の監視もなく訪れれば、ゴシップのネタにされるどころでは済まなくなると恐れていたのだ。

しかしそれはピーボディ夫人の取り越し苦労であった。エリザベスは、ライマン・バックミンスターが彼女を訪問するのを許す気はさらさらなかったし、内気なウォルドー・エマソンとの友人としての付き合いも、彼の兄の教室のなかだけに限られていて至極安全だった。彼女は夜の大半を、手紙を書いて過ごした。多くはソファイアに宛てたものだった。彼女はエリザベスを心の導き手としてますます尊敬するようになっていた。ピーボディ夫人のように、ソファイアを甘やかすのではなく、エリザベスは彼女を「助言をすべき『子ども』としてではなく、自分と同様、一連の研究に『真剣に』関わっている人」と見なして、手紙を書いた。それゆえに、ソファイアはエリザベスにますます信頼を寄せるようになった。エリザベスは、「あなたと同じ年頃から、『生きること』とは真剣なことなのだと感じるようになった」と回想している。彼女はソファイアにお勧めの本のリストを送ったが、そのなかには何年にもわたりセイラムで孤独な学習を続けながら読んだ神学の本が多く含まれていた。その返信にソファイアは、姉に対して「ミス・エリザベス・P・ピーボディ神学博士へ」と書くのが常になった。もちろん冗談半分にではあったが。

エリザベスはソファイアに、自分たち姉妹が「今置かれた状態」は、多くの不自由のうちの一つといえるが、あなたには「詩人の目と心」があると書き送っている。彼女はピーボディ夫人がソファイアの頭痛をひどくするからやめなさいという警告を無視して、むしろプレッシャーをかけた。ソファイアに対して「私は心の底から思うのだけど、あなたはその目と心を無駄にしてはだめよ。今手がけている研究は絶え間ない勤勉さでとことんやるのよ」と書いている。そしてエリザベスはソファイアに、「今楽しんでいる余暇を使って、古典の教養を身につけなさい」と提案している。それはつまり、ラテン語やギリシャ語の学習を意味するのであった。というのも、「もしそれが男子の知性を磨くのに最適なら、女子の知性を磨くのにも最適なはず」だと彼女は考えたからだ。

エリザベスはその年のもっと後になって、マライア・チェイスに宛てた手紙に書いているように、「女性の知的能力というテーマについて論じることを好む」ようになっていたし、「このテーマに関する作家たちのあらゆる考えを知ろう」ともしていた。彼女はすでに自分自身の理論を構築していた。それは、ハンナ・モアが『妻を探すシーレブズ』のなかで女性に認めた知的独立以上のものを、いくつかの条件のもとではあるが、許容するものだった。彼女は「知性に男女の違いはない」ということを固く信じていた。ソファイアをはじめ、どんな少女も学ぶべきことに限界はない。しかし、男女の違いは知識の使い方に断然影響する。女性が教養を積むのは、出世に役立てるためではない。しかし単なる飾りでもない。ソファイアは、「知識をひけらかすために、賞讃されるために、関心を引くために勉強するのではない」ということを覚えておかねばならないのだった。エリザベスの考えでは、社会における男性よりも制限された女性の役割が、実は、より深くより個人的な理由のために勉強する自由を彼女に与えてくれたのだった。なぜなら「喜びというのは、形而上学的、科学的、数学的論理思考のなかで一生懸命知力を鍛えることから沸き起こるエネルギーを感じることから生まれる」からだというのである。

それまでエリザベスは、女性知識人としての活動的な役割として、教師以上のものは思い描けなかった。スタール夫人の例は、がっかりするほど異質なものだった。ヨーロッパの貴族制度から派生していたからである。しかしエリザベスの研究至上主義の考え方、つまり、「喜び」や「強い充実感」のために研究をするという考え方によって、彼女はもっと裕福な女性研究者たちと肩を並べることができ、研究を自分の生徒たちとの共同活動と定義づけることで、それに品位さえもたらしたのだ。

皮肉なことに、このような研究の正当化は、やがて、エリザベスのようにほとんどの職業への道を閉ざされた知的な女性たちのみならず、職業によって課せられた制約に反抗する男性たちによっても引き継がれることとなる。もっとも注目すべき例が、十年のうちに名だたるボストンの説教壇を去り、フリーランスの講演家兼随筆家となる、元エリザベスのギリシャ語教師、ウォルドー・エマソンと、ハーヴァード大学出身で、半端仕事をしながら、日記を書くことを専業としていたヘンリー・ソローである。自己教育は、超絶主義の運動に関わる男性と女性がともに辿る道となり、それにより彼らは、文学、宗教、政治の分野でまったく新たな自己表現に到達するのである。

しかしこの時点では、エリザベスは家族からもケンブリッジの友人たちからも孤立し、毎日長時間教鞭をとるかたわら、自分自身の研究を進めようと努力することで疲労困憊しつつあった。八月下旬、最初の学期の終わり、エリザベスはひどい赤痢にかかってランカスターに戻り、なんと父親が破産に直面していることを知ることになった。彼に農場を担保に金を前貸ししていたタイラー家の甥が、ボストンでビジネスに失敗したため、借金の返済を要求していたのである。ジョン・タイラーは、ピーボディ医師が借りた百五十ドルを返せないかぎり、家族の「馬や二輪馬車や橇や家具」を渡すようにと要求しているのだった。エリザベスが身体を休め健康を取り戻そうとしているときでさえ、父親は彼女の稼ぎをもっと自分のほうに回してくれとせがむのだった。

エリザベスは、ワチュセット山に登るつもりでランカスターに来ていたが、それが果たせないどころか、いわば二つの疾患を患い、九月の大半をベッドで過ごした。しかし彼女は家族以外には自分の病気をとてもうまく隠していたので、六月の上旬以来会っていなかったデイナ家の娘の一人は、「私たち、あなたの病気のことは何も知りませんでした……だって、ご自分でおっしゃっていたように、馬上の人みたいに健康そのもののあなたしか、頭に浮かばなかったものですから」と、のちに手紙で書いている。ソファイア・デイナは冗談で次のように言っている。「あなたが苦しんでいる病気というのは、頑固さ、つまりあなたより年上で経験のある人たちが望むことに対する強烈な反抗心でしょう。」しかし真実はそれとはまるで逆だった。両親の経済的苦難を和らげたいという強い願いが、彼女を憔悴《しょうすい》させていた。彼女はその月の終わりにボストンに帰ってきたが、出発前と同じくらいやつれ果てていた。

結局ピーボディ医師は、うまいこと言いくるめたり、彼の言葉を借りれば「わがお得意の借り入れ」をしたりすることで、なんとか破産を免れた。しかしエリザベスが予見していたように、父親の医業の失敗によって家族はセイラムに戻ることを余儀なくされた。一連の借金や未払いの税金があり、いつ訴えられるかわからない状態だった。さらに悪いことに、ピーボディ医師の「非常に勤勉」で「立派な」弟ジョンは船長だったのだが、はるか遠くのジャワ島で亡くなったのだった。ジョン・ピーボディの死は、ピーボディ医師が経済的なよりどころを失ったと同時に、親しかった唯一の同胞を失ったことを意味した。ピーボディ医師は、セイラムにいる弟の未亡人や二人の娘たちに対し責任を感じていた。自らがお金を分け与えることはできないにしても、彼女たちに当然支払われるべき、亡き船長の航海における分け前を確保するための努力は惜しまなかった。

ピーボディ医師は債権者に対して、自分は「誠心誠意、借金を返済するために最大限の努力をしており」、徐々に返済するのを待ってくれさえすれば、彼らが破産裁判所で決着をつけて得るであろう半端なお金ではなく、確実に全額を取り戻すことができると言って、安心させた。しかし人生の絶頂期であるべきこの時期、自分が家族に果たすべき責任も重くなりつつあるこの時期に、多額の借金を抱えているという意識は、「私にずしりと重くのしかかった」と、彼はランカスターの担当弁護士に手紙で打ち明けている。彼が「ランカスターの連中をなだめるため」いくばくかの稼いだ金を送る必要がなくなるまでには、多くの歳月を要するはずだった。実際「訴訟熱にとりつかれた」者たちをなだめるための画策により、彼の気力と体力はたっぷり十年分は消耗した。息子ジョージにのちになって打ち明けたところによると、ランカスター以後、彼はもはや金持ちになろうという野心はなくなり、「なんとかして生きていくための方策を探していただけだった。

セイラムでは、幼い息子たちの生活がさらに被害を受けた。というのも、戻ってきた時期が遅すぎて、元の学校に入れなかったのだ。その代わりナットとジョージは、イームズ氏のところで学習を始めた。ところがそこは授業が退屈で、先生に従わないと鞭で打たれた。ソファイアは叔母アミーリアの学校に行って、エリザベスの助言どおりラテン語を勉強したいという希望を口にした。しかしピーボディ医師は学費を工面できなかった。メアリーだけがセイラムに戻ったことを喜んでいた。というのも、そこで仲良しのピックマン家の人たちが、彼女をフランス語の家庭教師として雇ってくれたからだ。

ボストンに戻って、エリザベスは放課後独学で辞書片手にフランス語を学ぼうとしていた。しかし彼女は、下宿の食事や常に感じるストレスが、かつて備えていた「強靭な体」を損なうのではないかと恐れていた。彼女の気分は、自分の勉強が進んだといっては高揚し、自分のまだまだ小さな学校の先行きを案じてはひどく落ち込んだりと、揺れていた。彼女の母親は十一月に、「心と体が興奮しすぎることに注意なさい。自分の体に見合わないほどの大きな志を持つことは、まったく志を持たないのと同じくらい役に立たないのよ」と警告している。「おまえの顔つきは健康的でなくなっているよ。家にいた頃は、いつもの質素な食事でも、健康な、燃えるように血色のよい頬をしていたのに」とピーボディ医師は、一八二三年の初め頃エリザベス宛ての手紙で書いている。医師である父の判断では、エリザベスの「体そのもの」が、働き過ぎからくる「激しいショックを受け」、それを「元のように回復するためには規則正しい生活習慣が必要」であった。しかし、彼女の両親の警告は十分でなかった。一八二三年三月、エリザベスは再び目を傷め、一カ月も学校を休みにしなければならなかった。

ピーボディ医師は、娘の健康が気がかりであったものの、学校を成功させなければいけないという本人のプレッシャーを和らげるために何かしてやるわけではなかった。三月の終わり、エリザベスがいまだ回復途上にあったにもかかわらず、彼は娘が次の学期末には自分の借金返済を助けてくれるものと期待している、と弁護士に告げている。さらに彼はエリザベスに、彼女がランカスター時代に知り合った颯爽としたジョン・ブラウンに話して、ピーボディ家の息子たちが着られるような洋服のお下がりをもらえないか交渉するよう、それとなく頼んでいる。そう言いながらもピーボディ医師は、学期末の収入が入ったら自身の洋服ダンスを「再びいっぱいにする」よう彼女に助言している。彼は次のように書いている。「自分の身なりを立派にすることは、おまえが考えているよりはもっと必要なことだ」、「なぜおまえがボストンで他の女性教師にひけをとるのかまったく理解できない――もしおまえが成功しないとしたら、自分の身なりに無頓着なせいだとでも思うほかないよ。」

そのような折、一家がセイラムに戻ったときから同居していた祖母パーマーが、思いきって帽子製造業を始めてみたいので、そのために必要なものを買ってきてほしいとエリザベスに頼んだ。彼女はエリザベス自身の「ターバン【婦人用帽子】」の寸法を知らせてほしい、そしてボストンで客を見つけてほしいとエリザベスに伝えていた。七十歳をゆうに超えたベッツィ・ハント・パーマーだったが、いまだに「自立という身分が欲しくてたまらない」のは、いまや「乞食同然の身分に落ちぶれている」からだ、とエリサベスに宛てた手紙に書いている。おそらくセイラムの家族のなかでとことん希望に満ちていたのが祖母パーマーであり、彼女は、「私はいつも働き続けて、身を立てたいの」と打ち明けていた。ついに、ケンブリッジ時代の友人で、信頼のおける相談相手でもあったハーヴァード大学学長ジョン・カークランドが、あれもこれも背負いこみすぎている十八歳の少女エリザベスに同情を寄せた。カークランドは、わが子や近所の子どもたちのために教師を探している家庭がメイン州に二軒あることをエリザベスに告げた。二十四人の生徒が確保され、メインのほうが物価の安いことからも、エリザベスは間違いなく収益を得ることができるだろうということだった。カークランドはすでに、「大学を卒業しようとするどんな学生も、数学、ラテン語、英文法、そして歴史において、彼女ほど優秀な成績で試験に合格する者はいないだろう」と友人たちにエリザベスを推薦していた。

エリザベスはボストンに固執する時ではないと感じ始めていた。しかし、メイン州ハロウェルの町は、どの都市からも遠かった。メインの海岸線からケネベック川を四十マイル以上もさかのぼったところにあり、セイラムからは百八十マイル離れていた。そのためエリザベスは、幸運にも雇い主に対等の立場で扱ってもらえるならば、彼らから社会的にも知的にも刺激を与えてもらうことを当てにできるし、待遇としては学校教師というより住込みの家庭教師というところだろうという気がしていた。カークランドはヴォーン家なら、文学や哲学に造詣が深い敬虔なユニテリアンなので、エリザベスを家族の一員として迎えてくれるだろうと保証してくれた。聖公会派のガーディナー家に関しては、保証のかぎりではなかった。それは容易な選択ではなかった。多くの歳月が経ってから、ピーボディ家の友人の一人が、姉妹がボストンに魅せられていたことや、「なにがなんでも」ボストンに家を構えるのだという決意について言及している。最初にボストンに移ってきたのがエリザベスで、この町の魅力は彼女にとって常にどこよりも強いのであった。しかし結局、エリザベスは自分の状況を好転させることを非常に強く望んだために、両親に相談することもなく、そして新しい雇用主に会うことなしに、仕事の依頼を受けてしまった。

エリザベスは、ウォルドー・エマソンと毎週やっていた勉強会ができなくなることがつらくてたまらなかった。二人とも無意識に無口になっていた状態からいくらか打ち解けていたので、いっそう彼女は辛かったことであろう。彼女は自分たちの最後の接触について次のように書いている。「私は彼からの請求書を、従兄のジョージ・B・エマソンを介して取り寄せようとしました。彼は、その紳士を伴ってやってきて、自分は何も請求するものはない、なぜなら何も教えることはできなかったのですから、と言いました。まさにそのときからです。従兄がいることで気が大きくなったのか、彼はあえてざっくばらんに話しました。彼は流れるような雄弁さで語ったのです」。それから二人は、当時人気のあった演説家、エドワード・エヴレットが古代アテネについて行った最近の講演について活発な議論を交わしたのだった。

エリザベスは、はなむけとしてカークランド学長から助言の手紙を受け取ったとき、不安を覚えたに違いない。カークランドの手紙は、いつも誉め言葉がちりばめられていたのだが、今回は違った調子で、彼女が他の多くの者から受けてきた身なりについての批判に同調するものだった。「たとえ同性の水準以上の才能と知識を身につけ、優位な立場に立っている女性といえども、人類の半分以上を占める女性にふさわしい心くばり、つまり女性らしさという心遣いをおろそかにすると、自分が持っているすべての長所を帳消しにしてしまうどころか、自分を並みの女性たちよりも低めてしまうのです」と、ハーヴァード大学の学長はエリザベスに注意を促していたのだ。年長者が口をそろえて彼女に与えた苦言に対し、彼女がどう反応したかの記録は残っていない。

おそらくエリザベスは一八二三年五月、十九歳の誕生日を迎えた直後に荷造りしながら、自分の持ち衣裳の状態をいつもよりは気にかけたことであろう。彼女は父に伴われ、ポートランドまでは定期船で川をさかのぼり、ハロウェルまでは遊覧船で旅し、ほぼ三日を費やした。それは、故郷に感謝の里帰りをしているわけではなかった。ランカスターやセイラムからの友人や家族の姿はまったく見られなかった。今にして彼女は、自分が「明るいものすべての中心」からいかに遠くまで外れてしまったかに気づいたのであった。

第13章　メイン州

メイン州ハロウェルは、文字どおり片田舎の町だったが、そこで過した二年間というもの、エリザベスはその事実を認めようとしなかった。メインは悪名高いミズーリ協定により、一八二〇年にマサチューセッツから分離して州になったばかりであった。分離に関しての議論――さらにメインの北部諸州加入と、ミズーリの南部奴隷州加入を交換条件にした妥協案をめぐる議論――は、とくにケネベック川沿岸の地域で激しさを増していた。そこでは、広大な土地が植民地時代以来、プリマス会社の九人の社員の子孫――皆ボストン出身だった――によって所有されてきた。州としての地位を求めるキャンペーンによって、独立革命時の政治的情熱は保たれており、メインの男性だけでなく女性のなかにも急進的な精神が育てられたのである。のちに奴隷解放運動家として活躍するリディア・マライア・チャイルドは、ハロウェルからケネベック川をほんの数マイル溯ったところで思春期を過ごしている。そして、エリザベスがまもなく発見したように、小さなメインの町のもっとも教育のない少女たちさえ、ブルーストッキング・クラブ【知的で学問好きな女性たちの文芸サロン】の熱心なメンバーであった。

しかし、エリザベスが自分の運命を委ねたのは、もとケネベックの地主であった二人の人物の子孫たちであった。その二人の人物とは、プリマス会社の土地を持っていたベンジャミン・ハロウェルとシルヴェスター・ガーディナーである。彼らにちなんで名づけられた姉妹都市がハロウェルとガーディナーだが、そこでエリザベスが知るようになった生活は、革命前の英国貴族を思わせる虚飾に満ちたものだった。その町は、彼女の母方の血筋であるパーマー家の祖先が住んだジャーマンタウンにとてもよく似ていた。エリザベスの雇い主は、七十代のベンジャミン・ヴォーンで、その孫たちを彼女は教えることになっていた。ベンジャミンはハロウェルの直系の子孫で、イギリスで生まれ育っていたが、彼の個人史はエリザベスの趣味にはこの上なく合った。

ベンジャミン・ヴォーン
（トマス・バッジャーによる肖像画）

ヴォーンはユニテリアンとして育てられ、子どもの頃、神学者ジョゼフ・プリーストリーとともに学んだ。プリーストリーの著書『キリスト教の堕落』は、セイラムの少女時代に、エリザベスにインスピレーションを与えていた。ヴォーンは若い頃、ウィリアム・エンフィールドに数学を教えていた。その後エンフィールドは『哲学の歴史』を書くことになる。その本もエリザベスの若い頃の自己形成に大いに役立った。ヴォーンはイングランドで宗教的偏見に苦しめられ、医療の研修を受けに、はるばるエディンバラ大学まで行き、そこでスコットランドの常識学派の哲学者トーマス・ブラウンの影響を受けた。人間の行動を、状況に応じてなされる一連の合理的な選択とするブラウンの説明は、イギリスのユニテリアン派には気に入られた。しかしヴォーンは理論だけの哲学者ではなかった。彼はアメリカ独立革命の間、ロンドンでかなりの才能と富を費やして、独立の大義名分を探り、ベンジャミン・フランクリンの秘蔵っ子としてイギリスとアメリカの和平に向けた交渉を助けた。彼はその後、フランス革命の間、イギリスをフランスと戦争させないように外交的努力を怠らなかったが、どちらの政府からも気に入られず、一時期パリの刑務所に入れられたこともある。ヴォーンが一七九七年にアメリカに渡りケネベックの地所を求めたのは、植民地領主としてではなく、むしろ政治亡命者としてであった。

それから二十年の間、ヴォーンは子どもたちが成長し結婚するたびに、まわりに邸宅を次々と建てて住まわせ、自分の好みで、あるいは子どもたちのことを考えて、庭を刈り込んだのであった。かつて彼がアメリカへの定住をもくろんでいたとき、自分の兄にこのように書き送っている。「イギリスから来た家族は、欠乏生活に唯々諾々と甘んじることはできない」と。彼自身の趣味のよい白い羽目板の邸宅、「ホームステッド」は、「慎ましやかに、しかし快適に、豊かに」暮らそうという彼の計画のいちばんの要になっていた。その家は、ケネベック川の切り立った断崖の上に立っていて、そこから川を遠くまで見渡せた。小さな支流に沿って、原生林の松が聳え立っており、その支流はヴォーガンの領地の裏の険しい渓谷に流れこみ、その劇的に流れ落ちる滝には、ホームステッドの刈り込んだ庭から続く短い遊歩道を通ると接近できた。しかしエリザベスはそうした絵のように美しい環境よりも、知的な環境に惹きつけられたのであった。

ベンジャミン・ヴォーンはエリザベスに、自分の「形而上学のクラス」に加わるように誘ってくれた。このクラスには、地元の牧師たちやボードン大学の学生たち、そして町の知的職業人が集まり、トーマス・ブラウンの『原因と結果』や『人間精神の哲学』といった本に関して議論するためにほとんど毎晩顔をあわせていた。エリザベスは、唯一の女性メンバーだった。ヴォーンは自身の娘の教育を怠らない人だったが、彼女たちの関心は違う方向に向かっていた。家族のなかで女性たちは皆イギリスに出かけて、そこでマライア・エッジワースやアンナ・バーボールドといった作家と親交を深めていた。エリザベスの実家に宛てた手紙には、大西洋の向こう側の文学界のゴシップがいっぱい書かれていた。そしてヴォーンは、娘たちの求婚者の知性を重視するニューイングランドの家父長の権化だった。

彼は、イギリスから息子たちの家庭教師として連れてきたジョン・メリックと、娘の一人を喜んで結婚させていた。メリックは教職によって成功したケースだと、エリザベスは学校でメリック家の少女たちを毎日教えながら思っていた。しかし、またしても利益を受けるのは男性なのだった。

ヴォーンはハロウェルに新しく作られた集会所を、エリザベスが学校として使えるよう手配をしてくれた。まもなく彼女はその学校を、今まで教えたことがないくらい多くの生徒でいっぱいにした。登録した生徒は二十二名いたが、近々もう十数名加わる見込みだった。しかし数が増えても彼女は困惑しなかった。それどころか、常に二十名以上の生徒を確保しようと思って、実家にいる彼女の被保護者ともいうべきソファイアに手紙を書き、メインに補助教員として来てもらいたいので、メアリーのフランス語の授業にはあなたも参加したほうがいいと助言している。エリザベスはまた、ソファイアのためにラテン語教師を雇う資金を貯めようとしており、ソファイアには、弟たちが学校から持ち帰る課題を借りて自分でも勉強を始めるように命じていた。ソファイアは弟たちの勉強の進み方が遅いとこぼしていたが、自分は一八二三年九月の十四歳の誕生日まで、一週間のうち六日間、毎朝自分のフランス語のテキストを全章訳し、午後にはラテン語もほとんど同じ量を訳していた。ソファイアがエリザベスに宛てた手紙によると、こうした意欲的なスケジュールに加え、彼女は水曜と土曜には素描の練習をしながら、森深いメインの「小さな白い学び舎」で姉と一緒に教えるのを楽しみにしていた。

夏の学期の終わりまでに、エリザベスの学校はとてもうまくいっていたので、彼女はその年は六百ドルの収益を見込んでいた。それは、生活費をまかなうのに必要な量の二倍であった。彼女は八月の終わり、自分の稼ぎのいくばくかを使ってケンブリッジに行き、ハーヴァード大学の卒業式に出席しようと決心した。一八二〇年代は、ラルフ・ウォルドー・エマソン、チャールズ・サムナー、オリヴァー・ウェンデル・ホームズらがハーヴァード大学の卒業式で、オリジナルの詩を朗読したり、文学や政治について講演をしたり、ラテン語のスピーチをしたりした。そして一八二三年のクラスというのは、エリザベスがランカスターのラッセル・スタージスを通して、とくによく知るようになっていたクラスだった。しかしピーボディ夫人は、エリザベスが途中でセイラムの実家に寄らないことを知ると、とても悲しんだ。エリザベスの方は自分が独立したことを示せて嬉しかった。ソファイアへの手紙に誇らしげに書いているのは、エリザベスがポートランドからボストンまでの船のなかで、自分にエスコートを申し出る何人もの若い大学生とすぐ友達になってしまったことであった。

ハロウェルに戻ってから、エリザベスは地元のブルーストッキング・クラブ[1]に入った。それは、文芸や博愛主義の遂行に身をささげる十五人の若い女性のグループだった。しかしながらエリザベスは最初の集会の後、ハロウェルのクラブなどは、前のセイラムの社交サークルにはるかに及ばないものと結論づけている。クラブのメンバーは週に一度会って、「貧乏な人の世話をしたり朗読してあげたりするのですが、かつて私たちがしたように多くの朗読をやり遂げているとはいえません。といいますのも、彼女たちは大抵いつも、大声でおしゃべりばかりしているからです。」エリザベスは、活動日程の終わりに招かれた若い男性たちのほうに心を惹かれた。当時、彼女が作り始めた下手な詩の一つに書いているように、それは「美しい若い女性《ベル》たちと一時楽しく過ごそうと／狭い部屋《セル》から出てきたやつれた学生たち」であった。彼女はシルヴァナス・ロビンソンがお気に入りだった。彼は「明るい、洞察力のある、表情豊かな」青い目をしていて、「深い感情が潮のごとく心のなかを流れています」。エリザベスは急いで、その若者はハロウェルの貴族の一人で、「バース【メイン州の町】にいる美しく熱心なメソジスト」とすでに婚約していると付け加えている。ロビンソンは無害な男性であり、それゆえエリザベスは彼を安心して「特別の友人」にできたのである。もし、彼女が彼に対して恋愛感情を抱いていたとしても、彼女はその「美しいメソジスト」と文通を始めることで自分自身からもその事実を隠していた。

　エリザベスはその冬、自分がブルーストッキング・クラブに対してもらした不満が明るみに出て、「ハロウェルにおいて付き合いが悪いと非難されていた」ことを知った。そのとき彼女が助けを求めたのは、他ならぬロビンソンであった。ロビンソンの助言によって、彼女は自身の集会を開くことで、この苦境

ヴォーン・ホームステッド（メイン州ハロウェル）

を切り抜けようとした。エリザベスはその集会を催すために、家主の奥さんの最良の客間を使わせてもらえるよう懇願し、ソファイアに書いているように、「なんとしても最良の評価を得る」心構えでいた。なにはさておき、「私は自分の外見に関してこれほどまでこまかく気にしたことはありませんでした」と彼女は説明している。カークランド学長の「女らしさ」に関する忠告を心に置きながら、彼女は袖や裾に深紅と黒のメリノー織物で縁取りがしてある黒いボンバジン【綾織物の一種】のガウンを着て、三枚の四角いハンカチをウエストに結び、いつもはぼさぼさの明るい茶色の髪を「今までになく趣味よく」まとめ上げた。ロビンソンの提案どおり、客が到着した後は、「私に無視されていると以前から思っている人、一人一人に話しかけ、できるだけ好印象を持たれるようにした」のであった。しかし彼女は、三十九歳の若さで亡くなる前にケンブリッジで知り合っていた故リーヴァイ・フリスビー教授の「道

徳的趣味に関するエッセイ」を大声で朗読し、自分の博学とハーヴァード大学関係者とのつながりを、ブルーストッキング・クラブのメンバーに印象づけようとする気持ちを抑えることはできなかった。かつて、エリザベスはソファイアにこのように書いている。「ざわめきも騒ぎ声も一切なかったわ。みんな、おだやかに静かにとても礼儀正しく聴いてくれました。」ただし「付き添いの男性たちは、ちょっぴり我慢しているように見えました」と認めてはいる。

ピーボディ医師がエリザベスのパーティのことを耳にしたとき、彼は娘が自分の地位を「回復した」ことを喜んだが、「最初から好印象を与えるように。いったん悪い印象を植えつけてしまうと、それを取り除くのは大変だからね」と忠告している。ピーボディ夫人は、何度もエリザベスに「身だしなみの上品さ」に気をつけるよう注意していたが、自分の娘がおしゃれに見られるよう努力していることを聞いて、少なくとも嬉しい気持ちにはなっていた。しかし、次の手紙でエリザベスがハロウェルの新しいユニテリアンの牧師とともに火曜の夕方ギリシャ語を勉強するため、ブルーストッキング・クラブを突然やめたということを知ると、夫人は心配になった。いまや日曜を除いて毎晩、エリザベスは学者のような研究を行っていたからである。彼女は、せっかくハロウェルで築いた関係を断ち切るつもりなのだろうか。

それでも十分ではないかのように、エリザベスはドイツ語も同様に独学で習おうとしていた。彼女は原書でロマン主義哲学者の本を読もうと心に決めており、十マイルほど旅をしてオーガスタまで行き、この地域でドイツ文学における唯一の専門家であるカルヴァン派の牧師ベンジャミン・タッパンに、ドイツ語の学習方法について相談したのだった。タッパンに薦めてもらった辞書と参考書が、彼女の「ドイツ語を学ぶための貴重な資料」となったわけだが、それはボストンから郵便で到着し、彼女はさっそく勉強を始めようと意欲満々だった。ピーボディ夫人はエリザベスが夜遅くまで勉強することで、また心と体の健康を損ねるのではないかと心配していた。「お願いだから、その情熱を少しはやわらげてちょうだい」とピーボディ夫人は書き送っている。彼女の長女は、「非常に高い学識を身につけることはできるが」、「内面からわき起こる興奮や外界から押し寄せる激動」から身を守るようにしなければいけないのだ。そのどちらもが、やがて彼女の身に差し迫ろうとしていたからである。

エリザベスの最初の挫折は小さなものであった。ソファイアがエリザベスの教室で教えるためにメインに引っ越すという案を拒否し始めたのだ。一八二三年の秋、ソファイアはエリザベスに宛てた手紙のなかで、メアリーは「とても行きたがっているのだけど」、自分自身は教壇に立つのに、「学識も身長も」ともに低すぎると思うとほのめかした。ソファイアは、「私が教えに行ったら、若い女の子たちは、こんなおちびさんを見てなんと言うでしょうか」と心配していた。十四歳で、彼女はまだ五フィートにも達していなかった。別の手紙でソファイアは、その役目をメアリーに譲ったほうがいいという、もっと妥当な理由を示してきた。自分に偏頭痛があるためだというのだ。「私の頭のなかの悪魔は、怒ってあらゆる感情をつかさどる筋肉をひねるのです」と書いている。痛みはあまりに容赦なかったので、ソファイアは「メインに行けば、その痛みに絶えず苦しめられるかもしれないし、症状は良くなるどころかかえって悪化するのではないかしら」と心配していた。エリザベスは、最終的にメアリーは独自にセイラムで学校を始めるだろうと考えていて、ソファイアをその監督下に置くことを考えていた。その一方でエリザベスはメインで、メアリーにソファイアの代役をさせることもちゃんと考えていた。いったん結論が出ると、ソファイアは元気になった。彼女の勉強の早いペースも戻り、頭痛を訴える手紙は数カ月でぱったりと来なくなった。

一八二四年の晩春にメアリーがハロウェルに到着すると、エリザベスは波止場で何度も歓声をあげ、彼女を抱きしめた。エリザベスはもう一年近く、家族の誰とも会っていなかった。しかし彼女はメアリーに、オーガスタの近くにライバル教師が登場したことによって、自分たちの学校を拡張する見通しが急に立たなくなってしまったことを告げなければならなかった。シャーロット・ファーナムは、ラテン語、フランス語、イタリア語が完璧にすらすらと読める二十一歳の「本物の学問好き」で、エリザベスが見込んでいた十数名の生徒を奪い取ってしまったのだった。エリザベスはとにかくなんとか収益を上げるために、今度はメアリーにハロウェルの学校を任せて、自分は川を五マイル下ったところのガーディナーという町で、同じガーディナーという名の一家の家庭教師として仕えようと計画していた。エリザベスがファーナム嬢に悩まされる理由は他にもあった。ハロウェルで二人が初めて会ったとき、エリザベスは自分の貴重なドイツ語のテキストを見せびらかした。しかしシャーロット・ファーナムは、同じ本を取り寄せていただけでなく、自身もオーガスタで、近所に住むタッパン博士にドイツ語を教えてもらえるよう、段取りを整えていたのであった。「私は彼女に完敗を喫してしまいそう」とエリザベスはこぼしている。

しかしエリザベスは、誰がいちばん早くドイツ語をマスターするかを競争することよりも、十七歳の新米教師の妹に自分の学校を任せることの方を心配すべきだった。二人の姉妹は、休暇の最初の一カ月を一緒に過ごしたのだが、それはメイン滞在中の最後の静かな幕間となったのである。二人はハロウェルでの男友だち、シルヴァナス・ロビンソンとその友人のジョン・オーティス、そして年上のヴォーン家とメリック家の娘たちを伴って、月明かりのもと、ヴォーン家所有地の裏にある木の生い茂った谷間を通って散歩をした。そしてブルーストッキング・クラブのメンバーと合同で、七月四日の独立記念日の祝賀会を盛り上げたりもした。エリザベスはスピーチの役を任命され、シャーロット・ファーナムは詩を朗読する予定で、メアリーはハリエット・メリックと協力し、「聞け、女神ダイアナの声を」の調べに合わせて叙情詩を作るように頼まれた。エリザベスは自分のスピーチを推敲するのに何日も費やしたが、メアリーは母親に助けを求めなくてはならなかった。というのも、「今まで一度もそのようなことはしたことがなかった」からである。ピーボディ夫人は二十五年ほど前に、最初の詩集[2]を出版したきりだったが、喜んで、「自由の守護神よ、立ち上がれ！　高く、どこまでも高く、卓越すべき基準を高めよ」という詩行で始まる六つのスタンザを手紙で送ってきた。

翌週になって、メアリーのハロウェルの学校と、エリザベスの家庭教師としての仕事が始まった。エリザベスは、オークランドのガーディナー家のギリシャ風に改築した邸宅に移ることができるのは喜んだが、その新しい環境に自分がどれほど不向きかについてはわかっていなかった。ハロウェルのヴォーン家にいるときは、エリザベスは自分の男友だちや助言者たちの関心をうまく引くことができた。しかしガーディナー家の血統では女性陣が圧倒的に強かった。ロバート・ハロウェル・ガーディナーは、母方のケネベック家の財産所有権を確保するために、成人に達するとすぐに「ガーディナー」姓を名乗っていたが、彼はエリザベスの名目上の雇い主であり、実質的な主人は彼の妻であった。夫人は「非常に優美な」女性で、エリザベスは彼女に会うやいなや、ランカスターのドーカス・クリーヴランドと比較し始めていた。ガーディナー夫人はエリザベスの七月四日のスピーチを褒め――その原稿はヴォーン家とガーディナー家の人々の間で回覧されていた――エリザベスに、「あなたは人間性について深く洞察しているし、執筆活動によって立派なことを成し遂げられるわね」と言ってくれた。しかしながら夫人はエリザベスに、ガーディナー家の子どもたちのために「任命された」家庭教師であることそのものが一つの特権なのだということを、しっかり念押ししたのであった。エリザベスはすぐさま「G夫人」は「C夫人」がかつてそうであったよりも厳格だとわかった。「彼女の目は、どんな不備な点も見逃さないし、欠点が小さければ小さいほど、彼女の失望は大きいの」とエリザベスは母への手紙で報告している。「C夫人」は単に「厳格」であったにすぎないが、「G夫人」は「きわめて冷酷」だった。エリザベスはこういった類の女性を喜ばせるすべはないのではないかと不安だった。

一方、メアリーは新しい責務のもとで、四苦八苦していた。エリザベスは毎週日曜日、その週の授業の英気を養うためにハロウェルに戻っていたが、メアリーは大人数の授業に恐怖を感じていた。その数日後、エリザベスがこれまで丸一年うまく教えてきた二十五歳の生徒が、メアリーに面と向かって、「こんな小娘が教える学校には二度と来ないわ！」と誓って教室から出ていったとき、メアリーはがっ

ロバート・ハロウェル・ガーディナー
（チェスター・ハーディングによる肖像画）

オークランズ（ガーディナー地所）

かりするよりほっとした。メアリーはなんとか残った生徒と仲良くしようとした。というのも、大抵の生徒は「あまりに幼く、あまりに無知ゆえに、教師間の格差には気づかないだろう」と期待できたからだ。しかしメアリーは、エリザベスと毎週する「脱線話」から自分が学ぶ知識量に比べると、生徒が自分の授業から学ぶことは、フランス語はともかく、たいしたことがないことを自覚していた。

努力しているメアリーへのご褒美として、エリザベスは彼女に一八二四年八月のハーヴァード大学の卒業式に行かせて、ラファイエット侯爵【独立戦争で革命軍側についたフランスの軍人・政治家】が一年間のアメリカ旅行に先立って演説をするのを聴かせた。エリザベスはボードン大学で自分自身の休暇を過ごし、そこで卒業式のスピーチを聴いたが、それは「あまりにもばかげているので、恥さらしだった」とマライア・チェイスに書いている。それでもエリザベスは、かの「高名なスミス先生」をブラウンの哲学についての「打ち解けた楽しい議論」のなかに、うまく引き入れたのであった。

マサチューセッツ州チャールズタウン在住の三十歳の牧師、ジェイムズ・ウォーカーが講演するというので、二人の姉妹はともに九月までにハロウェルに戻っていた。師は、エリザベスのギリシャ語の教師、エヴェレット・ウォーカー牧師の就任式を執り行うために来ていたのである。エヴェレット・ウォーカー牧師は、のちにハーヴァード大学の学長になるのだが、彼の演説家としての堂々とした姿は、ダニエル・ウェブスターのそれを連想させるほどのものだった。彼はチャニングの盟友の一人で、エリザベスは彼と長い会話を交わす機会を何度か得ている。メアリーは二人が一緒にいるところを目撃し、あっという間に「エリザベスの方が自分より彼と親しくなる」のをじっと見ていた。メアリーが母親に宛てた手紙によると、「わかるでしょ、お姉さんはすごく親しみやすいのよ」、なのに「私はとっつきにくいの」。メアリーは明らかに羨んでいるのだが、「お姉さんが私ほどウォーカー牧師を理解しているかどうかはわからないわ」と自慢している。この出会いが、三角関係の友情のパターンの始まりであった。そのなかで、メアリーはより古風で女らしい立ち居振舞いを貫き、観察者に徹し、注目されるのを待つことで、姉より優位に立とうとしたのである。

おそらくガーディナー夫人もまた、知的な人々の心をとらえてしまうエリザベスの征服力に、かなりの羨望を覚えていたようである。「G夫人」はエリザベスのあら捜しをするのだが、そのネタも尽きてくると、エリザベスの熱心すぎる性質と思われるものを批判し始めた。彼女の雇い主は、成り上がり者の家庭教師が、「すべてにおいて」そうであるように、「フランス語も、習うというよりそのなかに飛び込んでいく」ような態度を取ることに当惑したのだとエリザベスは悟った。オークランドでの秋から冬の間、エリザベスがいくつもの目標をひたむきな情熱をもって掲げたのは事実である。エヴァレット牧師の到着とともに、メイン州にユニテリアン論争が巻き起こり、あるときなど、キリストの人間性の問題や原罪の教義などをめぐって、会衆は文字どおり真二つに分かれた。エリザベスはリベラルな宗派の「使節団」をメイン州の僻地に送る計画を立て、今はボストンに戻って健康を回復しつつあるチャニング牧師に宛て、自分の意見を長い手紙にしたためるのに、多くの時間を費やした。それからハロウェルの形而上学の会合に代わるものとして、彼女はボードン大学教授ベンジャミン・ヘイル氏による化学と物理の一連の講義に受講登録した。エリザベスはそこで、自分自身の授業に使おうと、大量のノートを取り、実家にいる弟たちにも、科学に興味をもってくれたらという期待をこめてその概要を送った。ヘイル教授が硫黄についての講義中[3]に、硫黄ガスを少し部屋のなかに放出し、その後で、もし聴衆の女性のなかにおしろいをつけている人がいたら（ニューイングランドではそれは女性の虚飾の恥ずべき印であったが）、その人の頬は黒くなるでしょうと言ったというのだ。エリザベスは兄弟たちを面白がらせようとしてその逸話を伝えたのである。

　エリザベスにはガーディナー夫人に秘密にしている個人的な心配事もあった。しかし彼女が心配事を抱えていることは、誰の目にも明らかだったにちがいない。また冬が来て雪が降るにつれて、メアリーの心もふさぎこんでいった。彼女はヴォーンのホームステッドの自室から、ある家庭に引っ越していた。そこには療養中の病人がいて、メアリーと同じ年頃の若い女性だったのだが、完全な静寂を必要としていた。メアリーが母親に宛てた手紙によると、「死のような静寂」がその家には漂っており、そこでは三年以上もの間、「家族は動くのも、話すのも、ほとんどささやくような小さな音しか立てないのが決まりだった」。町の人たちでさえ、この家を避けることで、その厳しい決まりを守っていた。

　エリザベスはメアリーを励まそうと何度も訪問しているが、そこである時、彼女のケンブリッジ時代のダンスパートナー、ジョージ・B・エマソンが、「われらが友人」ライマンの姉、オリヴィア・バックミンスターと結婚していることを知った。その新婚夫婦は、メイン州の南海岸沿いにあるエマソン家を訪問しており、それによってライマン・バックミンスターの精神状態についてのショッキングなニュースは、川上に向かって伝わっていた。エリザベスに求婚を拒否されたことや、いまだに牧師としての仕事を見つけられないことに心を痛めたバックミンスターは、「落胆して憂鬱になり」、精神が錯乱してしまったのだ。彼は、自分が友人や世間に、兄と同じくらいの才能や愛情を示すよう期待されていると思い、苦しんでいた。バックミンスターはランカスターから移され、マサチューセッツ州ノートンにいる正統的会衆派牧師、ピット・クラークに引き取られていた。エリザベスは、自分がバックミンスターの求婚をあまりに軽率に拒絶してしまった場面を思い出し、いまや「恐ろしいほどの罪の意識」に「苦しみ」始めた。しかし彼女は自分が与えたダメージを元に戻すことはできなかった。

オークランドでは、ガーディナー夫人のあら捜しがひどくなっていた。まず最初におきまりの「外見に構わないこと」に対する小言があり、それに対し憤慨したエリザベスは、ガーディナー夫人が「内面の心の清らかさよりも、外面的な整頓だとか、身だしなみのほうを重視する」と非難している。エリザベスがボストンの友人の一人に宛てた手紙によると、彼女は「虚飾という退屈な手間ひま」が大嫌いだった。しかし、まもなく「G夫人」からその他もろもろの苦言が出されてきた。エリザベスは、うぬぼれが強く衒学的で、自分勝手で優しさに欠けるというのだ。さらにエリザベスは、娘たちと親しくなりすぎるといって叱られた。ガーディナー夫人は、自分の娘たちからエリザベスが信望を得ているのが妬ましかったのである。

その苦言には「唖然とさせられました」とエリザベスは書いている。というのもエリザベスは、自身の教職における成功は、生徒やその家族と密接な関係を築くことができるという自分の能力から生まれるものだと信じていたからである。いまや彼女は「愛情をこめた実践」が「嘲笑された」と感じていた。ガーディナー家ではそれを「完全に趣味のよい形で表現しなければならない」というのであった。エリザベスがランカスターでドーカス・クリーヴランドの侮辱に傷ついていたときは、自分の家に戻ることができた。だがいまやG夫人の非難から逃れるすべはなく、エリザベスはこのような雰囲気のなかで、自分の生来のあけっぴろげな気質が押しつぶされてしまうのではないかと心配していた。

しかしながら、その冬のもっとも大きな精神的打撃は、ガーディナー家の人たちとは関係なかった。一八二五年二月のある日、エリザベスはライマン・バックミンスターが自殺したことを知る。一月二十二日、どうしようもないほど意気消沈した牧師志願者は、ノートンにあるクラーク牧師の家の裏の森深くに足を踏み入れ、口にピストルを向け、発砲した。彼の有名な兄がてんかんの発作で亡くなったのと同じ、二十八歳であった。

十九世紀のニューイングランドに住む大部分の者にとって、自殺は口にできないほどの暗い罪であった。父も兄も著名な牧師であったというのに、この若い神学校出の男性の死は死亡記事にはされず、ノートンの町の『人名録』のなかの簡単な報告で済まされているだけである。エリザベスはバックミンスターの自殺について、一度だけ書いている。ほぼ十年後、彼女はメアリーに宛てた手紙のなかで、どのようにして「哀れなL・Bがあのような恐ろしいやり方でこの世から去ってしまったのか」をあえて思い出そうとしていた。エリザベスのようなリベラル派のユニテリアンにとって、自らの命を絶つことは罪ではなかった。彼女は自分の求婚者を死に導いてしまったはずの複雑な感情に、共感すら覚えたのである。バックミンスターと同様、彼女は不可能なほど高い基準で自分の力を測り、常に自分は不十分な人間だと思っていた。彼女もまた、深刻な孤独の時期をいくたびも経験していたのである。しかし自己防衛本能によって、これまで彼女は、何世代にもわたって自分の家系の男性たちを苦しめてきた慢性の絶望感に抗うことができていた。エリザベスは生をありのままに受け入れ、いつか訪れる死も受け入れられるような信仰に到達するための果敢な努力をけっして放棄することはなかった。

エリザベスはライマン・バックミンスターの自殺に関して、自分に責任のないことはわかっていたが、最後に会ったときの彼の落胆しきった様子の記憶、自分が彼との結婚を拒否したことの直接的な結果は、「心にずしりと重い錘のように」のしかかった。この時以来、エリザベスの手紙には、「蒸気船での男友達」についての無造作な言及や、シルヴァナス・ロビンソンのようなりりしい若者についてのまことしやかな描写は消えた。彼女は今まで出会った男性の誰とも結婚を考えたことがなかったが、月明かりの下での散歩や夜の音楽会やお目付け役付の舞踏会など、それが求婚につながるかもしれない若い男女の楽しみを、彼女なりに味わったことはあった。しかし無分別な愛情が何を引き起こすのかを知ってしまった今、未婚男性との軽いつきあいにも用心深くなっていた。

エリザベスは、オークランドでバックミンスターの死に対する悲しみと後悔を一人で耐えてはいたが、もはや雇い主から浴びせられる批判には耐えられなくなっていた。いまや、G夫人からの「攻撃」は日常茶飯事となっていた。エリザベスは二十一歳になった一八二五年からつけ始めた日記のなかで、「彼女は私を苦しませるやり方を完璧にわかっている」とひそかに書いている。そして「自分の心がガーディナー夫人の強い支配下にある」ことを知って驚いている。「その生涯で一度も災難を経験したことがなく」、その「限りなく無頓着な性格」で周りにいる人を批判してばかりいるような女性の、そうした専制に耐えるのはしゃくだった。エリザベスは、かつてガーディナー夫人のような女性において彼女が賞讃していた特質の多く——礼儀正しさや優美さといったもの——が単なる怠惰な金持ちの虚飾にすぎないことに気づき始めていた。彼女は自分自身に言いきかせている。「裕福な人が知り得ないものがいくつかある。その一つが、極端に飾り立てることなく、情愛を大切にすることだ。」

しかしながら、エリザベスはそのような手厳しい意見を誰かにぶちまけずにはいられなかった。「私は自分が、少なくとも何を言おうとしているかわかるまで、口を慎むといった尊い才能に恵まれていればよかったのにと思う」と記している。彼女は、自分が内面にある「激しい感情」に苦しんでいることを自覚していた。結局彼女は、自分を守るのは自分しかないというプレッシャーを感じたとき、「一気にすべてを言ってしまおうと」するあまり、言いたいことの「いちばん最後から始めてしまったり、途中から切り出したりしていたのだった」。同じプレッシャーによって彼女の声は、彼女が「怒っているのだと周囲に誤解されるような激しい調子になってしまい、そのせいで、頭がおかしいとか、不機嫌だとかいった印象を与えてしまうのだ」。世俗的なガーディナー家の人にとって自分がどのように見えているかを心配する気持ちと、オークランドでの滞在は「悲惨なもの」になったという日々強まる認識の間で、彼女は揺れ動いていた。そのことで彼女は、まるで「命を奪うような、よどんで、冷たい泉に浸かっているような」気持ちになっていた。

彼女の実家に宛てた手紙は次第に短くなり、そのなかで、疲れたと不平を漏らすようになった。メアリーの学校がその冬、ヴォーン家に無料でストーブの薪を分けてもらったにもかかわらず、利益が出なかったことをエリザベスは知っていた。ボストン郊外のブルックラインから、あるユニテリアン派の家族の娘がオークランドに訪ねてきて、その娘の父親――チャニング牧師の会衆の一員だった――が娘たちのために教師を必要としているとわかると、彼女は、一緒に南に移住し二人で学校を開こうと、メアリーをいとも簡単に説得してしまったのだった。

エリザベスは自分のメインでの事業が失敗だったとはまったく考えていなかった。彼女はメアリーにかつてこんなことを話したことがある。メインに移るかわりに「もう二年長くボストンに留まっていたら、きっと私は精神病院に入るか、挙句の果てにはお墓に入るかしていたでしょう」。だがいまや、エリザベスはこの大都市と、郊外のブルックラインという十分離れた安全地帯から向き合うことができるであろうし、パートナーかつ支援者としての妹もいてくれる。エリザベスが驚いたことに、ガーディナー夫人は自分の娘ルーシーを、メアリーとエリザベスの学校に入れるためにブルックラインに下宿させるつもりだと言いだした。チャニング牧師はボストンに戻って、フェデラル・ストリート教会で説教をしていたし、エリザベス自身の健康も回復し、知識の蓄えも増えつつあった。そのような状況で、エリザベスは新しい出発の準備ができていた。それは「私の人生の一時代」の幕開けとなるものであった。

第Ⅳ部

メアリーとエリザベス

一八二五―一八二八年

第14章 「私はいつも私の物語のヒロインよ」

メアリー・ピーボディは、姉のような強い神学的関心は持っていなかったが、大変な読書家で、もっぱら小説をむさぼるように読んだ。メアリーは、生徒の精神は「軽い読み物を与えていると軟弱になるのよ」という母親の小言を耳にしたことがある。しかしメアリーは、自分が愛している大衆小説が、エリザベスが夢中になって読んでいるユニテリアンの教義に関する書物と同じように、自分の未来の扉を開ける鍵を与えてくれると直感的に感じていた。お気に入りの小説家のなかには、メアリー・ブラントンやスーザン・フェリアーといったスコットランドの作家たちもいた。ブラントンには代表作に『修練』や『自制』があり、フェリアーの代表作は『結婚』や『遺産』である。後者の筋書きは、卑しい家に生まれたか、あるいは財産を失った聡明な若い女性が、玉の輿に乗ろうと必死になるというものだった。メアリーは、ウォルター・スコットの新しい小説も出版されるたびに読んでいた。しかし彼女は、ヒロインたちが「障害と闘って自分の運命に打ち勝つか、それとも容赦ない運命の波に押し流されてしまうかする」虚構の女性の世界のほうが好きだった。お気に入りの本の一冊は、「人生とは何なのか、飽くなき野望でないとしても、大いなる試みではないのか」といった疑問を投げかけていた。読み進めるうちに、メアリーは自分自身が貧困から抜け出す方法についてひらめきを得た。その脱出は、エリザベスとは違ったやり方になるだろうと彼女は感じていた。

ロマンティックな経験をしている自分を夢想することは、メアリーをピーボディ家の不安定な日常生活から救い出し、聡明な姉や繊細な妹との競争から身を引くことをも可能にしてくれた。メアリーが後になって書いているように、「夢想」の「甘美な」時間のなかで、彼女は「想像の世界」へと引きこもった。そこでは、「存在するすべてが私の視界から消え」、「私はいつも私の物語のヒロインだった」。おそらくメアリーにとって自分がロマンティックな物語に登場するのを想像することは容易であったろう。というのも、彼女は姉にも妹にもないもの——つまり小説のヒロインに相応しい完璧なる美貌——の持ち主だったからだ。これは姉妹を嫉妬させるほどの事実であった。黒髪のメアリーと比べて、顔色のよくないソファイアは自分を「不器量」と感じていた。しかしメアリーより年下のソファイアのとった態度は、嫉妬というよりあこがれに近いものであった。ソファイアが書いているように、メアリーが十代後半の頃、彼女の顔色は「鮮やかなピンク色」だった。三歳年下のソファイアは、そばに座って姉が身づくろいするのをじっと観察するのが好きだったので、「姉さんの肩や腕」の形も「頭の格好や丸みを帯びた唇」もよく記憶していた。

メアリーはかつて書いているように、自分が「美しいと言われている」[1]ことをよく承知していた。しかし十九世紀ニューイングランドのなんでも自己卑下する家庭文化のなかで、この特徴は彼女を自惚れさせたのではなく、むしろ特別な運命を与えたのである。自分の両親の波乱に満ちた結婚の不幸な例を見ることで、エリザベスは経済的に独立することを決意するが、メアリーのほうは、自分が人を惹きつける美貌の持ち主であると確信し、ロマンティックな野心を燃やしたのだった。

すでにメアリーは読書によって、姉や妹よりも上手に男性の気を引くことをやってのける心の準備ができていたようだ。彼女は男性に対する自分の感情について、けっして狼狽などしなかったし、男性から自分に向けられる感情もあっさり受け入れた。彼女は自分が子ども時代、チャーリー・ピカリングに夢中だったことを充分自覚し、誇らしくさえ思っていた。その後ランカスターで、彼女はハーヴァード大学の落ちこぼれ、ラッセル・スタージスが自分に惚れていることにすぐ気づいた。メアリーはスタージスの自分への好意にまんざらでもなかったが、それに応えるには十五歳という年齢はあまりに若いということを自分でもわかっていた。セアー牧師の息子のクリストファーも、大学の休暇で町にいる間に、メアリーにかなり関心を寄せていた。彼は夏には大学に戻り、農場内にあるピーボディ一家を二度と訪ねなかった。するとメアリーは、毅然としてセアー家のすべての人との関係を絶った。クリストファーに自分が会いに来たなどと思われたくなかったのだ。メアリーは、自分が望まれない場所に自分からのこのこ行くような愚かなことはしなかった。それに彼女の目標はもっと高く設定されていた。彼女はスタージスやセアーよりもっとまじめで、もっと教養があり、もっと雄々しい人物が現れるのを待っていたのである。

夢見がちな性質から、メアリーは自分の両親、特に父親に対して、エリザベスより寛大でもあった。彼女はピーボディ医師が、あるお気に入りの小説に登場するヒロインの後見人に似ていると感じていたのかもしれない。その後見人は、「軽率なところがあり、お人好しで、先見の明のない」化学者だが、「彼女が心のよりどころにしている地球上でただ一人の人」であった。メアリーは十代の若い頃、母親が勉強を教える部屋に近寄らなかった。エリザベスの領域となったものを本能的に避けていたのだ。その代わり、彼女が真剣に磨いていた才能は歌うことであり、それは父親から受け継いだものだった。一家がランカスターからセイラムに戻った後、ノース教会の聖歌隊でメアリーはソプラノを、父親はテノールを担当した。彼女が音楽を通して「瞑想的な至福の時」を経験したのは、他ならぬ父親と一緒にであった。そのとき彼女は「物事の関係を理解したような気がした」。そして彼女の魂は、「生きて自分がめざすものになりたいという熱狂に駆りたてられていた」。本質的に共感するところがあるがゆえに、メアリーはピーボディ医師のにこりともせずに言う機知や、ますます度を越してゆくブラックユーモアを褒めることさえできた。エリザベスが実家を出て以来、ピーボディ夫人が彼女に毎週書き送った長い手紙は、しばしば「モリー（メアリーの愛称）」と「N・P」からの皮肉たっぷりの追伸で締めくくられていた。

というのもメアリーは、日常生活が自分の力ではままならないことが多いといった父親の陰鬱な感覚をも受け継いでいたからである。ランカスターのメイン・ストリートの今にも壊れそうな「邸宅」から、一家は一八二二年にセイラムのコート・ストリートに引っ越してきたのだが、そこでピーボディ医師は、長男ナットがのちに書いているように、「幽霊が出るという評判の大きくて古めかしく、ぱっとしない家の半分だけ」を借りたのであった。それは、川幅が広いノース川から五、六百ヤード、ハワード・ストリート墓地からほんの二、三ブロック離れているだけで、その墓地に一家は三年前、幼いキャサリンを埋葬したのだった。メアリーはこの家に対して「私たちはいかなる恐ろしい連想もしなかった」と断言しているが、自分が祖母のパーマーとベッドを共有しなければならないと知って嬉しくはなかった。祖母はいまや成人した娘たち家族の間を転々としていた。

セイラムの実家の外で起こっていた変化にメアリーは不意をつかれた。コート・ストリートからエセックス・ストリートにあるピックマンの邸宅まで、メアリーはその気になれば今も歩いて行けたが、今度はローリンズ・ピックマンを慰問するのが主な目的で出かけていた。ローリンズは、子どもの頃のメアリーを可愛がってくれたベンジャミン・ピックマンの未婚の娘で、彼女は病に伏した父親を最後まで看取った人だった。そこでメアリーは、彼女の叔母ソファイア・パーマー・ピックマンの娘である年少の従妹メアリー・トッパン・ピックマンが、いまや自分に代わってその資産家一家の寵愛を一身に受けているという事実に直面せざるをえなかった。現在六歳の「メアリー・トップ」は生まれたその年に父親が亡くなり、ベンジャミン・ピックマンの財産のうち、父親の取り分の唯一の継承者となっていた。その遺産の一部を使って、幼いトップと母親はエセックス・ストリートのきれいな家に二人だけで移り住んでいたのである。両家の人たちはそろって、父親のいない裕福な少女の開花し始めた才能に大いに注目していた。

ピーボディ家の三人の姪に「ピックマン叔母さん」と呼ばれていたメアリー・トップの母親は、実は正式なパーマー家の人間ではなかった。そのことをセイラムの誰が知っていたか、正確に特定することは不可能である。おそらくこの時点で、それはピーボディ夫人唯一人であっただろう。彼女はロイアル・タイラーに自分の母親が誘惑されるところを目撃し、彼女自身、彼に言い寄られた犠牲者であった。ピックマン叔母自身は自分の血統をめぐる複雑な事情について一切知らなかった可能性がある。しかし二人の姉妹、イライザ・パーマー・ピーボディとソファイア・パーマー・ピックマンの間には、冷ややかな空気が漂っていた。私生児ソファイアの運気が上がり、イライザの運気が下がったとき、その関係はさらにひどくなった。メアリー・ピーボディが取り結んでいる関係を除くと、両家の交流はほとんどなかった。腹立たしいことに、叔母ソファイア・ピックマンは、自分が社会的に低い者と見なしているピーボディ家の男の子たちが、彼らの従妹にあたる愛娘のトップと一緒に長時間遊ぶことを許そうとはしなかった。

十六歳になったメアリーは、自分がピックマン家でこの家の子としての扱いを受けるには、大きくなりすぎていることだけはわかっていた。自分の母親と叔母の間に両家を結びつける絆は何もなく、メアリーをピックマン家から切り離した富の格差はもはや無視できないほどであった。しかし自分の親類にさえ疎外感を感じ、そのうえ自分が人に情けをかけられる存在だと感じるのは屈辱的であった。ピーボディ一家がセイラムに戻った直後、ローリンズ・ピックマンはメアリーにフランス語教師を雇ってくれた。それはけっして若い娘のお遊びのためではなかった。フランス語を教える能力があれば、メアリーが駆け出しの若い学校教師たちより有利になることを見越してのことであった。

ルヴリエ氏は、保守的な土地柄のセイラムでは珍しいフランス人であったが、自分の責務を真剣に受けとめていた。疲れを知らないこのフランス人は、しばしばメアリーの昼間一時間のレッスンを四時間に延長して行った。遠く離れたメイン州ハロウェルからエリザベスが強く要望し、そのレッスンにソファイアも加わった。そこでまもなく二人の少女たちは、夜通しパスカルやヴォルテールの書物の全章を翻訳して、翌朝ルヴリエ氏がその翻訳を一文毎に添削しながら、「情け容赦ない……厳しい指導」をするのに耐えるのであった。修正箇所はすべて覚え、不規則動詞の練習とともに暗唱しなければならなかった。姉妹は、くたくたに疲れきっていなければ、ルヴリエ氏がレッスンをする食堂の椅子を並べ替えて障害物にみたて、正午まで障害物競走をして緊張をほぐした。しかしメアリーはたいてい朝の指導が終わるころには涙にくれており、ソファイアは「長い失神状態」になり、その後には「名状しがたい頭痛」に見舞われた。

メアリーはこの経験に関して、二つの相反する感情を抱いていた。メアリーがのちに振り返るように、十八カ月に及ぶ厳しい特訓によって、ルヴリエ氏は「私の魂にフランス語を深く刻みつける」ことに成功した。彼女はフランス語で夢を見さえした。母親や姉の学校では、不定期に、形にとらわれない教育を受けていただけだったので、規律正しい学習を初めて経験したことはありがたかったし、いくつもの外国語を短期間に効率的に学ぶ方法を体得したことは嬉しかった。この分野において、メアリーはエリザベスより常に秀でていた。しかし一方でメアリーは、このレッスンのせいで自分の妹が体調を崩したことに腹を立てていた。彼女は「詰め込み教育」に対する激しい憎悪を募らせ、自分がこれから教える生徒には「勉強することそのものが好きになる」よう教えるべく、その教え方を探ろうと思った。

エリザベスが家にいないことで、メアリーは以前よりも自己主張のできる女性になった。彼女は長年エリザベスのものであった最年長の娘としての地位を得ていい気分だった。しかも大切なフランス語のレッスンがあるという名目で、彼女は料理も裁縫も、そして遠方にいるエリザベスのためにやっていた繕い物もしなくてよくなった。メイン州にいるエリザベスのもとに引っ越す前の年、メアリーは「文芸雑誌」を何号か発行していた。メアリー自らが『セイラム・レコーダー』と、そしてもっと軽いノリのときには、「オールドミスの評論」と呼んでいたものである。彼女がヴァーモントにいるタイラー家の従姉妹の一人に、題材の提供を懇願して書いた手紙によると、その雑誌には「詩、随筆、書評などなんでも」載せていた。メアリーは冗談で、「これが『ノース・アメリカン・レヴュー』誌に肩を並べればいいと思っています」と言っているが、それはボストンでエドワード・エヴェレットが発行している名高い文芸雑誌であった。ソファイアは自分たちの雑誌に詩を書き下ろし、エリザベスはトーマス・ブラウンの哲学に関する分析を寄稿し、メアリーは手書きで記事を書き写しながら、全体をまとめあげた。編集の役目を引き受けたことで気が大きくなり、メアリーは手紙のなかで持論を展開するようになった。そのなかには、従兄弟のウィリアム・タイラーの「女性は靴下を繕う以外にすべきことがあるのか」という疑問をあえて呈した後、メアリーが「女性にとっての平等」について自らの見解を示したものも含まれていた。

しかしメアリーが一八二四年四月に家を出てメイン州に向かったとき、彼女はエリザベスほどにはあえて冒険を求める気持ちはなかった。その一人旅は、三姉妹がサミュエル・リチャードソンの『クラリッサ』を読んでいた、まさにその時点でなされたのだった。この小説は、貞淑な若い女性が、裕福な家族のもとを去って駆け落ちしたものの、相手の男性に関係を迫られ、拒否したにもかかわらず凌辱され、その挙句、下宿の一室で犠牲者として死を迎える物語である。この物語は、メアリーがいつも読んでいた小説とは異なる教訓を伝えていた。『クラリッサ』は、女性主人公が自立に向けて行動を起こしたために高い代償を払い、結局自らが思い描くロマンティックな運命の主役になるより、冷酷な誘惑者の手にかかり無抵抗な犠牲者になることのほうが多かった、そう遠くない時代の遺物のような作品である。『クラリッサ』は、とくにメアリーにとって悲惨な物語であり、いよいよ上の二人の娘が家を出るというときになって、母親がそれぞれにこっそり教えたと思われる一家の秘密を強力に思い出させるものであった。メアリーはこの物語を読んだ後、ピーボディ夫人に手紙を書いた。その手紙によると、メアリーはいまや「お母さんが耐えてきた胸も張り裂けるような、ほとんど比類のない悲しみ」がわかったのであった。

確かに、ピーボディ夫人は「こんなにもいとしく、こんなにもかわいい二人の娘を自分のもとから手放すという辛い義務」に心を痛め、「他のどんな本よりも小説が好き」というメアリーのような若い女性に、はたして『クラリッサ』がふさわしい読み物かどうか心配していた。ピーボディ夫人は、『クラリッサ』が女性らしい「心の清らかさ」を保つことの大切さを深く心に刻みつけてくれればと期待していた。しかしそのような本を単に読んだだけでは、感化などできようもなかった。ピーボディ夫人はメアリーがハロウェルに向けて出発したその日、エリザベスに次のように書いている。自分は「あまりにも多くの男性の邪悪さや悪行」について直接知っているので、あなたより若い娘の安全ということ、「つまり、いかなる肉体的な病気もこれに比べれば案ずるに及ばないような、道徳的悪から守られているかどうか」が、気がかりでならないと。おそらくピーボディ夫人は、美しいメアリーは、身だしなみに無頓着で饒舌なエリザベスよりも、男による略奪凌辱の標的になりやすいと考えていたのであろう。

エリザベスはこれまで実際に一人旅の経験があったので、メイン州ポートランドのパッテン・ホテルに一晩滞在予定のメアリーに、ホテルに直行し、「部屋には自分一人で入り、鍵を閉めて、食事は部屋に持ってきてもらうよう」助言した。これだけいろいろ注意していても、まったく支障なく旅が進められる保証はない。旅の最後の一行程を駅馬車に乗って進むうちに、メアリーは馬車のなかにいる女性は自分一人であることに気づき、四人の男の乗客たちが猥談を交わしているのをじっと聞き入っていた。目立たないようにしていたし、それはほとんどうまくいっていた。だが彼女の周りで冗談はエスカレートしていき、ついにある男が、ジョナサン・スウィフトが「ちょうど今のわれわれと同じように駅馬車に乗っていた」とき、「風よけの生垣の下で男と女がほんとにやっている。そうさ！　なんてこった！　あの営みをやってるのを」目撃したんだ、としゃべった。そこで別の乗客が――困り果てて押し黙ったまま座っている「若くてとびっきりかわいい女の子」――メアリーのいることを思い出し、思慮に欠いたおしゃべり男のむこうずねを蹴って黙るように促したのだが、その男に「なんてこった！　この娘のこと、忘れてたよ！」と叫ばせることになってしまった。[2] それがかえってメアリーをよけいに辱めてしまった。

メアリーは自分の置かれていた微妙な状況を痛感し、最近母親から聞いた告白の後は、特に注意深くしていたのだが、この日馬車のなかで味わった「恐怖」にはひどく打ちのめされたと、両親に宛てた手紙のなかで書いている。しかし彼女は「自分の勇気の大きさ」を、ウォルター・スコット作『ロブ・ロイ』のヒロイン、ダイアナ・ヴァーノンの勇気になぞらえている。幸運なことに、「あらゆる恐怖」は、一年ぶりに「エリザベスと再会できた喜びに消えた」のであった。「姉さんはどんなに大きな声を発して喜んだことか！」

しかしメイン滞在は姉妹が思い描いていたような友好的関係を築いてはくれなかった。エリザベスは「お上品すぎて近寄りがたい」ガーディナー夫人の娘たちの相手をするため川下のほうに移動していたし、メアリーは大人数のハロウェルのクラスを教えるため、その場に留まっていたからである。メアリーは、エリザベスが離れた場所からでも指導してくれるのを当てにする一方で、姉が自分をはめこんだ窮屈な環境には憤慨せざるをえなかった。さらには「男の邪悪さ」についての警告的な話に続くピーボディ夫人の手紙は、事態をなお悪化させただけだった。母親は娘に宛てた最初の手紙で次のように書いている。「あなたくらいの年頃の少女が楽しいと思うことは、ほとんどすべてあきらめなければいけません。たとえば頻繁に人を訪ねること、派手な人づき合い、軽薄な小説を読むことです。」さらに、「文学的喜びはもっとも高尚なものですが、日常生活のなかに生じてはいけません」と母親は忠告している。そういったものを求めるよりも、メアリーは自分の仕える主人たちの役に立てるように、「家庭生活のこまごましたこと」に関心を寄せ、「きわめてささいな家庭的なこと」さえも疎かにせず、自分のよい評判をしっかり守りなさいというのである。

それより教育に関するピーボディ夫人の——「優しさによって生徒たちの心を包みこみなさい」——という助言のほうが受け入れやすく、年長でより反抗的だった生徒たちがクラスを辞めてしまうと、メアリーはその助言通りに行うことができつつあった。しかしかつて野外がとても好きで、「室内の壁は私に圧迫感を与える」と感じ、本で学ぶよりも白昼夢を楽しむほうが好きと言っていた若い女性にとって、ハロウェルの学校を自らの手で運営していくのは大変な課題であった。

一八二四年十一月、メアリー・ピーボディは十八歳になり、雪に閉ざされたメインの村で、ただ一人で教えていた。まもなく実家から離れて他人の家で迎える最初の感謝祭がやってこようとしていた。折しもエリザベスから、二人そろってケネベック川の谷を翌年の春に去り、一緒にブルックラインの学校で教えることにしてはどうかと提案され、そこでは「すべての人が私たちを気に入ってくれること請け合いよ」と言われて、メアリーがその計画の実行をこのうえなく喜んだのは、少しも不思議ではなかった。

第15章「ブルックラインにはスキャンダルがない」

エリザベスとメアリーのブルックラインの家と学校

二人の姉妹エリザベスとメアリーが、メインでの苦しい試練の後、ともに心の平静を取り戻すにはしばらくかかった。初めのうち、絵のように美しいマサチューセッツ州ブルックラインに優る場所はないように思われた。メアリーが自分たちの新しい環境について書いているように、「そこには曲がりくねった小道や……大通り……そしてマツやアメリカツガの雑木林があった」。姉妹が一八二五年五月に到着したとき、ボストンの西に最初にできた町ブルックラインには、せいぜい百戸の家しかなかった。その家の多くは、十八世紀末から十九世紀初頭にかけて、ボストンの実業家によって避暑のための家として建てられた広々としたローマ風の典雅な「別荘」であった。しかしボストン＝ウスター間の有料道路が都市までの迂回路を提供している現在、銀行員や貿易商は郊外に一年を通して住むほうがいいと気づき始めており、メアリーやエリザベスの生徒になるような少女たちは、そのような人々の娘たちであった。おそらくこの町は、比較的できて新しいものであったがゆえに、近所の住人の一人がメアリーに最初に会ったとき「ブルックラインにはスキャンダルがないんですよ」と自信を持って言えたのであろう。ガーディナー夫人やクリーヴランド夫人のような意地の悪い、あら探しばかりしている女性によって深く傷つき、さらにはライマン・バックミンスターの自殺といったショッキングなニュースに心をとらえられていたエリザベスは、ただただ安堵した。

エリザベスはいまや二十一歳になったが、十七歳の誕生日以来、春が来るたびに、まずはランカスターへ、そしてボストン、ハロウェル、ガーディナー、最後にブルックラインへと引越しを重ねた。彼女はそのたびに自活の道を探し、父親の借金返済を援助していた。一家が経済的に成功する見通しは、メインにいた頃に比べるとはるかに明るかった。エリザベスは姉妹二人の食事つき部屋代が週にたった四ドルのところを見つけ、ブルックラインの生徒たちの家庭は、最低でも年収五百ドルを保証してくれた。姉妹は靴屋の一家のもとに身を寄せ、町なかで、隣に鍛冶屋の店がある家の最上階の大きな部屋をもらった。晩春から夏にかけて暑さと騒音が大変だったが、前庭が一面花の植え込みに埋め尽くされているので、まるで自分たちの家がユリやハシドイの雲の上に浮かんでいるかのようで嬉しく思うのだった。

しかし夏中、エリザベスの気持ちは激しく揺れていた。最初の頃の自由な週末の一つを利用して、姉妹はブルックラインからケンブリッジまで迂回路十二マイルを歩いた。ケンブリッジでは友人たちと夜を過ごし、次の日はチャニングの説教を聞きにボストンに入り、それからブルックラインに戻ってきた。旅の最後の行程でエリザベスがたいそう疲れたので、メアリーが「馬になってあげる」と申し出て、背中に掛けたスカーフの端にしがみつく姉を家まで引きずっていった。エリザベスはそのようなときでさえ、姉としての権威を妹に譲ろうとはしなかった。メアリーがのちに、ちょっと面白がって次のように書いている。「私たちは道中、夫と妻になる契約を結びました。しかしE【エリザベス】は自分が夫役になると言ってききませんでした。」エリザベスは自分の「妻」を、荷を背負う家畜扱いすることで、「あらゆる騎士道のルールに違反していることには考え及ばなかったのです」。弱冠十八歳と二十一歳で、立身出世をめざして必死の努力を続けるメアリーとエリザベスは、二人とも各地を転々とする教師生活に代わるもう一つの道として、結婚のことを頭の片隅に置いていたにちがいない。

メアリーがセイラムの友人に宛てた手紙によると、六月の半ばまでにエリザベスは「驚くほど元気を回復しました。姉は再び感情というものを持ち始めていると言っています」。六月十七日、エリザベスはバンカーヒルの戦いの五十周年記念式典に参加するため、チャールズタウンまで馬車で行った。独立戦争で戦った二百人もの退役軍人は、その多くが年をとって腰が曲がり、戦時中の負傷によって足が不自由になっていたが、何百人という見物人が見守るなか、バンカーヒルまでゆっくりとしたペースで行進した。エリザベスはダニエル・ウェブスターが「腕を頭上に振り上げ、服を風にはためかせて」自由な政府について印象深いスピーチを行い、それからラファイエット侯爵を紹介するのを聞いた。いまやラファイエットの一年にわたる成功に満ちたアメリカ旅行は終わりにさしかかろうとしていた。エリザベスは謹直な老ラファイエットが新しい記念碑の礎石を置くのをじっと見ていた。その場に居合わせた女性の多くとともに、この威厳があって尊いフランス人と握手しようと、前に進み出た。彼女は手袋を「外す時間がなかった」ためそのまま握手し、それを一生大事にとっておいた。

次の日曜日、エリザベスはラファイエットがブルックラインでお茶の集いを開くが、そこには「紳士以外は誰も招待されていない」ことを聞き、街角まで出て数時間待つと、彼の馬車が通りすぎるとき、合図をしてそれを止めた。女性や子どもがたくさん集まってきた。しかしエリザベスは「興奮の極み」に達しており、飛び上がるように前に進み出て、他の者に先んじてその偉大な男の手にキスをした。彼もキスを返してくれた。エリザベスはのちにこう書き記している。「彼が行ってしまうと、われわれ一同興奮に打ち震え、よろめいていました。まるで嵐が去った後の海のように。そしてみんなが『この騒ぎを起こした』私を祝福してくれました。」

エリザベスはラファイエットと遭遇したことで気分が高揚し、さらに毎週日曜のチャニング博士の説教で、彼の目が発する「口にできないほど神聖な光」を再び見ることで、六月中、恍惚となっていた。しかしその昂揚感は、チャニングが二カ月間の夏休みを取りにニューポートへ出発すると、嘘のように消えてしまった。メアリーはそのような姉の状態をなすすべもなく見ていた。メアリーはセイラムの友人に次のように書いている。「誰かにチャニングのことについて聞かれると、エリザベスは『彼は行ってしまったわ!』と言うのですが、その時の姉の声の調子や身振りや表情を手紙に書き表すことができたら、あなたはその不幸がいかに大きいものかを即座に感じることができるでしょう」。エリザベスの気持ちの浮き沈みは、ときに、すぐそばにいるメアリーには我慢できないものになっていたのである。

ランカスターにいたとき、メアリーとエリザベスはそれぞれ十五歳と十七歳だったが、それ以来、ハロウェルで前年の夏に一カ月の休暇をともにしたことを除くと、二人は一緒に住んだことはなかった。エリザベスの記憶では、ランカスターでの一年は「私たちの人生にとって、幸せそのものの時間であり」、このときようやく、メアリーは真の同士として成長に達していたのであった。そこでエリザベスは、彼女がメアリーの「個性」のなかに「美徳」と呼べるものを初めて認め、メアリーの「私に対する信頼」、つまり、ある種の強い献身的愛情を感じたのである。エリザベスが思い返すに、その愛情はランカスターにいた頃、間違いなく「最高頂」に達していた。当時、もう四年も前のことだが、「私たち姉妹は結婚して」、両親の辛酸をなめるような婚姻関係の向こうを張るような「精神的結合」を成し遂げたかのように感じていた。ランカスター時代のエリザベスとメアリーは親密な仲であり、「満ち足りた」「友情」を楽しんでいたことは、ソファイアすら認めていたが、まだ十二歳のソファイアは「単なる遊び相手、代理的対象とでもいった立場」に追いやられていた。

しかしエリザベスにとって「信頼」や「親交」と思われていたもの、そしてソファイアにとって「満ち足りた親密さ」と思われていたものは、メアリーにしてみれば、もう卒業しつつあった幼いあこがれの結果であった。それでも、メアリーがお気に入りのスーザン・フェリアーの小説をエリザベスに貸すと、彼女はすぐさまベッドの上に体を伸ばしながらそれを貪り読み、会話の場面で「大笑い」をするなど、いまだにお互いが満足する束の間の時間は存在したのだった。しかしその他のときは、メアリーは姉のことがほとんど理解できなかった。二人で共有している寝室は、エリザベスの本やら書類やら服やらが散らかっていて、メアリーからしてみれば、さながら「ちょっとした混沌」であった。メアリーが友人に冗談半分で書いているものによると、エリザベスは夜明けとともに「まったく気でも狂ったかのように」目を覚ますときもあった。そして彼女の「精神は……ダンスでも踊るかのように」活発に動き出し、誰でもそこに居合わせた人相手に、彼女が最近夢中になっていることを話し始めた。メアリーはそれとは対照的に、たいてい自分のまわりを漂っている楽しい夢の断片とともにゆっくり目覚める。ところがエリザベスは早朝頭が冴えて輝いていたのに、やがて落ち込み、自己不信に陥る日がじつに多くあった。そこでエリザベスはメアリーにくってかかり、その性格を槍玉に挙げ、自分に対してするような徹底した詮索を妹にもして、挙句の果てには、こうやって気にかけてやっていることをありがたく思うだろうと期待するのだった。

エリザベスからそのような批判を受けても、メアリーはほとんど黙っていた。彼女は少なくとも今は、自分の運命はエリザベスのそれと繋がっていることがわかっていた。メアリーにとって不愉快なことに、姉妹はしばしば区別がつかないように見られていた。二人の若い女性は、ともに眼鏡をかけていて、姉のほうが二人分、途切れることなくしゃべり続けるのだった。二人一緒にどこに出かけるにしても、エリザベスの知識人としての評判が先行し、メアリーには注目が集まらなかった。彼女の引っ込み思案な性格は、これまで以上にひどくなった。メアリーはかつて書いている。「エリザベスは、自分自身と私が関心を持つ必要のあるすべてのことに対して、ずっと敏感でいられるよう心を砕いている」が、そのことに自分は感謝しているのだと。しかし彼女はエリザベスが家族のなかで、「われらがリズ――運命の寵児」と言われるのを聞くのは、やはり辛かった。たしかに、エリザベスが知り合いになった有力者のリストを列挙すると、次のようになる。アボット牧師、ウォーカー師、セアー師、チャニング師、ハーヴァード大学学長カークランド、ワシントン・オールストン、ナサニエル・バウディッチ、その他多数だ。このことによってかきたてられる嫉妬心は別として、メアリーは姉が有力者と知り合うことで得る興奮と引き換えに、どれだけの代償を払わなければいけないのか、身近にいてよくわかっていた。彼女は、たとえ純粋に知的な親密さであっても、それを独身女性が既婚男性に求める場合、エリザベスが負うであろうリスクについて心配していたのである。

それにメアリーには闘わなければならない自らの困難があった。メアリーが教えることを楽しんでいないと言い当てたのは、エリザベスと同様、活動的な性格のピーボディ夫人であった。メアリーの自信を高め、彼女が自分の置かれた環境を最大限に利用するのを手伝おうとして、夫人は「あなたみたいな性分の人はじっとしていてはいけませんよ」と手紙に書いた。彼女はメアリーに、「あなたにとって日々進歩の源となる」学校で自分の果たすべき役割を探しなさい、「有用な知識を身につけたいという欲求」をどんどん持ちなさい、「そうすれば、あなたがこれまで案じてきたよりずっと幸せになれるのであり、それこそ神があなたに示された道なのです」と助言している。

時々メアリーは、エリザベスが夢中になっている修練を自分もやってみようとした。メインでの一カ月かそれ以上の間、彼女は朝早く起きて朝食前にイタリア語を勉強し、ウェルギリウスを翻訳したりした。夜には、ブラウンの哲学か、スタール夫人の評論『ドイツ論』を寝るまで読んだ。メアリーはドイツ語を学びたいという姉と同じ熱意に駆られ、姉妹でブルックラインに定住してからは、隣人でドイツ語が話せる裕福な貿易商のもとで勉強できるようメアリーが手はずを整えた。そのうちメアリーはロマン主義哲学者たちの書いたドイツ語を声に出して訳し、エリザベスに聞かせるほどになっていた。しかしメアリーがローリンズ・ピックマン嬢に宛てた手紙で告白しているように、彼女がスタール夫人について記憶に留めていることは、「彼女の人生を名高いものにしたいかなる出来事よりも、彼女の感情や、彼女の人格の向上」に関してであった。メアリーは、「感受性のある女性なら誰でも、二十六歳までに必ず恋愛感情を持つことになるでしょう」というスタール夫人の言葉を心に刻んだ。ブルックラインでメアリーは十九歳になったが、「感受性」を得るために自分自身の人格を改善し、恋に落ちるための時間はまだたっぷりあると信じていた。

メアリーは、家族が自分のために立てた計画を忠実に実行していたときでさえ、教職こそ自分の「一生の道」といった考え方には抵抗していた。彼女はメインの自分のクラスで小さい子どもたちの面倒をみることは楽しんでいたし、彼らの空想や恐怖の話を特別に親しい相手として聞いてあげることも喜んだ。しかしブルックラインでの夏の間、「無味乾燥なフランス語、ラテン語の動詞の学習、原典を台無しにするような詩の朗読、こんがらがった文法の学習が日課になってしまった」ような気がしていた。教室が子どもや大人でいっぱいになると、いつも活発に会話を交わそうとするエリザベスと違って、メアリーは時々生徒に自習をさせておいて、わずかな時間にこっそりと自分の読書をしたり手紙を書いたりしていた。新しい学期が始まるたびに、「時間は羽をだらりと垂らして速度を落とし」、彼女は次の休暇まで耐えなければならない日数を数えていた。エリザベスの活動的な様子も、メアリーにはなんの役にも立たなかった。

エリザベスはガーディナー夫人やクリーヴランド夫人によって負わされた心の傷から回復したと宣言していたが、夏の終わりになってもなお、痛ましい場面を思い出すといつも、こらえきれず泣いていた。姉妹が八月末の休暇のためにブルックラインの学校を閉めたとき、エリザベスは、おそらく厄払いをしようとしてであろうが、自ら「恐ろしい実験」と呼ぶものを行った。メアリーはエリザベスが生徒一人ひとりに手紙を書き、「学校内外における彼女たちの性格について、自分が思うことをあけすけに伝えている」のを知ったとき、愕然としたに違いない。

エリザベスは何人かの少女には、「女らしくないし無作法である」と告げている。また別の子たちには「行動に節度がない」とか、うぬぼれが強いとか、すぐかっとなりすぎるといったことを注意している。エリザベスが学期の最終日に渡す手紙には、それぞれに槍の形をした封蝋《ふうろう》が押し付けてあり、それは

「私は傷を治すために傷つける」という意味だったのだが、少女たちがそれを受け取るときの、意欲の「輝き」を見ると、エリザベスの手は震えた。たとえブルックラインの生徒たちがいつもお行儀よく振舞っていなかったとしても、彼女たちが先生たちを「大いに慕ってくれた」ことは、エリザベスとしてもやはり認めないわけにはいかなかった。少女たちに対していくらか憤りの気持ちはあったかもしれないが、多くの子はエリザベスとわずか二、三歳しか年が離れていないのであり、時々お行儀が悪くなるとしても、それは彼女たちにお金や自由な時間があるためで、それを彼女たちの責任にはできないことはエリザベスもわかっていた。家に帰るまで手紙は読まないで、とエリザベスは頼んだ。

メアリーが馬車に乗ってセイラムに行っている間、不安や「不吉な予感」で心身ともに消耗していたエリザベスは、ランカスターで短い休暇をとるため出かけた。彼女は「とても長い間」、「悲惨な精神状態」にあって、そこから回復できていないことがわかっていた。そして彼女は「自分の気力を奮い起こすことができないかもしれないと心配しはじめていた。もし彼女がランカスターへの訪問を楽しめなかったら、それは、彼女が「幸せを感じる心」を永久に失ってしまったことの証明になるのではないか。おそらくライマン・バックミンスターがそのような絶望のなかで生涯を閉じたことに気づいて、彼女は打ちひしがれていたに違いない。

しかしながらエリザベスが大いに安堵したことに、実際はその逆のことが証明された。ランカスターでセアー博士と「四日間、休みなしに話をした」ことで、彼女は「以前のまともな自分」を回復することができたのだ。博士は、「いくらか共感を抱いて私の心のなかに入ってきて、私のしっくりいかない気持ちを整理してくれた」のだった。彼女は自分がメアリーにとってどんなに厄介者だったかに気づきさえして、態度を改めることを約束した。エリザベスは、ブルックラインに帰って、メアリーがセイラムでソファイアからおたふくかぜをうつされ、秋学期の始まりから授業ができそうもないと聞いたとき、我慢できずに実家に手紙を書いた。「メアリーがここにいてくれることを切に望んでいます。彼女は私なしで生きられても、私は彼女なしでは生きられないのだとメアリーに伝えて下さい。現に今この瞬間もそうです。」

エリザベスが学校を再開したとき、彼女は自分の手紙による指導が成功したことがわかり、ぞくぞくするほど興奮した。彼女がとりわけ厳しく指導した生徒が、お礼の手紙を持ってきた。クラス全体がいまや「静かで真剣になり、なおかつ親愛の情に満ちていた」。そして、エリザベスの前任の教師に「手に負えない」と思われていたある生徒も、エリザベスに会った途端、わっと泣き出して、自分の行いに対して心のこもった謝罪をした。エリザベスは新たに自信を得て、秋学期をスタートさせた。学校や自分自身の研究に関する計画は山ほどあった。しかし彼女は、ラファイエットの訪問中のように、「恍惚」としてのぼせ上がることは避けると誓った。それはうっとりとした感覚であるが、あまりに長く浸りすぎると反動で何もする気が起こらなくなってしまうのである。彼女は日記に書いている。「どうか自分が、極端に走ることありませんように。」

メアリーとエリザベスは、幹線道路沿いにある男子古典学校の校舎が夏の数カ月の間空くのを利用して学校として使っていたのだが、秋には自分たちの下宿に学校を移した。奇妙なことに、姉妹の新しい部屋の使い方は、これまでよりも良くなったように思われた。姉妹は授業がある日は、夜は屋根裏部屋で寝て、日中は下の大きな部屋で教えるのだった。二十人の生徒が毎週朝に来ることがわかっているので、エリザベスも自分の本や書類を整頓せざるをえないし、隣人の一人が大きく鮮やかな色のトルコ絨毯を貸してくれたので、日当たりのよい教室が「夏を迎えたかのように」なった。

いまや姉妹は、授業がある日にも時々交替で互いに相手を休ませることができるようになり、エリザベスは五、六時間を自由に勉強や会話に使い、メアリーはしばしばどうにも我慢ができず「怠け癖」に浸った。姉妹は、授業日はいつも終日一緒に過すことを強いられていた頃に比べて、今のほうがはるかに二人の時間を楽しんでいた。メアリーが書いているように、午後生徒たちが帰ると、「私は針仕事を、エリザベスは本を一冊取り出してきて、ここで一緒に座って過しましたが、特に雨の日はそうでした」。そしてエリザベスが本を朗読するのだった。この方式は、二人の姉妹が特にジェイムズ・フェニモア・クーパーの最新作『モヒカン族の最後』を手にしたとき直面していた問題を解決してくれた。二人ともその本が読みたいのに、どちらが先に読むか決められずにいたのだ。他の多くの自立心のある読書好きな若い女性と同様、姉妹もナッティ・バンポーの生来の勇気と誠実さに心を動かされた。クーパーの主人公を作り上げているそうした性質は、男性の読者や批評家に言わせれば、フロンティアの人間らしくないものではあったのだが。

しかしエリザベスの回復を確実なものにし、彼女をある日「私の人生の一つの時代」と呼ぶものに導いたのは、チャニング牧師がニューポートから戻ってきたことであった。一八二五年九月、エリザベスはチャニングのフェデラル・ストリート教会へ毎週出かけて行った。そこで彼女は彼の説教にあまりに熱心に耳を傾けたので、その抜群の記憶力で、帰宅するやいなやほとんどすべての言葉を一字一句そのままに書き留めることができた。十月初旬のある日曜の朝、エリザベスは濃霧のせいで前方三ヤードも見えないのに、ボストンまで歩いて行ったのだが、チャニングはあいにく説教する予定がなかった。彼女は午後の礼拝までそこに留まった。チャニングは説教こそしなかったが、集会で自らの席から立ち上がり、告知をした。エリザベスはのちに日記に書いている。「彼の声はまったく思いがけず、私の上に降りてきて、心の奥底までかき乱した。」彼女は、自分の友人で、チャニングの日曜学校の教師の一人でもあるイライザ・キャボットとともに教会を出るとき、チャニングとなんとか握手するのに成功したのであった。

二人の女性がウィンター・ストリートを歩いていくと、チャニングが後を追ってきてボストンコモンで二人に追いつき、そこで三人は立ち止まり、濃霧のなか夕日を眺めた。小柄な三人組だった。カリスマ牧師は、二人の女性の友人と比べて背が高いというわけではなかった。エリザベスはメロドラマ風に記録している。「太陽はけぶるような大気のなかで輝いていたかと思うと、その輝きをやめ、血のような色をして転がっていった。」チャニングは「戦争や征服で町が焼けた」後の空に関する古典的な記述を思い出していた。暗くなると、彼はエリザベスのほうを向いて、「一緒に家に来ませんか」と誘い、「私がガーディナーから書き送った長い手紙のなかで、メインでの宣教について彼に示した提案があったが、それについて彼は自分の考えを言おうと約束した。もちろん私はついて行った。」

マウント・ヴァーノン・ストリート沿いにあるチャニングの家まで歩いて少しの距離だった。エリザベスの日記によると、チャニングは自分の書斎のソファーに彼女を案内し、自分の横に座らせ、彼女の手紙について論じはじめた。エリザベスは自由に発言したが、彼女が驚いたことにチャニングもそうした。エリザベスは十三歳のとき、チャニングに「心のすべてをぶちまけた」のだが、牧師はもはや彼女をそのような子どもとしては見ていないようだった。彼は彼女を対等に扱った。間もなく二人は、お互いの子ども時代の心に刻みこまれたことなどを打ち明け合った。エリザベスは最初、神様を、一人の微笑を浮かべた男性としてイメージし、それをある年上の生徒に打ち明けたとき、自分の母親に叱られたことを打ち明けている。チャニングは、幼い頃、信仰復興論者の宣教師の激しい言葉づかいの語りを聞いたことで、子ども時代ずっと陰鬱な気持ちに閉ざされていたことを告白した。

ウィリアム・エラリー・チャニング牧師
(スピリドーン・ガンバーデラ画)

このように、抑圧的なカルヴァン派の幼少期教育を受けながら、その後リベラルな信仰を身につけるにいたった個人の成長物語のお陰で、このアメリカにおけるユニテリアン派第一世代は、親交を深め、友情で結ばれ、多くがそのまま超絶主義者になった。エリザベスが長い年月の後に説明しているところによると、「私たちは、自分たちが十分知っている成長の一例になったと一人一人が感じていましたし、まさにそれが私たちの成長でした」、「したがって私たちは、成長原理をよく差し示す実例として、それぞれ思い思いにわが身を差し出したのです」。その結果はたいてい、他に類を見ないような強いプラトニックな友情となった。すべて精神的啓発の名のもとに、情熱的な結びつきが、同性の間でも、既婚男性と未婚女性の間でも、さらには(あらゆる関係のうち、いつもこれがもっとも礼儀をわきまえて演出されたのだが)未婚の男女の間でさえ形成された。

一部の者にとって——たいてい女性だったが——これらの関係は、失恋の落とし穴となる可能性もあった。結婚には乗り気でないが、知的な交友は熱心に求めていたエリザベスにとって、このような関係は願ってもない恩恵だった。彼女はチャニング牧師と定期的な交際——彼女の仲間内では、それは単なる意見交換と見なされていた——を続けることができた。彼の書斎で二人だけになるときもあったし、どちらかと言えば厳格な彼の妻ルース・ギブズ・チャニング——彼の従姉であり、運送業で得られた財産の相続人であった——が同席している場でさえも、非難される危険もなく、二人は会っていた。

それからまもなく、十月下旬のある金曜日、チャニングはブルックラインのある家族と午餐をともにすべく、馬車で出かけた。その家族はピーボディ姉妹も招待していた。いまやメアリーにも、そこでチャニングを直接観察できるチャンスが巡ってきたのだ。メアリーが書き留めたものによると、禁欲的な牧師は、自分に出された食事にはほとんど関心を示さなかったが、その午餐は延々と続き、午後から夜にかけての「宗教、礼儀、服装、そして彼のヨーロッパ旅行」を話題とした長い語らいになった。チャニングは青白く、体格もよくないが、生き生きして機知にも富み、「想像しうるかぎりもっとも優しい微笑み」を浮かべていた。しかし、「彼にじっと見られると、自分の心のもっとも深い部分に入り込まれ詮索されているような感じになる」とメアリーは書いている。さらにメアリーを狼狽させたのは、チャニングが質問に答える前に、長々と考える癖であった。ときには十分以上も「おそろしいほどの沈黙」を挟むのである。だがその沈黙は、やがて「彼の考えの深さやすばらしさによって、たっぷりと報いてくれるもの」であった。

この会合から、メアリーはチャニングが「女性をこのうえなく讃美している」と結論づけている。メアリーの説明によると、彼は「多くの女性の絶大な信頼を得ており、女性を判断する絶好の機会に恵まれている」というのだ。彼が女性に崇敬の念を抱いていたからか、あるいはただ単に女性といるほうが心地よく感じたからなのか、チャニングはのちの超絶主義者たち——エマソン、ソロー、オルコット——と違って、男性より女性との交流に心惹かれていた。たしかに四十五歳のチャニングは、牧師という特権を利用して、姉妹たちがこれまで出会ったいかなる聖職者よりも自由に、女性教区員と接していたようだ。しかし彼は、十九世紀後半にボストンの宣教師であったヘンリー・ウォード・ビーチャーのように、自分の周りに集まった女性を食い物にすることはなかった。チャニングには両性具有的な性質があった。それは彼が純粋に感情移入できる性格であったことに加え、虚弱な身体の持ち主であったからだった。それこそが、彼の会衆の多くが彼をキリストに喩えた理由だった。女性たちは、彼によって自分たちの心のなかの「もっとも崇高な」情熱をかき立てられたときでさえ、彼のそばにいると安心を覚えたのである。

翌朝、メアリーとエリザベスは、ブルックラインで一晩泊まっていたチャニングと一緒にボストンまで馬車で行った。ついに「彼をその時間中、ずっと私たちだけのものにできた」のだった。メアリーは馬車に乗って一人でブルックラインに引き返したが、エリザベスは残って前日の会話の続きをした。その話題は、スイスの教育改革者ペスタロッチ、ルソー、アイルランド系作家マライア・エッジワース、キリスト教の奇跡の数々、そして「美」についてであった。この美を、チャニングは「単なる小ぎれいさ」とは区別していることが、エリザベスには嬉しかった。次の土曜日、チャニングはその翌日に説教の予定が入っていないとわかっていたので、エリザベスを呼びにやって再び午後を一緒に過ごした。メアリーの報告によると、エリザベスがその晩ブルックラインに戻ったとき、「彼女は最高に美しく見え、まさに第七天国【天国にあるとされる七つの階層の最高位】からやってきたばかりのようだった」。そのようにして、エリザベスのこの牧師との「長い修行期間」が始まった。

エリザベスは、チャニングが自分との対話に感銘を受け、「私のことを愛情深く語り」、「私が町に着いたら会いたいと望んでいる」ということを、人づてに耳にし始めていた。しだいに土曜の午後の訪問は慣例となった。チャニングは、エリザベスの率直さや、彼の意見に反対のときはすぐさまさえぎる態度を気に入っていた。彼女はチャニングが、「臆病な性格や心配性の人物」には我慢がならないことにすぐ気づいた。エリザベスが後から書いているように、チャニングはそのような人たちに同情することはできたが、「宗教的教義に関する彼らの意見はとるに足らないものと考えた。なぜなら、これらの弱点によって彼らはありきたりの信条に依存してしまう傾向があると考えたからだ」。メアリーが当時記録しているように、エリザベスは「彼にほかの誰もができない態度で話しかけました。というのも、彼女は彼に近づく人が多かれ少なかれ感じるような恐怖を、まったく感じていなかったからです」。エリザベス自身、「私が深いところまで付き合う人について、とことん探ってみるのが私の特性」なのだと、自覚し始めていた。

もしエリザベスが、チャニングにとって熱心で挑戦的な会衆の一人となったとすれば、チャニングはエリザベスが子どもの頃から真に望んでやまなかった思いやりと指導とを与えた。彼女が実家を出てからの年月は、「あまりに精神的に辛い経験ばかりだったので、希望が持てなくなっていた」と、彼女は何年も経ってから書いている。チャニングは「私に子どものころの信念を取り戻してくれた」のだった。エリザベスはまったく独力で、原罪に関するカルヴィニズムの原理から抜け出す方法を、本を読んで研究してきていた。しかし彼女は単に、独自に解釈した「ユニテリアンの原理」を代用していただけであり、「個人的な宗教上の逸脱や罪」に責任を負い、「自責の念からのいかなる解放」をも自分に対して許さなかったのである。

チャニングは、そのような痛ましい内省は、ユニテリアン信仰の意図するところではないこと、「われわれの人生は人との関わりのなかに織り込まれていること」、そして、「無防備な意志だけでひたすら苦悩することによって運命に打ち勝とう」としても無駄であることを、エリザベスに確信させることができた。つまり、クリーヴランド夫人やガーディナー夫人とうまくいかなかったからといって、あるいはライマン・バックミンスターが自殺に追い込まれるような鬱状態になったからといって、彼女が自責の念で苦しむ必要はないというのであった。エリザベスをしばし自己不信から解放し、「この苦い経験を忘れなさい。あなたの番が来たとき、それらの過ちを避けるようにすればよいことです」と助言したのは、他ならぬチャニングであった。彼女はむしろ、「心が自己のもっとも高い能力を意識するまで」自己分析を続けるべきなのだ。「自己分析の時間が有益であることの証拠として、それによって私たちはより強くなり、いっそう希望にあふれてくるのです」とチャニングはエリザベスに言ったのだった。

　毎週の対話のなかで、チャニングはエリザベスに、イギリスのロマン派詩人たちの作品、とりわけコールリッジとワーズワースを紹介した。この二人は、一八二二年にヨーロッパ旅行中のチャニングを新しいアメリカ精神の使者と見なして力を貸していた。チャニングはエリザベスにコールリッジの随筆集を一冊貸して、この詩人の「超絶的《トランセンデンタル》」という言葉の使い方について議論した。チャニングは独自の神学に基づいてその観念を捉えようとしており、エリザベスに対して、「神という概念は、崇高で畏れ多いものだが、それは清められ無限に広がっていくわれわれ自身の精神性をあらわす概念である。われわれのなかにこそ、神性の要素はある」と信じていることを告白したのだった。チャニングは自分の会衆にはこうした考えをあえて口にしようとはしなかった。リベラル派のユニテリアンに対してすら、神とは人間が作り出した一つの概念であると提唱することは、あまりに過激すぎた。それから十年も経たないうちに、若き牧師ラルフ・ウォルドー・エマソンが、それと似たような自身の考えを隠すことができず、名高いボストンの説教師職を辞したのだった。しかしこの時点ではまだ、エマソンもハーヴァード大学神学部の学生で、仲間の学生と一緒に、チャニングが挙げた推薦図書目録に従って読書を進め、会衆席からこの有名な説教師の説教に耳を傾けていた。それほどの人物と——しかも対等に——会見していたのがエリザベスだったのである。

　エリザベスは何を学んだのであろうか？　エリザベスにとって忘れもしないあの日、チャニングは彼女を座らせ、ワーズワースの「不滅のオード」を大きな声で朗読してくれと頼んだ。エリザベスは、一言一句噛み締めるように朗読しながら、彼の目が「まるで私の心の奥底を読み取ろうとしているかのように私を凝視している」のを感じたことを、けっして忘れることはなかった。彼女のよき指導者は、「その詩が私に与える第一印象はいかなるものなのか、その情報の一片をも見逃したくなかったのである」。一八二五年の時点で、ワーズワースの詩は発表後まだ三十年も経てはいなかった。エリザベスは、「子どもは大人の親である」とか「何一つ取り戻すことはできない／草の輝き、花の華やぎし時を」といった、現在ではよく知られている一節を読んだ最初のアメリカ人の一人となった。ワーズワースのいくつもの主題は融合し、幼年期に感受する印象の重要性とか、自然における神の存在とか、エリザベス自身がもっとも大切にしている信念と非常に深いところで共鳴したので、彼女はすっかり心を奪われてしまった。その後まもなく、彼女は自分の給料の多くを費やして、ワーズワースの全集を買った。それを知った当初、チャニングはショックを受けた。彼女が必要とするなら自分が持っていた全集を喜んで貸しただろうからだ。しかしそのような本は、「自分のものにしたくなる」ものだとも理解できた。

コールリッジとワーズワースの影響で、エリザベスは再び執筆を始めた。最初のうちは主に日記であった。ワーズワースの自己に関する追憶の先例や、チャニングの「望みを抱き」続けなさいという指示に励まされて、彼女は幼い頃からの出来事を分析し始めた。自分の母親に幻滅するような数々の場面、自分の髪を大はさみで切ったこと、大伯母エリザベス・クランチと過ごした年のこと、スウェーデンボルグをめぐる論争、自分の読書を両親が禁じたことなどである。エリザベスは、自分が個人的な神学理論を持つに至ったいくつかの原因を自分の過去のなかに見出すことで、新たな自分に生まれ変わろうとしていた。その神学理論は、裕福なパトロン夫人から受ける些細な批判よりはるかに過酷な様々な試練を通じて、彼女を支え続けてくれるはずのものであった。

メアリーはエリザベスが着実に思索に没頭している姿を見てほっとした。「姉はコールリッジやワーズワースやチャニング博士の影響を受けながらこの冬を生きています」と、一八二六年の初め頃、メアリーはセイラムの友人に宛てた手紙で書いている。メアリーはしばしば、研究中のエリザベスを観察した。エリザベスが何を書いているかは知るよしもなかったが、ただただ、姉のエネルギーと専念ぶりに畏敬の念を抱き圧倒された。またメアリーは同じ友人に別の時期に宛てた手紙のなかで次のように書いている。「姉は大量の紙のすぐそばに片肘をついて座り、まるで存在するあらゆる考えを書き尽くし、同世代や後輩たちが書くべきことは何一つ残してやらないつもりのようです。」

エリザベスはその後、一八二六年を「私の知的生活が始まった最初の年」と見なしている。まさにこの年に、彼女が長い間抱えていた自己疑念が薄れ始め、自分自身の考えを信じられるようになったのである。十三歳のとき夢見た目標に向けて進み始めたエリザベスは、ヨハネによる福音書の独自の大まかな解釈——「自由な言い換え」と彼女は呼んでいたが——を手がけた。そのなかで、有名な最初の言葉「初めに言葉ありき……そして言葉は肉となった」というのは、「心がけて真実を話すこと」は人間にとって神聖な天賦の才能であり、それぞれの人間に、人生における意味を探す力を与えてくれるという意味だ、とエリザベスは解釈した。彼女はずっと前に行《おこな》ったギリシャ語（ロゴスはギリシャ語で、一般的に「言葉」と訳されるが、それについてエリザベスは聖書の原典で研究していた）や、ソッツィーニ派やユニテリアン派の神学の勉強を引っ張り出し、それらをチャニングによって吹き込まれた個人の自由を強調するワーズワース的ロマン主義へとつないでいった。

エリザベスが彼女の言い換えをチャニングに見せると、彼は彼女の「独創的な見解」に驚嘆した。エリザベスがのちに書いているように、「二人の親密さの基盤」が確かなものになったのは、チャニングが彼女に「神はこのように崇高な題材に対して、誰よりも深い洞察力をあなたに与えられたのだ」と言ったときだった。しかしチャニングはエリザベスに、「あなたの能力を、隣人に奉仕することに使いなさい。けっして人より目立つために使ってはいけません」とも注意した。チャニングは、エリザベスの見解が彼の教会内で、彼自身避けたかったような論争を巻き起こすのではと心配していたのだろうか？　あるいは彼は、女性は人より抜きんでることより人に仕えるべしという社会規範を押しつけようとしていただけなのだろうか？　いずれにせよ、チャニングは自分の若い弟子に、印刷物の形で自身の「独創的な見解」を公にすることをまだ勧めるつもりはなかった。

思想的にもっとも尊敬している男性と「親密に」なりつつあることを嬉しく感じている二十一歳の学校教師として、エリザベスは当の男性であるチャニングに褒められたことに満足していた。まさに彼女が書いているように、彼女はチャニングの言葉を聞いて、「怖れと喜びの入り混じった気持ちで胸を高鳴らせた」のだった。自身の「より深い洞察力」を他者への奉仕に活用せよという彼の指導に対して、彼女はあえて疑問を呈することはなかった。エリザベスは正統派神学に異議を唱える用意はあったが、学校で教えることが女性の知識人にとって唯一の適した職業であるとする社会規範に対して、刃向かおうとは思わなかった。ましてやチャニング自身がその規範を支持しているならなおさらである。

しかしエリザベスは執筆を続けた。彼女は「ヘブライ語聖書の精神」と題して、旧約聖書の現在における意味について試論を書き始めていた。それは最終的に六部、四万語近くの大作になった。彼女はロマン派の詩の影響を受けていたので、正統派の直解主義者たちを拒否し、私たちが聖書解釈の「手がかりを探す」としたら、それは「詩的な表現様式」のなかにあると書いている。創世記に関する試論から始めた彼女は、「人間が不完全形に作られている」のは、生まれつき罪深いからではなく、「自らの幸せの殿堂を築くのに参加するためであり、自分自身を善なるものとし、それを確認するためである」ことを、まずは証明しようとした。

エリザベスは、聖ヨハネの言葉の言い換えのなかに自分が取り入れたある考えをさらに発展させた。それは、「私たちのすべてが」、精神的な意味、すなわち「内面の啓示」を求める探究によって、自由に「内なる魂」を教化することができるという考え方である。私たちは皆、それぞれ「権利を奪うことのできない絶対的な存在である」と彼女は書き、同様に「女と男の精神的な平等」を主張している。その一個人が意味を求める探求は、彼女が「社会的原則」と呼ぶもの、すなわち、「すべての人間のなかに無意識のうちに存在し」、その人間の心のなかに「根づいている」他者への思いやりと、バランスが保たれている。「私たちに道徳的力を与えてくれるものは、自分の本性に対する意識であり、これに尽きる」と彼女は書いている。「自分が何たるかを認識」すれば、「私たちの選択の能力」——すなわち他者のためになることを選択する力——が身につくという。エリザベスは、当時のその地域としてはまったく過激なこと、すなわち、個人的選択や個人の自由は生来のもので、社会的責任や「神の御心に沿って」生きる道とまったく矛盾しない、ということを論じていた。彼女はチャニングと、コールリッジが使った「超絶的《トランセンデンタル》」という言葉について話し合った結果、自分の新しい哲学を「超絶主義《トランセンデンタリズム》」[1]と呼んだのだった。

エリザベスはのちに、「著述家になろうといった考えはまるでなく」、単に「自分自身の考え」を表現しようとして、これらの試論を完成させたと回想している。他人に奉仕しなさいというチャニングの助言が、「社会的原則」として彼女の頭のなかに入り込んでいたのだとしたら、それはずっと彼女の出版への意欲を削《そ》がせ続けたのであった。彼女は原稿を書き溜めていったが、ほぼ十年間、誰にも見せることはなかったのである。

しかしエリザベスはチャニングと親しく接するようになることで、一八二六年に、自分のもう一つの計画に取り組むことになったと言えるかもしれない。それは、二人がともに英雄と称えていたワーズワースに手紙を書くことであった。彼女の計画の大胆さには目を見張るものがある。ほぼ同じ年齢のとき、のちにエリザベスが超絶主義において一緒に仕事をしていくことになるマーガレット・フラーは、もう一人のロマン派の偶像ルートヴィヒ・ヴァン・ベートーヴェンに情熱的な長い手紙を書いたが、ベートーヴェンはすでに死んでいて、フラーは想像のなかで自分のヒーローに語りかけたのだった。エリザベスの手紙は現実のもので、実際の仕事の提案も含んでいた。それはチャニングの助言にしたがい、自分の「独創的な考え」を他者への奉仕に向けようとするさらなる努力そのものであった。さらに彼女は、詩的な気分をにじませながらワーズワースに手紙を書き、「私の心のなかにあるものを、熱意と素朴さをこめて」伝えようとした。彼女は自分のことを、誕生日までまだ数カ月余しながら、「二十二歳のアメリカ人女性」で、「すでに五年も若者の教師をしてきた」と身分を明かしている。彼女は自分の子ども時代のことから書き始めているが、それは彼女が自分の日記のなかで探究し続けてきたことの精髄であり、今ではロマン主義的見解として表現しているものであった。彼女は書いている。「私は自分の周りにあるものすべてに現実味が欠けているとしばしば感じました」、そして「宇宙の真っただ中で孤独を感じ、えも言われぬぞっとするような恐怖感を覚えたのです」。彼女自身の学校は、「とても良い学校と言われていた」けれども、彼女はそこで「教育理論全体が、本質的に欠陥のあるもの」と感じていた。彼女には「魂が無視されている」ように思われたからである。思い出すに、彼女は子どもの頃、「年配者は若者がどのように感じているのかほとんどわからないということに気づいていました」。そこで彼女は「私が感じたことを覚えていて、大きくなったら世の中に知らせよう――そうすればおそらく、より良い社会の仕組ができるはず」と心に誓っていたのであった。

エリザベスはそこで、ワーズワースに対し、特に子どもに向けた詩集を書いてくださいませんかと提案している。「もしあなたが心血を注いでこられた神聖な芸術を、このようなかたちで駆使することもできるとお思いになれば、この詩集は広範に、またたく間に流布し、おそらく新しい、かつこれまでになく深い意味合いが教育にもたらされることでしょう」と彼女は書いている。もし詩人ワーズワースが彼女に返事を書くつもりがあるのであれば――彼女はその返事がもらえることを「切望」しているのだが――「ケンブリッジのハーヴァード大学ジョン・T・カークランド学長――もしくはマサチューセッツ州ボストンのウィリアム・E・チャニング師、そのいずれかの気付けで」ご送付いただけます、と彼女は結んでいる。彼女は自分の保護者の威信を借りることで、この詩人を動かし返事を書いてもらえるかもと期待したのかもしれない。しかし彼女は細かく気を配り、「私があなたにお便りしたことは誰も知りません――それはあまりにも大それたことに思われ、どなたにも相談などしていないからです」と付け加えている。そこまでしながら、聖ヨハネの言葉に関する自身の「自由な言い換え」や、「ヘブライ語聖書」のなかに暗示された「超絶主義」に関する試論とともに、エリザベスはその手紙をもしまい込んでしまった。彼女がそれを送るだけの勇気を奮い立たせるには、二年はかかったのである。

ワーズワースが書いた子ども向けの詩集があれば、エリザベスはブルックラインで間もなく直面する困難に遭わなくて済んだのかもしれない。その代わりに、手近にあった道具――詩集でなくユニテリアン神学を使いながら、彼女は教育の「より良い仕組み」を独力で生み出すべく、自分の計画に着手したのだった。

チャニングとの毎週の討論に触発されて、エリザベスは自分の学校の「年長の少女たち」のために、土曜の朝に討論の授業を行った。エリザベスと少女たちは、「人生の大切な原則について自由に言葉を交わし」、それがそのまま翌週の作文演習のテーマになった。一八二五年十一月、その主題のなかには、「宗教的愛の発展」とか「ありのままのわれらが救い主」といったものがあった。エリザベスは少女たち自身の考えを引き出そうとしたのであって、「無理矢理子どもたちを子ども時代から卒業させよう」としたのではない。後者のやり方は、彼女の神学テキストの理解の早熟さが明白になったとき、彼女自身に対してなされたことだった。彼女は少女たちがある種の直感的な精神性――たとえば子どもと神との自然なつながり――を発見する手助けができると信じていた。そのつながりは、ずっと昔、セイラムで自身の母が実の娘エリザベスではなくある生徒の肩を持ったとき、母によって切り離されたと感じたつながりだった。だがエリザベスは、当時もっとも活発に議論されていた見解のいくつかを、年長の少女たちのクラスで実際に試そうとしていた。子どもたちが独自の宗教的信念を得ることができるかもしれないという見解そのものが、ニューイングランドのたいていの家庭において極度の異端と見なされていた。エリザベスは、実の母親がなぜそのような選択をしたのかが、間もなくわかった。

エリザベスが毎週開かれる昼の食事会に出席するため、チャニングの家に到着すると、チャニングは熱心に土曜の朝の討論がどうなったかを聞きたがった。何年も経って、彼女はブルックライン時代の日記を読み返した後、二人の意見が重なりあっているのがわかり驚いた。チャニングについての回想記のなかで、彼女はこのように書いている。「すべての場合において、私が土曜のクラスで選んだ作文の主題は、チャニングが次の日の説教で取り上げる主題になっていたことがわかりました。」彼女は、自分の見解がチャニングの見解に影響を与えたのかもしれないとは、考えもしなかった。エリザベスがせいぜい考えたことといえば、チャニング自身が懸命につとめている「自己教育」の仲間にしてもらえるかもしれない、ということだった。つまり「彼は、私の心を服従させる代わりに、それが彼の心とともに成長する自由を与えて下さったのです」と彼女は回想記のなかで書いている。彼女はチャニングにしばしばこう言われたのも覚えている。「私たちは――教師と説教師として――優れた教育法を一緒に研究していきましょう。」その考えがエリザベスには嬉しく、自分が自らの学校で重要な仕事を成し遂げつつあると確信させてくれたのだった。

エリザベスは、当時その経歴の頂点に達していたチャニングをとても尊敬していたので、彼とともに生み出した考えが自分のクラスで反発を買うなどとは思いもよらなかった。しかしチャニングは、改宗者相手に説教をしていたのである。エリザベスのクラスの数人の少女はフェデラル・ストリート教会の会衆の家庭から通ってきていたが、他の少女たちは――たとえどんなに優秀と評判でも――弱冠二十一歳の女性教師が行うリベラルな宗教の礼拝には参加したがらなかった。エリザベスの日記によると、ある少女は、「自分が教えられてきた精神に関する見方は、私【エリザベス】が示している見方とは根本的に違う」と主張した。エリザベスはその少女に、自分は「宗派の特性」について議論するつもりはないこと、そして、「私が信じ、根拠としているものは、あらゆる宗派に共通のものです」と、確信を持って言った。エリザベスは、本当の宗教とは「それに向けて努力をするものであり、それゆえあらゆる宗派が人間にはそれを受け入れる能力のあることを暗に示しています。私が得ようと努力しているのはこの能力なのです」と主張したのだった。

しかしこれこそまさに、エリザベスが正統派をもっとも怒らせる危険を孕んだ見解であった。彼女の生徒の一人は涙ながらに、「聖書は、人間はみんな堕落しており、その心はひどく邪悪であると教えています」と反論した。そこでエリザベスのこの少女に対する同情心が湧き上がった。彼女はその少女に、「自己認識こそが宗教の基本です」が、それは自己嫌悪とは違うものですと言い、その少女が本質的には善であることを説得せずにはいられなかった。しかしエリザベスは理解を得られなかった。間もなく、その少女は作文の課題を免除してくれと頼み、少女の父親はエリザベスを家に呼びつけて、彼女が自分の娘を信仰の道から逸脱させようとしていると非難した。しつけを身につけさせる手段としてだけなら、ある程度の宗教教育が、学校、それも特に小さな私立の女学校には求められていた。しかしエリザベスは、宗教が丸暗記の学習というよりむしろ探究の対象であることを示しつつ、過激な第一歩を踏み出してしまっていた——あらゆる純粋な学問には真実を問い続ける気概の底流していることを、担当している生徒たちの心に喚起しようとしてのことではあったのだが。

十二月、エリザベスは討論のテーマを、「家庭的な愛情」、「瞑想ならびに美徳の起源」としての記憶といった、あまり議論の余地のないものに変えた。[2] しかしダメージは受けた。ブルックラインの生徒の母親の一人と午後のお茶を飲んでいたときのこと、四人の生徒たちが訪れた。エリザベスがのちに日記のなかで書いているように、生徒たちの言い分に耳を傾けていると、「私自身の見解のあまりに多くがまったく違う意味合いで語られ、あまりに奇妙な解釈が私の罪のない些細な動作にくだされるのを聞き、すべてが悪い方向に向かっているという印象を受けたので、私は完全に神経が参ってしまった」。明らかにエリザベスの生徒たちは——そのうちの何人かはエリザベスが自ら真剣な精神的探究を行ったときの年齢より数歳年上だったが——エリザベスの期待していたほどには自己分析に前向きではなかった。

彼女はどうしてこのような事態になったのかと考えた。夏に出した批判の手紙に対する憤りがくすぶっていて、結果的に土曜朝の討論のクラスでそれに火がついたというのだろうか。エリザベスはブルックラインの隣人たちの一人、ルイス・タッパンが、例の憤慨した父親と組んで、世論がエリザベスに対して反発するように扇動し、彼女の「言葉や行動は、無節操、不親切、不寛容である」といった噂によって、彼女のリベラルな宗教観に対する攻撃の手を強めたということを耳にした。タッパンはボストンから姉妹宛ての郵便を届けてくれたり、道で会えばかならず馬車で姉妹を町まで送ってくれたりした、まさにその人であった。しかしエリザベスは彼を完全には信用していなかった。彼女は、タッパンが「まるで猫のような馴れ馴れしさで自分のところにくるのがとても変なので」、なんとか彼女と友達になろうとする彼のアプローチから「しりごみ」していたことを今になって思い出していた。彼はエリザベスの母親が避けるようにと警告した類の誘惑者であったのだろうか？　彼は彼女に何度も拒絶されたことに対して、仕返しをしているのであろうか？　それとも、エリザベスが一握りの十代の少女たちに宗教的探究をさせようとしただけでも、実際に町全体を敵に回すようなスキャンダルになるには十分だったのだろうか？

夜ベッドに入ると、前の年の冬にエリザベスを苦しめていたのと同じ暗い考えが、その「十倍の力で」甦ってきた。彼女はタッパンの中傷が、「私の生徒たちにもたらしたと思えるすべての良い効果を台無しにする」のでないかと心配していた。「実家の後ろ盾もなく」生きる道を求めながら、彼女はそのような中傷作戦によって永遠に破滅させられる運命にあるのだろうか？　彼女は、ボストン郊外でのこの新しい危機のために、自分が「わが家のもっとも重要な財産ともいえる名声を傷つけられたまま」になってしまうのではと怖れていた。彼女は、幼い少女たちの魂を堕落させる者として中傷されるのは、耐えがたかった。彼女の抱え込まされた災難に関する噂が、チャニングの新しい補佐役の牧師、ガネットの耳にまで達していることをブルックラインの仲間から知らされたとき、友人たちからはガネット氏にはちゃんとエリザベスを擁護しておいたから安心して、と言われていたが、彼女は「言い様のないほど落ち込んだ」のだった。

一八二六年五月、エリザベスはタッパンからの手紙を受け取ったが、その内容はあまりに「不快かつ卑劣」だったので、どのように返事をしたらよいかわからなかった。最悪だったのは、その手紙が彼女の生徒たちの休暇中に届いたことだった。そのため彼女は授業内でその非難に反駁しようもなかったのである。その手紙は現存しないが、エリザベスは日記のなかでその一行を引用している。タッパンは、「私は、あなたの誠実さや名誉に対して微塵の信頼も置いていない」と非難の手紙を締めくくっていた。彼女はまるでその言葉が、「自分の額の上に大きな文字」で書かれたかのように感じた。エリザベスは週末の休暇を使って、返事の手紙の草案を一つ、また一つと書き続けた。そのなかには、担任する若い生徒たちの魂の有能な守り手として、憤然と自己弁護する内容のものもあった。別の草案では、自分に向けられた非難を無視しようとも試みている。彼女はまた、タッパンの判断に、謙虚に耳を傾けようとさえしている。結局、彼女はもっとも率直な自己弁護の手紙を送った——その結果、タッパンと結託した親を持つ生徒たちを失ったのであった。

論争の挙げ句、エリザベスは自分の学校を、ボストンへ、すなわち彼女が献身的に純化しようとしている宗教の聖所であり、「詩人にして予言者」であるチャニングが守ってくれる避難所へ、移す時が来たと決心した。彼女はブルックラインでの大失敗を、ランカスターやメインで味わった挫折と似たようなものと思ったかもしれないが、自分の野心はひたすらより大きな活躍の舞台を求めているのだと認識し始めていた。彼女の過ちは、その試みそのものにあったのではなく、それを成功させるための十分な支援を集められなかったことにあった。エリザベスのボストンの友人、イライザ・キャボットは、自分の姪を最初の生徒にするとともに、生徒集めに協力することを約束してくれた。さらにチャニング自身、自分の七歳の娘メアリーを生徒として差し出してくれた。エリザベスは「他人はほんとに無慈悲だが、その分友人たちは感激するほど優しく自分を理解してくれる」ことに気がつき、喜んだ。

メアリー・ピーボディはこの新しい計画について、別の感情を抱いていたのかもしれない。彼女は最後には、ブルックラインの学校の日常業務に適応し始めていた。彼女がその年の夏、セイラムにいるピックマン家の友人たち宛てに、「これまでにこんなにすばらしい学校」を、「こんなにも多くのかわいい子どもたちがそろっているのを見たことがあるでしょうか」と書いている。エリザベスの宗派がらみの論争が終息する頃、メアリーは自分の何人かの生徒の姉たちと結んだ新たな友情を楽しんでいた。彼女たちの広い応接間で即興演奏会を開いたり、ジャマイカ池やボストン市内を見下ろす丘陵で歌を歌ったりして過ごす月夜の晩もあった。ブルックラインの「あらゆる喜ばしいもの」を失えば、彼女は確実に寂しく思うだろう。

メアリーにとっては、ボストンには時々週末に行って、ギルバート・スチュアートやフランシス・アレグザンダーの肖像画工房を訪れるだけで十分だった。アレグザンダーのところでは、先住民の生活を描いた小説『ホボモック』でたちまち賞讃を得た著名な若手作家、リディア・マライア・フランシスが肖像画を描いてもらうためにポーズをとり座っていたが、まるで「虎」のように「険しい」表情をしていた。彼女の最新の実話小説『反逆者たち』は、富裕な旧家のボストン人を怒らせていたが、アレグザンダーはマライア・フランシス――そう呼ばれることを本人が望んだ――に惚れ込んでいたと言われ、その肖像画も無償で描いた。メアリーはそのようなゴシップを内々では知って楽しんでいたが、フランシスの肖像画の制作場面をちらっと見る程度で、それ以上本人に近づかなくても満足であった。心のなかでは、彼女はこの若き小説家の作品を、作者が「まったく恋愛などしたことがない」[3]ことを暴露しているようなものだとして、厳しい判断をくだしていた。(このように想定したメアリーは正しかったようだ。フランシスはその後二年間結婚しなかった。彼女が選んだのは、新聞記者デイヴィッド・チャイルドであった。リディア・マライア・チャイルドとなった彼女は、奴隷廃止論者として、さらにはベストセラーになった助言本『つましい主婦』の作者として、より広範囲の名声を博すことになった。)

だがエリザベスは、都市の知的生活や知識人そのものに惹きつけられ続けた。七月、姉妹たちは美しい赤煉瓦のホールで、ハーヴァード大学の新しく認可された神学部初の公開試験を見学しに行った。エリザベスはそのお披露目の後で、アンドリューズ・ノートン教授からケンブリッジの彼の地所、シェイディ・ヒルにある私設図書室を訪問しないかという誘いを受けた。そこでエリザベスはスタール夫人の伝記を一冊手にして帰ってきた。メアリーが書いているように、その本は「私たちがここ二年の間、ずっと手に入れようとしてきた」ものだった。ノートン教授は、今後エリザベスが気に入った本は、なんでも貸してあげようと約束してくれた。

エリザベスはニューイングランドでもっとも重要な私設図書室の二つを自由に使えることとなった。一つはハーヴァード大学学長ジョン・カークランドの図書室であった。今度それに、アメリカ屈指のユニテリアン派の学者、アンドリューズ・ノートンの図書室が加わった。彼女はハーヴァード大学の学生にはけっしてなれないし、ましてや新しい神学部の校舎で牧師の職に就くための準備をする院生にもなれなかった。しかし彼女はこれらの偉大な学者に、彼らに師事していた若い男子学生たちの多くよりも、近づくことができた。エリザベスが切望した、知的友情で結ばれた意見の衝突や対等な関係は、彼女が大学院並みの教育を受ける手段ともなっていた。彼女がその知性をもっとも崇敬していた男性たちから尊敬を得るにつれ――彼らの多くは、ニューイングランドの学校や大学でなされている標準的な教育に関して、彼女が抱いた疑問を共有していたのだが――同じくらいの能力がある男性たちが当たり前のようにもらっている学位を、彼女はけっして手にできないということなど、ほとんど問題ではなかったようだ。

一八二六年八月、夏の学期の終わりに、まだブルックラインで残って教えを受けていた姉妹の生徒たちが、りっぱな書き物机をプレゼントしてくれた。その机には、紙もペンもペンナイフも蜜蝋も入り、そして「ハート型の封印」もついていた。それには「あなたはこの机にふさわしい人です」と書いてあった。エリザベスにとって、この思いがけない贈り物を受け取ったことは、「私の人生で、もっとも嬉しい経験の一つ」であった。その夜、彼女は日記にこう書いた。「若者のあふれるような愛情は、なんと喜ばしいことでしょう。それに間近で接することのできる職業の、なんとありがたいこと。」

それでもなお、エリザベスは自分の学校をボストンへ移すという決意を変えていなかった。ボストンには姉妹がやっていくのに十分な数の生徒がいること、そして執筆や翻訳によって、「授業料を上回る額のお金を得る」可能性があることを、イライザ・キャボットからの手紙で知ったとき、彼女の気持ちは高揚した。「私はこれまで自分が十分成功したと言えた時はなかった」と彼女は日記に書いている。なぜなら彼女はこれまでずっと、ボストンに「永遠に落ち着く」ことを切望してきたからだ。「これで私の計画も完成したようだ。」様々な権威相手に衝突してきたことを思い返し、彼女はこう結論づけている。「おそらくこのようにして経験するあらゆる苦しみが、神意のなせることであれ、私自身が力を手に入れた際に、その力の使い方を教えてくれるのだ。」

第16章 「人生は今私にとってこの上なく面白い」

一八二六年の秋、エリザベスとメアリーが引っ越したボストンは、才能ある女性を以前より積極的に受け入れるようになっていた。若き文人として人気のあったリディア・マライア・フランシスは、フランシス・アレグザンダーのアトリエで自分の肖像画を描いてもらうためポーズを取っているところをメアリーも目撃したのだが、春の間ずっと、あちこちのパーティで歓待を受けていた。そして最近は、画家のジェイン・スチュアートが、メアリーの言葉を借りれば、「偉大な天才として彗星のごとく世に現れていた」。ジェインの年老いた父親、ギルバート・スチュアートは自分のアトリエを彼女に譲り渡していたが、そこに飾られたジェイン自身の乗馬姿の絵に惹きつけられ、訪問客がひっきりなしに来るようになった。メアリーは「一時的な人気者」になることを嫌い、最終的にはボストンで姉妹そろって「ある程度長続きする地位」を手にいれることを期待した。野心家の若い女性二人が生活し仕事をするのに、ボストンほどよい場所はなかった。

ボストンコモンの遊歩道
(ジョージ・ハーヴェイ、1830年)

それから数年間、姉妹の学校は常に定員を満たした状態で、エリザベスは――依然として主任教員だったのだが――入学を切望し待機している少女たちのリストをいつも持っていた。最初のうちは、六人ほどのもっとも忠実なブルックライン時代の生徒たちが、毎日父親同伴ではるばるボストンまでやってきていた。そのブルックライン出身の少女の一人リディア・シアーズは、今は身寄りがないが、もとは牧師の娘で相当な遺産があった。リディアはボストンではエリザベスやメアリーと一緒に、そしてセイラムではピーボディ夫人の世話になりながら下宿していた。やがて彼女は一八三〇年に金持ちのデダム家の跡取りと結婚した。ピーボディ家の人たちは皆、リディアを養子にした妹と見なすようになっていた。実際は自分たちよりももっと幸せな妹であったのだが。エリザベスはリディアの教育を監督し、彼女の後見人を巧みに扱い、危機的状況においてはリディアに精神的な助言を行った。その結果、エリザベスは最初にソファイアに対して試みたような代理母的な役割を、リディアに対しても果たすことができたと確信するに至った。

リディアと同様、秘蔵っ子ともいうべき生徒たちは他にもいた。ファニー・ジャクソンはボストンの著名な判事を父に持つ気立てのよい娘で、メアリー・ハサウェイとサラ・ハサウェイはニューベッドフォードの海運業者の財産を相続した双子の孤児の姉妹だった。エリザベスは年かさの生徒を教えることに新しい喜びを見出した。彼女たちは、「まさにこれから責任ある人生をスタートさせようとする人たち」だと思ったからだ。エリザベスは自分が彼女たちの年の頃には、十五歳どころか五十歳近い年であるかのような気がして、「私に課せられた責務に家族全員の幸せがかかっていて、それをやり遂げるので頭も心もいっぱいだった」ことを覚えていた。エリザベスは二十代も半ばになると、以前は教師に「『思いやりを示せる』だけの苦労をしていない」ように思えた金持ちの少女たちに対しても、不信感を抱かなくなった。彼女は依然として、年かさの生徒に長い助言の手紙を書き、自らの性格の欠点を分析するエッセイを書くよう求めたが、一方で成績を講評するときの口調をやわらげ、「その結果を自分がじっくり吟味できるような状況になるまでけっして欠点をあげつらわない」ようになっていた。

おそらくエリザベスは生涯で初めて、女子生徒の気ままな行動をいくらか許したのであった。とは言っても、なおほっそりとして華奢で、服装や髪には若干無頓着な若いエリザベスは、メアリーがかつて書いているように、放課後の時間、しばしば「メアリーの足元で大の字に体を伸ばすと……甲高い声で天文学の本を読み、星座のすばらしい説明に注意を向けるようメアリーに促していた」という。しかしながら、彼女が読んでいた本は生徒用の教科書ではなく、フランスの専門書で、ジャン＝シルヴァン・ベイリーによる二巻本の『古代天文学の歴史』であった。この本をもとにエリザベスは生徒向けの授業を行っていたのである。

ボストンでは、エリザベスは時々生徒の両親から教え方について反発を買うことがあった。しかし今は批判する者をなんとか説得していた。批判者のなかに、彼女が師と仰ぎ「もっとも愛し尊敬している」チャニング牧師がいた。彼はある日、自分の七歳の娘メアリーが上級ラテン語の文法書のびっしりと文字が詰まった数ページを暗記しているのにびっくりした。彼は同じ年頃の男の子が誰一人としてできることを求められていないような時制の細目を、メアリーが勉強させられていることに対して、エリザベスを厳しく非難するぶっきらぼうな調子の手紙を書いた。たしかに、女の子が学校でラテン語を習うことは珍しかった。ラテン語学習は負担が重すぎて役に立たないと考えられていたのだ。というのも、女性は皆ラテン語の知識を必要とする法学や医学といった専門職に就くことができなかったからである。

しかしながらエリザベスは別の考え方をしていた。彼女は数年前にソファイアに宛てた手紙のなかで書いているように、「知性に性別はない」と固く信じていた。人生で後々古典の教養を使うかどうかにかかわらず、女性が男性と同じように知識を身につけることがなぜいけないのか、エリザベスには理解できなかった。古典の言語を学ぶことは、頭を鍛え、彼女があらゆる学習に取り入れている分析的学習法を補強した。またそれは、歴史の勉強の基礎でもあった。エリザベスは、メアリーの課題は、「メアリー自ら好んで取り組み……完全にものにしている」ということを伝える手紙をチャニングに書き送った。エリザベスの説明によると、一般的にエリザベスは生徒たちに宿題を課さなかったが、文法書を使ってではなく、古典のテキストから直接ラテン語を教えるという方法をとったことで、少女たちの興味はかきたてられ、家でもラテン語の文法を自習させてほしいとエリザベスに頼んできたほどであった。エリザベスに提案されて、チャニングはメアリー本人になぜそんなに複雑な課題を暗記しているのかと聞いてみたのだが、それによってラテン語の時制をマスターすることを彼女が本気で楽しんでいることがわかったため、次にエリザベスに会ったとき、彼はエリザベスに対して「君の勝ちだ」と認めざるをえなかった。「大いなる修得は皆、自分からやりたいと思う、その気持ちから始まる」[1]というのがエリザベスの座右の銘であった。彼女はご褒美目当てで、あるいは罰を恐れて勉強するのでは、「深遠ではなく表層的な」知識しか得られないと主張し、好奇心以外の学習の動機は高めようとしなかった。周囲の者を感化するほどの熱意をもって、エリザベスは自分の理論を実践し、女子を教える他の大部分の教師が試みたよりも、はるかに困難な課題へと生徒を惹きつけていくことができた。彼女の初級ラテン語クラスの少女たちが気づいたことなのだが、いったん文法を家で自習し始めると、後はエリザベスと週に三日、二時間の学習をするだけで、学校で毎日半日を費やし、家でも毎晩二時間かけてラテン語を勉強している兄弟たちよりも、かなり先を行くことができるのだった。ボストンでの三年目の終わりまでに、エリザベスはブルックラインにいる友人に宛てて、次のようなことを書いている。「私は、今まで以上に生徒一人一人の力を感じています。」彼女にとって教えることは「私の特技」となったのだ。

しばらくの間、彼女は自らの学校を運営するにあたって、ウィリアム・ラッセルという名の協力者を雇った。彼はスコットランド出身の教育者であり、弁士であり、『アメリカ教育雑誌』を創刊した人でもあった。彼はエリザベスとメアリーがブルックラインから移り住んだその秋に、ボストンの人たちの心をとらえたのであった。姉妹たちは最初、読書会で彼と偶然に出会った。その読書会はラッセルがチャニング家の内輪の集まりのため連続して週に一度開催したものだが、若い学校教師たちや、未来のハーヴァード大学のドイツ語講師や、ときには作家キャサリン・マライア・セジウィックのような著名な客も加わるようになり、拡大していった。会の始まりには、まずエリザベスが自分から志願して朗読し、その後ラッセルの批評を仰いだ。メアリーはマライア・チェイスに宛てた手紙のなかで一連の流れをすべて説明しているが、その彼女もエリザベスの

「勇気」を評価する一方で、自分が読む番になると言い訳して免除してもらっていた。しかしメアリーの注意をもっとも引いたのは、チャニング牧師が大きな声で「朗読のコツを会得しようとする」光景であった。メアリーが書いているところによると、この雄弁な説教者が、声の調子を間違って上げたり下げたりすることで叱られるのを見るのは、「奇妙であった」。しかしラッセルはその会の終わりとその後の授業で英語やギリシャ語の詩の芝居がかった朗読をすることで、自分の価値を証明してみせた。なかには『失楽園』のサタンの独白の魅惑的な演技もあった。舞台演劇に懐疑的なボストン人にも、ラッセルの客間での朗読は——表向き教育的なものとして披露されたのだが——この上ない楽しみであった。

エリザベスは、彼女よりはるかに年上で、ボストンではちょっとした有名人であったラッセルが、学校に生徒を勧誘する仕事を引き受けてくれれば、自分にはもっと勉強したり執筆したりする時間ができるのにと思っていた。彼は毎日女子生徒の心をかき立てるほどすばらしい朗読をするのだが、呼吸器系の病気のため、結局それで疲れてしまって、後は何もできなかった。姉妹たちが学校の収益から家賃を払うようにして、ラッセルや彼の家族と一緒に家を借りた数カ月の間、まさにその雄弁家はエリザベスの好意に甘えるかたちになった。恩を感じたラッセルは、この時期に生まれた娘にエリザベスと名づけている。(それはのちにエリザベスが受けるようになったいくつかの恩返しの最初のものであった。) しかし彼女は、彼が家賃負担分の稼ぎをしていないことに気づかないわけにはいかなかった。

もしエリザベスにとってチャニング牧師との関係が、のちの有力者との関係の模範になっているとすれば、彼女とラッセルとの関わりは、彼女がその後にいくつか経験する、才能豊かな変わり者との破滅的な人間関係のもつれを予兆するものであった。二年間関わった後、ラッセルがある競争相手の男性によって引き抜かれたことは、ある種の救いであった。経済的な心配は別としても、エリザベスは自分が「補佐役になることは堪えられない」し、「世間」も彼女が自分から降格するのを喜んで受け入れはしないとわかっていた。エリザベスはボストンの名士になりつつあった。彼女の学校も、たとえそれが実験的なものであっても、ボストンきっての施設になりつつあった。

ラッセルの助けなしでも、エリザベスはなんとか時間を見つけて、今まさにボストンに花開きつつある知的サークルに参加した。彼女の入会はチャニングが仲介してくれた。彼はエリザベスを、フェデラル・ストリート教会の日曜学校の教師たちからなるエリート集団のなかに入れてくれた。彼らは毎週宗教教育に関する討論のために集まっていた。フェデラル・ストリート教会の日曜学校は、讃美歌を歌ったり、落ち着きのない若者たちに教義問答の授業を無理やり受けさせたりといった単純なものではなかった。授業は十代の子たちや若い大人たちだけのためになされ、[2] 彼らはソクラテス的問答法に従っていた。それはエリザベスがブルックラインで「若い娘たちのなかでも年長者」に用いていたやり方に似ていた。エリザベスは、チャニングの教師陣を構成している弟子たちのなかで、際立って若かった。そのグループには、ハーヴァード大学の教職員二名、未来の牧師数名、そして三十代でエリザベスのような未婚の姉妹二名がおり、皆独学の知識人たちであった。そのうちの一人で、エリザベスの友人イライザ・キャボットはフランスの哲学者、フランソワ・フェヌロンのエッセイを出版すべく翻訳していた。日曜学校の集まりはキャボットにロマンスをもたらした。というのも彼女は仲間の教師と結婚したのだ。夫となったのは、ハーヴァード大学のドイツ語講師で未来のユニテリアン牧師チャールズ・フォレンである。

エリザベスは次にチャニングの「教育の会」に参加した。それはボストンの博愛主義者ジョナサン・フィリップスやチャニング牧師の書斎に毎週集まる一握りの地元の教師やユニテリアンの牧師たちで構成された非公式のグループであった。数年の歳月をかけた討論の話題は、教育理論の抽象的な問題から、ボストンの——哀れなジョセフ・タッカーマンに対して牧師が使った表現を借りると——「恵まれない人」を援助する最善の方法は何かという、より実際的な問題へと発展した。「どんな本もこれらの討論ほど私に喜びをもたらしたものはない」とエリザベスはドロシア・ディックスに宛てて書いている。ドロシア・ディックスは、当時のチャニング牧師のもう一人の弟子で、のちに精神を病む人たちのための闘士として国中に知られることになる。エリザベスは、「私にとって今、人生をこれほどまでに面白く」している「仕事がいかに多いか」をディックスの前で列挙してみせた。

しかしエリザベスは、自分の仲間やチャニングのあまりぱっとしない同僚牧師と友達になるよりも、チャニングとの関係を深くすることに熱心であった。日曜学校の教師の会合や教育の会の集まりを、ブルックラインにいる間中、心のよりどころにしていたチャニングとの定期的な個人的面会の代りにしたくなくて、エリザベスはチャニングと二人で確実に続けられるような事業を計画した。それは、自分が目立って有名になるよりも他人に奉仕しなさいというチャニング牧師の忠告に従ったものだったのかもしれない。

その事業は、チャニング牧師に彼の説教のいくつかを出版してはどうかというエリザベスの提案から始まった。チャニングが、雑な字で書いたノートを出版用に清書する時間も体力もない、と勘弁してくれと抗弁すると、エリザベスは自らすすんでその役を引き受けると申し出た。チャニングは自分の若い友人にそのような仕事で負担をかけたくはなかったが、エリザベスは、それは少しも大変なことではないと主張し、「興味深い本が大声で朗読されるのを聴いている間に」できてしまうと豪語した。チャニングはすぐにエリザベスに自分の説教を書き留めたノートと複写用紙を渡し、プラトンの『ティマイオス』のフランス語版を読み始めた。彼はごく自然にそれを英語に置き換えながら、その一方でエリザベスの方にも目を配り、彼女がプラトンを理解しながら書いているかを確かめていた。チャニングの懸念にもかかわらず、エリザベスはこの「厳しいテスト」の後、すばらしい複写を仕上げた。複写の仕事はエリザベスに委ねられたが、その仕事にはチャニングを毎夜訪問できるという特典もついてきたのであった。

それから数年の間、エリザベスは五十以上のチャニングの説教を書き写し、時には彼女自身の記憶から彼のノートの欠けた部分を補った。その間チャニングは、当時進歩的な考え方をするボストン人たちの間で流行していたフランスの哲学者ヴィクトル・クザンやジョゼフ＝マリー・ド・ジェランド男爵の本を英訳し、エリザベスに読み聞かせていた。エリザベスの仕事によって、チャニングが当時もっとも人気のあったリベラル派の説教者以上の存在になることは確実であった。彼女は、聖書に関する説教というより、個人的なエッセイに近いような、のちに「文学的説教」と呼ばれるものの最初の実例のうちに入る彼の言葉を書き写し、後世に残したのである。

一八二〇年代後半の一時期、エリザベスはチャニング家にいつも身を置いていた。彼女はチャニング牧師の書記を務めたが、実際には家族の一員でもあった。彼女はよく、学校が終わるとメアリー・チャニングと一緒に歩いて家に帰り、師に最新の英字新聞を読んで聞かせ、夕食まで留まり、今度はチャニングが息子や娘のために就寝前の朗読をするのを聞いていた。子どもたちが寝静まると、複写を始めるのだが、もしチャニングの具合が悪いときは、[3] 彼が居眠りを始めるまで大きな声で朗読をするのだった。

チャニングの妻は教育の会の会合に参加していたようだが、当時のエリザベスの手記にはほとんど登場しない。当時は、主にこまごました家事をこなす主婦として、子育てや、病気がちで神経のこまかい夫の食事作りに専念していた。おそらくルース・チャニングは夫に知的な気晴らしを提供するだけの時間もなかったし、その気もなかったので、それをエリザベスが代りにしてくれることに感謝していたのであろう。あるいはおそらくエリザベスは、チャニング夫人のことが記憶になかったのかもしれない。というのも師を敬愛するこの若い学校教師は、その師の妻の存在など気にとめたくもなかっただろうからだ。いずれにせよ、エリザベスはこの温和な家父長に支配された家族から――それは彼女自身の家族と様子が違っていたが――簡単には身を引けなかった。彼女は、のちに書いているように、ひたすら「夜をチャニング博士と過ごす習慣」にはまりこんでしまったのであった。遅滞なくすぐに二人は、エリザベスの言葉を借りれば、「この上なく親密に」なった。そのことに誰も異論を唱えはしなかったようである。妹のメアリーでさえも。

というのも、その間メアリーはボストンに心惹かれていたからであった。ボストンでついに彼女は自由に自らの計画を立て、自らの友情を育むことができそうだと感じていた。ブルックラインでは、メアリーはエリザベスにべったりで、馬車でボストンに行こうと嘆願した。ひとたびボストンに来ても、エリザベスと同じ道を辿った。しかしメアリーは、エリザベスがジョンソン博士とすれば、自分はさしずめボズウェルといった役

オークランド
（ニューポートにあるチャニングの夏の別荘）

回りとなることに飽き飽きし始めていた。その頃メアリーは、実家やハロウェルやセイラムにいる友人に宛てた手紙のなかで、姉がチャニングや他のボストンのユニテリアン教会の有名な牧師たちに会っていることを記している。メアリーは一年の大半、チャニングが主催する教育の会に参加し、彼のもっとも「超絶主義的な」説教と思われるものも自分で書き写した。そのなかには、チャニング牧師が聴衆に対して、「自分の心のなか、魂の奥深くに目を向けなさい、そうすればそこに天国が見つかるのです」と助言した説教も含まれている。「彼は、こうした望みこそ宗教であるとしたのです。」しかしメアリーには、チャニングの内輪の集まりの一員にならなければならないという意識はなかった。彼女はチャニングの注目を得ようと姉と競争する気はなかったのである。その代わり、厳しいカリスマ性のあるメソジスト派のエドワード・テイラー神父に興味を抱き始めた。彼はボストンの波止場地区の説教師で、のちにメルヴィルが『白鯨』のメープル神父を描くのにインスピレーションを与えた人物である。

　一八二八年の夏、エリザベスはチャニング師が自分を受け入れることを示す究極の知らせを受け取った。オークランドで一カ月を過ごさないかという誘いであった。そこはロードアイランド州ニューポートに近い、チャニングの妻の八十エーカーの地所であった。やがてオークランドは同じ十九世紀にヴァンダービルト家によって購入され、金ぴか時代の名所になった。しかし一八二〇年代はまだ比較的こじんまりした地所であった。真ん中に支柱のあるベランダつきの簡素な連邦様式の家が一軒あった。さらに、家のなかにはチャニングの義理の父、ジョージ・ギブズ二世によって集められたマホガニーの家具や陶器、絹織物があった。彼は、ヨーロッパやアジアにおいてもっとも成功したニューイングランドの貿易商の一人であった。また家の周りには異国趣味の典型のような庭があった。

　チャニング牧師は妻に、彼女が受け取った全遺産とともに、この地所の彼女の分け前も一人で持っているべきだと主張していたことを、エリザベスはオークランドに着いてすぐ知った。こうした取り決めは当時としては稀であった。法律では、妻の財産は結婚と同時に夫のものになった。おそらく、チャニングは女性の権利に関して啓かれた見識を持っていたのだろう。同様に、彼はアフリカの奴隷をめぐる悪名高い三角貿易で得たギブズ家の財産とは距離を置きたかったのかもしれない。その貿易は、一八二〇年代では、まともな考えを持ったすべてのニューイングランド人にとって、いちばん恥ずかしいことであった。ボストンの自宅では、チャニングの家族はマウント・ヴァーノン・ストリートにあるギブズ家の邸宅を義母と共同で使っていたが、牧師は自分の妻と子どもは自分の質素な給料の範囲内で生活すべきだと主張していた。しかしながら、夏の間のオークランドでの収穫物は、大変おいしく、食べないわけにはいかなかった。ここで彼は、この地所を営むすべての責任を拒否したが、一つだけ例外があった。どんなささいなことでも平和主義を貫くチャニングは、敷地内でいかなる獲物も狩ってはいけないと命じていたのである。その結果、あたりはエデンの園のような静寂に包まれ、それを破るのは海風と鳥のさえずりだけであった。

毎朝日の出には、エリザベスはチャニング牧師が幼い息子や娘をつれて庭の道を散歩するのに同伴し、「大地や空の様子を調べたり、花々の状態を観察したり、邪魔が入らない茂みに巣を作っている鳥たちの生活を探ったりした」。それからこの偉人はハンドベルを鳴らし、家族や召使たちを朝の礼拝に呼んだ。さらにエリザベスが気づいたのは、朝食時にチャニングが、紅茶を一杯とトーストした黒パン一枚を食べるだけだということだった。チャニングは彼女に、自分は回復不能な「胃のけいれん」に苦しんでいることを告げた。それは彼が、もし身体を動かして栄養分を燃やす必要がなくなれば、より長い時間勉強ができると信じ、故意に何も食べなかった神学校時代に患ったものであった。それからほぼ三十年が経過し、彼は「人間の身体を支えるのに十分な量を食べることができなくなった」と考えるようになっていた。したがって彼の学生時代の食事摂生は逆効果で、ストレスのたまる知的作業も日に数時間しかできなくなっていたのである。

オークランドで過ごしたその夏、チャニングは新鮮な空気を吸い、体を動かしたいと強く願うようになり、それがいい口実になってエリザベスを連れてはるばるニューポートや周辺の田舎まで馬車で出かけた。彼は道中、ロードアイランドで過ごした子ども時代の話をつぶさに語った。禁欲的な牧師は、エリザベスと一緒にいることで、結婚によって自分の階級が上がり、それが原因で精神的に不安定になっていることを忘れることができた。違った経路を通ってではあったが、エリザベスも彼女の師も、ニューイングランドの地主階級に対して似たような態度をとるようになっていた。二人は、自分たちが支配層エリートの正式なメンバーであるよりむしろ、そのゲスト、あるいは使用人でありたいとさえ考えていた。そこでチャニングは、ニューポートの弁護士の十人の子どもの一人として過ごしたつましい少年時代の思い出を胸に、今は風や潮の状態は大丈夫かどうか、空の兆候を念入りに調べてから、エリザベスや自分の子どもを無蓋の馬車に乗せ海岸まで連れて行った。のちにエリザベスが書いているように、彼らは「水着」に着替えて、「長い帯のように」手をつなぎ、寄せては返す波のなかに入っていって、「波しぶきに身をゆだねていました――この遊びはこの上なくチャニング博士を喜ばせました」。ルース・チャニングはこのような遠出に参加しなかったが、ギブズ家の奴隷の子孫である屈強な黒人の召使を同伴させた。彼女はこの召使に、か弱い牧師とその連れたちが海へと飲み込まれてしまわないよう、自分の夫の手をしっかり握っているようにと命じていた。

メアリーの報告によると、エリザベスは「完全に有頂天になって」ニューポートから帰ってきた。そして彼女はその後チャニングから受け取った手紙で、さらに至福の喜びを味わった。彼はエリザベスに、「すぐ近くでの厳しい観察や毎日の監視といった試練をしっかり潜り抜けましたね――傷つくこともなく、むしろいっそうの好感を得ながら」と告げていた。彼女の「外見」に関しては、まだ子どもたちにとって「非の打ちどころのないお手本」とまではいかないが、それでも「目立って改善された」とチャニングは記している。またエリザベスは「道徳や知性の面で気高い精神」をもっているので、チャニングは、将来もずっと彼女が彼を「仲間のような存在」として接してくれることを願っていた。エリザベスにとって、自分の献身的愛情に対する、思いもよらないほどの高い評価であった。

第17章　内面の革命

しかしながら第三者の何人かは、ピーボディとチャニングの関係を不安視し始めた。エリザベスよりも古風で慎み深い若い女性なら、悪い噂にたじろいだかもしれない。友人の一人がチャニングに与えた警告を、のちにチャニングはエリザベスに手紙で知らせている。それは「私【チャニング】があなた【エリザベス】に特別目をかけることで、かえってあなたを傷つけています」というものだった。そして、チャニングが「貧乏な若い友人――エリザベス・ピーボディ――の熱意を都合よく利用」して自分の説教を無償で複写させているといった中傷めいた噂は、イギリスにまで広まっていた。エリザベスがハーヴァード神学校の学生であったなら、そのような反発はけっして起こらなかったであろうと、彼女もその師も、間違いなく気づいていた。チャニングは自分の信望にかけて、風評ごときで友情をあきらめるなどということはしなかったし、エリザベスに対して、自分があなたを引き立てるのは、それがあなたを傷つけるどころか、あなたの利益になると信じているからです、と断言した。その言葉を聞いてエリザベスは嬉しかった。いずれにせよ、彼女の知的なあこがれはそれこそ強烈で、根拠のない噂ゆえに、チャニングとの絆を断ち切るようなことはできなかった。何年も経って彼女が書いているように、チャニングとの直接の「面識」が、「私の熱狂的な青春時代のあらゆる想像力や信念を正当化した」のであった。

エリザベスのいないところで続けられる彼女についての噂の大半はいまや好ましいものになった。売れっ子の小説家キャサリン・マライア・セジウィックは――彼女の祖先はマサチューセッツ西部やニューヨークの出身だったが――ウィリアム・ラッセルの読書会でエリザベスと初めて出会ってからというもの、彼女に強い感銘を受けたので、自分の姪が見習うべき模範的人物として推薦した。セジウィックが書いているように、「ピーボディ嬢」は年下だったが、教師は「第一階級、つまり上流階級」とみなされるようなボストン市内あるいはその周辺で、すでに数年の教歴があった。さらにピーボディは、「非常に知的で高度に洗練された若き女性」であり、独自の明確な教授法を編み出していた。セジウィックの説明によると、「彼女の生徒たちは、いかなる授業においても暗記などしません。彼女は生徒たちに読み聞かせ、それから生徒たちとともに話しあうのです。彼女はもっとも初期の歴史としてホメロスから入りますが、それは神話についての最良の概念を持たせるためなのです――それからその流れをたどり、ヘロドトスやトゥキディデスを朗読するのです」。

エリザベスの世界はいまや急速に広がり、彼女は、セイラム

チェスター・ハーディング
自画像

の田舎で過ごした少女時代から、少なくとも精神的にこれまで以上の成長を遂げつつあった。一八二八年の冬の間に、その成長は驚くほど顕著になった。というのも彼女の両親にとっては悩みの種となったのだが、この年、彼女はギルバート・スチュアートの次に有名な肖像画家のチェスター・ハーディングに自分の肖像を描いてもらうことに同意したのである。ハーディングは収入の大半を社交界での仕事から得ていたが、彼が描いた人物には、全国的に知られている名士、たとえばワシントン・オールストン、ジョン・クインシー・アダムズ、そしてダニエル・ブーンなどが含まれていた。ピーボディ夫妻はともに、自分たちの娘が、間接的にではあるがそういった有名人の仲間入りをしたことを知って、仰天してしまった。

　写真が出回る以前の時代というのは、エリザベスぐらいの階級の女性は、ポーズをとって自分の細密画や影絵を描いてもらっていた。その絵は記念品としてポケットサイズのケースに入れ、家族に大切に保管されたものだった。ピーボディ医師は、自分の母親のそうした生硬な肖像画を大切にしていた。それは木材に描かれていて、ほんの数インチの大きさだった。しかし芸術作品として壁にかけられるのを前提に作られた等身大の油絵の肖像画は、ニューイングランドの上流階級の女性にとっても、比較的新しい表現手段であった。エリザベスの場合、肖像画のお金を出すのは、金持ちの夫でも父親でもなかった。エリザベスは、ハーディングが大家族を養うのを支援し、同時に彼女自身の名声を高めることを狙って、その芸術家に、肖像画を描いてくれるなら、それと引き換えに彼の子どもを自分の学校で、授業料免除で教育しましょうと提案したのである。

　エリザベスが出来上がった自分の肖像画を家族へのプレゼントとしてセイラムに送ると、ピーボディ夫人はそっけなく次のような手紙を送ってきた。歴史家のハンナ・アダムズがかつてハーディングのためにポーズをとりそうしたように、自分の娘が「周りに蔵書をいっぱい置いて肖像画を描いてもらう」ことをあえてしなかったことは嬉しいと。しかし実際は、その肖像画はちょっとした騒動を巻き起こした。包みが解かれるやいなや、祖母パーマーはその生き生きと描かれた肖像画のほうに「エリザベスだわ！　なんてこと、エリザベスじゃないの！」と叫びながら駆け寄った。隣人たちは、立ち寄ってぽかんと見とれた。ピーボディ夫人は、自分の母親のあからさまな感情の発露や自分の娘のはしたなさにいたたまれなくなって、涙をこぼしながら寝室に行ってしまった。十二歳のワシントンが、「リジー姉さんは……この絵にはこれっぽっちもお金をかけていない」ことを思い出させ、母をなだめようとした。しかし彼女の関心はそのような肖像画の高い値段にあったのではなかった。むしろ気にしたのはエリザベスの露骨な虚栄心やひけらかしの姿勢であった。夫人はメアリーへの手紙で次のように打ち明けている。かつて長女においては「善が勝つ」ことを期待し、彼女を「その時代と世代に与えられた天の恵み」であると思っていたが、いまやその考えは「間違っていた」とわかったと。

残念なことに、その絵、つまり金髪で蒼い目をした若い女性、エリザベス・ピーボディの唯一の肖像画は、十九世紀末のニューヨークの倉庫火災で焼けてしまった。複製も現存しないので、エリザベスが肖像画を描いてもらったことに感じられる傲慢さの他に、何が夫人の気に触ったのか、正確なことはわからない。ピーボディ夫人は、順応主義者ではなかった。エリザベスがブルックラインで体験したいくつもの試練をたどりながら、夫人は娘に「自分のことは自分で判断し、他人が言ったり思ったりすることには……二度と心を煩わされないで」と助言した。しかし自分の娘たちに対するこうした高い望みは、女性らしい謙虚さを求める厳しい考え方——それは彼女自身の質素な子ども時代に由来し、目立つことは不幸を招くかもしれないという恐怖によって強化されてきたものだが——と衝突した。夫人の名誉のために言っておくと、彼女はエリザベスに危害が及ばないとわかるや、娘のこの不適切な行動をすぐ許してやったのである。一週間後、夫人はエリザベスに手紙を書き、ハーディングの肖像画は「私たちにそれ以上のもの、つまりエリザベス本人がいてくれることを切望させるがゆえに」、ただその点にかぎって、「見るとつらい」と言っている。

しかしながら、この出来事は家族の力関係に転機をもたらした。それまでピーボディ家の人たちは、エリザベスの教師としての仕事が家族の収入を増やすかもしれないと、ただ単に期待していただけだった。しかしいまやその肖像画は、エリザベスがボストンで傑出した存在になったことの証であった。ピーボディ家の人たちは、ボストンにいるメアリーやエリザベスに合流する方法をあれこれ考え始めていた。二人の学校を家族の主たる収入源にしようという計画であった。

第一段階は、十四歳のジョージを送り出し、彼がボストンの英語古典学校に通う間、姉たちと同居させるというものだった。ジョージはいつも無気力だったので、両親は彼がはたして仕事に就くことができるかどうか、絶望的になっていた。彼は病気がちでもあった。そこでセイラムのラテン語学校の大学進学準備コースは退学させ、実業界で「活動的な生活」を送るのに備えるべき、というのがエリザベスの提案だった。ボストン英語学校の、さして厳しくもない課程を修了しさえすれば、ボストンは見習いとしてスタートを切るには適した場所であった。

エリザベスの見たところ、若いウェリーにも指導が必要だった。男兄弟のなかでいちばん頭がよく、大学進学の実際の見込みがある唯一の男子だったが、自己鍛練がほとんどなく、いたずら好きだった。ピーボディ医師は自分がかつて教師として勤めたことのあるノース・アンドーヴァー・アカデミーにウェリーを数学期の間在籍させたり、彼が「農業に親しんで」くれればと期待して、ニューハンプシャーのピーボディ家の農場に夏の間だけ送ったりしていた。しかしウェリーはすでにあまりに都会の環境に慣れすぎていて——馬にさえ乗ったことがなく——その試みは成功しそうもなかった。長男のナットだけが、セイラムの公立学校でこつこつと勉強をしていたが、覇気のない生徒で、そこで目撃した鞭打ちにおびえながら、おずおずとした蚊のなくような声で課題を朗読していた。

ピーボディ夫人はこの三人の息子について頭を悩ませていた。能力もやる気も、姉たちとは大きな落差があった。かつて彼女は期待をこめて、メアリーやエリザベスに次のように書き送っていた。「きっと男の子は、精神的に成長する速度が女の子よりもゆっくりなのでしょう」と。彼女は、心配するのは時期尚早であると自分に言い聞かせようとしていた。しかし自分の家系で、あまりに多くの男性たちが辿ってきた、避けがたい運命のようにもみえる落ち目の人生行路から、息子たちをどのように導き方向転換させればよいのか、まったく見当もつかなかった。彼らの父親が持っているのは、満たされない野心の典型ともいうべきもので、それはかなり頻繁に妻や子どもへの八つ当たりとなって噴出し、問題を悪化させるか、確実に諸問題の原因の一つになっていた。

セイラムからの励みになるようなニュースの一つが、一八二六年、ソファイアの十七歳の誕生日の直後にもたらされた。彼女の絵の先生であるミス・デイヴィスが、ソファイアは「非常に類まれなる才能」の兆しをこれまでに発揮してきたと告げるものだった。しかしこの讃辞によって、エリザベスはソファイアも、なんとしてもボストンに招き寄せたくなった。ボストンでならソファイアも巨匠たちについて芸術を学ぶことができるからであった。

・・・

おそらく、エリザベスがついにあのワーズワースに手紙を送ろうという気になったのも、彼女が一般的にアメリカの教育には欠陥があると確信していたことに加えて、弟たちの教育が気がかりだったからであろう。彼女はまた、文通相手としての自分の力に自信を深めていた。ハーヴァード大学の学長ジョン・カークランドが、一八二八年の春に退職し、ニューイングランドを発って長期のヨーロッパ旅行に出かけたとき、定期的な文通相手の一人として彼が選んだのがエリザベスだった。毎月、カークランドが旧世界の豊かな文化遺産について書いてくる手紙を受け取り、彼が後にしてきたケンブリッジやボストンの知的生活に関して、エリザベスの説明をどれだけ熱心に求めているかを知るにつけ、かつてワーズワースに手紙を書くときに覚えた遠慮など、きれいに払拭されていた。嬉しいことに、詩人は彼女の手紙に返事をくれた。彼はエリザベスからの、子どものための本をお書きになってはという提案は丁寧に断ったが、ダヴ・コテージ【湖水地方でワーズワースが当時住んでいた家】にいる自分を訪ねて来て、「話をしませんか」と招いてくれた。[1] 彼女はその招待を断らざるをえなかったが、「私はこの先ヨーロッパを見ることはないのではないかとも思います」

と書きながらも、一方で自分がこの時代の偉人たちの仲間と見なされているのだとさらに強く確信を深めるようになっていった。

一八二九年三月のワーズワースへの返信で、エリザベスはもう十年以上も心をとらえられていた宗派間の論争に見切りをつけて、超絶主義による改革の時代の先駆けとなる文化変動を感じ始めていると明らかにしている。まさに、彼女の言葉は、一八三七年の演説「アメリカの学者」におけるエマソンの呼びかけを先取りしている。こちらでは「社会の形をしたもののすべて、そして思想の形をしたもののほとんどが流動状態にあります」と彼女は書いている。それは生産的な流動性だと彼女は信じていた。新世界の作家や芸術家は、ワーズワースが「慣習の重圧」と呼ぶものから「足枷《あしかせ》を解かれて」いた。まさにいたるところに天才の出現する可能性があった。「若者たちは、辺境の森林地帯から……自然の神との孤独な対話をしたのちにやってきて」、そして「社会の一級市民の座を占めるのです」と彼女は書いている。彼女は、ウォレン・コールバーン、ジョージ・B・エマソン、ジャレッド・スパークスといったランカスターの洗練されざる男性教師たちの生涯をかけた仕事が、ボストンで根を張り、花を咲かせるのを見てきた。ボストンのチェスター・ハーディングは、農夫の息子で、自分の作品を看板用絵具で板に描くことから始めたが、肖像画の巨匠にまで登りつめていた。エリザベスの活動領域においては神も同然のチャニング牧師さえ、ロードアイランドの出身で、ある伝記によると、「震え声の青白い小柄な男」とされているが、それがその時代のもっとも影響力のある説教師の一人となったのである。

エリザベスは、一部のニューイングランド人たちにおいては、「政治的野心や商業事業にかける熱意が純粋な情熱を冷ましてしまった」ことを認めている。しかし「その情熱が製紙工場や製材工場によってせき止められるまでには時間がありました」し、「魂はその栄光の時代を忘れることなどできません――ロマン主義的精神はまだ静かに手つかずのまま流れています」と彼女は書いている。彼女は、アメリカには「『偉人たち』が登場し」、彼らは建国の父たちが、「政治の分野で五十年かけて」達成したことを、「学問の共和国、高遠な科学の殿堂で成し遂げていくでしょう」と予想している。彼女はその発展の過程に、「ワシントンや彼の友人がわれわれに残してくれた自由の形態に活力を与える」ような「さらなる内面の革命」を見ていた。

さらに、のちに「アメリカの学者」を「考える男《マン》」と定義したエマソンと違って、エリザベスはこれらの文化革命家のなかに女性も数え入れようとしていた。彼女は「各自が自らの運命を自力で手に入れたときから始まるすさまじい興奮」のことを書き、そして、「各自」という表現のところに、「すべての女性」と書きたいところでした、と付け加えている。慣例的な使い方としては、彼女がそのように表現することは許されないし、彼女もあえてあからさまな表現をワーズワースに対して使うことはしなかったが、エリザベス自身、女性が自らの運命をその手におさめるときの「すさまじい興奮」を感じ始めていた。

その前の年、エリザベスはすでに文学的なロマンスの「流れ」のなかに身を置いていた。さらに二年遡った時点では、新しい学校の運営に専念するべきだと考えた師チャニングの助言に基づいて、エリザベスは『思い出』という題名の文学選集を編集する仕事を断っていた。しかし、今度は彼女のほうから、『カスケット』[2]——宝石がいっぱい入った小さな小箱——と名づけられた子ども向けのクリスマス選集の編集を引き受けた。彼女がこの選集に入れて出版した文学の宝石のなかには、自らの作品も入っていた。

『カスケット』は、ピーボディ姉妹が、『思い出』、『トークン』、『青春の形見』など、挿絵入り贈答本について、「ホイップをのせたシラバブ【十七世紀から十九世紀にかけてイギリスで人気だったクリーム状の菓子】みたいな文学」[3]と呼んだ新しい傾向の年刊誌の一つだった。こういった雑誌は、新人作家の発表の場として、ますます人気を集めていた。アメリカ人は、しばしばこうした年刊誌に自分の作品を匿名で発表した。同じ雑誌にイギリスの有名な作家の作品も並んだ。それらは、大西洋を越えると版権が及ばないために、選集の編集者にとって格好の獲物だった。ナサニエル・ホーソーンは、これから十年間、自分の初期の作品をこうした年刊誌に発表した。エリザベスの『カスケット』の選集は、仲間の日曜学校の先生、イライザ・カボットが書いた詩や、ワーズワースの「ひばりへ」、ピーボディ夫人がパーマー家に伝わる教えをもとに書いた物語、その他二十数篇を掲載しているが、それらの作者は、イニシャルによってどうにか特定される。

エリザベスの寄稿は、一八〇〇年にフリードリッヒ・ド・ラ・モット・フーケ男爵によって出版されたドイツの寓話『ウンディーネ』の再話であり、それがこの巻の目玉となる作品であった。彼女のものが最初の英訳版となったが、それから一世紀にわたって広く翻訳され、オペラやチャイコフスキーのバレエなどを生む霊感の源になったのである。ハンス・クリスチャン・アンデルセンは、それをもとに独自の改訂版、「人魚姫」を書いた。エリザベスが「水の精」と名づけた翻訳版は、ほとんど彼女の作品と言ってよく、彼女は時々「ウンディーネの作者」を名乗ることもあった。それは、エリザベスが自分の授業でよく、かいつまんで話す話でもあった。しかし彼女にかかるとその話は、彼女が生徒にわかりやすく説明したいと望んでいる霊的な事柄と同じくらい、エリザベス自身の内面をも明らかにしてしまうのだった。

ウンディーネは、魂のない「陽気な」深海に棲む「妖精たち」の一種、美しいが手に負えない海の精霊である。ウンディーネの父は地中海の王子で、自分の愛娘に不滅の魂を得させたがっている。それがないと、愛することも、善い行いをすることもできない。つまり人間のことを好きになるほど十分に長く彼らに「関心を向け、記憶に留める」ことができない。しかし魂を得るためには、ウンディーネは人間の男と結婚して深海を去らなくてはならないのだ。地中海の王子は、洪水を起こして、ある漁師の娘をさらい、代わりにウンディーネを置いてくる。ウンディーネは漁師の小屋で、「快活で機知に富み、輝くように美しく」成長するが、「自分以外のことには関心がない」ように見える。やがて、二度目の嵐が、フルトブラントという名の美しい騎士を岸に打ち上げる。ウンディーネは「乙女特有の慎み深さ」がないので、直ちに結婚を申し込む。それは「真の女性ならまずしないこと」である。フルトブラントは彼女の申し出の「新奇さ」に「心がときめいて」受け入れる。結婚式でウンディーネは、エリザベスの表現によれば、「一瞬のうちに子どもから、物静かで思慮深く、優しい女に変えられる」のである。

しかし読者はまもなく、単に魂を持っているだけでは、愛らしく振舞うことも、善い行いをすることもできないということを知る。実際、この物語に登場する人間の大半が、裏切りや思いやりのなさ、さらには自惚れに陥っている。それらは「真実のものより見かけのものを好む」物質世界の生活につきものの罪である。ウンディーネが初めて獲得した魂は、すべての魂のなかでもっとも真実に近いものであることがわかる。まずフルトブラントがウンディーネに打ち明けるのは、二人が結婚したとき、彼はすでにベルタルダという財産持ちの若い女性と婚約していたということである。ベルタルダは後になって、行方不明になったままの、漁師の娘であることがわかる。ウンディーネは、ベルタルダのために自分の結婚を破棄すると申し出るが、フルトブラントは当惑してそれを拒む。そこでウンディーネはベルタルダと父親の漁師を再び結びつけようとするが、ベルタルダは怒ってその老人を見捨てる。ベルタルダの裕福な養父母は、彼女が漁師の娘であるとわかると、家から追い出してしまう。心優しいウンディーネは彼女にフルトブラントの城に住むよう誘う。その城でフルトブラントとベルタルダは、町の貴族と付き合いを続けるが、ウンディーネは献身的に近隣の田舎の貧しい人々を助ける。フルトブラントにウンディーネは、結婚は彼女を「快活で、精神的、かつ苦難に耐える女性」に変えてくれたと、感謝をこめて語るのである。

最終的に、フルトブラントとベルタルダは、ウンディーネに慈善の仕事からしばらく離れ、一緒に楽しい船旅に出るよう説得する。その旅行中、意見が衝突したフルトブラントは、自分の妻に八つ当たりする。そこでウンディーネの父が巨大な波を起こして、彼を海へ流そうとする。しかしウンディーネがその波に足を踏み入れ、船外へ流されて死んでしまう。悲しみに打ちのめされたフルトブラントは、「ウンディーネがかつてやっていたように、献身的に国の人々のために善行を積む」ことで、良心の呵責を克服しようとする。しかし彼はまもなく衰弱し死んでしまう。彼の墓のそばに「小さな泉が湧き出る」。これは、フルトブラントとウンディーネの霊が「天国で一緒に神に祈っている」ことの、この世に現れた証であった。ついに二人は、「霊魂の世界で、一点の曇りもなく愛する」ことができるようになるのである。

こうした単純な事実をつらねた筋をもつ「水の精」という作品は、女性は――海の精であろうと人間であろうと――結婚するまで大人の社会に居場所はないという考えを支持しているように思われる。しかしエリザベス版の寓話は、結婚の是認というより、一人の独身女性の自己完成をめざす夢想として読める。結婚しようがしまいが、ウンディーネはいつも自由な存在である。未婚の彼女の奔放さは、魅力的でもあり、許容できるものである。これは、束縛されることのない一人の少女の生き方をとらえた稀有な見解である。エリザベスが若いウンディーネのなかに、「自分のことだけに関心を持っていたい」という抑圧された欲望を認めていたことは想像に難くない。結婚したウンディーネは、エリザベスにとってもう一つ別の理想像となる。すなわち、自らの苦しみや自己犠牲を例示することによって、挫折した人たちの教師になるというものだ。異教の妖精は、女性的かつ家庭的なキリストとなるのである。

「水の精」に描かれる結婚は、純潔な結びつきで、もっぱら精神的な状態である。これは、エリザベスが幼い子どもたちのために物語を書いているからであろう。しかしプラトニックな結びつきは、エリザベスが自分で想像できる唯一の結合だったのかもしれない。エリザベスは大抵の結婚につきものの数々の苦労――それを彼女の母親は「黄金の苦労」と呼んだのだが――について十分認識していた。ウンディーネにとって、結婚には肉欲的な喜びはなく、世話をすべき小さな子どももいない。結婚式が行われた後では、フルトブラントさえいなくてもいい存在になり、かつて自分勝手だった海の妖精は自発的に博愛主義者となる。ウンディーネは、自分の夫を妻の資格があるとはいえないベルタルダと共有し、世俗的な男と女の結びつきはフルトブラントとベルタルダに任せ、天国での魂の結びつきが再現するのを待つのである。それは一度ならず、エリザベスが妹たちとともに辿った生き方だった。

しかし完全な孤立というのは、けっしてウンディーネの目的ではない。他者の世話をすることが彼女の主たる関心事なのである。それは、一八二六年、チャニング牧師と毎土曜日を過ごすようになって以来、少なくともエリザベスの関心事でもあった。当時彼女は、ヘブライ語の聖書に関するエッセイにおいて、「社会的原則」とは、「あらゆる人間のなかにある自発的なもの」だと主張していた。それからの十年、ニューイングランドの改革者たちの心をとらえていた精神的な問題と取り組むにつれて、エリザベスはエマソンやソローが支持していたような自立した個人の礼讃よりも、共同体主義的な考え方に引き寄せられていった。教職が職業上のアイデンティティの中心にあったからか、大家族を支える責任を背負い込むのには慣れっこになって成人したからか、エリザベスは人間社会に切っても切れない結びつきを常に感じていた。たとえ彼女が「自分独自の考え方」をし、それを発言する内面の強さを求めていたとしてもである。彼女は親戚や友人や師と激しく衝突したが、結局彼女が根本的に必要だと思ったもの、すなわち他者とつながることをはっきりと彼女は認識したのだった。チャニングやワーズワースと同様、彼女もやがて人間の魂のなかに神性につながるものを見出そうとしていた。しかし彼女がそこに見つけたものは違っていた。おそらくそれは彼女が女性であったからだろう。この時のことについて、彼女は「人間性のなかで唯一神聖なのは、他者の優しさに関心を向ける力です」と友人に宛て書いている。

「愛は、人間の魂の目的であり運命なのです」と、エリザベスは同じ手紙のなかで宣言している。ただ問題が残った——その運命を達成するにはどうすればよいのだろうか？

第V部

ソファイア

一八二九―一八三二年

第18章　ウォルター医師

一八二六年の秋から一八二八年の初冬にかけ、メアリーとエリザベスは、ボストンの四つの様々な下宿屋を転々とすることとなった。騒がしすぎる場所もあれば、生徒の家から遠すぎて、一学期以上住むことができない場所もあった。十四歳のジョージが姉たちと同じ下宿屋に住んで一年が経った一八二八年の春、ついにエリザベスは、二軒分の家賃を節約するために、父親のピーボディ医師を説得して家族全員をボストンに移らせることにした。父親は歯科医としての診療を続けるために、一カ月に二回駅馬車でセイラムへ通った。今では十六歳になったナットは、ワシントン・ストリートとウィンター・ストリートの角の薬局で見習い奉公を始めていた。

　最初の頃ピーボディ医師は、チャールズ・ブルフィンチが設計した優雅な煉瓦づくりの建築物が立ち並び、ボストンコモンを見下ろす新しい街区のコロネード通りに家を借りた。メアリーとエリザベスの学校から入ってくる「収益」と、出費をカバーする三人の寄宿生のおかげで、高級住宅地に住居を構えることができたようだ。ところが、翌年ピーボディ医師は、二、三ブロック離れたグラナリー墓地に近い、狭い脇道を入ったところにもっと安い家を見つけた。メアリーは、「美しい景色」を、煉瓦の壁や裏庭や独立戦争時の英雄の墓石に取り替えてしまったと嘆いた。最上階を自分の部屋として与えられたソファイアは、そこをすぐに「私の小部屋」と名づけた。その部屋の窓からは、幸いチャールズ河が斜めに少し見えた。それでもソファイアは、秋の空を染める金色の輝き――「太陽そのものが見えなくても得られる日没の輝き」――が嬉しいのだと主張し、ハゲイトウやクジャクの羽根で小さな屋根裏部屋を飾った。一家は、一八三二年までトレモント・プレイス七番地に住むこととなった。

ボストンコモンに面したコロネード通り

　十九歳になったソファイアは、不安定な成人期に差しかかっていた。ソファイアがボストンで姉たちと合流する一年前に、彼女はいまや「頭痛から完全に解放されることがない」とナットがセイラムから手紙を書き送っていた。食事中のナイフやフォークのガチャガチャという音が「ひどい苦痛」になるので、ソファイアはよく自分の部屋で過ごしていた。ソファイアが居間に座り、読書や繕い物をしながら家族と夜を過ごすときには、彼女がめまいを起こすからというので、父親は椅子に座って体を揺らすことを禁じられた。もっと厄介だったのは、家族が「大騒動」と名付けた発作が時々起きることだった。そういったときのソファイアは、痛みや熱のためにベッドの上で何日も狂乱状態にあった。ときにはこれらのエピソードは、ソファイアの言う「浮遊感覚」、あるいはとりわけ恐ろしい「失神」の前兆であり、そうなるとソファイアはしばらくの間意識を失った。セイラムのどの医師も病状に診断が下せず、自然に治るのに任せ、治療はしなかった。

ソファイアの謎めいた症状に対して、人数が多いため「医学部教授陣」と彼女が呼んでいた医師団は、様々な治療を施してきたが、なかには病気そのものよりも身体に悪影響を与えるものもあった。その医師たちのなかには父親がいた。ソファイアの幼少時に父親が投与した水銀の下剤が、おそらく彼女を「生涯にわたる病弱者」に運命づけることとなった主な原因だと家族はのちに考えるようになった。ソファイアの頭痛を治療するときピーボディ医師は、ひんぱんに起こる頭痛の原因と思われる有害な体液を身体から抜くために、熱い絆創膏で皮膚に水ぶくれを作るという、痛みを伴う治療法を好んだ。[1] 最初は歯生期のむずかりのせいにされていたソファイアの幼少時のわがままが、苦痛のせいであったと変更されたこの説について、メアリーはかつて次のように要約している。「子供の頃にあなたをいつもひどく苦しめ、突然駆り立てられるようにさまざまな症状となって現れる体液が、あなたの頭痛の原因であると、少しも疑ったことがなかったわ。」メアリーの説明によれば、「悩みの種の治療」に対するソファイアの最大の望みは、皮膚を「刺激する」ことによって体液を外に出してもらうことだったという。それに関連した努力として、ピーボディ医師は、ソファイアの食事を入念にチェックし、あるときは「動物性食品の節制」、あるときは米とミルクの刺激の少ない食事を主張した。胃にとどまっていると思われる体液に対する防御のためであった。ところがピーボディ医師の試みのどれも、明らかにメアリーの診断に同意してソファイアが名づけた「私の厄介な頭痛」を、和らげることができなかった。

セイラムではハバード、ニコルズ、それにトレッドウエルと、次から次へと医師が治療に当たり、ヒル、アンモニア、鉄の炭酸塩、それにコルチカム（痛風の治療に今日でも使用されているイヌサフランの有毒な種から作られたエキス）を投与した。ソファイアはそれぞれの新しい治療によって、一時的に痛みが緩和されただけであった。病原と疑われる体液を体外に出すためのさらなる試みとして、ソファイアが一八二六年に初めてヒルを試したとき、彼女はそれを、「寛大な、すばらしい、無私の、優れた、親愛な、優雅な、利口な、優美な、行動的な、生き生きした……魅力的な生き物」と褒め、「思いつく限り、最高に平穏で、苦痛からの簡単な解放の方法よ」と明言している。六年間「これほど根本的に良くなった」と感じたことはなかったと、ボストンにいる姉たちにソファイアは手紙を書いたほどだった。しかし頭痛がぶり返してきたため、結局彼女は「暗闇の不快な小悪魔」をお払い箱にしたのだった。

家族はボストンへ引っ越すことでソファイアに大きな希望を寄せていた。引越しは、ソファイアが示し始めていた絵画の才能を大いに発揮する機会となる上に、環境の変化を約束するものだった。エリザベスが確約したように、ソファイアは街の画廊やアトリエでボストンの著名な芸術家の作品を勉強し、レッスンを受けることを楽しみにしていた。その期待からか、ソファイアは体力をつけてきているように見えた。家族がボストンに移る前の一八二七年暮れに、彼女はボストンに二週間ほど滞在し、遠近法の講義を受けた。さらに一八二八年一月、ソファイアは、最近ではこれまでになく元気溌剌とし、姉のメアリーがリウマチ性の発熱から回復するために数週間セイラムに引きこもっている間、学校でメアリーの教師代理を務めた。ソファイアは「こめかみや額の攻撃者」の突撃には時々苦しみ、消耗したが、なんとか授業を行い、任じられたばかりのラルフ・ウォルドー・エマソン牧師による説教や、肖像画家のチェスター・ハーディングの展示室でのパーティに出席したりした。この間に「これぞわが世界の首都」、ボストンに愛着を覚え始めていた。

しかし、家族全員がボストンに押しかけ、とうとうピーボディ一家が再び一つの屋根の下に集まると、ソファイアの健康は悪化した。ピーボディ医師は、一八二八年六月に弟宛ての手紙で、「三月十九日に到着した後、二、三日もするとソファイアは自分の部屋に閉じこもり、それ以来二、三日間隔でその状態が続いている」と書いている。たちの悪い風邪として始まったものは、「ソファイアの頭のなかで尋常でない激しい痛みにまで達し、ほんの少しの物音でも我慢できなくなった」。ピーボディ夫人は、ソファイアの高熱による意識の混濁と、もっともひどい発作のときに起きやすい「恐ろしい幻覚」[2]のため、夜通し震える彼女を看護し、消耗しきってしまった。

五年近く別々に暮らした後、今では妹の枕元に付き添っている母親を楽にするために時々看護を代わっているメアリーは、ソファイアにとって眠りが「『優しく回復させてくれるもの』ではなく……むしろ自制心のきかなくなった歯止めで、彼女の本質を手におえない混沌状態のままにしている」のを知って驚いた。著名な医師のシャタックやワレンが呼ばれ、緑ばん、砒素、キニーネなどの新しい威力をもつ薬剤が取り入れられたが、どれも役に立たなかったようだ。心配に打ちひしがれ、治療成果に絶望的になったピーボディ医師は、エリザベスに「ソファイアの苦しみのあっけない終結」を恐れていると打ち明けた。ピーボディ医師はソファイアがその年の夏を越せないだろうと思っていた。

姉が教えている生徒たちや家族が、狭いタウンハウスをつま先で歩き、ささやくように話し、できる限り静かにドアを閉めているときでさえ、階上の部屋に閉じこもっていたソファイアは、めまいがする上に弱っていて歩けないほどだったが、頭が冴えるときには、「晴れやか」な表情をみせて「あらゆる楽しみや病状の緩和を嬉しく思うようだった」。エリザベスがブルックラインの友人に手紙で書いたように、弱々しい妹は、何年もの病気体験のためにすっかり「痛みに屈服」してしまっていた。まさに奇妙な逆転だが、ソファイアは結局、「天の父と共に引きこもり、『私は喜んでそうするのですし、それができて幸せです』と伝えることのできる内なる聖堂」[3]を作ってくれた「病気という、まさしく大いなる祝福」に感謝を表明した。喜んで死にますというのが、ソファイアの意味したことだった。

　このような態度は病弱な人、とくに女性に見られるものだった。メアリーは一年前にソファイアのことを、「女性特有のあの勇気、辛抱強い忍耐力がそんなにもあるなんて、なんて幸運なのでしょう」と書いていた。ところがソファイアが痛みに身をゆだねることは、忍耐を超えていた。ソファイアはセイラムからエリザベスに宛てて、「精神の完璧な躍動を感じ、苦痛にも高揚しています。というのも神は愛する者を慈しむと仰っているからです」と書き送っていた。そのような人生には、この世での償いがありえるとソファイアは気づいたのだ。「幸いなるかな、私の頭をばらばらに引き裂いた痛みよ！」と同じ頃にソファイアは書いていた。カリスマ的なウォーカー牧師がセイラムに来ていて、「私に会いにきてくださったの！……頭痛の具合はどうかとお尋ねになりました！」有力な男性たちとの出会いのためにエリザベスが規準を高くしておいた家で、ソファイアは張り合う方法を見つけつつあった。

　しかし、一八二八年の春と夏にソファイアは状態がとても不安定だったので、さすがに彼女も感謝すべきことを少しも見出すことができなかった。ボストンの産科学の有力な医師で、ウィリアム・エラリー・チャニング牧師の弟にあたるウォルター・チャニング医師が、相談のために呼ばれたということは、一家が絶望していた証しだった。ピーボディ一家は、ソファイアの病気に対して別の解釈を考えようとしていた。それは、独立心旺盛なチャニングが訓練を受けたフィラデルフィアとエディンバラで普及していたものだ。この見解では、慢性の頭痛は、女性の場合は子宮から生じる「交感神経」が、突然非常に活発になる病気と見なされた。チャニングの女性の生理に関する専門知識が、「体液」診断がもたらさなかったような解答を出してくれるだろうと家族は望みを抱いた。

　しかしウォルター・チャニングは、その医学的訓練以上に推奨されるべき点が他にあった。六カ月前にチェスター・ハーディングのアトリエで開かれたパーティで、ソファイアは彼に初めて会った。そして、すぐにたくましい口髭をはやしたその医師を「ウォルター医師《ドクター・ウォルター》」と呼び始めたが、それはより高名な「チャニング博士《ドクター・チャニング》」である兄のウィリアム神学博士と区別する手段としてであった。ジョシュア・レノルズの描いた若きサミュエル・ジョンソンの肖像画を褒めながら二人で立っていたと

ウォルター・チャニング医師（ウィリアム・F・ドレイパーによる肖像画）

き、ウォルター・チャニングは、画家になりたかったという子どもの頃の夢を語ったのかもしれない。その大望は彼の家族によって押しつぶされたが、それは一人の伝記作家が、「ニューイングランドのピューリタン子孫のなかでは当時まだ珍しかったロマン主義的な傾向」と呼んだものの表れであり、けっしてウォルター・チャニングから失われることのないものだった。兄が力を持っていたボストンの文学界に引き寄せられ、そして六年前に結核で若い妻を亡くした悲しみも著しいウォルター・チャニングではあったが、それにもかかわらず兄のウィリアムが病的で存在感が希薄であるのとは対照的に、強健で世俗的だった。ウォルターが、一八一八年から一八一九年にかけて『ノース・アメリカン・レヴュー』誌に、「文人の健康について」という記事を書いて、熱心な運動と健全な食事を薦め、成長期の少年と若者の長時間の集中的な勉学を強いる「知性の促成」の実行を非難したとき、彼にはウィリアムの事情が念頭にあったのかもしれない。

　ウォルター・チャニングが一八二八年にソファイアの病床に呼ばれたとき、彼女のような症例は比較的知られていなかった。もっとずっとありふれていたのは、病気のために二、三年の短期間であっという間に暴力的に命を奪われる、青白く美しい肺結核患者の症例だった。ニューイングランドでは、十九世紀前半、あらゆる死亡のうち四分の一までもが肺結核のせいにされていたのかもしれない。チャニング自身の妻バーバラは、夫婦の最後の、四番目の子供の出産の際に、必死に生きようとしたが二十六歳で亡くなった。その出産には、悲しみに打ちひしがれた子どもの父親が立ち会っていた。

　ソファイアが肺結核であるという明白な兆候は何もなかったが、その病気が悪化しやすいものではないと想像できる人は、ソファイアを知る人のなかにはほとんどいなかった。「このような毎年の身体的苦痛のために、ソファイアの神経組織はより敏感になるはずです」と、ピーボディ夫人はソファイアが十八歳になった年に書いている。夫が最大の不安をピーボディ夫人にすら隠しているのに、夫人は、ソファイアが「正気を失うのは恐ろしいことだけれど、それに対して私は心の準備をするよう努めているのよ」とメアリーに打ち明けていた。

　後でわかったことだが、この危機に際してウォルター・チャニングを呼ぶことを決断したピーボディ一家は幸運だった。おそらく女性の苦しみを大変多く見てきたからであろうが、チャニングはとくに慢性の病気に関心を寄せており、その問題に関するパイオニア的な著作のなかで、女性の一連の病気を「ベッド症《ベッド・ケース》」とのちに名づけている。そのタイトルで一八六〇年にパンフレットを出版するまでに、ウォルター・チャニングは、実際に「生命を脅かす」「問題」が何もないにもかかわらず、「病的に鋭い」過敏さのためにベッドに何年も寝たきりの多数の女性を観察してきた。唯一の死の危険は、ヴィクトリア朝時代の拒食症と同じで、活発な生活からの引きこもりが非常に極端なために、食べ物を拒絶して徐々に消耗し果てる患者自身に原因のあることを、一八六〇年にチャニングは確信をもって書いた。一八二八年の今チャニングは、心配しているソファイアの両親に同じことを告げた。彼女が何に苦しもうとも、それで亡くなることはないと。

チャニングの「ベッド症」という言葉は定着しなかったが、彼は十九世紀末にさらに多くの女性が餌食になり、最終的に「神経衰弱」というレッテルを貼られた症状を、最初に確認したアメリカ人医師の一人だった。ソファイアの病気は、当時は神経組織の一般的な衰弱と定義されていた古典的な神経衰弱ではなかった。彼女は偏頭痛に悩まされたのであるが、おそらくその幅広い症状は、セイラムやボストンの彼女の医師には知られていなかった。光や物音に対する過敏、めまい、錯乱、発熱、不眠症、夜驚症、失神など、これらすべてが、もし激しいものだとしても、比較的ありふれた頭痛を伴う偏頭痛の症状と今日では理解されている。しかし現代医療がないなかで、ウォルター・チャニングの治療方法は、おそらく神経衰弱の「ベッド症」といったもっとはっきりしない病気に対してと同様、偏頭痛治療のためには当時最高のものだった。

チャニングは一八二〇年代の末にようやくその症状を認識し始めていたのだが、ソファイアに対しては、のちの自分の患者にしたように本能的に接した。彼女の以前の医師の処方とは対照的に、ウォルター・チャニングのソファイアに対する治療は、彼女の日記に記されているように、奇妙にもくだけたもので、ほとんど医療とは呼べないものだった。『ベッド症』のなかで、「治療の大きな目的は」、その不満を受け入れ、同情することによって、「患者の信頼を得ることだ」と彼は書いている。病気についての患者の「信念や考え」をめぐるいかなる論争も、「病気の悪化に直接つながる」。信頼の絆が形成されたのち初めて、家族や医師は「そのように優しい手段で」、患者が徐々に活動を増やし、最終的には完全な回復への歩みを始めるよう説得することに成功するのである。

問題の根源は、患者が内面に集中すること、すなわち「自我への完全な没入」で、それは多くの身体的な不満とか、まごつくほどの従順さや陽気な態度の影に隠されているため、友人や家族は普通気づかず、苦しむ本人をなんとかくつろがせようとするのだとチャニングは信じていた。たいていの場合、いつの間にか患者は、本や好きな絵画で埋められた寝室に、自分のための「無数の苛立ちからの逃避所」を作り上げてしまうとチャニングは記している。ソファイアはアヘンをよく用いていたが——少なくとも時々使用していたと知られているのだが——それは「アヘンによる慰撫や睡眠作用の効用を見込んで」のことであった。時がたち、「治療のための努力は徐々に放棄され」、「ベッドが病人の家になる」という結果となった。

しかし、患者の主体性のなさを責めるよりも、チャニングは医学界の怠慢を咎めた。「もっとも遺憾」なのは、「こういった症例の患者たちを医師や友人たちが見捨てること」だった。一八六〇年までにチャニングは、「治療とは例外的なことではなく、普通のことと見なされるべきである。……それは患者と医師双方の心を尽くすことで見出されなければならない」と信じるようになっていた。「患者の注意や意識の方向を患者自身からそらし、自分以外の何かに全身全霊をこめて打ち込ませる」のは、「新しい医師」の場合もあれば、「何か異常な、予想外の状況の変化」の場合もあるとチャニングは書いている。そうすると、「他の状況でならほとんど奇跡的と見なされるかも知れない変化が生じていることに、気づくかもしれない」のだ。チャニングは、患者が瞬く間にすっかり回復して、長椅子から起き上がるのを幾度となく見てきて、ほとんどの女性は、最初は本当の病で病床につくが、「患者をベッドにつないでいたのは習慣だけだった」との結論に達した。チャニングは、習慣なら克服することができると信じていた。

チャニングのこのような見解は時代をかなり先取りしたものであり、おそらくそのせいで広く受け入れられることはなかった。「神経衰弱」を慢性の衰弱をきたす病と見なしていた名高い医師、ウィア・ミッチェルの治療のような、もっと一般的な治療法は、行動を大いに勧めるというよりも、行動を制限するものであった。チャニングの処方は、現代における偏頭痛専門の医師オリヴァー・サックスの、信頼できる著書『偏頭痛――よくある不調への理解』において提唱された治療の方法を予示している。ソファイア・ピーボディのように「絶え間なく続く偏頭痛」を経験する人を、サックスは「習慣的偏頭痛の患者」と呼んだが、その治療には、まず「医師と患者の信頼関係」の発展が必要である。チャニング同様サックスは、このもっとも「ひどく健康を損ねた患者のグループは、その必要があって、この症状にとりつかれているのかも知れない」し、「彼らに開かれているいかなる選択肢よりも、あの苦しみを伴う偏頭痛との生き方を選ぶかもしれない」と認識している。現代の薬でさえも、一時的な緩和をもたらすにすぎないようだ。それが、医師と患者が協同して認識し、変えていかなければならない偏頭痛を生みだす状況なのである。

しかし、ウォルター・チャニングの「ベッド症」への共感でさえ、そこまで及んだだけだった。十九世紀のほとんどのニューイングランド人のように、チャニングもまた、健康な女性は、常に他者への奉仕生活のなかで、その関心を「自分自身から」そらし、たいていは夫や子どもへと向けるよう期待していた。ソファイアの治療を始めて一年後、彼は彼女に宛て、「すっかり元気におなりなさい。そうすれば、世話をされるのは本当に幸せなことですが、あなたも多くの人に役立つ奉仕者になるでしょう」と書いている。チャニングは、内面に集中したいという願望、すなわち創造的な芸術活動をめざすものには必須の条件を、女性にとって正当なものとは認めなかった。おそらくソファイア自身も認めていなかったのだろう。チャニングがソファイアに、内面に引きこもらないよう説得しようとする以前、病気は「私が引きこもれる内面の聖堂」をもっともよく保証してくれるものとなっていた。彼の治療を受けながら、ソファイアは、さもなければ禁じられていたはずの自分の利己心のために、自身の健康を犠牲にしていたことについて、考えを改め始めていた。

ソファイアのためのチャニングの処方は最小限のものであった。酸化マグネシウムと混ぜた数粒のダイオウ、朝の断食、シャワー、馬車乗り、海岸への小旅行、などであった。チャニングの訪問は突然で、多くはただ社交的な理由で来ていたため、意図的にそうしているのではと疑う者もいるほどだった。彼女が初めて危機的病状に陥ったときに往診したチャニングは、それが収まった後も、ずっと訪問を続けていた。彼がいつ来るかはっきりとはわからないことがおそらく理由であろうが、ソファイアは他のどの医師の診察よりもチャニングの訪問を楽しみにするようになった。彼は「いつも私を喜びの光のなかに置いていってくれる」と、チャニングが初めてベッドの傍らに姿を現わしてから一年後に、ソファイアは日記に書きとめている。

ウォルター・チャニングは、ハーヴァード大学での学生時代を思い出すのを楽しんでいた。彼はそこで、真摯な兄のウィリアムとは正反対の針路を取り、一八〇七年の有名な「腐ったキャベツ」の乱に参加したという理由で、学位を取ることなく退学させられていた。それは大学のキッチンで作られた、食べられたものではないような夕食に抗議した食事闘争だった。ハーヴァード大学医学部の産科学と法医学の教授に任じられた今となっては、それを笑うことができた。チャニングは医学生時代のヨーロッパ旅行中に、バイロンの家庭教師だったロジャースという人から聞いたバイロンに関するエピソードで、ピーボディ家の全員を楽しませた。一八二〇年代と一八三〇年代の初めに、ウォルター・チャニングは、おそらくボストンの文学の殿堂で兄に並ぶ地位を勝ちえようと望んで、『合衆国文芸紙』に、『ハムレット』や『リア王』に関するエッセイや、単なる物書きと著作者とを区別する記事を書いた。チャニングはよく原稿をエリザベスに委ね、彼女の意見を求めたり、それらをソファイアに渡すように急かしたりした。チャニングは、患者に話をさせ、精神面での訓練をさせる手段として、自分の文学作品を用いたようだ。ところがソファイアは、彼が低く優しい声で「彼の創作」を朗読するのを聞くことを好み、その声が「私の心にいちばん心地よい響きをもたらす」と母に打ち明けている。

チャニングはおしゃべりな性質であったが、ソファイアとの会話はけっして一方通行ではなかった。ソファイアを励まして自分の症状を語らせ、一人の医者として抱く臨床的な関心以上のものとソファイアには思われそうな態度で聞いた。一八二八年に初めて彼女の治療を開始し、その症状についてつつみ隠さず自由な告白を促したとき、チャニングは「人間の苦しみをたくさん学ぶことは、われわれの職業の特権なのです」と書いた手紙を彼女に送った。ソファイアがチャニングに告白をし始めると、苦痛に直面したときの彼女の我慢強さを褒め、彼女が伝えたとくにひどい頭痛に関する説明を、「苦痛の時間がいかに長く厳しかろうと、心は真実のままであり続けるというもう一つの証拠になります」と見なした。

ソファイアがどのように解釈しようとも、「大事なわが友であり患者」に対するチャニングの手紙と訪問が、主として治療法を見つけることを目的としていたことは、彼が宣言する治療法に照らせば明らかである。ソファイアの苦痛への「完全な服従」に対する彼の賞讃には、いつの日か、ソファイアが、自分で選んだ苦しみの人生をあきらめることになるかもしれないという、注意深く言葉を選んで言われた暗示がいつも含まれていた。チャニングは「友人の皆さんの苦痛に耐える姿に魅惑された」のではないと書き、「あなたの場合……病気は勝利を収めてはいません」から、「あなたは最終的には良くなるでしょう」とくり返し彼女に保証した。ニューイングランド人にしては、チャニングには快楽主義者の気があり、自らの個人的な哲学を吐露してしまうところがあった。ソファイアが日記に記した一つの見解は、困窮したピーボディ一家において、考えられないほど魅力的なものとして、彼女の心を打ったにちがいなかった。それはチャニングがソファイアに語ったことであるが、「誰の心にもある第一のこと」は、「快適に生きること」なので、彼はそうすることが「神のお考えである」に違いないと思っていたことだ。

この穏やかな勧めが作用し始めた。ソファイアは再び絵を描き始め、その腕前は姉たちの裕福な生徒が、スケッチを依頼し始めるほどであった。スケッチのなかには、生徒にではなく「親愛なるウォルター医師」に捧げたいと思うほどのものもあった。徐々に、ソファイアは自分の部屋から姿を見せ、訪問者たち、特にウォルター・チャニングとお茶を飲むようになった。さらに、教会へも通い始め、そこで、偶然ではなく、主治医に会う望みを抱くこともできた。格別に幸運だったある日曜日など、ウォルター・チャニングは「輝くように明るく見え、流れる音楽のように語り、とても心をこめて握手してくださった」ので、「しばらく私は、自分の弱々しいふらふらする身体のことなど意識しなかった」とソファイアは日記に記した。

一八三〇年までに、チャニングが目標とした信頼関係はしっかりと築かれた。その信頼関係は、彼が意図した以上に、おそらくソファイアの方でより強固になっていた。ソファイアよりも二十歳以上年長で、八歳から十六歳までの子どものいる男やもめのチャニングは、ソファイアが自分にロマンティックな関心を膨らませるとは、思いもよらなかったかもしれない。だが知り合って間もない頃、チャニングが、エリザベスの生徒で、当時ピーボディ家に下宿していた両親をなくした女性相続人のリディア・シアーズを、土曜日の午後のドライブに連れて行く手はずを整えたとき、ソファイアは仲介の労をとっていた。リディア自身も病弱で、年齢もソファイアより上ではなかったが、彼女にはかなりの収入と社会的な地位があった。リディアが一八二九年に、デダムの弁護士サミュエル・ヘイヴンとの婚約を発表したとき、ソファイアは比較的貧しかったけれども、ウォルター・チャニングが、ただ自分を治療してくれる「新しい医師」というだけではなく、彼女がその関心を「自分自身から」そらし、「全身全霊」で傾注したくなるような相手になってくれるのでは、という期待を抱いたのかも知れない

ソファイアが、「一日中ショックを感じ、ウォルター医師に会いたいと切望していると、あたかも直感的に私の望みを察知したかのように、彼がやって来た。いつものように優しく、親切で、おもしろく」というようなことが度々あった。ウォルター医師の「馬車が戸口のところへ来て、彼の鳴らすベルの音が玄関全体に満ちたかと思うと、階上へ駆け上がってきた彼が目を輝かせ、顔中にその日の美しさを反映していた」春の朝ほど、彼女を楽しませるものはなかった。ソファイアが自分の症状を述べる機会を得る前に、チャニングは、「ソファイア、気分はどう？　こんな日に良くないはずはないよね」と一気に語りだしていた。ウォルター医師に対してのみ、ソファイアは健康が回復したと思われることを許すことができた。確かに、彼女がかかった医師たちのなかで、いつもそのような想定をしがちなのは彼だけだった。彼が前触れなく到着したとき、それまでソファイアがどのように感じていたとしても、ただそこに居てくれるだけで、「あらゆる苦痛をまったく消し去り、魅惑だけを感じさせてくれる」のは、「医師団」のなかでチャニングだけだった。

チャニングの診断に喜んだ彼女の家族は、一八三〇年の初め、ソファイアには「病気ぐせの他に病気はない」と表明したが、それにもかかわらずある心配を付け加えていた。ピーボディ夫人は、「ソファイアはチャニング医師をとても愛しているから、もし治療が打ち切りだと判断されれば、それに従わないわけにはいかないと悩むと思うわ」と述べていた。それに、どうしたらチャニングが勧める暖かい気候のところで、長期にわたる安静治療を受けさせるほどの余裕が家族にあるだろうか？　一八二九年から、南米かキューバへの船旅がくり返し検討されたが、非現実的か、あるいは費用がかかりすぎるとして、断念せざるを得なかった。もっと根本的な問題として、ソファイアが絵画を脇に置き、その代わりに針仕事のある家庭の領域で気楽にしたらどうかというチャニングの忠告を、ピーボディ夫人は疑問に思った。針仕事なら、それほどきつくもないし、心の慰めになる活動だと彼は考えたのかもしれない。ソファイアは、「我慢できる日にはいつも出かけようとしてきたけれど、これまでのようには絵画や読書やスケッチをする気がなくなっているのよ」と、ピーボディ夫人は一八三二年の秋に、かなり驚いた調子でメアリーに手紙を書いている。「どうして絵を描くのは、裁縫より悪いのでしょう？　いつも一緒にいるので、ソファイアが違う仕事でいかに体調を崩しているかを、誰よりも多く目にしている私は、どのような裁縫も彼女には耐えられないものになると確信が持てるわ。」ピーボディ夫人は娘たちに、可能な限り家庭の義務は回避し、自己修養の方を選びなさい、とりわけその活動がいつの日か収入をもたらすかもしれないような場合にはそうしなさいと、許可を与えていたのであ

る。しかしソファイアは、別の天職を考えることを楽しんでいたのかもしれない。

一八三〇年六月のある日曜日、ソファイアは礼拝の後、「親切なウォルター医師」に家を訪問してくれるように頼んだが、逆にトレモント・ストリートの近くの新しく改装した彼自身の家へ招待されることとなった。そこで「彼は手厚くもてなす君主のように振る舞った」とソファイアは後で日記に書いている。「私の頼みで、彼は本を取り上げ、彼自身の創作を私の心の深くに響きわたるような調子で読み、その後少し話をしてから、家まで送ってくれました。」そのような訪問によって二十一歳のソファイアが揺り動かされた望みについては、想像してみることしかできない。しかしソファイアが、ウォルター・チャニングを巻き込んで作り上げた家庭幻想は、ほとんど即座に一掃された。

家に帰る途中、ソファイアの弟のウェリントンが二人を追い越したが、「最初私たちと気づかなかった」。ピーボディ家で、三人が再び会ったとき、チャニングは日曜日の人だかりのなかで、ウェリーが彼らを見過ごしたのも不思議ではないと冗談を言った。「あんな年寄り二人ではね。ここにいるソファイアもだよ。ソファイアも杖をつくべきだね。私も支えてあげることしかできないのだから。」これは、主治医の彼女に対する本当の感情だったのだろうか。一度きり、ソファイアが元気な若い女性と見られたいと願った折しも、外出のせいでウォルター・チャニングは、ベッド脇での楽観的な態度を止め、彼女はどうしようもなく弱々しいと思っている自分の本心をさらけ出してしまったのだろうか。

唖然としたソファイアは、チャニングが診察をしようとするのを拒んだ。「すっかり気分が悪くなり、疲れて、どのようなかたちでも触れられることに神経過敏になっていた」からである。そのため、彼女は主治医が「長く滞在しなかった」ことを初めて喜んだ。「というのも、あのときの私の体調には彼でさえも重たすぎる存在だった」からである。その後まもなく、彼女は「異端信仰のようなものを理由に釜茹でにされそうになって、ウォルター医師がそのような私の運命を変えようとするものの、私を救い出す前に彼自身が亡くなってしまう」という夢を見るなど、「いくつもの恐ろしい幻覚に悩まされて」一夜を過ごした。ウォルター・チャニングは彼女の治療に失敗したのだった。

ソファイアは多少なりともこの出来事から立ち直ったが、翌年、働かなくても楽に暮らせるほどの財産があり、チャニングに年齢のより近い女性、イライザ・ウェインライトとの婚約を彼が発表したときには、ひどく動揺した。おそらくその知らせがソファイアに与える影響を感じたチャニングは、その計画を話すために、特別に彼女を訪問した。ソファイアはそのときの場面を日記に描いている。以前なら、ソファイアは訪問者が「大変元気よくドアをノックする」のを聞いたときには、それがウォルター・チャニングだと確信していた。彼女は「胸の高鳴りを覚えて」彼のためにドアを開いたが、「彼が大変優しく私の手を取ってくれた」ので安心し、「彼が率直な気持ちからそうしているのがわかった」。チャニングもまた、患者に対する医師としての通常の感情以上のものを心に抱いていたのだろうか？　しかし彼の伝えた知らせは、彼女がまったく聞きたくなかったものだった。「彼は出て行くとき、手袋をはずし、口では言えないほど優しく握手してくれた」とソファイアは結んでいる。その日ソファイアは、彼のためにも嬉しいと言い、イライザ・ウェインライトに短い祝福の手紙さえ書いている。しかし彼女は再びチャニングを拒絶し、ついには一カ月後、父親が「もっとも重症な発作の一つ」と呼んだ状態に陥り、二週間に及ぶ寝ずの看護が必要となったのだった。

「頭が割れるようなひどい痛みで目が覚めた」ある朝、その発作が始まり、それから四日間にわたる「言いようのない激痛」が続いた。その間、「二、三時間、知性の統制をほとんど失いそうで、もしこのような感覚がまともにもっと長く続いたら、私は間違いなく気が狂ってしまうと感じた」とソファイアは記した。そこで彼女は、チャニング医師を「呼びにやる他はない」と感じた。彼は「疲れを知らない気遣い」で、彼女が苦しんでいる間ずっと付き添っていた。今回彼は、ナス科の有毒植物の一つから抽出したヒヨスを処方した。この植物からは、現代の抗けいれん薬スコポリンも抽出されている。「親愛なるウォルター先生、ようやく治療法を見つけられましたか？」と彼女は日記に書いた。強力な鎮痛作用のあるヒヨスは、その後数年間、「私の好みの一服」というほどの、ソファイアのお気に入りの治療薬となり、神経をなだめたが、頭痛にはほとんど効かなかった。

しかしソファイアがもっとも安堵したのは、ウォルター・チャニングが「やはり計り知れないほど貴重な存在」だとわかったことだっただろう。彼女は、医師と患者の関係が、彼とイライザ・ウェインライトとの婚約によっても変わらないと確信していた。それ以来、彼の訪問はあいかわらず「気分転換になるもの」ではあったが、元気づける効果はまれにしか続かなかった。それ以上のメリットとなる刺激はほとんどなさそうに見えたが、実際はまったく正反対だった。これは、のちになってウォルター・チャニング医師について彼女が書いたように、次のような結論を出すときだったようだ。「病気をして初めて、彼のすべてがわかるのだ。あの青白い天使、苦しみだけが、彼の心の聖なる奥処に入るのを認めてくれる……。あの青白い天使こそ私のもっとも親愛なる友なのだ。」

ウォルター・チャニングとソファイアとの関係は、時とともに薄れていった。おそらく医師も患者も、その治療からさらなる進展が生じそうにもないことを、暗黙のうちに認めていた。しかし、苦しみの「青白い天使」への彼女の愛着は堅固なままだった。そしてそれを解消するために、関心を「自分自身から」そらしてくれる何かを、あるいは誰かを待っていたのである。

第19章　「私の魂は画紙の上で前進する」

一八二九年の夏、ソファイアが「このうんざりするような苦痛の屍衣を脱ぎ捨てることがあるのだろうか」と疑問に思っていた頃、エリザベスは最近ボストンにやってきたドイツ人の挿絵画家で、絵画の巨匠でもあるフランシス・グレーターに、チャニング牧師の家で出会った。グレーターは文学者でもあり、エリザベスは彼の英語で書かれた最初の本、『メアリーの旅』という題の小説をちょうど読み終えたところだった。その本は、革命で孤児になり、ドイツの田舎で養育され、好色な有力者たちに付きまとわれる若い女性の悲惨な話を物語っている。メアリーの物語は、彼女が自分に風景画の才能があることを発見し、その創作を支援してくれる裕福な女性慈善家の家族に加わるところで、幸せに終わる。「自然のなかで生きているものは何でも、眠っていようと、笑おうと、大激怒しようと、その基本精神を、彼女は自身の霊感を吹き込まれた心、すなわちその芸術の魅力によって呼び覚ました」[1]とグレーターは書いていた。エリザベスは間違いなく、この前向きで自立した姉妹関係というヴィジョン、およびそのヒロイン自身に惹きつけられた。彼女こそ、その心が「独創性のないどのような模倣」からも解放され、自身を「すべからく自然に」ゆだねた、不変のウンディーネ【水の精】であった。エリザベスは、女性の潜在能力に類いない信念を抱くこの男性を、自分の学校で絵を教えてもらうために雇うべきだと気づいた。

グレーターのレッスンが始まるとすぐ、ソファイアは彼の話を聞くために、階下の教室にふらっと姿を見せ始めた。グレーターは色彩法や遠近法についても、ドイツ文学や哲学についても語ることができた。そこでソファイアは、とうとうまた風景画を手がける気になった。セイラムで、ミス・デイヴィスについて彼女がレッスンを受けてから三年近くたち、その間、書き物机よりもベッドで多くの時間が費やされた。そのときのエリザベスの回想によれば、いつもは多弁なグレーターが何も言わず、ソファイアが絵を描いているのを肩越しに見ていたという。ソファイアが描き終え、彼を見上げて「私のための批評の言葉はないのですか」と尋ねると、グレーターは「あなたがうらやましいだけです」と答えたのだった。

ソファイアの作品が思わぬ褒め言葉を勝ちえたのは、これが最初ではなかった。美術にほとんど無縁の家庭で育ったソファイアが、思いきってためしに絵を描いてみたことがあった。十三歳のとき、姉たちの総合的な教育のレパートリーに、もう一つたしなみのための科目を追加すべく、彼女は土曜日の午後にレッスンを二つ三つ受けたが、そのうちの数回はセイラムに自分の学校を持っている叔母のアミーリア・カーティスから受けた。カーティスは、絵を描くことが、女子教育に取り入れられていた刺繍に、急速に取って代わりつつあると認識していた。

数年後、ソファイアはミス・デイヴィスの指導のもとで再びレッスンを受けてみた。彼女はより腕が確かな教師で、彼女の学校は毎日の絵のレッスンを特徴としていた。ここでソファイアは、家族や友人たちから「天才」と呼ばれるに足る最初の徴候を示した。他の少女たちは、たんに家庭内にある物の輪郭をなぞっていたにすぎないが、彼女はミス・デイヴィスが「模写するには難しすぎる」と警告した風景画を描いてみると主張した。そしてソファイアは、もとの構図の魂を捕らえ、正確なイメージを確かな線で紙に転写し、教師の目から見てもすばらしい成功を収めたのだった。

間もなくピーボディ夫人は、ソファイアが午前中に幾何や文法を教えるミス・デイヴィスの手助けをする代わりに、午後に絵画のレッスンを受けられるよう手はずを整えた。エリザベスがミス・デイヴィスと過ごした最初の午後の思い出によると、ソファイアの作品はいつも「それぞれのレッスンで完璧だったので、お手本のように見えた。彼女は一筆たりともおろそかにはしていなかった」。しかし、最初からソファイア自身は絵画を、後で教えるために修得すべき技術以上のものと見なしていた。芸術は、自己表現のための潜在能力を持つ、より高度な職業なのだ。六カ月後も彼女はまだ風景画に取り組んでおり、その修得過程にしっかりと打ちこんでいた。「鉛筆の一筆ごとに味わう歓喜は、とてもお姉さんたちに伝えることはできませんﾞ」とボストンの姉たちへの手紙で書いている。「私の魂は画紙の上で前進するのです。」

ペンナイフを右手の親指の根元に深くくい込むまで滑り込ませてしまったので、ソファイアのこの早い開始が一時危うくなった。傷そのものは癒えたが、ソファイアの前腕は感染のために膨れ上がったので、ピーボディ医師は彼女の親指の筋肉が「衰えてしまう」かもしれないと予想した。結局、損傷は後に残らなかったが、この不慮の災難が午前の授業の義務を怠る口実を彼女に与えた。ミス・デイヴィスはできる限り午後のレッスンは続けるように促したので、ソファイアは喜んでそれに応じた。このとき細密な白鳥のエッチングを模写していたのだが、絵の対象が繊細なものである限り、ものを書くことであれ、裁縫であれ、手で行う他のどのような仕事よりも、絵を描くことの方がはるかに面倒でないとソファイアは主張した。

セイラムの一人の若い女性画学生として、ソファイアはどのような野心を抱くことができただろうか。一八二〇年代の中頃のこと、ミス・デイヴィスのために模写した旅行ガイドやギフト用年刊誌にある挿画、あるいはセイラムの豪華な邸宅の一つを時折訪問する機会に垣間見たかもしれない二、三の作品などは別として、絵画や彫刻に関する彼女の知識のほとんどは、言葉で彼女に伝えられたものだった。ソファイアは、スタール夫人の『コリンヌ』のなかのイタリア芸術の宝庫についての、うっとりするような記述を読んだ。それらはすべて男性の作品にもとづいていた。十六歳のとき、イタリア・ルネサンスの画家、コレッジョに関する劇から、長い文章を備忘録に写した。その劇は、芸術家の妻のマリアが、夫の人生において果たした役割を強調した格調高いメロドラマだった。ソファイアがより刺激を受けたのが、天職に対する画家の献身か、それともマリアが夫の「はかない創作物」を感嘆する大衆の目に触れさせるためにすすんで払った犠牲か、どちらなのかを知るのは不可能である。最後の場面は、どのような十六歳の少女の心にも訴えることができたはずだ。その画家は、街の路上で見知らぬ人たちに囲まれながら、妻の腕のなかで亡くなるのだが、人々はその熱愛する二人を「結婚した夫婦ではなくまだ恋人同士」だと見なすのである。

エリザベスとメアリーのボストンからの手紙によって、ある駆け出しの絵画グループの活動状況を伝える知らせが届いた。それは、そもそもチェスター・ハーディングや、レンブラント・ピール(出身地のフィラデルフィアから一時的に引っ越してきていた)や、高齢のギルバート・スチュアートらの肖像画家のアトリエを中心に組織されたものだった。ただしスチュアートの場合、いまや作品の多くは娘のジェインが彼に代わって仕上げていた。独学を決意していたエリザベスとメアリーは、そのような肖像画家のアトリエを訪問して、画家や、ときにはモデルに会い、そこで目にした全国や地方の有名人の肖像について報告した。一八二七年、ハーディングによるエリザベス自身の肖像画がセイラムに届いたとき、それはピーボディ夫人に涙して部屋に引き上げさせる原因とはなったものの、ソファイアが初めて見た油絵の一つとなった。

次の秋、ソファイア自身がそのアトリエを訪問するために、ボストンにやって来た。ピールのアトリエで、彼女はジョージ・ワシントンの肖像画や未完成のキャサリン・ガーディナー夫人像、さらにナポレオンの甥で鳥類学者のチャールズ・ボナパルトのすばらしい肖像を目にした。壁にダニエル・ウェブスター、ナサニエル・バウディッチ、ハーヴァード大学学長のジョン・カークランドの肖像が掛けられたスチュアートのアトリエには、いま町でオセローを演じている、輝くような若い俳優エドウィン・フォレストが、自分の肖像画を描いてもらうために座っていた。しかし、ソファイアはその年の、いや十九世紀ボストン美術界最大の注目すべき催しは見損なっていた。すなわち、その春のアセニーアム絵画ギャラリーのオープンで、メアリーも書いているように、そこには「公私にわたるボストン中のすばらしい絵画のすべて」が展示されていたのである。

二十年前、ギルバート・スチュアートは、学校の設立に基金を寄せることができるほど裕福な人が、芸術の高潔さを必ずや危うくすると論じ、ボストンにそのような教育施設を設立することを妨げていた。そういった施設がないために、フィラデルフィアと比較するとボストンは不利な立場に立たされた。フィラデルフィアでは、一八〇五年に設立されたペンシルヴァニア美術学校が、のちにハドソン・リヴァー派として名声を得ることになる多くの風景画家を、すでに育成していた。しかし一八二〇年代までには、スチュアートは、彼自身とハーディングのアトリエに近いパール・ストリートの、ボストン・アセニーアムの新図書館の建て増しとして計画されたギャラリーを、喜んで認める気になっていた。とくに、アトリエの創設者たちが、スチュアートの作品をその常設コレクションの中心として購入する計画を立てたと公表したときにはそうであった。

以前は、ボストンでの展覧場所はほとんどなく、不十分だった。ドゲット・ギャラリーがあったが、それは木造の展示室で、そこで入場券の収入を上げるために、画家たちは大きな作品をよく単独で展示した。(ドゲット・ギャラリーは、エリザベスが地元で所有されている作品の収集を近くでよく見るために、それこそ間近で目を凝らした場所であった。)ファニエル・マーケットの大きなホールが、時には同じ目的のために使用された。一八二五年に始まったペンドルトン兄弟のリトグラフのアトリエは、広さを倍にし、中規模のギャラリーとなり、地元の画家によるカード用紙に描いた小さな絵画を、古典的なテーマの版画や漆喰の型とともに販売していた。グッドリッチの競売会社は、ボストンの富裕層の資産の増減次第で、中国からの漆塗りの箱や陶器の壺の他に、時には一枚か二枚の油絵を競売にかけた。

一八二七年、アセニーアム・ギャラリーはボストンにおける最初の美術館となり、その後の五十年間にわたって唯一の美術館だった。展示室が開設されたその五月、アセニーアムの常設コレクションは、わずか七点のみであった。六点の肖像画(そのうちの五点はスチュアートの原画ないしその複製で、そのうちの二点は彼の甥のギルバート・スチュアート・ニュートンによるものであった)と、聖書の一場面を描いた『井戸の傍のレベッカ』で、これは最初ティツィアーノ作と思われていたが、やがてムリーリョの作とされ、今ではたんなる複製として知られている。それはささやかなスタートであったが、一八二七年の展覧会では、地元の芸術家や収集家から借りた、天井までずらっと掛けられた三百点以上の作品が展示された。半分は昔の巨匠のものだったが、多くは複製とわかっていたし、ムリーリョの作品のように、贋作であった。エリザベスとメアリー・ピーボディは、他の眼識のある見学者らとともに、十二点のワシントン・オールストンの作品と、新たに喝采して迎えられるようになった独学のフィラデルフィア人トーマス・ダウティの描いた数点のアメリカの風景画に惹きつけられた。二人の姉妹は、ギルバート・スチュアートとレンブラント・ピールのどちらの描いたジョージ・ワシント

ボストン、パール・ストリートのアセニーアム・ギャラリー(1830年頃)

ンの肖像画がより似ているかといった議論では、どちらの側にもつこうとしなかった。

アセニーアムの理事たちさえその展覧会の成功には驚いた。わずか一週間後には、六万人たらずの人口の都市で二千枚の入場券が売れていた。三カ月にわたる展示の終了までには、二千五百ドルの売り上げがあった。年一回の展覧会が引き続き開催されるようになり、五年以内に常設の作品は五十点近くに増えた。

ボストンの他の人たちもそうだったが、ソファイアと姉たちは、視覚芸術を見出すことに心を奪われた。有力な芸術家や彼らの作品をしっかりした知識にもとづいて議論でき、芸術作品を収集し、あるいはどんなに少なくとも、アセニーアムの年一回の展覧会を見たり、会場で姿を見かけられたりすることが、己の卓越さの印になった。ニューイングランドの人々の間では、ピューリタン時代から引き継がれた禁欲的な姿勢や、英国との二度にわたる戦争による生活必需品の欠乏が、芸術作品を賞讃し、批評し、もし金があるなら入手しなければならないという衝動に取って代わられていた。エリザベスは、この熱狂の波をソファイアに向けてやりたかった。あるセイラムの友人が「彼女の最愛の芸術」と呼んだものを、なぜ妹は職業としないのだろうか。

ボストンにおける美術学校の不足は、ソファイアには好都合だったのかもしれない。一八四四年まで、女性はペンシルヴァニア美術学校には入れなかったので、ソファイアが志願して落とされる可能性のある美術学校はなかった。エリザベスの計画では、ソファイアは巨匠に弟子入りし、制作中のその姿を観察し、その創作のいくつかを模写して油絵の描き方を学べるはずだった。ソファイアは、自分の模写したものを売れば材料費を取り戻せるし、結果的に、家族の出費を抑えることにも貢献できようというものだった。

その計画には多くの前例があった。ペンシルヴァニア美術学校開校以前に、ヨーロッパで勉強する余裕のなかったトーマス・ダウティやチェスター・ハーディングのようなアメリカの芸術家たちは、徒弟になったり、裕福な後援者から貸し出された作品を模写したりすることで、自分の選んだ仕事を学んだ。若い画家たちは、原画を求めて依頼がくるほどの評判になるまでは、模写を売って自活したのである。ヨーロッパのアカデミーで学んだ人々でさえ、模写は勉強になると気づいていた。学生時代にワシントン・オールストンは、パリでヴェロネーゼやルーベンスを模写し、ベンジャミン・ウエストやトーマス・ローレンスなど現存する先達や老練な巨匠を意識的に模倣し、構成要素を借り、配色を採用し、同じような主題を描きつつ、自分の力に自信を深めながら、自分自身のスタイルを確立していったのであった。

ソファイアや他の才能ある若い芸術家にとって幸いなことに、十九世紀の芸術の後援者たちは、注意深く仕上げられた模写に、原画とほぼ同じくらい満足した。数十年後にヨーロッパの美術品を絵葉書で広めることになる写真が発明されるまでは、アメリカ人が旧世界の貴重な美術品について学べる唯一の方法は、手書きの模写を見ることによってであった。両者を区別することに意味があると考える人はほとんどいなかった。この観点からすれば、構図こそが作品なのだった。ラファエルの聖母マリア像の油絵の模写を所有していたあるセイラムの商人は、ラファエルの「聖母マリア像」を所有していると、臆面もなく言い切ることができた。ソファイア・ピーボディとウォルター・チャニングが、チェスター・ハーディングのアトリエでともに賛嘆した、ジョシュア・レノルズのサミュエル・ジョンソンの肖像画は、確実にレノルズの原画ではなかった。それはハーディング自身の手になる模写かもしれなかったが、二人はそろってそれを初めからレノルズの作品とみなし、そのように賛嘆したのだ。

ボストンの熱心な新参の収集家たちは、できばえのよい模写には高額を支払った。エリザベスは、裕福な友人の一人がカルロ・ドルチ作の絵の模写に六十ドルを支払ったという情報で、ソファイアを励ました。その金額は、二人の弟のジョージが学校を出て、いま輸入業者のトーマス・サールの店員として勤めながら稼ぐ二カ月分と同じだった。比較すると、チェスター・ハーディング原作の肖像画は平均百ドルだった。もっとも高く評価されていたアメリカ人の画家の一人で、ロンドンのロイヤル・アカデミーの会員でもあったワシントン・オールストンは、絶好調のときには自分の絵画に五百ドルも要求した。不運にもオールストンは仕事が遅く、たった一つの作品を完成するのに何年もかかったが、ハーディングはそれこそ数日で肖像画を仕上げることができた。

芸術家自身は原画の価値をもちろん知っていた。しかし、模写を完全に見くびっていたというわけでもなかった。イタリアで作成した模写が高く評価されていたレンブラント・ピールは、老練な巨匠の最高傑作の「優れた模写」は、「どんな場合でも、高額で購入された劣悪な原画よりおもしろく有益だ」とかつて書いていた。

しかし、こうして模写から創作へと進んだ画家たちは、みな男性だった。家族がボストンへ引っ越し、美術の勉強を熱心に始めるよう期待されたときに、ソファイアが病気にかかったのは、エリザベスの計画に対する内面の抵抗を示していたのかもしれない。フランシス・グレーターの『メアリーの旅』の主人公でさえ、創作人生を気前よく援助してくれる婦人がいるという理想的な世界でのみ、華麗に活躍したのだった。彼女は、生活のために自分の風景画を売り歩く必要などなかった。

一八二九年に、ひとたび絵を描き始めると、その才能によってソファイアはすぐに、新しく登場しつつあった女性の画家グループの世界に参入できた。そこでは、熱心な女性の愛好家が互いの広間に集まり、画帳を集めたり、スケッチを交換したりした。グレーター自身がそうした一団を率いており、彼らは放課後の時間に定期的にピーボディ家で顔を合わせた。小さな石膏の模型像であるアポロやヘラクレスの胸像がスケッチのモデルとしてテーブルの上に置かれ、いい天気の日には、グループは中庭へ移動し、木や花をつけた植物などを「写生して」描いた。この若い女性たち、エリザベスやメアリーの元の生徒たち、ユニテリアン派の牧師や進歩的な学校教師たちの娘、姉妹、妻たちは、手作りの装飾の施された画帳に自分たちの最高の作品を集め、皆のなかでより画才のあるものたちには、その画集を完成させるために絵を描き加えてくれるよう頼んだ。

ソファイアの作品はいつもいちばん多く求められ、彼女の優美に描かれた風景画は、模写しようと友人たちから熱望された。その並外れた才能と、病気がちなこと、それに比較的貧しいことで、彼女の存在は際立っていた。結局、彼女はその絵を描くグループには、出席より欠席が目立ち、一貫した努力によってというより、時々生み出される霊感を受けた作品によって、人の心を絶えずとらえた。ソファイアは別の道に進むべく運命づけられているようではあったが、はたしてエリザベスが心に描いたように、客間から市場への移行は可能だったのだろうか。

ソファイアが最初に絵を描き始めて以来、油絵を描くという考えが強く彼女の心をとらえていたようだが、これまで彼女は、鉛筆、あるいはペンとインクでスケッチするという、もっと厳しい規律、そしてより女性らしい探求に自らを律してきていた。いまやエリザベスとフランシス・グレーターは、そろって彼女を前進させようと急かした。まずグレーターが、片方の手に筆、もう一方にパレットを持ち、イーゼルの前に座るのは、「快適だ」と思うよ、「なにしろラファエルも同じ姿勢で座り、同じことをしていたのだからさ」というざっくばらんな言葉で、ソファイアを唖然とさせた。おそらく、ウォルター・チャニングのようにグレーターは、そのような言葉が彼女を行動に移させやすいと期待したのだ。「彼がラファエルを私の身近な存在にしたのでまったく驚いた」とソファイアは日記で打ち明けている。にもかかわらず、誘惑に乗った彼女は「それに到達することなどけっしてありえないでしょうけれど、謙虚に完璧をめざしたいとは思っていました」とグレーターに告げたのだった。グレーターは、ソファイアが生来持っている「あらゆる有利な点を使えば」、必ず彼女は成功すると保証した。

妹に対するグレーターの望みがかなうのを見たくて、エリザベスはソファイアに教師を見つける仕事に取りかかった。それもボストンで見つけられるもっとも傑出した教師を。一八三〇年の春に、風景画が一八二七年のアセニーアムの展覧会に初めて出品されて以来、ソファイアが賞讃していた風景画家のトーマス・ダウティが、ニューイングランドでの高まる名声に乗じて、フィラデルフィアからボストンへ引っ越してきていたことをソファイアは知った。

ボストンの有名な画家のほとんどと異なり、ダウティはレッスンを行っていた。しかし、彼はアトリエでレッスンを行っていたが、普通は男子学生のみだった。ダウティの方法は、自分が絵を描いているところを見せるために、自分の周りに生徒を集め、それからできる限り自分の作品をうまく模写させるというものであり、説明はなかった。それは、これまで筆を持ったことのない人にとっては、おおざっぱな手ほどきともいうべきものだったであろう。たとえエリザベスがダウティを説得して、ソファイアを出席させることができたとしても、妹は皆の前で絵を描くプレッシャーに耐えられるだろうか？　そうする代わりに、エリザベスはソファイアの病気を有効に利用した。エリザベスはダウティを説得して、ソファイアの寝室に彼のキャンバスの一つを立ててもらうことにした。そこでなら、必要ならば、ソファイアは寝椅子から眺めることができるだろう。そうすれば、彼女は体力のある限り、どのレッスンも一人でこなすだろう。

トーマス・ダウティ

　ダウティが最初のレッスンを行う予定だった日、ソファイアは大変神経過敏になり、いまにも倒れんばかりだった。あごひげの名士が到着し、ウェリントンにただ「ダウティ氏だよ」と告げられたとき、すでに彼女はその画家との当惑するような会見を始めていた。いまや「私の身体全体が、彼を見て震撼のようなものを経験した」と彼女は日記に書いた。「心臓がどれだけ高鳴ったことか。彼はどことなく芸術を体現しているかのようだった。それで、まともにその面前に立たされ、畏敬の念に打たれてしまった。」ソファイアは、ダウティが絵を描くのを一時間ほど見ていた。それから彼は、ソファイアに自分が描いた手始めの素描を模写させた。その素描には、「彼が体現しているものと同じようなすごい力」が感じられた。絵を描くために筆を取り上げながら、「私は頭のてっぺんから足の先まで震えた」。ソファイアは「何につけても、これまでこのように感じたことはなかった」と書いている。

　しかし、グレーターの絵画グループの友人二人が見守るなかで、ソファイアは仕事に取りかかり、夕暮れまでにレッスンを終えた。日に日に、ダウティの風景画の陽光のいっぱいあたった山の景色、その輝く堤、木々、水、雲が形をなしていき、ソファイアの絵も形作られていった。日によっては朝、彼女は再びとても神経が高ぶり、ほとんど「制作する彼の指を見ていることができなかった。彼のほうは、いかにも名手らしく、岩を立たせ、木々の枝を、さっさっと伸ばしていた」。彼の奮闘ぶりを見て、「窒息しそうな」気分になり、とりわけ六月の暑熱がボストンを急に襲ったときには、ソファイアは横にならざるをえなかった。しかしそのような日々でさえ、ソファーで一時間ほど横になった後で起き上がり、「やり遂げようとする意志をもち、画板に立ち向かった」。

　レッスンの合間、ソファイアはアセニーアムの第四回展覧会をくり返し訪れた。その展覧会では、ダウティの風景画が他を圧倒していた。その月末までには、わずか二、三週間前に全身を震撼させられた同じ男性の作品を、彼女は批判的に分析していた。いまやソファイアは、ダウティは「その神々しい嗜好がむしろ絢爛すぎる」と判断していた。これは、大多数の現代の批評家が共有しているダウティへの批判である。

おそらくソファイアは模写では調整したのであろう。というのも初めての試みで、彼女はもう一度べた褒めの批評を獲得したからだ。絵を完成するのに一カ月と少しかかったが、その絵はたちまち彼女の仲間の全員から褒められた。原画よりもソファイアの風景画の方が好きだと主張したチャニング牧師は、もっとも熱烈な支持者の一人だった。「とてもこの意見を取り入れることはできないわ」とソファイアは、チャニングが訪問した日の日記に記録した。「私自身もダウティ氏の風景画と同じくらい自分の描いたものが好きになれさえすればいいのだけれど」と彼女に付け加えさせたのは、反省から出た控えめな気持ちだったのだろうか。

しかし、エリザベスのケンブリッジの友人であり、ユニテリアン派の牧師であったジョージ・リプリーと最近結婚したソファイア・デイナが、ソファイアの手がける最初の原画を購入したいと申し出たとき、彼女は喜びを隠さなかった。「なんて大きな喜びを与えられることでしょう。私も絵を創作するのだと考えると」と、ソファイアは同じ月に書いている。それから、チェスター・ハーディングがその絵画を見るためにピーボディ家にわざわざやって来て、ソファイアに肖像画の描き方を教えたいと申し出た。彼は、自分のワシントン・オールストンの肖像画を彼女に模写させることさえ約束した。「ボストンではほかの誰にも模写させなかったものよ」とソファイアは日記に誇らしげに記録した。ハーディングは、彼女の模写を売る許可も暗に与えていた。というのも、批評家のN・P・ウィリスによって、国内で「もっとも重要な肖像画」と判断されていた彼の描いたオールストンの肖像画の出来のよい模写なら確かに売れるだろうからだ。

しかし、二十歳のソファイアにとって、べた褒めやレッスンと制作依頼の約束は、突然大きすぎるプレッシャーとなってしまった。ソファイアは、うだるような暑さのなかで、椅子に登り、大男のハーディングに扇で風を送りながら、彼が仕事をするのを見て七月を過ごした。次に彼女は自分の肖像を描いても

ソファイア・ピーボディ
(チェスター・ハーディングによる肖像画)

らうために座ったが、これはハーディングがエリザベスに払う自分の子どもたちの授業料代わりとしての三枚の肖像画のうちの二枚目のものだった。ソファイアはけっしてその肖像画に満足しなかった。後年、彼女は肖像画の口許に筆を入れて変えてみようとさえした。そのいくぶん謎めいた微笑みが、一八三〇年の夏に彼女を襲い始めていた自己不信を表していることを、彼女はわかっていたのかもしれない。しかし、彼女はとりわけハーディングに畏怖を感じていた。彼は「とても手早く――とても熟練して」いたので、数分のうちに頭全体をスケッチし、一時間以内に肖像を描くことができた。結局ソファイアは、最初に提案された堂々としたオールストン像よりも、一八二七年ハーディング作の彼の五歳の娘、マーガレットの肖像画を模写することにした。[2] 彼女はその肖像画を売らなかったので、それは姉たちの教室の常設画となった。

グレーターに自信を回復させられるような賞讃を与えられ、「愛すべき小さな部屋兼アトリエが一体になった」[3] 安全なところで育まれ始めていたソファイアの野心は、弱まっていった。女芸術家の仕事の世界に彼女があえて入っていけばいくほど、女性はその一部になることなど期待されていないとますます思い知らされることになった。ダウティのレッスンを受けた月からそんなに経たないある夏の日、彼女は彼が制作中の作品を見るために、彼のアトリエに立ち寄った。ダウティは歓迎したが、男性の生徒たちがその部屋の隅で仕事をしていたことを思い出したとたん彼は狼狽した。彼の当惑はすぐにソファイアに伝わった。ハーディングやダウティのような「熟練の」画家になるべく訓練をしている男性たちの、おそらくは上着を脱いで絵を描いている不快な光景を隠すために、彼女の師が幕を引いたとき、彼女は赤くなってどもった。その訪問は台無しになり、ソファイアは家に帰った。

一八三〇年の六月から八月にかけての二、三カ月が、ソファイアが油絵の指導を受けた期間であった。だが彼女の友人たちや家族は、いまや彼女が優れた自作品の制作をすることを期待していた。エリザベスは、妹の代理人としてふるまうことがただ嬉しいだけであったが、ソファイアは制作しなければならなかった。おそらくもっともソファイアの気力をくじいたのは、彼女を知る多くの人々による想定だった。それは、「あのようなアトリエと職業は、きっと頭痛を治してくれるはずだ」と、彼女の寝室で始めたワークショップを訪問した後で、ある友人が語ったような想定だった。しかし、苦痛と別れる生き方が彼女には準備できていたのだろうか。

二十歳のとき、ソファイアには、どのような類の孤独な職業にも就く心積もりはなかったかもしれない。ラルフ・ウォルドー・エマソンが十九世紀の後半になって書いたように、創造的な才能を所有することは、「女性の進むべき道を危険にも狭める」。その「道」とは、結婚や母になることを期待されたものだった。男性が習慣に従わないことを祝福したその同じ哲学者は、「社会からの排除と私生活に自分の安全と幸福を見いだすような、我々の社会の」型にはまった女性に、美徳のほか何も見なかった。そのような女性は、「市場、法廷、投票所、舞台、それにオーケストラに招かれないとき、自らを祝福する。もっとも並外れた天才のみ、芸術家の進むべき道を、安全で自らにふさわしいものにすることができる」とエマソンは書いた。普通の「女性の進むべき道」と異なる道を取るには、不動の野心、とてつもない自信の蓄え、それに慣習をものともしない意志が必要だった。すなわち、エマソンが「並外れた天才」と呼んだものの根本的な基盤である。才能だけではけっして十分ではなかった。

ソファイアが、「まだ見ぬ大切な方」[4]宛ての愛の詩を書くために、かなり長い間、鉛筆と絵筆を脇に置いたのは、おそらく彼女の備忘録にある『コレッジョ』からの数節を読んだ後の、不安定なこの頃だったのかもしれない。少なくともこの詩を書きながら、ソファイアはこの世のどこかに心の友、「芸術家で詩人でもある」男性、結婚したいと望む男性がいる、という考えにふけっていた。おそらくこの男性にすでに会ったことがあるだろうと彼女は書いている。彼女はすでに「刻まれたり、印刷されたりしたあなたの詩をいくつか見たことがある」のかもしれない。あるいは、二人は多分地上ではなく、天国でのみ会う運命なのかもしれない。だが、彼女は次のように結んでいる。

あなたは私に至る道を見いだせずにいますが
私たちはこの真理を知り満足するでしょう
私が他の人々や自分のために行うあらゆる善行は
あなたのためになされ、あなたがなされたあらゆる善行も
私のためになされるというこの真理を

ソファイアは心細い女性芸術家の道よりも、彼女の時代ではもっと急進的な道さえ想像していた。共同で行う新たな試みを心に描いていたのである。一組の男女が、互いに鼓舞し合い、互いに創造的な人生を捧げ、力を合わせて働く姿である。彼女の芸術に対する関心が大きくなればなるほど、この新しい理想は、ウォルター・チャニング医師のような父親的な世話をしてくれる人と結婚するというはかない空想よりも、はるかにもっとソファイアに訴え始めたようだ。この理想はこの地上、一八三〇年のニューイングランドで実現することは不可能であろうと、彼女にはわかっていた。しかし、夢を見ることはできたのである。

第20章 「孤独への最初の撤退」

子どもの頃、ソファイアは姉妹のなかでも、いちばん大っぴらに野心を抱いていた。実に、ありそうにもないほどだった。十二歳のときに彼女は、イギリスのユニテリアン派の牧師ジョゼフ・フォーセットの説教書を読んで、「私も牧師であのような力を与えられていたらいいな」と望んだという手紙を当時ボストンで最初の学校を始めていたエリザベスに宛てて書いていた。牧師になる機会を与えられたら、「アメリカ中の人を驚かせるだろう」とソファイアは信じていた。彼女は人が「説教台で滔々と神の真実を語るときほど、心が昂揚し、表現豊かで、エネルギーにあふれて見えるときはない」ことをよく知っており、自分自身がそこに立ちたかったのだ。

ソファイアはある時には、「米国市民の大統領」になりたいと望んだ。そうすれば先住民たちを、あるいはジェイムズ・フェニモア・クーパーの言い回しを借りて彼女が言う「森の息子たち」を、助けられると思ったのだ。彼女はギリシャ語を学ぶために、弟たちと一緒に学校へ行きたかった。彼女は大学にも行きたかった。そこで、本からよりも、実験室で頑張りながら化学を勉強したかった。ソファイアは夜警にもなりたかったようだ。そうすれば、セイラムの月明かりの道を一人で徘徊することもできたからだ。

成長するにつれて、ソファイアの臆面もない願望は、ねたみや、自身の人生の制約を受け入れるための内面のあがきへと変化していった。十五歳のときセイラムで、ソファイアは新規に任命されたチャールズ・アパム牧師の説教には、控えめに賛嘆しただけだった。彼は「アドニスのように」見えるが、物腰は「冗長すぎる」と。彼女は、アパムのようにセイラムの会衆に説教を試そうと、「ハーヴァード大学から絶えずやって来る若い牧師の才能」に嫉妬を覚えた。このときの「私が牧師になれたら！」という彼女の言葉には、その前の週に牧師の候補者が彼女に助言した、「キリスト教の発展に役立つようになることは、牧師のみに与えられているのではありません……もっとも慎ましい人でも、自分の示す生き方で役に立ち得るのです」というメモ書きが続いていた。しかしながら、「もっとも慎ましい人」の階級と結びつくことは、ソファイアにはたやすくなかった。彼女の感情が、霊感を得ることから憤りへ、そして謙虚になろうという試みへと変化していくにつれ、教会で過ごす午後は、「もう少しで自分の身体がばらばらになってしまうと恐れた」ほどの頭痛の原因となった。

ほんの一、二世代後には、ニューヨーク州の西部とオハイオ州の一握りの女性たちが、牧師としての訓練を受ける許可を得て、最終的には、ユニテリアン派やユニヴァーサリスト、さらには会衆派の聖職をも十九世紀の後半になって勝ち得た。しかし、一八二〇年代のセイラムで、ソファイアが知っていた唯一の女性の説教師は、近隣のマサチューセッツ州リンの議論好きな「ニューライト」のクエーカー教徒、メアリー・ニューホールだけであった。彼女の運命は、ピューリタン時代の迫害されたクエーカー教徒の女性の運命と大きくは違わなかった。彼女は、リンのフレンド会の信者から強制的に引き離され、最後には極貧のうちに結核で亡くなった。ニューホール家の哀れにも養育を放棄された十代の娘は、後にピーボディ家に下宿し、教師になるための訓練を受けることと引き換えに、家事を手伝った。

　男性の場合には、なんとすべてが異なっていたことであろう。一八二五年にソファイアが「若い牧師の才能」に耳を傾けながら十六歳になった頃、「燃える心」を抱いた情熱的な二十一歳のラルフ・ウォルドー・エマソンは、ハーヴァード大学神学部に入学した。それは五年以内に、影響力のあるボストンの説教壇に彼を据えてくれはずの進路であった。エマソンがプラトンやモンテーニュを読み、最初の説教を準備していたとき、ソファイア・ピーボディは「燃えさかるような情熱を抱き」ながら、自分の大志が実現不可能なことで悩んでいた。年上の姉二人のように、ソファイアは家庭内でできる限りの自学自習を続けていた——独学でイタリア語、ドイツ語、ヘブライ語を学び、哲学、神学、歴史、文学を広く読んでいた。しかし、病気のために、教会通いが実質的にできなくなるのに長くはかからなかった。

　ソファイアが二十歳になるまでに、彼女は自身の「引きこもれる内なる聖堂」を建設していた。慢性の痛みが容認してくれた私的な「聖域」[1]だ。ウォルター・チャニングが、彼女に「世話をされる」習慣を捨て、「多くの役に立つ奉仕者」になるよう忠告したとき、彼女は珍しく彼の指示に抵抗して、「病や苦痛は、言葉で表現できない神の愛に対する最高の奉仕者であると私は信じます」と日記に書いた。たとえ彼女が説教壇の牧師になることができなくても、忠実な娘の伝統的な役割にのっとり、他の人たちに仕えなくても、彼女は内面の自分の教会を所有することができた。自身の病気について、もっとも語気を強めて書いた文章の一つで、かつてソファイアは「私の全神経に苦痛の手先が送りこまれることなく、喜びや悲しみに私の心が動くことはけっしてありません」と、エリザベスに説明している。これは、彼女が生涯を通じて戻るきまり文句である。「もの言わぬ苦痛の手先」と彼女はのちに回想して呼んでいるが、それは「すみやかな神意を完璧に一点の曇りもなく信じさせてくれた」のであった。

　もし力がソファイアの望んでいたものだったなら、彼女は病気を通してそれを手にしたのだった。彼女が物音に対して敏感なために、家庭内の騒音は静かになり、そうでなかったらソファイアを「狂わせた」はずの父親と弟たちの「もめごと」と、両親の「口論」が短くなった。ソファイアは、身体的にもっとも弱い家族の一員だったかもしれないが、エリザベスはのちに、「ソファイアの優しく優雅な面前に出る者には、大人であれ子どもであれ、誰に対しても、彼女ほど絶対的な力を行使した人は知らない」と回想している。ソファイアの苦痛との闘いは、その人生において他の何ものも保証できないほどの権限を彼女に与えた。

エリザベスは、手に負えない生徒たちを「従順にする」ために、ソファイアの例を利用した。彼女の母は息子たちのために、「そのような若さではめったに耐えられない数々の試練」に信仰によって打ち勝つことができた若者の手本として、ソファイアを取り上げた。家族中が、ソファイアのような、子ども時代から落ち着きなく、大それた野心を抱く「性質」に対しては、「苦痛に勝る鍛錬や抑制力を思いつき、創りだすことはできない」と信じるようになった。ソファイアの母は、「苦痛の年月」が、「自己満足、誇り、頑迷さを修正し、抑制し、根絶させながら——愛らしくも気高い性格を発達させてくれた」と信じた。長患いが、牧師の仕事や絵画を描くこととも違って、期待される女性の行動の範囲内でソファイアが鍛錬できる生き方だった。彼女はかつてエリザベスに、「世の中のあらゆる苦痛を自分が引き受けたいと、私はくり返し感じていました」と書いたこともある。女性だったため、彼女は正式なキリスト教の牧師になることはできなかったが、キリストの例にならって、苦痛の殉教者になることはできたのだ。メアリーの言葉によれば、「身体を部分的に破壊したものが、精神を浄化したようだ」。

ソファイアの二人の姉は、ともに自分たちの説教師をうらやんでいるとは認めていなかったが、牧師の持つ力にどうしようもなく惹かれていた。ボストンきっての進歩的な神学者、ウィリアム・エラリー・チャニング牧師の支持に支えられて、エリザベスは何にでも興味を持つという自分自身の知性をできる限り高めた。彼女は、入ることがまったく不可能だった男性のみの夕食会を除いて、可能な限りあらゆる談話や討論のグループに参加した。一八三〇年からは昼間の授業に、週に一度歴史を読む女性のための「読書会」を午後に加えた。そこで彼女は、世界史に関するテキストについて大学レベルの討論を指導した。参加を申し出た二十人近くは、「仲間」としてチャニングの尊敬を勝ち得ていた女性から受ける指導を、熱望していたのである。エリザベスは、のちに特徴的な超絶主義者の討論の場、談話会となる初期の女性だけの集まりにおいて、本領を発揮していた。いまや彼女は、ずっと以前に抱いた大きな志を実現しつつあった。それは、彼女がわずか十三歳のとき、チャニング牧師の福音討論グループの「黙せる婦人たち」のなかで生まれた、重大で知的な事柄について意見を形成するための機会を大人の女性たちに提供し、そして彼女たちに声を与えるという志だった。

一八二九年と一八三〇年の間に、エリザベスは革新的な文法のテキストを書いて出版することの他に、フランスの哲学者、ジョセフ＝マリー・ド・ジェランド男爵の『自己教育』と『貧者の客』の翻訳に疲れも見せず打ちこんでいた。いずれも、自己と社会の改革のために個人の責任を提唱する、重要な最初の超絶主義者のテキストである。メアリーとソファイアは、印刷所に渡すジェランドの翻訳と書写の仕事のため、時々呼び出された。印刷所の請求書はエリザベスが購入予約同意書を売って支払った。「人間の一生は……まさしく一連の教育である」という格言で、エリザベスの想像力豊かな心を捉えたこの男爵が、彼女のもう一人の著名な大西洋の向こうの文通相手になった。

これらの出版事業はまったく利益にならなかったが、エリザベスはボストンの自由思想家たちの広がりゆくコミュニティーに、自分のための場所を得ていた。彼らの多くは、ユニテリアン派の牧師たちのなかから出現した。新たに牧師になり、ノース・エンドにあるボストン第二教会に最近任命されたラルフ・ウォルドー・エマソンは、一八三〇年の秋に、エリザベスの訳した『自己教育』を熱心に取り上げて読み、続いてジェランドのフランス語の作品に向かい、日記に書き留めている。それらが十年後に彼のエッセイ、「自己信頼」に活かされたのである。いつの日かブルック・ファームでユートピア共同体を率いることになるジョージ・リプリー牧師は、三十頁におよぶ『自己教育』の擁護論を『クリスチャン・イグザミナー』誌に載せた。このときすでに『自己教育』は、『マサチューセッツ・ジャーナル』の二つの別々の記事において、「曖昧でぼんやり」しており、「科学的方法」に欠けているということで、片付けられてしまっていたが、これぞ間もなく超絶主義に向けられることになる初期の非難の判断基準だったのだ。一八三二年の『貧者の客』の出版準備が整うまでには、ボストンの貧者への巡回牧師としての職を確立するために、自らの説教壇を放棄してしまっていた、卓越したユニテリアン派のジョゼフ・タッカーマン牧師は、喜んでエリザベスの翻訳に熱狂的な序文を寄稿してくれることになった。

メアリーは、牧師の持つ力に対して異なる道を取り、波止場地区のボストン人を魅了していた宣教師、エドワード・テイラー牧師を慕っていた。テイラー牧師の伝記はまさに伝説の素材だった。一七九三年にヴァージニアで生まれ、幼くして孤児になったテイラーは、七歳の時にキャビン・ボーイとして船に乗り組み、十年後、ボストンに休暇で上陸中にメソジスト教会で改宗した。十九歳のとき、一八一二年の戦いのさなか海上でイギリス軍に捕らえられ、ハリファックスで投獄中に、仲間の水夫に説教を始めた。次に、ぼろやがらくたの行商人として生計を立てることにしたテイラーは、商品を売り歩きながら説教を続け、ニューイングランドの海岸沿いの納屋や学校で行なった、船乗りの隠喩がちりばめられたエネルギーにあふれた説教で、改宗者を獲得した。彼の生来の能力に心打たれたメソジスト派は、かろうじて読み書きのできるテイラーに説教を行う許可を与え、ボストンの彼自身の船員礼拝所に据えた。この礼拝所が、のちに『白鯨』におけるマップル神父の捕鯨船員礼拝堂のモデルとなったのである。

率直な雄弁さで、テイラーはニューイングランドのプロテスタントの宗派をひどく分裂させていた教義上の諸問題をなんとか回避した。「宗教と神学は別ものだ！」は、メアリーがよく引用するテイラーの金言だった。覚醒運動の説教師たちの恨み節に無感覚になっていた水夫たちが、決まって教会の、テイラーが気に入っていた言い方である「ハッチ」まであふれ、まもなく進歩的なユニテリアン派や他の好奇心の強い連中が、通路や後ろの階段にまで並ぶようになった。後年にはジェニー・リンドやチャールズ・ディケンズもそのなかにいた。エリザベス・ピーボディはチャニング牧師をテイラー牧師に紹介したが、個人的な関係を発展させたのはメアリーだった。日曜日の礼拝の後、彼女は居残るようになった。テイラーが説教壇を指して言った「後甲板」から降りると評判のグループ告白が始まる。彼女はそれを待って、彼の「兄弟たち」に加わり、彼らの罪を聞き、ともに祈った。会衆への熱い思いからテイラーは、初めから熱心な禁酒支持者となり、教会という場で最善を尽くした。

メアリーはテイラーの妻のデボラと親しくなった。彼女は「もっとも困難な状況のもとで、真の気高い妻のできること」を示してくれた女性だったと、メアリーはのちに書いている。テイラー牧師夫人は、日曜日にはメアリーを自分の家庭、「狭くて居心地のよくない」家に連れて行った。そこでメアリーがすすんで子どもたちの世話をしているところへ、テイラー牧師が午前、午後、夜の礼拝の間に「汗ですっかり濡れて」家に戻るので、デボラは新たにアイロンのきいた服を出す必要があった。家の雑用を手伝うには忙しすぎるにもかかわらず、テイラーが子どもたちについて「あらゆるこまかいことをちゃんと聞くようにして」妻にも「配慮していた」ことが、メアリーにはわかった。彼には「妻に対する援助と心配りの精神」があり、それが「あらゆることを明るくしていた」のだ。デボラ・テイラーが、注意深く頃合いを見計らって頭を振ったり、微笑んだり、わずかに沈黙したり、ある行為を説得して思い留まらせたり、あるいは促したりして、夫の関心事に同じ程度の注意深さを示しているのを、メアリーは尊敬の眼差しで見ていた。厳しいことや非難めいたことを言わないで主張された、結婚における女性の影響力が、ここでは発揮されていた。

メアリーは、テイラーの子どもたちが自分たち姉妹の学校の生徒になるように勧誘し、テイラー牧師が禁酒を訴えて州内を動き回っているときは、ときにはテイラーの家で丸々数週間を過ごした。病気の子どもたちや、テイラー牧師夫人自身を看護するためにそこにいたこともあった。その夫人の疲労困憊ぶりは、良き夫や彼を通しての立派な大儀への献身という、もう一つの勲章のようにメアリーには思われた。メアリーは他家に避難所を求めることで、たびたび家族からのプレッシャーに対処してきた。そして、一八三〇年代初めまでに、メアリーが忠誠を、セイラムの富裕なピックマン家から、テイラー牧師のような労働者階級のヒーローの家族へ移してしまったことには、もっともな理由があったのである。ボストンでの年月は彼女を民主主義者にしつつあった。

確かに数々の文化的な機会は、ピーボディ家の娘たちがメイン、ブルックライン、さらにはセイラムにいたときよりも、ボストンの方がずっと多かった。しかしその機会は姉妹に、少なくともメアリーに、自分たちの置かれた劣悪な状況を、よりつらく感じさせただけだった。メアリーは、裕福な友人たちに招かれた客として以外、有料の講義や読書会に出席する余裕はなかった。彼女はイギリスの風俗小説への興味をすっかりなくしてしまい、マリー・アントワネットのフランス語で書かれた回顧録を読んだとき、「フランスの宮廷のばかげた……礼儀作法」を嘲笑し、「自分のシュミーズを身に着ける特権を持つ」ために女王になるより、「学校の女教師になる」と宣言した。一度など、『オセロー』の公演の切符を手に入れたメアリーは、後で「私だったらすぐにもあのような黒人と結婚したいし、まさに今、できるだけ早くムーア人か黒人になりたいと思っているの」と友人の一人に手紙を書いた。彼女のロマンティックな理想は変化していたが、それを実現化する希望もそうだった。姉妹の年長の生徒たちが成長し、学校を出て、結婚するか、ゆったりと勉強のできる生き方を選ぶにつれて、メアリーは教室での人生が自分の知っているすべてとなってしまうのではないかと心配するようになった。

ピーボディ姉妹の十五歳になる弟ウェリントンが、一八三一年にハーヴァードを半期のみで退学し、クラスのなかで最初に大学を去ることになったのは、三姉妹全員の心を苛立たせたにちがいない。彼と同年代の少年は大学には大勢いたが、相対的に貧しいために、ギャンブルの借金がかさまないで済んだ学生はほとんどいなかった。ただし、ウェリントンはギャンブル以外の何にも、ほとんど興味を示さなかった。落胆した両親は、海での過酷な生活によって彼の性格が改善することを期待し、罰として、捕鯨船に乗せることに署名した。彼が出発する前に、メアリーは、テイラー牧師に私的な禁酒の講義をしてもらえるよう手はずを整えた。エリザベスは、「人生に対して強くしっかりとした行動」[2]をとる傾向を示さないウェリーに対し、どうしても嫌悪感を隠すことができなかった。

その同じ年の四月の、ナットが製帽業者の娘と結婚する計画を立てたという驚くべき発表は、まったくの裏切りに等しかった。いまや二十歳に近いナットは、もうメアリーとエリザベスの経済的負担を肩代わりしていてもおかしくなかった。ところが、彼は誰にも告げずに家を出て家族を持とうとしており、花嫁として自分よりも将来性のない女性を選んでいた。

公正を期して述べると、ナットの婚約者のエリザベス・ヒバードは、ピーボディ家の子どもたちと同じく、確固たる社会的立場にあった世代からちょうど二世代隔たっていた。彼女の祖父はニューハンプシャーの牧師だった。しかしピーボディ家の姉妹は、いまや良家の家系などというものがほとんどなんの役にも立たないことが、よくわかっていた。ナットが婚約者を家族に会わせるために家に連れてきた日に、ソファイアはヒバード嬢に「一言も口をきけず」、「ただ知らない人として彼女を眺めただけ」であった。「まるで石臼」が胸にのっているように感じたと、彼女は後で書いている。ソファイアの見解では、メアリーだけが、ナットの恋人が歓迎されていると感じられるよう「なんとかうまくとりつくろった」。

ピーボディ夫人は、その組み合わせを悲劇とみなし、息子の青春が失われてしまったことをあからさまに嘆いた。夫人は、自分の娘たちのことでは、早くから男たちは略奪的であると見なしてきたが、エリザベス・ヒバードに対しては、息子がまだ薬屋の地位の低い見習い店員でしかないなのに、しつこく彼を追い求めたといって彼女を咎めた。もしその娘に教育があれば、違った風に感じたかもしれないが、のちに書いているように、エリザベス・ヒバードには「生きるための糧を得ることで夫を助けること――ある女性たちにはできていること」ができる望みはなかった。ピーボディ夫人は、「あの階級の娘たちは、結婚することがこの世の幸せのなかで最大のものと、両親や親戚から教えられているのだから」と残念がった。イライザ・ピーボディが、将来の義理の娘は少なくとも「とてもきちんとしていて……静かで優しい」ので、「改善の余地がある」と認めるまでには数年を要することとなる。

五十代半ばで、大人になってから初めて教室から解放された今、イライザ・ピーボディは、後になって暗すぎる考えを時々濃いインクで消しながらも、悲しみを打ち明ける日記をつけ始めていた。一八三〇年の七月に、彼女はジャーマンタウンとフレンドシップ・ホールを子ども時代以来、初めて再訪した。屋敷は荒廃してはいたが、「かつてそこに生命と美を与えた社交の力、家庭の美徳、知的豊かさ、道徳的活力」の名残を留めていることに気づいた。ボストンに戻ると、イライザはいらいらした夫や、彼がもたらしたわびしい生活状況とのあまりの落差に打ちひしがれた。彼女は、「私にだって感じる心も楽しみたい気持ちもあることが、すっかり忘れられている」という、いまや払いのけようのない認識にほとんど耐えられなかった。結婚する前の日々のように、彼女は自分の苦しみを詩にして自らを慰めた。

いかなる喜びも続きはしない
家庭の喜びという穏やかな場をのぞいては。
そこでさえも――そう、そこでも、私たちは望むだろう
平穏がいつかは見いだせることを。至福の日々の幻は
とっくに去り、戻ることはなく
すさんだ心を悩ます……

それが一八三〇年夏の終わり頃のトレモント・プレイス七番地の状況だった。そのような折、駆け出しの絵の仕事のプレッシャーに悩み、いつもの頭痛とまだ闘っていたソファイアは、突如家を出る計画を立てた。ウォルター・チャニングが薦めたように、キューバか南米へは旅をすることはできないが、ソファイアは一八三〇年の秋を、ボストンから西へ十五マイル離れた田舎の地、デダムでの「自発的な田舎暮らし」をして過ごす

決心をしたのだ。これは「私の最初の孤独への撤退」になるだろうと、健康を取り戻し、いまや先生や家族や友人らが期待しているオリジナルの風景画を「創作する」のだという、自ら定めた二つの目標達成への努力を記録した日記の冒頭にソファイアは書いた。ソファイアはデダムにおいて、一人きりで二十一歳を迎えようとしていた。ソファイアはデダムにおいて、一人きりで二十一歳を迎えようとしていた。模写画家、ならびに絵描きとしての道の出発点に立っていたのだ。だが、はたして必然的に伴う諸々のことをすべて、引き受けたかったのであろうか。おそらく孤独への撤退は、彼女の決意を遅らせるための手段でもあったのだろう。

住人が三千をわずかに越える町デダムは、ボストン西方の奥まった田舎にあり、その村の中心地は生粋のニューイングランドだった。町には活気があり、白い尖塔のある二つの教会、それに白い花崗岩でできたギリシャ神殿様式の新しい裁判所があった。最近、弁護士の夫、サム・ヘイヴンとともにデダムの「ヘイヴンウッド」の彼の家族の住居に落ち着いたリディア・シアーズは、ソファイアが町外れに下宿を見つけるのを手伝った。週二ドルの家賃で、食事と洗濯付きのソファイアの二階の部屋には、東のグレート・ブルー・ヒルに面した奥行きのある張り出し窓と「広々とした空と大地の眺め」があり、理想的に思われた。彼女がどのくらい滞在するかは、彼女の試みの成功次第だった。

一八三〇年八月の終わり、ソファイアは日記の最初のページに、「私は木々や鳥たちとともに、一人この神聖な国にいる」と書いた。彼女の気持ちは希望に満ちていたが、ボストンからの旅のために「私の哀れな脳をつかんだ鉄の手は……かつてのどの時よりも激しい痛みを加えていた」のであった。彼女は、「景色を凝視して苦しみを忘れよう」と試み、窓際の席に避難した。次の数日間、何一つとして「ひどい頭痛」を鎮めることはできなかったようだ。虫のうなる音、ハエや蚊のブンブンいう音、「女性たちの無駄話」、それに善意の下宿の女主人が、彼女を苦しめた。女主人は、「私が部屋に一人でいることに満足していると信じられず」、お茶やおしゃべりに誘うために、くり返しソファイアの部屋のドアをノックした。ソファイアを引っ張り出そうとするどのような試みも、彼女をまっすぐ寝椅子へ送ることになった。蒸し暑い天候から「涼しく爽やかな」天候への変化が、ようやくわずかながら苦痛の軽減をもたらし、ソファイアはやっと「苦しまずにまぶたをあげる」ことができた。四日後、階下に降り、デダムに到着以来、「これまでより生き生きしていると感じながら」、お茶を飲んだのだった。

ソファイアが毎日詳細に身体の症状を記したデダム日記は、彼女が苦しんだ偏頭痛がいかほどのものであったかをあますところなく明らかにしている。彼女の症状は、典型的な偏頭痛の経過をたどった。二、三時間のときもあれば、より一般的だが、数日続くこともあった。偏頭痛は、ソファイアの言い方をすれば、「私の全身のあらゆる部分が目覚めていた」とき、「異常なまでの昂揚」、つまり一定時間続く興奮状態とともに始まる。そのようなとき、彼女は「超自然的な力」によって駆り立てられているかのように感じ、「もし私の目がしっかり安定して見ることができさえすれば……私はヘブライ語でも象形文字でも勉強できそうな気がしたし——いかなる難問でも解くことができそうな気がした」のだった。昂揚は、すぐに「過度な動揺」に道を譲り、「猛烈なあえぎと動悸が私の全身を激しく揺さぶった」。次に発作そのものがやって来た。頭痛の「激しく打ちのめすような猛威」には「全面的な屈服」しかない。この段階でソファイアは、ベッドか窓際の席に退却した。「私の頭に食い込む皮ひもの宝冠」により「拘束され」、「無力さ」を感じながら。ようやく強烈な痛みが、「まるで嵐が過ぎ去ったように」退いていくと、後に残されていたのは「頭のなかの真空状態」だけだった。それから、束の間の活力の復活があった。ソファイアは「そのような災難の後は、決まっていつもよりよくなります」と書いている。だが、やがて同じことのくり返しが再び始まるのだった。

　ソファイアの頭痛は大変激しかったので、オリヴァー・サックスによって「状況による偏頭痛」と定義された、珍しい範疇に入るほどのものであった。サックスは、「止むことのない、あくなき偏頭痛」の患者は、たんに「生理的な刺激、あるいは過敏さの犠牲者」であるばかりでなく、偏頭痛の悪性の感情的「拘束」に囚われていると書いている。現代の薬物治療（ソファイアにとって手に入るものではなかったが）に加え、食事の摂取を管理し、物音や明るい光のような環境のストレスにさらされることを制限することで、状況による偏頭痛の患者の症状を和らげることができるが、これらの治療のどれも解決策にはならない。そのような患者の偏頭痛は、「個人の感情を無駄にしないという劇的な役割……つまり感情の釣り合いをとるという仕事」を成し、さらに「果てしないさまざまな感情の目標に奉仕すべく呼び出される」とサックスは書いている。感情のストレスは肉体的な症状に変化し、「一つの反射として始まるものが一つの創造物」、つまり、一つの生き方になるのである。

　サックスの状況による偏頭痛の患者の記述は、ウォルター・チャニングの言うベッド症、「病気ぐせ」に苦しむ患者と共通する部分が多い。サックスの提案する治療法も似ている。「悪影響のある」状況を見極め、それを変化させるのである。偏頭痛は、「患者にとっては、友であり、敵でもあり、徹底的に新しい選択肢が患者に提供されて初めて退却するであろう」とサックスは書いている。しかしソファイア・ピーボディを困らせているストレスは、彼女の日常生活、さらには将来彼女が選択可能な、それこそすべての選択肢にまで組み込まれていたというのに、いったいどこで彼女は「徹底的に新しい選択肢」を見つけることができただろうか。「まるで仲の良い友だちみたいに、苦痛が私にくっついている」と日記に書いているように、頭痛はデダムまでソファイアについてきて、その滞在中、三週にわたって彼女を悩ました。

　ソファイアの偏頭痛を生み出している状況は、明らかにボストンの混沌とした家庭や、あるいは家族の原動力さえをも超えていた。彼女の危険な束縛は、内面的なものになっていた。ソファイアは、子どもの頃すでに多弁な気質を抑制することを学び、十代になってからは野心を、苦痛という「鍛錬と抑制力」に委ねて抑えることを学んでいた。挫折した野心や妬み、それに過去よりも多くを約束された将来を心に描くことができないことが、苦悩の源であった。たとえ自分にはできなくても、ソファイアの頭は「荒れ狂い」、「謀反」を起こすことができた。この頭痛の原動力は、芸術家として「創作する」望みを実現する機会が片田舎で待ち受けていたときでさえも、そこへの引越しとともに消え去ることはなかったのである。

ソファイアの頭痛は、それ自身、サックスの用語でいえば「創造」の形をとったので、日常生活の手に負えない問題を意味のある苦しみに変えた。周期的な偏頭痛が——ソファイアをして世俗的な苦しみに精神的に打ち勝たせ——ソファイアの定期的な超越的境地への接近を可能にしたのだが、この境地は絵を描いているときに時々到達した恍惚とした精神状態とあまり違わなかった。「幸福ってなんてすばらしいことでしょう」と、彼女は最悪の病状のときにエリザベスに語ったこともあった。「苦しめば苦しむほど、幸福は私の心の奥にあると感じました」という。苦痛と絵を描くこととは、彼女の心の奥の奥に抱いていた憧れを巡って、まともにぶつかり合っていた。苦痛のために「内なる聖域」へ撤退したとき、ソファイアは「外のどこにもない平和」を見つけた。絵を描くことは、自己開示へのまだ比較的試されていない道だった。

ソファイアの環境を結婚によって良いものに変える機会は、女性に可能な明らかに「革新的で新しい選択」であるが、芸術家としての成功より確実とは思われなかった。彼女がこれまで想像した結婚——金持ちか世話好きな男性、あるいは彼女の創作人生を共有してくれるパートナーとの結婚——はありそうにもなかった。姉たちもそうだったが、ソファイアは、結婚して富裕階級の一員になるには、リディア・シアーズが所有していたような持参金が必要なのだと思っていた。母の場合のように、ニューイングランドの過当競争の業界で確実な収入を求め苦闘する男性との結婚は、苦い経験になりうる。ソファイアの知っている多くの若い男性は、仕事を見つけるために町を離れていった。既婚者たちは、妻を置いていくか、妻を友人や家族からひき離し、西のオハイオ州やケンタッキー州へ連れ去っていた。ソファイアはどちらの運命も受け入れたくなかった。一八三〇年の国勢調査の結果が公表されたとき、ニューイングランドは女性の数が男性を越えた唯一の地域になったことを、ソファイアも姉たちも知った。ボストンの結婚市場は、まさしく見通しが暗かったのである。

いずれにせよソファイアは、結婚については慎重だった。デダムでの日記には、二十一歳になった一八三〇年の年に、三人の親友の結婚や婚約についての言及がある。ある日、友人のエリザベス・ドワイトがセイラムで結婚するはずの日に、ソファイアは頭痛で寝込み、棺の形をした雲に覆われた空の夢を見ていただけであった。おそらく彼女は、少女時代の友情の終わりを悲しんでいたのであろうが、ソファイアの見解では、結婚そのものに死の相貌があった。結婚は自分だけで抱いた大きな夢の終わりと、病気から得た小さな力の終わりの合図であった。その年に結婚した三人の友人それぞれに対して、ソファイアは同じ結婚祝いを贈った。それは、英語で書かれた稀少な本のなかに見つけた物語詩、キャロライン・サウジー作「淑女の婚礼」[3]の手製の複写であった。そのなかでは、花嫁は結婚の真際に亡くなり、彼女の「婚礼」、結婚式は葬儀の行列になる。その場面は、天国で究極の成就を見出すという、真実の愛こそ不滅とみなす当時の人々の一般的な見解とまさに合致していた。理想的な結婚は、天上的な至福を優先し、この世の結婚生活の厳しい現実を飛び越える。しかし、本当の恐怖が――おそらく、なによりも出産に伴う危険に対する恐怖が――この病的なまでの感傷主義の根底にあった。

デダムでの夏が終わりに近づいてきた頃、ソファイアは気分が良さそうなときは森のなかを散策したり、毎朝早く目覚めて、窓から日の出を見てから、また断続的な眠りに落ちた。目がしばたたき、加えて「震えがひどく、たいしたことはできない」という気がして、絵を描くことができなかった。自然の美しさにはめまいがしたし、実際どのような刺激も頭痛をもたらした。九月の末のある日曜日、ソファイアは、朝降った雨のため、いつになく明るくなった窓からの景色に魅せられていた。しかし、「自分が覚える喜びにも耐えることができなかった」と書いている。「そのような美しさを一人で眺めることすらできなかった」ので、すばやくカーテンを引いた。母親に、油絵具を送らないでと頼む手紙を書いたばかりだった。

するとその後、絵を描かない決意をしたことが、ソファイアを解放した。使用されるのを待っている絵具から受ける重圧もなく、スケッチブックに景色を描き始めた。ボストンに戻ったら、それを油絵具で風景画にするつもりだった。しかも、これまで以上にのびのびと日記をつけ始めた。偏頭痛が「私の内面のすべて」にもたらした過敏さは、自然界に反応してほとばしるような激情を解き放った。彼女はドイツのロマン派の作家ジャン＝ポール・リヒターを引用している。「人間は、自分の内にも外にも宇宙を持っている。」フリードリッヒ・フォン・シラーに加えて、リヒターの作品を、彼女はドイツ語の辞書の助けを借りながら、前年中解読していたのだ。ソファイアは過去に度々、押しつぶされそうな頭痛という形で、内と外の宇宙が激痛を伴いつつ、激しく衝突するのを感じていた。今、この同じぶつかり合いが、輝かしい哲学的真理のように思えた。この真理を確かめたくて、田舎で散歩をしながら「大気を糧とした」のである。そのようなある日のこと、彼女は「凝視しているうちに、野生の調べ」に包まれているのを感じた。自分のまわりの「露に濡れた新鮮さと生命」に反応して、「心身のすべての機能が、讃歌を歌っていた」。

十月に、月末には戻る予定ですと両親へ手紙を書いた後、ソファイアは突然、「絵を描いて、描いて、描き続ける」エネルギーに気づき、姉の生徒たちに約束していた六枚ばかりのスケッチを仕上げた。レオナルド・ダ・ヴィンチのイタリア語の

『絵画論』も読んだ。そして、いつもの頭痛はともかく、自分が比較的健康でいられたこと、もう一カ月以上も、「頭のなかのごくわずかな寒気」も、あるいは背中の痛みや生理痛も経験していなかったことに思い当たった。彼女は「果てしないほど大きな力」を得たと母親に書いた。ある日の午後、松林の真ん中の大きな岩に登り、うたた寝しようと腰を下ろした。驚いたことに、それまで何年も高いところは避けてきたのだったが、そこによじ登ってもめまいがすることもなかった。

デダム日記の最後のページに、ソファイアはスケッチブックを森まで持って行ったときのことを描いている。そこでも、自然の壮大なすばらしさに圧倒されて絵が描けなかったため、「まわりの霊の息遣いを聞くべく、私は息を止めた」という。それは、十年後に超絶主義者の信条となってもよかったほどの、完璧な言葉だった。すべてを統一する神性——エマソンが「大霊」と呼んだもの——は自然のなかにあり、感受性のあるもの誰もが接しうる、という信条である。ソファイアはすでにその域に達していた。

ソファイア・ピーボディの「孤独への撤退」は、もう一人の日記作者——コンコードでソファイアの一日かぎりの隣人だった、ウォールデン湖畔の小屋で自然を観察し、自然について書きながら一人で二年を過ごした、あのヘンリー・デイヴィッド・ソローに、まる二十年近くも先駆けてなされたのであった。自然を一人で静かに凝視しながら、自らの「無言の自暴自棄」を鎮めようとする彼女の努力は、ソローのそれに劣らず精神的な探究であり、多くの点でより勇気あるものだった。ソファイアは女性だったのだ。女性の個人主義のこの類稀なほとばしりを可能にするには、病気でなくてはならなかったし、それをあおりたてる芸術、さらに、それを体験するための、自然のリズムならびに偏頭痛のリズムに合わせて脈打つソファイアの「内なるもののすべて」が必要だった。少なくともさしあたり、彼女が画家になる決心をしたか否かは問題ではないように思えた。二カ月の間、彼女はきわめて気持ちよく自立して過ごした。彼女の知っている女性たちのうち、はたして何人が同じことを言えただろうか。

第21章　離　散

ボストンに戻ったソファイアは、トレモント・プレイス七番地の家に新たな真価を見出した。彼女は戻るとすぐ、友人の一人に宛て、客間で十二月末の夕暮れを描写する手紙を書いたのだが、その客間は彼女の留守中に肖像画の画廊に変わっていた。今では、ハーディングの描いた肖像画三点が、ソファーの上に掛かっていた。一八二七年に描かれたエリザベス、昨年の夏のソファイア、それに最近描かれたウィリアム・タイラーの肖像画である。タイラーはヴァーモントに住む従兄弟の一人で、一財産を築くためにボストンにやって来たのだが、容貌の良さでピーボディ姉妹を感嘆させていた。そのハーディングの手による三人の肖像画と代わる代わる掛けられていたのは、ミルトン、ロック、それにウィリアム・エラリー・チャニング牧師の肖像画だった。

メアリーは、ハーディングの描いた三つの肖像画のなかに入っていないことを気にしているかどうか、口にしたことがなかった。もちろんエリザベスは交渉によって、ハーディングの子どもを教える代わりに自分の肖像画を獲得し、ソファイアは自分が受ける肖像画の訓練の一部としてこの機会を得た。ハーディングは授業料の支払いを履行するために、三つ目の肖像画を約束し、メアリーを描くことを請け負ったに違いない。どうしてメアリーの肖像画の代わりに、ウィリアム・タイラーの肖像画を描くことが決定されたのであろう。おそらくメアリーの美貌は、口には出さなくても、ずっと秘かな恨みのもとであり、彼女の滑らかな茶色の髪や美しい容貌は、肖像画どころか、毎日実物で見るだけで十分だったのだろう。あるいは、そうでなければ紛れもない手落ちと認めつつも、メアリー自身がいつもの遠慮から、順番を従兄ウィリアムに譲っていたのかもしれない。いずれにせよ、ソファイアがデダムを離れ、ウィリアム・タイラーが自分の肖像画を描いてもらうためにハーディングのアトリエに座っていた間に、メアリーは絵画の代わりに音楽に注意を向け、ギターを始めていた。

この一八三〇年のクリスマス直後の冬の夕暮れ、ソファイアの世界はすべてうまくいっていたようだ。彼女は机に向かい、「星形ランプのうっとりするような影響下で」手紙を書いていた。エリザベスと友人は、「手紙を仲良く一緒に読むために」ロックの肖像画の下にあるソファーに身を寄せ合い、メアリーは「いつもより格段美しく見え、竪琴をかき鳴らして」いた。さらに、幼い少年が家族のグループに加わっていた。彼はニューベッドフォードのフランク・ロッチで、満足げに『少年自身の本』に「没入」していた。エリザベスのフランク・ロッチとその家族との関わりが、ピーボディ家のボストンでの零落につながろうとは、推測することすら困難であっただろう。

数カ月前から姉妹の学校は、一八三七年の全国的な恐慌に先立って一連の経済ショックを経験したニューイングランドの脆弱な経済のもとで、経営が悪化していた。一八二九年の八月、セイラムとボストンの「巨大で強力な富裕層」の間ですさまじい企業倒産が相継ぎ、ソファイアは「失うものがない人は幸いなり！」という結論に至っていた。エリザベスは、借金を支払うために「完璧な宝石のような蔵書——それもほとんどがドイツ語の本」を含む、家財道具のほとんどを売り払わねばならなくなった友人たちとともに、嘆き悲しんだ。その影響は必然的に広がった。一八三〇年の十月、「人々は貧しさを実感している」とエリザベスは書きながら、その冬の受講登録者数の減少を予測した。エリザベスの急進的な学校教育へ娘を委ねた進歩的な親たちでさえ、節約の手段として、娘の教育なら容易に中断できると感じていたようだった。

これを償うために、エリザベスは下宿人を置くことで収入増を図った。彼女は、ニューポートでチャニング家の夏の隣人であった、ニューベッドフォード屈指の数家族と親交を築いていた。ニューベッドフォードの捕鯨業で築かれた財産の相続人である七、八歳のフランク・ロッチが、初めてピーボディ家に下宿するためにやって来たとき、それは単にビジネスの計画にすぎなかった。ところが冬になるまでにスキャンダルが勃発してしまった。ニューベッドフォード中のすべての者が、そしてすぐにボストン中の誰もが、「ロッチ大スキャンダル」について知ることとなった。それは、幼いフランクの父親のフランシス・ロッチを性的略奪者と評するものだった。

その事件の事実に関して論駁の余地はなかった。父親のフランシス・ロッチは、自分より二十一歳若い娘、従妹のエリザベス・ロッチ・アーノルドを、こっそり愛人にしていた。他の人との結婚式の前夜、涙ながらにエリザベス・アーノルドは、結婚の妨げになることを百も承知の上で、二年間の情事をロッチの仕事上の助言者である自分の父親に告白した。怒り狂った父のアーノルドは、事の次第を公にしてフランシス・ロッチを町から追い出した。その結果幼いフランクの母親は一時的な未亡人となり、悲しみと恥ずかしさでほとんど狂乱状態になってしまった。もちろん、エリザベス・ピーボディは彼女を助けようとした。

エリザベスはニューベッドフォードへ出かけた。そこでアンナ・ロッチから悲しみを打ち明けられ、エリザベスは「犯罪者の更正」のための提案とともに、あらん限りの「心からの深い同情」を示した。しかし、エリザベスはこうした心情がらみのごたごたについてほとんど知らず、ましてや金持ちの流儀についてはほとんどわかっていなかった。エリザベスが驚いたことに、アンナ・ロッチは六カ月以内に夫を許し、ニューヨーク州の北部にいる夫と合流するために息子を連れて行き、そこで家族は一緒に新しい生活を始めた。妻の憤慨という「浄めの炉」に屈服して悔い改めた夫が同席し、ニューベッドフォードでの大団円めいた家族再会を果たさせるどころか、エリザベスはアンナ・ロッチに「無分別」となじられ、またいかに間接的であろうと罪あるフランシスと関わった結果として、チャニングと彼の仲間の目には不名誉と映り、一人ボストンに取り残されてしまった。ボストンのチャールズ・ジャクソン判事の娘たちを除いて、ほとんどすべての生徒たちがエリザベスの学校を去って行った。

「あの恐ろしい冬」に度重なった幻滅のせいで、エリザベスの「心と神経」は「ボロボロ」になり、次第に教えることができなくなった。チャニングがセント・クロイ島の冬の住まいから送ってきた手紙で、「あの悲しい事件での骨折り」を制限するよう助言してくれたときに、チャニングの言うことに耳を傾けるべきであったと、エリザベスは遅ればせながら気づいた。エリザベスが「教職にふさわしい」のかどうかをチャニングは疑っており、「この一連の事件への燃えるような思い」が、「あまりにも心を独占し」、「日常の仕事をちゃんと成し遂げる」ことが難しくなることもありうると警告していた。チャニングが春にボストンに戻り、予想が的中したとわかったとき、エリザベスはさらに打ちのめされてしまった。彼女の助言者は、「いちばん必要とされたちょうどそのときに、私にうんざりしてしまった」と感じたからである。

エリザベスは、教師として働いている間ずっと、自分が奉仕している生徒や家族の生活に関わりたいという誘惑に直面したものであるが——たいていいつもその誘惑に負け、最後には後悔していた。彼女自身、完全な失敗だったと言っている「ニューベッドフォード事件」は、いつまでも長く尾をひくものとなった。一八三二年のほとんど、エリザベスは、人数は減ったが、読み方を習い始めた少女たちのクラスと、主な収入源になっていた大人の女性のための週一回の歴史の授業を楽しみに頑張っていた。チャニング牧師はかねてから彼女を「厄介者」と呼んでいて、「振り払おうとしたが、できなかった」というような噂を彼女は信じなかった。噂の源がメイン州出身の昔からの教育上のライバルであるシャーロット・ファーナムであることは、エリザベスにはわかっていたからだ。だが十年近くの年月が経っても、そのような嫉妬が続くのにはがっかりした。念のため彼女はチャニングから距離を保ったが、空しさを感じざるを得なかった。

ピーボディ夫人は、何年も前の同じような危機を思い出し、なすすべもなく傍観していた。彼女は、エリザベスが服装や髪に、これまで以上に無頓着になったことにも気づいていた。自分自身の若い時の経験からピーボディ夫人にはわかっていたが、身なりについての無頓着こそが、怠慢という、女性が犯しうる最悪の罪なのである。ピーボディ夫人は、かつてメアリーに書いたように、長女には、「人並み以上にうまくやり遂げるには大きすぎる願望がある」と思っていた。「あの娘は、自分が愛した人々がそうあって欲しいと望んでいるもの、むしろそれ以上のすべてのものに、なりたがっていた。」結局、その願望が苦難の原因となってしまっただけだった。

エリザベスは自分の大きな志を小さくしようとは思わなかっ

たが、方策を変更すべき時がきていた。まだ気力を復活させることができていなかった一八三二年の春までに、彼女は「なんの変更もなしに生徒たちのための義務を果たすこと」は、もはやできないと結論づけた。彼女はやっと二十六歳になったばかりで、すでに四年近くも家族のために「大きすぎる責任」を自ら引き受けてきていた。今こそ、学校を閉鎖して「離散計画」[1]を実行しようと、決断したのだった。

　向こう見ずなウェリントンは、すでに捕鯨船との契約に署名し、これからほぼ二年間は遠い海へ行ったままになるはずだった。ますます胃痛と原因不明の疲労に苦しんでいた十八歳のジョージは、温暖な気候の場所で事務員としての仕事を見つけようと、スミルナへの大西洋横断の航海を計画していた。ナットは、ボストンや婚約者のエリザベス・ヒバードから離れようとはまったく考えていなかった。そこで彼は、薬屋を始めようと、父ピーボディ医師が蓄えていた予備の現金を貸してくれるよう、懸命に父を説得していた。メアリーとエリザベスは別々に過ごした一夏の後、以前の下宿生活を再び始めようとしていた。今回、メアリーはニューポートのチャニング家の屋敷に招待されていた。そこで住込みの家庭教師として働き、求めに応じて、健康のすぐれない牧師の神経を歌とギターの「魂の調べ」で慰め和らげようとしていた。エリザベスは『歴史を解く鍵』の執筆に着手する計画を立てた。それは教師ばかりでなく、正規の歴史教育を受けられない「姉妹の家族、友人の一団、さらには孤独な学生」の興味もひけたらと期待した教科書シリーズだった。『歴史学習の第一歩』への序文で、過去を理解することは、「現在の隷属状態から精神を救い出すためにも、未来を理解すべく心の準備をするためにも」、いちばん良い方法であると論じながら、エリザベスは自身の悔しい苦境を吐露していたのかもしれない。

　ボストンの家族をばらばらにするエリザベスの決心を、誰よりも耐え難い思いで受けとめたのが、両親とセイラムへ戻るように選ばれていた二十二歳のソファイアだった。「ソファイアは生まれて初めて取り乱し」、「絶望的でみじめだわ！」と泣き叫んでいたと、のちにエリザベスは回想している。それは驚くには当たらなかった。デダムから戻って以来、その年は、ソファイアがボストンの友人や芸術仲間の援助でゆっくりと活力を取り戻し、それを画家として歩んでいくことに向けた年だったのだから。

　最初ソファイアは、いくつかの絵の主題をあれこれ玩《もてあそ》んでいた――デダムでスケッチした「柔らかく靄のかかった」日の出、ダウティのアトリエ訪問から回想された彼の月明かりの風景画の改作版、それに二つの湖の情景[2]である。彼女は四つのうち、一つは完成させたのかもしれない。頭痛が彼女を苦しめ続け、一週のうちに数回も襲いかかった。一八三一年七月、「完璧な健康」状態とはどのように感じるものなのか、いまや「わからない」と彼女は書いていた。それぞれの「周期的な発作が頭のなかを通り過ぎた」後も、「その感覚を鮮明に記憶」させつつ、苦痛はいつまでも続いた。それでも、なんとかしてフランシス・グレーターの絵画グループに加わったり、沈み彫りから石膏の型作りを試みながら、思いきって彫刻に向かってみたりもした。ソファイアは新たな現金の収入源として、小さなインクの絵を名刺入れに転写して、エリザベスの生徒の母親たちに売ればいいことに気づいたし、一人の少女にギリシャ語の個人教授もした。

それから一八三一年の十二月、エリザベスは、ワシントン・オールストンの風景画をソファイアが模写してもよいという許可を所有者から得てなんとかそれを借りてきた。クリスマスにソファイアは、自分の部屋にその絵を掛け、そこで毎日何時間も丹念に研究し、描かれたごつごつした岩山や雲をしっかり頭に入れ、二週間後の一月九日に絵具で描き始めた。最初は、トーマス・ダウティと仕事をし始めた日と同様に圧倒された。「私の身体には激しすぎる」が、「よろこび――ほとんど恍惚に近い状態」[3]を経験した。彼女は一日中描き、ほとんど「致命的な吐き気」をなんとか耐え、「紛れもない」持病の頭痛を抱えて就寝したが、「心の目以外には浮かばない風景や場面」のイメージの氾濫に見舞われていた。ソファイアは偏頭痛による覚醒状態となり、そうなるとさまざまな幻影――今回は格別に美しい幻影だった――のために、一晩中目覚めているときもあった。

それから二、三日以上も、ソファイアは頭痛のさなかにありながら、「完全に恍惚状態で」絵を描いた。「模写で満足したと感じたのは、ほんとにこれが初めてです」とソファイアはエリザベスに書き送った。実際のところ、模写という言葉は、その制作過程には全然ふさわしくなかったようだ。ソファイアは、「詩人の夢――〈創造〉を、体現していた」のだ。自分が偉大な作曲家のアリアを歌っている歌手のように感じていた。オールストンの天分が彼女の筆に乗り移っていた。翌月、ソファイアは毎日数時間、何はさておき、オールストンの模写に専心した。それは完成する前に、ローリンズ・ピックマン嬢に買い上げられていた。

成功に得意となったソファイアは、エリザベスの計画に反抗してボストンに一人で残る道を探した。五月に両親はセイラムで借りる部屋を探し、エリザベスは教科書の仕事をするためにサマセット・コートの下宿に引っ越したので、ソファイアは、いつまでかかろうと『サッフォー』を模写する間は、ビーコンヒルのライス家に滞在してよいという招待をどうにか手に入れた。『サッフォー』は、ソファイアを招待したマライア・ライスが大切にしていた、ギリシャ詩人サッフォーを描いたフランスのロココ風の肖像画だった。ソファイアは模写を売れば、ボストンにもっと長く滞在するための助けとなる金を得られるはずだった。

家に芸術家が居てくれることにわくわくしたマライアとヘンリー・ライス夫妻は――エリザベスの読書クラスの少女の両親だったが――もし望むなら一日中「松ヤニと絵具のある環境」の下で、邪魔されずに仕事ができるようにと、二階にソファイア専用の部屋を与え、『サッフォー』をそこに移動した。ソファイアはインスピレーションを得るために自分の描いたオールストンの模写を運び込み、ほとんど直ちに『サッフォー』に取り掛かり、母親には「これほど調和のとれた穏やかな心でイーゼルに向かったことはこれまでありませんでした」と手紙を書いた。サッフォーは、十九世紀のアメリカ人にはレズビアンの詩人としてではなく、ハンサムな船乗りに拒絶された後、崖から身を投げた悲劇のヒロイン、あるいは創造的な天才として知られていた。サッフォーの女性への熱情は、ソファイアの仲間たちの親密な友情のように、純潔で姉妹に対するようなものと思われていた。輝かしい女性、捨てられた恋人、女性の友情の擁護者という、サッフォーに対するこうした認識のすべてが、ソファイアにとって、「悲しみの婦人」が大きな魅力と自己との一体感を生む潜在力を備えた主題となることを助けた。サッフォーの原画も模写も残っていないが、ソファイアの手紙からも、自信が頂点に達していたことは明らかだ。なぜなら、一日で「美しい姿全体をスケッチ」し、「大満足」しているからである。翌朝、ソファイアは彩色を始めている。

いまやソファイアが、ボストンでちょっとした名士になる番だった。彼女の『サッフォー』の制作は、オールストンの絵の模写を見たさに、途切れることなく続く訪問者で邪魔された。オールストンの十六歳の甥ジョージ・フラッグは、頻繁な訪問者の一人だった。この少年は、一年ほど叔父のもとで絵画を学ぼうとボストンへやってきたのだったが、彼のことを叔父はすぐに天才だと宣言した。一八三二年の春、彼はアセニーアムの第六回展覧会で七枚の絵を展示し、それから富くじ販売で売り払っていた。間もなく、彼はこのような収入さえも必要でなくなった。というのもオールストンの推薦のお陰で、後援者たちが肖像画の依頼やヨーロッパでの勉強の後援を申し出たからだ。ソファイアはフラッグをいい仲間として付き合えると思っていたが、彼がオールストンの肖像画の模写を褒めるのを聞いてからは特にそう思った。大理石のように「青白く」、「繊細で壊れそうな」フラッグ少年は、芸術への激しい情熱により生命を維持しているようだった。ソファイアが『サッフォー』の制作をしているのを見て、その絵に大変あこがれているので、自分が彩色をしたいほどだと言ったりもした。形に対するソファイアの「正確そのもの」の眼識を、彼はうらやましく思った。ソファイアにしても、フラッグにはうらやむべきことが多々あった。その一つが、芸術家としての彼の早熟な技量に関するものだった。

他の訪問者たちはもっと威圧的だった。キャサリン・スコーリーは、アセニーアムの展覧会で作品を展示した一握りの女性画家の一人で、ジェイン・スチュアートのようにもっと有名な男性芸術家の娘ではないが、ボストンで唯一名の売れた女性芸術家だった。スコーリー嬢は、ソファイアが外出中のある日、オールストンの肖像画の模写をじっくり見に来て、ソファイアにお返しの訪問を求めた。その招待は名誉ではあったが、独身女性であることを示すようにターバンで頭を包んだ五十近いスコーリー嬢との、質素な屋根裏部屋での会見は、ソファイアを怯えさせた。アセニーアムの壁に掛かっていた、ウォルター・スコットの小説の場面を描いたスコーリーの数枚の絵画は、この孤独な生き方に値するものだったのだろうか。ソファイアに会いたがったもう一人の訪問者は、詩人のイライザ・タウンゼントで、「老齢の」姉を引き連れてやって来た。タウンゼントはその絵を「大仰に」褒めたが、ソファイア自身は、まったく不適切な「まばゆいひまわりの黄色」の服を着た、この一風変わった「過去の時代の見本」には怯んだ。[4]立て続けにやって来たその三人の年輩の女性たちは、ソファイアにとってピーボディ家の姉妹たち自身のぞっとするような未来像と見えたに違いない。

　最後にワシントン・オールストン――ソファイアの言葉では「この時代の虎」――が自ら彼女の模写を見るためにやって来た。銀色のふさふさした長髪をなびかせた高潔な巨匠がライス家に近づいてくるのをソファイアは窓から見つめながら、心のなかに感じた「御し難い興奮」を抑えようとしていた。家に入るとすぐにオールストンは、「お粗末な絵」を下ろして長い間じっと見ていた。その間、ソファイアは「罪人のように震えながら」彼の背後に立っていたと、のちに母親に手紙で書いている。エリザベスは、その風景画をソファイアが模写することの許可を絵の所有者から得ていたが、当の画家の判断がどうなるかは誰にもわからなかった。

　この一大事件をその目で見ようとやって来ていたメアリーが、「まったく何も知らずにそれを模写してしまいましたと言いなさい」とソファイアをせかしたので、彼女は「オウムのように」その言葉をくり返した。オールストンはソファイアの方を向いて、「しかし、あなたは何も知らずになんか描いてはいらっしゃらない――これはたいしたものですよ」と応えた。彼はその模写に「欠点がない」とわかり、「噂には聞いていたが、思っていたよりはるかにすばらしい」ので、「大変驚いた」と言明した。[5]ほのめかされた、かすかな見くびりは無視して、ソファイアは卓越した画家の評価を「神託の言葉」として受けとめた。やはりその場にいたエリザベスがオールストンに、自分の作品が模写されるのは気になりますかと即座に尋ねた。この偉人は、ソファイアにすぐ許可を与えたが、その代わりに「自然を写す」よう強く勧めた。それは、オリジナルの作品を創作するようにとのさらなる激励であり――さらなるプレッシャーでもあった。

　それからソファイアは、『サッフォー』をオールストンに見てもらうため、二階に案内した。彼女が狼狽したことに、その託宣者は、「デッサンもまずいし、彩色もお粗末で、ひどい組み合わせだ」と言い、そのフランスの原画をひどく嫌った。オールストンは、色を塗る練習のために模写を続けるのはよいが、「変えたいと思ったら、変えた方がよい」と

ワシントン・オールストン
(チェスター・ハーディング画)

ソファイアに助言した。それから芸術家の教育のための訓令を始めた。「できるかぎり良い彫像や鋳型、それに実物をたくさん見て描きなさい」というものであった。彼は、絵画の技術的な面を習得しようと努力しながら、「へとへとになるまで頑張って」過ごしたロンドン、パリ、ローマでの年月を回想し、それからニューヨークのパトロンが才能ある彼の若い甥を美術学校へ送ってくれそうな見込みを語った。

オールストンの褒め言葉と助言は、逆に作用した。明らかに彼はソファイアの作品に心を打たれたが、彼女にはもっとずっと長い見習い期間が必要だと感じていた。もしそれを経験してみる手段や自由が彼女にあったならば、ソファイアは喜んで同意していたであろう。オールストンはもう今は裕福な人ではなかったが、かつて若いときにはイタリアやイギリスで浪費するだけの相続財産があった。その彼が、ジョージ・フラッグにパトロンを見つけるために自分の影響力を行使していた。ソファイアには自分の金も縁故もなかった。ボストンで数カ月過ごせる部屋を借りられたのが、せめてもであった。

ソファイアは、ボストンやセイラムの他に、どこで「へとへとになるまで頑張ること」を考えられただろう――たとえそうするだけの体力があったとしても。いったいニューイングランドのどこに、描くべき「すばらしい彫像」があっただろう。オールストンは、ローマのカピトリーノ美術館の彫像を考えていた。たとえソファイアがそこへ行けたとしても、これまでイタリアへ一人で旅行し、公衆の面前で裸の彫像をスケッチしたアメリカ人女性はいなかった。それを言うなら、どこであれどんな女性も、「実物のモデルを見て」人物像を描く練習をすることはできなかった――フランシス・グレーターが後で訪問したときに示唆したように、ソファイアができるとしたら、友人の幼児が服を脱いだときにそれをスケッチしてみることだけだった。一八四四年に男性とは別の教室で女性が学ぶことがついに許されたペンシルヴァニア美術学校ですら、最初に女性のためのモデルを使った授業がなされたのは、一八六九年になってからであった。

驚くことではないが、オールストンが訪問した翌週、ソファイアは、ずっと気分が悪くて絵が描けなかった。「わが美しの女性詩人」の制作に再び取り掛かったときには、自信を大いになくしていた。グレーターもまた、たとえソファイアが「あらゆる部分を変えた」としても、それはやはり派手な肖像画に変わりないのだから、その絵を模写することは「才能の無駄づかいだ」と言って、その肖像画を「公然と非難した」ことも助けにはならなかった。

オールストンは寛大に賞讃し、励ましてくれたが、ソファイアは彼のなかにもある、男性のための芸術の体制と美的価値観に直面していた。それには以前、男性の絵画クラスの授業中、トーマス・ダウティのアトリエから追い立てられたときにも出くわしていた。もっと最近では、チャニング牧師の広間での集まりにおいて、その牧師が影響力のあるイギリスの芸術家ヘンリー・フューズリの、女性の絵画には「拳骨がない」という冷笑的な発言を引用しておきながら――なんとその後でソファイアの返答を求めたときに、唖然とさせられたことがあった。狼狽して口をきくこともできなかったソファイアは、「自分の殻に閉じこもってしまった」と日記で打ち明けている。彼女は毎日、絵を描く自信を奮い立たすのにいやというほど苦労していたのだ。グループとしての女性芸術家たちを守るための苦労は言うまでもない。チャニングの質問は、先陣をきってオリジナルの芸術作品の創作を始めることにためらいを感じていたソファイアを打ちのめした。

男性的な美意識は、ほとんど反対されることもなく浸透していた。ライス家の奇抜な『サッフォー』は、古典的な強い線に欠けていたために相手にもされなかった。それには「拳骨」もなければ、力や支配力もなかった。ワシントン・オールストンにとって美の典型は、旅行中に見たギリシャの大理石の簡素な彫刻の断片に代表されていた。それは、裸の女性のトルソーで、頭部がなく、「脚も腕もない」ものの、彼の言葉によれば、メディチ家のヴィーナスよりも「神々しく美し」かった。「それを見て」オールストンは、「以前に私が見たいかなるものよりも永遠の基準になる……と気づいた。それは美的感覚を純粋に満足させるものだった」と、ある若い弟子にかつて語っている。男性の芸術家たちは、美しいものを探し出し、それを確認し、それを創造した。女性たちはたしかに美しい。しかし大理石の断片のように、女性たちを芸術家にさせることができたかもしれない考える頭や手足がなければ、一層美しいということであった。

無意識に、おそらくは致し方なく、ソファイアはオールストンの基準を受け入れた。ソファイアにとって、「大家の風格があった」のは、いつもダウティ、ハーディング、それにオールストンだった。ターバンを巻いたキャサリン・スコーリーが、自分の屋根裏のアトリエではけっしてできなかった方法で、彼らは芸術を「具現化」していた。もし女性が芸術界において認められる場所があったとすれば、それはミューズかモデル――あるいは妻としてであった。しかし、チャニング牧師の質問という例外はあるが、ジェンダーの視点から芸術を語った者はいなかった。ジェンダーは一般に認識されていなかったがゆえに、才能ある若い女性と実績のある男性との間のギャップは、橋が架けられないほど深い溝のようだったのだろう。

ソファイアにとっては、婦人用の名刺入れの蓋に絵を描くか、せいぜい、偉大なものへどきどきするような接近をさせてくれる絵画の模写をする方が、はるかに安全だった。いずれも、偉大なものへの彼女のあこがれは、適切な訓練がなければすぐ叶わずに終ってしまうようなあこがれであり、明白なかたちで許可を得る必要のないものだった。ソファイアはいちばん上の姉に起こったことを見てきた。「自分の愛する人たちがそうなって欲しいと彼女に期待した以上の、あらゆるもの」になりたいという姉の赤裸々な願望が、彼女を落胆と失敗にさらしたのだ。ソファイアはそのような危険を冒すつもりはなかった。

一八三二年七月、ソファイアは絵具をすべて箱詰めし、未完の『サッフォー』を置いて、リディアとサム・ヘイヴン夫妻のところでその月を過ごすために手はずを整えた。滞在中、ソファイアには「一筆も描かないように」と夫妻は強く求めた。ソファイアは、ボストンに住むために戻ろうとはせず、その代わりにセイラムのチャーチ・ストリートの「非常に小さな」家に戻った。それは彼女の両親が借りられた唯一の家だった。過去四年間、ピーボディ医師はボストンから通勤したために、セイラムでの歯科医療の収入は激減していた。その結果、年会費の支払いを避けるために、マサチューセッツ医学会の会員を辞さざるをえなかった。彼は過去の「未払い金」を精算するために、学会の図書館に自分の医学書を寄付することを望んだ。遠くの港へ息子のうち二人を行かせたことや、残っている四人の子供を他の家に「分散」させたことを悲しんだピーボディ医師は、最近の「別離」を「われらが家族の新時代」と考えた。「果たして自分たちはこの世で再び会えるのだろうか」と思わざるを得なかった。

母親宛ての手紙に書いたように、ソファイアはセイラムでのもっと小さな家庭サークルと、「私たちが読み、描き、話す」冬を楽しみにしていると力説した。しかし、ビーコンヒルのライス家で、ソファイアに別れを告げるために集まった十七人の友人は、彼女がボストンに残すことになるすべてを象徴していた。キャサリン・スコーリー、フランシス・グレーター、それにトーマス・ダウティがそのなかにいた。ソファイアが驚いたことに、スコーリーとダウティの二人は、『サッフォー』を褒めた。ダウティは、絵の「仕上げ」という緻密で時間のかかる技術を教えようと申し出た。その時代の芸術家たちが鉛をもとにしたニスを何層にも塗り、油絵に豊かなつやを出す方法だった。しかしソファイアはすぐに発つことになっていた。彼女は、ダウティのニスづくりの調合法だけをセイラムへ持っていき、試行錯誤によりそれを学びたいと思うのが精一杯だった。

ソファイアは、ヘイヴン一家訪問に続いて、八月の一カ月間、別の裕福な新婚の友人であるコニーとトーマス・パーク夫妻がいる田舎のロクスベリーに滞在する計画であった。少なくとも、コニーはそこでソファイアに絵画を続けさせてやりたかったから、「最後の筆を入れるために」『サッフォー』を船荷にして送るよう提案した。しかし、ソファイアは七月のヘイヴン一家での滞在中、みじめなほど頭痛に苦しんでいた。そんななかで彼女が考えていた絵といえば、デダムの田舎での散歩の折、そうするほど気分がよかったとき、すこしずつ心に描きためた自然の景色だった。彼女はこれらの景色を「自分の心の画廊に掛けるために」しっかり記憶に留めようと誓ったのだった——その内なる画廊こそ、ソファイアが自分の基準で自由に作品を判断できる展覧会なのであった。

第Ⅵ部

サマセットとラ・レコンペンサ

一八三三―一八三五年

第22章 純潔

ニューポートのチャニング家の屋敷で過ごすメアリーのオークランドでの夏は、最悪の状態で始まった。一八三二年七月の夜遅く、彼女が丸一日の旅をして空腹で到着したとき、チャニング牧師は立ち上がって迎えてはくれたものの、すぐ息子とのバックギャモンのゲームを再開した。チャニング夫人は手紙を再び書き出した。誰も彼女に夕食を出そうとは思わなかった。それなら、自分の個室に避難したいと思っていたら、二階の控えの間に行くよう指示された。そこは、チャニング夫人の寝室に続く、廊下より少しはましという程度の控え室だった。メアリーがオークランドで女性家庭教師として働くことを承諾した三カ月間、彼女にはプライバシーはないことになった。チャニング夫人は彼女を、客としてはおろか、家族の友人としてでさえもなく、雇ったお手伝いとして扱うつもりでいることが、メアリーにはすぐわかった。

翌朝、チャニング牧師は子どもたち――十三歳のメアリーと十一歳のウィリアムとともに勉強部屋に座って、彼らがラテン語を暗誦するのを聞いていてもよいかと尋ねた。狼狽し、自意識過剰になったメアリー・ピーボディは、いつものように教室での作法の話から授業を始めるのを忘れた。この偉大な人が部屋を出て行ったとたん、子どもたちはあらゆる「学校での悪戯」で自分をテストし始めたとメアリーはエリザベスに後で手紙に書いている。その新しい教師が試用期間中であるとわかると、幼いウィリアムはメアリーが忍耐を失うたびに――それはチャニング家ではほとんど許しがたい罪だった――それをすべて両親に報告し、彼女の権威をさらに失墜させた。

その夏のウィリアムのお好みの悪戯は、姉がメアリーの歌の授業を受けている間に、姉の子犬をひったくり、子犬が鳴声を上げ、彼女が叫び始めるまで犬のしっぽを引っ張り、家の者全員にその騒動を目撃させることであった。メアリー・チャニングもいじめの名人で、弟を巧みに挑発しては怒らせ、自分を叩かせるのだった――それが両親の許してくれない唯一の行為だとわかっていたからである。チャニング家は自由放任主義で、他の家庭と違って子どもを躾けるために何もしていないと、メアリー・ピーボディはすぐにわかった。子どもたちはその結果、無軌道で、頑固で、無作法になっていた。しかし、チャニング家の人たちはこのことについて何もわかっていなかった。子どもたちが言ったことをすべて鵜呑みにし、子どもたちに不都合なことが言われても、何も聞こうとしなかった。前年の夏の家庭教師、ドロシア・ディックスは、ご機嫌取りや、メアリーだったら考えたくもない手なずけという方策で、やっと任務を果たしていたのだと、メアリーは手紙でエリザベスに不満を漏らした。

メアリーは授業外でも子どもたちをうまく扱うことを期待されていたが、その仕事はほとんど不可能だとわかった。ウィリアムが台所を子馬に乗って通り抜けたり、メアリー・チャニングがトウモロコシ畑に雌牛を入れたりしても、叱られたのはメアリー・ピーボディだった。年少の従弟が授業に参加しようとやってきたとき、事態はばかげたことになった。幼いウルコット・ギブズは、授業中はお行儀がよく、メアリーを慕っていたが、愛情を示すために、彼女がほんのわずかな暇にポーチで本を読んでいると、庭から取ってきたブドウ、青リンゴ、グズベリーを彼女に投げつけたりした。その経験によって、メアリーは女性家庭教師の地位にすっかり嫌気がさし、のちにこの仕事こそ「あらゆる苦役のなかでも最悪のもの」と述べている。

二十五歳にしてメアリーは、彼女の頑固な母親と姉妹がそろって自分のものにしようともがいた運命に対して、女性の行ってきた慣習的な屈服を示す寸前にまでなっていた。かつて弟のジョージに手紙で書いたように、メアリーは自分自身の計画が「失敗することもいとわない」よう自らを鍛えてきたが、エリザベスが最後には勝利を得るとわかって、もうどんな計画を立てることもほとんど諦めてしまっていた。彼女は、「私の秘密の心」、つまり白昼夢のような想像の世界に退却することが、ますます難しくなったとわかったのである。「小説は読者にロマンティックな状況をかもし出し、毎日の決まりきった平凡なことを……なんとか耐えられるものにしてくれる」と言いながらも、もう小説を読むのはやめようとさえ誓っていた。しかし、この自ら課した無欲には代償がともなった。メアリーの気力は衰えて、表向きには自分を抑制できていたが、内心では意気消沈していた。時々、湿った天候のときには、あたかも周囲の空気に「溶ける」か「蒸発する」かのように感じた。ローリンズ・ピックマン嬢に、イギリスでは「憂鬱な季節」になぜ自殺が多発するのか理解できると彼女は書いている。

ソファイアのように寝たきりではないが、メアリーも頭痛、リウマチに分類される激しい筋肉や関節の痛み、過度に疲れたときのうっとうしい顔面の痙攣をわずらっていた。長患いになること——あるいは自殺衝動——から彼女を救った唯一のものは、おそらく、自称「女医」たちとの会話から少しずつ聞き集めた治療法、たとえば松ヤニ膏薬や発泡膏を塗ったり、バターとミルクを混ぜた湿布を貼ったり、あるいはフランネルを巻きつけるなど、彼女なりに考えた「医術」に見つけたささやかな楽しみであった。チャニング家での家庭教師としての仕事を引き受ける一年前にメアリーは、友人のマライア・チェイスに、「本での勉強はもうおしまいにします。けっして修了したわけではないけど、もう精神の啓発に向ける気力をすっかり失ってしまったのです」と打ち明けていた。その代わり「毎日経験から学んでいますが、なかにはかなりきついものもあります」とも書いている。

それから八月中旬のある日、チャニング牧師は子どもたちとともにメアリーを小さな入り江での磯遊びに連れて行った。最初、水着のメアリーを襲った波の力は、家庭教師としての地位にすでにほぼ絶望していた彼女に、沖に流され、うねる海と一体化してしまうことを想像させた。しかしチャニング牧師が、彼女が「長靴下を履かずに立っていた岩までやってきて」、広い海を見に連れて行きましょうかと誘うと、うれしそうに彼女はそれを受け入れた。彼は馬車でその島を横断し、ごつごつした岩の岬まで彼女を連れて行った。そこで雨が降り始め、「彼が私を抱えるようにして、私たちはその美しい場所を去ったの。波は……ああ、とても美しかった！　岩礁に打ち寄せ、砕け……それから水しぶきを辺りにまき散らし――そしてつぶやきながら引き返す……そこにいるのは博士と海と私たちだけだったわ！」と彼女はエリザベスに手紙を送った。エリザベス自身も、数年前ニューポートでチャニングと一緒に、同じような恍惚とした瞬間をすでに経験していた。

メアリーは勇気を奮い起こし、子どもたちとの難しい関係をチャニングに話した。驚いたことに、妻のいないところでは、牧師は彼女の見解に同意し、もっと話すよう促した。オークランドに戻ると、チャニングは、自分のために朗読し、かつてボストンでメアリーがしたように、歌を歌って欲しいと頼むようになった。夏の終わり頃、彼が病気になって自室に閉じこもらねばならなくなったときも、彼女に対する関心は変わらなかった。しかし今では、夫はだれの同席も望まないと言い張るチャニング夫人が障害になった。それでもメアリーがなんとかして病室に顔を出すと、チャニングは、なぜもっとたびたび来てくれないのかと、彼女を強くなじるのだった。忘れられないある日のこと、牧師は彼女を引き止め、話し相手をさせながら、自分は病気を楽しんでいると告白したのだった――特に、夜ずっと覚醒させてくれる「おいしい」アヘンチンキによる幻影を楽しんでいるのだと。「もし自分が人生で進歩したとすれば、それは病気中のことだった」とチャニングは彼女に語ったのである。

メアリーは自分たちが同じ夢想を共有していることに気づいた。それは、いつも「無名から身を立て、乗り越えがたい数々の障害を克服し、同輩のために大いなる善を達成したヒーローやヒロインたち」についての「物語」だった。チャニング牧師の親切な配慮のもとで、彼女はもう一度自分の「秘密の心」に入る元気を見出していた。メアリーはまだほんの二十五歳だった。彼女にはスタール夫人のいうロマンスの期限まで一年近く残っていた。そのフランス人作家の、「繊細な感性の女性であれば、愛の感情を感ずることなく二十六歳になるようなことはない」という宣告を、メアリー・ピーボディは忘れてはいなかったのである。

一八三二年十月、メアリーは州議事堂近くの（いまではアシュバートン・プレイスとなっている）サマセット・コート三番地にある、レベッカ・クラーク夫人経営のビーコンヒルの下宿屋でエリザベスと合流した。彼女たちの新しい部屋から、チャールズタウンの景色と、バンカーヒルのまだ建築中の巨大な御影石のオベリスクを眺めることができた。尊敬すべきラファイエットが、この独立戦争の死者への記念碑の礎石を置くのをエリザベスが見てから、すでに七年が経過していた。しかし最初のうちメアリーは、家族のいないボストンでの生活にほとんど耐えられないと思った。とくに、ソファイアがいないのを寂しく思った。ソファイアは、友人のコニー・パークとトム・パーク夫妻とともに田舎のロクスベリーで夏の終わりの数カ月を過ごした後で、セイラムに戻る途中、サマセット・コートに立ち寄っていた。ニューポートから到着したばかりのメアリーにとって、別離は「大変つらかったので、小さな学校を維持していくことになっていた教室を見る気さえしなかった」と彼女は書いていた。二つの都市の間の旅費に加えて、ソファイアの体調不良のために、自分はほとんど永遠にセイラムに隠退させられてしまうであろうとメアリーにはわかっていた。

エリザベスは再び教える準備ができていたが、ニューベッドフォードの事件での判断の誤りのため、その評判に傷がついていた。クラーク夫人は、エリザベスに――彼女は「とても変わっているので」――部屋を貸すのは最初気が進まなかったと、後で思い出している。それでも最後には、ピーボディ姉妹が下宿人だった冬より「楽しい冬を過ごしたことはなかった」と認めている。姉妹の収入は以前より不安定だった。ピーボディ夫人のその夏への言及によれば、エリザベスは「お金を得るために懸命に骨折っているけれど、運がないみたい」であった。ハロウェルやブルックラインで彼女たちが得たような年収の保証はなかったので、「どのような小額でも私たちには重要なのです」と、一学期につき一人二十五ドルが唯一の収入源となる数人の幼い子どもたちについて、メアリーは書いている。「E・P・ピーボディ嬢の学校」は、かつてピーボディ一家全体を事実上扶養した生徒数三十人には、二度と到達しそうもなかった。「もし生活するのに必要なだけあれば、はした金なんかまったく気にしないわ。でも、そんなこと言っていられないほど、私たち全然十分ではないの」と、メアリーはリディア・ヘイヴンに打ち明けている。

次の十年間がほとんどそうであったように、姉妹は翌朝新鮮に見えるように、取り外しのきく襟を毎晩洗濯して、来る日も来る日も同じドレスを着て間に合わせた。メアリーは、外見を保つということでは、いつもきちんとしていなかった姉より、はるかに巧みだった。だが両者とも、靴下や下着をもう着られなくなるまで繕う技術が、すっかり身についていた。部屋代と食費は、まだかなり信用されていたエリザベスへの信用貸しとされていた。この時期の根拠のない話によると、チェスター・ハーディングが古い借金を払ってくれたので、メアリーは、「さあ、クラーク夫人、お支払いいたしますわ！」と叫びながら、「エプロンを五十セント銀貨で一杯にして」下宿屋の女主人のところへ走っていったという。真偽はともかく、メアリーが言うところの「私たち自身の貧困」についていちばん心配し、再び自分が「人生そのものへの意欲」を失っているのに気づいたのは、メアリーだった。

一八三二年の秋、偉大なオーストリアの骨相学者のJ・G・シュプルツハイムの不運なアメリカ旅行のすぐ後で、エリザベスの気分はどうしようもなく動揺した。もっぱらソファイアを気づかってのことだが、メアリーとエリザベスの両者は、骨相学という新しい科学に興味を持った。それは心や性格の強さや弱さの表れとして、被験者の頭の形を分析するものだった。彼女たちは、ジョージ・クームの『人間の構造』や、シュプルツハイムの『骨相学の概要』を読んだ。エリザベスは二年前に、家族の頭を調べるために地元の開業医ジョナサン・バーバーを招きさえしていた。バーバー医師が、一八三〇年四月にピーボディ家にお茶のために立ち寄り、「エリザベスの頭蓋の隆起について」彼女の頭を「調べ検査し始めた」とき、ソファイアは、「慈悲心、宗教的熱意、因果律……決断力、賞讃への愛」に関する医師の所見は、「まさにその通り」だと驚いて日記に記録した。ソファイアはその日あえて分析してもらわなかったが、メアリーの頭は、因果律、宗教的熱意、それに慈悲心、すべてが「すばらしく発達して」おり、「この上なく高貴な頭」と呼ばれた。今日の占星術師、あるいは超能力者のように、骨相学者は被験者に以前から受け入れられている真実を確認させることによって、熱狂的な支持者を獲得していた。エリザベスはたしかに、強迫的な野心や認められたいという必死な思いによって、妹たちや自分自身を苦しめていた。メアリーは三人の姉妹のなかで単にいちばん美しかったばかりでなく、もっとも気性が安定していた。

しかしながら骨相学は、いんちき療法どころか、十九世紀ではもっとも広く信頼された心の科学だった。一八三二年までにボストン医学会によって福音として受け入れられ、ハーヴァード大学医学部ではカリキュラムに祭り上げられていた。最終的に骨相学は、二十世紀のフロイト派の精神分析学のそれに匹敵するような魅惑と影響力を持ち続けた。骨相学者たちは、慈悲、知的好奇心（「因果律」と称された）、あるいは攻撃性（「闘争心」）が、脳の特別な場所に存在しており、それが表面の隆起で測定されると主張した。骨相学者に分析されると、被験者は先天的な特徴を改良したり、和らげたりする方向に動くことができた。今日、骨相学はこじつけの信じ難いもののようであるが、現代の神経心理学は同様の見解を出している。すなわち、人格は、脳の特別な場所の神経伝達物質の放出を通して発現された、遺伝的な素質から派生する。脳は、環境と状況による影響に従う人間行動の一要素として研究されうるという骨相学者の直感には、先見の明があった。

ヨーロッパで論争の的であったヨハン・ガスパー・シュプルツハイムは、骨相学を世界に普及させた第一人者で、アメリカにおいて心から受け入れられた。アメリカでは改革志向の彼の門下生たちは、もし骨相学の研究が広く取り上げられたならば、人類全体をもっと知的かつ心優しくできると信じていた。シュプルツハイムのボストンの講演は満員で、その医師の診察は非常に貴重であった。一八三二年九月、エリザベスはソファイアが町にいるときに、ボストンでのその医師との個人的な会見の手はずを整えた。その会見は、ソファイアの複数の慢性病の治療に、舞い上がるほど大きな希望を与えた。シュプルツハイムはボストンでの過密な講演スケジュールを終えようとしていたが、ソファイアが出席できるように十月末のセイラムでの二週間コースを追加することを約束した。

それから、シュプルツハイムは病気になった。弱った医師は、行く先々で、信奉者、医療関係者たち、病気に苦しむ人々に取り囲まれたが、それでもエリザベスはソファイアの頭を検査してもらうために、彼をセイラムまでこっそり連れ出す計画を立てた。シュプルツハイムがセイレムを訪問する前夜、ボストンで突然亡くなったときのエリザベスの落胆ぶりは、慰めようもなかった。メアリーとエリザベスは、ボストンのオールド・サウス教会に集まった何千人もの弔問者に加わった。そこでは、頌歌がヘンデルとハイドン協会により歌われ、ハーヴァード大学のドイツ語講師のチャールズ・フォレンによって讃辞が述べられた。それから全員が、ボストン医学会の全会員と四百人のハーヴァード医学部学生とともに、ケンブリッジの新しいマウント・オーバーン墓地まで行進した。そこでシュプルツハイムは、見事に造園された丘に埋葬されたなんと二番目の人となった。

後にメアリーが書いているように、ボストンの知的エリートの悲しみがどっとほとばしり出たのは、シュプルツハイムが「自分自身の他、誰も十分には理解していない真実を発見していて」、それは「国民全体の幸せのためにも絶対に必要だ」という、広く行きわたった信念からであった。シュプルツハイムの死の一週間後に会合を持ったボストン医学会は、「われわれはシュプルツハイム医師の死と彼の懸命な努力の終焉を、人類にとっての、とりわけこの国にとっての、不幸と見ている」という声明を発表した。メアリーは、あまりにも多くのことが「語られず、尋ねられることもないまま」になったので、彼の死は「二重に重く――まったく取り返しがつかないと感じられた」と書いている。シュプルツハイム医師が亡くなった今、メアリーは「これまで以上に死にたい気分です……より良いところへ行きたくてたまりません」とさえ思ったのだ。

しかし、結局エリザベスがシュプルツハイム追悼のために逸話を集めるのに忙しくなり、彼の肖像画をソファイアに描かせるようにしたので、メアリーはボストンの下宿生活の魅力がわかり始めた。サマセット・コートのクラーク夫人の住居は、多くの点でアメリカの都市での新しい生活様式の典型だった。一八二〇年代まで田舎と都会の人口増加は、比較的等しいままだった。しかし、一八三〇年から一八四〇年までの間に、都市が六〇パーセント以上、次の十年に九〇パーセント以上増加して有勢となった。新参者の多くは、仕事を探す若い未婚の男女で、働き場は農場から工場やオフィスに移り始めていた。一八三〇年代には、ボストンに五千人もの独身女性がいたようである――ゆうに総人口の五パーセント以上であった。そして成人男性の三分の一は未婚で、ほとんどが三十五歳以下だった。

十九世紀末には可能になるのだが、男女別の寮形式の下宿屋は、まだ女性に広く利用できるまでには至っていなかった。一八三〇年代には、ほとんどの若い独身女性は、まだお手伝いとして働きながら、雇われている家族と住んでいた。ピーボディ姉妹のように専門職への大志を抱いた教育のある女性は、まだ少数派だった。彼女たちは、家賃を支払うために出費を切り詰めながら、家庭的な環境をただ拡大したような家族経営の下宿屋で、高給取りの独身男性たちとともに暮らすことになった。このような家で、男女別としたものは極めて少数だった。その結果、アメリカの社会生活で初めて、上昇志向の独身の男女という新興階級が同じ家に住み、毎日の食事や先例のない自由で形式張ることのない夜の会話を共にすることとなったのである。

一八三〇年代のボストンの活発な下宿屋の環境にあってすら、サマセット・コートのクラーク夫人の家[1]は例外であった。未婚の客のロマンティックな可能性に関して思いを巡らすのが好きだった未亡人のクラーク夫人自身は、お節介なおしゃべり屋だったが、ピーボディ姉妹は彼女の二十四歳の娘で才能のある風景画家のサラと共通点を多く見出した。サラの弟のジェームズ・フリーマン・クラークは、ドイツ哲学を議論できるハーヴァード大学の神学生であり、才気渙発な新しい友人マーガレット・フラーを引き立たせるのに熱心だった。ランカスター時代からピーボディ姉妹の知り合いだったジャレッド・スパークスは、自分の「厖大かつ精選された」蔵書を二階に移し、メアリーとエリザベスを招待してどの本でも借りられるようにした。スパークスは『ノース・アメリカン・レヴュー』誌の編集者を最近辞し、ジョージ・ワシントンの伝記を書こうとしていた。メアリーによると彼の収集には、「二万通のワシントンの手書きの手紙を含め、十数棚分の大型本」があった。ワシントンの書簡数冊の編集とともに、この本の完成によって、スパークスは教授の身分に、さらにはハーヴァード大学の学長にまでなることとなる。さらに、奴隷解放運動の火付け役、チャールズ・サムナーとやがてパートナーとなる若い弁護士兼ジャーナリストのジョージ・ヒラードがいた。

サマセット・コート三番地の雰囲気は、「二人の知的なエマソン氏」[2]のような訪問者――エリザベスのかつてのギリシャ語の家庭教師で、二十八歳にして男やもめになったラルフ・ウォルドーと、彼の弟できわめて文学的将来性ゆたかなチャールズ――が、そこに住んでいる若い女性たちに言い寄っていると思われることもなく、思いきって行動しても差し支えなかった。実際、ウォルドーもチャールズも、議論好きな知識人だった叔母メアリー・ムーディ・エマソンによって、エリザベス・ピーボディを花嫁として考えてみたらどうかと送りだされたとも言われている。いずれもその気にならなかったが、二人は会話をするために戻ってきた――のちにエリザベスは、エマソンの叔母メアリーの言葉を借用して『魂を形成する』それらの会話の一つ」を回想している。その話題は、エリザベスがほぼ十年前に初めて書いてチャニング牧師に見せたことのある、ヨハネの福音書の「自由な書き換え」に向けられた。チャニング同様、ウォルドー・エマソンもエリザベスの「独創的な考え」に心を打たれたに違いなかった。エマソンは写しを一部欲しいと頼んだ。ロマンティックな関係でないにしても、このように知的な関係が形成されたのだった。

　一八三二年のクリスマス直前、クラーク家は、新しいメンバーである、身長六フィート、立ち居ふるまいの優雅な、銀髪の弁護士ホレス・マンを下宿させたことで大きくなった。マサチューセッツ州のホイッグ党下院議員としてわずか五年後、三十六歳のときに、マンはすでにその州のもっとも注目すべき改革者の一人であり、実践的な傾向の強い、先見の明のある人であった。彼は、橋や最新技術である鉄道建設を助成することによって、州政府は利益を得ることができるとみなす、アメリカにおける最初の立法者の一人であった。彼の努力のお陰で、連邦は国内で初めて、州の資金による鉄道を、ボストンからウスターやその先まで敷設する認可を与えた。[3] 彼はまた、貧者や無力な人々に対する国家の責任についても、視野の広い見解を持っていた。マンは、精神障害者を町の牢獄から、より人間的な医療環境へ移すために、国内でも最初の一つである州立精神病院設立のために基金を出すよう、同僚たちを説得した。そこでなら彼らは治療され、最終的には解放されうると彼は信じていた。しかし、マンはピーボディ姉妹が関心を抱いていた問題に評判の悪い立場を取ったことで、まずその名を有名にしたのだった。彼の最初の州議会での演説は、ブランドフォード請願書に対する反対であった。請願書は、ピューリタンの政教一致の概念の最後のあがきとして、マサチューセッツ州のすべての町が、「学識があり、敬虔な三位一体の会衆派教会の牧師」を支援することを要求するものであった。マンは、ユニテリアンではなく――もし彼に信じるものがあるとしたら、それは骨相学だったであろうが――この「神の特権による侵害」に反対し、人間だれしもが持つ自分自身の「真実を探求」する権利のために熱弁をふるった。彼の主張が勝利を得た。

ホレス・マン

　サマセット・コート三番地の下宿人たちは、ホレス・マンが、昨年の夏に妻のシャーロットを若くして肺炎で亡くして以来襲われていた悲しみを紛らそうと、自分たちの仲間に入ったことがわかっていた。しかし、たとえシャーロットの喪に服してなかったとしても、広い額と半ば閉じたようなスミレ色の目をもつ痩せた政治家は、悲劇の人物として人々の心に刻まれただろう。めったにないがちょっと軽率なことをした瞬間に輝く微笑は、こみ上げてくる悲しみの深さを示していたため、それだけ一層エリザベスとメアリーの心をとらえた。マンの労をいとわない正しい作法は、ピーボディ一家が訪れた改革グループの人たちにはめったに見られないものだったが、時ならぬ死や生きるための厳しい闘いに満ちた彼の貧しい出自や、幼少期に受けたスパルタ式の養育を隠すものであることに、ほどなく姉妹は気づいたのであった。

マンの父親は、ホレスが十一歳のとき、マサチューセッツ州フランクリンの家族農場に、五人の幼子と妻を残して亡くなった。その翌年、ホレスの好きだった兄のスティーヴンは、ある夏の日曜日の朝、教会をさぼって泳ぎに行き、溺死した。その地方のカルヴァン派の牧師がスティーヴンを例に挙げ、死は安息日を破ったことに対する適切な罰であったと説教したとき、幼いホレスは深く心を傷つけられた。少年ホレスは、数カ月にわたり悪夢や想像上の幻影によって彼を苦しめた信仰の危機に耐え抜いた。ついに、両親の信仰していた容赦ない信条を捨てることを決意したが、七歳のときから馬に鍬を引かせながら過ごした農場での長い日々のなかで実践してきた勤勉という信条に代わるものは見つけられなかった。そして、その教義でさえも報復をもたらした。彼は「苦役が厳しく育んでくれると信じてはいるが、苦役は私を育みすぎた」とのちに書いている。マンは、成人してからずっと虚弱体質に苦しめられ続けた。風邪やインフルエンザに罹りやすく、胃は過敏すぎて少量の濾過したスグリのジュースしか受けつけないときもあった。彼はそれを、幼い頃の労働のせいにした。

マサチューセッツ州下院やそれ以上へと続くマンの道は、後年詳しく語られているように、まさに古典的なアメリカの成功物語を形成することになる。彼は、エリザベスがワーズワースに書き送った、あの「私たちの社会で一流になるために辺境の地からやって来た若者たち」の一人だった――もっとも、彼女はこの時点では、まだマンと知り合ってはいなかったのであるが。彼の成功物語は、フランクリンの一部屋だけの学校から始まった。そこで彼は、短い冬の学期に、時にはインクがペンの先で凍ってしまうほど極寒の教室で、教育課程を履修した。少年は大学進学を決意したが、入学試験合格のために必要なラテン語、ギリシャ語、あるいは高等数学を、十八歳までに何一つ学んではいなかった。冬の夜、帽子製造業者に売るための麦わらを編む仕事を始め、ついに家庭教師を雇えるほどの貯金をした。しかし、誰が彼を教えることができただろうか。その土地の他の少年たちに古典語を教えていた町の牧師との関係は、完全に破綻していた。ラテン語を独学で習おうとしたが、結局、バプテスト派の牧師について学ぶために、隣町まで四マイル歩かねばならなくなった。ところがこの牧師が彼を励まし、彼の母校であるロードアイランドのブラウン大学に通うよう奨めてくれたのである。二度と元には戻らないほど視力を弱めた六カ月の集中コースで多くの必要な情報を詰め込み、入学試験に合格できたときには、ホレス・マンは二十歳になっていた。そのとき、彼は大変できがよかったので、ブラウン大学学長のエイサ・メッサーから、二年生として大学に入学できる特別の許可を与えられた。

ブラウン大学では、マンは比較的年齢が高く、しっかり知力が身についていたため、他の少年たちとは一線を画していた。

学生たちの多くは、ハーヴァード大学の学生たちと同様に、反抗や停学をくり返していた。彼が学生として書いた論文は、エリート弁論部への入会をもたらすほどのものだったが、毒舌調を示し始めていた。それは彼が強固に掲げた民主的な理念を守り抜くための最大の武器となるものだった。おそらく、エイサ・メッサーから受けた寛大な扱いを考えてのことであろうが、マンは「アメリカの天才」について、新世界においては「住まいから引き出され、育まれ、大事にされる」が、ヨーロッパにおいて才能は、「畏怖のあまり沈黙させられる。王権に寄生して権力を振るう輩が、自分のものだと言う場合は別として」と書いた。例として、彼は自身の英雄ともいうべき無骨な政治家たち、ベンジャミン・フランクリン、サミュエル・アダムズ、トーマス・ジェファソンを挙げている。芸術に関しては、冴えない見解を取った。「反小説」と「反フィクション」という二つの別々の試論のなかで、小説を「ありえないこと、ありえない事態、うんざりする談話の長い連続」と分類した。フィクションの読者にとって、「想像力は生き生きとした描写で饗応される」が、「心はまったく改善されず、道義は修正を受けず、理念は拡がらない」と書いている。

マンがあまりにも生真面目に思われるとしたら、それは彼が別のエッセイの題名にもしている「自己改善」への信念が当然のことながら非常に強かったからである。自分自身の未来は、これまで自分が自らに課してきたことにかかっていると、彼にはわかっていた。マンの級友のほとんどは、なんらかのアメリカ的特権——金、土地、職業上の縁故を持ってブラウン大学に来ていた。「人の本来の知力ということでは、人と人との間には生まれつきの差などわずかしかないか、おそらくはまったくない」とマンは信じる必要があった。違いは、「永続的な文化」が、「あの知識の種」に振り向けられたときに生じたと書いている。それらの種は、「無学な農夫」の心にも「哲学者」の心にも「公正な自然の手」によって植え付けられた、本来同じものである。マンがクラスの卒業生総代になったとき、彼が仲間の上級生にした講演は、自己教育についてであり、「教育を終えるという一般的な考えは、知的世界から抹消されねばならない」と語った。しかも、学友たちが卒業式の後の日々に浮かれ騒ぎ、互いに涙ながらに別れを言っていた頃、マンはコネティカットで法律の勉強をする計画を立てていた。「つながりを持つのは楽しいが、そんなものは壊れるに決まっている」と感情を抑えながら姉に書いている。もし別れに悲しみがあるとしても、「燃えている間だけ輝く火花のように、楽しめるのは、楽しみの手段が過ぎ去っていくまでのことだ」と、すでに喪失に慣れている禁欲的な若い哲学者は静かに思いを巡らしたのだった。

ホレス・マンがブラウン大学で得た一つの縁故は、彼の教師であったエイサ・メッサー学長との縁故であり、彼を通してその末娘とつながっていた。シャーロット・メッサーは、マンがブラウン大学を卒業したときにはわずか十歳だった。しかし次の十年間、彼がリッチフィールド・ロースクールでの模擬裁判コンテストで幾度も勝利し、デダムで弁護士事務所を開設するために故郷の州に戻り、その後マサチューセッツ州の下院議員の選挙に勝ったのち、ようやく結婚を考えたときに思いが向かったのは、シャーロットに対してだった。野心的な農場育ちの弁護士にとって、大学学長の娘と婚約することは、究極的な勝利に思われたに違いない。最初、時々訪問し、それから手紙を書き、最後に「婚約者を自認した人物として」定期的に訪問することをシャーロットに認めて欲しいと、言葉遣いにも気をつけながら頼んだ。しかしマンは、その少女が成長しきっていないことに気づいていなかった。彼女はきわめて虚弱体質だった。その二人が一八三〇年についに結婚したとき、二十一歳のシャーロットがすでに結核で死期を迎えていることは、誰一人として認識していなかった。その病気は、手の施しようもなく彼女の肺を損なっていたときでさえ、彼女に青白い冷光を与えていた。

確かにシャーロットの虚弱さは、その魅力をさらに増していたのかもしれない。マンはシャーロットの繊細な色気や、純真な楽観主義を好んだが、それは自分の二人の姉のくたびれたようなカルヴィニズムとは際だった対比をなしていた。おそらくマンは、自分の不安定な健康を当然と受けとめていたために、シャーロットが喀血し始めたときでさえ、彼女の頻繁な病気が生命を脅かすものとはわからなかったのだ。さらに、彼は仕事のためにボストンで費やす時間が多かったので、彼女が実家の家族と過ごして健康を回復しようとデダムの家を長く留守にすることを、ほとんど気にかけなかった。二人の最初の結婚記念日に、彼女はプロヴィデンスにいた。そのときマンは、自分たちが一緒にいたのは、一年の半分と少々の期間にすぎないことに気づいた。マンが一番気がかりだったのは、孤独こそがシャーロットの実家への途切れない愛着の根本的な原因になっている、ということだった。しかし彼は、妻ともっと多くの時間を過ごすために、仕事への熱意をいくらか減らすことには納得できなかった。また、シャーロットの健康は改善すると信じる理由が、彼にはあったのかもしれない。彼女は一八三二年三月に妊娠していたようなのだ。しかし、七月までにシャーロットは弱って歩けなくなり、ついにマンはすべての義務を放棄し、家で妻の看護に当たろうとした。彼の記述によれば、家庭は「不安と狼狽と苦闘の場」であり、高熱のため譫妄状態になったシャーロットは、呼吸するためにもがいていた。その一カ月後、結婚から二年未満でシャーロットが亡くなったとき、ホレス・マンは妻と生まれることのなかった子どもとを喪失したことで、打ちのめされたも同然だった。この最後の数週間のトラウマで、マンの黒い髪は真っ白になり、[4]三十五歳の男やもめは幽霊のような外見になったと、共通の友人たちがピーボディ姉妹に語っている。

シャーロットの死は、ホレス・マンのなかで長い間閉ざされていた感情を解放した。まじめな改革推進派の議員は、自らを慰めるために詩を書き始めた。かつての神学上の疑問が戻ってきた。彼に埋葬されたシャーロットが、プロヴィデンスの墓地で冷たい塵となると考えると、もう耐えられなかった。しかし、もしホレス・マンがカルヴァン派の天国に対する子どもの頃の信念を蘇らせたとしたら、彼にとってシャーロットの死は、一つの応報——彼女を地獄へ引き渡してしまった——にちがいないということなのだろうか。虚弱な妻の世話を怠ったことや、これが平穏な家庭生活と思っていたことへの後悔など、罪悪感に苦しめられ、これまでずっと用心深かった男は、今では同情を示す誰にでも自分の悲しみや懸念を漏らすようになっていた。

サマセット・コート三番地の下宿屋で、ピーボディ姉妹は、それ以前他の誰も知らなかったホレス・マンに会い、二人とも彼に心を奪われてしまった。エリザベスにとって、それは安全な愛情だった——マンのシャーロットの思い出を大切にするひたむきさは大変強く、けっして再婚しないだろうとエリザベスは確信したからだ。しかし、メアリーの愛情は危険を孕んでいた——彼は再婚するつもりがないのではと彼女は心配したからである。

「彼は衰弱し、傷つき、やつれた姿で私の領域に入ってきた」と、後年メアリーは、ホレス・マンに対する当初の恋をもとにして創った短篇で書いている。彼の「無気力な足取りや、悲しみを途切れ途切れに語る口調」にもかかわらず、彼女は直ちに長身のスミレ色の目をした政治家に、「生まれながらに人々の心を動かす、有無を言わせないほど強い性質」があるのに気づいた。しかしこのとき、彼がとりわけその心をとらえたのは、二十六歳のメアリー・ピーボディだった。「彼の不服を訴える声は、私の存在のいちばん奥まったところにまでしみこんできた」と、彼女は自分の賞讃する感傷小説の大仰で感情あふれる言葉遣いで書いている。ホレス・マンが語るとき、メアリーは息を止めた。彼女のためにドアを開き、彼女が通り過ぎるときに初めてマンが微笑んだ瞬間、彼女は「心を釘づけにされた」のであった。「私は、熱いものが神経や血管の隅々まで行き渡るのを感じた。自分のアパートの窓のそばに座るまで、もう何もわからなかった。」メアリーは、子どもの頃から「夢想」のなかでくり返してきたプロットに、ようやくたどり着いた。「ここに人生となすべきことがあるのだわ」と彼女は自分に言い聞かせた。「それはあの微笑を永遠にすること」であった。

メアリーは、これまで出会った結婚可能な男性たちと、ロマンスの主人公や現実生活における自身のヒーローたち——チャニング牧師やテイラー神父のような——を何年も比較してきたために、自分の感情にかなり確信があり、ホレス・マンを「私の夫」と心のなかで考え始めた。メアリーは、ホレス・マンがシャーロットの思い出に執着していることを知っていた。シャーロットは、大変繊細かつ甘やかされていたので、かつて一カ月ほぼ毎日牡蠣を食べて生きながらえた女性である。確かに、マンはもう一度結婚することなど今は考えないだろう。メアリーは、今は自分の感情を抑えなければならない。「私は、いかなる感情もそれが外に出るのを抑えることを学んだ」とメアリーは自身の物語で書いた。「というのは、私の存在の一大目的は、彼の幸福に貢献することで、私のなかで燃える炎がどのような形で表出しようとも、それを損なったであろう」からだ。しかし、一八三三年の冬と春の間家にいたソファイアへ宛てた何通かの手紙で、メアリーは新しく見つけた喜びをほとんど隠すことができなかった。サマセット・コートのティータイムでの「機知に富んだ会話」や、「マン氏」が陰鬱を振り払い会話に加わった夕食時の「愉快な時間」についても書いている。とりわけ楽しかったのは、「騒々しくて私たちの話の多くをだいなしに」しがちなクラーク夫人が、下宿人たちを残して出かけ、「テーブルや家を取りしきる人のいない」状態にした数週間だった。

下宿人たちそろっての夕食の場で、「既婚夫人が姿を見せることもなく」、物事の「決まり切っていない状態」は、ほとんど誰にとってても嬉しかった。ホレス・マンは「とてつもなく機知に富む」ようになり、「どんな思いがけないことがあっても、逸話や物語、あるいは一言」で対応し、そのしゃべり方には「ほとんど抱腹絶倒させられそうだった」とメアリーはソファイアに書いている。サラ・クラークは「大変恥ずかしがり屋で、スパークス氏は大変気難しく、ジョージ・ヒラードはうんざりして塞ぎこみ、エリザベスは大変おしゃべりなので、私たちがそろえばごった煮となり……とっても気が合うの——クラーク夫人がいつか必ず帰ってくるのが残念だわ」とも書いている。その冬、メアリーはビーコンヒルのぬかるんだ通りさえも軽く見ようとしたために、登った道を何日間か滑り落ちる原因ともなった。暗く暗鬱なときがあったとすれば、ホレス・マンが毎月、州立精神病院を視察するためにウスターや、あるいは法廷の訴訟を審理するためにデダムへ出かける数日だけだった。「彼がいないと、みんなの考えは不思議に混乱するの」、「彼は異質集団のまとめ役になっているみたい。だから、みんな彼の意見には従うのよ」とメアリーはソファイアに書いている。

ホレス・マンを元気づけるためにメアリーの立てた計画の一つが、夜彼に朗読することだった。彼女とエリザベスは交替で、フランスの哲学者ベンジャミン・コンスタンとヴィクトル・クザンからの抜粋を即興で翻訳し、さらにメアリーはアンナ・ジェイムソンのシェイクスピアの女性主人公についての随筆集、『女性の特性』の朗読を試みた。マンは、エドマンド・バークやトーマス・ジェファソンの書いたものを読み、お返しをした。しかしマンには、ふさぎこんで口もきかず、気をそらされることを好まない夜が何日もあった。他の下宿人たちが本を読み、話をしていても、彼は小さな広間をゆっくり歩いたり、つらい記憶に屈すると、自分をとらえた感情を隠すべく、顔を壁の方に向け、隅に座っていたりすることもあった。時には、みんながアダムとイヴを描いた一連の絵について議論していたある夜のように、会話の断片が彼にシャーロットを思い出させてしまい、涙をこらえながら、部屋を出て行ってしまうこともあった。その結果は、かえって姉妹を彼の苦しみに惹きつけることになっただけだった。

ある夜、メアリーが歌を歌おうとしたが、マンはこの時ばかりは自制することができなかった。彼が言ったことの記録はないが、「彼は悲しみを非常に激しい調子で雄弁に吐露したので……私は怖くなって立ちつくし……その前で恐怖におののいていた。私は、それまでに数多くの深い悲しみを推し測ってきてはいたが、これほどのものはなかった……震えながら私は聴き、言葉もなく私は泣いていた。それから私の魂の力のすべてをふり絞って慰め、ついに元気づけた」と、何年も後にメアリーは回想している。翌日ホレス・マンは、「昨晩、感情が自分をさらけ出すに任せ、感情を抑えることがほとんどできなかったのをとても後悔しています」と彼女に手紙を書いた。偶然、メアリーがシャーロットの好きな歌を歌ったので、「不意をつかれたのです」と彼は説明している。「私は起こってしまったことを後悔してはいません。というのも感情が麻痺するまでそのような場面をいくつも通過せねばならないことを知っているからです。たとえ、それが永遠にであっても。それに見知らぬ人とよりも、あなたのような友人とそれを通過する方が、私には苦しみが少ないのです」とマンは謝罪していた。メアリーは彼の手紙を大切にした。いまや彼女は、ホレス・マンが自分を信頼できる友と見なしているという確証を得たのだった。

四月にメアリーは、ソファイア宛ての手紙に、「最近二、三カ月、私の心の目は長い間閉じてきたものに対して開いているかのように感じている」と書いた。彼女の挙げた理由はホレス・マンにあった。「マンさんが生みだしてくださる効果の一つは、人間とのつながりをこれまで以上に鋭く意識できるようにしてもらえたこと」だというのだ。メアリーはソファイアに自分が恋に陥っているとは告げなかったが、次のように、もう少しでそうするところではあった。「私たち哀れな人間の何人かを閉じ込めている氷山を溶かし去り、消えた後も長く心の隅に残るあの微笑をどこで身につけたかを、時々彼に尋ねたくなるの。」ソファイアは推測しただろうか。後年、ソファイアはそのようなことは「けっして想像しなかった」と主張している。しかし、一八三三年の春、ソファイアもホレス・マンを「慰める」ことができたらよいのにと思い始めていた。

裕福なかつての教え子の結婚を祝うためにボストンを離れ、ニューベッドフォードに二週間滞在したその年の真夏に、メアリーは結婚披露宴で一人の若い男性から注がれた熱い視線をまったく感じなかった。その男性はベンジャミン・リンジーという、メアリーが自分の理想に合致すると信じたようだった。リンジーはメアリーに「彼女を完璧と思った」ことを知らせた。しかし、「私は満足しなかった」とメアリーは書いている。ホレス・マンの獲得に挑戦すべく体制を整えた今となっては、ベンジャミン・リンジーのような安直な愛は、退屈すぎることに気づいていた。彼女は「人をつき動かすために生まれてきたような」男性の愛を切望していた。それ以下のもので我慢する気はなかった。

メアリーは、新たな愛情を育んだホレス・マンにまつわる二つの生き生きとした思い出をニューベッドフォードに携えていった。最初のものは、クラーク一家に連れられて行ったマウント・オーバーン墓地への七月初めの遠出だった。その狭い丘の中腹は、一年たらず前に、J・G・シュプルツハイムの埋葬の際に何百人もの弔問者が集まったまさにその場所であり、緑の濃い夏の数カ月、ボストンきっての人気観光地の一つとなっていた。このとき、突然「晴れやかな気分」になったホレス・マンは、さっと長身をひるがえし一本の木につかまると、いちばん高い枝まで登って行き、死者たちの石碑を茶化すようなことをしたのである。葉の茂った止まり木から、ケンブリッジやフレッシュ池の「燦々たる」景色に向かって絶叫するマンの「崇高な顔」をメアリーは喜んで見上げたのであった。

その前の日に、メアリーはもっと崇高だとさえ思った場面を見ていた。ホレス・マンはエリザベスに促され、テイラー牧師の教会で催された千人近い日曜学校の子どもたちの禁酒集会で講演をすることに同意していた。その催しの前に、マンは自分が子どもへの話し方をわかっていないかもしれないという心配をメアリーに打ち明けていた。しかしメアリーは、ホレス・マンがその集会で「感動させるような役割」を果たし、彼のためにドイツ語の原文から翻訳した物語、クルマッハーの「小鳩」の逸話を彼が語りなおして若い聴衆を魅了するのを見たとき、「ちょっとした恍惚感のようなもの」を覚えたのであった。メアリーの隣に座っていた男性が、マンはマサチューセッツ州議会でも同じような成果を上げていると証言した。「彼はいつも耳をひきつけてしまう人だ――彼は正確に要点をつく方法を知っている――彼は偉大な人だよ」と。

サマセット・コートの家に戻ると、メアリーはホレス・マンが「愛情や好意に関係したことが何でもできる」ということに疑いを抱くべきではなかったとソファイアに手紙を書いた。それから彼女はユニテリアン派の週刊誌『クリスチャン・レジスター』誌に、その催しに関する記事を書く仕事に取りかかった。メアリーはたとえ匿名で記事を出版するつもりでも、「愛情を込めて」書くことを自制したとソファイアに語った。このことは、メアリーが出版の意図を持ってペンを手にした素朴な『セイラム・レコーダー』誌の編集者としての日々以来、初めてのことであった。

しかし、一八三三年の春から夏にかけメアリーが隠そうともがいた感情は、恋愛だけではなかった。怒りや嫉妬もあった。メアリーは、自分よりエリザベスのほうが、ホレス・マンとの共通点が多いことにすぐ気づいた。二人には本によって生きようとする傾向があった――メアリーが好む小説などよりも、トーマス・ブラウンの『原因と結果』のような哲学の本である。そして夕食のテーブルでは、おしゃべりなクラーク夫人にだけは及ばなかったが、絶え間なく話すエリザベスが最初から「際限もない、話、話、話」でホレス・マンの注目を独占してしまっていた。メアリーは、二人が「普通の人たちなら皆うんざりするほど長時間にわたり、形而上的な議論をしている」のを見て、かすんでしまった自分にはもう望みがないと感じていた。彼女は、ある夏の暑い日についてソファイアに手紙を書いた。「私たちはみんな大変疲れていた」が、メアリー、エリザベス、それにホレス・マンは、「サラ・クラークの小さな絵画用の部屋に集まり、午後ずっと必然性と自由意志について語っていた。」話したのはほとんど「EとM氏」だったと彼女は認めなくてはならなかった。ついに、メアリーとサラ・クラークは、「その話題を把握する知力を持っていない」と結論づけざるを得なかった。サマセット・コートでのその年、「EとM氏」はそれほどまで会話に夢中だったので、二人の結婚の可能性を予測してクラーク夫人はさらに他の下宿人を置いた。[5]

かつてメアリーをいらいらさせただけであったエリザベスの資質が、いまやメアリーの空中に築いた城を破壊しかねない脅威となった。メアリーは後年になって書いた短篇の一つで、姉と同じ脅威の種となる特徴を持った悪女を描いた。「その女性は輝かしい知性によって、ほとんどの人々より優れていることに喜びを感じ、あらゆる点において、他人を凌ぐことを望んでいた」と書いた。この「エゴイスト」は、どうにか自分を「親切で同情的」に見せながら、この物語の主人公である「数々の高い能力を示す徴候を備えた」悲しみにくれる男やもめを追いまわすのであった。しかしこの女性の親切は、「献身的な親切などではなく」、自分の影響下に入ってきたすべての人を簡単に支配してしまうのである。「私より強いその女性の意志に拮抗することはできなかった」し、「いつも自分の論理で私を圧倒し、彼女の持つ権威で私を黙らせた」とメアリーは書いている。とりわけ危険なこと、すなわち「全身全霊で、彼を愛していることを、私は知っていた」。

エリザベスはホレス・マンを愛していたのであろうか？　おそらくメアリーが恐れていたほどには愛してなかった。しかし、エリザベスはマンに強く惹かれ、マンが真剣に注目してくれることを必要としていた。「私は知性に必要な食べ物を、本から――人生の観察から――私自身の反省から得ることはできます」が、「しかし私の心に必要な食べ物は、他者から直接与えられるものでなければならないのです――それに私の心はいつも、知性がそうするよりも、多くのものを熱望してきました」と、かつてエリザベスは友人に手紙を書いたことがあった。

クラーク夫人がサマセット・コートを留守にする間、エリザベスはメアリーに対して、姉妹のどちらが、夜の広間でホレス・マンと長くいられるかを見るための巧妙な競争をしかけた。ある夜――エリザベスがソファイアに手紙で書いたように、アダムとイヴの絵が「深い憂鬱」にマンを追い込んでしまった後の夜――サラと他の人は部屋を出ていった。ついにメアリーがその場を離れるために立ち上がったが、エリザベスはぐずぐずしていた。エリザベスはホレス・マンを残しておけないと感じた。彼は、「私の同情のそぶりがないので」いつもながらのみじめな沈黙を続けていた。エリザベスがおやすみなさいと言いながら彼の手を取ると、「彼はずっと私の手を握ったままだったので、とうとうメアリーは部屋から出て行った」のであった。

　二人だけになると、マンは「私をもっと近くに引き寄せ、腕を回し——涙を流した」。それから、「頭を私の胸に乗せ、悲しみのあまりこのような勝手なふるまいをしていることの許しを請うた」。エリザベスは、彼は何も悪いことをしてはいないと安心させた。自分も実際、「粉々になった心と神経に友を必要としていたのです」と彼女はマンに語ったのである。その夜二人は、「彼がいつも私に誠実であること、私はあらゆる自分の問題の相談に乗ってもらうが、彼はけっして私にお世辞を言わないこと」、そして「私は永遠に感謝し続け、私の示した同情は大いに、十二分に償われたと感じることになる」という取り決めを交わした。エリザベスの説明によれば、ホレス・マンは安心して、「くり返し何度も何度も、自分の胸に私を押しつけ、どっと涙をこぼしながら、私に感謝した」のであった。

　エリザベスは数日後、ソファイアには手紙でその場面のことを告げたが、その夜階段を登って自分の部屋に行き、メアリーと共有しているベッドの自分の側に身を置いたとき、メアリーには何も言わなかった。後で、マンの悲しみを封じ込める手伝いをするのではなく、引き出してしまったことで、メアリーに咎められることが心配だったからだと主張している。つまりエリザベスは、「自分の感情に流されすぎた」ことを、メアリーが咎めると思ったのだ。おそらくエリザベスはその夜、自分とホレス・マンが取った気ままな行動について気が咎めたのであろう。しかし本当は、エリザベスは、メアリーがひそかにホレス・マンを「夫」として空想し、スリルを味わっていたように、秘密の絆を楽しんでいたのである。メアリーが彼の愛情を望んだように、エリザベスもまたマンの友情を必要としていた。女性の適切な礼節の限界を広げたいという意志のあったエリザベスは、ほとんどの男女が感情的な親しさを確立するには欠かせないと考えた婚約や結婚という形式を無視することができ、ビーコンヒルの上流階級的な下宿屋の広間を共有するだけで、あのような友情を得ることができたのである。

　のちにエリザベスは、自分の行動を弁護するように、「もしM氏が——私の行く手に慰めと友情を支える天使のように降り立ってくれていなかったら——私の打ち明け話しを受けとめ——そして、その絶対的な賛同や、翳りのない同情によって慰めてくれていなかったら——私がどうなっていたかわからない」と書いた。この種の親しさこそ、エリザベスが男性に期待していたものに一番近いものだったのかもしれない——その男性というのは、「愛し方を知っているごく少数のうちの一人であるがゆえに、愛のために死ぬような——そういう少数のなかの一人」とエリザベスは見なしていた。もし、「ジュピター風の額」をしたホレス・マンを、「自然の生んだ高貴な人たちの一人」としてあこがれていたのなら、なおよかった。後でその同じ年に、彼女は「純潔」と題したソネットで、自分の混乱した感情を解決しようとした。その詩は女性の貞淑を賛美しているのではない。そうではなく、「永遠の理性における愛」、肉体から離れ、魂を浄化する気力あふれる熱情を祝福したものだ。エリザベスが新たに見いだしたホレス・マンへの献身と、彼がお返しに与えてくれた好意が、最終行の歓喜を燃え立たせている。「混沌の夜から、永遠に、恍惚につつまれ、私は飛び立つ！」

　でしゃばってしまったことを認めたくなくて、あるいは、先頭を切ることにあまりにも慣れてすぎていて、妹に肘鉄をくらわせ、行く手から追い出してしまったことに気づかなかったエリザベスは、一八三三年当初の数カ月を、自分の生涯で一番良いものだったと思い出すことになる。ホレス・マンの内面の思いをもっともよく知っているのは自分だと主張したい欲望があったにもかかわらず、エリザベスは彼の関心を自分だけに向けさせることに興味はなかった。ともあれ、自身のふさぎこみがちな性質や近年の経済的な困窮によりひどい試練を受けていたメアリーとの関係は、その過程で修復されつつあるとエリザベスは感じていた。「彼は私たちの共通の愛情の対象になることによって、私たち姉妹をしっかり引き寄せてくれたと実感したの」と、エリザベスはメアリーに書いたこともある。ウンディーネ、ベルタルダ、フルトブラントという水の精の物語の三人組に無意識のうちにも言及しながら、マンとの関係を、「私たちがそろって水を飲むことのできるような新たな友情の流れ」として思い描いた。「私たちのどちらかに友人ができたとして、それはもう一方にできたのと同じ友人だったとしても、それは私の心にとっては最高の喜びであり、自分が優先されたいとは思わない」と書いたとき、エリザベスは本心をごまかしてはいなかった。メアリーとの関係は、エリザベスがいつもなくてはならないものと考えていたもので、時には一種の結婚とさえ見なしていた。エリザベスは自分の激しい情熱をメアリーに承認してもらい、それを安全なものにする必要があったのかもしれない。今サマセット・コートの活気あふれる環境で、三人組──メアリー、エリザベス、そしてホレス・マン──は、「神の交わりのように透明」な「幸せな結合」に達成したと、エリザベスは確信した。「人間としてのしがらみのもとで、私が再びこれほどまで幸せを間近にすることがあろう」などとは思いもしなかったと、のちにエリザベスは書いている。

　メアリーは事態を違う風に見ていた。純潔は彼女にとって霊感を感じるような観念ではなかった。メアリーはホレス・マンが自分だけに向ける独占的な関心を、まさに待ち望んでいた──しかもロマンティックな形で。ホレス・マンのエリザベスとの夜遅くの密会、あるいは彼らの秘密の取り決めを知らなかったため、メアリーは、エリザベスのホレス・マンとの歯に衣着せぬ討論や、絶望の淵に立ったときの彼の感情を──メアリーから見れば「その心臓を取り出し、ばらばらになるまで突き刺すように」──分析すべく彼をそこまで引っ張っていこうとするエリザベスの傾向に、しだいに不安を募らせた。メアリーはいまや、エリザベスがホレス・マンに対する妹の感情を見抜き、それを暴露するばかりでなく、エリザベス自身のマンへの熱烈な関わりが、二つの悲惨な結果のいずれかにつながるのではと心配しなくてはならなかった。一つはエリザベスが押し付けがましい同情でもって彼を姉妹から完全に遠ざけてしまう可能性、もう一つは、むしろ彼がエリザベスと恋に落ちてしまうかもしれないという可能性であった。

　しかし一八三三年の時点では、ホレス・マンは、まだちゃんと結婚しているかのように独身女性を楽しませる男やもめの特権で、方法は異なるものの、二人の姉妹に平等に関わっていた。二人の女性は――それも、彼に言い寄られるのを求め、競い合っていると彼が感じとっていた姉妹は、妻を先立たせた罪悪感に打ちひしがれ、傷つきやすかった頃の彼には、きわめて心強かったにちがいない。その夏、マンはメアリーに「私の親愛なる友」と話しかけ、彼女の「愛情の塊のような気だて」を褒めた。エリザベスに対する彼の好意は、もっと複雑だった。ほとんどの未婚の女性は、少なくとも来るべき結婚の申し込みを仄めかされないかぎり、マンの抱擁をすすんで受け入れたりなどしなかったであろう。ところが、エリザベスの場合は何かが――おそらくクラーク夫人に彼女は「変わっている」と言わせたのと同じ特質であろうが――この情熱的な、本の虫のような二十九歳から拒絶されることなどあるまいと彼に告げたのだ。彼らの会話を知的な水準に保ち、必然性、自由意志、シャーロットがあの世に行ける可能性などについて討論しながらも、マンは妻の死後数カ月間、談話よりも必要としていた物理的な慰めを、エリザベスから得ることができた。彼の現下の混乱したような悲しみにあっては、エリザベスの、知的で、母性的で、姉妹のようでも妻のようでもある、まさにありきたりではない、いろいろな同情が混じりあって形成された純潔の愛は、理想的な鎮痛剤だった。

　生来の気質のために、またホレス・マンの悲しみに対する思いやりもあって、自分の事情を押し付けることのできなかったメアリーは、待機戦術を取らざるをえなかった。結局、「求められてもいないのに、私は自分の心をすべて差し出してしまったのではないだろうか」と彼女は推論した。エリザベスに自分たち二人を代表して話させることに慣れていたメアリーは、話し手としてのエリザベスとは競いようもなかった。メアリーとしては、マンがいつかエリザベスの積極的な物知りぶりに飽きて、メアリーの取り柄である思いやり深さを好むようになってくれるのを望むしかなかった。しかし、メアリーの耐えて待つ能力は、姉妹のますます不安定な経済状態により、脅威にさらされていた。

　「私たちの学校は、つぶれてしまいそうです」とメアリーは、一八三三年三月、リディア・シアーズ・ヘイヴンに手紙を書いた。夏の学期の後、姉妹の生徒のほとんどが、ハーヴァード大学出身の男性たちが経営する、ボストンにあるいくつかの名声を誇る学校の一つに移ろうとしていた。姉妹は、ピーボディ医師から金を借りることはできなかった。三人の弟たちは、メアリーとエリザベスには馬鹿げているとしか思えないことのために、父親のわずかな蓄えをすでに使い果たしてしまっていた。ナットのボストンの雑貨店は、真夏に破産して、父親の投資を無にしていた。ジョージは、船荷の発送係としての仕事を見つけることができると聞いたスミルナへの渡航費用を借りていた。しかし彼の得ていた内部情報は虚偽と判明し、数カ月後に戻ってきて、父親をさらに多額の借金に追い込んでいた。そして、一年以内にウェリントンは、リオでこっそり船に乗り、捕鯨航海の利益の分け前を失うことになる。

エリザベスは、姉妹の一人がセイラムへ戻るべきであると仄めかし始めた。大人の女性たちのための将来有望な新しい歴史教室を発足させ、自分の名を冠して刊行されることになる著作としては最初のものである三巻本の『歴史を解く鍵』もあって、ボストンの歴史家として手に入れ始めていた評判を誇りにしていたエリザベスは、妹にセイラムへ引きこもるよう圧力をかけた。メアリーは数人の生徒にドイツ語の家庭教師をすることで対応した。彼女はある友人に、「心身が一体でいられるかぎり、ボストンで暮らすつもりです」と手紙で書いている。「これまで以上に弱々しく、疲れやすくなった」と家族には思われるソファイアを、療養のためクラーク一家と一緒に姉妹の一人が秋にイタリアへ連れて行く可能性が生じたとき、メアリーは大喜びした。彼女はエリザベスがその機会を拒絶することはあるまいと読んでいた。「もしEやソフィーを南国地方に行かせてあげられるなら、とても嬉しい」と、リディア・ヘイヴンに手紙を書いた。メアリーも行こうと思えば行けたのだが、彼女は突然ボストンで「自分が授業を引き受ける」という野心を膨らませ、「まず、Eをこの国から送り出すことが、なお望ましいでしょう」と書いている。

決定がなされる前にホレス・マンは荷造りをし、予告なしにクラーク夫人の下宿屋を出て、近くの単身者用の部屋に移った。それは七月の終わりのことで、二人の姉妹はパニックに陥った。自らの悲しみに「かなり意図的に留まっている」のではないかという、この男やもめに対するメアリーの時折のほのめかしが、彼を傷つけてしまったのかもしれないと彼女は心配した。エリザベスは、あまりにも反対の方向に突進してしまったことを心配した。それぞれが互いのせいにした。というのは、ホレス・マンの気を惹こうとする姉妹の対抗心が明るみに出てしまったと感じたからだ。何年か経って、「私たちの互いに対する態度が彼の心のなかにもたらした印象」――エリザベスがメアリーを「専制的にしいたげている」ようだというものと、メアリーの「明白な自制ぶり」やエリザベスへの「不信」という、良くない印象について、彼女たちは果てしなくつべこべ言い争った。

賢くも、マンは突然の出発をエリザベスに手紙で説明した。エリザベスはすぐさま出かけ、自分とメアリーとは咎められるべきか尋ねた。「この家族の女性たちは、それぞれ私が予想したよりも好ましいとわかった」と、彼はクラーク家での家族について書いている。しかし、これほど多くの女性からの同情も、「私が悼んでいたもの」をつらく思い出させただけだった。シャーロットの命日が近づくと、「その渦にひきこまれ」、彼は「無力だが意識はあるという、きわめて恐ろしい状況」に圧倒され、「毎日の仕事がさらにできなくなった」と感じた。ホレス・マンは心の「荒廃を立て直したい」と望み、ブラウン大学卒業後の日々のように、「この不運な思考の流れを逆回転させる」ためには、「つながりの絆を壊さなければならない」と決心していた。それに、彼は他人に自分の悲しみを負わせたくなかった。二人の姉妹の両方に手紙を書いて、彼の唯一の望みは、彼女たちがいつまでも幸せであることであり、そうすれば、「私のために心をこめて誓願してくださった、あの『平和』をとり戻すことに、きっとなんらかの貢献をしてくださることになりましょう」と告げていた。

ホレス・マンが引越しについて本当はどのように感じていたのかは、判断しがたい。一人の伝記作家がほのめかしているように、おそらく節約したかっただけなのだろう。[6] 生存中の兄の投機的事業への投資が失敗したことで、彼は最近負債を負ってしまった。破産してしまった兄スタンリーは、アルコール中毒に屈したので、マンが母と姉たちの唯一の扶養者になった。彼は自分の法律事務所の一部屋に引っ越した。しかしその月の初め、マウント・オーバーン墓地に遠出した際、クラーク一家やピーボディ姉妹たちに促されて加わった「戯れ」めいたことには、後ろめたさを感じていたかもしれない。もしメアリーがそのとき、マンはかつて「すごく陽気な人」だったにちがいないと薄々感じたならば、内心では自分を罰していたその男やめは、おそらく後で自責の念にとらえられていたはずだ。

エリザベスが、シャーロット・マンの命日にソファイア宛ての手紙で書いているように、ホレス・マンのためには「いずれにせよ、時間は何もしてくれないであろう」という確信を、彼女はさらに深めていた。最近の夜の訪問で、マンは死刑についての『クリスチャン・イグザミナー』誌の記事をエリザベスに読み上げ、二人はその問題について長時間にわたり論じ合った。しかし、「彼の顔つきには……彼が陽気になろうと努力していないかぎり――苦悶の表情が浮かんでいました」。「静かにあがくままにさせてあげること以外」どうしようもないとエリザベスは結論づけたのであった。エリザベスさえ、どのような同情の言葉も、この新しい友人が苦しみながらようやく手にした心の平静をひっくり返すことがわかったのである。

メアリーは、一日中聞き慣れた「彼の声の響き」を彼女なりの形で痛々しく思うことになった。「鳥であれ、人の声であれ、風あるいは弦楽器であれ、そのいずれが奏でる音楽も、私の耳にはあまり美しくは聞こえなかった」と、小説風の記述をしている。何もしていないときにメアリーは、ホレス・マンがいつの日か自分の愛に、「私の愛がそうだったように理想的な人を求める愛や――温かい理解と同情、優しい好意、絶えざる新しい喜びへの期待、私の秘めている可能性への愛」でもって応えてくれると想像することに身を委ねていた。しかし、マンのクラーク家への訪問が稀になった今では、彼女は「自分をさらけ出す」ことをますます恐れるようになった。「もし、予期せず彼に会ったり、彼についての不注意な発言を耳にしたりすることがあっただけでも」、顔が赤くなるのを感じるとメアリーは書いている。ソファイアには、ホレス・マンが去って以来サマセット・コートでの生活は、「かつてあれほど好ましいものだった」のに、「忌まわしい廃虚」になってしまったと彼女は打ち明けていた。

第23章　盲人バザー

一八三二年の夏、メアリーがチャニングの子どもたちの家庭教師として受けることになった屈辱に静かに耐えている間、ソファイアはボストンからセイラムへ引きこもることを延期して友人の田舎家に立ち寄っていた。彼女は、森に覆われたローウェルの町はずれにあるリディア・ヘイヴンとサム・ヘイヴン夫妻の新しい家での一カ月の滞在を、すぐに後悔し始めた。サムは、その新しい工場都市で弁護士業を始めていた。息子の誕生で悪化したリディアの頻発性の病気は、明らかに肺結核の症状を示し始めていた。夜中、リディアが咳をするのを聞き、友人の不健康が結婚生活に及ぼす緊張を感じ、さらに今後誰がフォスター・ヘイヴンの世話をするのだろうかと心配したために、「きわめて同情的な人物」のソファイアは、七月のほとんどはベッドに寝たきりとなり、「永遠の苦しみ」を味わった。

しかし、コニー・パークと、その夫であるボストンの資産家、トム・パーク宅でのソファイアの滞在は、まったく異なるものであった。この二人の新婚夫婦は情熱的に愛し合っており、ソファイアがロクスベリーの家に八月に到着したときも、喜んで自分たちの至福の生活のなかに彼女を迎え入れた。メアリーが後で書いているように、ソファイア以外に、パーク夫妻が「互いを除いてそのような愛情」を寄せた人は誰もいなかった。ソファイアの記述では、パーク家の屋敷は「美術品や優雅な品々をそろえた隠れ家」のようなもので、四方には青々と茂った庭があり、広間には巨大な雪花石膏の壺がいくつもあって、「アラビアを思わせる香り高い花や野バラ」でいっぱいだった。夜、三人は互いにパーク家の新しいオルゴールを巻いては、華やかに調音されたメロディーを楽しんだ。翌日ソファイアは、もしそうしたければ、正午まででも、「耳ざわりな音など耳にすることもなく」眠ることができた。トム・パークは、客人が朝目を覚ますまでは、時報が鳴らないよう毎晩時計を止め、靴も履かず、ささやき声より大きくならないよう小声で話した。このときばかりはソファイアもすっかり気楽になり、ほんのしばらく適応に時間を要しただけで、頭痛から解放されたのだった。

訪問の二、三日後、どしゃ降りの暴風雨のために、トム・パークはリウマチの発作を起こし、一週間の大半をボストンの事務所から離れ、家で過ごした。最初、二人の女性は苦しむトムのために、それぞれの部屋で嘆き悲しんだ。しかし一旦最悪の発作が収まってしまうと、「私たちはトムが閉じ込められているのを大いに楽しんでいます」とソファイアはメアリーに書き送った。コニーの指示で、ソファイアはトムの肖像画を描くために、彼と「屋根裏部屋に姿を消した」。ボストンで絵を描く最後の努力を鈍らせていた確信のなさを払拭するかのように、ソファイアは初めて実物を前にして描くことになるこのトム・パークの肖像画を完成させようと、口実を次々に見つけ、二週間の滞在をほぼ二カ月に延長した。

しかし、当然のことながら夏は終わり、ソファイアにはセイラムへ戻る以外選択肢がなかった。家に帰る途中で、ボストンのクラーク夫人の下宿屋に立ち寄っていた間に、彼女は「過労が原因で、激しい歯痛――むしろ歯が原因の頭痛」を起こして、倒れてしまった。ソファイアは、頭痛をいつも母と同じように古風な綴り(headach)にしていたが――その母はソファイアの帰りを心配してセイラムで待っていた。しかしソファイアのほうは、ボストンにぐずぐずと留まって、歯痛が徐々に治まるのを待ったり、J・G・シュプルツハイムとお茶を飲んだり、あるいは好みの本の一冊であるサミュエル・ロジャースの韻文旅行談『イタリア』のなかのJ・M・W・ターナーの版画にもとづいた小さな絵、「パエストゥムの寺院」とともに『サッフォー』の仕上げをしたりして、のんびり過ごしていた。彼女は二つの絵を感謝の贈り物としてパーク夫妻に送った。

ロクスベリーで回復をめざして滞在したにもかかわらず、ソファイアは自分が前年よりも虚弱になったと感じながら、十月初めにセイラムへ着いた。彼女としては、「絶え間ない痛み」の「当然」の結果と思っていた。あるいは、再発の原因となったのは、セイラムそのものと、「メアリーやエリザベス、それにボストンの宝物」との最後の別れだったのだろう。いまやソファイアは、メアリーがボストンの画廊や画家たちのスタジオを訪ねるたびに、手紙をびっしり書いて「お姉さんのペンを私の目にして下さい」と哀願する以外になかった。姉たちの教室や、ピーボディ一家のほとんど、さらには数人の下宿人まで収容できるだけの大きなボストンのタウンハウスで過ごした四年の後では、両親がセイラムのチャーチ・ストリートに借りていた「家の小ささ」は、ソファイアをうろたえさせた。最初彼女は、天井がそれこそ「私の頭のすぐ上」にあり、「壁は互いにすごく近い」ために、「入ったとたん本当に息が詰まるかと感じた」のだった。次の二、三カ月の間にソファイアが複数の友人に手紙で書いたように、母親が帰宅を歓迎して抱擁してくれたときに、それこそ「身動きする余地もないほど」だったことが、どれほどの慰めになっただろうか。

ソファイアは、「私が病弱だったため、私と母との間で強くなった」「特異な絆」と自ら称するものについて、十分気づいていた。つながりの一つは、イライザ・ピーボディが自分の慢性の咳の影響を和らげるために使用していたアヘンを通してのものであった。「おいしい」アヘンチンキの幻想は、アヘンの中毒性が理解される以前、処方箋がなくてもその薬にもとづいた多くの混合薬がすぐに入手できたこの時代にあっては、ウィリアム・エラリー・チャニング牧師ばかりでなく、多くの人にとって逃げ場となっていた。二十代のほとんどずっと、ソファイアは、少なくとも時々、ときには連日にわたって、少量のアヘンを使用していた。それは、まさしくピーボディ夫人が娘の病床に付き添って過ごした何時間かのことであり、のちに、「私の魂は母の魂に編み込まれている」とソファイアに書かせる原因ともなった。あたかも「私の頭の悪魔」は彼女たち二人にのみ知られた異様な生き物であるかのように、病気は母親と娘に「頭痛」と慰め、過敏さと慎重さという共通した言葉を与えた。「お母さんの他に、私の良い点と悪い点をすべて知っている人、知りうる人というのは、この世にはいません」と、かつて彼女はエリザベスに書いている。

おそらくソファイアを看護するという仕事は、ピーボディ夫人の数々の失意――無能な夫、過去のことなってしまった自分の文学者としての経歴、幼くして亡くなった七人目の子キャサリンの死など――を償うものであった。「私たちは、愛する病弱な人たちのために生きているの。私たちの幸せは、この人たちを慰めるべく時間と持てる力を注ぐことなのよ」と、イライザ・ピーボディはかつてソファイアに手紙を書いている。ソファイアの病弱もまたイライザ・パーマーの先祖たちにつながるものだった。一八三〇年代にピーボディ夫人は、独立戦争時代を背景とする小説を書き始めた。この小説のなかで、その頃の家族にいた病弱者、砲撃に神経が震えた伯母ポリー・パーマーの話を語っている。この虚構の話のなかでは、ポリーは、ソファイアのような画家メアリー・ローレンスという登場人物に変えられている。彼女の描く絵は、いずれもその「天才ぶりを示すような作品」で、「病弱な彼女のためにつけられた」にしても、「かなりいい値段」になった。物心両面で緊張した環境のもとで、病弱な画家としての娘を世話することで、イライザ・ピーボディは、かつて子ども時代にフレンドシップ・ホールにおいて味わった覚えのある、ちょっとした特権的で優雅な生活を思い出していた。

しかし、母と娘との「特異な絆」は、ソファイアの偏頭痛の原因というよりその結果のようであった。イライザ・ピーボディは、娘三人の誰もが「お金がある限り自立することが望ましい」という、型にはまらない見解を娘全員に叩きこみながら、教師として「将来役立つ」よう彼女たちを教育してきたからである。ソファイアが病気のときでさえも「勉強の日課」をこなすよう主張し、家族の「男子同様女子も」時間の大半を学校の勉強に専心するよう気配りしながら、ソファイアを「教師として自立し、役立つ人間」にすることをけっして諦めなかった。ソファイアの頭痛の引き金となるもの、旅行や興奮させるような会話、家族のなかでの「大騒ぎ」などを見極め、彼女がそういったものにさらされることを制限しようとするピーボディ夫人の努力のすべては、たとえ「娘が進歩を遅らせる頻繁で激しい頭痛」に見舞われようとも、できるだけ娘を生産的にすることを目標とするものだった。ピーボディ夫人の計画は、オリヴァー・サックスの偏頭痛に対するもっとも重要な防御、「発作を誘発しやすいとわかっている環境は避けること」[1]と違いはなかった。

母親が娘のために思い描いた自立に対するソファイア自身のためらいは、これまで伝記作家たち[2]が示してきたように、娘をいつまでも依存させて家に留めておきたいという母親側の無意識の願望よりもずっと、彼女の慢性の病気の要因としては大きなものであった。ソファイアの頭痛が初めて耐え難いまでになったのは、エリザベスとメアリーが仕事をするために家を出て、ソファイアが自活している姉たちの「自立した」生きざまを垣間見たときのことだった。その頭痛のために、十四歳になったばかりのとき、メインへ来て授業を分担してほしいというエリザベスの誘いを、ソファイアは断ってしまった。それ以来、姉たちが生徒を誘致し、授業料を集め、自分たちにくる請求書は自分たちで支払うべく懸命に闘っているのを彼女は見つめてきた。姉たちが、教えている娘たちの家族の社会階層よりも、明白に低い階層に落ちていくのを、ソファイアは見てきた――その娘たちはソファイアの友人であった。

ソファイアは、学校の教師や、あるいは画家になることよりも、病弱者としてずっと母の世話になっているほうがましだと思ったのかもしれない。霊感というとらえどころのない瞬間やけっして習得できないかもしれない訓練に頼らざるを得ない絵画が、安定した収入源になるという確信をどうして彼女は持てたであろうか。彼女は、絵を描くことによりキャサリン・スコーリーにもたらされた細々とした生活ぶりを見たことがあった。それよりは、かつてエリザベスがソファイアの異常なまでの無邪気さと楽天性を説明した言い方でいえば、ずっと家にいて、「自分を幼い少女と見なし」続けたらどうだろうか。子どもなら、たとえ病気であっても、ずっと将来への希望を抱いていられるだろう。教えることであろうと、絵を描くことであろうと、職業への参加は、ソファイアがこっそり楽しんできた選択肢、すなわち、「まだ見ぬ大切な」芸術家との協力的な結婚という夢想を終わらせることになるかもしれないのだ。

過去二カ月間、ソファイアは「愛と愛らしさ」に満ちたパーク家で、和やかさにつつまれ、よく働いた。彼女の絵はそこで芸術として認められ、ギフトとして贈られたのであって、見知らぬ人の粗野な判断のまかり通る市場で、利益のために販売されたのではなかった。しかし彼女はいつまでも客人でいることはできず、そのような環境を自分で再現することを夢見るほかなかった。セイラムの家に戻った今、ソファイアは再び「愛と頭痛に満ち」、絵を描こうと闘っている自分を見出していた。

しかし、二十三歳になったばかりのソファイアは、次の年には画家として、また教師として働くことを期待されているとわかり、ひどい衝撃を受けた。エリザベスの「お金を得るためにいくら尽力してもなかなかうまくいかない」傾向は、一番下の妹のための努力にまでは明らかに影響しなかった。ボストンの美術収集家を説得し、販売目的の模写のためにソファイアに絵画を貸してくれるように手配していた。また母親のいないクエーカー教徒のメアリー・ニューホールをピーボディ家に下宿させ、その間ソファイアが彼女に絵を教えるよう手はずを整えた。ニューホールの裕福な後見人は――メアリー・ニューホールの最近亡くなった母親の熱愛者で、同名のクエーカー新派の説教師だった――ピーボディ家の家賃のかなりを気前よく払い、もし彼女がソファイアのそばでダウティ流の教え方に従って絵を描くことを認めてもらえるなら、画材を提供してもいいと同意したのである。エリザベスは、いま十代後半のひどく貧しいニューホール自身が、二年後には絵の教師として働けるようになると主張した。絵が描けるほど気分がよいのであれば、ソファイアはメアリーを指導するために何か特別に力を注ぐ必要はないであろう。ソファイアの「(すべて一体となった)かわいらしく、こじんまりとしたアトリエ兼私室」に、漆喰のモデル、刷毛、絵具とニス、エリザベスがソファイアの模写用に入手しておいた数点の絵画、それに、一つはソファイアのため、もう一つはニューホールのための、二つの画架が運び込まれた。

頭痛で二週間床についた後、ソファイアは若い画家を導かねばという必要にせかされたようだ。二人の女性は横に並んで、無名の画家による山の風景画『ライヘンバッハの滝』や、ワシントン・オールストンの甥ジョージ・フラッグによるハーヴァード大学の景色を描いた『満足』の模写を完成させた。この「崇高な作品について二年前は知りもしなかったけれども、今ではどれほど自分にとって大切なものであることでしょう!」と、ソファイアは明らかな満足感を日記で打ち明けている。

それから、十一月に予期せぬことが起こった。インスピレーションが活動し始めたのだ。「いったい私が何を始めたと思いますか?」とソファイアはボストンにいるメアリーに手紙で書いた。「ほかでもありません、創作です。」彼女は、サミュエル・ロジャースの『イタリア』から、泉に集う三人のニンフと一人の少年の場面を拡大して描き、「遠くに城と山々、さらに曲がりくねった道を描き加えた」のだった。彼女は十一月十九日付の日記に、「彩色は全部自分のものとなるはず」と書いた。ソファイアは「形と色の両方」で独自性を打ち出すには、もう一歩足りないことがわかっていた。それでも、彼女は歓喜に満ちていた。「この絵の構想を練ることが私にとっていかに至福であったか、誰にもわからないでしょう。」恍惚とした「初めての創作後の初めての夜」について、メアリーへの手紙で彼女はこう語っている。「最初の絵をスケッチしてから、昨夜はずっと眠らずに横になっていたといえば驚きますか? 私の哀れな頭がついに爆発してしまったのではないかと、実際に思いました。一旦脇道にそれだすと、私は止まれません。私が横になる前に手はずを整えていたものとは別に、三つのはっきりした風景画がまさに整然と目に浮かんできたので、はね起きて絵を描くべきかとも思いました。ただひたすら恐ろしかったのは、そうすればその場で自分は死んでしまうということでした。それほどまで完璧に、それほどまで異様に、私の頭、魂、心、そして身体全体が目覚め活動していたのです。」

もちろん、このイメージの氾濫は偏頭痛の起きる兆候でもあった。ソファイアは、偏頭痛の激痛患者に見られる万華鏡のような幻影のアウラを体験していたのだ。「次から次へと風景が、シェイクスピアの王たちの行列のように過ぎ去っていった」と彼女は日記に書いている。「遠くの山々、青々とした谷、曲がりくねった川、優雅な滝、黄金色の空――なんという一団なのだろう――自分の感覚がどうなっているのかと本当に怖かった」と。中世の神秘主義者ビンゲンの聖ヒルデガルトは、偏頭痛の幻想が異常なまでの創造力の源泉とみなされた、一連の画家や作家たちの系譜の最初の一人であった。しかしソファイアは彼らの仲間にはならなかった。その代わりに、彼女はつぶれてしまった。翌日彼女の頭は「コマのようにぐるぐる回り」、あまりにも気分が悪かったので、絵を描くことはできず、「注意を集中する」こともほとんどできなかった。

ソファイアは二度と「私の最初の絵」には言及しなかった。十二月までに彼女は別の絵、メアリー・ニューホールが模倣するには複雑すぎると思ったイタリアのバロック画家、サルヴァトール・ローザによる木の生い茂った風景画を模写していた。彼女はニューホールにヴェスヴィオ山の爆発を描いた場面にとりかからせた。セイラムの「最小の家」で、ソファイアは神経を落ち着かせることをめざしながら、そこで自分の見つけた「深遠な静けさ」に感謝しつつ、「魂の安らぎとその保持」を達成しようともがいていた。

・・・

一八三三年の初めソファイアは、メアリーとエリザベスの両者からホレス・マンとの深い関わりを聞かされるようになった――エリザベスの最初の記述には「自然の生んだ高貴な人たちの一人」とあり、メアリーの記述には「たまらなく機知に富んでいる」とあった。マンが過去数年間デダムに住んでいたことを知ったソファイアは、サム・ヘイヴンとリディア・ヘイヴンの夫妻に姉たちの新しいヒーローについて相談してみたが、とんでもないゴシップを聞かされただけであった。サムによると、マンはサムの妹キャサリンと恋愛をし、それからシャーロット・メッサーを求めてキャサリンから手を引き、失意の彼女を見捨てたのだという。エリザベスもメアリーも怒って、ホレス・マンを弁護した。「あなたの印象はみな意地悪な嘘だと保証します」とエリザベスはソファイアに二月の末に手紙を書き、彼の「慈悲深さと卓抜さ」を直接観察する機会があるまで、ホレス・マンについて「判断をすべて差し控えるよう」頼んだ。一八三三年の六月、ソファイアはついに「慈悲深く、優しく、親切で、そびえ立つような」男やもめに会った。この時ホレス・マンは州の仕事でセイラムにいたのだが、この家族に先立たれた政治家に対して抱いていた留保条件を、ソファイアは捨て去った。明らかに、マンには初対面で女性の心をつかんでしまう特技があった。

ホレス・マンはセイラムのピーボディ家に立ち寄る前にも、発足したばかりのニューイングランド盲人教育施設所長で、友人でもあるサミュエル・グリドリー・ハウにソファイアの姉たちを紹介することで、われ知らず、ソファイアの制作に新たな動機を与えていた。一月にマンは、エリザベスとメアリーを、発足して六カ月の学校の見学に連れて行き、それからボストンのプレザント・ストリートのハウの家族の家に落ち着いた。エリザベスの説明によると、そこで三人は、ハウが「街道や脇道で見つけた」という「六人ほどの最初の生徒たち」を観察した。彼らはみな、友人のハウが獲得できるようマンが力を貸してやった州の基金で支援された慈善の実例だった。彼女たちはハウ博士その人にも会ったが、彼は当時の「もっともロマンティックな人物の一人」として広く知られていた人物だった。マンと同じくブラウン大学の卒業生で、ハーヴァード大学の医学部も卒業していたが、ハウは一度も腰を据え、臨床治療に当たったことはなかった。その代わり、過度なまでに理想を求め、一八二〇年代には、ギリシャ革命で戦った国際的なパルチザンのグループに加わった。そのなかにバイロン卿がいたので、ハウは彼のヘルメットを戦勝記念品として、革命政府によって授けられた「ギリシャ軍勲爵士」の称号とともに、ボストンへ持ち帰っていた。もっと最近は、盲人教育の方法を研究するためにヨーロッパを旅行中、プロイセンの土地でポーランドの難民に援助を与えようとした結果、かの地の監獄で一カ月生き延びるという体験もハウはしていた。

ハウの学校は、合衆国における最初の盲人学校だった。しかも彼は、もう一つの輝かしい最初の学校、すなわち、一八一五年にハートフォードに創設されたトーマス・ガロデットの高名なアメリカ聾唖救護院よりも、さらに良い学校にしようとしたのだった。この見学旅行中にエリザベスとメアリーは、エリザベスの説明によれば、ハウが「発明し、苦労して仕上げた」幾冊もの本を目にした。それらは厚紙に糊付けされた撚り糸を用いた浮き出し文字でできており、彼の生徒たちは触れることで読むことを学べた。彼はまだ報告に値するほどの劇的な成功は収めていなかったが、二、三人の盲目の子どもたちが、初歩的な綴り、数学、さらには特別に作られた地球儀から地理さえ学ぼうと一緒に教室で勉強をしているという、今まで合衆国のどこでも考えられなかったような勉強ぶりを見せれば、支持者を獲得できるはずだとわかっていた。プレザント・ストリートの学校の質素な状況は、エリザベスやメアリー・ピーボディのような訪問者の積極的な同情を得ることを意図したものでもあった。訪問者はハウと彼の生徒が実行していた「節約と自己否定」に、すぐさま心を打たれた。一八三三年二月までに――これまた国内では最初のものであったが――女性の手工芸品の即売によりハウの学校の基金を増やそうと、意欲的な二つの婦人バザーがボストンとセイラムで計画段階に至っていた。

サミュエル・グリドリー・ハウ

エリザベスには、その大義名分を推進することに彼女なりのひそかな動機があった。すなわち、ソファイアの絵画を一、二点セイラムでのバザーで展示することで、施設のためのお金を稼ぎながら画家としての妹の評判を広めるという「大きな利点」がもたらされると彼女は想像したのである。レースの帽子、綾織りのバッグ、かぎ針編みの人形、樟脳の香のするクスノキの衣装箱、針編みレースのオットマンなどを寄付する女性たちと違って、ピーボディ姉妹はハウや彼の生徒たちと同様、現金を必要としていた。エリザベスはソファイアの材料を払ってもらうよう手はずを整えたので、ソファイアにはバザーでの絵画の販売利益を「全額寄付するという贅沢」をさせることができた。

しかし貧しい姉妹は、大義目的のお金の調達となると、いくつかの重大な点で、もっと裕福な女性の寄贈者たちとほとんど同じ条件に置かれていた。連邦法により、結婚した女性は、財産を所有することも自分のお金を管理することもできなかったし、独身女性にしても、そのほとんどが寄付金を支援するすべはなかった。セイラムとボストンの盲人バザーは、アメリカの女性が、夫や父親に依存せず、改革のために手をつないで努めようとした最初期の試みのいくつかを代表するものだった。もし女性が自分たちの資源——比較的暇なときに作れる手工芸品——を出し合って、その品々にかなりの値段をつけて請求すれば、自ら選択した大義の支援のために使える自由な基金を作れるだろう。十八カ月後の一八三四年十二月、奴隷制廃止論者のリディア・マライア・チャイルドとマライア・チャップマンは、ボストンで全国初の奴隷制反対の「バザー」を開催したが、それは年に一度の基金募集の行事になった。工芸品フェアやバザーは、その後十年ばかりの間に、貧しい人々に食料や衣服や家を与え、歴史的旧跡を保存し、記念碑を建設し、ついには、南北戦争中に軍隊を支援するため、国中にさまざまな形の女性慈善団体が立ち上がるのとともに、激増していった。女性が販売のために制作した工芸品は、慣習的な家庭らしさの極致を示すものと見えたが、バザーそのものは公の場への第一歩であり、自分たちを取り巻く社会の変革をめざし、力を合わせて共に働くことができるという自信を女性たちに与えた。

意気軒昂たるハウ医師が、「ボストンとセイラムは、互いに慈悲をめざす競争でしのぎを削っているように見えた」と書いたように、二つの盲人のためのバザーに費やされたエネルギーは、とてつもなく大きかった。ソファイアにとって、動機は完璧なものだった。彼女は、手作りの商品を販売している他の女性たちに加わることができた——利益のためではなく、よい作品を普及奨励するためである。エリザベスは、自らの『水の精』を特典版として再刊する手筈を整えていたが、彼女が妹の将来の絵画の買い手として既にそろえておいた買い手は、その本を購入する代わりに、ソファイアがバザーへ寄贈したものを購入してしまうのではないか、そうなれば一家にとって絶対的に必要な収入が奪われてしまうのではと心配していた。しかしソファイアは心配などしていなかったようだ。彼女は、骨の折れるサルヴァトール・ローザを脇に置き、バザーに出すために、フィラデルフィア出身のサミュエル・スカーレットの風景画の模写を二枚すばやく完成した。「神経を悩ませる他の多数の原因と同様に、絵を描くことにも苦しめられるかもしれない」というのが、いまや彼女の「真面目で合理的な哲学」だった。自信を深めながら、彼女は「私が絵を創造するようになる」ときのことを再び語り始めた。それから、模写を描き終わると、象牙の把手のついた一対の火熱よけ衝立てや、八面の手籠にぴったり合うような、十数枚の小さな風景画にとりかかった。

一八三三年の四月、バザーが開催される前の週に、ソファイアは急いで絵を描き、手籠を仕上げる段になると、模写する風景画が足りなくなっていた。旅行記にあった彫刻の記憶や想像力を動員しながら、ソファイアは四つのオリジナルの風景画を即興で描いた——一つはウォルター・スコットのアボッツフォード城、二つはローマの風景、もう一つはコモ湖を描いたものだった。「四つの絵を私が描いたのよ！」とソファイアはボストンにいたメアリーとエリザベスに手紙を書き、「半オリジナル」の八角形の手籠について説明している。アトリエにいたソファイアを訪問したローリンズ・ピックマン嬢は、「辞書にあるあらゆる形容語句を惜しみなく用い」、しかもバザーの混雑が平常に戻ったら、彼女の手籠に十二ドル払うと約束したので、ソファイアは悦に入ったのだった。

四月十日、婦人バザーがセイラムのハミルトン・ホールで開催されたとき、ソファイアは、数百の物品が掲載されているオークションのカタログに名前が公表された、わずか二名のうちの一人だった。著名なセイラムの弁護士兼政治家のリヴェレット・ソルトンストールは、既にソファイアの油絵の模写が、「バザーには美しすぎる」と公言していた。競売人たちが大きな物品に入札を要求したので、その販売は四日間続き、セイラムの女性たちは交代で、ビロード、レース、絹などの品々が積まれた長いテーブルをとりしきったり、ワインがグラス一杯一ドルで売られていた休憩室で飲み物を出したりした。数人の女性たちは、自発的な現金による寄付を受け取ろうと、絹のハンドバッグの口を開けたまま、複数の展示室をゆっくり行ったり来たりしていた。バザーがすべて終了したとき、「ソファイア・ピーボディ嬢作、英国ブリストル近くの景色を描いたすばらしい油絵二点」が、あらゆる出品作のなかでの最高額、六十ドルをもたらしていた。セイラムとボストンのファニエル・ホールでの二会場のバザーは、三万五千ドル近くの基金を集めたので、中国貿易の重要人物であるトーマス・ハンダジー・パーキンスはこれに鼓舞され、この慈善の寛大さに負けまいと、さらに大きく意欲的な学校を設けるために南ボストンのパール・ストリートの家屋を贈与した。かくしてパーキンズ盲学校が誕生した。

しかしながら、セイラムのチャーチ・ストリートの「ちっぽけな」家に戻っても、ソファイアはちょうど十ドルで売れた、手籠に描いた四つの小さな自分のオリジナルの風景画をなにより誇りに思っていた。セイラムのバザーに訪れた女性たちも、それらが魅惑的なことに気づいていた。間もなくソファイアには、引き受けきれないほどの手籠への装画の注文があったが、もっとも影響力のある新しい顧客、セイラム文学界の女性の重鎮スーザン・バーリーのために、直ちに一つだけ制作し始めた。今回はすべての景色が、ロジャースの『イタリア』のコモ湖のエッチングや彫刻の記憶、あるいはスコットのウェイヴァリー小説の背景にもとづいてはいても、彼女のオリジナルだった。ソファイアは、バーリー嬢のバスケットの底に描いたコモ湖に大変満足していたので、「私は初めて自分の創作物の前に座り、心からそれに感嘆しました」と、バザー終了後一週間以内にエリザベスに手紙で書いている。

ソファイアの細密画は、「私の最初の絵」――六カ月前、その制作にとりかかることもできないほど彼女の頭をくらくらさせていた風景画――に比べれば、はるかに野心的なものではなかった。しかし、芸術的才能を持つ女性の多くにありがちな、幅の狭さが大きな魅力だった。すなわち、確実に売れること、他の女性たちの賞讃、さらに家庭向けに手作りした見映えのするものが持つ完成度へのいつもの誇りなどである。ソファイアは、自分の作品がその表現手段そのものを超えて輝いているように思われて、さらなる満足感を覚えた。その後数カ月、ソファイアは、彼女の女性パトロンたちの夫や父親たちから、本来なら「額装されるべき」彼女のすばらしい作品が、婦人用の手籠や火熱よけの衝立てなどで無駄にされているのは「野蛮な」ことに思われると聞くたびに「嬉しかった」。しかし彼女は、もっと大きな画布に「創作する」方向に向かうことはなかった。

イギリス、ブリストル近くの光景
（ソファイア・ピーボディ画）

その代わりに彼女は、サルヴァトール・ローザの森の情景を描いた絵を模写する仕事に戻った。来年のアセニーアムの展覧会に出品し、高値で売れることを、エリザベスが望んでいたからである。ソファイアのアトリエの訪問者たちはその模写を褒めたが、この場合、彼らの賞讃は彼女を当惑させただけだった。「サルヴァトール・ローザを見た人は誰でも、私以外は、それは完成していると思うけれど、こうした他人の判断から私が得る唯一の慰めは、彼らはそれについて何も知らないということです。私がいま切望しているのは、引き裂き、ずたずたにするような批評家です――グレーター氏を毎日私は切ないほど求めています」と彼女はメアリーに書いている。もしソファイアがボストンに滞在して、グレーター、オールストン、ダウティの近くにいたなら、風景画家としてもっと進歩していただろうか？　ボストンにいる彼女の友人サラ・クラークは、この頃オールストンのレッスンを受ける手はずを整え、その分野ではかなりの経歴を積んでいた。しかし実際には、その後数十年にわたりニューイングランドが独創的な文学作品の源泉となったときでさえ、視覚芸術はどこか澱み沈滞したままだった。自然を神の発現とみる超絶主義者の自然観は、画家が風景のなかに理想を求めることを奨励した。ソファイアは、さまざま風景を提示してくれる自分の想像力の目を頼りにしたが、たいていそれらは、他者の絵画やリトグラフに彼女が見出し、賞讃した要素から構成されていた。理想的な山、湖、森を創作するプレッシャーはたいへんなもので、ソファイアばかりでなく、彼女の指導者オールストンをも圧倒したようだ。彼の創作力はボストンに戻ってから、著しく下降してしまった。ダウティはやがてボストンを去り、もっと性に合った職場環境だと気づいた生まれ故郷のフィラデルフィアへ向かうことになっていた。新しいエートスからは遠く離れて活動していたハドソン・リヴァー派の画家たちは、ニューイングランドの哲学者たちが神格化した自然の世界を、最終的にはさらに見事にとらえることができた。

そういう次第で、ソファイアが模写にあれこれ時間を割いていた間、彼女はエリザベスに言われるがまま、最初は簡単に達成できると思われた協同計画に加わった。エリザベスは最近、イギリスの画家、ジョン・フラックスマンのギリシャ神話の挿画に夢中になっていた。それらの挿画は、古典的な彫塑をモデルとして描かれた、すっきりした、高度に様式化されたインク画だった。ワシントン・オールストンが前年にソファイアの模写を認めて以来、エリザベスは彼のアトリエをますます頻繁に訪問していたが、彼はロンドンでの元隣人、フラックスマンの挿画入りの本をとりわけ評価していた。エリザベスは、大西洋を渡ってきた数巻が一冊六十八ドルもの高値で売られたものであることに気づかぬはずもなかった。一八三二年に始めた『歴史を解く鍵』シリーズの第三巻を完成したばかりのエリザベスは、今度は、『古代物語――その歴史と神話』という実質的な著書を、彼女が入手するつもりのフラックスマンの絵画やその他古典的な「珠玉」のスケッチをソファイアが模写したものを挿画にして、刊行しようと提案した。エリザベスは、ボストンきっての石版画家であるペンドルトン兄弟から、印刷の見積もりを手に入れており、それでフラックスマンの本の輸入価格の三分の一で自分の本を売ったとしても、それでもなお、かなりの金額が稼げると計算した。ソファイアは二、三のスケッチを試み、その仕事が「魅惑的だ」とわかり、同意した。

しかし、ソファイアは自分でスケッチを石版に転写することを予想してはいなかった。一八三三年の夏、彼女はその新しい方法と格闘した。それは一八三〇年代に、挿画と本文の統合が容易になったことによって、大西洋の両側で印刷された本、新聞、雑誌の外見をすっかり変貌させることになる方法であった。まず、重い石がペンドルトン家からセイラムに船積みされなくてはならない。それからソファイアは、磨かれた石に、しっかりした手で、特別な石版画用の筆とインクで色付けをし、強力なエッチングの化学薬品で完成したイメージを固定しなければならなかった。時々、彼女はマーキュリー、あるいはアポロの輪郭を懸命になぞりながら、「これらの神聖な創造物を多くの人たちが見られるよう衆人注目の場にもたらす役割を担うという考えは、祝福された聖なる歓びを感じさせてくれます」[3]とエリザベスに書いた。しかし次第に彼女は、「深い絶望」、「激しい頭痛とまったくの無気力」に屈する頻度が多くなり、ついには「絶望の潮が私を圧倒し」、その計画を断念しようと考え始めた。ソファイアの苦悩には、エリザベスとクラーク一家のイタリア行きに同行させるという申し出が突然出てきたかと思うと、あっという間に引っ込められたことも絡んでいたのかもしれない。イタリアでは、最愛の大理石彫刻、コモ湖の湖畔、さらに彫刻を何度もスケッチして描いた寺院や荘園などを、彼女は直接見ることができるはずだった。だがクラーク一家がその旅行を延期し、おせっかいなレベッカ・クラークとエリザベスとの関係にますます緊張が高まると、以降の旅への誘いはけっして来ないだろうことが確実となった。

運悪く、エリザベスはソファイアの描いたフラックスマンの絵のいくつかをチャニング牧師に見せ、本の出版支援のために予約販売の支援を彼に頼んでしまっていた。ソファイアの絵の見本に心打たれたチャニングは、その計画を「偉大で高貴な企画」と誉め推奨した。彼はエリザベスの内容見本を、フィラデルフィアの肖像画家、ヘンリー・インマンに送り、さらにワシントン・オールストン、サミュエル・F・B・モース、それにトーマス・サリーら、アメリカ芸術の最重要人物たちの推奨を得てあげようと申し出た。しかし、このいいニュースは、ソファイアが制作していた挿画のサイズでは、もっと大きな高級紙を必要とし、その上、二倍も多くの石が必要なため、費用が二倍かかるとエリザベスが気づいたことで、打ち消された。彼女は輸入されたフラックスマンの本の高額さを理解し始めていた。

八月までに、ソファイアの頭は「ぐるぐる回って」いた。彼女は「さらに弱々しくなった」と感じ、「去年のようには耐えられない」かのようだった。八月の終わりに近づく頃には、彼女が描こうとするたびに、視力がぼやけたので、制作をまったく止めてしまった。エリザベスはついに、もっと絵を描くようにと督促してソファイアを悩ませるのを止め、メアリーの言によれば、ソファイアが「衰微の極」に達したという事実を、深刻に語り始めた。いつも小柄で、食は細く、疲労困憊したソファイアは、いまや体重が八十ポンド足らずになっていた。

ソファイアには、ウォルター・チャニング医師が長い間提唱してきた暖かい気候の土地での安静治療が絶対に必要だという点で、メアリーとエリザベスの意見が一致した。イタリア行きの計画は霧散したが、エリザベスはキューバのコーヒー農場で住込みの女性家庭教師に空きがあることを知った。その農園の所有者であるフランス人の医師は、たびたび長期滞在する下宿人を受け入れていた。一八三三年の九月、肥沃なサン・マルコス渓谷にある、ハバナから四十五マイル南西のモレル医師の農園ラ・レコンペンサで、ソファイアが療養する代わりに、メアリーが家庭教師として働くという取引の交渉をエリザベスは行った。

「三人がばらばらになるよりはましだから」、「あなたと私は少なくとも一緒にいましょう」とメアリーは、その計画を売り込もうとソファイアに手紙を書いた。ちょうど一年前に、チャニング家の子どもたちの家庭教師として惨めな経験をしたにもかかわらず、メアリーは勇敢にも、その計画に「どのような不利な点も」見出せないし、「あなたに本当に良いことが続くようになるかもしれないので、そのために犠牲を払う価値はある」というふりをした。モレル家には「教えることになっているかわいい男の子二人」と、十五歳の女の子がいるだけだった。その前の月に、ホレス・マンが突然サマセット・コートを去ったことが、メアリーのボストンを出る決心を後押しした。彼女はエリザベスに対して特別温かい感情を抱いてはいなかった。再び家庭教師として働くという見通しすら、ホレス・マンの不在のために「寂しい嫌悪すべき場所」と変わってしまったボストンの下宿屋に、姉と一緒に滞在するよりましに思われた。

十月の初め、ソファイアはその計画に同意したが、その旅行のための用具一式の費用と、航海の危険を心配したピーボディ医師の反対もあって、準備期間は果てしなく続くように思われた。服も縫わなければならなかった――「モスリンかリネンだけで」――それに、セイラムの家族や友人への最後の訪問もあった。二人の姉妹はスペイン語を勉強し始めた。十一月までに彼女たちのトランクは詰められ、適当な船と評判のよい同伴者、沖へと吹く北東風などを「待つという恐ろしい真空状態」とソファイアが名づけたものに、彼女たちは入っていった。

メアリーは交互に、自分の差し迫った出発に対するホレス・マンの「心地よい同情」を味わったり、一旦出発すると感じるだろう喪失感を考えたりして、自分の「心が動揺している」ことに気づいた。彼女は、その旅がマンの関心を試すことになるのを望んでいたのかもしれない。彼はメアリーがいなくて寂しく思うだろうか。もしそうなら、彼は手紙を書いてそう伝えてくるだろうか。メアリーが目の前から姿を消せば、圧倒的な姉と彼女とをしっかり対比させることができ、しかも、マンのいまは亡き愛すべきシャーロットと精神的には肩を並べる存在としてすら見てくれるだろうか。

メアリーの求婚者のベンジャミン・リンジーは、結婚を申し込んで彼女の出発を阻止しようと、ニューベッドフォードから十一時に到着した。メアリーは丁寧に断ったが、リンジーは深く傷つき、彼女が「こっそり誰かと婚約している」のか否か、それをはっきり言うまで諦めないと誓った。彼は「あなたにそう決心させたのは、別にもっと好きな相手がいるから」かどうか、知りたかったのだ。恋する男の間違うことのない本能で、リンジーは真実を探り当てていた。しかしメアリーは、彼にそのとおりだとは言えなかった。その代わりに彼女は、一八三三年十二月、ハバナ行きのニューカッスル号に乗船したが、まだホレス・マンへの秘密の愛情を抱いていた。メアリーは何年も後になって、小説のなかで、「彼を引き止めている幸福な陸と私との間で、海が波立ってくると、私はまるでこの世のあらゆるものから排除されたかのように感じた」と書いている。

ソファイアは、盲人バザーのための仕事をした数カ月間にセイラムで築き始めた経歴を捨てることなど後悔もしないで、キューバの方へ顔を向けた。エリザベスが、サルヴァトール・ローザの模写をニスで仕上げる仕事にサラ・クラークを参加させ、キャサリン・スコーリーの助けを得て、アセニーアムの一八三四年の展覧会[4]にその絵を出品したということをソファイアが知ったのは、翌年の春のラ・レコンペンサにおいてであった。それは、ハーディング、ダウティ、スチュアート、それにピール、ヴェロネーゼ、グエルチーノ、プッサン、クロードらの作品とともに、「風景、ピーボディ嬢画」とのみ題して掛けられていたが、ソファイアはそれを見るにも、この予期せぬ大成功を利用するにも、遠く離れすぎていた。ソファイア・ピーボディが絵筆を最初に手にしてからちょうど四年後に、彼女はボストンが与えてくれた芸術的成功の徴を一つ得たのである。彼女はこのいい知らせを伝えるエリザベスの手紙に、返事を書こうとはしなかった。

第24章　キューバ日記

十二月末の航海では、時々海が大きく荒れたため、メアリーとソファイアは牛肉や水用の樽に打ちつけられ、船外に流されないようにしがみついた。その後、姉妹はハバナの港に到着し、そこでランカスターやセイラムでの知人であるクリーヴランド一家のもとで数日休もうとした。ドーカス・クリーヴランドの夫は、キューバのアメリカ副領事として勤務しており、夫妻はハバナの海岸通りの税関に隣接したいくつもの続き部屋に、成人した息子のホレスと住んでいた。ソファイアはそこでは断続的にしか眠れなかった。通りで果物売りが叫ぶ声、「大声で騒ぐ」子どもたち、「桶屋や修繕屋の槌の音、コンゴウインコやオウムの鋭い鳴き声」、下のアパートに居住しているスペイン人たちの「高笑いや早口のおしゃべり」、さらには「朝から晩まで、晩から朝まで」ボストンの一・五倍はある街の通りに鳴り響く「鐘！　鐘！」などに眠りを妨げられていたからである。

十年前、ランカスターでエリザベスと衝突したときと同様、まだ礼儀作法にうるさいクリーヴランド夫人は、スペインの植民地で広く見かけられる「下品な不道徳や悪徳」について、こんこんと姉妹に諭した。数十年にわたる激しい独立運動がアメリカの領地を通り過ぎてから、スペインは三百年に及ぶ帝国の最後の植民地として、プエルトリコと「永遠に忠実な島」とあだ名がついたキューバのみを保持していた。少なくともハバナにおいては、エリート社会は、ニューイングランドの人々には想像もできないほど退廃しきっていた。クリーヴランド夫人はメアリーとソファイアに、同伴者なしではけっして家を出ないようにと警告した。というのも、「健康のためであったとしても、一人で歩いている女の人は誰もが、ロマンティックな密会をめざしていると思われる」からだった。メアリーは手紙で、エリザベスならキューバではきっと「一週間で評判を失ってしまう」でしょうとからかった。

それに比べれば、オレンジ水を飲むために道端の旅籠になんどか立ち寄りながら、深い轍のついた道路をアルテミサ近くのモレルのコーヒー農園まで、馬の引く軽快車で四十五マイルを旅して過ごした二日間は、楽しく我慢のできるものだった。姉妹は、ハンサムな四十歳のボストン人ジェイムズ・バローズが、すすんで同行してくれることを知った。彼は仕事でキューバへやってきたニューカッスル号の乗客の一人で、ソファイアの恩人であるマライア・ライスの弟であった。メアリーの説明によると、バローズはその馬車に先立って馬の背に乗り、花の咲いた蔓で優雅に覆われた「高く優美な」木々と、「鳥でいっぱい」の――ハバナの水辺の喧しい鳥でなく――森を通っていった。姉妹は、ハバナの南西の「島の巨大な庭」に入っていたのだった。最近来たばかりのアメリカ人旅行者によると、そこではキューバのほとんどのコーヒー、砂糖、それにタバコが栽培されていた。この旅行者は病弱な牧師で、モレル医師の世話のもとで数カ月過ごした後、紀行文を出版していた。

姉妹がラ・レコンペンサに近づくにつれて、深い森はコーヒーやオレンジの木立にとって代わった。そしてようやく、これから二年近く姉妹の家となるバシエンダに向かう、マンゴーの木が並んだ道へと馬車は入っていった。ソファイアは、メアリーと共有している部屋で、窓の外に咲いた満開のバラの木の香りを味わいながら、最初の夜をぐっすり眠った。その直後、彼女は身長六フィートのロバート・モレル医師に会ったが、彼は「穏やかな黒い目をした大変優しい」男性で、「私のような病弱者を手がけてきて、私を治療することを決心しているの」とソファイアはラ・レコンペンサからの最初の手紙に書いた。

キューバのコーヒー農園で回復をめざす病人としての生活は、そのほとんどを戸外で過ごすことになると知って、ソファイアは喜んだ。無秩序に広がった平屋の共同の部屋はすべて長い画廊に開いており、それが手入れの行き届いた広い芝生に続いていた。窓は床から天井まであり、重い木製のシャッターが付いているので、真昼の暑さや、夜の風に対して閉じることができたが、ガラスははめられていなかった。敷地の広さは直径六マイルあり、ソファイアがニューイングランドで知っていたものすべてを小さく思わせた。モレル医師の最初の処方の一つである「快適な発汗」を意図した毎朝の乗馬では、公道に出ることなく、密集したライムの生垣の続くラ・レコンペンサの「硬い赤土」の並木道を、ソファイアは一時間以上当てもなくさまようことができた。

羊や牛が草を食んでいるポルトレロ【牧草地】が、耕作された何エーカーもの彼方に広がっていた。それは、ソファイアの目には広大な「平原」と映ったが、竹に縁どられた小さな湖の向こうにゆらめき輝く、椰子に覆われたサン・サルバドルの山々まで伸びていた。その景色は風景画には理想的なように思われたし、日が経つにつれて、ソファイアは絵を描きたいと思えるほど体調のよい日に備えて、景色の色を記憶しノートに記

キューバのカポックの木
（ソファイア・ピーボディ画）

録した。メアリーが授業を始めると、ソファイアは部屋で一人、馬に乗っていたとき摘んできたオレンジの皮をむいて食べながら、その朝、日の出とともに「創造されたばかりの」世界のイヴになったような気がしていた。

姉妹がラ・レコンペンサに到着したのは、キューバの農園協会の絶頂期であった。モレル医師がスペイン政府から得た、コーヒー、タバコ、砂糖の三つの借地契約は、一七九〇年代にさかのぼる。この時期ハイチ近くのフランス植民地の土地所有者たち、さらには誰もがカリブ地域の砂糖とコーヒー生産の指導者と認めていた人物が、トゥーサン＝ルヴェルテュールの起こした奴隷の謀反のために逃げてしまっていた。ハバナの西のフランスの耕作地が、キューバの資産価値を高める口火となった。一八三〇年の時点で、キューバのコーヒーと砂糖の生産高はジャマイカに次いで二番目であり、アメリカ人の投資家たちは、比較的耕作されていない東方の内陸部に彼らの農園を設立しようとその島に集まり、荘園邸宅風の家をいくつも建て、フランスやスペインの植民地貴族によってすでに西方に確立されていた農園と張り合った。

それから二、三十年のうちに、奴隷の暴動の恐怖に加え、島の田舎生活が比較的不自由であったため、ほとんどの農園の所有者やその家族は、自分たちの資産を安全に使うことのできるハバナの郊外に住居を移すか、あるいはヨーロッパや合衆国へ戻ることとなる。しかし一八三〇年代には、スペイン人、フランス人、アメリカ人の家族が気さくに交流しており、仮装舞踏会や一週間も続くホームパーティなどもしばしば行なわれていたため、北アメリカの裕福で病弱な人たちにとって、島の農園は魅力的な目的地となり、彼らは既に形成されていた客人の輪に簡単に入ることができた。ラ・グロリアタ、ラ・コンテント、ラ・プロヴィデンシアといった名のある屋敷の豪勢な部屋で、若い女性たちは夕食後にハープを奏でたり、イタリア・オペラのアリアを歌ったりした。長い夜は、衣装を縫い、歴史や人気のある小説の場面の活人画を演じた。それでも満足できない人のためには、暗くなってからの乗馬があった。そのときには、ソファイア・ピーボディのように、古典的な教育を施された旅行者なら、八十フィートもの椰子の木の長い列が、月光に照らされ、「まるで大理石のように白い、左右対称の幹」が「巨大な並木」を形成していると想像したかもしれない。ここでは、働きすぎて疲労困憊した、きわめて勤勉なヤンキーの商人や銀行家でさえ、仕事から解放され寛ぐ気になったし、病弱な妻や娘たちも喜んでそうしたのだった。

ソファイアは、近年健康上の理由でその島にやって来ていた幾人もの友人や知人たちに続いたのだった。彼らの話は勇気づけられるものばかりではなかった。姉の一人がブルックラインで教えていたイライザ・サリヴァンは、一八三一年から一八三二年にかけての冬、肺結核の治療に努めながら、父親とキューバを旅した。彼女の家族は、航海が彼女にとってはよかったと考えたが、彼女はボストンに戻って二年以内に亡くなった。もう一人の肺結核患者、マサチューセッツ州ベヴァリーのエイビエル・アボット牧師は、一八二八年にモレル医師の治療を受けながら数カ月ラ・レコンペンサに滞在して、自分では元気になったと信じたが、結局は帰りの航海でニューヨークの港に船が錨を下ろしたちょうどそのとき亡くなってしまった。アボットの『キューバの内陸で書かれた手紙』は、メアリーとソファイアにはその島のガイドとして役立ったが、死後に出版されたものだった。

1834年頃のキューバのコーヒー農園

　しかし、誰もキューバでの治療の試みを咎めなかった。実際、そこでの滞在がこういった患者たちの寿命をかなり延ばしてくれたのかもしれなかったし、それが完全に回復する唯一の機会だと考えられていたからである。ウォルター・チャニング医師は、ソファイアを心配する家族にキューバでの療養を提案して、「二、三年の国外生活は……苦痛の人生に比べてどれほどのものでしょうか?」[1]と言ったのだった。肝心なのは、この実験が効果を生むまで時間をかけることだった。「いつもの疲れた感じが残っています」とソファイアが一八三四年の初めに実家に宛てた手紙で書いているように、彼女の頭痛はすっかり消えたわけではなかった。しかしモレル医師は、「ここに落ち着いて、血液が薄くなってくれば」治癒が始まるとソファイアに保証した。

　「すべての隷属的な仕事のなかで最悪」な家庭教師という仕事を一年以上行うことを仕方なく受け入れて、ラ・レコンペンサに到着したメアリーは、ソファイアが魅了されたのと同じ程度に、大規模農園で目にした生活にぞっとした。メアリーの判断は、二人の幼い少年、エドゥアルドとカリートについては正しかった。彼らを教えるのに問題はなかった。しかし、使用人に近い自分の身分に加え、メアリーには民主主義的な精神があり、彼女がすぐさま「奴隷制の悪夢」と呼んだものに対して、ソファイアよりもはるかに敏感だった。それは、崩壊をきたしたスペイン帝国の最後の手先から酷い虐待を受けながら、大農園で働いていたアフリカの男女たちの置かれた、まちがいなく奴隷の身分であった。ソファイアは、モレル家の家内奴隷たちに給仕されるのを気に入っていた。セフェリノは食卓で蝿を客人から追い払うために竹の扇子を扇ぎつづけ、ウルバノは毎朝ソファイアがおとなしい老馬に乗るときに手助けをし、テクラは「熱心かつ献身的な……家事の神様」で、「近くにいるときは、私に自ら呼吸もさせてくれない」ほどであった。しかしメアリーは、荘園の屋敷を囲んでいる広い芝生が、同じように忠実な使用人たちの寝起きするいくつもの茅葺小屋を武装した二人組の見張りが監視しやすいようにデザインされていると知って、ショックを受けた。

メアリーはけっしてそれらの小屋の光景に「慣れなかった」[2]が、ソファイアの回復にもっぱら関心のあったエリザベスは、ボストンという安全な遠距離からメアリーに慣れるように助言していた。エリザベスは奴隷制擁護者ではなかったし、少なくともボストンの何人かは、アメリカの奴隷制反対運動ですでに指導的役割を果たしていた。一八三一年にウィリアム・ロイド・ギャリソンは、姉妹が住んでいたサマセット・コートの下宿屋から、ほんの数ブロック離れたアフリカ系アメリカ人の居住地区で、『リベレーター【解放者】』紙の発行を始めていた。だが、三十歳のときエリザベスの心をとらえていた関心事は、いずれも強制力を持つかに思われた大義ばかりであった。すなわち、進歩的な教育、精神的かつ哲学的な探究、それに天才の認識と推進である。一八三〇年代半ばにエリザベスが関心を抱いていたボストンには、改革をめざすとともに、徹底的な自己省察に邁進しようとする、同じ考えの男女が作るゆるやかながら連繋した集団ができていた。メアリーの出発とともに、エリザベスの交流グループは、ホレス・マン、ワシントン・オールストン、ウィリアム・エラリー・チャニング牧師のみならず、マーガレット・フラー、ブロンソン・オルコット、ウォルドー・エマソンの博学な婚約者リディア・ジャクソンのような新参者の「超絶主義者の仲間」[3]が加わって拡がっていた。

人口が七十万人以上の、マサチューセッツ州全体より大きい島に直接向かい合ったのはメアリーだった。そこでは黒人奴隷と自由黒人が、白人の数をはるかに超えていた。奴隷貿易を禁ずる法律は、破廉恥にもキューバの港町では無視され、その結果一八三〇年代初めには、年に一万五千人の割合で捕らえられたアフリカ人が到着し、島の拡大し続ける砂糖とコーヒーの大農園に奴隷として売られた。キューバの十万人以上の自由黒人、すなわちキューバの比較的自由な奴隷法のもとで保証されたわずかな土地に作物を栽培して自由を買い取った奴隷たちは、逃亡奴隷の無法者集団と連合し、キューバの山岳地域で容易に生き残り、異常に不安定な状況を生みだしていた。キューバは早くも一八一二年から断続的な奴隷の蜂起を経験し、それは残酷な見せしめの拷問や処刑によってのみ鎮圧されていた。しかしメアリーは、そうあるべきではないとわかっていた。一八三一年から一八三二年にかけてのジャマイカのイギリス植民地での奴隷の反乱は、失敗に終わった。しかし流血の反乱のニュースは、イギリスの奴隷制反対運動を活発化させ、大英帝国における奴隷制を廃止する一八三三年のイギリスにおける奴隷解放条令の迅速な議会通過をもたらした。

ラ・レコンペンサで、メアリーは複数の義務――教師の仕事、ソファイアの看護、宿主の家族と付き合わねばならないという恩義など――から免れることができるたびに、花壇の世話を任された家内奴隷たちとともに並んで働いた。彼女はモレル医師のサトウキビ農園を見学したいと頼んだが、そこで目にしたのは、鞭を振り回すスペイン人の監督の指揮下で、「獣のように」働かされる黒人の男女たちの姿だった。夜明けから夕暮れ時まで、熱帯の昼の暑さのなかで、奴隷たちはサトウキビの茎を刈ったり、乾燥したキビ殻を砂糖精製装置の火にくべる仕事をしていたが、殻は急速に燃えるので休む暇はなかった。メアリーはいまやっと、キューバの農園主たちのなかで、サトウキビ農園に自分たちの家を建てる者がほとんどいない理由を理解した。しかし座ってコーヒー豆を仕分けるというかなりの贅沢を許されたコーヒー農園の奴隷たちでさえ、モレル一家の場合と同様に、「ただ恐怖だけ」が奴隷を秩序正しくしておくことができると確信する監督の下で働いていた。医師の妻ローレット・モレルが、信頼できる奴隷がいるとしたら、それは「完璧に服従する」奴隷だけだとメアリーに打ち明けたとき、メアリーは同意してうなずいたが、心のなかでは異なった結論に達していた。ローレット・モレルの意見は、その反対のことを証明することになっただけだった。「奴隷は完璧に隷属的でなければならないのです。だからこそ奴隷制はあってはならないのです」と、その会話の後に、メアリーはエリザベスに手紙を書いた。

その島に滞在してまだそれほど間もない頃、メアリーは、モレル医師の「ボランチ【二輪馬車】」がハバナからラ・レコンペンサへの深い轍のついた道路で横転し、医師が手足を怪我して床についたことを知った。罰として、その黒人の御者は、「不注意を咎められて残酷に鞭打たれ」、さらに「一カ月間、暗い刑務所の鉄格子のなかに入れられた」のであった。これらはすべて意地悪な監督によって「激昂して行われ」、モレル医師の家族とアメリカ人の客の気持ちをかき乱さないよう「見えないところ」で行われたと、メアリーはエリザベスに憤慨して手紙に書いた。その家での自分の恵まれた立場を危険にさらしながらも、メアリーはこの機会をとらえて、主人というものはその奴隷たちに与えられる罰をすべて目撃すべきであると、その医師の妻に提案した。一八三〇年代に、奴隷制に反対した多くのニューイングランド人と同じく、メアリーも、そのような野蛮な光景を目にすれば、奴隷制度そのものを拒絶するような影響を奴隷所有者に与えるのではと無邪気に想像したのだ。ところがその代わりに、モレル夫人は、メアリーがそのような愚かな希望を述べたことをたしなめ、夫は気に入っていた奴隷が鞭打ちされるのを一度だけ目撃して「すっかり気分が悪くなった」ことがあるが、それでもメアリーが「自分のガウン」に対するように、夫は「自分の奴隷に対し多くの権利」を持っているとまだ信じていると説明した。

結局メアリーは、仕事をくびにならないよう、改革の努力[4]をモレル家の少年たちにのみ行うことにした。彼女は彼らが成長したら奴隷の所有権を放棄することを希望して、民主的な原理と、すべての人間の魂の基本的な自由についての教えとを、文法や数学の授業にかならず折り込んだ。より幸運なコーヒー園の奴隷たちと非番を共有した日曜日に、メアリーは彼らが打つ太鼓の音を切ない思いで聞き、彼らの野性的なダンスを心配そうに見つめた。それはモレル一家のように、彼らを危険な未開人と見なしたからではない。むしろ、メアリーは「この国と同じくらいアフリカにも宗教があり、ただ種類が異なるだけ」なのではないかとひそかに疑問を抱いていたのだった。遠くにいるスペインの君主に支配された「永遠に忠実な島」で、二人のアフリカの王が奴隷にされている残酷な皮肉に、メアリーは気づかざるをえなかった。メアリーとソファイアは、近所の農園にいる珍しい人たちとして彼らを見るようになっていた。これらの男性の一人はそびえ立つような「威厳のある人物」だったが、水車の速度を整える仕事に就かされていた。もう一人はずっと年長の男で、笏の代わりに片手に竹の棒を持ち、小屋の入り口に無表情で座っていた。メアリーは、抗議のためにもっとましな手段を見つけることができない自分の罪悪感を和らげるため、そしてエリザベスさえ奴隷生活に憤慨した自分の説明をもはや歓迎してくれないことへのはけ口として、いつの日か「この束縛の土地」[5]で奴隷制が生みだしている数々の邪悪を曝け出すような小説を書こうと、そのためのメモをとり始めた。

四年前のデダムにおける最初の「自発的な田舎への引きこもり」の時のように、ソファイアは毎日の一部を日記に書き綴ることに専心したが、エイビエル・アボット牧師の例にならって、家への手紙という形で書き続けた。手紙がセイラムに到着するようになると、ピーボディ夫人はソファイアへの返信のなかで、「なにもかも——すべての感情の混じりあった潮」として手紙に注ぐよう促した。ソファイアは、その「内面(*innere*)」をあまさず記述することによって、母の要請に応ずるべく最善を尽くした。「内面」とは、いまや熱心なドイツびいきとなったピーボディ三姉妹がそろって、自分たちの内面生活を語りたいときの手っとりばやい表現として使用し始めていた言葉であった。ソファイアにとって日記をつけることは、たとえ最終的には頰に色が差し、体重も九十八ポンドになったとはいえ、滞在中もその活動の多くを制限し続けた頭痛や疲労を記録に留める以上の、大きな意義があった。ソファイアは、最後までキューバの景色を描くだけの力を見つけることはできなかったが、モレル一家やその友人たちの似顔絵をスケッチすることには精通し、それを気前よく無料で渡していた。

だが、イギリスとドイツのロマン派の著作に浸り、画家として風景に慣れ親しんでいたソファイアは、デダムで身につけるようになったネイチャー・ライティングの様式を、完璧なものにしようと努めた。もし彼女の「キューバ日記」——いつしか家族がそう呼びようになった——が書かれた当時に出版されていたなら、ソファイアは超絶主義の文人[6]の草分けの一人として数えられていたかもしれない。「いかに自然が魂を美しく教育してくれることか」と、ソファイアはある早朝の乗馬の後で書いているが、その調子にはエマソンやソローを予期させるものがある。後年のソローのように、ソファイアは花をつけた植物、木々、それに野生の植物などを精密に記述し、しばしば日記の余白にそれらをスケッチした。しかし彼女は、エマソンが「精神の法則」と呼ぶことになる、自然界で顕示されるものに対しては、さらに敏感だった。自然は彼女に、「直観こそあやまたない真理である」と教えていた。月明かりのもとでの散策も、明らかな「神の啓示」をもたらすことができた。[7]

ボストンでエリザベスとその友人たちは、その同じ原理を模索していた。真の宗教は霊的なものへの個人の直観から出てくるのであり、神性そのものが自然を融合させる力なのだと。このような信条は、超絶主義者たちが考えを同じくした数少ない事柄の一つであろう。しかし、朝ともなると「花々の息吹きにより聖化された」気分を感じながら目覚めるキューバにあって、ソファイアは、エマソンが後日、基本的な「自然の楽観主義」と呼ぶことになるものを、既に体得していた。彼女は、

夜咲きのサボテン
（ソファイア・ピーボディによる鉛筆画）

「植物の自然界そのものがこの熱帯の世界で見せる太陽や空を目指そうとする決然とした意志」に、畏怖を感じた。野性の自然に簡単に接近できた一年以上の滞在の後で、ニューイングランドへ戻ることを考えたとき、ソファイアはいまや以前より「一枚の草の葉にすらより多くのもの」を見出すだろうと予期した。ソファイアの子ども時代の宗教教育をエリザベスが引き受けたときに始まった、妹がカルヴァン派の「恐ろしい教義を何一つ聞くことなく」、その代わりに「人間に起こりうるすべてのことは、現在の楽しみのためか、将来の教訓のためなのだという単純な信条」を確実に学ばせようというエリザベスの計画は、実を結びつつあった。まだその名などなかった頃から、ソファイアは直観的な超絶主義者になっていたのである。

日記をつけるようになったソファイアの最初の動機は、おそらく「今日が一週間ずっと昨日であるかのような」セイラムの生活が変化に欠けていることを嘆いていた母親を、楽しませるためであった。ピーボディ夫人は、ソファイアの代わりにメアリー・ニューホールを教え、巡礼者の生活について夫人自身の物語をいくつも書き、スペイン語を独学し、新しく手にした顕微鏡で植物の標本を勉強するなど、相変わらず忙しかった。彼女は、ヴァーモント州ブラトルバロにいる姉のメアリー・タイラーを訪問して、義理の兄ロイアル・タイラーの死後、親類の絆を再び結んだ。彼女の子ども時代の極悪人でもあったこの男性の最後の「長引いた病気」の間に、彼が味わった「さまざまな心の……恐怖」は、彼の犯した「恐ろしい罪の報い」である

と、ピーボディ夫人は信じていた。それでも、夫人はメアリーやソファイアがいないことを心から淋しく思った。何より楽しかったのがソファイアの手紙を読むことであり、それをのちに夫人がまとめると、なんと三冊、七八五頁にもなった。

母親に対しては、ソファイアは自分のキューバ日記を、「私の毎日の寝起きの記録にすぎません」と謙遜している。しかし、故国の実家では、母と姉は興味を持つ近隣の人たちに彼女の手紙の一部を読み聞かせたり、ピックマン一家のみならず、セイラムの著名なソルトンストール一家、さらにはボストンのチャニング牧師の家族にさえも、自分の手紙を回覧させるだろうと、初めからソファイアにはわかっていた。一八三四年の夏、エリザベスはボストンの女性たちのサークルのために、夜の読書会を催し始めた。その女性たちがソファイアのキューバの風景描写に「うっとり」し、モレル医師の十代の娘ルイーサに言い寄っているかに思えるモレル家の友人でもあるデ・ラヤス家の若い男性たちに、「全員が恋しています」とエリザベスはソファイアに書いている。

ソファイアは、自分の手紙をこのように公にしたことに対して、エリザベスには怒っているふりをした。「まるで国中の人たちに私の脈の動きまで探られているよう」だと、彼女は憤然として手紙に書いた。しかし、エリザベスにそれを止めるように頼んだことはなく、以前と同様に打ち解けて書き続けた。ソファイアは手紙を書く「黒魔術のような秘法」の熟達に誇りを持っており、エリザベスが、一番下の妹の日記が「北部の人たち」に与えた楽しみを、おそらくあなたは推測できないでしょうと妹に言って、自分の読書会の人たちを擁護したとき、ソファイアは嬉しかったにちがいない。エリザベスは、「そのような熱帯の絵のような描写が紙に書けると誰が思ったでしょう」と続け、「それを私たちが秘蔵したら意地悪ってことになるわ」と説いた。ソファイアは、評価の高い女性たちの日記や手紙が、もう何十年も前からその女性の友人や親類の間で閲覧されているしきたりをよく知っていた。母親を通してソファイアは、一七八四年にアビゲイル・アダムズに船上でつけられた日記が、アダムズ家やクランチ家、さらにはスミス家の女性たちへと、数代にわたって伝えられてきたことを知っていた。ピーボディ家の人たちは、ユーニス・ペインの死の床にあって交わされた書簡を大事にしていた。彼女は、フレンドシップ・ホールの大事な女性仲間の一人で、彼女がいさぎよく運命を受け入れたことは、その手紙を読んだすべてのものに深い影響を与えた。

ソファイアは、イギリスの作家、アンナ・ジェイムソンが匿名で出版した最近の『倦怠者の日記』をモデルにしたのかもしれない。メアリーとソファイアがキューバへ旅立つ一年前の一八三三年に、その最初のアメリカ版が出ていた。恋人の拒絶により健康を害した後、イタリアの美術館や教会に慰めを求める若い女性のこの小説のような日記は、二、三年前にスタール夫人の『コリンヌ』が受けたのと同じ熱狂を持って、ボストンの知識階級に受け入れられた。しかし『倦怠者の日記』は、アボット牧師の『キューバの内陸で書かれた手紙』がそうであるように、死後に出版されたことにされていた。死後だからこそ初めて、この「自然な、女性的な感情の実写」を読書界に公表するに相応しいと、ジェイムソンは序文で書いている。

エリザベスは、『アメリカン・マンスリー』誌に載せるために、ソファイアにその日記のような手紙集を改訂してみたらどうかと強く勧めたが、ソファイアはそんなことをするぐらいなら死んだほうがましだと思った。ソファイアは、合衆国で知られ始めたばかりの何人かのイギリスの女性作家たちのように、金儲けのために書く旅行記の作者よりも、個人的な読者のために書く病弱な旅行者として見られたかったのだ。フランシス・トロロープは、一八三二年に『アメリカ人の家庭作法』を出版していた。ハリエット・マーティノーは、ソファイアがキューバで日記を書いていた同じときに、彼女自身の『アメリカの社会』のために、エリザベスの助けを得て、ボストンで資料を集めていた。しかし、トロロープは家族の借金を払うために執筆していた五十代の既婚女性で、彼女の「ゴシップ風のページ」はアメリカでは憤慨を招いていた。マーティノーは三十代の独身女性で、よく知られているように、ジャーナリストになるために結婚を拒んでいた。二十五歳のソファイアは、そのどちらの例にも心を動かされはしなかった。おそらくソファイアはまた、エリザベスがソファイアにはあるとわかっていた文学的才能のきらめきが、自分の書いたものにあるとは見ていなかったか、あるいは見たくなかったのだ。ソファイアの絵筆から天才的な作品を生み出させようとするエリザベスの努力に、ソファイアはすでに十分負担を感じていたのである。

注目すべきことに、ソファイアがキューバ日記において書かなかった一つのエピソードがある。書かなかったけれども、そのニュースは、お節介なクリーヴランド夫人経由でボストンのエリザベスに届き、エリザベスへの報告でメアリーにより、後で確認された。これは、姉妹の同行者だったジェイムズ・バローズとのソファイアの戯れの話だった。ソファイアは、一八三三年十二月、南への航海の途中、ニューカッスル号からの手紙でバローズについて書いていた。猛烈な大西洋の嵐がおさまった後、バローズはソファイアの傍らにきまって「献身的に気配りをする」存在として現れた。ネズミイルカやトビウオを見つけたり、船長の航海術を誉めたり、ソファイアが月光を観察するために水樽の上に快適で安全な場所を見つける手助けをし、波がデッキにぶつかるときには、ソファイアの服を守るために男らしく「完全にずぶ濡れ」になったりした。しかし、ひとたび陸に上がると、ソファイアは実家への手紙で二度とバローズのことに触れなかった。ハバナの観光旅行で姉妹のガイドを務め、ラ・レコンペンサの森で彼女らに同伴したのもバローズだったのであり、その後その勇ましいボストン人は自分自身の仕事の可能性を求めて島の東部へ旅して行ったと報告したのは、メアリーだった。

しかし、やがて間もなく、ラ・レコンペンサでソファイアはバローズからの手紙を次々と受け取るようになり、マダム・モレルの注意を引くこととなった。メアリーが残念に思ったのは、エリザベスのホレス・マンとの私的な文通を先例として引き合いに出し、ソファイアがバローズからの手紙も自分自身の返事も見せるのを拒んだことだった。いくら言っても、独身男性への手紙と嘆き悲しんでいる男やもめとの文通とは異なるということにソファイアが耳を貸さなかったために、メアリーはソファイアをかばおうと、彼女自身がバローズとの文通を始めざるをえなかった。バローズが自分の語彙のなかには「結婚」という言葉はないと謎めいたことを述べている手紙のなかで、ソファイアへの彼の愛情が表面化してきたとき、メアリーは警戒心を強めた。彼は、恥ずべきキューバでの親密な関係を小細工していたのであろうか。のちにエリザベスに書いたように、メアリーは、バローズが自分に「縁組」の「世話をする」よう期待しているのではないかと心配し始めた。

一八三四年の春、ジェイムズ・バローズが、ボストンからの姉妹宛ての手紙を渡すためにラ・レコンペンサに到着し、ソファイアが立ち上がって挨拶のキスをすると、「美しい情熱」に対するマダム・モレルの懸念は煽られた。その懸念は、ソファイアが快活にバローズのズボンの繕いを申し出て、マダム・モレルがぞっとしたことに、ソファイアが繕いをしている間中ずっと、自分の膝に彼の片足を載せさせてやっているのを目にしたとき、まさに確信に変わったのだった。こだわりのない、ざっくばらんなピーボディ家でなら、気にもとめられなかったかもしれない場面が、ラ・レコンペンサでは衝撃を与えた。ソファイアの付き添い役としてのメアリーが、叱責のため呼びつけられ、説明を求められた。メアリーは何も説明することができなかった。

自分たちの部屋に戻り、メアリーがソファイアを問いつめると、ソファイアはバローズが船上で結婚を申し込んできたが断ったことを、遅ればせながら告白した。ソファイアはジェイムズ・バローズと結婚する気はなかったが、彼のプロポーズ、そして自分の拒絶を秘密にしておくことで、彼の感情を守りたかったのだと説明した。バローズに対する「妹のような」好意を維持しながら、さらにソファイアは文通によって彼の傷ついた感情をなだめようとした。ソファイアは、そうした彼女の気遣いを支持しない礼儀作法のきまりなど軽蔑すると、メアリーに語った。

しかし、その後の出来事は、そのようなソファイアの心さえ変えることとなった。ドーカス・クリーヴランドが、ハバナからメアリーにこっそりと、バローズはラ・レコンペンサの若い女性との関係を自慢し、自分の下宿屋で彼女の愛情のこもった手紙の一節一節を声に出して読んでいたと伝えてきたのだ。クリーヴランド夫人は、直ちに問題の女性がソファイアに違いないと思い、他の人が同じように察知してしまうことを恐れた。姉妹の耳には届かないので、バローズはキューバへの航海に関するすべてが――食べ物から、船長、施設、仲間にいたるまで――「忌まわし」かったと、遠慮なく言明したのだった。すべて嫌だったが、例外が「二人の旅するP」だったとも。

その夏、クリーヴランド夫人が数カ月マサチューセッツに戻ったとき、彼女はすべてをエリザベスに語った。クリーヴランド夫人は話を盛り上げようと、マダム・モレルは「極度に」メアリーを「誉めていた」が、ソファイアに対する「印象」はまったく異なっていたと報告した。クリーヴランド夫人の反論がなかったら、ローレット・モレルはソファイアがジェイムズ・バローズとなれなれしくふざけあっていると「完全に……確信」していただろう。

エリザベスは、ただちにメアリーとソファイアに、どうやって「下品なまぬけ」を扱うかについて、「とめどなく」手紙を書き送った。遅すぎたが、エリザベスはジェイムズ・バローズの姉のマライア・ライスから、彼自身の家族がバローズのことを「無知で、好色で、自己中心的」で、「習性が残忍だ」と思っていると知らされていた。バローズの家族は彼を適切な同行者と思うどころか、ふしだらなジェイムズが、メアリーとソファイア・ピーボディとの南への旅で矯正されれば、と望んでいたのだ。マライア・ライスは、いまや弟が「完全なカイン」であると宣言し、彼が「一時の欲情」で若い女性を「惑わした」ことを知っても、驚かないと言い切った。

エリザベスは、「惑わされた」のはソファイアではなくジェイムズだったというソファイアの説明を、そのまま受け入れたいと思った。しかしソファイアが、一度ははねつけておきながら、バローズの手紙に返事を出したのは間違っていた。エリザベスのソファイアへの指示は明快なものだったし、それは疑いの余地もなくライマン・バックミンスターとの彼女自身の辛い経験から導きだされたものだった。エリザベスは、「拒絶されたあと交際を断つことこそ、紳士のもっとも繊細で、思慮深い感情なのよ……自由で愛情あふれる交際なんて、そんなものありえない」と手紙に書いた。彼女はソファイアに、バローズの手紙を返し、自分のも返してもらうように頼み、それからすべて燃してしまうようにと忠告した。メアリーも手紙を書いて、はっきりと、ジェイムズ・バローズにラ・レコンペンサを二度と訪問することを禁じたはずだ。エリザベスは、マダム・モレルも、ちゃんと接すれば、ソファイアの「善良さと潔白」を「認めてくれる」のではと期待した。しかしソファイアは「将来期待してはいけない」のだった。

郵便が、ボストンからキューバに届くのに時々数週間かかることもあったが、それは事態解決の助けにはならなかった。ソファイアはバローズの手紙を返したが、彼女自身のものは戻ってこなかった。そのうち、バローズがソファイアの手紙を持ったままボストンに向かったことがわかった。メアリーは、ボストンにいるエリザベスからバローズに渡してもらうために、絶交の手紙を送らねばならなかった。それを受け取る前に、エリザベスはすでにその男性に会い、別の方策を決心した。

マライア・ライスは、弟は自分が不当な目にあったと感じたら、報復をするかもしれないと警告していた。バローズが自分は直ちにキューバに戻り、果物の輸出業者としてビジネスへの参入を計画しているとエリザベスに語ったとき、ソファイアの評判をさらに傷つけるつもりなのではないかとエリザベスはいぶかった。「憎しみに変わる愛もある」とエリザベスはメアリーに手紙を書いているほどである。即座にエリザベスは、その具体的な内容はわかっていないが、将来ラ・レコンペンサでバローズがメアリーやソファイアに会うことを妨げるような、なにか「狼狽」させるような物語を即興で作り、語り聞かせたので、さしあたり気を鎮めたバローズは手紙の束を渡したのだった。しかしながら、最終的にこの事件を解決するには滞在中の時間すべてがかかったが、そのときでさえバローズはソファイアの手紙を二通、秘密にしていた。ソファイアのマダム・モレルとの関係は、二度と完全には修復されなかった。キューバ日記には含まれていない、友人のマライア・チェイスへの手紙で、ソファイアはキューバ滞在中に人間の性質について学んだことから、「ひどく傷つき動揺」したことを遠まわしに書き、別の友人のメアリー・ワイルダー・ホワイトには、「貴族的な教養と美徳」のあるニューイングランドが突然恋しくなったと告白している。

そのエピソードは、エリザベスにとって最善の解決策を与えたのかもしれない。破棄するようにとバローズがエリザベスに置いていった手紙を読んでみると、この男性はソファイアに「本当に恋をして」いて、どの手紙のなかでも彼女に「言い寄っていた」が、頑固な妹に断られただけであることがわかり、少なからずスリルを覚えた。さらに、バローズの手紙を読んでみると、ソファイアが彼を拒絶したのは正しかったことが、一層よくわかった。妹に対して彼の表明した熱情は別として、エリザベスはそこに「面白そうなもの」が何もないことにも気づいた。エリザベスはひとまず災難が避けられたと感じ、「恋している男性にも目をつぶってあげなくてはならないことが少しはあるけれど、頭の弱い男性の場合にはそれが多すぎる」という結論に達していた。

エリザベスがメアリーに手紙で書いているように、結婚の申し出を「私たち三人は、みな拒絶せざるをえなかったのね」と、いまやエリザベスは喜んで言うことができた。ピーボディ家の女性は誰も、ただ結婚指輪がもたらす身分を手に入れるために結婚しようとはしなかった。三姉妹の場合は、そのかなりの貧しさが有利に作用したのだった。なぜなら、競争率の高い結婚市場において、新婦の持参金が「縁組み」交渉の切り札となると女性が感じていたプレッシャーから、三姉妹を解放してくれたからだ。しかし、当てが外れた求婚者たち――ライマン・バックミンスター、メアリーのベンジャミン・リンジー、そして今度のジェイムズ・バローズ――の面々は、ピーボディ三姉妹とも、そろって大人の女性としての重要な基準にすでに達していたことを確証するものとも見えた。妹たちはいま千マイル以上もの彼方で海によって隔てられているが、自ら選んで独身であることこそ、生涯互いを結びつける約束であると、エリザベスは見なすことができた。ソファイアの治療が完全に終わったら、「私たち三人そろって、一緒に事業を始めよう」というのが、エリザベスの最初からの計画だった。一八三四年九月にメアリーに手紙で書いたように、いまやエリザベスは、「未来は私たち自身のものである」と自信を深めていた。メアリーは、ホレス・マンが男やもめの喪服を脱ぐことをただ辛抱強く待ち、エリザベスと同様に男性との自由な交友に熱心なソファイアは、すぐにも恋に落ちそうだという、妹たちに見られる兆候を、エリザベスはあえて大目に見てやっていた。バローズとの恋愛が証明したように、一番末のピーボディの妹は、病気でなかったら独身女性に禁じられていたはずの親密な交際を育むために、エリザベスが知性を使ったように自分の病気を利用することを学んでいた。

エリザベスは、ボストンからメアリー宛てに書いた自分の日記のような手紙を、キューバからソファイアが書いたものほど高くは評価していなかった。しかし、エリザベスの書いた手紙の総数はソファイアのそれを上回り、その手紙はラ・レコンペンサの妹たちの部屋に山積みになり、メアリーとソファイアはエリザベスのボストンでの日常生活の記録をも、エリザベスの「キューバ日記」と呼ぶようになった。エリザベスのボストンのニュースは、それなりに異国風で、彼女が配信したなかには大変衝撃的なものがあったので、メアリーはソファイアを驚かすことを恐れて、妹には手紙の断片だけを読んでやったこともあった。

エリザベスは、破談になったり、考え直されたりすることになった婚約や、「妻になる前に母親になった」ある生徒の姉の秘密の妊娠など、あらゆる秘密に内々に通じていた。メアリーとソファイアがキューバに住んでいた十八カ月の間に、三角関係に巻き込まれた二人の男性が決闘し、ある牧師の妻が喉を切り、二人の友人の赤ちゃんが亡くなっていた。一人は乳母に預けられた後であった。別の友人の夫、ギルバート・スチュアートの甥で、画家のギルバート・スチュアート・ニュートンがヨーロッパ旅行中に発狂し、ロンドンで施設に入れられていた。一家にもっとも身近で衝撃的な悲劇は、ウォルター・チャニング医師の二人目の妻イライザとその乳児が、出産時に亡くなったことだった。チャニング自身が立ち会い、指示してのことであった。「彼がかわいい男の子を奪ったのよ」とエリザエスは書いた。この情報をソファイアに隠しておくことはできなかった。ソファイアは口もきけないほどの自失状態に陥り、キューバに滞在中、どうしてもウォルター・チャニングに手紙を書くことができなかった。

エリザベスが送ったピーボディ家の弟たちに関するニュースも、悩ましいものだった。いまや二十二歳になったナットは、ボストンの薬局が失敗したのに、自責の念もなくセイラムに戻った。彼は、婚約者のエリザベス・ヒバードと結婚し、家族と同居したいとピーボディ医師に懇願した。ナットの仕事上の「秩序、正確さ、機敏さの欠如」に対して、「お父さんが罵りの言葉をはきかける」ときの修羅場から、はるかに離れたキューバにいてソファイアは幸運だったと、エリザベスは手紙に書いた。ナットは黙って父親の罵詈雑言を聞き、それからニューイングランドを離れ、債権者の手の届かない西部で農業をやってみると言い出した。エリザベスはこの決心を喜び、ナットが勉強するようにと農業についての本を借り始めた。しかしピーボディ医師は、自分自身の「無謀な計画」で頭がいっぱいだったために、それを聞こうとはしなかった。

その代わりにピーボディ医師は、ナットをセイラムの粋なエセックス通りの別の薬剤師の代理人の仕事に就かせた。この計画でなら、資本が危険にさらされることはなさそうだった。しかし、トーマス・ピックマン医師と結婚して、セイラム社交界のトップまでありえないほど登りつめた叔母のソファイア・ピックマンは、ピーボディ家の男性たちに対する「セイラムの一般の人たちの気持ちはひどく否定的」なので、ナットは「大衆のご愛顧に頼る」仕事なら何をしても失敗するだろうと警告した。叔母は正しかった。ナットが精々できたことは、ピーボディ医師の言葉によると、一日に一ドル稼いで、「なんとかやっていく」ことだった。ナットのボストンの債権者からの千百ドルの借金は、いまや新しい店の広告と装備一式のためにセイラムで借金した額と同じくらい膨れ上がっていた。ナットは「正直かつ勤勉」で、「良書が好きな子」と強調したがったピーボディ夫人でさえ、長男は「けっして世間に明るい人にはなれない」と認めなければならなかった。エリザベスは、さらに厳しく、ナットには「どんなことでも、なんとかやっていく力が欠如している」と言い切った。

エリザベスはまた、十八歳のウェリントンも「他人のお金を使う病癖」があるようだと伝えていたが、彼はまったくナットとは異なる方法でそれをやってのけた。ヘクター号から途中下船し、鯨油による高額な利益の分け前を手に入れ損なった挙げ句、リオからボロ靴を履いて家に帰ってきたにもかかわらず、ウェリントンはちゃんと「ダンディーな」印象を与えた。ウェリントンはボストンに姿を現わすと、エリザベスに、自分が壊血病で気分が悪くて寝台から出られないでいると男たちに鞭打たれ、「仲間としてつき合わざるを得なくされた男たちの、低俗でやくざっぽい会話」にむかむかさせられたと、不平を言った。ウェリントンは船に飛び乗り、見知らぬ人や遠い親戚から、船賃はもとより、葉巻を吸い続けたり、女性を劇場までエスコートしたりするのに必要なもっと小額にいたる金まで借金し、ニューヨーク経由でボストンまで人をけむにまいて戻ってきたのだった。

ウェリントンの借金はナットのそれよりも少なかったが、それは彼がまだちゃんとした仕事に就いたことがなかったためにすぎないのではと、エリザベスは疑っていた。「放蕩や飲酒」、さらに「家族が貧しく暮らしているなかで贅沢をすること」で目立っていた、彼のハーヴァード大学在学中のことは、いまだエリザベスの記憶に新しかった。エリザベスは日記風の手紙の一つで、借金が「われらが家族のよからぬ才能」になってしまったと心を痛めた。ウェリーの語る船乗り生活の話は、「無駄話」にすらならないのではと思い巡らさねばならなかった。彼が、自分の航海について本を書く計画を立て、ウェリントン公爵に雇用を申し込んだとエリザベスに話したときには、「とんでもない大ばかさ加減」に仰天し、はっきりとそう彼に告げたのであった。

それにもかかわらず、エリザベスはニューヨークからの船賃に相当する額と、新しい靴を買うためのお金をウェリントンに貸してやったが、彼がセイラムに戻る途中、彼女に会うために立ち寄ったとき、自分の手元にたった十ドルしか持っていなかったのは幸運だったとみなした。ウェリントンは、彼の従兄のジョージ・パーマー・パトナムが、ニューヨークの出版事業の事務長に彼を指名するという申し出の約束を果たしたら、すぐエリザベスにお金を返すと約束した。この話も嘘だったとエリザベスが知ったのは、数カ月後だった。その時までに、ウェリントンはナットとともにビジネスを始め、エセックス通りの薬局を南セイラムに移し、その店に雑貨販売も追加していた。母親のピックマンの親戚が、その新しい計画を「互いの不足を補っている」青年の事例にすぎないとあざ笑っていたときでさえ、母親は二人の兄弟が「互いの利益」のために力を結集することを望んだ。

今、ナットとウェリントンは二人とも実家に住んでおり、ピーボディ夫人は、「どうして自分の息子たちは娘たちとこれほどまで違っているのか」を、なんとか理解しようとしていた。娘たちは、大変うまく互いに「心、意見、才能が結ばれている」ように思われると、彼女はキューバのメアリーとソファイアに手紙で書いた。ピーボディ夫人は公立学校を非難するようになっていた。学校で息子たちは、「母親たちが『自分の男の子たち』の扱いに不向きであると考える、鉛のように鈍重な頭の教師たちにうんざり」してきたのだ。ピーボディ夫人は、自分自身の妹、ソファイア・パーマー・ピックマンから息子たちが受けた冷たい扱いについても、気に病んでいた。妹は、息子たちのために世間の考えを変えさせる力になってくれるどころか、あまりにもあっさりと彼らは失敗するとみなしたようだった。今、娘たちのうち二人は国外に出ており、娘たちが「姉妹としての心づかい」から互いに「あのような優しい同情」を示すのを見て、ピーボディ夫人は自分にはそれが欠けていたことに痛々しいほどに気づくことになった。

ピーボディ夫人は、バローズ一家のとっぴな行為について何も知らなかったので、メアリーとソファイアがキューバに滞在し始めた頃に書き送っていたように、「私の愛すべき三人の娘にはとても大きな道徳力がある」と誇りにしていた。その手紙で夫人は、「うなるライオンが正当な獲物に対するように、若く、愛らしく、貞節な人を探し求める世の悪漢ども」から身を護るよう警告を発していた。しかし、ソファイアの無分別、あるいは「姉妹」間の変化する同盟関係について知っていたとしても、ピーボディ夫人は、娘たちの互いへの関心が三人皆の頼みの綱であると正しく突き止めていた。それぞれの娘は、立派な大人の女性に成長して、星座の星のように、娘たちの才能が合わさって、それぞれの魅力を大きくするために作用していたのである。

真ん中の息子のジョージのみが、娘にはあるとピーボディ夫人が信じていた「道徳力」を、ある程度まで身につけていた——そして、そのために彼は問題に巻き込まれたのだった。今二十一歳のジョージは、ボストンの輸入会社で事務員として働き、週九ドル稼いで、前年のスミルナへの愚かな旅でかさんだ借金返済に十分なほど貯めたと、エリザベスはメアリーに手紙を書いた。しかしジョージは、一時的に自分とエリザベスの二人の品位を下げかねない下宿屋の紛争に関わってしまった。ジョージの下宿屋に住んでいた十八歳の絵画教師で、自由人でもあったマリアン・ドワイトは、既婚男性である下宿人との「不適切な交際」について咎められていた。その男性の妻は、「マリアンが自分の部屋であらゆる特権」を夫に許したということで彼女を責めた。マリアンが、それは誹謗中傷であると反駁すると、ジョージは彼女を弁護した。

エリザベスとジョージは、クラーク夫人の「ごたまぜ」の家の一時の下宿人として、芸術家のマリアン・ドワイトを知っていた。そこで彼女は、エリザベスが夜遅く、共同の広間で、悲嘆の涙を流しているホレス・マンを抱擁するのを許したのと同じように、くだけた規則に従っていた。社交的なマリアンは、自分の私室にただ単に夕食の会話を持ち込んだだけのことで、クラーク夫人の家でなら誰も気にとめなかったことだと、エリザベスとジョージは二人とも信じた。しかし他の下宿人は、マリアンを咎める人たちに味方して、マリアンとジョージを追い出すよう要求した。そのスキャンダルは素早く広まったので、ボストンの下宿屋の主人は、誰もマリアンに部屋を貸そうとしなかった。

エリザベスは、それに首を突っ込んで、若い友人の評判を回復する手助けをする決心をした。その結果、エリザベスの部屋に関係者を招集し、そこを即席の法廷とした。すべての関係者は、そこで偏見のない仲裁人を前にして主張をすることになった。エリザベスは、マリアンの遠い親戚で、小説家のキャサリン・マライア・セジウィックからの手紙を提供した。それは、マリアンの善良な性格を証明し、ニューイングランドの独身女性に許された、「時々若い女性を中傷にさらす」こともあるが、それでも「純粋な態度の表現であり、一番の予防措置」である自由を是認していた。結局、マリアンの名誉は回復され、ジョージとマリアンの二人は、部屋をそのまま使用することを許された。しかし、それはジョージが賢明にも無視した、決闘状を受け取った後のことであった。のちに彼がメアリーに書いたように、「大激論」全体が、世間にはいかに多くの「背信、欺瞞、詐欺、冷淡、自己本位、復讐、それに憎しみ」があるかを示し、彼を「人間嫌い」にしたのだった。しかし、彼はメアリーに「僕はまだ女性に憧れを抱いている」と請け合った。ピーボディ家のような家族では、そうでないとはジョージとしても言えなかったのだ。

しかしエリザベスの日記風の手紙は、ニューイングランド経済の構図をも描いており、弟たちの人生を困難にしているのは、家母長的なピーボディ家における彼らの立場だけではないことも暗示していた。弟たち、それにエリザベス自身にとっては、自分たちが大人になった十年間が不運だった。彼らの父親が即座に指摘したように、ビジネスが「全く不活発」になったのは、単に彼のセイラムでの歯科医療においてだけではなかった。一八三四年に、ピーボディ医師が「ジャクソンのこの異常な通貨実験」と呼んだものが、「国のすみずみまで影響を与え」始めていた。一八三二年に再選を確実にしようと、アンドリュー・ジャクソンは、非公式に通達されたアメリカ合衆国銀行の特許状の更新に拒否権を行使し、特許は一八三六年まで期限切れにならなかったが、彼はすべての連邦の金を引き出してしまった。拒否権に対して民衆は支持したけれども、ジャクソンの処置は、若い国の脆弱な経済を弱体化する結果となり、急速なインフレと歯止めの利かない投機の時期を招いた。そのインフレと投機熱は、無謀な地方の銀行家たちが、ニコラス・ビドルの巨大な合衆国銀行の後釜を狙って殺到したために一八三四年と一八三七年に起こった金融恐慌によって、一時中断された。特に北東部では、積年の財産が侵食され、失われ、新しい企業投機は失敗した。

エリザベスのキューバ日記には、これらの「恐ろしい時代」に失敗した友人たちの報告が点在している。おそらくもっとも悲しいケースは、ソファイアが二年前に幸せな数週間を過ごしたトムとコニー・パーク夫妻のロクスベリーの家が売却されねばならなくなり、彼らの東洋のカーペットと中国の壺がグッドリッチの競売にかけられたことだった。今、夫妻はボストンの下宿屋仲間になっていて、西部へ呼ばれるのを待つコニーを残し、トムは第二の幸運を求めてカリフォルニアへ出帆する計画を立てていた。しかし、失うものがあまりないピーボディ一家にとって、明るい希望があった。このような経済的な圧迫のお陰で、ピーボディ医師は、ほとんどいくらでもいい、とにかく現金が欲しいというナットの債権者たちに、妥協して千百ドルの借金を四百ドルに減額させることができたのだ。ピーボディ医師は、ナットの借金より少額の金をボストンの甥のジョン・タイラーから借り、ナットは利息つきで四百ドルを、年五十ドルの分割払いで返すことに同意した。もっとも、ピーボディ医師の名前で借金をしなくてはならなかった。

エリザベスは、クラーク夫人の下宿屋の部屋代をもはや払いきれないとわかって、「お金を調達することは、ここでは以前より困難な仕事です」と一八三四年の春にメアリーに手紙を書いた。彼女は、部屋と食事を提供してもらう代わりに、ライス一家のために家庭教師のアルバイトを引き受けた。女性の「歴史研究会」と彼女が呼び始めていたものがますます人気となり、彼女はその授業料でさらなる出費を補填しようとした。エリザベスは六カ月の間に、週に二回研究会を開き、その会でそれぞれのメンバーは、各自一カ国、あるいは古代の一文明を研究して、グループに話をする準備をした。発表の日のエリザベスの方法は、自分の生徒に、「ほかの生徒たちにとっても学びになるような質問をいくつか出してくれる」ように頼むというものだった。朝の十時に始まり、午後まで頻繁に延びたその研究会での「会話はとても面白かった」。英語ばかりでなく、ギリシャ語やドイツ語で書かれた歴史のテキストに関しても、エリザベスが持っていた広い知識から出てくる言葉は、ハーヴァード大学の「私の生徒たちの兄弟や友人たち」にまで広がり、その人たちは「ひそかに私の所へやって来て……歴史関係の読書について助言を求める」ほどであった。当時、ハーヴァードや他のアメリカの大学には歴史の教授がいなかったので、エリザベスは喜んで「ひそかに」応えたが、謝礼はなかった。

エリザベスは論文や教科書を出版してもっと稼ぎを増やしたかった。彼女は、ユニテリアン派の隔月刊行誌『クリスチャン・イグザミナー』誌の編集者であるアンドリューズ・ノートンから、安定した仕事を約束されていた。ノートンは、ハーヴァード大学神学部創設の教授として、エリザベスが初めてボストンに引っ越して来たときから、自分の広範な私設図書室のどの本も貸そうと言ってくれていた。その彼が今度は、もし彼が満足できるまでエリザベスが洗練させるならという条件で、「ヘブライ語聖書の精神」についての彼女の初期の六つの試論の出版を申し出た。エリザベスはその試論を机の引き出しから取り出す用意があった。しかも、彼女のかつての仲間であるウィリアム・ラッセルは、彼の『アメリカ教育ジャーナル』への彼女の寄稿を歓迎した。しかし、彼女の状況は不安定なままだった。エリザベスが、一八三四年四月にライス家に引っ越した直後、ヘンリー・ライスが夕食時に、過去六カ月間に六万ドルを失ったと明言したことを、彼女はメアリーに手紙で書いている。この失態は、ヘンリー・ライスを失意の底に突き落とすことはなかったし、エリザベスの仕事を犠牲にするまでには至らなかった――ライス家の子どもたちを私立学校へ通わせるより、住み込みの家庭教師を雇う方が安かったのだ。しかしヘンリー・ライスは、「もはや想像できるかぎり最高に優しいユーモア」は見せなくなったと彼女はつけ加えてもいる。ライス家での彼女の役割のほとんどは、短気になったヘンリー・ライスとその妻子との間の調停役だった。

ホレス・マンも経済的に圧迫されていたことを、エリザベスは知らなかった。マン自身の日記によれば、兄スタンリーの借金を払うために節約して、一八三四年から一八三七年までの長きにわたり、一日にたった一食で生計を立てていた。しかしエリザベスは、二人の共通の友人が精神的に幸せでいることを、ほとんど毎日のペースでメアリーに告げていた。安全な距離にいるメアリーに対して、エリザベスは、マンとの決まった日曜日の夜の会合がどうなっているかの詳細を、もはや出し渋りはしなかった。メアリーが出発した直後、マンがクラーク夫人の広間のソファーでエリザベスの隣に座ったとき、彼の絶望した様子を見かね、エリザベスは「思わず」身を寄せ、彼の「手を私の左手で取り、私の右手を彼の肩の上に置き」、彼の亡くなった妻の魂はまだ近くにいるにちがいないと安心させた夜があった。マンはその頭をエリザベスの肩に乗せて応じ、彼女の手を握りしめながら、「そう信じます」とささやいたのだった。

一カ月後の寒い三月の夜、ストーブで身体を暖めるために立ち上がった後、エリザベスが長椅子に戻ると、マンは彼女の両手を自分の両手に取り、自分の「影をあなたに投げかけて」冷やしてしまったのではないかと心配した。エリザベスはすぐに、「友人の影を共有するのは苦痛ではありません」と彼を安心させた。それから、マンに手を握られたまま、最近のニュースとして、ウォルター・チャニングの妻の死を語ったために、彼は声もなくすすり泣き、「死ぬのは生き残った者なのですよ」とつぶやいたのであった。

しかしその翌週、エリザベスはメアリーに、ついにホレス・マンが復活祭の日曜日に、チャニング牧師の説教を聴くことに同意したという事実を、「よく考えて喜んで」欲しいと頼んだ。チャニングは義理の妹の悲劇的な死を機として、特別な説教をするだろう。それはマン自身の妻と、生まれてくることのなかった彼らの子どもの死を必ずや呼び起こす状況であろうとエリザベスは推測したが、それは正しかった。「未来の生」は、家族全員の魂が再会する天国の描写を伴っており、チャニングのもっとも広く増刷された説教の一つとなったが、その説教後の日曜日の夜、マンは感情を昂ぶらせてエリザベスを訪ねた。エリザベスはメアリー宛ての手紙で、「助けを必要としているかのように」マンはエリザベスの手を取り、唇を震わせながら、「ついに帳が落ち、あの世とそこで生きている妻とが、自分の想像上に現れた」と語ったと書いている。天罰というよりも、再会の場所としての来世を固く信じているエリザベスにとって、この告白は勝利であった。

クラーク家の広間で、そのような親密な会話を続けるのは難しかった。他の下宿人が階段に近づく足音が聞こえると、マンはソファーの端にそっと移動し、再び二人だけになるともう一度彼の抱擁が始まった。しかし、エリザベスがライス家に引っ越した後は、彼女には自分の居間があった。それがおそらく新しい生活環境の一番いい点であった。エリザベスは、「下宿していたときのように、あるいはその頃よりも度々、私的に」お会いすることはまだ可能ですとマンに伝えたと、メアリーに手紙で書いている。彼はライス家にエリザベスを初めて訪問したとき、エリザベスが少なくとも週に一度彼に書いた慰めの手紙をどんなに評価しているかを語りながら、「両手を取り、一瞬だけど全身を自分の腕のなかに抱き寄せた」のだった。それから、彼は「去るまで、兄弟のように信頼感のある態度で抱いていてくれた」とエリザベスは手紙に書いている。

「誤解の恐れもなく、彼が自由にこうすることができると感じてくれたのは、私には完璧な慰めでした」とキューバにいるメアリーに、エリザベスは書いている。実際に、彼がよく示す憂鬱そうな態度にもかかわらず、「M氏は私に対して、兄弟のような優しさや励ますような賛意を与え、私が彼の心に興味を持たせ悲しみを紛らしてくれたと言ってくれることで、私の心の周りに陽光を当ててくれる」とエリザベスは打ち明けてもいる。二人はエリザベスの将来の仕事について論じ合った。そして、言葉数の多いこの友人に「ミス語彙辞典」とあだ名をつけたマンは、出版のために書き続けるようエリザベスを勇気づけ、自分が彼女の編集者になろうと申し出た。彼は、自分が提出する立法府への報告書に、エリザベスの批評を求めたりもした。エリザベスの経済的な見通しが寒々としたものとなり、妹たちが遠くにいたこの当時、ホレス・マンは「大切な慰め」として、チャニング牧師に取って替わっていたのだ。メアリーはこのような手紙の文言を読んで、どんな気がしたことであろうか。

機転からか、エリザベスがホレス・マンとの友情を三者間の協定と見なすと主張したためか、マンが彼女に明かしたメアリーに関するどのような思いも、エリザベスは報告した。メアリーの船がキューバに向かって出港した後、彼女が無事に到着するか心配して待っていたマンは、「窓のガタガタという音や、看板のキイキイという音にも、驚き始めた」自分に気づいて、「落ち着きのなさと、不安の混ざった不思議な衝動」に苦しんだ。メアリーの手紙が届くようになると、マンはエリザベスの抱擁を受けるためもあったが、メアリーの「手紙はいつも美しい調べのように僕の心に響く」と言って、エリザベスがその手紙を声に出して読むのを聞くためにも、彼女を訪問し始めたようだ。彼は、エリザベスが朗読してくれるメアリーの手紙の切手代を払いたいと申し出たり、ソファイアが母親のために描いたメアリーの鉛筆画を欲しがったりもした。マンは、「メアリーが僕のことを思っていてくれることを知りたい」から、自分の日曜日毎の訪問について、メアリーへの手紙で言及してくれるようにとエリザベスに頼んだ。

エリザベスは、マンのメアリーへの賞讃に喜んで加わった。彼女は、メアリーの並外れた美しさを認めることには、もう慣れていたのだ。そして、二人がそろってメアリーの書体の「魅力と優雅さ」[8]に感嘆したとしても、エリザベスが、『クリスチャン・イグザミナー』、『ボストン・オブザーバー』、ラッセルの『教育ジャーナル』、それに『クリスチャン・レジスター』——すべて自由主義の先導者たちの機関紙である——などに現在発表中の真剣な作品に対するマンの励ましには、少しも変化はなかった。エリザベスは、『ヘブライ語聖書の精神』のシリーズが一番気に入っていたが、この最初のものは一八二六年に、チャニングとワーズワースに魅せられて書いたものだった。一八三四年の秋までに、これらの試論のうちの三つはすでに世に出されていた。エリザベスの「社会的原則」の理論は、ついに印刷されたのである。

ホレス・マンの自分への関心ぶりをエリザベスから報告されて大胆になったメアリーは、彼に直接手紙を書くようになった。マンが日曜日の夜に、エリザベスに読ませるために持参すべきメアリーからの少したまった手紙を、くり返し忘れてきたときのエリザベスの苛立ちを知って、さぞかしメアリーは嬉しかったであろう。私的な関係を築きたいというメアリーの願望を、マンが分かち合っていることを彼女は想像できた。しかし、マンがようやく返事を書いてきたときの彼の宣言は、曖昧なものだった。彼は、「あなたのご健勝に対する強い関心」や、「あなたの幸せへの切望」について書き、メアリーがもっと手紙を送ってくれるようにと望んだ。しかし、「あなたにある善良さ、誠実さ、真実」のすべてに対するマンの誉め言葉や、「傷ついた心にあなたが優しく施してくださる慰め」に対する感謝は、エリザベスを訪問するときの喜びを告げる追伸によって、相殺されていた。エリザベスは「苦しんでいる人であれば誰にでも開かれた館のような心の持ち主であり、彼らすべてを癒せるほどの真実を心に抱いている」と彼は書いていた。ホレス・マンは、エリザベスの自分に寄せる同情がすぐ身近にあるため、メアリーのほうにより好意を寄せていることをまだ打ち明けられずにいたのである。

いずれにせよ、マンのシャーロットに対する揺るぎない悲しみは、いまでは鬱状態にまでなってしまっていた。彼はメアリーに、「活動を再開することも、この冷たく動かない心を活性化することも」期待してはいないと書いた。マンがメアリーへの愛情を率直に述べようとするたびに、シャーロットの思い出が邪魔するように介入してきた。ホレス・マンの特別心暖まる一通の手紙が、一八三四年七月四日に書かれた。マンが、「ご家族と故国のことを思っている」はずだと想像したメアリーに宛てて手紙を書くために、彼はボストンコモンの祝賀からは距離をおいていた。国家の「深甚なる祝祭」のときに、「あなたのことだけを」考えている「人間が、少なくとも一人ここにいる」ことを、マンはメアリーに知ってほしかったのだ。しかし、メアリーの不在をマンが考えると、それは即座にシャーロットのことを思い出すことになってしまい、シャーロットの変わらぬ「不在」は、「死のやすらぎではなく苦痛」を感じさせ続けたのであった。

遠距離にいるメアリーの唯一可能な策は、エリザベスの無作法な行為を咎めることだった。エリザベスは、自分のふるまいは非難される筋合いのものではないと主張した。ライス一家は、マンの彼女の客間への訪問をすべて知っており、認めてくれていると抗議した。彼女は、マリアン・ドワイトがしたようには、けっして男性が「寝室」に入ることを認めなかった。また、ソファイアがジェイムズ・バローズにしたように、ズボンを繕えるよう男性が足を彼女の膝に載せることも、許しはしなかった。それに、「マン氏が私の首にもたれて泣いたときでさえ、彼の額にキス」をしたりはしなかった。マンが病気のときには、エリザベスは籠入りの果物、花、薬草を送りはしたが、部屋には来ないで欲しいという彼の要望にも従った。そうした贈り物を自分の手で持参したいというエリザベスの申し出を辞退する彼の手紙を、誇らしげに彼女は引用した。「ああ、今どきの人たちときたら！　私があなたに会いたい、あるいはあなたが私に……と望む動機をけっして理解できないのです。この点について彼らが誤解する機会を阻止しなければなりません。」

それでも、ホレス・マンの訪問が「誤解された」かどうかというメアリーの質問は、結果的には、エリザベスがマン自身とその件について取り上げるよう促すことになった。このときばかりは、メアリーとしても姉の率直な気質に感謝したことであろう。メアリーがキューバに出発して以来、ほぼ一年が経過したが、それはメアリーが「私の夫」とひそかに思っていた男性への、姉の愛着に対する警戒が次第に募る一年だった。メアリーは、一八三四年九月のエリザベスの日記風書簡の一つの結びに、エリザベスが縦横に書きつけた追伸を読んだときは、ひたすら安堵することができた。それは、ホレス・マンと「愛と友情との違い」について議論して過ごした夜のことを語っていた。その会話は「まったく困惑することがなく、楽しく」展開し、結局、「私たちがどれだけ愛情を抱いていても、私たちの間に誤解は生じえない」と確信したとエリザベスは書いていた。「私の友情は、彼にとって大きな慰めであり、彼はその友情を行使されることをいつも必要としている」のだとマンはエリザベスに断言したが、「それはどちらにとっても兄弟姉妹が抱くような愛情であって、今では彼が、それ以外の考えを持つことがけっしてないとわかった」とエリザベスは確信したのだった。

エリザベスがこの話題を持ち出したのは、「私がマンさんに対して友情以上のものを感じているなどとは、彼はけっして感じていないはずだ」ということと、「私の親切な世話を受けること」についても、彼は不安を覚えたりはしていないことを「明確にしたかった」からだとメアリーに説明している。エリザベスは、親密さが深まることで、ホレス・マンとしても二人の関係を結婚の方向へと舵取りしなければならないとは考えてほしくなかったのである。彼女はこう書いている。「M氏が私に対して、自分だけを愛させようとすることができないとは言いません。でも、彼が過去にそれを試したか、あるいは今そうしようと試みないのであれば、私にはそうすることなどできません。それに、彼の立場、その灰色の髪、そして彼の悲しみがあったので、その可能性は私の念頭から排除されていました」と。エリザベスは、十年前のライマン・バックミンスターに付きまとわれたことを思い出しながら、「私は愛の感情がいかなるものかを知っています。というのも私は追い求められ、すっかり心を奪われてしまったことがあるからです」と言っている。この若い頃の経験により、エリザベスは「私のM氏に対する友情は強く、関心は深いけれど、それはまったく異なる感情です」と確信していることを、メアリーに保証したのだった。

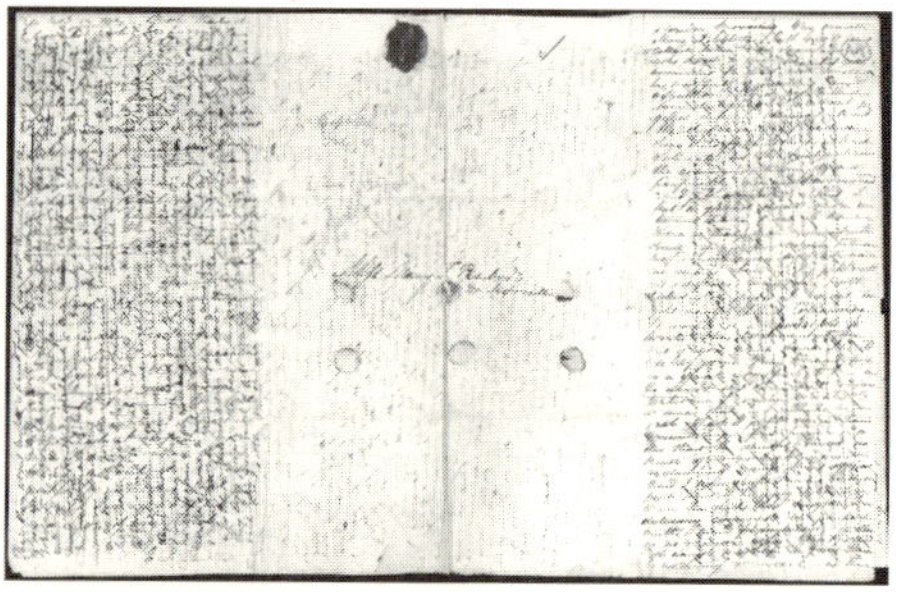

私は愛という感情がどんなものか知っている…。
（ホレス・マンとの会話を語ったエリザベスからメアリーへの上書きされた手紙）

エリザベスは、これらの言葉のなかに失望を隠していた。もし、マンがエリザベスに「兄妹の愛」以上のものを感じていたなら、この二人の会話はホレス・マンを駆り立て、「そうしようと試みる」ことは可能だったはずだ。エリザベスが数えあげた、ロマンティックな関係を築く男性としてのマンの弱点、彼の灰色の髪とか失意ぶりなどには、自己弁護的なものがあった。その丁度一カ月前にも、エリザベスはメアリーに、彼が町を出ていたため日曜日の夜に訪問ができなかったことを詫びるホレス・マンからの手紙を受け取ったが、それには「愛を込めて、あなたのH・Mより」との署名があり、「その優しい言葉に実際に口づけしてしまった」と書いていたのである。

しかし、ホレス・マンについて言えば、その友情について「彼が昨晩感じた以上の幸せをこれまで感じたことはなかったはずと確信します」とエリザベスは書いている。それはそうだろう。彼がもっと慣習的な女性と育むことのできたどのような友情よりも、結婚の親密さに近いものを与える関係を築くために、エリザベスは彼を招いていたのだから。おそらく、エリザベスの抱擁は、ホレス・マンに彼女の妹のメアリーを思い出させたはずだ――メアリーは婚約の話もなしに、そのような気ままなふるまいなど、きっと許さない女性ではあったが。エリザベスはというと、落胆はしたかもしれないが、それでも彼女なりに観察するか想像するより仕方がない結婚などより、はるかに友好的な関係にマンを引きいれることができていた。もし、結婚がそうなるべき結果でなければ、おそらくそれが関係者全員にとって、一番よかった。確かに、それがメアリーにとっては、最高の知らせだっただろう。もちろん、メアリーが千マイルの遠方から、エリザベスの毎週の「妹のような」抱擁による慰めによって、ホレス・マンが気持ちを変え、メアリーがボストンに戻る前に「そうしようと試みる」気になってしまうことを、心配していなかったならば、ではあるが。

エリザベスがホレス・マンとの独占的な関係を築きたいという希望を断念してしまったことをメアリーに確信させるものがあったとしたら、それはエリザベスが知的に心酔できるような新たな人物に心を開いたことを察知したことであった。その新たな人物とは、ブロンソン・オルコットである。姉妹は、オルコットと妻のアビゲイル・メイを早くも一八三〇年から知っていた。この年ソファイアは、キングズ・チャペルでの日曜日の礼拝の後、気づいたら知らぬ間に彼らの結婚式に参列していたのであった。マサチューセッツの旧家の活発な二十九歳の娘のアビー・メイと、コネティカットの奥地の貧しい田舎で育った、三十歳の改革精神に満ちた教師であり、「神秘的な夢想家」でもあるブロンソン・オルコットである。ソファイアは後で日記に、このカップルには「大いに心を打たれた」と書いている。フィラデルフィアで子どものための「人間文化の学校」を設立する試みが失敗した後で、オルコット夫妻と二人の若い娘たち、アンナとルイーザ・メイは、ボストンに戻った。ブロンソンによれば、ボストンは「私たちの国のなかでは、どんな行動をするにも一番好ましい場所」であり、そこでは男女が「考え感じるために生まれてくる――しかも行動のための支援がなされる」のである。

オルコットの最初の学校は失敗したが、この熱心で、目鼻立

ブロンソン・オルコット

ちがはっきりした哲学者は、諦めようとはしなかった。彼は、若い生徒たちにつけさせていた日記をボストンに持ってきており、エリザベス・ピーボディに見せると、彼女はただちに「この作文にはとても驚いたわ」とキューバにいるメアリーに手紙を書いた。彼女は、オルコットが「対話的な」[9]教授法——エリザベスが「言葉の試験」と呼んだ文法の授業ですでに採用していたソクラテス式問答を大幅に取り入れたもの——について説明するのを聞いて、オルコットがボストンで生徒を集めるのを手伝う決心をした。エリザベスはアビー・オルコットから、ブロンソンがラテン語、数学、地理など——ボストンに住んでいる家族なら当然子どもたちが学校で修得することを期待する科目——を教える資格がないと知らされると、「彼が払うことのできる報酬で、一年間一日につき二時間半」の奉仕を志願した。アビーは「歓喜し、そして彼が入ってきて」そのニュースを聞いたときには、「A氏もそうだった」と、エリザベスはメアリーに手紙で書いた。エリザベスは十数軒以上の家庭を訪問して、一八三四年九月の開校日までに十八人の生徒をうまく入学させたが、その同じ生徒たちで自分自身の学校を始めてもよかったのではないかということにも、「A氏」が払える報酬の額をまだ明示していなかったことにも、一顧だにしていなかった。一番強く彼女の心にあったのは、メアリーに書き送ったように、「オルコットは社会で一時代を画すべく運命づけられた人であり、私は彼がそうなるであろうことを信じます」という彼女の印象であった。

　オルコットも同様に、手放しでエリザベスを誉めた。彼女について、「これまでに知っているなかで、もっともすばらしい哲学的な想像力」を持っていると彼は考えた。おそらく間違いなくオルコットは、エリザベスの最近の『クリスチャン・イグザミナー』誌掲載のヘブライ語聖書についての試論を読んでおり、それは彼が直観的に行うことになった仕事に理論的な基礎を提供した。二人の協力は、思考の似た者同士の提携であり、そこでは実践と理想が、当面、完璧なバランスを保っているように思われた。二人は一緒に理想的な教室を探し、トレモント・ストリートとテンプル・プレイスの角からボストンコモンに面している、新しいメソニック・テンプルの二階に、それを見つけた。それは石造りのゴシック復興様式の建造物で、一八三二年の完成以来、「市の主要な美麗建築の一つ」として賞讃されていた。六十フィートの長さの教室は、天井が非常に高く、冬には温めるのが難しかったが、巨大な聖堂風の窓は、一日中暖かくこの世のものとは思われない輝きで、その空間を明るくしていた。オルコットは、三日月の形をした十フィートもある教師用にあつらえた机や、生徒用の座席をその部屋に備え付け始めた。彼はその座席を、自由討論を育めるように半円状に配置した。当時としては、びっくりするような新奇な考えである。エリザベスは、訪問者用の緑のビロードのソファーと、チャニング牧師の肖像画を置いた。それにはすぐに、エリザベスと相談したのちオルコットが入手した、プラトン、シェイクスピア、ソクラテス、スコットらの胸像が加わり、部屋の四隅の台座の上に置かれた。キリストのバス・レリーフの頭部は、「ちょうど生徒たちにはオルコット氏の頭の上に見えるように」、教卓の背後にある背の高い本箱の上にもたせかけられた。

早い段階から、オルコットはテンプル・スクールの生徒たちを「弟子たち」と呼び始めた。生徒は五歳から十五歳までの理解の早い少年少女たちで、両親はボストンの進歩的なエリート層に属していた。チャニング牧師は、娘のメアリーを入学させた。海上貿易の大御所、ウィリアム・スタージスの五人娘の真ん中のキャロライン・スタージスが、マサチューセッツ最高裁判所の主任判事の息子、レミュエル・ショーと共に、クラスに加わった。一番幼い生徒は、早熟の五歳のジョサイア・フィリップス・クインシーで、祖父はハーヴァード大学の学長であり、ボストンの元市長だった。オルコットは、『天路歴程』の道徳的寓話や場面を語りながら、巧みに皆を魅了し、教室の規律から語学の基礎に至るまで、あらゆることについて生徒たちの意見を引き出そうと意図された議論に、全員を参加させていた。

マソニック・テンプル（ボストン中央）

オルコットは、生徒間のわだかまりを完全になくさせ、質問に答えるときは起立して思っていることを自由に語るように求めた。ご褒美は、生徒の考えをけっして批判しないという教師の約束だった。オルコットの説得力は、彼が選んだどの方向にでも会話を導くことができるほど十分なものであった。棒暗記、暗誦、叱責などが日課となっているような学校に慣れた子どもたちにとって、この課題は最初困難だった。しかしすぐに、「この学校に来るまで、自分には考える力があることを知らなかった」という一人の子どもの発言のように、さまざまな発言が出てくるようになった。エリザベスは、ある朝の教室の対話をメアリーのために要約し、「これが私たちの子どもたちの話し方です。彼らは創造しているのです」と結んでいる。このような対話は、オルコットのテンプル・スクールの生徒たちが生み出した、注目すべき日記の基礎ともなった。これは、エリザベスが書いているように、「子どもたちに生き生きと間断なく続けて考えさせ、自ずと表現へと導く」ことに教師が成功した結果だった。生徒たちの作文に対してオルコットは、綴り、文法、句読法などについて「ささいな批判」などしないことを約束していた。それが幼い子どもたちに「自分自身の考えを抑圧」させる原因になっていると彼は信じたからだ。その代わり、彼はさらに心の奥をさぐるような質問をすることで、生徒たちにもっと深く考えさせようとしたのである。

オルコットの午前の対話と日記を書く授業は、すんなりと、午後のエリザベスのより従来型の基礎科目の授業へ活かされていた。こうした授業に生徒たちは、「これまで見たこともないほど深い関心を示しました」とエリザベスは書いている。メアリーにとってこの報告は、エリザベスからの歓迎すべき熱意の噴出と思われたことであろう。エリザベスは二カ月前には、もう自分の人生はライス家の子どもたちを教えるという目新しさのない日課のようなものに縮んでしまったように思い、ホレス・マンの打ち沈んだ日曜日の訪問に執筆を中断されながら、自分の部屋で一人「私は魂の糧に飢え果てている」と書いていた。それがいまや、きまって「天才の考え方を語る」教室で過ごす日々に加え、エリザベスが一番好んだ話題、「運命から解放された自由意志など」について、ブロンソン・オルコットと「喜ばしく心の通じ合う会話」をする幾晩もの長い夜に恵まれたのである。

一八三五年の春、エリザベスはライス家を出て、オルコット夫妻の住む下宿屋に引越し、週八ドルの小さな二室を借りた。生計をまだ歴史のクラスと読書会に頼っていたが、ブロンソン・オルコットからの支払いは、二度ほど拒まれた。それほど彼の不安定な財源は赤裸々なものだった。しかし、冬が終わるまでにテンプル・スクールの人数は倍になり、オルコットの不思議な魅力が三十人の生徒のクラスをしっかり支配し、訪問者用の緑のビロードの長椅子は頻繁にふさがったために、エリザベスはオルコットと生徒たちとの対話を記録し始め、本として出版する計画を立てた。今では、エマソンとその婚約者であるリディア・ジャクソンが二人そろって町に出てきたときには、エリザベスは一緒にお茶を飲む仲になっていた。リディアは「真の普遍性を備えた人」で、その彼女をエリザベスは「エマソン氏に劣らず……好きになっていた」[10]のである。エマソンは、この計画に対するエリザベスの楽観的な考えを肯定し、その原稿を「大いに楽しんで」読み、その有用さが試されるべく、「急いで出版されるよう」望むと手紙を書いた。

いまやエリザベスは、完全にオルコットの開かれたコミュニケーションという信条に転向していた。それを彼女は他の親しい人間関係に応用し、さまざまな結果を得はじめた。一年前、妹たちがキューバへ出発したとき、エリザベスは十年近くメアリーと部屋を共有した後のことでもあり、「一室を独り占めできて喜び、これを「自分の精神を統御する」機会とし、独力で「自分の内面にある軋轢や分不相応なもの」を解決しようとした。彼女は、「意識に浮かぶ人がいる場合は、いつでも意志の疎通をはかりたい」という自身の衝動を、「神経の苛立ちや、精神や道徳や身体組織の緊張」へとつながる強制力と見なし始めていた。しかし、オルコットと共に確立し、それを彼が生徒たちのなかに育むのを見た自由な対話は、こうしたエリザベスの性癖を再考させることとなった。

一八三五年の冬と初春は、記憶にある限りもっとも寒いものだったが、ボストンに新たな知的熱狂をもたらした。一月にウォルドー・エマソンは、ボストンの有用知識普及協会の後援により、マソニック・テンプルのメイン・ホールで満員の聴衆相手に、伝記の活用について、一連の関連したテーマで講演を始めた。一八三二年に牧師の職を辞し、一八三三年の大半をヨーロッパ旅行で費やした後、三十一歳のエマソンは、宗教界を離れた預言者として自己改造をしていた。黒褐色のもじゃもじゃ髪をした、長身で男らしいハンサムなエマソンは、講演毎に入念に磨きをかけた四十ページの原稿を読み上げた。彼は組んだ手を、ページをめくる時以外は演台に載せ、自分の声が聞こえているかを確認するため、ときおり顔を上げ、ホールの後ろの聴衆を鋭い青い目で見つめた。しかしこの一瞥は電撃的だったようだ——聴衆の一人はそれを「起床ラッパ」にたとえた。初期の別の聴衆の一人が、「私の聞いたことのあるなかで、もっとも優しく、人を惹きつけ、よく通る」と評した声で、エマソンはミルトンについて語ったかと思うと、こんどはミケランジエロ、さらにはマルティン・ルターについて語った。しかし、彼の選んだ人物たちの生涯は、議論の方向ほどには重要ではなかった。エマソンの講演は「独創的」ではないと、エリザベスはメアリーに書いている。しかし、それは「もっとも適切に……この時代の精神として私たちが評価したいちばん重要な考え」を集めたものだった。彼女は、最後に「人間の心の産み出したものによって、これほどまで興奮」したのがいつのことだったか、思い出すことができなかった。その一連の講演が終わりに近づいた一八三五年の三月、エリザベスはホレス・マンに、「この二、三週間以上に思考した時がいつあったかわからないほどです」と書いている。

エマソンの見解では、すべての人間には偉大さの素質があり、エリザベスが初期の講演をメアリーのために要約したように、「一人の人間の個性」というものは、「私たちが共有する精神性の一要素」が自らのなかにあることを認識することを求める。エマソンのメッセージは、ピーボディとオルコットのテンプル・スクールの哲学に共鳴するものだった。この学校では、エリザベスは男性の代名詞を用いずに書いているのだが、「すべての生徒の考えが慈しまれています……なぜなら私たちの担任する生徒たちのなかには天才だっているかもしれないからです」。エマソンが「われわれの能力の絶対的な無限性」について講演するのを聴いているうちに、エリザベスは、もはや自分の衝動的な性質を申し訳なく思う気はなくなっていた。むしろ、自己不信こそが自分のこれまでの人生の「かくも多き暗い時代」の主な源だったと認識した。いまや彼女は、エマソンの講演によって「以前よりも自分のことをよく考える」よう「大いに励まされた」と感じた。この認識はもう一つの認識をもたらした。すなわち、エリザベスがホレス・マンに書いたように、「思考と感情の過程は、すべて私に関わる事象なのです」。「私はあなたと会話をしていません……ちょうど以前の私のように、それから離れています。私は一年前の自分とは、すっかり異なる人間です。私は六週間前の私とは異なる人間です。」それは社交の価値についてのエリザベスへの啓示であり、彼女が今、「私の社会的共感の原理」と呼ぶものの拡張であり、ソファイアがキューバの月光を浴びながら経験した、自然との調和という直観と同じように、どの点から見ても力強いものだった。

エリザベスは、彼女のキューバ日記で、人生観の変わる会話の一つを詳しく語っている。これはホレス・マンとのもので、彼は圧倒的勝利を収めた反ジャクソン派の指導者として、一八三四年十一月に、マサチューセッツ州上院のホイッグ党員としての議席を獲得して以来、一層快活になったようだった。エリザベスも喜んだ。遅ればせながらもマンが立候補の決意を固めたのには、幾人かの裕福な後援者からの支持の申し出を真剣に受け止めるよう彼に勧めた、彼女の説得が大きく貢献していたのである。生まれかわったようにのびやかな気分になって、エリザベスはマンに、「自分のことについて尋ねるどのような質問にも」率直に答えてほしいと頼んだ。マンは、「いくつかすぐ目につく身なりを理由に」、エリザベスが悪口を言われているのを聞いたことがあると認めた。しかし、彼女がマンに、「熱意、熱狂、あるいは別のどうというほどのこともない理由であれ、不本意ながら私が横柄な、押しつけがましい、男性のような態度をとっていると、個人的にでも、思ったことがあるかどうか」と強く迫ったときの彼の答えは、「ありません。まったく」であった。マンがエリザベスに、「まったく逆です。あなたは誰にでも機会を認めてきたし、自分の優れた天賦の才を利用するようなことも極力避けてきました!」と言ったと伝える彼女のメアリーへの報告には、明らかに勝ち誇った調子があった。

メアリーとソファイアのキューバ滞在の残りの日々を、エリザベスは、メアリーとの開かれたコミュニケーションを確立することに注意を向けた。エリザベスは、妹たちとの協調の新時代を心に描いていた。彼女はメアリーに、キューバにいるスペイン人の子どもたちを六人ばかり勧誘して、寄宿学校の核とするために連れて帰るよう促した。ソファイアは、メアリーとエリザベスが提供する基礎学問に、芸術の授業を追加することができるだろう。エリザベスはメアリーに、「私たちのそれぞれには、互いに欠けているものを充足し合えるものがある」と信じていると手紙で書いた。時々緊張関係はあるものの、「私たちほど団結し、これほど共感し、互いに愛情と尊敬を抱いている姉妹は、あまりなかった」とも。

しかしエリザベスは、メアリーの手紙の底に流れている不満にも気づいていた。すなわち、エリザベスの家事や容貌についての「いつもの目障りなささいなことばかり」への言及に加え、エリザベスならキューバでは一週間で評判を失うだろうとか、ホレス・マンとの度重なる会見は「誤解される」かもしれないというほのめかしである。もっとひどかったのが、たまたまホレス・マンの発言にもとづいてふくらんできた、エリザベスのメアリーに対する疑惑だった。それは、エリザベスは横柄で、さしでがましく、常軌を逸してさえいるという確信を、メアリーがマンに打ち明けてしまったのではないかという疑いだった。マンがうっかり、メアリーはエリザベスに「反駁するのを怖がっている」という自分が持つ印象を漏らしてしまったため、「私と意見が異なるとき、あなたはいつもそれを撤回するか、それを述べるのを我慢しているとマンさんは言っていたわよ」とエリザベスは書いている。

しばらくの間、エリザベスは比較的ささいな非難にも抗弁し、叔母のソファイア・ピックマンが「私の趣味のよい髪型」を褒めてくれたことを報告し、「首回りに編んだレース」の付いたドレスや、サマセット・コート以来の古い友人であるスーザン・ハウとジョージ・ヒラードの結婚式に出るため、マライア・ライスから借りて「とってもきれいに、かわいらしく」自分の髪に飾りつけた銀の櫛について説明している。ヒラード夫妻の結婚式の後で、エリザベスはメアリーに、「とても多くの人たちが、私は美しく着こなしていたと言っているわ！」と書いた。しかし、新たに見いだした自信で、エリザベスはこのような和解手段など、たちまち放棄した。「どうにかきちんとして見えるという程度以上の私を、あなたに見せるとは約束できないわ」とエリザベスは手紙に書き、「私はあなたに、私のすべてをしっかり知ってほしいのよ」と挑戦的な調子でこの手紙を結んでいる。

いまやエリザベスは、メアリーの「すぐそれとわかる我慢ぶり」と彼女が呼ぶものによって、これまでいかにいらいらさせられていたか思いだすようになった。「一言も非難がましいこと」は言わずに、メアリーはなおもエリザベスの性格について「ひそかな疑念」を抱いていることを、ちゃんと伝えていた。それは、メアリーが「一人の心の廃虚を――すべての断片がダイヤモンドででもあるかのように」精査するやり方のようだった。エリザベスはメアリーに対し、エリザベスの欠点について黙って「思い悩む癖」を止め、両者が完全に正直であるような関係を築きましょうと働きかけた。それは、「神経にさわることは何でも隠すことで平和を保つ」という間違った考えではなく、「透明な交際」をというものであった。メアリーが明らかにしてくれさえすれば、エリザベスはメアリーの批判を聞く用意があると言い切った。

何通もの手紙のなかで、エリザベスは、彼女が今では「コミュニケーションの原理」と呼ぶものを擁護し始めた。彼女はブロンソン・オルコットを、自由なコミュニケーションを実践した「私がこれまでに見た唯一の人」として誉めちぎり、もしメアリーがオルコットの授業ぶりをじっくり見れば、「私の口から出れば拒んできたこの問題についての見解も、彼の口から出ればすぐ認める」であろうと主張した。メアリーが「過去についてくどくど述べる」ことを拒絶し、エリザベスの一斉射撃のような呼びかけを無視し続けたので、エリザベスは、メアリーとソファイアは二人そろってセイラムに落ち着き、ソファイアは絵を教え、一方エリザベスは自身の学校を始め、ボストンに残ってオルコットの授業を手伝う方がいいのかもしれないと、それとなくほのめかし始めた。「もし私の浮き沈みから自分のチャンスをつかもうと、私と暮らす気になってくれても、もちろん私は嬉しいわ。でもあなたが一番幸せになれることが、私のいちばんの喜びでもあるの」とエリザベスはメアリーに書いている。エリザベスは、「自分に正直であることと、あなたを喜ばすことは同時にはできない」との結論を下していた。

ついにメアリーは、姉に応えるか、あるいはボストンのホレス・マンの近くに住む望みを諦めなければならなくなった。メアリーは、「ときには自分の自信を抑えてきた」と認めたが、遠まわしに「それを示すことができなかったためです」とも書いていた。姉をなだめようと、彼女は、自分にはおおっぴらに話すことができない「高慢な心」があったことを告白し、「たぶん私はほかの誰よりも、姉さんに対して高慢でした」と認めている。メアリーは、「外の世界よりも内面の世界に」生きようとしてきたために、自分がお高くとまっているように見えたのではないかと推測した。それから彼女は、ホレス・マンへの愛を打ち明ける寸前までいき、自分ももっと深い関係を望んでいると認めた。「私にも、求められれば心のすべての道を開くべき理想の人物像が、心のなかにありました。その人物像と私が思い描いたこの世のすべての幸せとは、ずっと結びついていたのです。その理想が人の形をとるかどうかは、時間が証明してくれることでしょう」とメアリーは書いている。

メアリーの明らかな謝罪によって、エリザベスはもう一度、自身の計画を練り直した。「私たち二人で質素に生計を立てるのなら、もちろんあなたは私と住んでもいいわ」と彼女はただちに返事を書いた。ラ・レコンペンサで孤独だったために、メアリーはボストンの寄宿学校に若いスペイン人を惹きつけることはできなかったし、エリザベスも自分の生徒だと主張できたはずのボストンの子どもたちを、すべてオルコットに譲り渡していた。それでもエリザベスは、六人ばかり年齢の高い少女を生徒として集めたいと思っていた。ソファイアは両親のいるセイラムに留まり、午後の絵画教室を開けば「立派に」生計を立てられるはずだった。それから、「私たちは、婚期を逸した女性たちのための集会所や教室を開いて、年老いて白髪になるまで何とかうまくやっていけるでしょう」。

この未来図は、メアリーには驚くべきものに思われたにちがいない。エリザベスとホレス・マンが、ひとりよがりのような日曜の夜のおしゃべりにふけっていた頃――そのおしゃべりで「私たちはあなたが世にも珍しい完璧の例であることと、私も大いに向上してきたこととで意見が一致したわ」とエリザベスは書いているが――メアリーは、率直な意思疎通をめぐる「果てしない話題」と呼んだものについて、長い手紙を書いていた。いまやメアリーは、エリザベスがずっと求めてきたものを彼女に与えた。すなわち、メアリーはエリザベスが無思慮であることをはっきりと咎め、彼女を信用することを拒んだのである。メアリーは、エリザベスが自分たちの意見の不一致をホレス・マンに語ってしまったことを知っていたので、エリザベスにそのようなことは止めるように頼んだ。さらにメアリーは、エリザベスが本当に自分に対する批判を聞きたがっていたとは信じられなかったし、ましてやエリザベスがそれを聞いたとしても、態度を変えるとも思えなかった。エリザベスが望んでいたことは、メアリーの見解によれば、自分が話題の中心になることだった。エリザベスが「自己中心」を抑制することと、二人が同意した話題だけに会話を制限することを約束しさえすれば、メアリーはエリザベスと一緒に暮らせるだろう。

エリザベスは激怒した。互いの感情を守るという「ばかげたこと」をやり通すより、「私はむしろ世の中に一人も友人がいない」ほうがましだわと彼女はメアリーに書いた。そして、メアリーの手紙は、「あなたが私に反対しないなら、私も率直になる」と言っているようなものだと言い張った。もっともエリザベス自身は、実質的には同様の指示的な言い方で論駁したわけだった。エリザベスは、姉妹そろって互いに「率直な言葉で語り」、そして「私が誤解していたら、私が理解できるよう、ちゃんと説明してもらいたい」と要求した。さらにメアリーは、「私が言わなければならないことは聞くべきだし、聞き間違えることがあるかもしれないとすすんで信じ」なければならない。エリザベスはメアリーに、「私の条件もよく考えてもらいたいわ。我慢しなければならない災難としてではなく、採るべき原則としてね」と忠告したのである。

若干の同情を示そうと、エリザベスは、キューバという「異なった道徳環境」が、かねてよりあったメアリーの特徴的な控え目さを増幅させてしまったのではと推測した。しかし、「もし私の気性や偏見のために、私に対していつも遠慮が要るのだったら」、「私と毎日付き合う状況に無理して入らなくてもいいのよ」とエリザベスはメアリーに忠告した。「誰かと率直かつ遠慮なく暮らすのでないなら、独り暮らし」の方がはるかにましだからだ。それでもエリザベスは、メアリーが自分の出す条件に同意することを期待していた。その場合、「私たちの同居生活の手段を手に入れるためであれば、私の才能と資金のすべてを使うことは、私の最大の喜び」だとエリザベスは書いている。

公平に言うなら、エリザベスはもう一人の怒りっぽい弟、ナットとの交戦で頭が混乱していたのである。彼は父に借金を返し始めてすらいなかったのに、結婚式の日取りを決めたと突然知らせてきた。式は、メアリーとソファイアがキューバから戻ってくると思われる時期に合わせ、一八三五年の五月に行なうというのであった。そのニュースを知らせるエリザベスのメアリーへの手紙は、彼女が珍しく打ちのめされた気分にあることを示していた。彼女はすでに、その縁組に先行き不透明なものを見てとっていたのだ。ナットは、優しい性質の帽子屋の娘、エリザベス・ヒバードに対して、「何が彼女を幸せにするかを学ぶべき」であるのに、彼女には「専制的で横柄だった」。しかし最悪だったのは、自分の未来に責任を負うことがまったくできていなかったことである。ナットは、エリザベスが「家族の借金を返済するために自分の青春を諦めてしまったこと」を嘲り、「そんなのは善行ではなく愚行だ」とすら思っていたのだった。エリザベスは、ナットが「他の人々の財産権に対して、まさにペテン師のような感覚」しか持ち合せていないように思い、絶望していた。いまやエリザベスは、「弟はどうしても借金から抜けだせないという結果になり、お父さんに頼って生きていられる限り、きっとそうする気」なのではと心配していた。六十歳になって、ピーボディ医師は「急激に老け込んだ」が、それは息子たちについての心配の結果であり、エリザベスは父がナットに家庭というものを供与してやることができなくなる日のくることを予測した。そうなれば、ナットは「絶望的な貧困に陥り、あなたと私は、彼の子どもの世話をするために、白髪になっても働かなければならず、その上、お父さんが借金から抜け出るのを見るという満足も得られないでしょう」とエリザベスはメアリーに手紙で書いている。

ソファイアは、少なくとも、キューバ滞在によって益するところがあったようだ。彼女の体重の増加が有望な兆候で、姉妹は「大気の第二の変化がソファイアの治療を完結してくれる」ことを望んで、春までラ・レコンペンサに滞在していた。しかし、エリザベスは、「幾年もの人生を経ても子どもの心を保っている」ことのできるソファイアの不思議な能力に驚嘆していた。彼女のキューバ日記を読んだほとんどの人にとって、ソファイアは「熱狂と才能の体現者」と思われた。しかし、姉たちは、ソファイアの抑制のない熱狂が、意図しない結果を生み出しうることを知っていた。自らのキューバ日記で提示した性格分析に誇りを持ったエリザベスは、ジェイムズ・バローズの一件から、ソファイアのキューバの風景画に描き込まれた「楽園の人々」は、「皆こしらえもの」と認識するようになっていた。ソファイアがエリザベスに、モレル一家にセイラムを訪れて、ピーボディ家に滞在するよう招待したと興奮して手紙を書いてきたとき、エリザベスは彼女に気前のよさを抑制するよう警告した。ソファイアは、自分の家が「すでに仕事をする年齢ではなくなったニューイングランドの一医者の、みすぼらしい住まい」に過ぎないことを覚えておくべきだというのであった。

エリザベスは、メアリーへの要求を撤回することはできないことが分かったが、エリザベスの最後の日記風書簡の一つで、ホレス・マンとの会話を報告した。この手紙は、いわば鎮痛剤としての役割を果たしたはずのものであった。マンはエリザベスに、メアリーの帰国についての一部始終を教えてくれとせがんでいた。「僕はメアリーに戻ってきて欲しいのです」と彼はエリザベスに言った。それから、「魂をぞくっとさせるあの調子で」、彼は「メアリーは戻ってこられるのですね」とつぶやくと、悲しげな沈黙に陥ってしまったので、「それがいったいいつ破られるか、私にはわからなかった」とエリザベスは書いたのだった。

メアリーは、エリザベスの辛辣な手紙をトランクに詰め、ボストンに向かって出帆した。メアリーには、オルコットの学校の助手としての地位を、年俸四百ドルの約束で得たらどうかというエリザベスの提案のほかには、どこで働き、生きていけばよいのかという問いへの答えは、出ていなかった。しかしメアリーは、オルコットがまだはした金しかエリザベスに支払っていないことを知っていた。メアリーはおどけた調子でホレス・マンに手紙を書き、「実家に帰ったらスペインの淑女のふりをする」計画はみんな断念してしまいましたと告げていた。そのかわり、ボストンで再会の際には、「知ったかぶりの、不器量なアメリカ人女性を目にすることになるとだけ予期していてください」とも書いた。彼女は、ニューイングランドの「大衆の心をとらえている哲学や、数々の重要な問題について……時代に遅れている」ような気がするとも告白していた。エリザベスからの、「隠し事のない透明な交際」の懇願や、オルコットの学校の天才児たちや、エマソンの神託のような言説の説明が情熱をこめて書かれた、いくつもの手紙の嵐を受け取った後では、キューバの奴隷の生活の野蛮な場面をいくつも心に焼き付けられたメアリーが、「私はまだ超絶的なものについて、よくわからない」と認めざるをえないと感じたとしても、それは少しも不思議なことではなかった。

第Ⅶ部

セイレム時代以前

一八三六―一八三九年

第25章　テンプル・スクール再訪

一八三五年五月十七日、メアリーとソファイアが乗船したウィリアム・ヘンリー号がボストンに帰港した。姉妹はスーツケースを抱えたまま、オルコット家に間借りしていたエリザベスの部屋に押しかけ、待ち望んでいた再会を果たした。アビー・オルコットは、三人目の子どもを妊娠して八カ月目であったが、旅の疲れが出たソファイアを「看病しに」ときどき覗きにやってきた。このソファイアの航海後の疲労は、彼女の一連の健康状態悪化の最初のもので、それが彼女のキューバでの療養の効果を徐々に消してしまうことになる。仲違いを解消しようと、メアリーはことさらエリザベスの「美しさ」について触れ、エリザベスもまた明らかに機嫌を取ろうと努力していた。メアリーは、自分の改革への熱意を共有すらしてくれない家族のなかで、まったく好きになれない類の仕事を一年以上も続けた結果、いまや三人の姉妹のなかでもっとも痩せてしまい、見るからに顔色も悪くなっていた。

ホレス・マンは、姉妹たちを迎えに詰めかけた多くの友人たちの一人だった。しかしエリザベスの「独り占め気質」のせいで、メアリーが望んでいた二人きりの会話ができなかったため、彼女は二週間後、セイラムからマンに手紙を送った。彼女はマンに、「知性の行進」が自分のそばを通り過ぎてしまったようにずっと感じているけれど、追いつくつもりだと語った。またずっと政治に関心を持っていたので、「私は政治家向きだったと思う」とも打ち明けていた。一方、長らく家に娘たちがいないまま過ごしていた母を助けるため、また主に「可哀そうな奴隷にこんなに長く仕えてもらっていた効果を相殺するため」に、メアリーは「猛烈な主婦になった」。

二人の姉妹たちを置き去りにしたのは、ただ「知性の行進」だけではなかった。メアリーとソファイアがキューバにいた頃、ボストンの金細工師ルイ・ローリア[1]が気球旅行の実験を始めていた。二人の帰国直後、ボストンコモンからローリア氏が気球に乗って雲のなかに消えていく危険を冒すのを見ようと、好奇心旺盛な数千人の群集が集まった。交通機関もはるかに発達し、ボストンの北、南、西へと伸びる三つの鉄道網ができていた。メアリーは、帰国後一カ月経って、これらの鉄道のうち乗客を受け入れたもっとも新しい路線であるボストン＝ローウェル線に乗った最初の乗客の一人となった。このときメアリーは、姉妹たちが知るかぎりずっと患っていた結核でいまや危篤状態となっているリディア・ヘイヴンを訪問したのだった。メアリーは「そのようなすばやい移動手段に若干の恐怖」を抱いたけれども、それは驚くことに、三十マイルも離れたローウェルへの日帰り旅行を、魅力的で手軽なものに変えてくれ

ピーボディ一家、シルエット画、1835年（上段左から）ピーボディ夫人、ピーボディ医師、エリザベス、ナット、（下段）ジョージ、ソファイア、メアリー、ウェリントン

ていた。彼女は万が一事故が起こったときに一人でいないで済むように、弟のジョージを連れて行った。旅客列車の初期においては、ボイラーの爆発や脱線は頻繁に起こることだったからである。それでもメアリーは「理屈の上では」速い鉄道を賞讃した。蒸気機関は、テクノロジーが「あらゆる空間を結びつける」のに成功する時代がやってくる前兆のように思えた。ソファイアと同様、メアリーはキューバからの帰国後、姉妹がまた「ひどい別れ」を迎えることを怖れていた。

　しかしエリザベスが、ローウェルのリディアとともにその夏を過ごし、そこで死期の迫った彼女とその幼い息子を慰め、精神哲学を教えることにするので、その夏の間はオルコットの学校での教育はメアリーに任せると告げたとき、メアリーはほっとした。ラ・レコンペンサに配属された歩哨たちの監視のもと何カ月も過ごした後だけに、「解放と安心感」に浸りながら、ただボストンの通りを歩くだけで、彼女はようやく「心からの幸せ」を感じることができ、「懐かしい人たちの顔や場所」を再び見聞きできる機会を喜んだのだった。メアリーは、輸入業者の事務員としてまだいい稼ぎを得ていた弟ジョージと一緒に、パール・ストリートのヴィントン夫人の家に間借りできるよう手配した。そこでは、エリザベスがしていたように、オルコット家の人々と開放的なコミュニケーションを続けなければいけないというプレッシャーを感じることもなく、また家賃も姉妹がボストンでこれまで払ってきた金額より安かった。

　ソファイアとメアリーが見逃してしまったもう一つの出来事は、弟ナットの結婚式だった。彼は二人がボストンに帰ってくる四日前に急いで式を済ませ、エリザベスという名の多い一家にあって、今ではE・ナットと呼ばれるようになっていた新妻エリザベス・ヒバードを、セイラムのピーボディ家に連れてきたいと考えていた。いまやピーボディ家は、チャーチ・ストリートの「こじんまりした家」から引っ越さないといけなくなっ

ピーボディ邸、チャーター・ストリート、セイラム

ていた。チャーター・ストリートの、ややみすぼらしいとしても、ずっと大きな家を選んだことは、結果として幸運であった。なぜなら次の五年間、ピーボディ家の六人の子どもたちが、その折々に再び実家に住むことになったからである。ソファイアは姉妹たちのなかで真っ先に戻った。彼女には他に選択肢がなかったからだった。

　ソファイアはチャーター・ストリートの家を一目見るなりがっかりした。町のお洒落な地域のちょうど端にあった、このブロックでできたような三階建ての羽目板の建物は、セイラムでもっとも古い墓地の一角に面していた。ソファイアは、「ひどく荒れた状態よ。古くて醜くて、でもたくさん部屋はあるわ」と、ボストンにいるメアリーに書き送った。いい点は、ピーボディ家が料理に使う作物を育てるための「庭が充分にあって」、「台所と貯蔵庫がすばらしく広いこと」、そして必要な時にはベッドをしまうこともできるだけの広いクローゼットがついた寝室が六つもあることだった。彼女は、墓地は「客間の窓のすぐ下なのよ（うぇっ！）」と書いたが、一家はすでに数年前もボストンで同じような運命に耐えたことがあった。「死者の近くに住むと考えるのもいいわね」という言葉が、ソファイアの精一杯我慢しようという憂鬱な努力を示している。もっとやっかいだったのが、どれだけ新しいペンキを塗ったり壁紙を張ったりしても、客間を「立派な外観に見せることさえ」できないと彼女が感じていたことである。その家の唯一の装飾は、通りに不恰好に張り出した支柱に支えられた切妻式の玄関口であった。

　しかし六月末の引越しの頃には、ソファイアの気分も上向きになっていた。「ツバメの巣のなかにこれほど長く住んだ後では、宮殿にいるような気分になるわ」と彼女はメアリーに書き送った。母親がチャーチ・ストリートの庭を全部、満開の赤いバラまでひっくるめて植え替えると主張したときに、両親が起こした諍いさえ、ソファイアは軽く受け止めることができた。「お父さんは全部枯れてしまうに違いないと思っているけれど、お母さんは逆に全部生き残るはずだと考えているの」と彼女はメアリー宛ての手紙に書いた。「可愛らしい仲間たちがみんな頭を上げていられるよう」気を配りながら、ピーボディ夫人とウェリントンが花壇で土を掘ったり雑草を抜いたりしている間、ピーボディ医師はジャガイモやマメの植え付けについて大騒ぎしていた。ソファイアはそのようなやりとりを二階の寝室の窓から見下ろしていた。そこからは、墓碑の向こう、立派な楡の木の枝の隙間から、かつてメアリーが子ども時代にお気に入りの避難所にしていたピックマン家の庭が見えた。

　ウェリントンは最近になって家族のためにと戻ってきていた。十八歳になったウェリーは、友人に書き送ったように、自分が「運命の転換期に来た」と考え、専門職に就こうと決めていた。法曹界や聖職に入る道は、汚点のついたハーヴァード大学でのキャリアとともになくなっていた。しかし二十二歳でコレラ研究のためにボストンからパリに渡り、先駆的な結果を発表した一年後に結核で亡くなった若き英雄、ジェイムズ・ジャクソン・ジュニア博士の業績を称える本を読んで以来、ウェリントンは医者になろうと決意し、父のかつてのライバルの一人、セイラムのA・L・ピアソン博士の弟子となる契約に署名していた。ウェリーは、まずエリザベスが、次に両親もまたジャクソンの本を読むように計らい、すぐに家族中がこの計画に「有頂天」になった。ウェリントンは、パリへの旅も含めて、ジャクソンの努力を再現することを願っていたが、そこから生きて戻ってくるつもりでいた。彼の姉妹たちが彼にフランス語を教え、母親が植物学を、残りはピアソン博士が世話してくれるはずだった。つかの間、ピーボディ医師がこの業界で身を立てようとして経験したかつての困難のことを、誰もが忘れたようだった。「医学においては、正しい精神に駆り立てられ、懸命になるならば、傑出するのはわけもないことだ」とウェリーは友人に書き送った。彼は二年のうちにパリへの旅支度ができていることを願った。ウェリーが友人に打ち明けたように、彼がもっとも興奮しているのがパリに住むという考えだということを家族が知ったなら、彼らはそれほど熱心にこの計画を支持しなかったかもしれない。

　八月にソファイアは、ウェリントンが「真剣な目的で」解剖学と化学を学んでおり、「彼の頭脳も精神もすべてがすばらしい状態になりつつあるみたいよ」とセイラムから報告した。ソファイアもまた、珍しく効率的に自分自身の努力を系統立てていた。チャーター・ストリートの自室では、丸い作業台を用意し、その真ん中に母親の花を生けたグラスを載せ、炉棚の上にヘラクレスとアポロの石膏像を置いた。大きな備え付けのクローゼットは、「画材」を入れるのに十分だと思われた。エリザベスはソファイアが模写できるよう、オールストンの絵をもう一枚借りてきてくれていた。

ジェシカとロレンゾ
（ワシントン・オールストン、1832年）

　一八三二年に完成した『ジェシカとロレンゾ』[2]は、『ヴェニスの商人』の一場面を描いたもので、駆け落ちした恋人たちが、月に照らされたイタリアの風景を前景に、腕を絡ませて座っているものだった。その絵はオールストンの小品の一つで、持ち運びしやすいものであったが、画家はそれを「自分のもっとも完成度の高い作品の一つ」だと見なしていた。理想の恋人たちとロマンティックな風景の組み合わせは、ソファイアに「深い畏敬の念」を引き起こした。オールストンはエリザベスに、『ジェシカとロレンゾ』は、その四倍のサイズの作品よりずっと時間がかかったと語っていた。五百ドルの値をつける予定のこの絵画の売却を、ソファイアが模写できるようにと彼が遅らせた事実は、ソファイアには育てるに値する才能があると彼が信じていた証拠である。

ソファイアはいつもの「熱狂」のなかで模写の作業を始めた。数日間というもの、彼女は「完全に頭が興奮していた」ため、習慣であった昼寝をすることも、夜寝ることにも困難を覚えるほどであった。絵を描いていないときですら、「心を落ち着かせることができない」ので、皿洗いをしたり、新しい家のクローゼットを片付けたりして動き回っているのだと、彼女は歓喜に満ちたエリザベス宛ての手紙のなかで語った。ほどなくソファイアは最初の彩色を終え、「人物たちの雰囲気をうまく」捉えたと満足した。

ソファイアはまた、自慢に聞こえないように注意を払いながら、「練習すらしていないのに」、今ではキューバに行く前よりも「絵画に対する腕前が上がった」ことに気づいた。「新しく一筆描くたびに驚いてしまうの。だって信仰や希望は別にしても、自分に力が備わっているなんて感じないのですもの」と述べている。彼女は「専門的なことや秘訣」といったものを学んではこなかったし、彼女の主張によれば、「無知蒙昧」な状態で絵を描き続けてきた。彼女は実際、「ルールにこだわることにある種のいらだち」を感じると断言した。一方で、「追いやる」ことができないのは、「霊的なもの」であり、「神聖な調和を耳にし、神聖な色彩が目の前をよぎって、神聖な形体に命を与えている」という感覚であった。それが彼女に再び筆を取らせることができたのだ。ソファイアにとっては、外界にある神聖な啓示の力に動かされるという考えは、自分に「力が備わっている」と認めるよりも、自らの芸術的才能をより安全に説明するものであった。このようにして彼女は、自身の「才能」の責任を取ることに付随する、個人的な失敗の危険性から守られたのである。

そのようにエネルギーに満ちた時期に生じる楽観主義にあふれたソファイアは、エリザベスに宛てた手紙で、「何かを創り出すまではけっして満足できないだろう」から、「自分自身が持つイメージのおおよそを表す」ために、やがてはオリジナルな作品を描きたいという望みを吐露した。彼女は、従姉メアリー・トッパン・ピックマンの叔母であるローリンズ・ピックマンへの売り上げを当てにして、メアリーをモデルとした自作の文学の一場面を想像した。しかしその計画の堅実さにもかかわらず、ソファイアはいつもながら自分自身への言い訳を残していた。いまだ「何も生み出したことはなく」、「模写にはすばらしい才能は現れないし、それしか私はしてこなかったのよ」と認めながらも、ソファイアはエリザベスに、キューバ日記から採用した言い回しを使うなら、「私は創造するわ。手ではなく、内面でね」と保証したのだった。

ソファイアはここで自分の技術にひどい仕打ちをしたといえる。見るからに軽々と、ほとんど技術的な指導もないまま、彼女は半ダース以上もの複雑な絵画のすばらしい模写を作り出した。この業績は明らかに本物の「才能」を示している。ソファイアが受けた訓練は、同時代のすばらしい画家たちと近い距離にいたことから得たものであったが、初心者ないし助手としての彼女の立場を強調するだけの役にしか立たなかった。「内なる画廊」のためにすでに記憶に委ねていた作品群に加えて、心のなかにいまやあふれかえっているイメージだけで、やっぱり満足だとソファイアが自分を納得させようとしたとしても、おそらく彼女を責めることはできないだろう。病に伏せる習慣は、ソファイアに受動的で内面的な生活を送ることを、そしてそのために賞讃されることを可能にしたが、その習慣を破るのは困難であった。その代わりに、芸術家として「創造する」という自身の野心を認め、それを実現させる努力をすることで、確実に生じるはずの葛藤やためらいに苦しむことになるのであれば、なおさらであった。「手ではなく内面で」の創造は、自分が生産していないことを、他人だけではなく自分自身にも正当化する方法を探していたソファイアにとって、この先一つのテーマとなる。

その同じ八月、いまやシャーロット・マンの没後三回忌となった日に、メアリーとエリザベスは「悲しみに沈んだ哀悼者」ホレス・マンに長いお悔やみの手紙を送り、二人とも彼に、家に来ませんかと誘った。メアリーは、進歩的なボストンとの比較から、彼女が「遅れた町」と呼んでいるセイラムの学校が休暇中であり、「私たちのお友達を歓迎すること以上に幸せなことはない」母親も、マンを招待することを支持していると彼に請合った。「ゆったりした」日曜日の午後のお茶のあとで、若いときの「あこがれと希望」の場面であった「まさにその草木」の間を、ホレス・マンと散歩している想像をしたとメアリーは彼に語った。一晩泊まっていくことだってできますわ、姉妹二人は屋根裏のベッドで一緒に寝ることもできますから、もしお望みであれば、ソファイアの部屋で一晩過ごして頂けますと、彼女は伝えた。一方エリザベスのほうはまだローウェルにいた。リディアの医者が、サム・ヘイヴンに妻が死の床にあると知らせる陰鬱な役目を果たすよう、彼女に頼んだからである。ホレス・マンに日曜日に訪ねてこないかと誘ったのは、マンのためであると同時にエリザベス自身のためでもあった。

マンはどちらの誘いも断った。エリザベスに対しては、旅行できない理由として、「しなければならない多くの仕事」をこまごまと引き合いに出した手紙を送った。メアリーに対しては、一時間以上もの間、一言も書けないまま、彼女の「優しく哀悼の意にあふれた手紙」を手にして座っていたと告白した。彼女の手紙を「幸せな国からの使い」として切望し、何度も読み返したとマンは書き送った。しかしいつもながらの慎重な言葉で、マンは返信に「自分の感情を表現するのに充分なほど個別に列挙する」ことはできないのだと説明した。彼はメアリーに、手紙を送り続けて欲しい、返事ができないことは「私があなたに手紙を書いてもらうことをもっとも必要としている、まさにその理由」なのだということを理解してもらいたいと頼み込んだ。彼はセイラムには行けないが、メアリーがすぐにボストンに戻ってくることを望んだ。彼はどちら宛ての手紙にも、「心からの愛情をこめて、ホレス・マンより」と署名した。

姉妹はどちらも落胆した。他の女性ならば、自分たちが真摯に表現した愛情を操っているかのように見え始めたことに対して、あるいは少なくとも、お返しとして何を与える訳でもなく慰めを受ける権利を当然と考えていることに対して、腹を立てていたかもしれない。しかしメアリーもエリザベスも、ホレス・マンに手紙を送るのをやめることはなかった。二人とも同じくらい、彼には偉大な人物となる能力があると信じていた。どちらも彼を支えるために、そしておそらくは、最終的には彼の栄光の分け前に与かるために、自身の失望感をすすんで脇へと押しやったのである。政治家は、「見守り、保護し、世話しないといけない……公の宝」だと見なしていたエリザベスは、マンがあまり名声を得ていないことや、頻繁に病に罹ることを心配する他の友人たちとともに、彼が過度な悲しみのために死んでしまうのではないかと怖れた。彼女は、この友人が将来行うかもしれない善のために、また自分がマンの助けとなったと知って満足するためにも、彼に生き続けてもらいたいと願った。メアリーのほうでは、いつかホレス・マンが、彼女への思いを「個別に列挙」することを自らに許す気になり、二人の間に愛情があるとわかってくれることを、ひそかに望んでいた。

ホレス・マンが招待を断ってきたことは、メアリーの生活ほどにはエリザベスの生活に大きな空白を残すことはなかった。ボストンでできた新しい知的な友人たちとの交流や、オルコットの学校で教えているうちに思いついた様々なアイディアで活力にあふれたエリザベスは、自分の才能を発揮できる場所を見つけたと久しぶりに感じはじめていた。彼女はいまだ、ソファイアのキューバ日記からその「神智学」[3]をいくらかでも出版するよう、妹を説得できていなかった。その代わりエリザベスは、一八三五年の夏の間、自分自身の超絶主義宣言を作り出していた。一八三四年から一八三五年にかけてテンプル・スクールでオルコットが生徒たちと行った対話を筆記した原稿にもとづいて出版した『ある学校の記録』は、この運動の開始を告げる祝砲となった。

エリザベスの『ある学校の記録』は、のちに超絶主義者たちの「驚異の年」[4]と見なされるようになる一年の先駆けとなった。この年、ジョージ・リプリーの『宗教哲学に関する講演』から、オレスティーズ・ブラウンソンの『キリスト教、社会、教会についての新しい見解』、さらには一八三六年九月に登場して最後を飾ったエマソンの『自然論』まで、この運動の指導者たちによって、超絶主義の最初の宣言が本の形で刊行されたのである。エリザベスの本は、その最初のものというだけでなく、超絶主義の精神の基盤を築こうとする試み、すなわち、エマソンがずばり言ったように、「われわれは信じるように生まれついている」ということを証明しようとする、こういった試みのなかでも、もっとも率直なものでもあった。このような考えは、ニューイングランドに住むほとんどの人間が、いまだに「われわれは生まれつき罪人である」というカルヴィニズム的な生得の堕落の教義を受け入れており、教会の指導者たちに信仰の条件を定めてもらうことを期待していた時代にあっては、過激なだけではなく、危険ですらあった。

もし超絶主義者たちが論じるように、信仰が個人の魂において生じるのであれば、組織だった宗教が存在する必要はあるのだろうか。キリスト教そのものが攻撃を受けているのであろうか。このような基本的な宗教上の疑問を背景に、それに切迫感を与えていたのが、新しい政治的現実の怖れであった。一八三四年の九月、テンプル・スクールが門戸を開いた頃、反カトリックの暴徒がチャールズタウンの川向こうにあったウルスラ会の修道院を焼き討ちした。その一カ月後には、奴隷制廃止論者のウィリアム・ロイド・ギャリソンが襲撃を受けた。衣服を体から引き剥がされ、もう一団の怒れる暴徒に首縄をつけられてボストンコモンを引きずられた彼は、危うく命を落とすところであった。こういった事件を受けて、チャニング牧師が行った最初の大きな反奴隷制説教で取り上げられた主題は、暴民政治であり、エリザベス・ピーボディとブロンソン・オルコットは、このような暴民政治に向かう不気味な兆候に対して、若い精神を教育するという独自の温和な実験でもって抵抗したいと望んだのだった。しかし彼らの事業は、外部の者たちによって、また別の社会秩序に対する攻撃の一種と解釈されるようになる。

『ある学校の記録』は、けっして取るに足らない教育学の本ではなかった。エリザベスの目的は、人の魂がどう展開するかを図示することにあった。エリザベスの『記録』に描写されているように、テンプル・スクールでは、子どもたちは神や善を直感する力を持つものと見なされており、教師の役割はただ子どもたちがそれを自ら認めて育てる手助けをするだけであった。オルコットの指導のもと、教室では、子ども時代の「無垢」は「肯定的な状態」であり、「謙遜や献身、愛情や信頼など、生まれつき善の傾向をもつあらゆる本能や感情を理解できる」状態だと論じられた。多くの子どもたちにとっては、最初はメチャクチャな考えに思えたに違いないもの、すなわち、「自己修養の真の方法は、こういった感情を持ち続けるか、あるいは子どもの状態に戻ってそれらを再生させることだ」といった考えを彼らは学んだ。これはまさに散文で表したワーズワースであった。また十年前にブルックラインでエリザベスにさんざん面倒を引き起こした、日曜日朝の授業での議論を、より大胆に述べたものでもあった。

テンプル・スクールのなかで、想像力は「命を吹き込まれた」。エリザベスの『記録』を読めば、「最初の真実」としての「内なる真実」に関するオルコットの論議についていくことができるだろう。それは生徒たちに、教室に飾ってあったシェイクスピアの胸像を作った芸術家について、考えさせることとなった。「あのシェイクスピアの像は、心の外に存在するまえに、本当に心のなかで存在していたの?」と一人の子どもが尋ねた。続く芸術家と創造力についての論議によって、彼らは「想像力を持つ利点」を集団で発見することとなった。姉の熱意に対して次第に冷淡になっていったメアリーでさえ、テンプル・スクールには「とっても興味を覚え」、エリザベスの『記録』が出版された七月にはそこで教師を務めた。メアリーが「蒸気機関システム」と呼んだ、毎日の暗誦でテストするために生徒たちの頭に事実やルールを詰め込むやり方は、「この学校では完全に脇に押しやられています」とメアリーはセイラムのローリンズ・ピックマン嬢に書き送った。代わりにブロンソン・オルコットが目指したのは、「心を育て、子ども自身の精神から、その子の性格を左右することになる原則を引き出すこと」であった。メアリーは、毎日教えているこの行儀良く思慮深い子どもたちから判断して、彼は成功したのだと考えた。

テンプル・スクールの描写として最良のものの一つは、イギリスの政治観察者ハリエット・マーティノーが残したもので、彼女はこの最初の冬に運営されていたこの学校を目にしていた。マーティノーは最終的にはこの学校を流行かぶれとして退けてしまうが、その前に、オルコットとピーボディが『ある学校の記録』のなかで採用した進歩的な理論の概要を紹介し、それが超絶主義者たちをそれほど惹きつけた理由も述べている。オルコットは、「自分の小さな生徒たちが哲学においても道徳の上でもあらゆる真実を備えていると想定している」と、マーティノーは一八三七年に出版された自著『アメリカの社会』で書いた。「そして彼は、自分の仕事はそれを表現できるように引き出してやることであり、外の生活を内なる光に順応させる手助けをし、とりわけこれら啓発された幼児たちについて謙虚に知ることだ」と考えている。それから彼女は、オルコットが子どもたちの「想像力を甘やかし」、「彼らの良心を過剰に刺激する」ことで、彼らに「危害」を加えていると非難した。マーティノーのような洞察力も先見の明もある作家が――彼女は「女性たちが政治的に存在しないこと」やアメリカの有権者たちの「無関心」についても記述している――テンプル・スクールの実験を評価できなかったこと自体、そのプログラムが過激であったことの証左である。

しかしそのメッセージを聞く準備のできている人々にとっては、『ある学校の記録』は霊的な真実の歓迎すべき証拠として登場した。ウォルドー・エマソンは、原稿状態のこの本をすでに賞讃していたが、リディア・ジャクソンと結婚する一カ月前、一八三五年八月に決定稿を読んで、「ある学校の記録が私に与えてくれた喜びと希望」をエリザベスに書き送った。彼はその本を、「私が今まで読んできたなかで」マライア・エッジワースの小説と同じくらい「魅力的な」「唯一のノンフィクション」と呼んだが、エリザベスはその言葉が気に入って、家族や友人宛の手紙で好んで引用するようになる。エマソンはさらにそれを、最近親になったばかりの兄ウィリアムや義姉スーザンに、「確かに真実で楽しい……美しい本」として、子育ての手引書として使うよう推薦したのだった。

『ある学校の記録』のどれくらいがエリザベスのもので、どれだけがオルコットのものと言えるのだろうか？　明らかにこれらの対話はオルコットのものであったが、それを記録し、敷衍し、説明したのはエリザベスであり、彼女はときには異なる見解を差し挟むこともあった。この報告と分析の混合は、エリザベスにとって理想の様式であることがわかった。彼女は、画家としてのソファイアと同じように、自身で何かを「創造」しようとする際、内なる障害と葛藤することになったからである。エリザベスはソファイアよりずっと多作であった。エリザベスの初期のラ・モット・フケーやド・ジェランドの翻訳は、ソファイアのダウティやハーディングやオールストンの絵画の模写と同じく、その過程のリハーサルであった。以来エリザベスは、どんな機会もとらえては書いてきた。賞金コンテストのエッセイや、共感できる編集者を見つけたときには新聞や雑誌の記事、あるいは自分自身の本などである。しかしエリザベスの創作作品は、彼女が私的な手紙や日誌などで「おしゃべりなペン」と呼んだものからあふれだしたかのような、軽々とした表現はめったに得られなかった。出版のために書くときには、まるで自身の思考や教養を一度にすべて発揮する必要に駆られているかのように、文体には苦心の跡が見られ、過剰にあちこち参照し、ときには測り知れないほど抽象的となった。『クリスチャン・イグザミナー』誌のために書いたヘブライ語の聖書についての評論は、「社会的原則」を奨励したものであったが、同じくこの欠点が見られる。エリザベスが困惑したことに、編集者のアンドリューズ・ノートンが、「超絶主義という言葉」[5]が出版されるのを防ごうと、この六回のエッセイの連載をたった三回で打ち切ったとき、ますます反動的となっていたノートンがそれが原因で彼女を黙らせることとなった、その記事に含まれていた過激な概念に気づいた読者はほとんどいなかった。エリザベスは『ある学校の記録』でようやく成功したのだった。なぜなら彼女は自分の天職だとみなすようになっていたものの文学版を行っていたからである。すなわちそれは、自分が尊敬する男性を育て、奨励し、女性である自分が望むべくもない、より広い範囲の行動を彼らが行える手助けをすることであった。

エリザベスは『ある学校の記録』から、もしそれが〈自分の〉学校であり、〈自分の〉理論であった場合に得たであろう、同じ注目を得ることはなかった。しかし彼女がその心をとらえたいと思っていた男性たちは、女学校について女性が書いた本には注意を払わなかったであろう。それにエリザベスは、自分自身の学校についてそのような本を書く自信は、けっして持てなかったかもしれない。[6] まとめ役として、あるいは後の版で自らをそう呼んだように「記録係」としての役を演じることで、まず彼女は本を出す自由を手に入れることとなり、服装の上品さについては構わない方であったものの、彼女が気にし続けていた評判の一つとして、性格が女性らしくないとか、あつかましいなどと人に思われることもなく、自分自身の本以上に精力的にこの本を宣伝することができた。

その本の一行すら書いていなかったオルコットは、立派なことに、最初から『ある学校の記録』はエリザベスの本だと見なしていた。[7] テンプル・スクールはエリザベスなしには存在しなかっただろうと彼にはわかっていた。広まりつつあった彼の評判は、ほとんど彼女の組織力にかかっており、彼女が本を出版する際に揮った影響力のおかげで、それもますます広がることになった。エリザベスが『ある学校の記録』のために見つけた出版者は、ジェイムズ・マンローだった。マンローはエマソンがのちに『自然論』や革新的な「アメリカの学者」、「神学部講演」などを出版する際に世話になることになる同じ人物である。

一八三五年の六月、エリザベスがリディア・ヘイヴンの看護をしにローウェルへ行っている間、『ある学校の記録』の校正に目を通していたオルコットは、二人の協力の成果に対する感謝の念を綴った手紙を書いた。「私の追求や目的に共感してくれたことで、君は私にどれだけの生命力を吹き込んでくれたことだろう」と彼はエリザベスに語った。「君ほど真の友人といえる人間が他にいるとは思わないよ。」お互いへの賞讃の精神に同調したエリザベスもまた、オルコットの「教育の才能」を称え、「このように言うなんてうぬぼれているかもしれませんが、あらゆる業のなかで、このもっとも神聖なこと……に対する私の素質をしのぐ人物は、冷静に考えてもあなたしかおりません」と認める返信を送った。彼女は、自分の家に下宿するために戻ってきて欲しいというオルコットの差し迫った要求を「喜んだ」。彼が書いたところによれば、彼の家では「私たちのような物静かな人間は、何らかの刺激を与えてくれて、話すように仕向けてくれるあなたの手助けが必要なのです」。エリザベスはその夏ローウェルで過ごすことを約束していたが、それでも彼女の存在をボストンにいるオルコット家は感じていた。それから一週間のうちに、四歳のアンナ、二歳のルイーザ・メイに加え、オルコット家に三人目の娘が産まれた。のちに姉の小説『若草物語』の「ベス」として有名になるこの少女は、父親が友人に敬意を表すためにつけた、エリザベス・ピーボディ・オルコットという名前で人生を始めることとなる。

その夏の終わりに、テンプル・スクール運営の初年度が終わる頃、生徒たちは教師に感謝するための催しを行った。「座談会とともに、花と果物、花冠」があった。メアリーとエリザベスは自分たちの名前が刻まれた金の筆入れをもらい、ブロンソン・オルコットはミルトンの立派な詩集をもらうこととなった。学校が明らかに成功していることや、本をエマソンに高く評価されたことで勇気づけられたエリザベスは、九月初めにワーズワースに『ある学校の記録』を一部送った。その本に彼女は、この詩人の「霊魂不滅の歌」を読んでいた授業中、六歳のジョサイア・クインシーが示した反応が引き金となったある会話に注意を向ける手紙を同封した。エリザベスは集まった子どもたちについて、どれほど「自然を覚醒させるまさにその音が彼らの輝く顔に息づいているか」を、「あなたもご覧になることができたらよいのにと思います」と書き送った。

この手紙はエリザベスがワーズワースに送った三通目のものだった。その前の手紙は六年以上も前、一八二九年に送ったものであり、詩人がかつて住んでいたダヴ・コテージ【鳩の家】を訪れませんかという誘いを、どうしても断らざるをえないと告げるものであった。エリザベスは当時、「私たちの社会の最上級の位置を占めに……片田舎から出てきて……自然の力に一人向き合って会話する若者たち」について書き送っていた。紹介のつもりで彼女は、「親切にもあなたが一度手紙を書いて下さった、あの若いアメリカ人少女」を思い出してもらおうとした。あの時以降、エリザベスにはたくさんの変化があった。一八三五年九月、僻地の天才の――彼女がその創造を手助けした天才――の、彼女自身の手による記録を詩人に送るため、「私たちの街の立派な本屋」を開くことのできる三十一歳の女性として、彼女は今手紙を書いていた。ワーズワースはエリザベスが『ある学校の記録』の献本郵送をお願いした、四人のヨーロッパの文学的名士の一人であった。[8] 他の献本は、イギリスのマライア・エッジワース、フランスのド・ジェランド男爵、そしてエリザベスの少女時代のヒロイン、スタール夫人の伝記作者であり従妹であったネッケル・ド・ソシュール夫人に送られた。

テンプル・スクールは一年ちょっとの間、進歩的なボストンの名所となった。ウィリアム・エラリー・チャニング牧師や、ハリエット・マーティノー、ウォルドー・エマソンのような人々が、その緑色のビロードの来客用ソファーをいつも占拠していた。しかし同じくらい急速に学校は破綻し始め、それとともに、エリザベス・ピーボディとブロンソン・オルコットの「精神と知性の共感」も崩れていった。

エリザベスは一八三五年の秋にボストンへ戻り、ヴィントン夫人のもとにいたメアリーと部屋を分け合うことになった。そこでエリザベスは自分たち自身の学校を作ろうと考えた。姉妹は、テンプル・スクールでボランティアとして自分たちの時間を提供し続ける余裕がなくなってしまっていたのだった。メアリーは、その計画を六カ月やってみて、その半年の間姉妹でオルコットの助手としての仕事を共有しようと考えた。収入をやりくりするために、メアリーはドイツ語とスペイン語の個人教授を行い、エリザベスは歴史の授業を続けてもいいかもしれない。もし学校計画が実現しな

テンプル・スクール、内部
(フランシス・グレーター画)

ければ、メアリーはセイラムにひっこむことになるだろう。ほとんどその直後に、『ある学校の記録』からの収益でやりくりしようという姉妹の希望は打ち砕かれてしまった。十月にその初版一千部のうち残った六百部が、ド・ジェランドの『貧者の客』をエリザベスが訳した翻訳本の残りとともに、倉庫の火事で燃えてしまったのである。[9] エリザベスはすぐに、包括的な新しい「説明的序文」を書いた別の版を印刷に回せるよう用意したが、その版は一八三六年一月まで刊行されることはなかった。

同じ頃エリザベスは、オルコットと彼のいくつかのより過激な授業方法に対して、深刻な懐疑の念を持ち始めていた。『ある学校の記録』が一般の読書人に受け入れられるようになると、オルコットは好意的な評判が興奮状態になるにまかせ、エリザベスは子どもたちが「街じゅうで噂されていること」で弊害を受けるのではないかと心配するほどであった。エリザベスがまだ『記録』の新しい版を売りつくそうと考えている間に、オルコットは第二弾を計画し始めていた。『子どもたちとの福音書についての会話』と呼ばれることになるこの対話集に、彼は生徒たちの名前を印刷すると主張した。エリザベスは、オルコットが自分自身の目的のために、人生の貴重な時期にある子どもたちを操っているのではないかと心配した。オルコットが子どもたちに、彼らが「他人より優れている」ことを自分のおかげであるかのように話し、彼女の信じるところでは実際は子どもたち自身の成果であり、学校の方針そのものにも合致している子どもたちの進歩を、オルコットが自らの手柄としているそのやり方が彼女は気に入らなかった。もっと根本的な問題として、彼女はオルコットの命令で授業中に子どもたちが示していた自己抑制を不自然なものと見なし、それを達成する彼の方法を疑わしく見るようになっていた。

オルコットのお気に入りの手段の一つは、生徒たちのなかに積極的に反抗を促すことであった。クラスメートと教室にいて、先生の話を聞いたり議論に参加する代わりに、冬にボストンコモンでそりに乗ったり、夏には水を一杯飲もうと席を立つといった、オルコットが提案することをそのまま行う度胸のある子どもはほとんどいなかったが、なかにはそんな提案に乗る子もいた。そういった数少ない子どもたちは、エリザベスを常に当惑させたオルコット独特のやり方で、すみやかに罰せられた。彼らは、たとえ不品行を行う前に心を入れ替えたとしても、時には教室を出て行かされたり、背中をオルコットやクラスメートに向けたまま静かに座るよう言われたりすることで、クラスから排除された。オルコットは、彼のしつけのやり方が、神の愛を失うことがどういうことかを子どもたちに本能的に経験させ、将来霊的な生活から外れることのないように教え込むのだと信じていた。エリザベスは逆のことを論じた。すなわち、「すべての育成は、あらゆる種類の善に向けた……肯定を与えるよう指導されるべきです」。生徒たちを迷うようそそのかし、そして罠に落ちると彼らを辱めるなんて、間違っている。一八三五年の秋学期中、エリザベスはオルコットに手紙を書き、彼がそうではないと自分を説得してくれるものと期待していたが、「あなたの実践を一年観察していましたが納得できませんでしたし、私自身の意見や感情がますます強まっただけでした」と告げた。

ブロンソン・オルコットがエリザベスの反対を気に入ることは一度もなかった。そのような機会が一度あったとき、彼は自分の日記に、エリザベスは「しゃくにさわるほど独断的になっている」という見解をいらだたしげに記した。オルコットは、真の友人の共感から直接的な益を得られないと、「男性の場合にはうんざりし、女性の場合にはその親しさや自由が少なすぎる」と見なしがちであった。それでも一八三五年の秋、オルコットはエリザベスの異議申し立てをなんとか無視することができた。彼はウォルドー・エマソンとコンコードで過ごす最初の滞在を楽しんでおり、それはエリザベスが彼のために直接骨を折ってくれた結果、実現したことであった。一八三六年の三月、結局メアリーが少人数の女子クラスが待っているセイラムに戻ることになると、オルコットはエリザベスに、ボストンコモンの南に位置する郊外の（今ではハリソン・アベニューと名前を変えている）フロント・ストリートにあった、新しくより大きな下宿屋に、自分たち家族と住むようしきりに勧めた。オルコットは、『ある学校の記録』の出版によってその哲学的基盤が確実となった今、テンプル・スクールは経済的に成功するだろうと想定し、彼の言うところのこの「邸宅」を借りていたのである。この学校のために、そして彼の哲学を体系化するために、エリザベスが自発的に捧げた何時間もの時間の埋め合わせとして、彼はエリザベスに彼女だけの部屋を提供したのであった。

エリザベスはやや不安に駆られながらも、その申し出を受け入れることにした。ヴィントン夫人の家でメアリーと何カ月も過ごしている間に、エリザベスはオルコットの頑固さが、彼の妻の感情的「猛烈さ」にこれ以上なくぴったりだと悟っていた。エリザベスを訪問しようとアビー・オルコットが街を横断してきて、ヴィントン夫人の客間に飛び込み、ハリエット・マーティノーを痛烈に非難するために会話を遮って、一人で「まだ呟きながら」再び去ってしまうという事件があったあと、エリザベスはメアリー宛ての手紙で、「アビーと一緒に暮らすよりは、つむじ風のてっぺんで暮らす方が快適なんじゃないかと思うわ」と語った。フロント・ストリート二十六番地の広々とした住居も、将来起こる嵐を収めるには小さすぎるということがのちに判明する。

四月は順調な滑り出しだった。オルコット家はエリザベスに、二階にある見晴らしの良い大きな一部屋を与えた。そこからは木々の向こうに、ボストン港南の入り江の干潟（鉄道の終着駅となるため急速に埋め立てが進んでいた）が見え、その先のドーチェスター・ヒルの低い丘陵まで見渡すことができた。彼女はその部屋を、敷物と花瓶、パークスがグッドリッチの店で売ることのできなかった何枚かの油絵、オルコット家の机と本棚、自分の書き物テーブルと長椅子、そして「とても立派な輝きに保たれた」真鍮付きの暖炉に置くきれいなストーブなどで飾った。なかでもいちばん良いのは、二つの「とても大きく奥行きのあるクローゼット」で、そこにエリザベスは、弟ジョージ宛ての手紙で、「あなたを驚かせるために……私の持ち物は全部」そこにしまい込んだと書いた。「今ではどれだけ私の人生が豊かになったか、あなたには考えられないほどよ」と彼女はさも満足げに語った。オルコット一家が、古いフランクリン様式のストーブと、借りてきた銀製品や陶磁器を持ってやってきて落ち着くと、エリザベスは「私たち小さな一家族だけでいられるなんて本当に嬉しい」ことだと考えた。彼女はその午後の間ずっと、生後十カ月の「自分の名前をもらった子」と一緒に楽しく遊んで過ごした。

この変化を書き留めるためにわざわざ購入した日記のなかで、エリザベスは「万事が新しい時代」を始めようという誓いを書き込んだ。小説家キャサリン・マライア・セジウィックによる『ある学校の記録』の非常に好意的な書評が、ニューヨーク市の人気雑誌『ニッカーボッカー』の二月号の巻頭記事として登場した。そのなかで「ピーボディ嬢」は、「明らかに天才的な女性」としてとりわけ賞讃の対象となっていた。エリザベスは今では自身の才能をより有効的に活用しようと決意していた。彼女はテンプル・スクールで費やす時間を、午後のラテン語の授業と、毎週一日午前中に記録するための時間だけに短縮することにした。また「生活のためにと執筆に励み」、十代の頃にランカスターで教師を始めて以来、なんとかやりくりしてきた以上に、「もっと規則的に学業を追及する」ことに専念しようと計画した。新しい友人であるマーガレット・フラーと自分自身のために、エリザベスは『アメリカン・マンスリー』誌の編集者、パーク・ベンジャミンに接近した。彼は「私たちの考えを世に知らしめる……手助けをするのにまさに望ましい人みたいよ」とメアリーに報告した。[10]彼女はウォルドー・エマソンに自分の「著述スタイル」について相談し、自身の「欠点は主として、遮られることなくあふれてくる」結果「アイディアやイメージがせかせかと過ぎ去ってしまう」ことにあるという彼の批評を受け入れた。「静かに沈思し、すべて穏やかな影響」を追及するようにというエマソンのアドバイスは、彼女の決意に反映した。彼はまた、アイディアが訪れたら順不同でノートに書き留めるという自分自身の方法を採用するようにと勧めた。のちになって彼女は、「冒頭に主題の見出しをつける」ことができるようになり、そのため今後「記事を書きたくなったときには、自分の考えはすべて用意できている」状態になった。

それでもエリザベスにとって、自分を抑制することは困難だった。オルコット邸の新しい部屋によって、「いつでも完全な孤独のなかに……引きこもる完全な力」を手に入れた彼女は、「これまでになくたくさんの仕事をしても疲れることがない」とわかった。自分が「孤独……完全な孤独」をますます好むようになったことが、「社会的な共感という自分の主義」に反するのではないかと心配ではあったものの、彼女はその成果に満足していた。五月までには、ワシントン・オールストンへの長い賞讃文を書きあげ、それを『アメリカン・マンスリー』誌に掲載し、そのうえオールストンの感謝まで受け取っていた。

しかし徐々にエリザベスは、ブロンソン・オルコットへのいらだちを新しい日記に記録するようになっていった。一週間もしないうちに、二人はシルヴェスター・グレアムの食事療法に関する講演について、夕食の席で議論することとなった。オルコットは、グレアムが医学という職業――というより実際「すべての職業」――が、「百害あって一利なし」だと証明したのだと考え、彼が全粒粉を主食とした菜食主義の食事を提唱したことは、奴隷制廃止の大義と同じだけの価値があると断言した。エリザベスがそれに反対すると、オルコットは一層激しさを増し、彼女がのちに日記に書いたように、いつものことながら「ろれつが回らなくなってしまった」。今後どうやって、「社会の秩序となってしまったものを無差別に罵倒されているなかでじっと座っている」ことができるだろうかと悩みながら、エリザベスは重い足取りで二階の自室に戻った。彼女は自分自身を、「ほとんど保守的なところがなく、極端に未来を信じている」人間だと見なしていた。しかし彼女は、オルコットの場合、「改革への熱意を装って……嫉妬と人間嫌いが彼の心に忍び込んでいる」のだと信じていた。その三日後、エリザベスは自問していた。「こうるさく――融通が利かず――頑固」になるのを避けようと、自分があまりにしょっちゅう他人のために自分自身の利害を犠牲にしてきたのではないかと。彼女は「じっくり腰を落ち着けて、どこで線引きをするべきかを考える」つもりだった。

しばらくの間は、それぞれ口論の余波で、二人は「停戦状態」になるか、あるいは少なくとも「友好的な論戦」を行うことに同意したのであろう。オルコットの日記は、二人の言い争いについては何も触れていない。ただケンブリッジにいるワシントン・オールストンとコールリッジについて話し合うために、あるいはレキシントンでウォルドー・エマソンが最後の説教の一つを行うのを聞きに、「ピーボディ嬢」が自分を連れて行ったということだけが触れられている。しかしエリザベスは、「どんな心のときも笑顔の表情を浮かべ」ようという自分自身の決意を記しており、その努力もしばらくの間は報われていた。五月末、オルコットがフロント・ストリートの客間で、三人の娘たちの洗礼儀式で春の到来を祝おうとしたとき、エリザベスは、その場に出席しただ一人の友人で、子どもの一人にその名前をつけるという栄誉を与えられた。彼女がホレス・マンにその行事について語り、彼が「洗礼の儀式のことでからかったとき」、彼女はオルコットを擁護した。その日オルコットは得意の境地にいた。「聖なる統一体」の加護を祈り、「名前の持つ重要なイメージ」について演説した。エリザベス自身その儀式を「両親に感慨を引き起こす」手段として賛成した。続く数週間、彼女はリディア・ヘイヴンの幼い息子フォスターをテンプル・スクールに入学させ、彼女自身が後見人となって、オルコット家に下宿させようと考えたほどであった。五歳のフォスターは、春先に母親が死去したため、今では半ば孤児のような存在であった。

実際に問題が生じ始めたのは、エリザベスとオルコットが新しい本『子どもたちとの福音書についての会話』を巡って、激しく争い始めた真夏のことであった。今回オルコットはより支配力を強めたいと願った。エリザベスは幾晩も深夜一時まで起きては、その朝授業中に書きとめた大雑把な会話の写しを清書したが、結局オルコットが次の日その原稿を取り上げ、自分の目的に合わせてその会話を直してしまうのだった。彼はエリザベスに、「その本を完璧なものにしたい」のだと語った。エリザベスは、オルコットの自我のために「真実が犠牲にされるのではないか」とぞっとした。彼女は、いまや自由に批判を口に出すようになったメアリーに宛てた何通もの手紙のなかで、徐々に大きくなってゆく悩みを打ち明けた。メアリーはかつてオルコットが「生徒たちの心を引っ張って」、教師から「異議を唱えられた生徒たちが、意見を変えるのを一度以上聞いた」ことがあった。エリザベスは「A氏のこういった欠点がどんどん大きくなって」、彼の「態度全般」に影響を与えているのだと確信した。極端に自制の強いホレス・マンへの崇拝に明らかに影響を受けていたメアリーの意見によれば、「真の偉大さに通じる本質的な要素が一つあり」、それがオルコットには欠けているのであった。「そしてそれは謙虚さなのです」。エリザベスはあまりに長く「彼の都合のために自分自身の楽しみを犠牲にし」すぎていた。無給で教師を務め、その名を後世に伝えるためにオルコットの会話を記録し、今また非現実的な事業全体が沈まないように、「完全に悲惨な」日々の生活を耐えているのだから。

メアリーはエリザベスに、「もし本当の記録にできないのであれば」その新しい本に関わるのは断るようにと忠告した。メアリーは再びエリザベスと場所を交換して、「姉さんをA氏の学校から抜け出させるのに成功する」のなら「どんな手段でも採用する」と申し出た。しかしながらメアリー自身の学校が成功している今、彼女はセイラムを出ることはできず、代わりに七月の初旬、オルコットの『会話』につける挿絵を描くという口実でソファイアを送りだすことにした。メアリーはソファイアがオルコットのとりこになるだろうと予想していたのかもしれない。ソファイアは毎朝学校に通い始め、エリザベスの代わりに記録をし、フラックスマン風に授業の様子を描いた線画に取り組み始めた。彼女は生徒たちと一緒にいくつかの課題までこなし、ある寓話を作ったときには、オルコットに「美しい作品だ」と宣言すらされたのだった。いまやオルコットが、「気質や趣味が類似しており」、本質的な「魂の共感」を覚えると言ってひいきするのは、ソファイアであった。

エリザベスはあまりの腹立たしさに気にかけることさえできなかった。しかしソファイアの記録した対話を読み、その一つが妊娠についての率直な会話――幼いジョサイア・クインシーが、「体が作られる」のは「他の人たちの行儀が悪かった」結果だと自分からすすんで話した――と知ったとき、エリザベスはひどく仰天した。エリザベスはひそかに、生命の事実から「子どもたちを無知なままにしておくことは不可能」だと確信し、また「根拠のない」空想に「影響を受けっぱなしでいる」よりは、教師や両親が「彼らの想像力を導く」方がよいのだと考えていたため、彼女は出版された本からこのような文章を削除することが非常に重要だと感じた。[11] このような疑問が持ち上がっている無垢な魂を、理解するようにと読者に求めることはできない。何日も彼女は、いまや真実性という旗印を掲げているオルコットと、あるいは彼の慈悲深い意図を擁護するソファイアと議論した。静かに調査を行っていたエリザベスは、何組かのテンプル・スクールの家族たち——娘が授業に参加していた家族たち——が、授業で行われる対話を聞いて、子どもたちを辞めさせることを考えていると知った。もし本が印刷されたら、どれだけそれが悪化することだろう。この事業全体——本や学校や人の魂の改革——が台無しになってしまう。だがオルコットは、彼女の警告に注意を払おうとしなかった。

七月末までにエリザベスは、四月に予定したような「学問的生活を始める」どころか、オルコットがきっと省いてしまうだろうとメアリーに警告された註を彼の本文に挟みこむことで、自分自身の評判を救おうと懸命だった。誰もがエリザベスが記録者だと知っており、そうではないと示さない限り、「彼のやり方すべてに賛成している」と思われかねない。エリザベスは、「記録者はここでジョサイアの答えを省略した」といったコメントを書き入れることで、オルコットが入れるようにと主張した文章が「自分から完全に切り離されること」を望んだ。しかしエリザベスからすべて聞いた後では、メアリーはオルコットがその本を「正直に印刷に回す」ことを許すとは思わなかった。メアリーはエリザベスに、より劇的な手段をとって、オルコットの問答を印刷屋のために清書することはやめてしまうようにと忠告した。それが「A氏の誤った考えの成り行きやその結果に加担することから自分を解き放つ」ためだとメアリーは姉に勧めた。このようにして『会話』の出版を妨げることが、ブロンソン・オルコットにとっても最良のことなのかもしれないとメアリーは論じた。そうすれば彼はその真価によって学校を成功させることや、請求書の支払いをすることに注意を向けることができるかもしれない。少なくとも、すでに受けている小さなダメージ以上に醜聞は広まらないだろう。この決意を行うことの重要性を強調するため、メアリーはエリザベスに、もし彼女がホレス・マンに相談したなら、マンも同じことを助言するはずだと語った。

メアリーはエリザベスに、「オルコット家から離れるよう」懇願した。メアリーは姉にセイラムに戻ってくることだってできると言ったものの、姉がそこで満足するかどうか疑問だった。探究心旺盛な知性と改革の熱意にあふれたエリザベスが「セイラムでは早熟だった」という母親の早い時期での評価に、誰も異論を唱えることはできなかった。エリザベスは実際のところ、メアリーにセイラムでの仕事を譲って安心していたのであり、彼女はすぐ下の妹がこの場所で、「見当違いの女王」である本人によって曇らされることなく、ようやく「自身の能力を開花させ、その才能を役立てているのだ」と想像していた。メアリーはコンコードのエマソン邸の近くにエリザベスが下宿する費用を払うと申し出た。あるいはマーガレット・フラーに近いグロトンにでも。そこでエリザベスは、「地元の若い女性たちのクラスを一つ教え」たり、あるいは「自分の考えを執筆したり……少し平穏さを味わう機会を自分に与えたりすることもできるわ――そこでは草が茂って、小川が流れているのを見たり、風が木々を揺らすのを聞いたりできるわよ」。今では姉妹はどちらもオルコットの誠実さを疑うようになっていた。しかし二人はともに、次に起こる災難を予測できなかったに違いない。

「信じられる？　オルコット夫人が私の部屋に入って、私宛てのあなたからの手紙に目を通して、いちばん最近のあなたからの手紙を見つけると、その手紙をオルコット氏に持っていって二人で読んだのよ。」七月後半になって、驚愕したエリザベスがメアリーに書き送った。その行為が行われたとき、エリザベスは外出中であった。オルコット夫妻は彼女を痛烈に非難しようとその帰りを待ち構えていた。アビー・オルコットは、「自分が知る限り『もっとも大きな犯罪』だと呼べること」――すなわち彼女の夫に対する批判的な手紙を書いたり受け取ったりしたこと――「のせいで、『永遠に』地獄に落ちるだろう」と予言した。ブロンソンもアビー・オルコットも、自分たちが手紙のなかに見出した反乱の証拠は、エリザベスの私的な手紙を開けて読む際に自分たちが犯したどんな罪をも凌駕するものだと考えた。メアリーのホレス・マンへの言及は、エリザベスが「知り合いの全員」とともに「M氏にも自分たちのことを話した」のだと二人が思い込む結果となった。アビーもブロンソンも、これらはメアリーの手紙や考えであって、自分のではないとエリザベスが抗議したときでさえ、エリザベスが話したのではないとは思わなかった。「どんなに事態が恐ろしいことになっているか、言葉じゃとても表せないわ」とエリザベスは絶望的な気分で書き送った。さらに悪いことに、ソファイアはオルコット夫妻の肩を持ち、自分もまたブロンソン・オルコットに批判的なエリザベスからの手紙を受け取ったことがあるという情報を自ら提供して、エリザベスを驚かせた。

とうとうエリザベスは、「そのようなことをする人たち」と一緒に同じ家で住むことは不可能だと認めざるをえなくなった。次の日の朝、彼女はブロンソン・オルコット宛ての手紙に、「私たちの関係は終わりです」と書き、荷物をまとめ始めた。エリザベスは結局セイラムに戻ることになるだろう。彼女はメアリーに対して、この決意をしたことで、これまで何カ月か感じていた以上に心は穏やかだと認めた。しかしソファイアはまだ態度を変えなかった。エリザベスは、少なくとも「ソファイアは私を悪く思うという苦痛の埋め合わせはされているのだわ――オルコット氏への賞讃の念を持ち続けることができることでね」と不機嫌に結論づけた。

ブロンソン・オルコットの方は、ただ一八三六年八月一日付の日記に次のように記しただけであった。「ピーボディ嬢は今日うちを出てセイラムに向かった。休暇の後も彼女が学校との関係を再開することはないだろう。」オルコットはソファイアの挿絵を懇請し続けたので、ソファイアは「訪問の疲れと興奮」によって引き起こされた一時的な病からの回復後、挿絵を提供し続けた。秋が深まった頃、マーガレット・フラーが助手兼記録係としてエリザベスの後を引き継ぎにやってきた。おそらくオルコットはフラーにも給金を払わなかったのだろう。彼女は「たくさんの貴重な考え」を得たことに満足して、四カ月の滞在だけで去っていった。[12]その間アビー・オルコットは末娘のミドルネームを家族の登記簿から削除し、自分自身の祖先からつけた名前を代わりに用いることにした。ブロンソン・オルコットが「魂のより大きな統合」を祝った、一八三六年五月の歓喜に満ちた洗礼式とはうって変わって、一歳になったエリザベス・ピーボディ・オルコットは、以降エリザベス・シューアル・オルコットとして知られるようになる。

エリザベスはメアリー以外誰にもオルコットとの「最後の突然の決裂」の事実を話さなかった。[13]彼女の意見では、子どもたちと性について話すことよりも、他人の郵便物を開ける罪のほうがはるかにひどいことであった。『子どもたちとの福音書についての会話』が、オルコットの無削除版で二巻本に分かれてようやく出版され、エリザベスが予測したように世間で騒ぎが起こると、人々はかつての忠実なパートナーたちが、問題になった文章を巡って決別したのだと想像し、彼女は皆の想像に任せることにした。一八三六年の十二月に『会話』の第一巻が出版された数週間、オルコットはボストンの論評で「正気ではないか精神的欠陥があるか」のどちらかで、「無知で押しの強いえせ教育者」であると攻撃され、彼の本は「三分の一はばかばかしく、三分の一は冒涜的で、三分の一はわいせつだ」と非難された。こういった中傷のなかでもとどめを刺したのが、早くも「法王アンドリューズ」のあだ名を得ていた、ハーヴァード大学神学部の名誉教授アンドリューズ・ノートンその人によるものだった。ノートンは、エリザベスが一八三四年に発表したヘブライ語聖書を解釈する一連の論文を検閲した人物なだけに、彼女は驚かなかっただろう。十年以上前に、エリザベスに自身のケンブリッジにある自宅書斎を出入りする自由を与えた人物が、今ではユニテリアン保守派となっており、翌年ラルフ・ウォルドー・エマソンの「神学部講演」を同じくらい生き生きと攻撃したときに、その凝り固まった反動主義者としての評判が固まることとなる。

これもすべて、オルコットが削除することを拒んだ「生理学的」文章のせいであった。たいていの場合、オルコットの『会話』に対する批評は、彼の「霊的哲学」の原理を取り上げることすらなかった。おそらくオルコットの批判者たちは、彼の思想が「下品でわいせつだ」という烙印を押すことによって、すぐさまブロンソンからこの「現代的不敬」を取り除きたいと望んだのだろう。[14]この「現代的不敬」という言葉は、正統的なトリニテリアンや保守的なユニテリアンがともに、超絶主義者たちを糾弾するのにますます採用しつつあった言葉であった。しかしそれはそう簡単なことではなかった。ブロンソン・オルコット以上に大きく屈しない標的がすでに現れ始めていたからである。

一八三七年の春には、テンプル・スクールは解散したも同然の状態であった。オルコットはマソニック・テンプルの地下の一室でさらに一年ほど一握りの生徒たちを教え続け、その賃貸料を払うのに自身の貴重な蔵書である教科書を売ることになった。その後オルコットは二度と学校で教えることはなかった。次の五年間、彼はニューイングランドではどんな仕事も見つけることができなかった。結局ウォルドー・エマソンを中心とする数少ないオルコットの忠実な支持者たちが寄付金を募って、一年間彼を遊学のためにイギリスに送り出すこととなった。ほとんど誰にも説明できないことではあるが、エリザベスはオルコットを公然と擁護する、もっとも忠実な支持者の一人であり続けた。自身をオルコットに結びつけることが、自分自身の評判をますます悪くさせるだけであった論争のさなかに、『クリスチャン・レジスター』誌に宛てた手紙で、エリザベスは「オルコット氏の本と学校」の双方の肩を持った。[15]オルコットの改革の衝動の根幹には、「圧政的な慣習や、幼い精神に大人の心を無理に押しつけること」を退け、代わりに「想像力が理解を導く」学習環境を作り出そうという、賞讃に値するものがあるとエリザベスは書き送った。のちになってエリザベスはひそかに、「オルコット氏には初めからばかげたところがたくさんあった」と認めることになるが、決裂の一年後にホレス・マンに宛てて書いたように、エリザベスは常に、オルコットの教えには「真の方法に向かう流れ、真実が吹き込まれる瞬間」があって、それが「誤りを無効にする」のだと主張することになる。

もちろん彼女は正しかった。ピーボディとオルコットは、たとえ三年間にすぎなかったとしても、アメリカで最初のオープンスクールを創立し、運営したのである。よい教育は生徒それぞれが持つ生まれつきの才能を育てることにあるという彼らの考えは、次の二百年間、アメリカにおける革新的な教育を後押しすることとなる。しかし当時エリザベス・ピーボディは、誤った天才を支援したという可能性を受け入れることを、ただ否定したにすぎなかった。

第26章 リトル・ウォルドー、ジョーンズ・ヴェリー、「神学部講演」

エリザベスは一八三六年の十一月、コンコードのエマソン邸に滞在中、ブロンソン・オルコットに受けたある午後の試練をすべて並べ立てたいという強い誘惑に駆られた。エマソンはその時、オルコットをだしにして楽しんでいた。オルコットが自分の生徒たちに暗唱させようと祝賀用の詩まで作ったという、彼の最近の誕生祝いの報告を読んで笑っていたのである。エリザベスはのちに日記のなかで、エマソンは「自分を祝う宴を開いて自分を賛美する詩を書く」男という考えに、「大いに愉快になったみたい」だと記した。しかしその場では彼女は口を閉じ、彼女のかつてのヒーローであり、エマソンが「善良で無邪気な男」と見なし続けていた人物の、高慢ちきな鼻がへし折られるのを聞いて楽しんだだけであった。

エマソンがオルコットを「天才ではあるがほとんど能力のない人間だ」と穏やかにからかっているのを聞きながら、エリザベスはなぜウォルドー・エマソンと一緒にいるのがこれほど楽しいのか、その理由を思い出していた。それはエマソンが、鋭い観察眼と風変わりさに対する同情的な寛容とを、驚くほど併せもっているからだった。エリザベスは昨年一月、ハリエット・マーティノーと一緒に初めてコンコードを泊りがけで訪ねたときにすでに、ウォルドー・エマソンと話すことが「自分を自由にしてくれる」と発見していた。彼の議論の余地すらない強い影響力は、なぜかけっして彼女の感情を「束縛した」ままにはしなかった。それどころか、「彼は私がどんな真実を話しても本当に真摯に応えてくれるし」、「私自身が感じるのと同じように、無限の私の能力を感じてくれる」と日記に記した。オルコットも同じように、ウォルドー・エマソンと一緒にいるときには、彼に優しく受け入れられていると感じ、エリザベスの描写を借りるなら、「私が失敗をしたり、ときに彼の好みに合わなかったり、意見が衝突したからといって、彼が自分の精神の光や、その親切さの穏やかな暖かさを引っ込めてしまうことはないだろう」と確信して安心することができた。結局のところ、エマソンはオルコットの欠点を承知しつつも、新しく結成した超絶主義クラブにオルコットが加われるようにしたのである。そのクラブの当初の男性

ラルフ・ウォルドー・エマソン邸（コンコード）

限定会員たちは、オルコット以外は全員反対派のユニテリアン牧師であった。

ケンブリッジ街道に面したエマソンの白く大きな家以外で、エリザベスが「霊的交感」を行ったとこれほど確信をもって感じたことはなかった。それは、教会での聖餐式を拒んで、その家の主人より一歩先んじていた女性にとって、大きな意味を持つ表現であった。そこでエリザベスは、痛手から立ち直ろうと、一八三六年十一月にコンコードへやってきたのである。オルコットとの決別後、セイラムに戻った彼女は、新しい雑誌『家庭学校』の編集にエネルギーを注いでいた。九月一日に発行された第一号では、この雑誌が「仕事をこなしている母親たちの友人として家庭の暖炉へ毎週訪れてくるものとなり、また道徳的に知的に自己修養を行う年長の娘たちの賢い相談相手となり……少年少女たちにとっていささかは歓迎される遊び仲間」となるという彼女の希望が披露されている。この出版は、彼女が自分のフルネーム、「エリザベス・パーマー・ピーボディ」で署名した最初のものであり、当時は女性にとってきわめて野心的な冒険であったこの雑誌出版の広告のなかでも、彼女は同じことを行ったのだった。しかしエリザベスは、おそらくこの企画を急ぎすぎたのであろう。あるいは「古風な」セイラムで発行したときにすでに、この超絶主義的な匂いのする家族向け雑誌は失敗する運命にあったのかもしれない。理由は何であれ、十一月までに、主に母親と妹たちと自身の手による記事と、ときどきはワシントン・オールストンやジェイムズ・フリーマン・クラーク作の詩が掲載された雑誌を二号出版したあと、エリザベスは雑誌を継続していくのに充分なだけの購読者がいないと認めなければならなかった。[1]

ピーボディ家の女性陣が、『家庭学校』発行に際して結束を見せたにしても、メアリーがかねて予感していたような緊張状態が、エリザベスが家に戻ってきた途端に生じていた。エリザベスがオルコットと争っていた夏の間ずっと、メアリーはエリザベスを支えていたが、同時に、エリザベスがホレス・マンへの日曜ごとの訪問の詳細を教えてくれないことで、「私を罰しているのね」と姉を責めていた。メアリーはエリザベスの手紙を、「まったく彼に会えないことへのせめてもの埋め合わせになると期待した唯一の方法」として、頼みにしていたのである。マンの毎週の訪問に参加できないことは、メアリーにとって「完全なる喪失であり、まったくの空虚」だと感じられた。しかしエリザベスが、マンが夕方ずっと話し続けている間、彼の髪を櫛でとかすことでその神経を静めることを許してもらったとメアリーに知らせてきたとき、メアリーは詳細をねだったことを後悔したかもしれない。オルコット家がホレス・マンの名前を引っ張り込もうと主張していた、かのフロント・ストリートでの完全な失敗の直後であったため、エリザベスがそのエピソードをマンに話し、そのことでマンが自分に手紙を書くのを止めてしまうのではないかとメアリーはひどく心配していた。「たった一つ私が彼との交流で残しているものを、完全になくしてしまうようなことを一言でも姉さんが言わないよう、願うばかりだわ」とメアリーはエリザベスに警告した。

エリザベスとしても、いったん姉妹で再び一緒に住み始めると、メアリーがホレス・マンと続けている「内緒の文通」の程度を知っていらだち、自分がこの共通の友人と交わしている個人的な手紙を共有しようとはしなかった。エリザベスはいつも、かつてメアリーに書き送ったように、「私はより好意をもたれようとは願っていない」と主張しており、実際「私はあなたが好かれる方がむしろ嬉しいわ。だってあなたの方が断然好ましいのですもの」と語っていた。しかしそのことは、エリザベスがサマセット・コートで数日過ごし、「あなたと彼と三人でしばらくの間楽しんだあの幸せな結びつき」をまた得たいと感じることを、とどめるものではなかった。エリザベスは、ボストンにいるホレス・マンからのどんな知らせも知っておきたいと望んでいた。彼はいまやマサチューセッツ州議会から、公教育のために自ら行ったロビー活動の結果、やがて創設されることになる州の教育委員会の書記へと転身することを考えていた。エリザベスはメアリーに、「あなたと同じように自由な交信をしていない」ことは気にしていないと主張した。なぜなら、「私は彼が自由を持ち、縛られることなく誰かに信頼を寄せることがとても大切だと思うからよ」。しかしそれでもエリザベスは、「なぜ彼があなたに寄せるのと同じような信頼を私がもらえないのか」知りたいと考えた。そして実際彼に直接尋ねてみると言っておどしたのであった。メアリーはその答えを、少なくともその理由の一つを知っていた。エリザベスはマンの秘密を、あるいは誰のものでも、長くとどめておける性質ではなかったからである。オルコット災難の場合には、エリザベスは自身の傷ついた感情や怒りを抑えることができたが、友人のひそかな野心の実現を手伝ったり、個人的な悩みを解決したりしようとする彼女の本能は、あまりにしばしば暴露へと繋がったのだった。

エリザベスはまた、オルコットの件でソファイアと衝突が続いていた。彼女はソファイアが、アビーとブロンソンの両者とまだ定期的に連絡を取り合っていると知っていた。『子どもたちとの福音書についての会話』を巡る悪評が広まっていたとき、ソファイアはアビーに、「誕生についての会話が畏敬と感謝の念とともに受け入れられないなんて想像もできませんでした。私自身の精神はあの会話によって高められました」と書き送った。ソファイアは「大衆の愚かさ」を嘆き、「新しい考えというものは常に狼狽とともに受け入れられるものです」という慰めを提供した。おそらくソファイアが、無署名ではあったものの、自分の挿絵のいくつかが初めて印刷されたこの本を擁護したいと考えたのも、そう驚くようなことではなかっただろう。[2] しかしより根深かったのは、ソファイアの病を巡る二人の姉妹の昔からの諍いが、けっして水に流されてはいなかったことであった。

エリザベスはソファイアがキューバで回復したと信じたがった。『ジェシカとロレンゾ』に取りかかり始めた一年前のソファイアが自慢していたその熱狂的な活動が、エリザベスのこの考えを十分証明していると思われた。ソファイアが絵を書いていない間になんとかクローゼットを整理したことに気づいたエリザベスは、ソファイアが自分で「ある種の給金」を得られるよう、毎日数時間セイラムの若い女の子に指導したらどうかと勧めた。ソファイアはそれに腹を立て、自分の「すべての力は絵を描くために取っておく」必要があるのだとエリザベスに主張し、その怒りのエネルギーが引き金となった偏頭痛のために、次の数週間病床についてしまった。[3]『ジェシカとロレンゾ』への取り組みは「私をすっかり飲み込んでしまったのよ」とソファイアは書いた。「なぜなら私は中途半端な気持ちでは何もできないのですもの。」エリザベスはそれに対し、この病弱な妹を「心気症」とずばりと責めることで応えた。

「私は昔も今も、自分を甘やかしてなんていないわ」とソファイアは言い返した。もしそうだとしたら、けっしてベッドから出たりしていないでしょう。「私の神経は今ではなんの庇護もないのよ」と彼女は自己弁護しつつ書いた。彼女の「脳のこの激しい震えと失神するかのような眩暈」は、立っているときには常に襲ってくるのであった。何年もの間、ほとんど何をしてもやってくるこの痛みをこらえながら、無理に絵を書いたり人と交流したりすることに慣れてきたのだとソファイアは説明した。キューバにいても、自分はもっと休むことだってできたはずだった。「ベッドで寝ていられるものならどんな犠牲だって払ってもいいくらいのときでも、何時間も広間に座っていたわ」と彼女は書いた。「わたしがゲストだったから、他に選択肢はなかったの。」メアリーが常に彼女に絵を描くよう勧めるから、「せっかく手に入れた休憩時間にもそれがずっと頭にあって、落ち着かなくなったのよ。」「単純な事実として、私の物理学には、もし破られたら不可避的に、常に苦しみを生み出すような法則があるの」とソファイアは姉に書いた。それが絵を描くとか、「面白い会話」に興じるといったような、自分が楽しんでできることをしていようと、あるいは「椅子をまっすぐに並べたりテーブルの埃を払ったり」している時であろうと。つまり、「楽しいものであれ苦痛なものであれ、どんな感情であっても、即座に実質的な痛みを生み出すことになるのよ。」

エリザベスは折れ、ソファイアの病についての言い分を受け入れて、もしソファイアの状態がそれほど深刻なら、帰省して妹の世話をしようと申し出さえした。しかしそれはソファイアが望むことではなかった。たとえソファイアが、ラ・レコンペンサで充分休養できなかったとしても、エリザベスから貴重な距離を置くことができた。この姉は子どもの時から彼女の霊的教育を引き受け、師匠と模写すべき傑作を提供し、この姉に対しソファイアはキューバへの出発前夜に、「人が引き起こせる範囲内で、お姉さんの精神ほど私に強く濃い影響を及ぼしたものはなかったわ」と書き送った。毎日世話をしてくれていた母親以上に、エリザベスはソファイアが、自らの認める能力以上の人生を送るよう促してきたのであった。それはソファイアが自分自身に思い描いた人生とは異なる人生だった。

ソファイアはいまやエリザベスに、「私の性質をあるがままに受け入れてくださらないといけないわ」と言うことに、ある種の満足を得ていた。「私自身が何をやろうとしていても、そこに私の全存在があるのだから」、彼女は自分の時間のなかで、絵を描くなり教えるなり、あるいはどちらもしないといった選択をするつもりであった。おそらく二人のどちらもが認めようとする以上に、エリザベスとソファイアはその情熱的な衝動を共有していたのであろう。しかし性急なエリザベスと違って、ソファイアはそれに屈しまいと、「創造力を無理に出すのではなく、それが私を支配するまで待とう」と決めていた。彼女は「私の詩神をせかすことはできない」と主張した。病は、彼女の感情――そして野心――を抑える障壁となっており、芸術の実践ですら「耐えられない喜び」としていた。結局彼女が目にした、姉が世間に道を切り開こうとして得たものには、何があっただろうか？　たくさんの希望が打ち砕かれ、将来性のある数人の人物たちからあいまいな関心を示されるだけで、最後には彼女の干渉に憤りがちな家族のもとに戻ってくるはめになっただけではないか。ソファイアは自分の立場を固く守った。

もしエリザベスがソファイアの病が本当かどうか疑いを抱き続けたのだとしても、そう口に出すことはなかった。しかし弟ジョージの病状の深刻さは認めざるをえなくなっていた。エリザベスがまだボストンにいた冬の間、セイラムのピーボディ邸は、ソファイアの説明によれば、「病院」へと変わっていた。ソファイアが病の「発作」をくり返すのに加えて、ナットのひどい熱は三週間以上も続き、若き医者ウェリントンはそれを発疹チフスと診断した。その一カ月後も、ナットは病であまりにも弱っていたので階下に下りることすらできなかった。それから消化器系の病気に長く苦しんでいたジョージが、説明のつかないまま足が弱る「麻痺」に襲われ、玄関近くの客間に簡易式寝台を置いて寝かされることとなった。ナットは回復したが、ジョージの症状は、春先には歩けるようになったものの、長く続くこととなった。ジョージは今またニューオーリンズにいて再び暖かい季節に仕事を探そうとしていたが、エリザベスは、「金銭的な面から家族の唯一の希望」であったジョージが、厳格な食事療法を続けない限りけっして完全には回復しないかもしれないと絶望した。彼女はニューオーリンズにいる弟に、「ヘンショーズでの贅沢な晩餐のことを聞いて本当に残念だわ」と手厳しく書き送った。『鳥肉やローストビーフやアイスクリームやマデイラ酒やシャンパン』についてあなたは話していたけど、どれもあなたの胃に入れるべきものじゃないのよ。」しかしピーボディ家はやがて、ジョージが結核の進んだ状態に陥っていることを知ることになる。それはすでに彼の消化器官を襲い、いまや脊椎に到達していた。肺とともにその二つはもっとも感染の起こる場所であり、結核は当時ニューイングランドでもっとも大きな死因であった。[4]

少なくとも他の兄弟たちには自活の兆しがあると、エリザベスは必死に信じようとした。ナットの最初の子どもは、エリザベスと名付けられた女の子であったが、一八三六年の春に生まれ、この新しい小さな家族はピーボディ邸に落ち着いていた。しかしナットは、南セイラムのつぶれかけていた自前の店が、自身が病気の間に実際につぶれてしまったため、南ボストンの店にその在庫を移そうとしているところであった。ナットはそこへ、すぐにも妻と娘とともに引っ越すと約束していた。ウェリントンはすでにセイラムからボストンに移っており、弟子入り先をパトナム博士に変えていた。この変更の理由は、その近所のチャールズタウンに住んでいた、二万ドルの遺産を手にして孤児となった女性と、ひそかに婚約していたためであることがわかった。

　エリザベスだけがこの件の事実をすべて知っていた。ウェリントンは姉をなだめすかして、恋人メアリーの法的保護者を訪問して、自身の健全な性格を証言して欲しいと頼んでいたからであった。エリザベスは、ウェリントンが「その件を進めることになった」のは、メアリーの遺産があったからではないかと「少し心配」していたものの、従うことにした。エリザベスは、ニューオーリンズにいるジョージに手紙で知らせたように、「この小柄で控えめな外見の女の子」を、弟が「本当に愛している」と納得したのだった。メアリー・ボードマンの保護者はウェリントンの求婚を許可したが、エリザベスが喜んだことに、彼の医療研修が終了するまで、また品行方正であり続けなければ、「メアリーをもらうことはできない」と彼に警告していた。かなりの持参金があることで、ウェリントンが自分たちの父親のような「絶望的な貧困という通過儀礼を経ることなく、快適な住まいを選び、職業に従事することができる」ことにエリザベスは安心した。いまやピーボディ家の子どもたちの少なくとも一人は、うまく結婚したと思えた。

ラルフ・ウォルドー・エマソン

　一八三六年八月、テンプル・スクールを辞めたエリザベスは、ウォルドー・エマソンから即座に、コンコードで数週間過ごさないかという誘いを受けた。エマソンの妻リディアンがそのメッセージを伝えた。「夫は、あなたが何か新しい約束を決める前に、私たちを訪ねてきて、過去を忘れさせるようなこの静かな町で、これから何をしたいか、何に取りかかることができるか、考えをはっきりさせたいのではないかと、あなたに聞いてみてくれと言っています。」しかしエリザベスはすでに、セイラムに戻って自分自身の雑誌を立ち上げようと決意していたため、リディアンの誘いを見合わせることにした。『家庭学校』の失敗が見え始めた十一月になって初めて、エリザベスはエマソン家の客人として、「気分を落ち着けて元気回復するように」というエマソンの申し出を受けることになった。[5] その時までにリディアンは、息子「リトル・ウォルドー」を出産しており、エリザベスは父親のウォルドー・エマソンの知的な話し相手として、またリディアンの世話役としても歓迎された。

エマソン一家もまた困難な年を送っていた。ウォルドーお気に入りの弟チャールズが結核で亡くなり、五人のエマソン兄弟のうちこの病に倒れた二人目となったのである。[6] 新婚であったウォルドー・エマソンと妻リディアン（より平凡なファーストネーム「リディア」を夫によって変えられていた）は、弁護士であったチャールズとこの新しいコンコードの家で同居しようと計画していた。[7] 彼は自分の恩師、コンコードの「郷紳」サミュエル・ロックウッド・ホアの娘エリザベス・ホアと結婚の約束をしていた。一八三六年の春にチャールズが突然亡くなったあと、エマソン家は代わりに、自宅を友人たちの長期間滞在にできるだけ開放することにし、少なくともウォルドーが渇望していた知的刺激を提供しようとした。エリザベスは、リディアンとウォルドー双方の友人として、この最初の招待の一つを受け取ったのだった。

玄関すぐの左手、エマソンの書斎の廊下を隔てた向かいにあった居間は、客間へと変えられた。エリザベスはその後三年間で計三回、エマソン邸に長期滞在することになるが、その最初の滞在をそこで過ごすことになった。訪問者と主人にとってその三回とも、ボストンでのテンプル・スクール騒動が不注意にも誘発した超絶主義論争が高まった危機的状態のときにあたっていた。エリザベスは自分にあてがわれた角の部屋から、コンコードと十五マイル離れたケンブリッジにある郡庁所在地を結ぶ広い舗装道路を、乗合馬車や重い荷を乗せた荷馬車が通り過ぎるのを見ることができた。家の裏手には小川の流れる牧草地があり、てくてく歩けばウォールデン湖や森に着くというこの地所は、この家とその野心的な三十三歳の持主を、商業の世界と自然との均衡が取れた場所に置くこととなった。エマソン邸で過ごしていたエリザベスが、「ここで私は……すべての物事の中心、あらゆる現実がその周りを巡る理想の場所にいる」と感じたのも不思議ではない。

一八三六年にエリザベス自身、つかの間ではあったが、自分より一歳だけ年上のこの家の主人とほぼ同等な立場にあった。その主人エマソンはかつて彼女を、ギリシャ語の勉強ではライバルだと断言したことがあった。四年前にエマソンはボストンの名誉ある説教壇を退き、講演者兼随筆家としての不安定なキャリアに乗り出した。そのような進路変更は、最初の妻エレンが、結婚後一年も経たないうちに一八三一年に結核で亡くなり、その家庭生活への希望が悲劇的に打ち砕かれることがなければ、行われなかったかもしれない。エレンから受けついだ遺産によって、彼はコンコードの家の購入をすることができた。一八三六年の秋までに、エマソンはすでにヨーロッパに行き、カーライルと交友関係を築き、ワーズワースに表敬訪問を行っていたものの、ウォルドー・エマソンもエリザベス・ピーボディもともに、たった一冊重要な本を、それぞれためらいながら出版しただけであった。エマソンの『自然論』は九月に出版され、超絶主義の仲間内ではすぐに成功を収めた。しかし彼はこの薄い書物に自分の名前を記していなかった。二カ月後、市場に出て最初の数カ月では、その本はエリザベスの『ある学校の記録』より少ない冊数しか売れていなかった。

　エリザベスはウォルドー・エマソンを真実の託宣者として崇敬していたであろうが、エマソンもまたエリザベスを高く買っていた。彼女が一八三〇年に出したジェランドの『自己教育』の翻訳は彼に霊感を与え、フランスの神秘家ギョーム・エガーの『真の救世主』の彼女の翻訳原稿も「良いもの」を提供していた。人生のこの発展期において、ウォルドー・エマソンはエリザベス・ピーボディを、出版界を隅から隅まで知る女性であり——彼女は共通の出版者であったジェイムズ・マンローとの取引について彼に助言することになる——「会話のなかで博学な教授や高名な文人のような権威をもって」話をする人物とみなした。たいていの場合、エリザベスが直感したように、いまだ女性の理想が十九歳で結核によって亡くなった病弱な花嫁であるという男性が「気分を害する」ことになりがちな、エリザベスの性格のより強引な側面をエマソンは無視し、彼女を「無限の能力」を持つ仲間として受け入れることができたのであった。

　一八三五年五月、エマソンは自分より一つ年上で、またも個人的な資産を持ち、彼と同じくらい知的だと多くの人に思われていた女性、「非常に洗練された」リディア・ジャクソンと結婚した。エマソンの結婚のちょうど前の年、エリザベスはリディアが「めったに見られない天才の特徴と、無尽蔵の独創性」を持った人物だと知って、リディアの婚約者に対するのと同じくらい熱心にリディアとの会話を求めた。リディアもまたエリザベスのことを認め、結婚の前の年には、「あなたと私ほど気軽に話せる二人の女性はどこにもいないでしょう」と書き送った。しかしエリザベスが一年後、一八三六年の十一月に夫婦を訪れたとき、彼女は結婚が友人のファーストネームのスペルよりも多くのものを変えてしまったことにすぐに気づいた。ウォルドー・エマソンは、リディアンが妹への初期の手紙で「私の守護天使のような人」と呼んだように、すばらしい人をつかまえたと自慢できる人物であったのかもしれない。しかしフリーランスの哲学者の妻になるというのはまた、のちにエマソン家の子どもたちの一人が、独立した知識人から家庭の天使へという母親の変身について書いたように、「彼女が心から享受していた生き方を諦めてしまうこと」を要求したのであった。十月三十日の「リトル・ウォルドー」の誕生は、リディアンをさらにもっと変えることとなった。

リディアン・エマソン

エリザベスがコンコードに着いたとき、父親となったエマソンは腕に生後三週間の赤ん坊を抱いて、「子どもというのはなんとすばらしい存在だろう、どの部分もこんなに完成されている」と驚きながら、一方で「オルコット氏がそうあるべきだと語ったようには、それのなかに自分自身は感じられない」ことに気づいていた。リトル・ウォルドーは、父親にとってはまだ「それ」と呼ばれる存在であった。エマソンは訪問者には息子を見せびらかし、親であることの教訓について思い巡らせたかもしれないが、赤ん坊に食事をさせたり着替えさせたりすることには至らなかった。リディアンは二階のベッドで、起き上がることもできず横になりながら、三十四歳にして、夫の友人たちにいつも開放している大きな家に加えて、まさに実体となった二人目の「彼」の世話もしなければならないと考えて気が遠くなりそうだった。もしエマソンが知的仲間たちに「自由な気持ちにさせる」能力があったとしても、彼は新しい妻には反対の効果を与えていたようだった。リディアンはこの出産から回復すると、次の八年間でさらに三人の子どもを生むが、夫の心が最初の妻であるエレンを忘れられず、彼らの最初の娘が一八三九年に生まれ、エレンにちなんで名付けられると、ますます病に逃げ込むようになり、元気なときでも、家事の細かな点に強迫観念的に注意を向けるようになった。

いまエリザベスは、ウォルドー・エマソンとリディアンの世界の間を気軽に行き来していた。子どもの誕生後の数週間は、妻が女友達や家族の世話や助言に身を任せるのはよくあることであった。リディアンが夫にファーストネームで呼ぶよう言われても、執拗に使い続けた呼び名「エマソン氏」と、エマソンがますます遠く感じるようになった妻を呼ぶのに好んで使ったニックネーム「クイーニー」との間にエリザベスが感じた距離は、おそらく当然のものだっただろう。たとえば、リディアンがリトル・ウォルドーの誕生を心待ちにして、真っ白な平織りカーテンを夫婦のベッドの枠組みにつけたのに対し、夫は仰々しいから外すようにと要求したことなど、エリザベスは知りようもなかった。しかしエリザベスは実際、エマソンと同居していた彼の母ルース・エマソンとの最初の夜の「古い話の蒸し返し」の会話のなかで、六カ月前に死んだ彼の弟チャールズについて家族がいまだ悲しんでいることを聞いたのだった。そしてチャールズの話によって記憶を呼び覚まされたエマソン夫人は、もう一人の今は亡き家族の一員、死んでからもう五年にもなるウォルドーの最初の妻、「私の愛しいエレン」の美点について長々と語りだした。「彼女は美人で、それと同じくらい気立ても良かったわ。みんな彼女のことを大好きでしたよ。」エレン・エマソンが亡くなったちょうど一年後に、肺結核で自身も幼な妻を亡くしたホレス・マンと違って、エマソンは個人生活では前に進みだそうと決意していた。しかし彼はまた、幽霊たちのいる家庭にまったく異なる二番目の妻を据えたのであった。

エリザベスは朝にはルース・エマソンと朝食を取り、その後ウォルドーが書斎で書き物をしている間、交代して赤ん坊の世話をした。二、三日のうちには、夜カーテンで覆われていないベッドでリディアンと一緒に寝て、明らかに夫ができないようなやり方で、真夜中も母親と子ども両方の世話を手伝うようになっていた。エリザベスは、女性の客に期待されている務めをすすんで果たし、「うやうやしい夫」と「神智論者の妻」というエマソンの結婚に対して引き続き尊敬の念を表明していたものの、リディアンからは距離を置き、ウォルドーと一緒にいることを好んだ。そもそもエリザベスがやってきたのは、ウォルドー・エマソンと会話しながら過ごす晩秋の午後や夕方のためだったのである。リディアンは嫉妬らしきものをまったく見せず、特にエリザベスは本当に必要とされる手伝いをしてくれるとあって、夫のための気晴らしを歓迎していたようであった。ウォルドーの方は、妻がますます堅苦しくよそよそしくなっていったため、よりいっそう客がいてくれることを求めたのかもしれない。

この三十三歳になる『自然論』の作者は、「彼のアトリエ」であった森のなかを散歩しながら、周囲のすべてに導き手となる審美的な力のしるしを見いだしていたと、エリザベスは日記に書いている。「私たちはゴシック様式の建築を探した。というよりむしろ、それが自ら私たちに姿を見せたのだ。」「低いサクソン様式のアーチや、ステンドグラスの入ったゴシック様式の窓を、夕焼けの空を背景にした裸の枝が作り出していた。」彼らはいくつかのコンコードの池を巡り、ウォールデンで足を止めた。そこではそよ風が湖の水面を波立たせており、「そのためにその特徴的な透明な美しさが失われ」、「代わりに小さな漣で大洋をまねているのだ」とエマソンはがっかりした。しかしエリザベスは、「私は水がどんなに透き通っているか目にした」と日記に書き加えている。

帰り道で彼らはマーガレット・フラーについて語った。エリザベスがこの年下の友人をエマソンに紹介し、真夏にフラーはコンコードを初めて訪れていた。エマソンは、フラーが「自分の知っている結婚はすべてお互いをダメにしてしまうものだった」と話したと言った。フラーはそのリストのなかに、エマソン夫婦の結婚も含めたつもりだったのだろうか？　ほぼ確かなのは、エリザベス同様、フラーもこの初期の段階でエマソン夫婦の両方を尊敬しており、単に新婚の主人を一般的な議論に引き込もうとしただけだったのであろう。しかし四カ月も前に聞いたフラーの意見をエマソンが引用したのは、彼自身の考えの方向性を示していたのではないだろうか。二十代半ばで、自らもすばらしい情熱を求めていたフラーは、周囲の男女の関係をじっくり検討し、その限界を試しながら、その後十年のうちに彼女自身のフェミニスト批評、『十九世紀の女性』として結実することになる様々な考えを、抱き始めていたのだった。

コンコードから帰ったエリザベスにとって、セイラムはよりまぶしく見えた。あるいはそれは、「エマソン的な生活を……とらえて反響させる」機会から彼女が得たエネルギーだったのかもしれない。『家庭学校』が失敗に終わったものの、彼女はそのエネルギーによって一八三六年から三七年の冬を楽観的に過ごすことができた。十代の少女たちを相手に日曜学校の授業を教えることにエリザベスは夢中になった。エマソンと森のなかを散歩している間に議論した「直感的理性」という概念を生徒たちに紹介した。それから彼女は、生徒の一人の兄であり、今ではハーヴァード大学の神学部で勉強しながらギリシャ語を教えているジョーンズ・ヴェリーの詩に興味を持つようになった。ヴェリーは前年の夏、セイラムにあるユニテリアン派のノース・チャーチの新しい石造りの建物の献堂式のために、ややおざなりな讃歌を書いていた。「ああ神よ、われらのこの聖堂の上に微笑を向けたまえ、その塔が歳月によって曲がり倒れるまで。」しかし彼はまた、「私の心の狂った情熱」について詠った「ちぎられた花」とか、「少年の夢」といったタイトルを持つワーズワース風の抒情詩も作詩しており、「自然」や「冬の鳥」を詠ったソネットにおいて並外れた才能を示し始め、そのうちのいくつかは『セイラム・オブザーバー』紙にも掲載されていた。

まだ二十三歳であったジョーンズ・ヴェリーは、エマソンの『自然論』を読んで、その呼びかけを聞いた。「新しい土地が、新しい人が、そして新しい思想がある。私たち自身の言葉や法律や信仰を要求しようではないか。」ヴェリーはエマソンがかつて「鷹や燕が空中を飛ぶように、田舎から町へと人が飛ぶように移動する」と賞讃した近代の「産物」である列車に乗っていたときに、啓示すら経験した。一八三七年の八月、新しい路線でボストンからアンドーヴァーまで北上している際、ヴェリーは突然、田園風景を縫って走る列車の急速な動きと、「人類の力と才能の感覚」に圧倒された。そのようにヴェリーは後になって日記に記したのだった。畏怖の念は、自分が「神聖なるエンジンによって運ばれ、人生の旅に乗り出しつつある」という確信に取って代わった。ヴェリーはその秋、新しい使命感を抱いてハーヴァード大学に戻った。それはのちに、彼の勉学と教育を監督する旧弊なユニテリアン派の教授陣を悩ませるものとなる。

その同じ月、エリザベスはエマソン邸への招待を再び受けることとなった。リディアンは、三月末日にエマソンがハーヴァード大学の卒業式でファイ・ベータ・カッパ講演を行う準備のため、家族中がせわしくしていると書き送った。その講演は、ハーヴァードの教職員や学生だけでなく、はるか広くニューイングランドの知識人たちを惹きつける年間行事の一つであった。ホレス・マンは、今では州教育委員会の書記官として積極的に改宗を迫っていたが、オリヴァー・ウェンデル・ホームズやジェイムズ・ラッセル・ローウェル、リチャード・ヘンリー・デイナ、最高裁判所判事ジョゼフ・ストーリーらとともに、彼の演説を聞くためにケンブリッジの第一教区教会に行くことにしていた。講演の依頼は、ボストン第二教会を辞して論争を引き起こしたにもかかわらず、エマソンがユニテリアン派の体制のなかで今でも尊敬されている証であった。コンコードに移ってからは、エマソンは近くのレキシントンで、必要などきに代理を務める程度に説教を続けており、卒業後のハーヴァード大学教育の美徳を真摯に賛美することが期待されている講演を行う機会を、喜んで受け入れたのだった。しかし彼の友人や家族は賢くも、違った内容となるだろうと予想していた。

リディアンが八月の初頭に、「講演の次の月曜日にうちに泊まって、仕事で帰らなければならなくなるまで滞在しては」どうかとコンコードにエリザベスを招待する手紙を書いたとき、エリザベスの前の訪問からはほぼ一年が経っていた。しかしその後、同じ月にリディアンはその招待を修正し、代わりに「卒業式後二週間経ってから来て欲しいのです。そうすればあなたと自由におしゃべりできると思うし、あなたが夫ともっとたくさん会話をするのを聞くことができるでしょうから」と頼んだ。リディアンの説明では、エマソンがハーヴァード大学のゲストスピーカーを務める次の日は、今度はリディアンが、コンコードにピクニックで訪れる「超絶主義の仲間全員の地上での娯楽をお世話する機会に恵まれる」ことになっていた。エマソンのそそのかしによって、マーガレット・フラーと何人かの友人たちは、パーティに押しかけて、超絶主義クラブの集団に初めて女性たちを引き入れようと計画していた。フラーは自身のコンコードでの休暇として次の週を選んでおり、エリザベスの休暇はその月の後に延ばされることとなった。リディアンはエリザベスに、九月までに自分の「女性的な仕事」がはるかに遅れてしまい、けっして追いつけないのではないかと心配していると書き送った。フラーの訪問とエリザベスの訪問の間に、リディアンは家中を磨いて、「隅々まで覗き、すべてがその持ち場にあるよう命令」しようと計画していた。リディアンは手紙の乱筆を謝った。手紙を書いている間、左腕で八カ月のウォルドー坊やをあやしていたのであった。

エリザベスはマーガレット・フラーのために後回しにされたことを気にしていたのかもしれない。また、女性を含む最初の超絶主義クラブの会合に出られないことを、残念がったかもしれない。エマソンの講演の次の日にコンコードで行われたピクニックは、エマソン家の夕食に計十八人も同席する「丸一日パーティ」となった。エリザベスは卒業式におけるエマソンの講演さえ聴かなかった。ひょっとしたら腹を立てていたのかもしれないが、おそらくは同じ月に二度もセイラムを離れることができなかったのであろう。しかし彼女はホレス・マンからのちにその講演について聞いた。エマソンはニューイングランドの知的権威を侮辱すると同時に、自由思想仲間たちを刺激する演説を行うために、この機会を利用したのだった。五百部の部数をたちまち完売させた雑誌のためにエマソンがこの講演につけたタイトル、「アメリカの学者」は、次世代の教育におけるハーヴァード大学の役割を承認することを、あからさまに省いていた。むしろそれは、誰であっても、個人が「不撓不屈の精神で自身を本能に据えて、そこにとどまる」ようにと熱烈に訴えるものであった。その講演は自己教育の讃歌であり、行動する人としての学者を讃美し、学問組織のなかでの生活を暗に弾劾するものであった。オリヴァー・ウェンデル・ホームズはのちにこの講演を、「われらの知的独立宣言」と呼ぶことになる。

「私はありふれたものを抱きしめる。その足元に座す。」見慣れたものを、低きにあるものを捜し求め、アメリカでもっとも閉鎖的な通過儀礼の一つを祝うためにンは、アメリカでもっとも閉鎖的な通過儀礼の一つを祝うために集まっていた、唖然とする聴衆たちに向かって宣言した。ホレス・マンは、以前はエマソンの「超理想主義」を信用していなかったけれども、この実際的で人民主義者のエマソンには引き込まれ、このように「万事すべての」ハーヴァード大学がひじ鉄砲を食らわされるのを見て喜んだ。しかし後になって、その講演は「他のどんな人にとっても非常にすばらしいものであった」が、エマソンにとっては「とうていそうではなかった」のではと心配した。ある超絶主義の歴史によれば、聴衆に対するマンの判断は正しかった。エマソンの講演を聞いた人々の大多数は、「ひどく腹を立てた」。しかしマンは講演者についてはは読み間違えていた。その後に続いた論争はエマソンの気分を支えたようである。そのファイ・ベータ・カッパ講演から三週間が経って、「宗教論争やその他刺激的な話題についてはなんの言及もしないという条件で」、セイラムでの講演の依頼を受け取ったとき、彼は断る機会を楽しんだのであった。

エリザベスはエマソンの講演後の週末コンコードに行く途中で、九月六日にニュートンのジェイムズ・フリーマン・クラークの家で開催される予定であった、超絶主義クラブの二度目の男女共同集会から除け者にされることのないよう念を押した。超絶主義クラブは、前年ほんの四回の集会のあと、「一人でいるとき以外に、すなわち人と一緒にいるときに、人が自身の才能から啓示を得ることはけっしてない」と述べたエマソンから、「死んだもの」と宣言されていた。しかし彼の「アメリカの学者」講演の後、今では活発化していた。エリザベスのいう「あらゆる場所から集まった優秀な若者たちの集まり」は、急速に超絶主義者たちの「真の討論の場」となりつつあった。

ニュートンの集会では、エリザベスは自ら話すより聞く方が多かった。しかし彼女の記録が、その日の会話の唯一の記録として残っている。その話題は、「社会の進歩」から「人々の精神」に届く「もっとも効果的な」手段にまで及んでいた。ほとんど一夜にしてこの集団は、才能や宗教対道徳といったオルコット流の抽象概念に夢中な、不満を抱く牧師たちの集団から、大義を喜んで説こうとする男女入り混じった改革者たちの一団へと変わった。そこには、エマソン、オルコット、ジョージ・リプリーを含め九人の男性がおり、エリザベス・ピーボディ、マーガレット・フラー、サラ・クラークの女性三人が出席していた。エリザベスはオルコットとなんとか友好的な会話を交わし、「彼も、ある事柄についてはまったくわかっていないと言えるかもしれないけれど……昨年の経験から人について何かしら学んだ」のではないかと推測した。その後、とりわけ彼女は、今まで以上にすすんでエマソンと過ごそうとした。彼こそは、エリザベスが「私の知るなかでもっとも活動的な人というだけではなく、もっとも完成された人間」と考えた、「新しさ」の最前線にいる人物であった。エリザベスはいまや喜んで

「私のチャニング博士を二番目として譲り」、「エマソン氏はより多才な託宣者」だと認めさえした。

一八三七年九月半ば、コンコードに二度目に長く滞在している際、エリザベスはエマソンの「毎日の散歩と会話」を記録しなければという気持ちに駆り立てられ、彼の伝記を書くことは「なんてすばらしい夢だろう」と想像した。日曜日、エマソンが説教を行うレキシントンへと彼とともに出掛け、行きも帰りもずっと二人はゲーテの『ガニュメート』について話し合った。エリザベスは、リトル・ウォルドーを腕に抱いたエマソンが、「すべての人に……小さな天使」を与えてくれる「美しい供給」について語るのを聞いた。エマソンは、息子が成長するのを眺めることによって、「人がけっして見ることのない自身の生の一部」が啓示されるが、「それは人の理解のために図に投影された無意識なのだ」との理論を述べた。この主張に対して、息子は手を叩いて喜びの声をあげ、哲学者は自分をあざけって、「父親の図でいようとおまえはまったく構わないのだな」と語った。

エリザベスはリディアンとの長い会話にも時間を割いた。リディアンは「自らの結婚や結婚一般の神智学」を概説してくれたが、その理論では、一つの「調和的全体」を成す社交範囲を常に広げていくことで、「人の魂の一つ一つが宇宙と独自の関係を持つ」というのであった。エリザベスはそれを、「家族という制度」について書こうと予定していた記事の素材になると考えた。リディアンの「神智学」は、エマソンが『自然論』で主張した見解――「われわれは宇宙との独自の関係を享受すべきではないのか」――を反響させているが、その強調は個人ではなく社会的結合にあった。エリザベスは、自分以上に家族関係に絡められているリディアンから、自身の「社会的共感の原則」のこの変奏を聞いても驚きはしなかっただろう。

リディアンはその冬エリザベスに宛てた手紙で、自分と夫は乳児と一緒に夜中「とても快適にやっていけるようになってきた」し、「私たちはこの子の世話に慣れてきた」と書いていた。それでもエリザベスは、招待主の「超理想主義」が、エマソン自身が感謝して「超博愛精神」と呼んだものと彼の妻のなかでは釣り合っていることに気づかざるをえなかった。その家庭性が、世話役の天使として以外彼女を「超絶主義仲間」から除外していたのである。その後あるとき、エマソンが妻を「あらゆる方法で」説得して、コンコードのスリーピー・ホローへ自分とエリザベスと一緒に午後の散歩に行こうと説得しようとしたときも、リディアンは家庭の義務があるから「行きたくありません、それは自分が行けないと感じたからです」と主張した。エリザベスは、リトル・ウォルドーの面倒を見たり、家族の縫い物をいくつか引き受けたりして、この休暇中リディアンの手伝いを続けていたけれども、このように除け者にされないようにしようと決意したのだった。

エマソン家の近くでこれほど多く時間を過ごす以前、エリザベスは「この世に完璧な関係はただ一つしかない」が、それは結婚だと考えていた。彼女はいまだエマソン夫妻の結婚を完璧に近いものと見なしたがったが、その「一つの関係」が女性に要求することや、またエリザベス自身がそれらの要求を満たしたいと思うかどうかという点も、厄介な問題であった。彼女はまたかつて、サマセット・コートでメアリーと部屋を共有していたとき、その「完璧な」関係を「姉妹は模倣する」と考えたこともあったが、メアリーとの違いが増すにつれ、「もし私がその姉妹の一人であるのなら……姉妹は模倣できないと確信」するようになっていた。同じことが、エリザベスにとっての結婚に当てはまるだろうか？　エリザベスの周りでは、確かに彼女は結婚できないほど年を取っていたわけではなく、それはリディアンの例にも明らかであった。しかし三十代になるまで独身生活に満足してきた女性にとって、結婚は賢い選択になるものだろうか。かつては「無尽蔵の独創性」を持った女性のように思えたものの、今では家庭生活のせいで明らかに疲れきってしまっている友人に対して、エリザベスは大いにそう感じた。エリザベスはリディアンの窮状を観察して、二年前にホレス・マンがエリザベスへの愛情を、兄弟姉妹に対するものであってそれ以上のものではないと宣言した後、すぐに押さえ込んだ失望感や拒絶感に対する慰めを、そこに見出したのかもしれない。

エリザベスは、同時代の偉大な思想家たちの妹のような友人や補佐役、あるいは妻であることを望むのと同じくらい、彼らと知的に口論できるパートナーであることも望んだが、エマソン夫妻の結婚の例を前兆ととらえたのかもしれない。おそらくエリザベス自身は結婚する運命ではなかったのだろう。たとえ彼女が『家庭学校』でかつて書いたように、家族というものを「地上における唯一の神聖なる制度」として熱心に推奨し、リディアンの「結婚の神智学」を、エマソンの自己信頼の呼びかけと同じくらい啓発的だと思うと主張したとしても。一八三七年コンコードで、エマソンに講演草稿の束を整理するよう渡されたエリザベスは、婚約指輪を渡されたのと同じくらい、ひょっとしたらそれ以上に喜んだ。明らかに、ユニテリアン派の体制とすすんで闘争しようとした男性であっても、結婚した女性が家庭の光の役を務めながら知的な同志でもあるということを許さなかったのである。

エリザベスはエマソンが求めた梗概を渡す仕事に取りかかった。常に彼女の「順序だてる能力」と「すばらしい文学的頭脳」を賞讃しているとエマソンは日記に書いた。彼はまた、一つの概念から別の概念にすばやく移ってしまう自分の傾向、エリザベスの言葉を借りるなら、聴衆のために「常に驚きの連続……を創造する」傾向についても承知していた。コンコードでその講演草稿を読んだエリザベスは、エマソンの講演は「私を驚愕させ、満足させ、喜ばせ」、「E氏が私の思っていた以上にはるかに偉大な人だと証明するものだ」と自分の日記に記した。しかし彼は、「論理的ではなかった」。エリザベスは、エマソンが「思想をまとめられるように訓練」すべきなのではないかと考えたが、講演に焦点を合わせ、それによって彼の「大衆を引きつける力」を増やす手伝いができる機会を歓迎した。彼女はエマソンの講演が、「そのときには完全に理解されない」ものであると認めたが、そのためにそれは批評家に「ののしられたり笑われたり」、また簡単に片付けられたりすることになった。しかしエリザベスは、もしエマソンが一度に「多数の連続した」思考を始め、「だがほとんど追究しない」のであるなら、結果として生じる首尾一貫性の欠如は、「着想という厄介者」に恵まれた「天才だけが負う欠点」なのだと信じていた。[8] エマソンが取り上げた主題や、ぞんざいな扱いをしたテーマなどを概説したエリザベスの講演梗概とともに、「それらを印刷してはどうかという熱心な勧めを文字にして」、エリザベスはエマソンの元を去った。

エリザベスは一八三七年の九月後半、エマソン風にできるだけ「簡素で、真実で、あまり急がないように」と自分に説いてコンコードを去った。その際、年長の少女たちのクラスを一つ教えることや、女性たちの読書会でギリシャ神話についての講義をすることなど、いくつか次の年にセイラムで達成すべき計画のリストを携えて帰った。彼女はエマソンやチャニング、それにワシントン・オールストンに捧げる頌歌や、アメリカ史や家族についてのエッセイを書き、アンソロジーを一つ編集して、そのなかにエマソンの講演の一つを含めて出版しようと計画した。[9] しかしその十二月、ジョーンズ・ヴェリーが叙事詩について行った講演を聴いたとき、人生は新たな方向転換を迎えた。エリザベスは即座に、自分のアンソロジーにヴェリーを入れようと考え、その後彼を家に招待し、そこで二人は「超絶主義的な話題」を話し合った。ヴェリーは「不安定で内気な」人物で、エリザベスは彼が、「溺れる者が藁をつかむかのように私の伸ばした手をつかんだ」と記した。ヴェリーは「エマソン氏の熱心な聞き手」であると認めた。エリザベスはすぐさまエマソンに手紙を書いて、ヴェリーを招待してコンコードで講演を行ってもらうよう勧めた。エマソンはエリザベスの推薦に従い、またヴェリーに自分の家に泊まるようにと頼んだ。その出会いは宿命的なものとなる。

ジョーンズ・ヴェリー

一八三八年四月にコンコードでのヴェリーの講演を聞いた後、エマソンは「ヴェリー氏のような賢人」を発見したエリザベスの「賢明さ」を賞讃した。エマソンはヴェリーと一緒にいると「新しさ」を感じるとエリザベスに書き送り、この若い詩人がシェイクスピアについて書こうとしていたエッセイについて二人で話し合った後、彼には「天才の持つあらゆる風格や印象」が備わっていると判断した。エマソンはヴェリーを超絶主義クラブに入るよう勧誘し、ヴェリーは有名な不在の一時期を除いて、このグループのもっとも忠実なメンバーの一人となった。

ヴェリーは、自らの「才能」に対するエリザベスとエマソンの熱意に励まされたからか、ハーヴァード大学でのギリシャ語の個人指導の焦点を、死んだ言語から、もっと火急に必要とされる精神の教育と自ら考えるものへと変更した。さらに、エマソンと会った六カ月後、一八三八年の秋学期が始まって三週間が経った頃に、「新しい意思」が自分の内に起こるのをヴェリーは感じた。それは彼が前の年、アンドーヴァーに向かって高速で走る列車のなかで経験した幻想の実現であった。ヴェリーの超絶主義は、恍惚の啓示に取って代わられた。彼は、「キリストの到来が間近であると誰にでも宣言するほど、内なる霊に完全に心を奪われた」と、大学時代の友人に告白する手紙を書き送った。同じ日の後になって、ヴェリーは討論クラブの集会に押し入り、演壇をのっとり、「震える声で」「聖霊が自分を通して語っている」と断言した。ハーヴァード大学の学長ジョサイア・クインシーは、エリザベスのテンプル・スクールでの教え子であったジョサイア・フィリップス・クインシーの祖父でもあったが、ヴェリーの常軌を逸した行動を知るやいなや、このかつては将来を嘱望されていたギリシャ語の指導教員をくびにして、セイラムに帰るよう命じた。

セイラムに戻ったジョーンズ・ヴェリーは、チャーター・ストリートのピーボディ邸へと向かい、エリザベスに玄関先で出迎えられた。玄関口に立ったこの若者は、ほとんど誰か見てもわからないほどであった。ヴェリーは「ずいぶん顔も赤く、目もキラキラとしていて、まばたきもしない」ように見えた、とエリザベスはのちに思い出した。「その態度には、何か不自然なもの、危険なものがある」ことは一目瞭然であった。自分が家の一階で狂人と二人きりでいることに気づいたエリザベスは、ヴェリーを「敵に回さないよう」決意し、彼を家に入れた。いったんなかに入ると、ヴェリーは儀式のようにエリザベスの頭に手を置き、「私はあなたを聖霊と炎によって洗礼するために来ました」と宣言し、祈りを始めた。エリザベスは彼の言葉を「ぞっとするもの」だと感じ、「彼の手の下で立っている間、芯まで震えていた」。しかしヴェリーが祈りを終え、エリザベスに期待をこめて「どんな感じですか」と尋ねたとき、彼女は正直に「何の違いも感じないわ」と答えた。ヴェリーは「でもそのうち感じますよ。……私はキリストの再来なのですから」と主張した。

ヴェリーと会っている間ずっと、エリザベスは「これはきっと脳を使いすぎたせいで起こった一時的な熱狂にすぎない」と期待して、「黙ったまま敬意を持って、優しくすらふるまっていた」。しかしセイラムの他の人々はそれほど寛容ではなかった。エリザベスはヴェリーがピーボディ邸に来るまでの途上で、「洗礼を施すために」何人かのセイラムの牧師たちの家に立ち寄り、「そのうち二人は体を使って彼に抵抗した」と知った。三人目のユニテリアン派の第一教区教会のアパム牧師は、彼を「精神病院」へ送ると脅した。エリザベス自身はヴェリーにどう接するのが適切なのか自信が持てなかった。特に同じ日の後になって、より穏やかな気分でピーボディ邸に戻ってきたヴェリーから、「聖霊のおかげで」書くことができたという

「二段組みで書かれた四つのソネットを記したものすごい束の紙」を手渡されたとき、エリザベスは途方に暮れた。そのような創造性の奔流は止めるべきなのだろうか？　しかしすべてが遅すぎた。ハーヴァード大学当局に支持されて、アパムは思い通りにするだろう。ハーヴァードで審判の日を予言した七十二時間のうちに、ジョーンズ・ヴェリーはチャールズタウンにあるマクリーン収容施設へと、彼が友人に書き送ったところによれば「意思に反して」、送られたのであった。

エマソンはその知らせを聞いて驚愕した。ヴェリーはハーヴァード大学を追い出される前に、シェイクスピアについてのエッセイを書き終えており、それをエマソンに送っていた。エマソンはそれを、ヴェリーが言われているような狂気の形跡など少しも見出せない「高貴な論文」であると断言した。エマソンはマーガレット・フラーに対して、この哲学者にとっても若い詩人にとっても、ともにインスピレーションに満ちていたヴェリーとの会話を思い出しながら、「そのような精神が失われるはずがない」と書き送った。実際エマソンは続く数カ月、ヴェリーの正気を、それに反する明白な証拠もものともせず、擁護しなければならないという気持ちに駆られた。そしてヴェリーがマクリーンにいる間、白熱して書き続けたすばらしい詩の選集とともに、そのエッセイ集を出版することも引き受けることとなる（それは同時にエリザベスの企画していたアンソロジーを頓挫させることとなる行動であった）。

なぜエマソンは発狂したハーヴァード大学の助手のために、それだけのことをしようとしたのだろうか。一八三八年の夏、ヴェリーの「新しい意思」が温められていた頃、エマソンはハーヴァード大学神学部の卒業者たちのための講演という形で自分自身の啓示を伝えていた。それは「アメリカの学者」よりもずっと扇動的で、この若い弟子の救世主的たわごとよりも大いに説得力のある演説であった。これがハーヴァード当局をあまりに怒らせたため、エマソンはほぼ三十年もの間大学から締め出されることとなる。エマソンの「神学部講演」に続く騒ぎのなかで、エマソンの信奉者として知られるヴェリーのような、かつては将来を嘱望されたハーヴァード大学の神学生が狂気に陥ることは、背教の牧師にとって、また一つの打撃という以上のものであった。それは、少なくとも古い保守派の目には、危険な人物であり、誤った宗教を広めることのできる異端者としてのラルフ・ウォルドー・エマソンの肖像を完成させるものであった。そこでエマソンは自分の弟子、エリザベス・ピーボディが自分の玄関口に連れてきた狂人を、擁護せざるをえなかったのである。

エリザベスは「神学部講演」の数日後、再びコンコードのエマソン邸を訪れていた。前年の夏と異なり、雰囲気は憂鬱なものであった。エマソンはこれまで同様話し好きではあったが、「この最近の対立によって、深められ、よりまじめで真剣なものに変わっていた」とエリザベスは日記に記した。前年に「アメリカの学者」によってエマソンが慣習的なユニテリアン派から一歩離れたことは、組織的な宗教の範疇からはるかに離れてゆく道を用意することとなった。エマソンは今ではあまりに広く――あまりに「普遍的な」――宗教を説いていたので、もはやそれをキリスト教と名付けることすら固辞した。その「神学部講演」で、エマソンは彼の講演を聞きに集まった未来の牧師の小集団に、すなわちハーヴァード大学が若い国家の演壇へと供する最高に優秀な若者たちの集団に、「一人で歩み」、「あえてなんの仲介も覆いもなく神を愛するよう」にと語った。エマソンの観点では、キリストへの信仰は「盲目的崇拝」となってしまっており、それは「腐敗した教会と無駄な信仰」の証であった。エマソンは駆け出しの牧師たちに、「あらゆる人間には崇高な思想がある」のだから、「慣習への服従をすべて捨て」、会衆たちの声に耳を傾けるよう忠告した。集合の呼びかけに説教者も教区民もろとも含めたエマソンは、「人はどこにやってこようと革命が起こる」と宣言したのだった。

もちろん、その狂気がキリストの啓示と明らかに関わっていたジョーンズ・ヴェリーが、その幻視は「超絶主義以外の何物でもない」とけなされ、エマソンと同罪だとされるのは皮肉なことであった。しかし超絶主義こそが問題なのだと、一八三八年の講演以降、数週間、数カ月とどんどんやかましくなっていったエマソンの批判者たちは論じていた。もしエマソンが主張するように、「あらゆる人間に崇高な思想がある」のであれば、自分を救世主だと主張することを何が止められるだろうか？　ハーヴァード大学神学部の創立教授アンドリューズ・ノートンは、オルコットの『子どもたちとの福音書についての会話』に冒涜的とのレッテルを貼り、エリザベスのヘブライ語聖書を検閲した人物であるが、エマソンの講演を「支離滅裂のラプソディー」であり、「宗教への侮辱」だとの烙印を押した。[10]他の人々は「もっともひどい無神論者」だと非難した。しかし次の年まで報道を賑わした論争の中心には、「教会とその権威を通して……われわれはキリスト教を信奉するか、あるいはまったくしないかだ」というエマソンの対立者たちの信念があった。古い擁護者はエマソンの改革に対してしっかり踏みとどまろうと決意していた。

エリザベス自身はウォルドー・エマソンほど進歩的ではなかった。彼女は、完全な人間の模範としてのキリストの重要性を、あれほど時間をかけて論じた後になって、キリスト教からキリストを取り除こうという気にはならなかった。しかし彼女はエマソンの目的も承知していた。彼は若い牧師たちを鼓舞し、「祭壇上でくすぶり、ほとんど消えかけている炎を再燃させる」ために、「教会の害悪」の正体を明らかにしたのである。前年にエマソンが行ったファイ・ベータ・カッパの演説を聞き逃したエリザベスは、神学部講堂に入る方法をなんとか見つけ出して、「この真に予言的な言説」を聴いたが、それは「ボストンにおける私たちの超絶主義時代の黙示録」となった。彼女はその瞬間の重要性を、エマソンの証言が人を変えるだけの力を持つことと同様に感じ取っていた。彼女が日記に書いたように、「この最後の講義が対立を引き起こした」という事実が、「どれだけ共同体がそれを必要としているかのまた一つの証拠にすぎない」のであった。

エリザベスはまたエマソンが冒した危険についても、ひょっとしたらエマソン自身よりも鋭く認識していた。その夏の早い時期、同じくボストンの自由思想家の一人であり、無神論者を自認するアブナー・ニーランドが、自ら『ボストン捜査官《インヴェスティゲーター》』と呼ぶ新聞に自身の見解を載せた後、不敬罪で刑務所に入れられた。卓越した牧師たちを長く輩出した家系の末裔として、エマソンをボストンの体制派と結びつけていた絆は、彼の敵対者たちが主張するように、エマソンが「最新版の背信行為」を広げたという判決を受けることとなった場合、そのような運命から彼を救うほど強い結びつきだったのだろうか？[11]すでにハーヴァード大学はエマソンをキャンパスから追放していた。一八三八年の後半になって、いまだ神の啓示を主張し続けるジョーンズ・ヴェリーがマクリーン収容施設から解放されたのち、個人的にヴェリーに同情し続けていたエリザベスは、しかしながらこの詩人は「相変わらず気が狂っている」とエマソンに書き送り、ヴェリーについて忠告した。セイラムのユニテリアン派の牧師たちは、自身「今では無神論者と一般に認識され、そう非難されている」エマソンに、ヴェリーが会うのを防ごうとしているのだと彼女は説明した。「あなたがさらに聴衆を堕落させるのを防ごうと措置が取られているのです」とエリザベスはエマソンに警告したのだった。

しかしエマソンはそのどれにも耳を貸そうとしなかった。代わりにヴェリーの訪問を歓迎し、ヴェリーはマクリーンを出てすぐ、五日間もコンコードのエマソン邸に滞在した。エマソンはジョーンズ・ヴェリーとの「記憶に残る会話」を描写しつつ、「彼と数時間も話せば、彼以外の人間がみんな狂っているのだと思うようになります」とのちにマーガレット・フラーに書き送った。ヴェリーは「自然な状態ではなく、おそらくずっとこの状態でもないでしょう」と認めながらも、エマソンはこの客が「重宝すべき連れ」であると結論づけた。この友情を抑制しようとするエリザベスの試みを、エマソンは恨み始めていたのかもしれないが、エリザベスに対しては、「彼はまったく正気だ」とはっきり述べた。

しかし一八三八年の八月、エリザベスがコンコードのエマソン邸で休暇を過ごしている間、ヴェリーの精神状態――エマソンの言葉を借りれば「偏執狂か偏執的正気か」――を巡る議論は将来に持ち越された。エマソンの経歴上最後の一つとなる説教を終えて、レキシントンからコンコードへ帰る途上、エマソンはエリザベスに、将来は「公会堂の椅子が私の説教壇とならねばならない」と決意したことを打ち明けた。彼はその朝の説教中、教会の後部席で落ち着きなく讃美歌集をめくっていた若者たちのような、より幅広い若い聴衆たちにも手を伸ばそうと心に決めたのだった。話を聞いてもらうためには、世俗の舞台の新鮮な空気と、新しい演説形式が必要となるだろう。「このような時代にキリストについて説こうとする者は、キリストについて何も言葉にしてはいけないのだ」とエマソンは彼女に話した。

家に帰ったエマソンは、自身の「神学部講演」の校正刷りをいじくりまわし、「針仕事をしながら」一緒に座っていたエリザベスとリディアンに、簡潔にするために講演からその日省略した段落を挿入すべきかどうか相談した。その段落は論点のいくつかを説明していたでしょうとエリザベスは述べ、それを含めるべきだと言った。しかし結局エマソンは、批評家たちのために論争を公正にしておこうと、当日話した通りに講演を印刷することに決めた。「弁解や、説明ですらも、エゴイズムの愚かな間違い」だと彼はエリザベスに語った。

リトル・ウォルドー・エマソン

コンコードの残暑の下、エリザベスはエマソンと、彼の息子があたりの床の上で遊んでいる間、その書斎で語り合った。彼女はリトル・ウォルドーの幼い生と同じくらい、死がエマソンの心に浮んでいることに気づいた。二年間というもの、エマソンは死んだ弟チャールズについて本を書くか、少なくとも弟の手紙やエッセイをまとめて一冊の本にするという考えを温めていた。しかし彼は今エリザベスに、そうしないことに決めたと語った。その見通しはあまりに意気消沈させるものだったからだ。「人は書けるものを書くのであって、書くべきことを書くのではない」とエマソンは自身の選択を弁護した。窓の外を眺めながら立っていた彼は、残念そうに語り、死を「われわれは理解できないのだ」と慨嘆した。「われわれの洞察」もそれほど遠く及ばないのだ。それから彼はかがんでリトル・ウォルドーを床から抱き上げ、肩に担ぎ上げた。そして、まるで神聖なる理由の直観を求めて二歳の子どもの心を戯れに探るかのように、「ウォルドー、どうして人は死ぬのだろうね」と尋ねた。「お前は死んでしまうのかな、ウォルドー、『いいえパパ、僕は死なないよ、死ぬことは僕の考えから一番遠くにあるんだよ』と言っておくれ。」

このような暗い気分にあったエマソンは、いつも以上に客人に調子を合わせていたようだった。二人はスリーピー・ホローを歩き、「たくさんのことを語り合い」「丘を越えて」戻った、とエリザベスは日記に記した。エマソンは将来その著述の多くで取り上げるだろうジレンマについて、けっして解決できたと思えない難問であり、おそらくはそうと知らずに「神智論者」である妻と共有しているジレンマについて、語ったのだった。自分自身の困惑にエマソンが共感していると考えて励まされたエリザベスは、「私たちは、私たち自身にとって最良のことが、他者への義務と結びつくようにするにはどうやって生きたらよいのか、まだ学んでいないのだと彼は語った」と記録した。

それからエマソンはエリザベスに向かって、驚いたことに、家族の経済的負担を負わなければならないことで彼女がこれほど長い年月置かれてきた「難しい立場」について、懸念を直接表明した。エマソンは彼女に、「もし他人との関係に打ち負かされたとしても……自分を責めないよう」にと助言した。この思想家に自分の知的関心事以外のことを打ち明けることをこれまでずっと避けてきており、「彼に個人的な関係について語ったことがなかった」エリザベスは、とくにエマソン自身が公に攻撃されているこのような時にあって、自分を慰めようと彼が努力してくれていることに深く感動した。「私の要望を見抜いてくれる友人を与えてください」とその夜エリザベスは日記に書き記した。「これこそが本当の心なのです。」

第27章　歳月の姉妹

　エマソンがおそらくぼんやりとしか見抜けなかったことは、エリザベスの「難しい立場」がほとんど耐えられないほどになっていたということであった。そのせいで彼女はついに一八三八年の夏、コンコードを訪れる数カ月前に、実家から出ざるをえなくなった。彼女は実際、他人との関係に「打ちのめされた」ように感じていたが、それを誰にも打ち明けることができなかった。妹たちと、親しさを深めたいと熱望していたにもかかわらず、いまやエリザベスには、おそらくこれまで以上に「本当の」友人がいなかった。

　エリザベスの苦境は、一八三七年の陰鬱な秋にその原点があった。このときセイラムの家には、三人の姉妹と両親がいるだけだったが、ニューオーリンズにいるジョージから、黄熱を研究しに南へ向かったウェリントンが、その熱病の犠牲となって急死したとの連絡を受けた。チャールズタウンに住む女性相続人メアリー・ボードマンと婚約していたにもかかわらず、ウェリントンは悪性の病に対する治療法を見つけようという野心的な計画を進めたのである。そしてパリに移住しようという考えを捨て、より近くの疫病に目を向け、ニューオーリンズにある黄熱病院の医学実習生の仕事に就くことにしたのだった。

　ウェリントンは八月、黄熱流行が絶頂期にあり、十五年間で最悪の発生を迎えていた最中にニューオーリンズに到着した。その「熱帯性の災害」は一日に十五人以上もの命を奪い、マクファーレン医師が経営する病院がその市で唯一この病を専門に扱う病院であった。ジョージはのちに、ウェリントンはすぐさまマクファーレン医師やその患者たちの「いちばんのお気に入り」になったと書いた。マクファーレンに気に入られたのは、ウェリントンの先輩が危険すぎて訪れることすらできないと考えた病院で、ウェリントンが何日も機嫌よく働いていたからであった。また患者たちは、ウェリントンが自分たちを治してくれていると思っていた。黄熱の真の感染源——雌のネッタイシマカ——が発見されるのは半世紀以上も後のことである。患者から患者への感染を疑い、自分の病院を主に病人を隔離する手段として維持していたマクファーレンと違って、ウェリントンは、黄熱は低地の熱帯性都市における「瘴気」によって起こると信じていた。彼は病棟での接触感染を恐れていなかった。そして家族が思いもよらなかった熱意と献身でもって、自分の仕事に熱心に取り組んだ。彼は切開し、塩化水銀を投与して、最初の一カ月が終わったときには、担当する二十人の患者のうち一人しか失わなかった。

　黄熱にかかった患者はすぐに死亡する。病院にたどり着くだけの元気があった患者のほとんどは、どのみち生き残ったであろうが、ウェリントンはそのことを知らなかった。彼はまだメアリー・ボードマンの後見人との仲介役であったエリザベスに宛てて、「墓場の淵から苦しむ患者を生き返らせる」ことはスリリングだと書き送った。また、「活動準備の整った熟練の医者」として、一年以内にボストンに戻る予定だという知らせを伝えて欲しいとも頼んだ。二十歳のウェリントンは、この新しい仕事は、「僕を一人前の男にするものだ」と誇った。確かに彼は正しかったかもしれない。少なくとも彼が生き延びる可能性は高かった。日没から明け方まで病院の窓を閉めて夜気が入らないようにすることで、ウェリントンは仕事中に感染する危険を冒すことがほとんどなかった。また夕方家に帰るときに、厚いコートを着こみ、「瘴気」の悪影響を中和するために煙草をふかして歩いたことが、明らかに感染源である蚊を追い払うことにもなった。

九月二十七日、ウェリントンの患者の一人が亡くなった。二カ月働いて、その間に診た百二十人のうちのほんの六人目の死亡者にすぎなかった。無敵だと感じたウェリントンは、検死解剖を自ら行うと主張した。その解剖とは、マサチューセッツ医学協会を「驚かせる」予定の論文に記載する新しい証拠を探そうと、死者の腸を素手で探るというものだった。マクファーレン医師の考えによれば、ウェリントンは「自分をかなり晒してしまった」。数時間のうちに彼は気分が悪くなった。四日間高熱が続いた後、ついにうわごとを言い、「黒い吐瀉物」を吐くようになって、死亡した。今回マクファーレン医師は感染ルートについて正しかった。おそらく手袋もはめずに熱心に感染した内臓を扱っているうちに、生きたウィルスが彼の皮膚に浸透し、血管に入り込んだのであろう。微生物から身を守る必要についても、十九世紀にはほとんど知られていなかった。

その悲しい知らせを家族に届けるのは、ジョージの「憂鬱な義務」となった。彼は、家に帰って直接みんなに伝えたかったけれども、お金がなかったのだと書き送った。その年ジョージは、自身の慢性的な病のために、就いた仕事はどれも数週間という単位で辞めなければならなくなっていた。さらにジョージは、埋葬費に加えて、長靴や煙草、手に入れたとたんに無くしてしまった金の眼鏡などのために、ウェリントンが百ドル近くの借金を残していたことを知った。

残った兄弟姉妹たちはそれぞれ、ウェリントンの死によって異なる教訓を得た。「情熱的な性格のせいで弟は衝動的になってしまったんだわ」とメアリーは友人に書いた。しかし一カ月のうちにウェリントンは「自らの居場所を見つけ」、「その性質が持つすべての資質が引き出されたのよ」と。ウェリントンが少なくとも家族の誇りとなった今、メアリーは彼を「快く」送り出せる気持ちになっていた。そしてウェリントンの最期の日々を、彼の死が「最大の不幸」になってしまうであろう「かわいそうなメアリー・ボードマン」に、このような形で伝えたのだった。いまや家族持ちの既婚者となったナットは、予防の重要性について説教した。「僕たちは危険に突っ込んでいって死ぬこともできるし」、あるいは「より安全な場所で気長に適度な望みを抱く道を選んで、自分と人類にとっての祝福となる生き方をすることもできる」と弟ジョージに書き送り、家に帰ってくるようにと説得した。

ソファイアは病床に伏して、一週間毎日のように泣き暮らし、家族の大きな心配の種を再び家のなかへと引き戻すこととなった。しかし彼女の苦悩は、極端ではあっても心からのものだった。家族の末っ子だったウェリントンは、子ども時代からソファイアが特別に「気にかけていたお気に入り」であり、セイラムでのここ数年の間、彼女は弟からのお返しの「優しい愛情」を頼みにするようになっていた。メアリーは二人の共通の友人サリー・ガードナーにそう書き送った。「別れの辛さ」はとくにソファイアには辛いものであった。ウェリントンは死ぬはずの人間ではなかった。ソファイアは手紙を書けるほど回復すると、「家こそ病人のいる場所」なのだから、ジョージにセイラムに帰ってくるようにとすぐさま懇願した。

エリザベスはもっと実際的だった。彼女の見る限り、ウェリントンの性格には「安定した力強い処世術」を保証するような「要素はなにも」なかった。彼は二十歳しか生きられないようになっていたのだ。しかしジョージはまた別の問題だった。エリザベスはジョージに、病に感染する前にニューオーリンズを離れるよう命じた。ジョージ自身の状態も悪化しつつあるという明らかな徴候があったにもかかわらず、いつか病弱な姉の世話を、年老いた両親から引き継いでくれるはずの唯一の弟として、彼は家で必要とされているとエリザベスは頑なに信じようとしていた。それでもエリザベスは、その秋ずっと情緒不安定なままであった。カーライルの『フランス革命』や、一八三七年の「恐慌」の年にひっきりなしに出ていた銀行閉鎖の新聞記事、あるいはコロンビア特別区における奴隷制廃止をめぐる議会論争などを読んでは、すぐに泣き出すのだった。

しかし弟妹たちと違ってエリザベスは、物事を起こすコツを知っていた。少なくともそれが、現在の悩みから彼女の気をそらすことができるはずだった。エリザベスはその後も、一八三七年十一月の夜のことを忘れることはなかった。そのとき「玄関口でベルの音が大きく鳴り」、あまり世に知られていない短篇小説家だったナサニエル・ホーソーンが、「その若い美しさを輝かせながら」、エリザベスの人生に入ってきた。彼はエリザベスとちょうど同い年であり、その見るからに内気な様も、黒髪のハンサムな容貌が持つ魅力をほんのわずか翳らせるだけだった。その訪問は、彼女がセイラムに戻ってきて以来、その年ずっと実現させようと骨を折ってきた面会であった。エリザベスはセイラムに戻ってくると、『トークン』誌や『ニューイングランド・マガジン』誌に掲載された短篇を自分が賞讃していた、その無名の作者が、通りをほんの数本離れただけのところに住んでいると知ったのだった。実のところ彼は、ユニオン・ストリートにあったピーボディ邸の裏庭で、約三十年も前に遊んでいたのを彼女が見かけた、まさにその近所の少年だった。その少年がいまや成長して大人になっていたのである。

ナサニエル・ホーソーン
(チャールズ・オズグッドによる肖像画)

ピューリタン時代を背景に、幼いクエーカー教徒の少年が殉教死する短篇「優しい少年」や、「理想の美は、現実の生活のありふれた事柄のなかでもっとも鮮明に見え、もっとも深く感じることができる」ことが示されていると感じた「アニーちゃんのお散歩」といった物語のとりこになったエリザベスは、実家にいたナサニエル・ホーソーンを見つけ出したが、その甲斐はなかった。彼女は、彼の妹が約束してくれた招待のお返しを心待ちにしていたが、そのようなお返しが来ることはけっしてなかった。結局「エリザベス・ピーボディ嬢へ、著者より敬意を込めて」と記された、彼の処女作であり最近出版された『トワイス・トールド・テールズ』の献本を受け取った後になってようやく、エリザベスは自分の知己を得たいというホーソーンの気持ちを感じ取ったのだった。彼女は、ホーソーン自身が寄稿するようになった新しい雑誌『デモクラティック・レビュー』誌に、自身もエッセイを載せることについてアドバイスを求めるという「口実」で、彼との面会を巧みに計画したのだったとのちに思い出した。それとも、ホーソーン自身がよい頃合だと判断し、彼自身の理由があってこの面会が行われるよう手段を講じたのだろうか。

　ナサニエル・ホーソーンはその土曜の夜、一人ではなく、「その両腕にしがみついているフードを被った人たちを連れて」やってきた。[1] それは彼の二人の姉妹であった。読書家の(エビーとして知られる)彼の姉エリザベスは、少女時代に、四歳だったエリザベス・ピーボディの勉強の手伝いを頼まれたことがあった。妹のルイーザは、引きこもりがちなホーソーン家のなかでもっとも社交的だった。二人の女性を両脇に配し、黒いケープと衣服を着て、目立ってハンサムなこの作家の姿は――遠慮深さを克服するため、ホーソーンは公の場では必ずきちんとした格好をするようにしているとのちに打ち明けた――エリザベスの心にいつまでも残るものとなった。振り返ってみると、その姿は彼女がやがて実の妹ソファイアと競うことになる、ナサニエル・ホーソーンの好意を巡る競争の前触れのようにみえた。

　十一月十一日、エリザベスはホーソーン家の三人を客間に招きいれ、彼らはそこで堅苦しく並んで座っていた。すでに暗くなっていた。さもなければ、客人たちは客間の窓から隣の墓地をじっと見つめていただろう。セイラムの過去の魔女騒動で活躍した「絞首刑判事」であり、三人の祖先であったジョン・ホーソーンの墓石が、数ヤード離れた場所にあり、その窓から簡単に見ることができたからである。代わりにエリザベスは、幻想的なランプの光の下で、ハーヴァード大学教授コーネリアス・フェルトンから借りてきたフラックスマンの画集を見せることで、彼らの引っ込み思案を軽くしようとした。『イーリアス』の挿絵に客の興味を惹きつけることに成功したエリザベスは、彼らだけでページを繰るに任せ、二階の病室にいたソフィアのもとに走った。「ホーソーンさんとその姉妹が来ているわ」とエリザベスは勢いよく話し出した。「それにあなた、こんなにすばらしいものは見たことないはずよ。彼はバイロン卿よりハンサムな方だわ」。エリザベスが何年も後になってこの話をしたところでは、彼女は妹に、着替えて下に降り、作家に会うようにと熱心に勧めたが、ソファイアは断った。ソファイアは、また姉の熱意を共有するように迫られることにいらついて、「起き上がるなんて愚かしいことだと思うわ」と言って、エリザベスをぐいと押した。そして「一度来たのですから、またいらっしゃるわよ」と予言した。

ソファイアにとって、この筋書き——玄関のベルが鳴り、挨拶とおしゃべりが階下で始まり、エリザベスの声が会話の流れを支配するほど高くなり、「天才」がわが家にやってきたとの判断がすぐに起こる——はあまりによくあることだった。エリザベスが自分の部屋から出てきて客人のもとに戻って数分後、夕方の訪問から帰宅したメアリーの声が階下の騒ぎに加わるのをソファイアは耳にした。姉たちの一人、あるいはそのどちらもが、高度な文学談義で自分を負かすことが確実だというのに、なぜソファイアがこの騒ぎに入りたいと思うだろう？　のちにニューオーリンズにいる弟ジョージに手紙を書いて、ホーソーンの訪問について描写したのはメアリーだった。彼女は、この作家は「つい最近まで完全に隠遁者の生活を送っていて」、「あまりに内気なので人前に出ると無表情で苦しんでいる」と報告した。しかしメアリーはまた、ホーソーンの「こめかみ」と「生き生きと輝く目と知性」、そして再び訪れるという彼の約束に注目した。五フィート十インチのホーソーンは、エマソンやマンほど背は高くなかったが、その等身は完璧で、「そのすべての造作の輪郭」には「美しさ」があるとエリザベスはのちに語った。メアリーは、「もし私たちがかなり親しくなることができれば」、自分とエリザベスは「彼にもっと楽しさを見いだす」ことができるだろうと書いた。

しかしソファイアはしりごみした。ウェリントンの恐ろしい死への反応か、あるいはただ、ソファイア自身が立てた仮説のように、何年にもわたって苦しめられた再発性の偏頭痛の発作によって徐々に弱ってきたせいか、彼女は最近になって、自身の描写によれば、「どう見ても寝たきりの症状——惨めで不具で——けっして狂ってはいないが——震え疲労した人」となっていた。彼女は『ジェシカとロレンゾ』を一年かけて描き上げ、それを編集者パーク・ベンジャミンの妹である友人メアリー・ベンジャミンに百二十五ドルで売っていた。そのお陰で彼女はボストンで「すばらしい名声と、最高の意見」を手に入れることとなった。しかし、さらに模写を書いてほしいという数多くの要望があっても、また『ジェシカとロレンゾ』をボストンで見たウォルター・チャニング医師から、「君自身の心から出た作品」を描くようにと訴えられても、ソファイアは以降ほとんど筆を取っていなかった。ピーボディ家を一八三七年後半に訪れた親友サラ・クラークによると、ソファイアは今では、「これまで以上に感じやすく、さらに注意深い看護と隔離を必要とし」ていた。絶望のなかで、ソファイアは催眠術者の世話になることにした。その人物とは父親の同僚であるフィスク博士で、歯科医術を施す際、鎮痛のために催眠を試みていた。博士はまだソファイアをトランス状態に導くのに成功していなかったが、彼女は博士との面会で気持ちが落ち着くと思った。ソファイアはナサニエル・ホーソーンに会いにその土曜の夜、階下に降りてこようとしなかった。[2] 一八三八年の初春まで、食事のためにも、誰かに会うためにも、彼女は下に降りてこようとはしなかった。さしあたり、ナサニエル・ホーソーンはエリザベスのものだった。

　そして一時は、エリザベスがその姉に宛てた手紙で「自然が定めた司祭の一人」と呼んだ男性は、彼女の独占的関心を快く受け入れていた。[3] 次の数週間に行われた面会は大胆な告白にあふれたものであった。三十三歳のナサニエル・ホーソーンはエリザベスに、自分の家族生活の事実を打ち明けたのだ。そのせいで彼は、隠れた天才を世話したいというエリザベスの熱望を受けやすくなっていた。ジョーンズ・ヴェリーのような変人があまり珍しくない島国的なセイラムのなかでも、ホーソーン家は例外であった。ナサニエル・ホーソーンはエリザベスに、子ども時代に「呪われた孤独癖」を手に入れ、三歳の頃船長だった父親がスリナムで黄熱の犠牲となって死亡して以来、セイラムやメイン州の田舎で母方の祖父母や叔父たちの家に住んできたことを話した。ナサニエルを育てた母親は、エリザベス自身が観察したことでもあったが、未亡人となって「夫の頭髪に対するヒンズー教的な献身以外のすべて」[4] を採用し、めったに公の場に出ることもなく、子どもたちを側から離さなかった。子どもたちもまた、母親のもとを去るのが同じく困難だった。成長して若い女性となっていた長女のエビーは、母親の例にもっとも忠実に従い、噂では恋に破れたのち、一日のほとんどを読書に費やすために自室に引きこもっていた。ナサニエルも先例に倣いたいと願って、ボードン大学へ出発する前夜、十六歳のときに母親に宛てた手紙で、「なぜ僕はお母さんのエプロンに一生縫い付けてもらえるような女の子じゃなかったんだろう」と書いたほどだった。

　ホーソーンはエリザベスに、ボードン大学卒業後、大卒者が通例就く「三つの職業」——弁護士、医者、牧師——のどれにも就こうという気になれなかったが、その代わり「自分の人生の文学的側面」を深めることを誓ったのだと語った。彼はセイラムに戻り、再び母親と姉妹と同居を始めたが、彼らはこの時までに世間から「すっかり引きこもっていたため、世間的な慣習がわからなくなっていた」。ささやかな遺産があったために彼は就職を延ばすことができ、その後十年間、二階の寝室で机に座って物語を書き、気に入らない原稿は燃やしながら、ゆっくりと『トワイス・トールド・テールズ』の暗く啓示的なスタイルを発展させた。[5] かつて母方の親戚たち——ほとんどは今は亡き祖父母や伯父伯母たち——であふれていた大きな家で、ホーソーン家の人々はそれぞれ自室で一人食事を取っていた。ナサニエルは毎日お茶のときに妹のルイーザと顔を合わせ、一方母親とはお茶の後にときどき顔を見かけるだけだった。しかし彼は、「とても才気があって独創的な」エビーとは、三カ月も会わずに過ぎてしまうこともあるとエリザベスに語った。それでも彼はこの姉に心酔していた。

エリザベスがこの新しい友人に、「そんなに別々に暮らすことは健全」だと思うのかと尋ねると、ナサニエルはすぐに、「それは僕の人生の不幸だよ。僕の力を麻痺させる病的な意識はそこから生まれたんだ」と認めた。姉のエビーが弟に代わって本を選ぶため、セイラム図書館に定期的に散歩に出ていたことや、彼が伯父や大学時代の友人とともに毎年夏になると長く家を離れて出かけていたこと、雑誌記者として身を立てようとボストンで実りのない半年を過ごしたこと、あるいはセイラムの女相続人と短期間だがロマンティックな婚約を交わしていたことなど、ホーソーンが語らなかったことをエリザベスは結局知ることになるが、彼が心から「僕たちは自分の家で生きてはいないんだ」と嘆いたことは議論の余地がない。[6]

ホーソーンが自室で一人執筆しながら過ごした年月——彼がそこで育てた「病的な意識」——が、心に残る『トワイス・トールド・テールズ』という、数冊しか売れなかったにしても、重要なアメリカ文学のデビュー作品を生み出したという事実もまた、疑問の余地がなかった。ナサニエル・ホーソーンとの出会いから数カ月後、エリザベスはホレス・グリーリーの『ニューヨーカー』誌のために、この「籠に入れられたメロディーが流れる小さな本」の書評を書いた。大げさな讃辞だとエリザベスを責めるのは難しいだろう。彼女はナサニエル・ホーソーンが、「同時代人のなかでもその分野で最高の芸術家の地位を占めるでしょう」と予測した。「なぜなら私たちの作家陣の誰も、これほど多様な天才の要素を示す人はいないからです。」その書評のなかでエリザベスはまた、この才能の源を探るために、ホーソーンが彼女に家庭生活について語ったことにも言及し、彼の『テールズ』を補完するために、この作家の起源神話を確立する手助けをした。「私たちは、これらの物語の作者が隠遁者の生活を送ってきたと聞いています。そのため地元の町の住民たちは、その姿を一目見ることもできないでいるということ、またどんなときも人の行動範囲内では見かけないということも耳にしています」。エリザベスはホーソーンを、ほとんど孤独のなかで育ち、「数少ない人の心をよく知ることから得た知恵」でものを書く、ワーズワースのように自ら霊感を得るタイプの天才とみなした。ホーソーンは「真面目な過去の霊と交流し」たが、その優れた才能は主に、「汝自身を知れ」という命令に従ったことから来たものだった。エリザベスはホーソーン自身の人生談を数段先に進めたのであり、彼にできるのは感謝することのみだった。

ホーソーンはエリザベス・ピーボディとの新しい友好関係を、立身出世のために使っていたのだろうか？　エリザベスの書評が出る約一年前、『トワイス・トールド・テールズ』が最初に出版されたとき、ホーソーンは著書を一冊、ボードン大学の旧友であり、ハーヴァード大学教授で詩人のヘンリー・ワズワース・ロングフェローに、エリザベスに対して述べたのと似たような言い分を語った手紙とともに送っていた。「過去十年間、僕は生きていませんでした。生きることを夢見ていただけです」。ホーソーンは執筆に捧げた日々を描写しつつ、「僕は日が暮れるまでめったに外出しない」のだと付け加えた。哀感を漂わせながら、彼は詳しく述べている。「何か魔法のようなもので僕は人生の表街道から引き離されてしまい、再び戻ることは不可能なのだ」と。その結果、『ノース・アメリカン』誌にはロングフェローによる熱烈な書評が載り、ホーソーンは「天空に昇る新しい星」と評され、この「心地よく甘い本は……天才の手によるものだ」と絶讃された。しかしそれ以降、書評家から取り上げられることもなく、販売数も減少した。ホーソーンが十年もの間、屋根裏の仕事部屋で隠棲したことは、彼の自信のなさと野心の両方を示すものであるが、彼は同じような作戦でエリザベス・ピーボディを見つけ出したのかもしれなかった。

ヘンリー・ワズワース・ロングフェロー（マライア・ロールによるスケッチ）

エリザベスははるかに良い対象であった。ホーソーンは知らなかったが、実のところロングフェローは当初、自分が熱心に勉強し、卒業式の総代を担うことにもなったボードン大学時代を、飲酒とトランプ遊びで無駄に費やしたこの作家仲間にうんざりしていたのだ。『トワイス・トールド・テールズ』を書評した一年後、ロングフェローは友人に宛てた手紙で、「目にはとても快い」と認めながらも、ホーソーンを「変わったフクロウのような人だ。独特の個性を持った人物で、ちょっとした独創性もある」と描写した。しかしエリザベス・ピーボディにとっては、ナサニエル・ホーソーンの外見の良さもさらに重要だったかもしれないが、彼の孤独な修業時代の物語はたまらなくロマンティックに思えた。そして彼が喜んで自分の助けを受け入れるとわかってからは、自分の自由になる手段はすべて試み始めたのだった。彼女は、ホレス・マンが児童用の物語作家としてホーソーンを雇わないかと期待して、『トワイス・トールド・テールズ』をマンに送った。[7]『ニューヨーカー』誌に自身の書評を載せる前にも、彼女は一八三八年の二月に、エマソンの『自然論』とホーソーンの『トワイス・トールド・テールズ』という、どちらの作家にとっても処女作を、イギリスにいるワーズワースに送っていた。[8] 同封の手紙でエリザベスは、ホーソーンの本の売り込みに専心し、アメリカの「大衆的な物語作者はその国のバラッドの作者なのです」と語った。そして「彼は美のためにあえて書いている」のだから、その物語は「この分野で最高のもの」だと請け合った。[9]

エリザベスはのちにあらゆる機会をつかんで猛烈に否定することになるが、一八三七年から一八三八年の間、彼女はナサニエル・ホーソーンがたんに奨励すべきもう一人の天才以上の存在になることを許したのだった。彼女は彼に、その物語に、そして彼を育てた風変わりな家族にすら、恋に落ちたのである。それにホレス・マンと違って、ナサニエル・ホーソーンはエリザベスに、彼もまた彼女を愛しているのだと信じさせ、おそらくは自分自身もまたそう信じたのかもしれない。ホーソーンがピーボディ邸を最初に訪問するほんの一週間前に、エリザベスはマンから再び陰鬱な手紙を受け取っていた。マンは固い決意で州の教育委員会のために仕事を進めていたものの、「かなり取り残されているような感じがします――楽しみは何もなく苦痛もあまりありません」と書き送った。彼は「再び人間らしさを経験する」ことはないだろうと確信していた。

「色白」で、「空を映し出すかのような山上の湖に似たすばらしい瞳」を持ち、ホレス・マンの弁護士らしい感情の目盛りとはあまりにも異なるやり方でその孤独を熱心に告白した、この評判のハンサムな物語作家は、どれだけ鮮烈で生き生きとしていたことだろう。エリザベス・ピーボディに会う半年前、ホーソーンはロングフェローに宛てて、「喜びも悲しみも分けあわないことほど恐ろしい運命がこの世にあるでしょうか」と書いた。ホーソーンはすすんで世間に入っていって、「人間らしさを経験し」ようとしており、エリザベスはその案内役を務める用意ができていた。その冬、ホーソーンはエリザベスに、彼女が何年も前、最初に彼の物語を賞讃したときに、手紙も書いてくれたらよかったのにと率直に語った。その頃、彼は「暗い場所で自分自身に語りかけている人のように」感じていたので、そうしてもらえていたら人生の「画期的出来事」となっていただろうと言ったのだった。ホーソーンは今では彼女を、表向きは自分の姉妹に会ってもらうために、自宅に招待していた。しかし彼の「あなたが来てもよいと言えばいつでも、あなたの家を訪問しますよ」という催促はそれ以上のことを伝えていた。そして彼は、「あなたが僕のために来てくれたらいいのに」と漏らしたのであった。

その冬の数カ月、二人はお互いを訪問しあったが、ほとんどの場合二人はピーボディ邸の居間で会った。ホーソーンは用心しつつ部屋に入ってきて、最初に他の先客がいないかどうかを確認した。愛情はより深くなり、二人はひそかに、相手と結婚するだろうという「理解」に達していた。[10]

エリザベス・ピーボディは型にはまらない女性だった。魅力的でないこともなく、輝く髪を持ち、ほっそりとして、小柄で、気軽に話し、内気な男性にも自由に話させることができた。彼女はまた不注意で、向こう見ずで、頑固でもあった。しかしナサニエル・ホーソーンは、慣習に従わない女性たちに慣れていた。姉エビーのように自立した精神の持主で頑固な女性にも、また未亡人となった母親のように消極的で引きこもりがちな女性にも、どちらにも慣れていたのだった。ホーソーンは人生の大半、世間の「慣習」を学ぶのを拒否してきたこのような女性たちの牽引力を、否定できないと思ってきた。エリザベス・ピーボディもそんな一人であったが、おそらくけっしてそれだけではなかった。彼を職業的に手助けしたエリザベスの性質――進取の気性にあふれ、ほとんどおせっかいなほどの性質――が、彼をうんざりさせ始めたのかもしれない。

それにエリザベスは妹についてしょっちゅう話してはいたけれども、ナサニエル・ホーソーンはその妹、二十八歳のソファイアにはまだ会っていなかった。なぜ彼女は会わなかったのだろうか？　ソファイアはいつもエリザベスの「世話の対象でありお気に入り」だった。ソファイアの病や、その苦しみ、洗練された芸術的感性などについて知ると、ホーソーンはまだその姿を目にしないうちから、「どんな人の胸にも飾られることがなく、ただ天国から人の魂の可能性を見せるために地上に降ろされた花」だと断言した。エリザベスは彼が事情を理解したことに満足した。

しかしホーソーンは、エリザベスのソファイアの描写に、頑固でありながら引っこみ思案な女性という、ホーソーン家の女性たちの特徴と一致し、調和するような女性像を認めざるをえなかった。ソファイアは本当に誰のものにもならないのだろうか？　エリザベスはホーソーンに、その点に関するソファイア本人の、おそらく弁解的に発せられたであろう公的見解、すなわちけっして結婚しないだろうというソファイア自身の意見をそのまま伝えた。エリザベスは、ソファイアがずっと以前に書いた詩で吐露した、「まだ見ぬ大切な」恋人、すなわち人生のパートナーとなるはずの詩人か芸術家を見つけたいという、妹のひそかな願いについて知らなかった。エリザベスはまた、ソファイアが一年以上前、家に一人でいるときに、たまたま家を訪れたホレス・マンに会った後、メアリーに打ち明けた夢についても何も知らなかった。ソファイアはマンが去った夜、温かく気遣いにあふれた彼が再び現れ、ソファイアが画帳に絵を描いている間、毎日彼女の側に座っているという夢を見たのだった。ソファイアはメアリーに、「そのようなとき」彼女は「完全に落ち着いて痛みも止んでしまう」経験をしたと語った。ソファイアは自分の病を治し、芸術家としての自分を刺激するのに必要なものについて、自分なりの考えを持っていた。

一八三八年の最初の数カ月、ソファイアは二階の部屋に居続け、苦痛との内なる戦いを行っていた。一月にジョージ・ピーボディがニューオーリンズからセイラムの家に非常に苦労しながら帰ってきた。まだほんの二十四歳でありながら、今では彼の脚は完全に麻痺していた。エリザベスはホレス・マン宛てに、ジョージが「絶望的な不具」になってしまったと知って家族が受けたショックについて書き送った。さらに悪いことに、ジョージの脊髄を徐々に蝕んでいる結核が、慢性的な痛みを彼に与えていた。ジョージはソファイアの部屋と廊下を挟んだ向かいの部屋で、治癒を促して床ずれを防ぐために、二台の木挽台に支えられた「発汗性の」ベッド――防水性の弾性ゴムシートで覆われ、水をいっぱいに入れた深さ六インチの水槽――に寝かされていた。二人の病人は一日中お互いの動きを目で追い、時々は孤独を慰めるために大声を出した。ソファイアが廊下を横切れるほど――そして病人仲間を訪れることで必然的に生じる「極度に感じやすい」神経系への衝撃に耐えられるほど――元気なときは、ジョージの部屋に座って、自らの長年にわたる苦痛との闘いから見つけ出したわずかなアドバイスを与えるのだった。ソファイアは自分と同様、アヘンの悪夢を避けるため、毎朝モルヒネを服用するようにと彼に勧めた。そして夜自分が寝ているようなハンモックの利点を、無重力の心地よい感覚をもたらし、キューバへの航海の思い出を蘇らせる「かわいい小さな寝椅子」として語った。

しかしソファイアは小柄で、彼女の病は弟の比ではなかった。ジョージは末期の病に苦しんでいたのである。実際ジョージの状態は、ソファイアが病と信じるようになったものすべてを混乱させるように思えた。二階に二人でお互い幽閉されるようになって二カ月後の三月初旬、友人メアリー・ワイルダー・ホワイトに宛てた手紙で、ソファイアは「病弱であるのは女性の定めなのよ」と語った。彼女はジョージのような、「エネルギッシュで行動好き」で、「その活動範囲が外国にあるような人間が、若さの絶頂にあって、一室に閉じ込められ、一客の椅子に縛り付けられているのを見る」のは耐えがたかったのだ。彼女は鉛筆で、その椅子に寄りかかる弟を、休んでいる時でさえ慰安を見つけ出せないことが明らかな、口髭ともみあげのある二十四歳の男性としてスケッチした。ソファイアが、二番目の弟も病で失うかもしれないという可能性に思い至り、ジョージの苦しみには容赦がなく、自分の苦痛に比べてはるかに形而上学的な性質を持つものではないということを、明らかな真実によって理解し始めるにつれて、彼女が自分の部屋の壁に作った境界線が彼女を嘲り始めた。

ジョージ・フランシス・ピーボディ
（ソファイア・ピーボディによるスケッチ）

三月までには、

ソファイアは「一カ月のうちでいちばん気分が良く」なり、一階まで降りてみることをすすんで考え始めていた。彼女は前年の秋からずっと会っていない友人たちに、「剣のように尖った私の顔と色の白さ」、そして「私が自分自身の声にさえひるむのを見る」のを覚悟するようにと警告した。しかし彼女は、部屋の窓に向かって延びてきているクレマチスの蔓が、やがて花を咲かせると知っており、その花を自分自身で摘みたいと思っていた。階下ではまた、姉が冬の間ずっと会うようにと勧めていた、際立ってハンサムな——「バイロン卿よりもハンサムな」——作家と会うことになるだろう。

一八三八年の春、ソファイアが最初の階下への旅のどこで、ついにナサニエル・ホーソーンと対面することになったのかははっきりしない。しかしその日、ソファイアは「白い簡素な部屋着」を着て、客間に行くのにちょうど十分なだけの力をかき集めた。そこで彼女は自分用にとって置かれている寝椅子に座り込み、エリザベスとナサニエル・ホーソーンの会話を中断させたのだった。「彼は立ち上がって、妹を見たの——どれだけ熱心だったか彼は自覚していなかったわ」と、エリザベスはのちに思い出すことになる。驚いた姉は、「その低く甘い声」でソファイアがぽつりぽつりと発言するたび、彼が「同じ熱心さ」を示すのを眺めた。ぞっとしたエリザベスは、「彼が妹に恋をしてしまったらどうしよう」と思い悩み始めた。エリザベスの目には、ソファイアをロマンスには不向きにしたように見えた、まさにその弱々しさのために、この内気な作家——自分の強さを感じるために、世話すべき女性を必要としたのかもしれないこの男性——にとっては、ソファイアの方がはるかにずっと魅力的に見えたのだろうか。それにもしソファイアもまた愛情を返すようになったら、どうしたらいいのだろう?「そのことに私は衝撃を受けました、それも大いに」とエリザベスはのちに書いた。かつてソファイアを心気症だと非難したエリザベスは、妹はその気になれば自分を治す力を持っているはずだと常に疑っていた。

ソファイア・ピーボディは、その最初の出会いで、ナサニエル・ホーソーンをどう見たのだろうか? 通りの反対側を歩いている女性たちが、彼が通り過ぎると立ち止まってじっと見つめるような人物として知られているほどハンサムで、その功績がいつかホレス・マンの業績さえしのぐかもしれない人物、しかも、天才を間違いなく見出す鑑識眼を持つ姉がすでに愛しているという事実によって、その価値が証明されたような人物である。二人とも口にはしなかったが、確かにソファイアは、エリザベスのホーソーンへの情熱が、知的な熱情以上のものだとずっと感じていた。この最初の面会は長くは続かなかった。やがてソファイアは部屋に戻り、開いたドアの後ろからエリザベスの会話に耳を傾け、ソファイアがたちまち——もはや「まだ見ぬ」人ではなくなった——自分の魂の相手だと認めた作家と、次に天気の良い春の日に、セイラムの郊外に散歩に行く計画を立てているのを聞いた。ソファイアはどうすべきだろうか? 次の数日この状況をあれこれ考えた彼女は、再び絵を描き始めた。まだ油絵ではなかったものの、蝶と鳥という、飛翔する生き物をすばやく水彩でスケッチした。

エリザベスは、結婚したいと思っていた男性と妹との間で起こったことを目撃したのだった。のちに書いたものの一つで、エリザベスはホーソーンにすぐさま手紙を書き、婚約を解消し、彼に次のように語ったと主張した。「私はしばらく家を離れようとしました。私たちの楽しい交際の時期は終わったとみなすのがいちばん良かったのです。それを単なる友情以上のものととらえるのは、どちらにとっても誤りだと確信しました。確かに私にとっては、そのように思うのが最善だとわかりましたし、彼もやがては同じ結論に達するだろうと信じていました。私は彼に別れを告げ、そして立ち去ったのです。」

実際、春になってソファイアが病室から降りてきたすぐ後に、エリザベスはボストン郊外のニュートン・コーナーに行くため、セイラムを出発するという決意を発表してみんなを驚かせた。病気の家族を見捨てるように見えるのではないかという心配を大声で話しながらも、エリザベスは弟ナットのところに引っ越す計画を立てた。ナットは長姉を嫌っていることをほとんど隠さなかったため、この選択はとくに魅力のないものだった。エリザベスが現在陥っている恋愛の悩みに気づかず、ナットはこの機をつかんで、ほぼ二十年も前「姉さんにその機会があったときに」、ライマン・バックミンスターと結婚しなかったことを、手紙のなかで延々と愚痴った。彼が言うには、そうすれば「姉さん自身の運命も、家族の運命も違ったものとなって、きっと裕福になれていたかもしれないのに」というのであった。エリザベスはそれでもニュートンに向かった。彼女は一八三八年の四月後半から、不運な弟が男子校を創設し運営する手助けに打ち込むことになる。

しかしエリザベスはホーソーンとの関係を絶ったのだろうか？　実際のところ、状況は相当暗いものであった。当時ホーソーン自身、ボストンの友人に冗談交じりに、「この町で僕が二人の女性と婚約しているという興味深い情報を最近耳にしたよ」と書き送ったが、それも不思議ではなかった。かつては隠棲していた作家が、今ではピーボディ家の姉妹の一人、あるいは複数を、町中連れ歩いているのである。田舎での散歩や、あるいは後進的なセイラムでもっとも文学に関心のあった、裕福なスーザン・バーリー嬢が主催する土曜日夕方の集まりなどで、いまや彼女たちに付き添うその姿が見かけられた。最初ホーソーンはエリザベスを、ときにはメアリーを連れていった。しかしエリザベスがいない今、ソファイアはホーソーンと一緒に外出し、時には土曜日夜の「ハーリー・バーリー」に出席することすらできるほど、元気な自分に気づいたのだった。

最後の一矢として、ニュートンに出発する前、エリザベスはホーソーンに、手縫いしたソファイアのキューバ日記を数冊貸した。そこで彼は、いかに妹の病が衰弱させるものであるかを読んで、ひょっとしたら、妹を愛そうとするどんな男性にも降りかかる看病の重荷を認識することになるかもしれない。しかしその代わりに、ホーソーンがソファイアの精神の記録に魅了されたことを、やがてエリザベスは知ることになる。ホーソーンは一カ月以上もの間日記を借り続け、数多くの文章を自分自身のノートに書き写した。そこには、何年もの間彼が自身の物語に利用できそうな素材、一人の女性が他の女性たちに向けて書いた、無検閲の思想が書かれていた。彼はそれを返すとき、ソファイアに――そしてソファイアはエリザベスに――「日記書きの女王」だと言ったのだった。その時までに二人は戯れの恋を進行させ、エリザベスはそのことを、ソファイアがニュートンに送ってきた報告の手紙の行間から簡単に読み取ることができた。

エリザベスはソファイアに、日常の記録に入れられる限り、「彼についてはちょっとしたことでも」すべて提供するようせがんだが、表れた全体像はエリザベスの最悪の怖れを裏付けるものであった。ソファイアの回復は、ホーソーンを自分だけの相手にしてから起こったものであるが、けっしてすぐに良くなったわけではなかった。しかし一つのパターンが現れており、それはウォルター・チャニング医師がソファイアの主な情熱であり慰めであったときによく見られたものだった。もしソファイアがホーソーンからの訪問を期待していれば、彼女は起き上がって着替えていた。また彼が来ることができなかったときは、彼女は寝付き、そうして次に彼が訪問したときに会うのを断ることで、彼を罰するのであった。

しかしソファイアに会う動機が純粋に医者としてのものであったチャニング医師と違って、ホーソーンは辛抱強かった。ジョージを慰めるという口実で、ホーソーンはそれでも二階へ上がり、そこでソファイアが廊下を隔てて病身の弟と自分の会話を漏れ聞いていることを確信できた。おそらく観察眼の鋭いホーソーンは、ソファイアの部屋の扉を通り過ぎるときに、ハンモックの上で身体を伸ばしている姿をちらりと見ることさえあっただろう。彼女はそこで「人前に出る機会がないものと思って、髪から櫛をすべて取り去って肩の上に彗星のように流し、洋服もすべてほどいていた」。実のところソファイアは、ホーソーンに見られるのを望んだのかもしれない。そのような日には、ソファイアは立ち聞きできるように、わざと部屋のドアを開けたままにしており、エリザベスに話したように、「彼が私の部屋に入ってきてくれない限り、彼の姿を見ることがまったくできない」ことに「ひどくがっかりした」。たとえきちんとした服装をしていてさえ、ソファイアが絶対にホーソーンを部屋に呼ばなかったという事実は、エリザベスにとって、この新しく訪問するようになった紳士を妹がいかに違った目で見ていたかを知らせるものにすぎなかった。比較的健康状態が良いとき、ソファイアは自分の寝室兼アトリエで、地元の牧師たちから、連続講義のために町にいたラルフ・ウォルドー・エマソンのような人物まで、どんな男性たちもてなしていた。しかしこれらの男性たちは、ソファイアが進行中の作品を見せる潜在的後援者や芸術家仲間であり、恋人候補ではなかった。

ソファイアは、いつナサニエル・ホーソーンが呼び鈴を鳴らすのかについて、「まるで姿を見たかのようにそれがホーソーンさんだと確信できる」第六感を持つようになった。それから彼女は急いで着替え、ある日のように、「青く匂いの強いスミレで武装して」階下に降りることができた。強い香りを放つことができるスミレがあるということを疑うホーソーンに、それを証明しようとしたのだった。ソファイアは彼に、スミレが香りを持たないニューイングランドにあっては珍しい、イギリス産のニオイスミレの花束を渡した。彼はその花を一週間水に浸けておき、それから一本をボストンに持っていき、「どんな害からも守って大事にしようと」、自分自身で身につけるために金のブローチの上に置いて黒水晶で覆った。しかしまだその段階――ソファイアの花を胸につけること――には準備ができていなかったホーソーンは、セイラムに帰ると、そのブローチは自分には「すばらしすぎる」と断言し、ソファイアの胴着に刺したまま、ピーボディ邸に置いてきたのだった。いまやそのスミレは、恋愛初心者たちの言葉では、「忘れな草」であり、お互いの愛情を示す最初の記念品となっていた。

エリザベスはこの知らせを簡単には受け入れなかった。自分がいない間、ソファイアがホーソーンからの訪問をあまりに多く受けることで、その友情から自分を「締め出している」と苦情を言った。ソファイアはその逆だと主張し、「Hさんがここに来るのは、お姉さんを心に留めておく確実な方法」だからだと言い張った。ソファイアはその手紙で、ホーソーンは自分との交際を、エリザベスとの「交友と会話」に比べれば「ひどく単調」だと思っているに違いないのだから、「比較したらお姉さんがいっそう輝くと思うわ」と書いたが、エリザベスは納得しなかった。

しかしよりひどいのは、ホーソーンがエリザベスに対する感情をはっきりさせられないように思えたことだった。セイラムを出る前、エリザベスは彼に文通を続けるという約束を強いた。その代わりホーソーンはエリザベスに、自分からの手紙は読んだらすぐ燃やすようにと誓わせていた。今のところ、エリザベスは自分が書いた何通かの手紙に対して、何の返事も受け取っていなかった。じらすかのように、ソファイアは四月後半の手紙で、ホーソーンがエリザベスへの手紙を下書きし、それを完成させたのは「彼にとって大きなことだった」と書き送った。いったいソファイアはその手紙の中身を知っていたのだろうか？　ソファイアは次に、ホーソーンはエリザベスに会えることを期待して、ボストンに手紙を一束運んでいく予定だと伝えた。彼はエリザベスに会いに、十五分間かかるニュートン行きの列車に乗りさえするかもしれない。エリザベスは代理によって伝えられたその約束を信じることなく、列車に乗ってボストンに行き、ホーソーンが滞在するホテルのロビーで彼を待ち伏せしたが、彼が持っていた手紙はすべてソファイアからのものだということがわかっただけだった。その後、エリザベスは、ホーソーンがソファイアのためにスミレを水晶で覆ったのは、この旅においてだったと知ることになる。

エリザベスはどの時点で、ソファイアからホーソーンの「神々しい表情」とか、いかに彼が「立派に」見えるかとか、あるいはソファイアが一晩中彼のことを夢に見ているといったことを聞くのに、うんざりし始めたのだろうか。ホーソーンが「強烈過ぎる」と宣言し、ソファイアが「舞い上がり、ともに歌う」と語ってその芳香を喜んだ「たくさん」の青と白のスミレの「香り」が漂う居間での面会について、うんざりし始めたのはいつだろうか。ソファイアがペルシャについての本を読んだ後、引退したハーヴァード大学学長ジョン・カークランドとその妻のように、いつかそこに旅したいと語ったとたん、急に口をつぐんで、「忘れていたわ。夫を持つつもりはないのに」と言ったときだろうか。おそらくは、ホーソーンがソファイアのキューバ滞在時のある出来事にもとづいて、物語を書く計画を立てているとソファイアが口にしたときだったのだろう。ソファイアは彼に、ハバナに友人を訪ねていったとき、アロマオイルに浸した指を使って煤で汚れた宗教画をきれいにしたら、驚くほど美しいマグダラのマリアを発見し、それを自分は偉大な十七世紀のスペイン画家ムリーリョの作品だと思うと語った。ホーソーンはその場面を植民地時代のニューイングランドに置き換える作業に取りかかった。「どんな方法であれ、彼の神聖な創造の一つを呼び起こす手段になれるなんて、小さな幸せどころじゃないわよね」とソファイアはエリザベスに尋ねた。

その結果生まれた物語とは、「エドワード・ランドルフの肖像画」である。そのヒロイン、アリス・ヴェーンは、「全身白ずくめで、青白く天上的な、ほとんど別世界から来たかのような存在」であり、芸術家に「劣らぬ才能を示していた」。しかしこの、「非常に子どもっぽくて、気まぐれで……世間の決まりごとからはかけ離れた」同じ女性が、会議室にかかっていた初期総督の陰気な肖像画をきれいにし、その暗い前兆を明らかにすることで、植民地の戦争会議を中断させ、好戦的なハッチンソン総督に戦争を阻止するようほとんど説得できたのである。病弱な芸術家ソファイア・ピーボディは、ナサニエル・ホーソーンに、最初の実体を持ったヒロインを提供した。しかしそれ以上に、アリス・ヴェーンは、ホーソーン自身の創造的な芸術家になりたいというひそかな野望に染め上げられた人物だった。憤激したハッチンソンは、アリス・ヴェーンを叱責した。「おまえは絵描きとしての腕前を――陰謀好きなイタリア魂を――芝居がかった策略を」自分の執務室に持ち込んで、「そのような浅はかなたくらみで、指導者たちの評議会や国事に影響を与えようと思っているのか?」。ホーソーンは自身の「浅はかなたくらみ」の、すなわち自身の物語の成功から、高等評議会や州の問題に影響を与える以上のことを望めただろうか。

ナサニエル・ホーソーンはエリザベスの慰めと、彼の出世を促そうという努力を喜んで受け入れてきた。しかし彼は彼女にインスピレーションを受けた物語は一度も書かなかった。彼女は彼のミューズではなく、ソファイアがそうだったのだ。エリザベスはこの最後の知らせに、ソファイアの過剰な讃辞の使用をたしなめ、突然不機嫌になったソファイアが理解したように、「自分に訪れた真実」を説明することをやめて、「自分が見たりしたりすること」だけに限るようにと指図することで対応した。エリザベスは妹が昂揚し歌うのを——感情の高揚をあまりにもあからさまに示す超絶主義的なとりとめのなさを——これ以上聞きたいとは思わなかった。「私の全存在が自然と調和している」とソファイアは五月初旬に書いていた。「今日、私の内にも外にも一つの生命があるのです」。

六月の中旬、エリザベスはようやくホーソーンから、ある謎めいたメッセージの書かれた一通の手紙を受け取った。その手紙は残っていないので、彼女はホーソーンの要求に従って燃やしたのだろう。しかしそれは「奇妙なもので、彼が何らかの不幸と戦っているときのある種の興奮状態で書かれたものだった」とエリザベスはソファイアに書き送った。おそらくこの作家の精神生活に対する自身の権威を再確立したいと願っていたのだろう。いらだちながらエリザベスは、ホーソーンはまた自分に別の手紙を、「結局は送らない決意をしたきわめて異なる種類の手紙」を書いていたことを教えたのだとソファイアに対し不満を漏らした。エリザベスはホーソーンにとにかく投函して欲しいと懇願したが、その手紙——彼が「心の底から」書いたと語った手紙——はけっして届かなかった。

はたして男性が——それもとくに内気で、人生を生きるよりも想像する方により多くの時間を費やしてきた男性が——少なくとも一時期、二人の女性、それも二人の同じように情熱的な姉妹に愛される感情を楽しんでいると、咎められるようなことになるものだろうか。しかしそれはあまりに手に負えないものであった。エリザベスに「奇妙な」手紙を書いたすぐ後、ホーソーンはセイラムを離れ、旅に出た。ソファイアは姉に宛てた手紙で、彼の出発前の訪問を次のように簡潔に説明した。「彼はこれから三カ月間どこにいる予定か誰にも言うつもりはないと語ったわ。それに、自分が死んだときに誰もその墓石が分からないように、自分の名前を変えるべきだと思うとも言ってたの。彼は母親にさえも居場所を教えず、また誰にも手紙を書いたり、手紙を送られたりするつもりもないそうよ。」さらにソファイアは続けて、「たぶん彼はこの最後の決意を私たちが姉さんに伝えることを願っていたのだわ。ニュートンに行く考えはほとんどないと言ってたもの。一人になりたいという決意を固めていたみたいよ」と告げた。

いまやソファイアはエリザベスに対し、ホーソーンを悩ませ、おそらくは彼をセイラムから追い出したということで、腹を立てていた。エリザベスもひょっとして同じことを考えたのだろうか。このホーソーンの突然のいとまごいは、ほんの五年前にサマセット・コートからホレス・マンが急に出発し、メアリーとエリザベスがこの政治家と楽しんでいた「幸せな団結」を解消したことを、奇妙にも思い出させるものだった。エリザベスこそ、どちらの喪失にも関わりあったであろう姉だった。

ナサニエル・ホーソーンがセイラムを出てすぐ、エリザベスは家に帰りたいという気持ちを匂わせ始めた。彼女はソファイアに、弟ナットのためにあんなにしてあげたのに——広い教室つきの家を見つけ、生徒を提供し、毎日数時間は教師役を務めていたのに——弟は自分の努力に「まったく無関心」だと不満をこぼした。エリザベスは憤慨しながら、「弟に身を立てさせる」よりも、「単に自分のわがままを満たすために私がやってきた」と彼は信じているみたいだと書き送った。[11]七月初旬に一度エリザベスが家に戻ってきたとき、ピーボディ夫人は長女が不幸そうで不吉なほど痩せていることに気づいた。夫人は娘に家に戻ってくるよう勧めたが、エリザベスは迷っていた。セイラムには彼女にできる真の仕事はなかったし、彼女はそこでは知的にも周囲と歩調が合わなかった。エリザベスは母親に、自分が役立たずで、どこにも居場所がないように感じ始めていると打ち明けた。

エリザベスが自信喪失していた理由は主に、ますます緊張度の高まるソファイアとの仲に関係があった。エリザベスはもはや自宅で歓迎されるとは思えなかった。様子を見ようと、エリザベスはソファイアに宛てて、自分は自己評価の時期に入ったのだと書き送った。ナットの無言の扱いに三カ月耐えた後、「慈善」よりも「誠実さ」がより重要だという結論に達し、他人とより正直に交流しながら生きる道を見つけたいと願うと書いた。

しかしソファイアは誤解した。メアリーのように、ソファイアはエリザベスを横柄だと見なす傾向があり、妹たちを野心的だが間違った構想の計画に引き入れがちだと見なしていた。ちょうどその春、エリザベスはニュートン・コーナーから書き送った手紙で、ナットの家や教室を飾るために水彩画をもう少し描いて欲しいとソファイアに頼んでいた。それに対して、自分の客間で展開しているロマンスで頭がいっぱいだったソファイアは、恐怖に駆られた。「そのようなことを考えるだけでも気を失ってしまうわ。私にどんな計画も提案しないで。……私には何も期待して欲しくないの。」その上、ソファイアはエリザベスが訪問客、とくに、ナサニエル・ホーソーンのような大切な客との会話を独占すると、よく内心うんざりする気持ちに駆られていた。ソファイアはエリザベスが、自分の目的に合うようにメロドラマチックに表現したり、誇張したりするのを聞くのに辟易していた。ソファイアはエリザベスが、今では自身の性格的な誠実さの欠如や、誇張したり圧倒したりする傾向を認めているのだと考えた。ソファイアは返信で、それらがずっと昔に「私に対するお姉さんの影響を壊してしまった」のだと書いた。エリザベスがその欠点をすすんで認め、それを矯正しようとしている今、ソファイアは姉が「私たちの心の中心に帰ってくることを」歓迎した。ソファイアは、「お姉さんがそばにいないとけっして満足できないわ」と書いたが、エリザベスに、「私の絵のことを口に出す」ことはせず、「自分の心の指示に従う」ことを許すと約束して欲しいと頼んだ。

エリザベスは激怒し、過去にメアリーにしたように、ソファイアを激しく非難した。「私は嘘なんて吐かないわ——私に見える真実だけよ」とエリザベスは自己弁護した。「言葉で誇張することとは、文字通りの正確さよりもずっと完璧に考えを伝えることだってあるのよ。」エリザベスは自分に対するソファイアの「信頼」の欠如に絶望したが、変わることを頑固に拒み、「私が以前とまったく変わらないままでいることがわかるでしょう」と妹に請合った。さらにエリザベスは、丁寧に話すことが完全な自己表現より重視されると、「会話が凝縮した平凡さへと切り刻まれるのよ」と毒づいた。ソファイアの手紙は、エリザベスが自らの見解をより情熱的に主張する方向へと、さらに押しやっただけだった。「まるで前にはそう感じたことがないくらい、自分に真実であることが第一なのであって、社会的な義務のために自分の心の完全な修養を犠牲にすることがいちばん大事なのではないと感じているわ。自分の内なる本能が最高の案内役なのだとね。」誰の「真実」の感覚がもっとも本物であるかについての議論——ソファイアの「自分の心の指示に従う」必要性と、エリザベス自身の「内なる本能」を案内役にさせたいという願望についての議論——は、どちらの姉妹にとっても、ナサニエル・ホーソーンをめぐる夏中の争いを認めることに、もっとも近づいたものであった。

ホーソーンと想像していた未来がほぼ確実になくなってしまったことに対して、自分を慣れさせようとしていたエリザベスは、キューバにいるメアリーにかつて送った手紙のように、十年前にボストンで家族全員が一緒に住んでいたとき、「自分自身の部屋」を主張しなかったことで間違いを犯したのだとソファイアに書き送った。そうすれば自分自身の関心にもっと時間を費やし、興奮しやすい自分の感情を抑え、最後にはその挑戦を成功させていたかもしれなかった。ほんの二年前にブロンソン・オルコットとの調停役を務める選択をしたこととはまったく対照的に、エリザベスは今では、「自分自身の魂を失うよりは、自己中心的でオールドミスのようだと呼ばれる方がましだわ」という結論を下していた。もし彼女がソファイアに対して心から正直になっていたのであれば、あるいは自分の心を失うよりも、と言ったのかもしれない。今ではエリザベスは、「書く気力もほとんど」なくなった日記のなかで、ナサニエル・ホーソーンの愛情の撤回によって負った心の傷について、遠まわしにしか話せなかった。「結合の引力がやんだ」とき、「分離は苦痛なのです」と。

結局エリザベスは八月の休暇を、セイラムに帰る途上のコンコードのエマソン邸で過ごした。そこでエマソンの「神学部講演」が誘発した論争に浸かりながら、家に帰る前にソファイアからもっと友好的な手紙が来るのを期待したのだった。なんといっても、この特定の争いに勝つのはソファイアなのだから。コンコードでエリザベスは、エマソンが「前よりももっと自由に……私に話しかけてくれる」と感じて、すぐに慰められた。「あらゆるものの中心」に戻ってきて三度目の滞在をしている間、以前滞在したときと同様、エリザベスはその嘆きの多くを払いのけて、「もっとも高尚な意味で、私はここで自分自身になれる」と感じることができたと日記に書いた。弟ジョージに宛てた長い手紙のなかでエリザベスは、自身が「神学部講演」と呼んだエマソンの「ケンブリッジの説教」から拾い出した哲学を説明した。彼女は、「その中心テーマは、個々の『私』のうちに父なる神と『一つ』となるものがあるということ」であり、「とりわけ伝統的な神と『私』の奥底にある真の神とを区別（しなければならない）」のだと言い換えた。エリザベスは本当に愛した最初の男性に振られた後、エマソンの自己信頼の哲学に惹かれたのだった。

エリザベスはジョージに、「私は自立するようになりました」と書き送った。彼女は「もし自分自身の魂を語らなくても、自分自身でいられて、行動できる場所であれば、どこでも私の家なの」だということを発見しつつあった。また、「家という場所に帰るだけでなく、家という存在に帰るのだし、そのような家の組み合わせが成功しないはずがない」のだからと、セイラムに戻ることを楽しみにしていた。自立心が強まるにつれ、エリザベスはエマソンの別の思想、すなわち、「力とは、われわれが自分に具わっていることに気づく永遠の生命である」という思想に、すっかり魅了されるようになった。その考えが、ウォルドー・エマソン、ホレス・マン、ナサニエル・ホーソーンという、「私が直接関わった」「三人のもっとも偉大なる真の力」と日記に長々と記載した三人の男性たちに、自分が何故惹かれたかを理解する方法を与えたのだった。エリザベスは、自分をそのような男性たちに惹きつけ、その後で彼らの面前で「しっかり立っていられない」ように感じさせた強い感情を、理解しようと長い間もがいてきた。ホーソーンの場合、もっとも最近のことであったが、彼女はそれを愛情だと思っていた。しかし今では、それは「私の想像力をつかみ、分別を溶けさせる」「彼らのうちにある神聖なもの」なのだと、自分に言い聞かせた。このような男性たちが「彼女を支配する」のは避けられないことだった。

ずっと以前ブルックラインで、エリザベスは二十代の頃、「神の摂理によって、もし私が力を得たとしたら、その力」で何をしようかと夢見ていた。今では彼女は三十四歳で、影響力を得て、それを駆使しようとする経験を約二十年間も重ねてきた。しかし、個人的な野心という、行儀の良い女性には否定されていたものと、自分が不思議と見いだし、引き出すことができると思った将来性のある男性たちに仕えるために、自分の膨大なエネルギーと知性を使うという、より受け入れられやすい選択との間の道を歩むのは、容易なことではなかった。

しまいには、ほんの一、二カ月の間ではあったが、エリザベスは自分自身がそのような男性の妻となる姿を思い描いた。しかし結局、その人が最初に彼女に惹かれるまさにその性質のせいで、その男性は自分に背を向けるのだとエリザベスは推測した。もし妻でないとしたら、どんな長期にわたる役割を自分はこの男性たちに対して担うことができるのだろうかと彼女は自問した。まだ三人を全員友人と見なすことができるだろうか。ホーソーンとマンはどちらも、親友としての自分からは離れてしまったとエリザベスは感じた。彼らがその才能を開花させ、世に出る手伝いをしようとしていただけなのに、彼らは自分たちへの彼女の献身を、一方的な愛情と、もっと悪いことには、おだてと取り違えてしまったのではないだろうか。実際のところ、エリザベスは三人の男性たちを尊敬してはいたが、三人とも「不完全で未発達である」と見なしていた。「完成されたものよりも成長過程のほうが人の心を惹くのかしら」と彼女は自問した。確かにこれら特定の男性たちの「成長」が、エリザベス・ピーボディの興味を惹いたのだった。

エリザベスは三人のことを考えてみた。彼らのうち二人は独身で、三人目のウォルドー・エマソンは、三十五歳で二人目の妻リディアンと結婚していたが、十代後半のときにエリザベスのギリシャ語の教師として知りあったときと「同じくらい美しかった」。精神的に、という意味ではあったが。ナサニエル・ホーソーンは、「百回も夫となれるだけの優しさを持っていた」けれども、「独身で美しかった」。というのも彼がその状況で自己に忠実だったからだ」。しかし、ホーソーンはソファイアに心を譲り渡したために、少なくとも心のなかでは、「まさにこの瞬間にホーソーンは独身状態から抜け出しつつあるのかもしれない」と彼女は疑い、彼に手紙を書くことで、さらに傷つく危険は冒すまいと誓っていた。ホーソーンは「心の底から」書いたと言った、あの二通目の手紙をまだ送っていなかった。ホレス・マンについては、今では「自分の義務」を確信しているように見えるけれども、この革命家は生きる意欲に乏しいのではないかとエリザベスは心配していた。この同じ八月、妻シャーロットの六年目の命日が、彼女が死んだときと同じ曜日、水曜日にあたるということにマンは気づいた。一人で事務所にいたマンは、「現実の幻影をさらにより強く」感じながら、「何度もくり返し、同じ場面の出来事を生きていた」。シャーロットの苦しみが、彼女に「さようなら」も言わないまま突然死んでしまったという彼の苦悩とともに、再び戻ってきた。「ああ、愛する人よ、どうか今でも、未来永劫、君を愛させてくれ」と彼は日記に書いた。

コンコードでぶらぶらと過ごしていたエリザベスは、望んでいたソファイアからの友好的な手紙をようやく受け取った。それは「真実の、いつも以上に真実の」手紙であった。その手紙は残っていないが、その手紙からエリザベスは、ソファイアとナサニエル・ホーソーンがどちらも、「完全なコミュニケーションこそ真実の交際だと理解するようになり」、自分と同じように「限定的なコミュニケーション」に耐えられなくなったのだと結論づけた。エリザベスは日記に、「このような完全さを私はずっと望んできた」と書き、ソファイアが前に起こした感情の爆発を払いのけた。「彼女は健康が不安定すぎて、相互の完全なコミュニケーションには耐えられないでしょう――必然的に間違いの起こるこの世界では。」エリザベスはいつもソファイアの体の弱さを思い出すことで、末妹への怒りをなんとか抑えてきたのだった。これまで以上に難しい今回の場合も――目に見えるほどの苦しみにエリザベスを追いやったため、ウォルドー・エマソンでさえ彼女が「難しい立場」にいると「見抜いた」ほどであったが――同じことだった。エリザベスは確実にそうするだろう。さもないと、ナサニエル・ホーソーンとのつながりを完全に失ってしまうと彼女にはわかっていた。

一八三八年の秋、セイレムの三姉妹は全員、病身の弟ジョージのもとに集まっていた。いつもの客人たちが、チャーター・ストリートの客間を通り抜けた。ジョーンズ・ヴェリーは九月にそこでエリザベスを聖別し、マクリーン収容所に収容された後、十月にも彼女を慰めに戻った。ヴェリーはナサニエル・ホーソーンがすでに訪問中だったある寒い秋の夜に再び現れた。この霊感を受けた詩人は、「ホーソーン氏に自分の使命を語った」とエリザベスはその年の後半エマソンに書き送った。ホーソーンは「とてもすばらしい態度でそれを聞いており」、後になって、ヴェリーが「そのようないいソネットが書ける限り、今のままでいる方がよい」と思うと語った。しかしその手紙でヴェリーのことを長々と書くより、エリザベスはこの機をとらえて、「真の詩人」であるホーソーンへのエマソンの「頑固なまでの理解のなさ」を「厳しく非難」した。エリザベスはホーソーンの物語、「海辺の足跡」を前年の夏エマソンに送っていたが、この哲学者は「中身がまったくない」と不満を言ったのみであった。エリザベスは、エマソンが、「オルコットと彼の二人を合わせれば一人前だ」とからかったことを悔しがった。

エマソンの却下もホーソーンの拒否めいたものも、その秋の間ずっと、この物語作家の出世を促そうと働くエリザベスの勢いをそぐものではなかった。大学卒業後、ホーソーンは母方の親戚が営む駅馬車商売の収入からの分け前でつつましく暮らしてきた。しかしニューイングランド中に鉄道が広まるにつれて商売は急速に落ち込み、列車がセイラムとボストンをようやく結ぶようになった一八三八年の夏には、その事業はほぼ破綻していた。エリザベスは、ホーソーンがやがて妻に娶る女性と自らの生活を支えるために、働きに出なくてはならなくなるとわかっていた。彼女は、ホーソーンがホレス・マンと児童文学の共作を行うよう強く勧め続けており、二人がセイラムのピーボディ邸の居間で会えるよう手配すらした。エリザベスはのちにマンに書き送った手紙で、ホーソーンの「内気」な「堅苦しさ」が、「彼の美しい輝きを壊してしまう」ことのないよう願ったと語った。マンが「彼に会っていい印象を抱く」ことは難しいだろうと彼女は認めたが、「見知らぬ人は誰もがそうなのです」。エリザベスは、「彼が空想的なものを書くとしても、私は国のために彼に大きなことを期待します。……彼は才能の塊なのです」と主張した。

エリザベスは高い地位にある友人たちにしつこくせがんで、ホーソーンに執筆のための「たくさんの余暇や自由があり、かつあまり時間や仕事を要求しない」政治的な職を見つけてもらうことに成功した。[12] 十一月までに彼女は、ホーソーンのためにボストン港の税関検査官の職をうまく手に入れることができた。その仕事で彼は一年間に千百ドルの収入を得ることになる。大した金額ではないにしても、彼は自分の物語を売ることでそれを補えると期待できた。その職の提供は、著名な民主党

『優しい少年』へのソファイア・ピーボディの挿絵

弁護士であり政治家であったジョージ・バンクロフトが行ったもので、それはエリザベスがバンクロフトの妻、エリザベス・ブリス・バンクロフトというかつての生徒と、もう一人の共通の友人、オレスティーズ・ブラウンソンを通じて圧力をかけた結果であった。それには新年早々セイラムを離れることが必要であったが、ホーソーンは大いにその気になった。

　ソファイアも自分なりのことをしていた。ホーソーンにはその計画を告げることなく、『トワイス・トールド・テールズ』のなかの自分のお気に入りであった「優しい少年」の挿絵に取りかかっていた。ソファイアは冒頭の場面を選んだ。それは、幼い少年イルブラヒムが、植民地時代のニューイングランドの村で、父親がクエーカー教の異端信仰のために死刑となった絞首刑の木の下で泣いているところを発見される場面であった。少年は、自分に住まいを提供しようとしたピューリタンの町の住人に、父親の墓を指しながら、「僕の家はここです」と断言する。ソファイアは挿絵ができあがると、それをホーソーンに見せて、「これはあなたのイルブラヒムに似ているでしょうか」と尋ねた。ホーソーンは、自身父親のいない息子であったが、一瞬そのスケッチをじっと眺め、「僕にはそれ以外のものにはけっして見えません」と答えた。

　成功した挿絵の話はセイラムをすばやくかけ巡り、ボストンにまで届いた。すぐに、セイラム在住のスーザン・バーリーによる助成を受けて、この物語と挿絵を特別版で出版しようという計画が起こった。有名な彫版工ジョン・アンドリューズが、ソファイアのスケッチを石板に移し替える仕事を行うこととなった。『優しい少年――三度語られた物語《スライス・トールド・テールズ》』は新しい作品ではなかったが、それはホーソーンが約二年前の『トワイス・トールド・テールズ』以来、印刷工に送った初めての本となる。その登場は、書評家や一般読者に、作家としてのナサニエル・ホーソーンの存在を思い出させるものとなる。さらにその企画は、ホーソーンを挿絵にふさわしい作家――アメリカ版シェイクスピアやホメロスやゲーテ――として確立するというソファイアの計画を実現させた。それは、ソファイアが様式化したスケッチの模範とした、フラックスマンやモーリッツ・レッチュなどの画集に倣ったものであった。そして彼女の素描がこれらヨーロッパの巨匠たちと共有する特質――その「簡素で厳密な線」――があったからこそ、その挿絵はワシントン・オールストンの承認を得て、ホーソーンがこの版に付した序文でその

「温かい推薦」を引用することが許されたのだった。[13]

しかし結局、ソファイアにとってもっとも大きな意味があったのは、ナサニエル・ホーソーン自身がその挿絵に惜しみなく与えた賞讃であった。ホーソーンは本のタイトルページで、この本を挿絵画家へ捧げるということを、大文字で高らかに知らせた。

ソファイア・A・ピーボディ嬢へ
その同類の芸術が価値を与えた
この小さな物語を
作者より
敬意を持って贈る

ホーソーンはその挿絵のことを、作者自身が「言葉で陰影をつける」ことのできなかったすべてのことを、その「少ない簡素な線」によって「とらえて表現」した、「深く純粋な美しさをもつ創作」であると語り、その讃辞を短い序文でも広げたのであった。『優しい少年』を「三度語られた物語」としたのは、ソファイアの挿絵であった。

のちにパーク・ベンジャミンは、『ニューヨーカー』誌に載せたその書評で、ソファイアの挿絵は「非常にすばらしい才能の表れ」であると評価した。その口絵は「柔らかく繊細に描かれ」ており、二人の表情はどちらも「天使のよう」で、全体の構図は「きわめて詩的」であると書いた。ワシントン・オールストンは再び活字で熟考し、『クリスチャン・レジスター&ボストン・オブザーバー』紙に載せた評論のほぼ半分をソファイアの素描に充てた。オールストンは少年の「悲しく美しい」顔を褒め、「この若い芸術家」が「ホーソーン氏の美しい空想」にもっと挿絵をつけるようにと述べた。彼らはその「同類の」芸術を共に習練し続けることになるのだろうか？

しかし『優しい少年』が印刷に回ったのちも、ソファイアはさらに別の挿絵を作成していた。それはずっと価値の高いものとなる。なぜならそれは永続的にナサニエル・ホーソーンを彼女に縛ることになったからだ。今回のものは、公に見せるためのものではなかった。ホーソーンは一八三八年十二月初旬のある夜、ピーボディ家を訪れていたが、その時ソファイアは「あなたの表情のスケッチ」を描くためにと筆を取った。彼女は描き始める前に題材を熱心に観察した。「私は再現しようとするまで、あなたの顔を一度も見たことがなかったのです」とソファイアはのちにホーソーンに書き送った。彼女は、彼の性格の、すなわち「私たちの不注意な視線の前を通り過ぎていくものより真実な」内なる魂の、「理想の完璧さ」を突き止めようと、その特徴や表情を探った。ソファイアがじっと見つめているなかでおとなしく座っていることが難しかったホーソーンは、これから数年のうちに「僕の顔に大きな変化が起きて」、彼女が「天国で再び僕に会ってもわからないだろう」とからかった。ソファイアは筆を手に、彼の挑戦を無効にするためにっこり笑いながら、「わからないかどうか見ててごらんなさい」

と言い返した。
　その夜後になって、自宅の書斎に戻ったホーソーンは、自分の日記に、ソファイアの答えには「想像できる限り、核心をついている点でも、その言い方の点でも」、「もっとも変わっていて美しいユーモア」があるように思えると打ち明けた。ソファイアは二日後、そのスケッチを机に立てかけ、「親しい友よ、見回してみて」語って欲しいと願いながら、ホーソーンに宛てて書いた手紙のなかで、再びその話題を取り上げた。いまや彼女は、「未来永劫を通して」ナサニエル・ホーソーンの顔を「認識」できると主張した。

ナサニエル・ホーソーン（ソファイア・ピーボディによるスケッチ）

　天国で会うとか、未来永劫お互いがわかるといった会話はすべて、ソファイア・ピーボディとナサニエル・ホーソーンがロマンティックな絆を結んでいたということを意味するのだろうか？　これからの仕事の見通しが立って――エリザベスのおかげでバンクロフトに収入を千五百ドルに昇給してもらい、肩書きも「検査官」から「測定士」に昇格してもらっていた――同じく自分を支えてくれるソファイアの献身と絵描きの技術もあり、ナサニエル・ホーソーンはようやくソファイア・ピーボディに結婚を申し込める立場になっていた。ソファイアにとっては、そのナサニエル・ホーソーンへの愛情はスケッチに表れていた。三十四歳の男性というよりも、むしろ少年のようなその顔は丸く微笑んでいて、カールした髪と長いまつげがあり、子どもの天使のような、それでもホーソーンと認識できるものであった。それは作家が彼女に見て欲しいと思う顔――無邪気で罪のない顔――であり、彼女が「永遠の」記憶に委ねることとなる顔であった。
　一八三九年の元旦までには、二人はひそかに婚約していた。しかしソファイアの健康やホーソーンの財力など未知数のことがあまりに多く、その計画を公表することはできなかった。しかしソファイアからの贈り物である綺麗なワーズワースの詩集がその約束に封をしていた。そのタイトルページに、「ナサニエル・ホーソーン様、一八三九年一月一日、親愛なる真の友人S・A・ピーボディより」との献辞とともに、ソファイアはワーズワースの詩の一部を二人の新しい状態に合うように代名詞を変えて書き記した。

なぜなら私たちには夢のように広い目覚めた帝国がある
目と耳の広大な独立国が
超自然的な歓呼に迎えられる「私たちの歩み」は豊かなもの
私たちの内なる魂の王国には満ちあふれている
驚愕と心地よい怖れの

ソファイアの「内面」は拡がって、ナサニエル・ホーソーンを包む「私たちの内なる魂」になった。残った唯一の段階は、ホーソーンが自分の意向をエリザベスに明らかにすることであった。難しい個人的な話題について心のうちを話すことは、この男性にとっては不可能に近かった。しかし彼にはものを書く能力があり、実際に新年の挨拶を二つ書いていた。ホーソーンのロマンス生活の噂が巡り続けているセイラムの街と、前年に彼が愛した二人の姉妹に宛てたものであった。もし二人がセイラムからボストンに向かう列車のなかで、お互いに隣同士座りあって読むと知っていたなら、彼は考え直しただろうか？

　ソファイアは、『優しい少年』の版画の修正を監督しに（彼女はアンドリューズが鼻を完全に違ったものにしてしまったと感じていた）、また彫刻家ショーバル・クレヴェンジャーのアトリエを訪れるために、ボストンに向かっていた。クレヴェンジャーはダニエル・ウェブスターの大理石の胸像で名を知られており、彼女は粘土で作業を始めるにあたって、彼のアドバイスを求めようと考えたのだった。エリザベスは、ソファイアがその旅を安全に行えるか確認するためだけに同行した。彼女は同じ日に、ホーソーンのボストン税関での職についてのニュースを携えて戻ることになっていた。ソファイアは父親に宛てて、姉と二人で、ホーソーンの「歳月の姉妹」を声に出して読みながら、列車のなかで「時間を過ごしました」と書き送った。それは『セイラム・ガゼット』誌の一月一日号に印刷された彼の新年の「挨拶」で、二人はそれが「知恵にあふれ」、「機知で輝いた」ものだと思ったのだった。しかし彼女たちの本心はどうだったのだろうか？　その寓意はあまりにあからさまであった。

　「歳月の姉妹」という物語のなかで——ホーソーンが非常に気に入っていたので『トワイス・トールド・テールズ』の後の版に含むことにした物語であるが——作者は〈新年〉を、一八三九年一月朝の始発列車でセイラムに到着した、薄着でバラの花を入れた籠を持ち、「明るい微笑」に満ちた若い女性として描いた。若い〈新年〉は、「記録簿」である大きな二つ折り版の本を抱えて駅で妹を待っていた「陰鬱な」姉と交代するためにやってきたのである。〈旧年〉の腕からあふれているのは、一八三八年の困難な歳月の名残である。「数え切れないほどの破られた約束」や「裏切られた希望の大きな包み」とともに、「燃えるような永遠の情熱をたっぷり書き付けておきながら、インクが乾くか乾かないうちに、情熱が冷めて消えうせてしまった幾束ものラブレター」があった。〈新年〉は、姉が語る一連の災難や将来の困難の不吉な予測を、理解できないかのように聞いていたが、それから「私の籠のなかに入っているとってもたくさんの希望」を慰めとして差し出し、通りを歩き始めた。その「すばらしく目に快い姿」は、出会う人すべてに甘い香りのバラを差し出すのだった。

　ソファイアはすでにナサニエル・ホーソーンに、「エドワード・ランドルフの肖像画」の永遠に自由な精神を持つ芸術家、アリス・ヴェーンを提供していた。今また、間違えようもなく、二人の「歳月の姉妹」の妹のほう、「その態度には洋々たる前途と言葉には尽くせない希望があふれており、会う人は誰でも、彼女に何か非常に望ましいもの——長い間捜し求めてきた最高にすばらしいものを期待せずにはいられない」女性として登場していた。[14]

ソファイアもエリザベスもともに、ホーソーンの寓話の意味がわかった。これらの言葉にソファイアへの愛情を読んだのである。エリザベスがようやく、ホーソーンの物語の一つで、身なりの乱れた失意の〈旧年〉として登場したことは、エリザベスがいまや最終的なものと理解した拒絶に対する小さな慰めであった。しかしソファイアにとってその物語は、自分がボストンへの道中で抱えていた幸せな秘密、すなわちナサニエル・ホーソーンとの婚約を確認するものであった。今乗っている同じ鉄道が、ホーソーンが長いこと身を寄せていた彼の家族を廃業させたのは奇妙なことであった。しかし彼の物語のなかでは、鉄道は「長い間捜し求めていた最高にすばらしいもの」をセイラムに運ぶ。そして鉄道は同じことを作家にも行った。ナサニエル・ホーソーンを一人前の男性にし、仕事と愛情の世界に連れ出して、花開く婚約者とともに、新年の新生活の約束をもたらしたのである。

第Ⅷ部

ボストン、ウェスト・ストリート十三番地

一八四〇―一八四二年

第28章　談話会

　メアリーはもう耐えられなかった。セイラムでの三年間の追放は十分長いものだった。しかし彼女は一八一九年一月にボストンへ引っ越した理由を、ソファイアがナサニエル・ホーソーンとの内緒の婚約を隠していたのと同じくらい、あるいはそれ以上にしっかりと隠していた。メアリーのホレス・マンへの愛情は、彼女だけの秘密だった。友人にも家族にも、自分がセイラムを去るのは、ボストンで教師としてもっと高い賃金を得るためだろうと信じこませた。実家ではいまや三人も病弱な扶養家族、ソファイアとジョージ、そして冬の間ずっと病に罹っていたピーボディ医師がおり、メアリーは「彼らが必要なものを得ることのできる唯一の人間」のように思えた。[1] しかし実際は、メアリーはホレス・マンにより近いところに住むためにボストンに引っ越したのであり、マンは彼女がそうするのを手伝っていたのだった。有力な政治家ジョサイア・クインシーの妻であり、同名のハーヴァード大学学長の義理の娘、友人メアリー・ジェイン・クインシーの三人の子供たちを核として、メアリーが教鞭を執れる学校の生徒を集めるために、マンはクインシー夫人の支援を得ていた。

　マンがメアリーに対して、兄が妹に向ける愛情以上のものを向けているという兆候を与えていたわけではなかった。しかし彼女は彼の手紙から、死者への哀悼の気持ちが薄れつつあり、彼女に向ける興味や関心が増していることを感じ取っていた。マンはエリザベスとメアリーの双方に手紙を書くとき、「親愛なるピーボディ嬢へ」という、同じ挨拶を注意深く用いていたけれども、メアリーへの口調はよりおどけて陽気なものであり、助言に留まる傾向が少なかった。最近の手紙の一つでは、マンはエリザベスに、彼女が公立学校改革について下書きしていた懸賞論文のなかで、もし賞金を得たいという希望を持っているのであれば、『絶対的』で『無限』なものは……どれも」削って、「主にサクソン語に限定し、完全にサクソン的意味に限るように」と指示した。しかしその一方で、手助けしていたメアリーのボストンの学校計画について話すときには、あるいは「あなたの翼の下に落ち着く」であろう子どもたちのことを話すときには、マンは肯定形でのみ話した。

　メアリーが一八三八年十二月末に、友人サリー・ガードナーに宛てて書いたように、「人の一生」についてエマソンがボストンで行った最近の講演の話題が出るたびに、もし「私の頬が真っ赤になる習慣がついてしまった」のだとしたら、それはメアリーがそれらの講演にホレス・マンと出席していたからだった。ボストンへの新しい鉄道が、エマソンがセイラムのピーボディ家に送った招待券とともに、それをすべて可能にした。しかし講演後の夜に、マソニック・テンプルからボストンコモンを突っ切ったパーク・ストリート四番地にあるクインシー家がメアリーの宿であることを知って、「あなたをそこへ送り迎えする栄誉を自分自身のもの」にしたのは、マンであった。その年の最後の講演は「愛」についてだった。マンと同じく結核によって若くして妻を亡くしたエマソンは、講演の終わりに、メアリーが愛する人に心に刻んで欲しいと願ったであろう言葉で聴衆を後にした。「ゆっくりと、痛みを伴うかもしれないが、愛情の対象は変わるのです」とエマソンは聴衆に語った。「この関係のように美しく魅力的なものは、より美しいものによってのみ継承され、取って代わられねばならないのです。」

それでもメアリーは、もしその可能性があるとしても、近いうちに結婚の申し込みがあるとは期待していなかった。ボストンに引っ越す際、彼女はある考えに基づいて行動していた。その考えを彼女は、何十年もたったのち、「たった一つの祝福」についてのエッセイで書き記すこととなる。その考えとは、「魂にとっては、程度の低い考えや感情に基づく結婚をするよりは、対となる可能性のある魂と、理想的に結びついて生きる方がはるかに良い」という考えであった。メアリーが言いたかったのは、五年前にしたかもしれないニューベッドフォードのベンジャミン・リンジーとの結婚よりは、ホレス・マンへの片思いの方を好んだということである。そのとき彼女が書いたように、「自分をめいっぱい与えられるとわからなければ、心を受け入れることはけっしてない」のであった。メアリーは、「結婚の理想が平均的な女性よりずっと高い」ために、独身でい続ける「未婚女性の高貴な一群」の一人にすすんでなろうとしていた。そして、マンが教育委員会から州議会に送る年次報告書の校正刷りを読んだり、彼の『公立学校ジャーナル』に匿名で寄稿したりして、彼を手伝いながら、できるだけ「対となる可能性のある魂」の近くで暮らすことで、その状況をできるだけ利用しようとした。メアリーは残ったエネルギーを自分の仕事に捧げるつもりだった。

というのも、エリザベスの方が教育者として認知されていたけれども、メアリーの方がより長く、十八歳の誕生日が来る前の夏から毎年、途切れることなく教えていたからである。メアリーはいまや三十二歳になっていた。母親が彼女に、白昼夢は脇において、教室の仕事に集中するようにと促した日々はすでに去っていた。いったん若い娘たちの学校でエリザベスのパートナーとして仕事をするのを辞めて、幼い子どもたちの共学クラスを教えるようになると、メアリーは自分もまたエリザベスのように、ピーボディ家の「家庭学校」で育てられた天性の教師であるとわかったのだった。姉や母と同様、メアリーは自分の考えを持っており、それをすばやく主張する性質の持ち主だった。彼女はかつて、先生になりたての若い教師に宛てて、「私がどうやって指導法を見出したかを……あなたに教えましょう。それは私に試されたことがなかった方法でした」と書き送ったことがあった。

メアリーはボストンの学校に落ち着くと、冬には雪の積もった土手を滑り、春が来たら花や蝶を観察し、その名前や成長の周期を学ぶため、一日に二度子どもたちをボストンコモンに連れ出した。小さな生徒たちが、丘の頂上にある優美な煉瓦造りの州議事堂へとすべての小道が続くように見えるこの広い公園になじみ、愛するようになると、都市の創立以来二百年にわたって、この共同の土地を設立し、その後もずっと保存しようとしてきた町の父祖たちの努力を説明することで、彼女は子どもたちに最初の歴史と市民政府の授業を教えた。メアリーはそこから物語を作った。ちょうど教室でも、文学への愛情を育てるため、物語や寓話を語ったり、声に出して読んだりすることに頼ったのと同じだった。彼女は幼い生徒たちが、それぞれ準備ができたと思って初めて、個々に読むことを教えた。最初は彼らが気にかけるようになったもの――「鳥や巣や木」――の一つ一つの単語から始め、それから自分がすでに語った物語の印刷版でそれらの単語を子どもたちが見分けるよう手伝った。メアリーは、「すべての文字が何らかの象徴的な単語のなかで占めている位置から、彼らが興味を持つようになる」前に、「無力な子どもたちに強制的に」アルファベットを覚えさせることはけっしてしなかったと書いている。セイラムで何年か前にこの実験を最初に試した六歳の男の子は、六週間で流暢に読めるようになった。

とりわけメアリーは、子どもたちと「彼らの興味を引くものは何についても」話したことをのちに思い出した。彼女は「子どもたちの喜びと悲しみをすべて打ち明けられる人」となり、「気にかけてくれなかったり、厳しかったりする父親」や、「快楽追求型の自己中心的な母親」などに悩む子どもたちの「家庭内の問題」までも打ち明けられた。なぜなら「子どもたちのうちもっとも内気で打ち解けない子も、私を信頼してくれて、私と目が合ってにっこり笑い、困ったときには私のところに来てくれるようになるまで、私は満足しません。また、もっともひねくれていて、むこうみずな子も、私が叱ると、怒るのではなく悲しんで受け止め、良い子でいるときには認められようと戻って来てくれるまで、私は納得しないのです」。メアリーは教育に、「養子縁組の精神」と自らが名づけた態度で取り組んだ。そして同じ若い教師への助言の手紙で、「私の小さな生徒たちが、私を『お母さん』と呼ぶとき、それは彼らがよくうっかりやってしまうことでもあるのですが、そんな時私は彼らと本当の関係を結んでいるといちばん感じるのです」と書いた。エリザベスと同じく、だが姉のような思想的枠組の重荷を負っていなかったメアリーは、自分の職業はたんに子どもの知性だけではなく、その子の全体を教育することだと考えていた。自分の生徒たちが、「自然なやり方で思考を展開し、義務を考え、良心を生かし続けるように、あらゆる機会をとらえ」ようとした。しかしメアリーはまた、「幸せな精神の流れが抑制されないよう」にと気をつけた。良心は目覚め、生き続けるかもしれないが、それはけっして、テンプル・スクールでブロンソン・オルコットが行ったように、不品行へと導く質問や誘惑を使って操作されるようなものではない、というのがメアリーの見解であった。

実際テンプル・スクールの醜聞は、エリザベスがオルコットと袂を分かって三年経った後でさえも、メアリーの新しい教室の成功を脅かしそうになった。メアリーは一八三九年の早い時期にソファイアに宛てて、『子供たちとの福音書についての会話』を一部でも記録したのではないかとか、その論争でオルコットの肩を持ったのではないかなどと、「ことあるごとに」聞かれたと書き送った。ある母親はメアリーに、「もしA氏に共感していたのなら、ウィリーをあなたの監督下に置かせるなんて考えられないわ」と言った。メアリーは「この件に関する自分の真の見解」を確実に知らせる運動をくり広げた。エリザベスは注意深く真実を――実はソファイアが行ったのだという真実を――省略しながら、メアリーは『会話』の記録を一切していないと証言した。メアリーはソファイアに、ボストンにいれば「きっとありそうなこと」だけれども、もし尋ねられたとしたら、この件に自分が関わっていることを黙っておくように、またメアリー自身は「その本に賛成しなかった」ことを強調するようにと忠告した。残りはホレス・マンの口添えが後押ししてくれることとなった。

メアリーの学校が大きくなり、クインシー家の住居からチョーンシー・プレイスに自分で借りた部屋に引っ越すと、彼女の住居は姉妹たちのボストンでの拠点になった。一八三九年の五月と六月、メアリーのセイラムでの学校を引き継いでいたエリザベスは、ボストンで春休みを過ごし、ワシントン・オールストンの作品の回顧展に出かけたり、『セイラム・ガゼット』紙に定期的な寄稿文を書いたりしていた。アメリカで手に入るこの画家のほぼすべての作品といえる約五十点の絵画が、スクール・ストリートにあるチェスター・ハーディングの画廊で展示された。オールストンはいまだボストンでもっとも広く知られた文化人であり、おそらくは唯一国際的な名声を得ていた著名人であった。ニューヨークの銀行家サミュエル・ウォードは、娘のジュリア（のちのジュリア・ウォード・ハウ）とルイーザ（のちに彫刻家トーマス・クロフォードと結婚）を家庭教師とともにボストンに滞在させ、その展覧会を訪れるようにと送り出した。そこでは、聖書の一場面を描いた大作や、豪勢なイタリアの風景、あるいはダンテやスペンサー、シェイクスピアに出てくる登場人物を描いた作品が展示されていた。二十九歳のマーガレット・フラーは、あまりにも長い時間をその展覧会で過ごしたため、その画廊を自分の「家」とさえ呼び始めたほどであったが、オールストンの絵画の一つをじっと見ているときに気を失ったという噂だった。それが本当だとしても不思議ではなかった。なぜならその展覧会の二カ月半の開催期間中、小さな画廊の部屋には何千人というファンがぎっしりと詰めかけたからである。

フラーは長いメモを取り、それを一年後にオールストンの展覧会についての記事に仕上げた。しかしエリザベスが『セイラム・ガゼット』紙に載せた連載が、当時その展覧会をもっとも詳細に分析したものであり、その後の数十年間オールストンについて書かれたもののなかでも最良のものであった。エリザベスは十作品以上を詳しく取り上げ、(彼女が展覧会そのものから欠けていると気づいた) 年表を提供し、オールストンの風景画から導きだした、やや超絶主義風の審美論を思い切って打ち出した。「彼が表現する以上のことを暗示できるのは、そして想像力に触れることができるのは、彼がもっとも高度な芸術家である証拠です。もっとも高度な芸術は自然の『複製』を提供する以上のことをしてくれます。それはある感情や思想に啓示を受けて、自然の対象を選んで組み合わせ、それで全体が縮図によって暗示されるのです。」その年の後半、駆け出しの出版者ウィリアム・D・ティクナーがその連載を、『オールストンの絵画についての評言』という小冊子として出版した。

ソファイアもまた、鬼才ショーバル・クレヴェンジャーに会って、粘土で作成した新作について話し合うためセイラムから出てきたときに、メアリーのところに滞在した。[2] (ソファイアがその題材に取り組むことにしたのは、彼女の自信が強まっている証であった。理念を形にして表現することができるため、彫刻はニューイングランドの前衛芸術では風景画以上にずっと高く評価されていた。) ソファイアは、いまや正式に税関の測量士となったナサニエル・ホーソーンと頻繁に会っていることを隠そうと、順番にボストンの友人たちを訪問していた。石膏で型を取ろうと計画していたソファイアの粘土彫塑の最初の試みは、弟ジョージの横顔のバス・レリーフだった。彼の健康状態は急速に悪くなっていた。クレヴェンジャーは、ようやく完成したソファイアの言うこの「円形肖像画」――ジョージが「皇帝ゲオルギウス」として実物大で英雄的に登場する古典主義的な楕円形の肖像画――を見たとき、「ほおひげ」以外のすべてに賛成した。またジョージのひげに文句をつけたのも、ソファイアがそれを慎重に表現しているので、「石膏でよく見せるにはあまりに精巧すぎる作品だ」というだけの理由であった。

ソファイアはそれでもその像を型に取り、ペンナイフで石膏に修正を加えた。彼女は自分がもう一度ボストン旅行をするのに十分なだけ長くジョージが生きられるかどうかを心配し、弟が確実に完成作品を見ることができるようにと望んだ。ボストンにいるソファイアの友人たちは皆「大きな賞讃」を示し、その像がジョージに似ていると主張した。その作品を石膏にしたイタリアの職人たちでさえ、「最初にしてはとても良い出来だ」と断言した。しかしソファイアは、クレヴェンジャーの別れ際の申し出をもっとも自慢した。彼がボストンに来たのは、ワシントン・オールストンの胸像の制作を頼まれたからだったが、それが済んだらすぐにローマに移住することになっていた。クレヴェンジャーは、ソファイアがイタリアにいる自分のもとに送るどんな作品の制作も、個人的に監督しようと約束した。彼はそれらを自ら「大理石にし……最後の仕上げを」しようと請け負ったのだった。

ソファイアは、最近ワシントン・オールストンのたった一人のボストンでの弟子といううらやましい立場を手に入れた友人サラ・クラークから、今では「汝彫刻家よ」と呼びかけられるのを許していたが、絵画をまったく捨ててしまったわけではなかった。ソファイアは見事なコモ湖の銅板画集から取った二つのイタリアの風景画に取り組んでいた。それを婚約者――今では個人的な手紙では「私の夫」と呼びかけ、彼の方も「妻」と呼ぶようになっていた――にプレゼントする計画だった。ホーソーンがソファイアに宛てて書いたように、「世間に私たちの結びつきが明らかにされる」のは時間がかかると二人ともわかっていたが、長い別離の数週間、「私たちは結婚しているのです……神がそれをご存知です」と考えて慰められていた。二人の互いの「内面」への本能的な理解は、時間の経過によってのみ確認されていた。ホーソーンは、その秘密主義的な執筆習慣もあって、ソファイアが仕事をするために必要な、期待からの解放までも理解しているようであった。エリザベスはある晩オールストンの展覧会でホーソーンにばったり会って、ソファイアが「いくつかのことを同時進行中だけれども、その計画を話したがらないのよ」と言ったことがあった。そのとき作家は、それではソファイアは「より一層その計画を実行したがっている」と思うと答えたのだった。そして、ソファイアは「気分転換に」「休む」ことができるから、「一度にいくつかの絵を描くのはいいことだ」と語った。

ホーソーンは、ソファイアが絵を描けるほど元気だと聞いて「喜びでいっぱいになっている」ように見え、エリザベスは妹にもそう伝えた。彼はそれが、自分の「妻」がボストンにやって来ることができるほど元気だという意味でもあると知っていたのである。ソファイアはボストンに、今では一度に数週間も丸々滞在できるようになっていた。彼女のボストンへの訪問は、クレヴェンジャーから指導を受けるためであるのと同時に、ホーソーンに会うためでもあった。クレヴェンジャーの指導はその格好の隠れ蓑となっていたのかもしれない。一八三九年四月初旬という、彼らが婚約してほんの三カ月経つ頃には、ホーソーンはセイラムにいるソファイアに、あるいは彼が好んで使うニックネーム「僕の小鳩さん」に宛てて、あこがれを込めてますます頻繁に手紙を書くようになっており、一方ソファイアはすでに何度も「その心に寄り添い」、キスや抱擁を交し合う機会を見いだしていた。二人はどちらも、そのようなこっそりと得た瞬間が終わるのを望まなかった。

ホーソーンの方が、ソファイアがいなくてより寂しく思ったかもしれない。なぜなら彼はボストンで一人暮らしをしており、死ぬほど退屈でつまらない、船の船倉や甲板で塩や石炭を実際に計量するという仕事の「妨害や面倒」に適応しようと苦闘していたからである。しかし彼は、感心してもらい、いつの日か自分の仕事を支えて欲しいと思っていた女性、ソファイアに宛てては、「僕はそのような訓練を必要としています。もっと前に経験しておくべきでした。それは僕の性格に、世間に対する健全な硬度を与えることになるでしょう。一方僕の心を今と同じくらい、あるいはかつてそうだったのと同じように、小鳩さんが休むのにふさわしい、柔らかいままに残してくれるでしょう」と書き送った。[3] ソファイアの方はうまくやっていた。髪を「ギリシャ風に編み」、ホーソーンに会った後の夜には「ぐっすりと」眠り、複数のボストンの友人が「今までこんなに元気に見えたことはなかった」と言うのを耳にしたのだった。そのコメントに対して彼女は、前年のように、ひどい症状を細かく話して反論しようとはしなかった。

　二人のボストンでの出会いはいつも二人きりというわけではなかった。一八三九年十月後半、ホーソーンとソファイアは二人とも、コニー・パークが借りていたアパートで行われたパーティで、初めてエリザベスの友人、マーガレット・フラーに会った。（コニーは今でも夫トムがカリフォルニアから呼び寄せてくれるのを待っていた。）ジョージ・リプリー牧師も含め、より超絶主義的な仲間も近くにおり、保存されたギリシャのバラやオレンジのある理想郷の宴に参加していた。しかし会場の人々を惹きつけていたのはフラーであった。音楽や彫刻について語り、「三脚台」に座した「巫女のように」、社交的な集まりにいつも持ち歩いている折りたたみ式の椅子に腰掛けて、ソファイアの話では「別の種類の食物」で客人たちを楽しませていた。脊椎のゆがみに苦しみつつも、終わりのない思索的な談話をする元気のあったフラーは、どこに行くにも確実に長時間快適に座れるよう気をつけていた。ある男性の友人が報告したところによれば、「筋肉とよく発達した体格……灰色の瞳と、豊かな茶髪、色白な肌」を持っていたフラーは、それでも「美人」とは見なされなかった。おそらくその辛辣な機知とそれを自由に使いこなす点が、彼女は失格だと男性の目に映る要因だったのだろう。しかし彼女は、出会う人すべてに「圧倒的な魅力」を行使しており、「女王のように堂々とした自信を持っている」とウォルドー・エマソンに評価されていた。オリヴァー・ウェンデル・ホームズは彼女を白鳥に例えた。ソファイアはフラーを、「想像していたギリシャの巫女ほどには優美でない」と思ったが、その集まりを重要なものだと感じ、のちに「私の最初の会見」と記録したのだった。

マーガレット・フラー

　ピーボディ姉妹のように、マーガレット・フラーは自分自身の才覚を恃みとする女性であったが、彼女の運命の逆転は、弁護士だった父親が急死した一八三五年に始まったばかりであった。一八三九年には、家族とボストンから五マイルほど郊外にあるジャマイカ・プレインへと引っ越し、巡回教師として過ごした数年の歳月を終わりにした。父親の監督のもと、古典と近代言語に関する厳しい教育を六歳から受け始めたフラーは、長い知的見習い期間に温めてきた思想を活字にしようと決意していた。フラーは今では定期的に超絶主義クラブに出席できるほど近くに住んでおり、一番最近の会合の後、エマソンは彼女を『ダイアル』誌の編集者に任命した。この新しい雑誌は、クラブの広報誌となり、いまや過激な団体のほとんどを締め出していたユニテリアン派の雑誌を出し抜くことになるものだった。その仕事はささやかな金銭的援助を約束するものであり、フラーがコニー・パークの夜会で見せていた権威的態度を増すことにもなったのかもしれない。しかし社会的状況への自信はフラーに欠けていたものではなかった。皆の前で長々としゃべる機会を与えられると、「彼女はすべての力と変則と、雷光のような無類の美しさでもって、打ち負かし燃え立たせるのです」と、同じく超絶主義クラブの会合の常連であった若きセオドア・パーカーは、一八三九年の夏の後半、エリザベスに熱狂的に語った。

八月からずっと、フラーはこの才能を活かして収入を得る別の計画を考えていた。会話の技術を女性向けに教える教室である。エリザベスはすでに、フラーが『デモクラティック・レビュー』誌の仕事ができるよう働きかけていた。（フラーの唯一の疑問は、その編集が「頼まなくても支払いをしてくれるのか……あるいは」、支払いの要求を行わせることによって「私の淑女としての感情を痛めつける」ことになるのだろうかということであった。[4] エリザベスは一八三八年の秋に出版された記事の支払いをいまだに待っていた。）フラーの新しい計画を知ったエリザベスは、ライバル意識を脇に押しやり——結局のところ、一八三一年に歴史の授業を始めることで、ボストンで最初に女性向けの知的討論会を行ったのは、エリザベスだった——この若き同僚を手助けすることに注意を傾けた。エリザベスはメアリーが外で教えている間、チョーンシー・プレイス一番地のメアリーの部屋を昼間の授業に使う場所として提供し、フラーの生徒を見つけるために最善を尽くした。[5]

当初この授業に生徒を集めるのは、ブロンソン・オルコットのために生徒を集めるときほど簡単ではなかった。エリザベスが、セオドア・パーカー牧師の妻であり、かつての生徒であったリディア・パーカーに聞いてみたときも、牧師がリディアに代わって、「妻は会話することにはまったく気が進まない」からという理由で、エリザベスの誘いを断る返信を送ってきた。フラーが克服しようとした女性的な臆病さは、エリザベスが数十年も前に、チャニング牧師の女性向け聖書研究会で気づいたのと同じ、頭を悩ますような沈黙であったが、潜在的な生徒たちの参加を阻むものだった。ピーボディとフラーを除けば、一時は男性たちがその計画の主だった支援者のように思えた。エマソン、チャニング、オルコットは全員積極的な支持者であり、パーカーもまた、エリザベスに宛てて、「ボストンの最良の淑女たちの集まりでも」、その会話はあまりにしばしば「何の結論もない主題に向けられがち」であることを嘆き、フラーが「考え、検討し、疑い、最後に結論付けるよう、精神を目覚めさせる」ことを期待した。

それでも十一月までには、十二名の女性たちが申し込んでいた。二、三人の例外を除けば、彼らはエリザベスの友人やかつての生徒たちだった。そのなかには、サリー・ガードナー、コニー・パーク、エリザベス・ブリス・バンクロフト、キャロライン・スタージス、そしてともにフーパー兄弟と結婚し、二つの重要なニューイングランドの商家を結びつけたアンナとエレンの姉妹、メアリーの雇い主であるメアリー・ジェイン・クインシー、そして十年前にその知識の幅広さでエリザベスを感嘆させたケンブリッジ出身の少女で今ではジョージ・リプリーの妻となったソファイア・デイナ・リプリーがいた。フラーが「談話会」(Conversations) と呼び始めたこの会は、町の外から来る参加者が、マソニック・ホールでエマソンが「現代」について行う講演を聞くために夜まで滞在できるよう、水曜日の午前中に行うことが決められた。フラーは「談話会」というその用語を、エリザベスが去った後、テンプル・スクールが崩壊する前の数カ月、助手を務めたオルコットから借用した。『子どもたちとの福音書についての会話』とは別に、オルコットは一八三六年の秋、ボストンの学校教師向けに金曜日の夜「談話会」を開催し始めていた。しかしその個性の強さによって、フラーが他人から借用したものは他のどれもそうであったが、「談話」という用語はその後、常に彼女と結び付けられるようになる。

エリザベスはフラーの授業とエマソンの講演両方のために、セイラムから列車に乗ってやってきて、その夕食と夜をチャニング牧師と過ごすことにしていた。牧師は最初のフラーの会はその性別のせいで、また講演には健康状態の悪化が原因で、どちらにも出席できなかった。一八三九年十一月六日の最初の談話会で、フラーは野心的な課題を披露した。次の数週間、フラーは女性が直面する「大きな問題」を取り上げ、それに答えることを望んだ。「私たちは何を行うために生まれたのか。どうやってそれを行えるのか。これらは自分たちの最良の日々が過ぎてしまうまで、自らに問いかけてみる人があまりに少ない事柄である。」フラー自身は、「他の人たちの考えを引き出す手段として、挙げられたどんな話題についても自分の最良の考えを与える人物」となり、「会話の中核」を務めるつもりでいた。しかしフラーはけっして生徒たちに完全に手綱を譲ることはできなかった。十一月十三日に行われた二番目の会合までに、グループは将来の会合ではギリシャ神話を討論するというフラーの提案に同意していた。フラーはその物語や登場人物を、人間精神の様々な性質を表したものとして解説し、授業の参加者たちの反応を引き出すことになった。フラーが言うには、それは「私たちが言葉を知り、印象や漠然とした風変わりな考えを抱く」題材であった。フラーの目的は、「私たちがそれらの言葉を定義し、その印象を思想に変え、これらの考えを体系化するようにさせる」ことであった。

フラーは、ほとんどの学校に通う少女たちが受ける非体系的な教育を嘆いた。少女たちは男の子たちよりも「表面的にはより多いくらいの勉強科目」を習い、その結果、大人の女性となって「人生の実務に直面し、知識の応用をするようになると、自分たちは『劣っていて』、自分たちの学んだことはすべて、祖母たちが糸車を回しながら育てた実用的な良識や母の知恵や機転を授けてくれなかったことがわかるのである」と、エリザベスは会合の際にノートに記録した。その授業は春までずっと、全部で二十回行われる予定だった。フラーは、「私たちが、思っていた以上に自分が何も知らないのだとわかれば、なんらかの修正を行わなければなりません。一方で、簡素で明確な表現をする努力を行うことで、自分たちがどれだけすばやくたくさんのことを得ることができるかを知って、励まされる必要があるのです」と考えた。エリザベスは出席しているどの女性よりもギリシャ神話については知悉していたが――エリザベスのギリシャ語そのものの知識は、フラーも含めほかの誰よりも勝っていた――すすんで生徒の一人という立場になり、「簡素で明確な」コミュニケーションについてフラーから学べることは喜んで学ぶつもりでいた。そして過去、チャニングの説教やオルコットの授業内の会話の時と同じように、もう一度才能の発揮を目撃することになるだろうと感じて、記録係の役割を担うことにした。何年も経ったのちエリザベスは、「[フラーの]最初の意見表明や時に披露される雄弁を、今まで聞いたことがあるなかで、あるいは耳にしたことのあるなかでですら、もっともすばらしい会話能力の発揮だと断言しない人は……出席者のなかには誰もいなかったと思う」と思い起こした。

エリザベスがボストンにいて二回目のフラーの談話会に出席していたとき、弟ジョージが二日間ずっと「危険な出血」をしているとのソファイアからの手紙が届いた。エリザベスはすぐさまセイラムに戻った。そこで彼女は、ジョージが激しい痛みと疲労状態ではあったが、いまだに気をしっかり持っていて、医者の予後診断を聞きたがっている――「彼はそれを知るまで逝きたがらなかった」のだと知った。医者はジョージがあと数日の命だと予想した。絶望的なほど病気が悪くなっていたにもかかわらず、ジョージはソファイアに、「円形肖像画」は「まさにちょうどいい時に仕上がった」と言うだけの力を振り絞った。ソファイアは死に直面している弟の「完全な諦観」と「落ち着き」に驚嘆した。彼女は「彼以上の……完全なる生への諦念」は見たことがなかった。

それから一週間も経たずにジョージは亡くなり、セイラムのハワード・ストリート墓地に、幼児キャサリンの隣にある弟ウエリントンの墓に一緒に埋葬された。そこは町の刑務所の裏手にある、ノース川の土手斜面上の荒涼とした数エーカーの土地であった。ジョージの「完全なる」諦観と、最後の数カ月の苦痛に耐えた勇敢さは、それぞれ違う女性のイニシャルが付いた六束の小さな三つ編みが、「たわむれ」と題された新聞から切り抜いた詩とともに、彼の財布のなかから見つかったことで、より一層強く家族の胸を打った。ジョージは二十六歳の誕生日を迎えたばかりだった。彼は人生の最後の二年間を、ベッドや安楽椅子から起き上がることもできず、家に閉じ込められて過ごした。

ジョージが「死の闘争」を行っていた最後の四十八時間、たとえ母親が息子の苦しみを見るに見かねて部屋を出たときも、彼と一緒に座ってその手を握り、額を拭いてあげていたのは、エリザベスであった。ジョージはその時までには、「意識を失ってから長い時間が経っていた」とエリザベスはホレス・マンに書き送った。まして話すことができなくなったのはずっと前であった。「私は今まで死を見たことがありませんでした」と彼女は書いた。「その最後の苦しみの表情、その痙攣、そして突然の平安と安らぎ」についても。エリザベスは弟の苦しみが終わったことを本人のために喜んだが、「無限の愛情で私を愛してくれていたものを失った」のだと感じた。九歳年下だったジョージは、他の姉や兄たちのようにエリザベスと張り合うことはけっしてなかった。彼は自分の将来を導こうとする姉の努力を歓迎すらしており、代わりにエリザベスは、その尊敬と愛情を確信して、ジョージが大きくなるにつれて、彼に対する自身の希望を打ち明けていた。いまやこの支えもなくなってしまった。しかし二年前のウェリントンの死がソファイアを部屋から なんとか出させるきっかけとなったように、ジョージの死もエリザベスを解放したかのように見えた。まず文字通り、セイラムで彼の世話を手伝わなければならないという義務から、それから、ジョージに宛ててコンコードから前年に書き送ったように、「自分自身でいよう、そしてそのように行動しよう」という決意を頻繁に邪魔していた、止むことのない自己懐疑からの解放であった。

何年もエリザベスは、かつてホレス・マンに書いたように、「私は子ども時代の約束を一度も果たしていない」という考えに悩んできた。イギリスのソッツィーニ派の原典を一人で追求し、自分の歳の三倍はある大人たちとスウェーデンボルグの神学について論じ、一夏で新約聖書を三十回も読み通し、旧約聖書を自分で翻訳できるようヘブライ語を自学自習していた、あの少女はどうなってしまったのだろうか？　多くの障害もあった。金銭的な窮状のせいで、エリザベスは労働の世界に「あまりに早く投げ込まれ」てしまい、もっと勉強し書いていたかもしれないときに、何時間も教えていた。性別という現実もあった。大学に行ったり専門職に就いたりする選択肢のなかったエリザベスは、自分をどうやって、またどこで用いたらよいのかわからなかった。彼女は自分の才能を確認するため、才能のある男性たちに目を向け、「友情の日々の慰めに頼るように」なった。エリザベスは「内から来る」べきだった「確信を……常に切望して」きたのだと今ではわかっていた。

しかしこの同じ男性たちは、エリザベスの衣装や行儀、抱負についてコメントすることで、彼女の熱意をしばしば抑えてきた。彼女の親愛なるチャニング牧師でさえ、彼女に野心を制限するよう求めた。エリザベスは今では、聖ヨハネに従って福音書を言い換えた際の彼女の「独特の思想」を賞讃したすぐ後に、「君の力を仲間に役立つように向け、自分を際立たせるために使わないように」と言ったチャニングの忠告を思い出して、悩んでいた。彼は同じことを、自分が賞讃する書き物や思想を行う若い男性にも言ったであろうか？　その思い出は、エリザベスがその日の朝刊で見た思想と自分の思想との類似を認識し——それは彼女がウォルドー・エマソンと一八三二年、彼の最初の妻の死後にボストンで再び会ったときに彼に示したものでもあったが——まさにその思想がいまやエマソンの「神学部講演」のなかで大きな論争を巻き起こしている思想であるとわかって、ますます心乱されるものとなった。「それが彼の信念だと知る前は私の信念でした」と彼女はエマソンの講演を弁護して友人に書いた手紙で述べた。「この異説は彼の精神にだけ属しているわけではないのです。」[6]

しかし全般的にエリザベスはまだチャニングに同意していた。彼女は個人的な名声は求めないだろう。それでもエマソンとの最新の会話から得られた新しい思想は、自分が役に立つもっと良い方法を、すなわち、その精神を魅了し、天才を養育するのに自分の才能を利用できるような方法を、見つけたいという気にさせた。エマソンの「共感とこのような思想の発展は、魂の若々しい活力を取り戻してくれました」と、エリザベスは一八三八年のコンコードへの滞在に続く数週間のなかで、友人に書き送った。一八三九年の間、メアリーがボストンに引っ越し、ソファイアが町を訪れるためにより頻繁に使える言い訳を見つけた頃、エリザベスはセイラムに腰を落ち着けたままであった。彼女はメアリーの生徒たちを教え、それによって家族がチャーター・ストリートに住む家の家賃を補うのに充分な額を稼ぎ、自分自身の女性向け授業も教え続けた。しかしそれは力を養う時期であった。

その力の源の一つは、エリザベスがエマソンとの会話から影響を受け、相互自己分析のプログラムを通じて主催した女性向け講習会だった。今年受講者たちが目的としたのは、「生の極意を学ぶ」ことに他ならなかった。受講者たちが「努めてきた」討論を要約した論文のなかでエリザベスは、「性格の不変性」を獲得することが、すべての人間の目的であるべきだと女性たちは判断したと書いた。しかし「性格の不変性」とは何なのだろうか？　それにどうやって人はそれを獲得できるのだろう？　「私たちは内的生活を送らなければならないと全員が同意した」が、「経験」もまた重要であった。女性たちは「自分たちで何かをしようと努める」必要を認めた。「私たちは自分の衝動を行動に移さなければならない」、なぜなら結局のところ、「私たちの生の基準は私たちの力」だからだと、エリザベスは結論づけた。学習と内省の「内面的生活」を送るだけでは十分ではなかった。内的衝動に基づく効果的な行動、すなわち人が持つ個人的な〈力〉を主張することがもっとも重要なのだ。最初はエマソンの指導のもとに、次にセイラムの教え子たちと、このような認識に至ったことが、エリザベスの「何かをしよう」と努力する決意を強めた。

一八三九年の最初の数カ月、エリザベスはエマソンの「神学部講演」を擁護する記事を何本か書いた。「私は自分自身の魂にとってとても大事な見解を広めるための機会を、彼が手にすることに深い関心を抱いています」と当時エリザベスはある友人に書き送った。「私は彼が無神論者でも汎神論者でも反キリスト教徒でもないとわかっています。ちょうど私自身がそのどれでもないとわかっているように。」しかし（すでにアンドリューズ・ノートンが編集から離れていた）リベラルなユニテリアン派の『クリスチャン・イグザミナー』誌でさえ、彼女の論文の掲載を断った。エリザベスは、チャニングがセイラムにいる彼女に未完成の原稿を送ってきたとき、出版用にその原稿を写し、編集し続けた。そして懸賞付き論文に懸命に取り組み、その理論的枠組みを省くようにとのホレス・マンの助言を取り入れることも結局は止めたのだった。エリザベスは入賞しなかった。少しの間、彼女は、マサチューセッツの最初の普通学校であり、女性を公立学校の教師に訓練する州立施設——全国でもその種の施設としては最初の学校——をマンが設立する際に、彼が自分を雇ってくれるのではないかという希望を抱いていた。しかし懸賞付き論文を巡ってエリザベスとマンを分裂させたその同じ理論的相違が、この期待も同じように打ち砕くことになった。

エリザベスが本当にしたかったのは、友人たちに影響を与えるエマソンの手本を真似ることだった。「もし私が彼の方法を学べば」、「より小さな仲間内で」自分もまた、「私が知っている周囲の人たちすべてを私の〈葉や果実〉として配置する」ことができるかもしれないと期待した。一八四〇年の最初の数カ月にわたってフラーの談話会に参加したエリザベスは、フラーの論議によって、彼女の最初の質問、「何をするために私たちは生まれたのか、そしてどのようにそれを行えばよいのか」という、エリザベスが前年の冬に自身の授業で行った作業から直接生じたかのように思える質問に対して、自分自身の答えを探し求めるよう強いられた。そして潜在的な行動の中心地としてのボストンにますます惹かれていった。エリザベスはかつてメアリーに対して、自分を「存在する唯一の実際的超絶主義者」だと描写したことがあった。そしてエリザベスは今それを証明しようと決意していた。

一八四〇年四月までには、エリザベスはある計画を立てていた。それはヨーロッパから輸入した本や雑誌を専門にした本屋兼貸本屋を開くことだった。[7] 超絶主義を生み出し、いまだにその糧となっていたが、あまりに高価で見つけるのも難しい書籍である。エリザベスはこれまでの人生でずっと、すばらしい蔵書を持つ人々の寛大さに頼ってきた。子ども時代はセイラムのアボット牧師やナサニエル・バウディッチに、ケンブリッジやボストンではアンドリューズ・ノートンやジョン・カークランド、そしてジャレッド・スパークスに。一八三三年のある短い時期、彼女はボストン唯一の貸出図書館である個人所有のボストン・アセニーアムから本を借りることを許可されたが、それは理事たちの特別投票を必要とする特権であった。ほんの一カ月の間に、バルトホルト・ニーブールの『ローマ史』から、J・G・シュプルツハイムの骨相学論文『錯乱した精神の発現についての所見』まで、彼女は二十一冊の図書を借り出していたが、それらはすべてアメリカの外で最初に出版されたものであった。ノートンの書斎は、今ではエマソンが「神学部講演」によって自身や他の超絶主義者たちのために引いた境界線の反対側にあるため、エリザベスには閉ざされたものとなっていた。しかしエリザベスが力を尽くしたいと願ったのは、本に対する自身の自己中心的な興味ではなかった。

エリザベスは自分の図書室を、知的仲間のための集会所として、組織的なものであれ気軽なものであれ、談話の中心として構想し、この企画のためにエマソンやチャニングやその他の人々の支援を取り付けた。エマソンはマーガレット・フラーに、一八四〇年七月に刊行が予定されていた『ダイアル』誌の創刊号でその店を宣伝するよう頼んだ。セオドア・パーカーは、仲間内でもっとも熱心で幅広い読書家であった（彼は一八三〇年代半ばに神学部の学生だった二年間で、ハーヴァード大学の図書館から四百冊以上の図書を借り出したことで知られており、そのうち四分の一は外国語の本であった）が、エリザベスに宛てて書いた手紙で、そのような計画は「空白を埋め、ボストンで長く欠けていた必要を満たすものです」と保証した。チャニングは彼女の出費にちょっとした金額を寄付した。ジョージ・バンクロフトは、貸本屋の基盤を作る支援として、ヨーロッパで集めたイタリアの書籍をエリザベスに貸し、エマソンはそれに倣って、ドイツ語と英語で書かれた書籍を貸し出した。エリザベスは初期費用の残りを補うため五百ドルの融資を受け、十年近く前に娘がボストンにある彼女の学校に通っていたチャールズ・ジャクソン判事がその保証人となった。やがてエリザベスは本を売り、一冊五ドルで貸本屋の会員を募ることとなる。その計画はうまくいかなければならなかった。

一八四〇年八月一日までには、エリザベスはチャニングに書き送ったように、「商業界へのデビュー」を果たす準備ができていた。彼女はウェスト・ストリート十三番地にあるレンガ造りの家屋を借りた。それはボストンコモンから半ブロック離れた場所にあり、家族のための部屋とメアリーの教室が階上にあった。彼女は、英語、フランス語、ドイツ語、イタリア語、ギリシャ語、ラテン語の本のたくさんの在庫で正面の客間を満たし、五十セントのシェイクスピアの戯曲のポケット版から、六十五ドルの美しい装丁のスコットのウェイヴァリー小説の四十八巻セットまで、様々な価格の本を売ることにした。その近所は住宅街というよりは商業地区であった。通りの向こうでは厩舎がにぎやかに営業しており、「出版通り」として知られていたワシントン・ストリートは、ち

ボストンコモンから見たウェスト・ストリート

ょうど角を曲がった辺りにあった。しかし繁盛する商売を始めることが、エリザベスの意図であった。

十八歳のキャロライン・ヒーリーは、エリザベスが営業を始めた最初の週に思い切って店に入り、十六ドルの値がついていた『アラビアン・ナイト』の「すばらしい」挿絵のついた版がどうしても欲しくなり、「古典文学のすてきな英語版」を買うために、「自分の自由になるお金」を持ちたいと願ったことを書き残している。「それらを読みたいと私の眼がどれだけ願ったことか。それに、パリの最高の印刷と紙を使ったダンテやペトラルカ、アリオストを。」しかしエリザベスが選定した本は、手頃な価格のワーズワースやシェリー、コールリッジの本であり、ドイツ語版のジャン・ポール・リヒターやシラー、イタリア語のタッソーやマンゾーニ、フランス語のモンテーニュやラシーヌ、スタール夫人であり、シェイクスピアやミルトンの辞書、ホレス・マンの学校図書館の本、ピーボディ夫人によるスペンサーの『聖ジョージの伝説』の児童書、そしてソファイアの挿絵つきのホーソーンの『優しい少年』などであった。加えてエリザベスは、ほんの最近ニューヨークよりボストンをアメリカでの発着港に選んだキュナードの蒸気船航路を利用して、海外への本の個別注文も六週間のうちに発送できると約束した。

エリザベスはヨーロッパの本屋と自ら契約を結ぶために、フランスやドイツにいつかは旅行しようと考えていた。しかしまずは手始めに、資本金を貸し付けてもらうため、ニューヨークの代理人ジョン・ワイリーと契約を結んだ。[8] それは経済的リスクを取り除く取り決めだった。利益を得るようになるには数カ月はかかるとしても、メアリーの学校がその間ウェスト・ストリートの賃貸料を払い、メアリーは家から離れて下宿するための費用をこれで浮かせることができるだろう。ピーボディ医師が弟宛の手紙でこの計画を描写する際に述べたように、「すべての枝が一つ屋根の下に伸びるように」、残りの家族をボストンに連れてくることは、実際経済的な移住であった。いまや七十歳近くなったピーボディ医師は、前年に一冬続いた病のため、セイラムにいる少数のより若手の歯科医たちと患者を取り合うことがうまくできなくなっていた。「私の状況は、これまで何年も続いていた状態よりずっと困難なものとなっている」と医師は一八四〇年五月に弟宛に書き送った。「私は老人とみなされ始めているのだ。」しばらくの間、彼はチャーター・ストリートの家賃の支払いを、まずはメアリーのセイラムの学校に、次にエリザベスに頼った。ボストンでなら、姉妹二人が払うのは一カ所の賃貸料だけでよく、彼も店の経営を手伝うことができるだろう。それはちょうど自分自身の文学的企画を抱えていたピーボディ夫人もまた同様であった。夫人はドイツ語を自学自習し、子どものための物語の翻訳を手掛けていた。

エリザベスが気にしていたのは、その事業に対する資金調達についてではなかった。彼女は一週間で簿記を学び、ワイリーとの取り決めも安全なものに見えた。しかし本を売ることは、女性にとって適切な職業なのだろうか？　ボストンには他に女性の本屋はいなかったし、彼女が知る限り、ニューイングランドの外には誰もいなかった。エリザベスがのちに書いたように、実際外国の書籍を専門とする本屋を営むことは、「当時誰も試みたことのないこと」であった。彼女は自分の心配をチャニング牧師に打ち明け、牧師は彼女に、自分の見解では「あなたの性別に合わないものはその仕事には何もない」と慎重に請け負った。チャニングはエリザベスの本屋が「あなたの性別にとって有利な手段」にさえなるかもしれないと述べ、「女性たちは文学的社交場を必要とし、そのような会合場所で生み出される文学的交流からは良いものが生じるかもしれない」と期待した。しかし彼は、「このような礼儀作法の時代に、困難」が生じないと絶対的な確信を持つことはできなかった。マーガレット・フラーの談話会については、「誤解やひどい噂」があった。もしエリザベスの本屋が、「自分たちは何をするために生まれたのか」とすでに自問していた女性たちの集会場所になるのだとしたら、エリザベスとその本屋は何を言われることだろう？　エリザベスの店の客は、女性に限られることはないだろう。彼女は、エマソンやパーカー、リプリーら超絶主義者たちが、フラーとその取り巻きたちと同じくらい、あるいはそれ以上に、彼女の本屋を訪れてくれるだろうと期待した。

しかしエリザベスの疑問は、師によって認められ、念頭から追い払うために持ち上がった、形式的なものにすぎなかったのかもしれない。結局のところエリザベスは、自分の商売の企画が超絶主義の仲間内の男女双方に、「淑女らしい」と思われるかぎり――実際彼らはそう思ったのだが――計画を進めようと決意していた。それでもチャニングが十九世紀中葉を「礼儀作法の時代」と呼んだのは正しかった。より正確には、それは礼儀作法を競い合う時代であった。エリザベスはすでに、挑戦者たちと運命を共にする覚悟ができていることを示してきた。街中がオルコットを避けていたとき、彼女は彼を支援するために衝動的に動いた。またセイラムのユニテリアン教会が救世主的詩人ジョーンズ・ヴェリーを狂人として収容所送りにしたがっていた際に、彼に対して実家の門戸を開いたときにも、あるいはエマソンが自分の出身学部であったハーヴァード大学神学部の当局から追い払われて、無神論者の烙印を押された際に、エマソンのために擁護の論文を書いたときも、同じく衝動的にエリザベスは動いたのだった。ウェスト・ストリートの本屋を開業することは、エリザベスをその運動の中心に据えることとなり、彼女はそれを歓迎した。実際、超絶主義者たちが必要としているのはただ、彼らの過激な指針を始めるためのボストンにおける集会所なのだと予見していたのかもしれない。

一八四〇年の八月、エリザベスが「探究者たち」と呼んだ若い反逆的な牧師たちの行進が、彼女の本屋の扉をくぐった。そこにはウィリアム・エラリー・チャニング牧師の甥であるウィリアム・ヘンリー・チャニングの姿があった。彼は配属されたシンシナティの図書館のために、図書を購入する任務を受けて町にいた。彼はエリザベスの店で予算を全部使い切り、それは彼女が最初の月に売り上げた百ドル分の価値のあるかなりの量の書籍であった。超絶主義クラブ内の異端牧師たちの創設者の一人、ヘンリー・ヘッジは、「活動への知的渇望」を抱き、その冬ボストンで行う予定だったシリーズものの講演に対する構想を抱えて、「本当に現実的な教会闘士」を組織する可能性について論じるため、メインからやってきた。セオドア・パーカーもまた現れ、「熱意に燃えて……雄弁で、明らかに印象的であった」。パーカーは最近ボストンの郊外にあるウェスト・ロクスベリーで小さな教区の牧師に任命されていた。エリザベスはチャニング牧師に宛てて、その商売の最初の一カ月の大きな出来事を説明する「新聞風」の手紙を書き、そのなかで「私は大きく活動する彼が見たいのです」と述べた。ジェイムズ・ウォーカー牧師は、前の世代のカリスマ的ユニテリアン派牧師であり、今ではハーヴァード大学で教えていたが、エリザベスの貸本屋に立ち寄り、その会員権も購入した。ウォーカーは不穏な知らせをもたらした。それは、ある裕福なボストン市民が、ハーヴァード大学の「解毒剤」としての神学部の立場を後押しするため、いまだに保守派アンドリューズ・ノートンが強い勢力を持っているこのハーヴァード大学神学部に、多大な寄付を行ったというものであった。ウォーカー自身も含めた教授たちは、「無神論を教えている」と噂されていた。ウォーカーは、十年後には学長となるのだが、「共同体がどんなパニック状態にあるかを見るのは「哀れだ」と言った。「保守陣営」と考えを話し合っても無駄だと彼はいきり立っていた。なぜなら「それほど武装した人々に思想を喚起することはできない」からである。

しかし超絶主義者たちは、すでにより多くの思想を論争に送り出していた。エリザベスの本屋は『ダイアル』誌の創刊号を置いていた。それには、エマソンがこの超絶主義者の新しい雑誌を、「哀悼者と論客の喧騒のなかに響く一つの明るく理性的な声」と描写した巻頭記事が載せられていた。エマソンはフラーが元々予定していた巻頭文を、あまりに弁解的だと称し、彼女には「傷つく前に泣かないように」と助言して、その序文をすべてカットした。しかし、自分自身が優雅に詠じた論争的な抗議の詩、「問題」を掲載するのは適当だとみなしていた。それはきっぱりと、彼の説教壇の否定をくり返し述べるものであった。

私は教会が好きだし、修道士も好きだ
私は魂の預言者も愛している……
でも信仰によって何を見ることができるとしても
私は修道服を着た聖職者になる気はない

九月、チャニング牧師もまた、夏を過ごしたニューポートから戻ってくるとエリザベスの貸本屋の会員権を購入し、毎朝その図書室で外国の雑誌を読んで過ごすようになった。エリザベスはそれら雑誌購読料に五百ドルの融資のうち百五十ドルを投資していた。自分の常連客達がどれだけ時勢に明るいことを大切にしているか知っていたからである。チャニングは今では六十歳となっていたが、この小柄な男はもっと年を取って見えた。七月には、良心よりは健康上の理由で、牧師職を引退していた。とはいえこの歯に衣着せない牧師は、教区の金持ちの「保守陣営」としばしば論争していた。彼らはここ数年ボストンで起こった反奴隷解放論者の暴力を大目に見ただけでなく、そのうちの何人かは、通りで会っても、彼に話しかけることすら拒否したのだった。しかしチャニングは静かな隠遁生活に入る気はなかった。彼はその夏の初旬エリザベスに宛てて、彼女が本屋になることを条件付きで支援するだけでなく――「もし［女性が］何でも売って構わないのなら、本を売っていけないわけはなかろう」――「さまざまな職が女性たちに開かれるのを見たい」とも願った。いまや彼はエリザベスに別のものも渡していた。もし彼女が彼の出版者として活動するなら、自分が書いている反奴隷制の小冊子の収益も提供しようと申し出たのである。

十二月までにエリザベスは、『奴隷解放』を千部目にしていた。それは百十一ページの本で、タイトルページには師の名前の下に、「ボストン、一八四〇年、ウェスト・ストリート十三番地、E・P・ピーボディによる出版」と嬉しい文句が記されて、印刷済みであった。彼女に対するチャニングの信頼に力を得て、エリザベスはそのときまでにはナサニエル・ホーソーンもまた説得して、彼の児童向け歴史物語の最初の本、『おじいさんの椅子』を出版させてもらうことにしていた。この本もまた十二月に登場した。他にも、『むかしの名高い人たち』と『自由の木』という二冊のホーソーンの本が、一八四一年にエリザベスが自分の名のもとに出版することを選んだ他の六冊の本とともに、後に続くことになる。新参の出版者にとって、これ以上に多様な最初の出版リストはなかったであろう。若者の懐古的な愛国心を喚起するため、西インド諸島における最近の奴隷制廃止を讃えるチャニングの小冊子が、ピューリタン時代のニューイングランドを優美に描いたホーソーンの物語と同じ本棚に並べられていた。エリザベスは国家のもっとも偉大な才能をもつ二人の人間を、自分の小さな作家小屋に集めていたのだった。

しかしながら一八四〇年九月におけるエリザベスの真の成功は、超絶主義クラブの最後の集まりとなった会合を、ウェスト・ストリート十三番地に誘致したことであった。三年前、エリザベスは女性が招待された最初の会合を、マーガレット・フラーのために見送ったことがあった。今エリザベスは、超絶主義クラブの会合を主催する最初の女性になった。クラブの会員たちが基本的な質問、すなわち、教会を改革できるかという疑問に対して、両極の立場を取るようになると、激情が高まった。ジョージ・リプリーは、教会は「その土台からして悪徳である」と論じ、問題をはっきりさせた。どんな教会も、彼が思い描いた社会の過激な改革を、つまりは、日常の労働から信仰の形式まで、あらゆるものを健全に変容させることを、もたらすことはできない。ユートピア的な「共同体主義者たち」の著作を研究していたリプリーは、共同農場を購入運営して、メンバーたちと労働と利益を平等に分け合うために、同志を集めて

「新しい組織」を作ることを支持する論を張った。彼の考えは、無からやり直し、小規模の理想的社会を創って、他の世界中の人々が模倣できるようにするというものであった。ヘンリー・ヘッジはまったく別の見解を取った。「人道の教会はもっと成長しないといけない」というリプリーの意見の正しさを認めつつも、「理想を養い」、音楽や芸術、建築の分野で、「想像力に真の教養」を与えることに成功したのだと、教会を擁護した。それでもヘッジは、そのような成長は「同じ幹から生えた別の枝として」なされるべきで、その教会の聖職者自らによって内部から破壊された教会の「廃墟の上に」行われてはいけないと考えた。エリザベスは、社会は善意の協力に向けて「まだ教育されなければ」ならないとヘッジが認めた際、自分の「社会的原則」の理論を彼が取り上げるのを聞いて、喜んだに違いない。

　ウィリアム・ヘンリー・チャニングは、制度の問題すべてを無関係のものとして脇に押しやり、個人的な関係、「人と神の結合」こそが「真の教会」であると主張した。マーガレット・フラーは、「真の人間」としてのイエス・キリストについて語った。セオドア・パーカーの「オルガンのような声」は、タイミングを計りながら、議論を和らげようとすべての見解を支援する際に響き渡った。しかしウォルドー・エマソンは、リプリーから共同体主義計画を支援するよう圧力をかけられているように感じて、参加せずに家に留まっていた。実際エマソンの欠席の決意は、その理由――集団行動の強要に対してグループ内で広まる意見の相違――とともに、クラブの会合の終わりに繋がったのかもしれない。前週のパーカー家での会合で、彼はその問題について自ら曖昧な評決を下していた。エマソンはどちらの側にも与するつもりはなかったが、「神聖な魂」が「自身の声」を見つけることを断念することが「無神論の本質」だと断言した。彼は受動的な楽観主義を好んだ。私たちは「やがて死ぬものはそのままに」しなければならないし、「自分自身生きて信頼し」続けなければならない。[9]

　意見が一致することはないだろうし、超絶主義クラブはこれ以上続けられないだろう。エリザベスが手にした至上命令、「自分自身であること、そしてそのように行動すること」を、いまや超絶主義者たち全員が感じていた。自らの「新しいエデン」計画を立てるため、ブロンソン・オルコットは家族とともに労働階級的コンコードの小さな家に逃亡し、ワーズワースの湖水地方の家にちなんで「ダヴ・コテージ」と名付けた。このエデン計画は結局、エリザベスが二十年前に最初の学校を教えたランカスター近くの西の丘に、フルートランズ《果実の地》共同体として実現することとなる。エマソンは自らが住むコンコード近隣で、はるかに緩やかに組織された共同体を築いていた。いまや家には二人の子どもがおり、彼もリディアンも常に面倒を見るのに疲れていた。エマソンは自分の気に入った仲間に、近所に家を借りたり購入したり、あるいは建てたりしないかとしきりに勧め始めていた。夫妻はともに、若く風変わりな詩人兼測量士兼ナチュラリストであり、すでにコンコードの住人となっていたヘンリー・デイヴィッド・ソローとの友情を育んでいた。四年前、エマソンは超絶主義クラブがすぐに終わってしまうことを予言していた。なぜなら「人は一人でいるとき以外に――仲間といるときにはけっして――その才能から啓示を受けることはない」からである。会話のなかで自分の思想を実地に試してみることを好む人間としては、それは奇妙な主張であった。実際のところ、超絶主義クラブは成功し、それに伴いエマソンも成功した。しかしおそらく、より若い牧師たちが行動する用意ができた今、エマソンは異なる仲間、彼自身が選び監督できる仲間と孤独とを、ともに必要としていたのだった。

ボストンやその周辺に留まった人々はたくさんいたが、彼らにとってエリザベス・ピーボディの本屋は、いまや集会所かつ郵便用住所であり、クラブそのものが解散した今でも、増え続ける改革者グループに開かれたクラブハウスであった。エリザベスはのちに思い出すことになるのだが、本屋を開くことで、「今までなかったほど世界と触れ合うようになった」。一八四〇年代は、エリザベスとその仲間たちにとっては、「とても活気のある年月」であった。超絶主義クラブの解散に続く半年の間に、ボストンに二つの新しい教会のうちの一つ、使徒教会が、サラ・クラークの兄ジェイムズと、ユニテリアン派の反対者たちの一団によって組織され、設立された。彼らはみな、ウェスト・ストリートの常連者たちで、内部からの教会改革を信じ続けていた。同じ頃、セオドア・パーカーは、聖書の原理主義的解釈を論駁するすばらしい説教のなかで、ついに心のうちを語ることとなる。その説教は、ボストンの正統派の牧師たちや、もっともリベラルなユニテリアン派ですら非常に怒らせたので、結局パーカーは教会から追放されることとなった。彼は日曜日の朝、最初はボストンのメロディオン劇場に、次により広い音楽堂に落ち着き、そこには世紀半ばまでに何千人もの人々が、宗教や政治、あるいはエリザベスが名付けたこの「雷鳴の息子」を鼓舞した他のどんな主題であっても、彼が行うその感動的な説教を聴こうと毎週やってきた。パーカーはエリザベスが予見した「大きな領域」を手にすることとなる。

ジョージ・リプリーもまた、ウェスト・ストリートの店を活動拠点として使っていた。ベッドフォード・プレイスの自身の小さな客間で「共同体の考え」を話し合うには「多すぎる一団」が集まることになったときには、計画の話し合いを続けるために、全員を近所のエリザベスの本屋に連れて行った。リプリーは「メンドン共同体主義者たち」と同様に、「奴隷制廃止論者や無抵抗主義協会」からも雑多なメンバーを集めていた。エリザベスはのちに、「私たちの文明の夜に騒がしく鳴くフクロウやコウモリたちすべてを集めた、とても個性に富んだ集団」が、「新しいプロテスタント主義の霊感を得た預言者たちとともに」そこにいたと書いた。リプリーの「新しい組織」――ブルック・ファーム協会――は、そのなかでももっとも野心的で、もっとも非実際的な実験だと判明する。そしてそれは、ソファイア・ピーボディとナサニエル・ホーソーンを、なんとか結婚の日取りを決める寸前にまで至らせることとなる。

第29章　リプリー氏のユートピア

ボストンへ引っ越すことで、ホレス・マンとの関係がもっと良くなるのではないかと考えたメアリーは正しかった。マンは日記にメアリーのことは一度も書かなかったが、一八三九年には、妻シャーロットが亡くなって以降のどの年よりも、亡妻についての記述をしなかった。メアリーがボストンに住むようになって約四カ月が経った四月には、マンの凍った感情が溶け始める最初の兆候が見られた。「内なる生活が欲しい」とようやく彼は自分自身に認めた。「私には、共感したり、されたりするような心の友がいないのだ。」シャーロットの七周忌の夏、それについての彼の日記の記述は、形式的なものだった。数日後にマンは、「これまでよりも鋭い苦痛を感じることが少なくなった」と記し、そのせいで自分をひどく責めた。九月の結婚記念日には、彼は何のコメントも残さなかった。

マンは自分がただ仕事に――マサチューセッツ公立学校の改革に――一層没頭していることを意識していた。彼は「内なる生活」の必要を認めた同じ日の日記に、「私の全生活は今では、多くの人々の改善のために何かを成し遂げようと、継続的に努力することにのみ費やされている」と日記に書いた。マサチューセッツは、どの町にも学校教師を保証した最初の州――実のところ最初の植民地――であったが、「普通校」として知られていたそのような学校では、首尾一貫したカリキュラムが提供されず、きちんと訓練された教員もいなかった。マンは学校を回って視察し、州の教育委員会の事務官として制定しようと活動していた改革への支援を獲得するために、州全土を回る視察旅行がびっしり詰まったスケジュールをこなしていた。そのような改革の一つが、教師養成のための普通校と、学習基準を高めることが期待できるテキストを集めた公立学校図書館の設立であった。

夏の後半に、バークシャー地方で少人数の物わかりの悪い聴衆相手に講演をして数日過ごした後、マンは「仕事と心配事がたまっていく」と書いた。彼はほとんど眠らず、食べる量も少なくなり、しょっちゅう病気にかかっていた。しかし教育改革という大義のために殉教者の役を務めることは、それがシャーロットへの切望の代わりとなり始めるとともに、彼にとって楽しむべきものとなったようだ。「私は大義のために死ぬかもしれない」と彼は八月の日記に書いた。この月はシャーロットの死んだ月にあたり、マンはいつも苦しみに打ちのめされていた。「しかし私はそれを捨て去ることはないし、努力がより必要とされるのなら、そのような努力を一層行うだけだ。」数週間後、マンはシャーロットではなく、大義を哀悼していた。教育という「あらゆる関心事のなかでも最大のもの」が「もっとも注意を向けられない」のだと書いた。再びマンは、「自分は努力しながら死ぬだろう」と推測したが、「そのための敗北は、他のどんな勝利よりも勝るのだ」と考えた。

「より高い責務を伴う地位が差し出されたときに、私はひるんでしまうのではないか。」マンはその秋ずっと旅を続けながら、自分自身を励ましていたが、その年末に、ミズーリ州にできた新しい大学の学長にならないかという申し出がきた。それは年収三千ドルで、「すばらしい家や庭など」もついた職であったが、マンはそれを断った。「ミシシッピー流域の大きな富を求めてそこに行くよりは、私はむしろここに留まり、ただパンだけのために働くほうがいい」と一八三九年のクリスマスに彼は書いた。「ああ、この点で成功しますように。私は自分の労働に対してこれ以外の報酬を要求しない。これが野心に対する私の唯一の目標なのだ。もしこれが失われたら、どんな結びつきが私を地上に縛るというのだろうか。」マンを地上に――ボストンに――縛る結びつきの一つが、メアリーだった。十一月後半に、メアリー自身が病気にかかり、また弟ジョージの死を悼むために一時的に町を離れたとき、マンは心配してエリザベスに宛てて次のように書き送った。「メアリーから便りがありません。……彼女がどうしているのかを知る権利を喪失してしまうようなことを、私はしてしまったのでしょうか。そうだとしても、どうか教えてください。そして別の方法で私を罰してください。」その手紙が届いてほとんどすぐ、メアリーはボストンへと戻った。

一八四〇年一月、新しく物わかりの悪い州知事とその取り巻きの一団――マンの見解では「偏狭な野蛮人たち」――が州議会に登場し、州の教育委員会予算を削り、マンの職を完全になくしてしまうと脅した。マンは前年の仕事の大変さや「体調不良や聖なる大義に対する反対」で苦しんだことなどを思い起こした。それは「あの年を除けば、私がかつて味わったもっとも苦痛に満ちた年」であった。「家庭もなく、無益で、友人もない――まさに自殺へと至る要因が、圧倒されそうな強さで私を押し潰してしまう」と彼は書いた。しかし少なくともマンは、これら暗い感情を、新しく生きた「大義」と結び付けていた。三月には、自分の職を確保するよう州議会を説得して、改革を保証しようとする自分の努力が成功するかどうか決まるのを心配げに待ちながら、ひそかに婚約したソファイアとナサニエル・ホーソーンがしていたように、メアリーに手紙で親しげな「君」という言葉で呼びかけ、彼女を訪問するための時間を割いた。「もし君が望むなら、私は喜んで訪問し……健康状態を尋ねましょう。」

それは気軽な――率直な関心と気遣いの――社交的訪問であったが、マンはエリザベスが街にいたときには、けっして彼女にそのようなことをしなかった。圧倒的な悲しみに打ちひしがれていた最初の数年は、エリザベスの強烈さは歓迎できる気晴らしであり、エリザベスがマンに魅了されたことはありがたく、また彼が物理的な慰めを必要とするときに、彼女が礼儀正しさの限度をすすんで越えようとしてくれたのは、天の賜物でもあった。彼らはお互い――マンが今メアリーに会う以上に――頻繁に会っていた。しかしそれは人生の一時期のことであり、マンはもう忘れようとしていた。いまや適切な社交的訪問の儀式そのものが慰めであり、エマソンが愛についての講演で提案したように、「愛情の対象は変わる」ものであって、何か「より美しいもの」が引き継ぎ、取って替わるのである。そして実際メアリーは、姉妹たちのなかでいちばんの美人であった。

三月末に州議事堂での闘争で勝利したマンは、新しい友人であるスコットランド人の骨相学者ジョージ・クームとともに、首都や西部諸州へ教育視察を行うため、ほぼ二カ月もの間ボストンを離れた。マンはワシントンＤＣと――彼のワシントンへの到着は、政治家と「奴隷制に汚染された土地に足を踏み入れた最初の日」であった――そこの政治家たちにぞっとした。「これらの人々が、党派の利害を忘れ、人類の幸福に注意を向けたなら、どれだけの善を行うことだろう。」しかしマンは鉄道や河川や運河、それにペンシルヴァニア州を通ってオハイオ州へ入る「マカダム工法によって舗装された」道路まで使って旅した西部には仰天した。「どんな想像力もその広大さを実感させることはできない。」マンはボストンに戻るまでに、自身おおらかな気分となり、メアリーに会いたいとしきりに願った。「昨晩はほんの数分でもあなたを見ることで、自分の目にご褒美を与えるつもりだったのです」とマンは一八四〇年六月初旬、メアリーに書き送った。しかしメアリーは家にいなかった。そこでマンは「夕食抜きで心を寝かせなくてはなりませんでした」。その代わりにメアリーに、「あなたの心を文字で書き起こして、それを私に送ってください。代わりに私も同じことをあなたにしますから」と頼んだ。

エリザベスは、二人の妹たちが「三人のもっとも偉大なる実際的な力」の持ち主のうちの二人と築きつつあるこの新しい同盟から、除け者にされないような手段を講じていたのだろうか？　彼女もかつては、ウェスト・ストリートの家を借りたり、家族全員をボストンに移住させたりすることで、彼らと「直接的関係」を持っていた。ナサニエル・ホーソーンは、ソファイアがボストンに継続的に住むことを楽しみにしていた。一八四〇年六月後半、ピーボディ家がウェスト・ストリートという、自分のビーコンヒルにあるアパートからボストンコモンを隔てた場所に一カ月以内に引っ越してくると知って、ホーソーンは「僕の心は力強く脈打っています」とソファイアに宛てて書き送った。「これから僕たちの間に長い距離がないと考えるのは、なんという喜びでしょう。」しかし彼は続けて、その変化はまた「僕をあまりに驚かせたので、この件について何を言ったらいいかわからない」と述べた。確かに、婚約が秘密であり続ける限り、彼が一時期付き合って、その後冷たい仕打ちをしてしまったエリザベスと、ソファイアの両親がボストンにいるというのは、ソファイアの前回までの訪問で二人が楽しんできた自由に水を差すものだったに違いない。それにホーソーンは、適当な生計手段が見つかるまでは、そのままの状態にしたかったのである。

セオドア・パーカーの言葉によれば、「あなたの周囲の選ばれた人たち」は、「コウモリやフクロウ」よりも、パーカーやリプリーやクラークのような「預言者」に傾いていた。[1] しかしホレス・マンとナサニエル・ホーソーンはどちらも、超絶主義クラブの水曜夜の会合に代わるものとして、エリザベスが一八四〇年初頭にウェスト・ストリートで始めた水曜日夕方の自宅開放に出席することに、熱心なようには見えなかった。どちらの男性も、本能的に超絶主義思想家たちを信頼しなかった。マンは、時々「あなたの偶像たちを鼻であしらう」機会に「意地の悪い」喜びを抱いていた、とエリザベスに書き送ったことがあった。そして彼女が、「エマソンと知り合うまで、私を放浪者であり、精神的な意味で家も家庭もないと考えているように思えて」いらだった。ホーソーンはボストンに越してきてからは、エマソンの講演を聞こうという誘いは断固として断った——「存在するすべてのものを常に否定し、自分でも何かわからないものを求め続ける人間」とホーソーンはこの反抗的哲学者を描写した。しかしエリザベスの妹たちに対する二人の男性の感情が強まるに連れて、彼らとエリザベスとの関係がますます緊迫したものになっていたということが、より根本にあった。そしてどちらの男性も、お互いがそれほど好きではなかった。実際エリザベスは、そのような多様な信条を持つ「預言者たち」も含めて、知人の集まりを維持することができるボストンで唯一の女性だったのかもしれない。なぜならエマソンや超絶主義者たちへの反感があったとしても、マンとホーソーンもまた、それぞれの分野で新しい時代の先駆者だったからである。紫色の目が時々きらりと光る厳格で白髪混じりのホレス・マンと、バイロン風の美貌をもった慎重なナサニエル・ホーソーン以上に、異なる二人の求婚者は想像もできないだろう。マンは日々の多くを町の集会所や議会の会議所で演説を行って過ごしていた。ホーソーンはほとんどどんな公共の集まりも怖れ続けていた。一八三九年十二月、ホーソーンはソファイアに宛てて、火急の要件のせいでジョージ・バンクロフト家の夕食に行き損なってほっとしたと書き送った。その夕食にはマーガレット・フラーも招かれていた。将来、ソファイアが彼の妻となり、そのようなパーティに一緒に出席してくれるなら、「文学的ライオンや雌ライオンに遭う誘いを受けるのが怖くなくなる」だろう。彼はより社交的なソファイアを「戦場の前線」に置けばよいのだ。友人たちはホーソーンに、民主党への支持を表明するために、「党集会演説」を行うようにとも迫った。この党のお陰で彼は仕事につけたからである。しかし「党集会で演説をぶつなんて考えはすっかり捨てている」と彼はソファイアに書き送った。「たとえ君自身が僕にそう懇願したとしても、僕はそんなことはしないだろう。」

マンは既にエリザベスに対し、ホーソーンの物語を気に入らないと告げていた。自分の好みの本は「責務や仕事をより理解させてくれる」ものであり、「婚礼の弔鐘」のような暗い物語はまったく理解できなかった。「なぜそうなのか、そしてその狙いは何なのだろう?」文学そのものに関する限り、マンはその仕事全体を卑小なものと考えていた。かつて友人サミュエル・グリドリー・ハウに宛てて書き送ったように、「私は『ハムレット』を書くよりは、盲人用施設を建てるほうがいい。」ホーソーンとマンは、超絶主義者たちと政治家たちに対する嫌悪という点でのみ一致していた。マンは自分の大義を脅かす裏表のある議員たちを軽蔑しており、ホーソーンは、自身の職やソファイアとの将来の希望がかかっている猟官制を嫌い、怖れてもいた。「僕は政治家と何の関係も持ちたくない。彼らは人間じゃない」とホーソーンはソファイアに宛てて一八四〇年三月半ばに書いた。それはマンが、モートン州知事の仲間たちからの「非道な攻撃」について日記に書き込んだのと同じ日であった。

　ボストンの職を得たほとんどその直後に、ホーソーンは「議会がある規制を通過させるのを省いた」結果、税関での仕事で期待していた収入の二倍——三千ドルにもなる額で、西部での大学学長職でマンが提示されたのと同じ大金——を実質的に得られるかもしれないと信じ込んだ。一八四〇年の春までにはソファイアに、もう一年も経てば結婚式の計画が立てられるくらいお金が貯まっているかもしれないとほのめかし始めた。しかし「もはや自分自身の時間や行動を自由に駆使できないという感覚に縛られた」ホーソーンは、書くこともできないとわかった。そして『デモクラティック・レビュー』誌の編集者ジョン・オサリヴァンに対し、自分は「もはや文学者ではない」と断じた。ホーソーンのソファイアとの文通は長さも重要性も増していった。それは一部には、書くという行為によって、また彼の才能を信じるソファイアの保証を受けることで、自らの仕事の「嘆かわしい隷属状態」に対して文学的抱負を支える手段であった。そして、「このみじめな税関から抜け出す」手段を切望し続けた。その後政治家たちによって、彼が望もうと望むまいとそのジレンマは解決した。一八四〇年十一月、ホーソーンは民主党大統領マーティン・ヴァン・ビューレンが次の選挙で負けるだろうとわかった。彼は次のホイッグ党に馘になるよりはと即座に仕事を辞め、自分の将来展望を考えようとセイラムに引っこんだ。「長い別離」の時代を終わらせるはずだった、ソファイアのボストンへの引越しから、まだ半年も経っていなかった。

　一八三九年の大晦日、彼らの婚約一周年が終わろうとしていた頃、ソファイアはホーソーンに宛てて、「私たちにとって、今年はなんという年だったのかしら」と書き送っていた。「私たちの誕生の年でしたね。古い大地は私たちから去ってしまっていないでしょうか。すべてが新しくなったのではないでしょうか。」[2] 彼女はその朝冷気のなかを、セイラムからダンヴァースまで歩き、「一日の輝きに満ちて」戻ってきた。それは、彼女がホーソーンに会う以前の冬には考えられない散歩であった。その年はまた、特別多作な年だった。春に始まり、秋には完成したジョージのバス・レリーフの半面像以外に、母親が語り直したスペンサーの『聖ジョージの伝説』の挿絵を描くように「要求する」「悪霊」に取り付かれたソファイアは、真夏にその仕事に取りかかっていた。騎士やウーナや馬がすべて「心のなかから飛び出してきたのよ」とソファイアはエリザベスに書いた。「どれだけ楽に私が描いているか、お姉さんには想像もできないわ。私は今では、何でもできるし、するかもしれないという気分なの。」ほぼ二年間の中断の後、ソファイアは再び油絵を描く覚悟ができたと宣言し、二枚のコモ湖の絵を書き始めたが、それは年末に完成することとなる。その発言から、自身の望む意味を何でも受け取ってしまいそうなエリザベスに対して、ソファイアは理由も提供した。「今では私は、愛されるということがどんなものか、本当に意識させられているの。」

ソファイアはナサニエル・ホーソーンのなかに、自分が望むやり方で愛情を返してくれて、情熱によってお互いの仕事とお互い自身が清められるような、創造的なパートナー同士の結婚という、自分の未来像を共有してくれる「芸術家であり詩人でもある」心の友を見つけた。その後同じ夏の間に、ホーソーンはソファイアに宛てて、「どこかで小さな家」を一緒に借りたいという強い願望を書き送った。「そうしたらどれだけ僕は幸せになれるだろう……君の腕で毎夜休めるのであれば。君は絵を描き、彫刻し、それに音楽を作ったり詩を書いたりすべきだ。そして君の夫が賞讃したり批評したりするだろう。君の精神が浸透した僕は、美しい文章を描き、君のために有名になるよ。」ソファイアの賞讃と批評もまた必要とされるだろう。「僕はいつも原稿を君に読み上げるだろう。夏の日の午後も、冬の日の夜も。そしてもしそれが君を喜ばせたら、褒美に笑顔とキスを期待するに違いない。もし君が気に入らなくても、慰めに笑顔とキスが必要だ。」十一月後半、ジョージが亡くなり、ソファイアが嘆いていたとき、ホーソーンは彼女に、「僕の妻……が試練を無事乗り越えるように」と願いながら、「弟のことを考えすぎないように」、そして戸外での散歩や遠乗りや、「君のいつもの仕事――彫刻や絵画――をできるだけ早く全部始めるように」と勧めた。ソファイアは風景画の作業に戻った。そしてその年の後半、ソファイアがホーソーンにそれを記念日の贈り物として送るつもりだと言うと、彼は動転した。「この世の財産の一つ」として「とても欲しいと思う」が、「僕は生まれて一度も絵を所有したことはないんだ」とナサニエルはソファイアに書き送った。彼女の風景画は、ギリシャの黄金時代でもっとも名高い画家「アペリーズ以来のあらゆる画家たちが描いたどんな作品よりも」、彼にとって「比較にできないほど貴重なもの」となるだろう。再び彼は二人一緒の生活を思い描こうとした。「愛する人よ、僕たちが自分たちの家で一緒に生きる」とき、そのとき「僕たちは絵を一緒に描こう」。

一八四〇年一月、ソファイアの絵画がボストンのホーソーンのもとに届くまでに、彼は弁護士兼編集者であったジョージ・ヒラードとその妻スーザンから、ビーコンヒルのピンクニー・ストリート五十四番地の新しい部屋を借りて、そこに住んでいた。ヒラード家は、古くからのピーボディ家の友人で、彼が引越しを最初に考えたときにソファイアに書いたように、たとえホーソーンが「彼自身の家で彼自身の妻」に会う手配を整えても、きっと見逃してくれるはずだった。しかし彼は、ソファイアが「夫を訪問することを礼儀作法に反する罪だと思う」だろうかと自分に尋ねた。否、とホーソーンは自らの質問に答え、同時にソファイアに、彼の続き部屋に二人きりでいても、何の都合の悪いことも起こらないだろうと保証した。「君のあふれるような率直さは、君の純粋さや無垢、聖性がもたらしたすばらしい結果の一つだ。」ホーソーンはいまやその手紙のほとんどを、最後に「僕の心の真ん中に落ち着いて、そこで自身の夫と安らかに眠る」ソファイアの姿を思い描いて締めくくった。しかし、二人きりの多くの貴重な瞬間を過ごす方法を、ときに「夫婦の抱擁」と呼んでいたとしても、それはまだ、田園での散歩の途中や、親しい友人たちの客間や女性用私室で、また今では若干慎重さを解いて、他者の同伴のないホーソーン自身の部屋で、ひそかに行うキスや抱擁に限られていた。

ソファイア・ピーボディは三十歳で、ナサニエル・ホーソーンは三十五歳だった。どちらも独身生活にあまりに慣れきっていたので、当初はどちらも長い婚約期間にそれほど神経質にはならなかった。ホーソーンの考えでは、彼はソファイアが「自分自身の孤独と同じくらい深い孤独の影のなかにいる」のを見出したのだった。二人は比較的年齢を重ねていたが、どちらもお互いの家族のなかで甘やかされた子どもの役を演じ、自分たちの風変わりさに対して大目に見てもらうことに慣れていた。このカップルにとって、親になることに繋がる道へ向かうことは簡単なことではないだろう。しかしそれは、完全な夫婦の抱擁のほとんど不可避の結果であった。二人は将来実際に結婚したときの、金銭的な面や精神的な面も合わせた条件を取り決めながら、手紙のやり取りが可能にする魂の結合——ホーソーンの言葉では「お互いのなかにいる」感覚であり、ソファイアの言葉では一つの「内面」を共有すること——にどちらも満足していた。

一緒に送る家庭生活に向けて、彼らが取った最初の一歩は、小さなものであった。ソファイアはホーソーンの新しい客間用のカーペットを選び、クリスマスにマッチ一束を送った。暖炉の火から彼の読書用のランプに火をつけるために使えるよう、彼女が手ずから捻ったものである。ホーソーンはソファイアに欲しい本のリストを送って欲しいと頼んだ。そうすれば「僕たちの新しい本棚を満たすための……現金と機会が一緒に手に入ったときにはいつでも」、「僕たち二人のために本を買える」と考えたのだった。彼が最初に購入したのは、ソファイアが前年に婚約の贈り物として彼にあげたワーズワースの本に加えようと買った、コールリッジの詩の三巻本であった。彼らは、物理的生活と同じくらい、あるいはそれよりももっと、精神や魂の生活が生き生きとしている恋人たちだった。二人は一緒に観念的生活を送ることでほとんど満足していたのである。

最初に彼らの婚前の「結婚」を言葉にしたのはホーソーンだった。一八三九年九月の手紙で彼は、ある大切な散歩の途中、「僕たちの魂が」「夕焼けの雲の間を遠く」さまようのを二人で眺めながら、「この世のものでないような美しさがあるところではどこでも、僕たちが――真の僕たち自身がいた。そして……そこで僕たちはお互いにふさわしく成長し、結婚した夫婦になった」のだと思い起こさせた。ソファイアがその四カ月後、一八四〇年一月にホーソーンに送った絵画は、この散歩と彼らの「結婚」を目に見えるかたちにしたものであった。ソファイアはイタリアにあるコモ湖の二つの場面を選んだ。それは、彼女が最初に絵画を学んでいた数カ月の間、借りてきたスケッチ画集で集中的に勉強した一八三〇年以来ずっと、彼女の「内なる画廊」の一部となっていた絵であった。その年彼女はこの重い本をボストン中の友人の客間に運びこみ、ゆっくりとそのページを捲りながら、その絵について、ウォルター・チャニング医師やフランシス・グリーンウッド牧師、それに師匠であるグレーターやダウティなどと議論した。友人の一人、リード夫人は、その美しさに「感動して涙ぐんだ」。ジョージ・ヒラードは森の風景に置かれたイタリアの邸宅の眺望にあまりにも魅了されたので、「その湖の周りに住んでいた人たちには才能があるに違いない」と断言し、ソファイアに衝動的に「ああ、そこに行って住もうじゃないか」と提案したほどであった。この時代、とてつもなく裕福なボストン人を除けば、ほとんどの人がイタリアへの訪問などできない時代であったが、「文壇階級」[3]の人々はほぼ全員、ド・スタール夫人の『コリンヌ』やサミュエル・ロジャースの『イタリア』で読んだことのある芸術や建築の宝物を見たいと望んでいた。ソファイアはこの秘蔵のスケッチ集を一冊買うことさえできなかった。その年彼女は鉛筆で白黒の風景を少なくとも一つは模写した。一八三三年のセイラムの盲人バザーで売った籠に細密画法でそれを描いたとき、ソファイアはすでに記憶に頼って作業し、色を加えていた。ホーソーンのために油絵でその絵を描いたとき、彼女はそれを自分自身のものにしたのだった。

新しく見いだした確かな目的をもって取り組んだソファイアは、「最高に」美しい二枚の風景画を創り出した。[4] 一枚は「ヴィラ・メナッジョ、ラーゴ・ディ・コモ【コモ湖】」、もう一枚は「イソラ・サン・ジョヴァンニ【サン・ジョヴァンニ島】」と題をつけた。そしてそのどちらにも自分自身とナサニエル・ホーソーンを小さな人物として前景に描きこんだ。遠くのごつごつした山と穏やかで反射する湖が、オールストンの風景画を模写することで学んだ崇高と牧歌との劇的な対比を生み出していた。ダウティから教わった羽のように軽いスタイルで描かれた高い木々が、構図の枠となっていた。すべてが金色の光に浸っていた。二人の人物は――黒い服を着たナサニエル・ホーソーンと白衣の彼の「小鳩さん」が、一枚の絵では腕を組んで散歩しており、もう一枚目の岸辺では抱き合っていたのだが――ソファイア自身の創案だった。おそらくこれは時代錯誤であったろう。というのもホーソーンが言葉で描いたように、「夕焼けの雲」の間に二人が住んでいたことがなかったのと同様、二人はイタリアにも行ったことがなかったからである。しかしその人物たちは、ナサニエルに対するソファイアのメッセージを伝えていた。二つの場面は、ソファイアが二人の未来に思い描いたものを、すべて一緒にしたものであった。それは「才能のある人々」が自然とともに調和して生きている場所であり、ソファイアが創造者でありミューズとして成功できる場所であった。

そのメッセージは伝わった。ホーソーンはその後ソファイアに対して、絵画が到着したとき、それが入っていた小包を開けると、この人物たちが震えたと伝えた。彼は彼女に即興のイタリア語で「ディアリッシマ【親愛なる人よ】」と呼びかけ、この二つの「完璧な」絵画ほど「この世で美しく貴重なものは何もなかった」と伝えた。彼はそれらをマントルピースの上に置き、「じっと、じっと、じっと眺めながら、心のなかにその複製を描き出すまで、手を握ってその前に長い間座っていた」。それは彼が絵のなかの「ソフィー・ホーソーン」にキスするのを防ぐためにできる、精一杯のことであった。彼はソファイアが「私のキスで消えてしまう」のを怖れて我慢したのだった。「自分の恋人をキスで消してしまったとわかったなら、それは気の毒な恋人にとって何たる不幸であろうか？」ホーソーンは最初、「ソフィーが一緒に立っている高潔な見かけの騎士」が自分自身だとは信じないふりをした。しかし「それは僕そのもののはずだ……僕の絵ではなく、僕そのものだ」、なぜなら「僕の内なる自己は君のものだから」と彼は認めた。「変わらないまま、僕たちがそこにいる」と、「もっとも祝福された、神の恵みたる」「妻」ソファイアに書いた。「年月も僕たちを変えることはできないし、お互いの関係も変えることはない。」彼はその絵をほかの誰にも見られないようクローゼットのなかに隠した。そしてようやくそれを壁に飾ったときも、自分が部屋を出るときに隠せるようカーテンを作った。彼らの愛情を人目に晒すのには早過ぎたからであった。

一八四一年の春は計画を——超絶主義者たちの改革と、すでに「結婚」していたホーソーン夫妻にとっての結婚式の計画を——詰める時期であった。ジェイムズ・フリーマン・クラークの新しい使徒教会は、いまやボストンで定期的に集会を行っており、セオドア・パーカーは五月の講演に向けて、キリストの奇跡についての異端的説教を準備していた。パーカーはエリザベスには、「世界を転覆させる手伝いをする」のを楽しみにしていると書き送った。クラークの姉のサラがその冬兄に宛てて、「新しい生活様式に対する欲求がどれだけ拡がっているかには驚かされるわ」と書き送ったとき、彼女はボストンから九マイル先にあるウェスト・ロクスベリーにあったブルック・ファームの二百「エーカーの起伏した土地」でくり広げられるジョージ・リプリーの事業について話していた。そこでは四月初旬、最初の希望に満ちた夢想家たちが、増築された古い一軒の農家に住み始めていた。

一八四一年一月、ナサニエル・ホーソーンが税関の職を去ったのち、大胆な理想家たちの一団に加わって、彼の言によれば「リプリー氏のユートピア」への持ち株を結局二株——一つはソファイアのため、もう一つは自分のために——それぞれ五百ドルで購入する気になったのは、このソファイアが描いた未来図が大きな一因だったのかもしれない。一時は、おそらくソファイアのためだろうが、ホーソーンは「神に祝福された正しい生き方に関わっている」と納得することができたが、明らかに彼の決定はその実験を始めた超絶主義者たちへの好意から出たものではなかった。実際、ホーソーンは税関での仕事が非常に退屈なものだと実感しており、たとえ「労働者」になることになっても、田舎に住むという機会はこのますます絶望的になっていた作家にとって、魅力的なものに思えたのであった。友人であり編集者であったジョン・オサリヴァンに対し、ホーソーンは「とてもいらだたしい重荷がかかっており」、仕事の状況のせいで「身動きもできず堕落したという耐えられない感覚」を感じ始めたと告白していた。彼は夏の「金色の毎日」を、「あちこちの薄汚い甲板」に閉塞されていることをとりわけ残念に思っていた。彼はソファイアに宛てて、セイラムにある実家の「孤独な部屋」に戻ると考える方がずっと嫌なのだと書き送った。それは、「君が射してくれる光がなければ、僕の人生がどれだけ暗いものであるか」をただ思い出させるからである。しかしちゃんとした収入がないまま無期限にピンクニー・ストリートのアパートを借り続けることはできなかった。『おじいさんの椅子』はエリザベスの版ではあまり売れなかったし、ボストンで夕刊を創刊し、ロングフェローと編集を共有するという企画も頓挫した。

ジョージ・リプリーの計画は、ナサニエル・ホーソーンのような立場にいるどんな人間をも誘惑できたかもしれない。民主的に運営された共同資本会社として設立されることになっていたブルック・ファームで、リプリーは「今存在するものよりずっと自然な知性と肉体労働の融合を保証し、同じ個人のなかにできるだけ深く思想家と労働者を結びつける」ことを目標とし、その結果、「自由で、知性的で、洗練された個人で成り立つ社会を準備し、そのような個人の相互の関係が、われわれの競争的な制度の圧力のもとで生きるよりも、ずっと健全で簡素な生活を可能にする」ことを望んでいた。規則もなく、宗教的戒律も必要とされないことになっていた。また一年のうち三百日農場で働く住民は、投資に対して五パーセントの固定金利を受け取ることができ、農場が設立されたらその敷地に自身の家を建てられることになっていた。この後者の点——ようやくソファイアと「どこかで小さな家」に住めるという予想——が、ブルック・ファームでは日々の労働が「骨折り仕事のない勤勉さ」で成り立つだろうというリプリーの約束とともに、ナサニエル・ホーソーンをもっとも惹きつけた点であった。リプリーの言うとおりだろうと信じ、戸外での仕事が元気を回復してくれると予想したホーソーンは、畑で必要な時間を費やした後、夕方には書き物ができると期待したのである。

ソファイアもまた財政的な心配をしていた。最初の「私たちの誕生の年」である一八三九年に、彼女は友人から、イギリスで作家トマス・カーライルと妻ジェイインが苦しんだひどい貧困について聞いていた。ソファイアは未来の夫の才能を信じていたが、それが市場で重視されることはほとんどないだろうとよくわかっていた。彼女は自分の不安をホーソーンには内緒にしていたが、彼女を仕事に戻らせた考えのなかには、そのことも含まれていたのかもしれない。一八四〇年前半、ホーソーンがソファイアのコモ湖の風景画に個人的に喜んでいたとき、彼女は粘土細工で二つ目の円形浮彫りの肖像に取りかかっていた。今回はウォルドー・エマソンの愛する弟チャールズのものであった。コンコードでの休暇とエマソンがイタリアで彼女のために手に入れた一組のスケッチ画の贈り物を受けとる以外、無償で彼女はその仕事を行った。しかしエマソン家が彼女の作品に熱狂しているという情報は広まった。エマソンはその作品が「著しく似ている」と判断し、ソファイアは一八三六年に彼の弟が亡くなる前にたった一度しか会ったことがなく、そのときの記憶と、誰も良いと思っていない影絵のみで作業しただけに、一層すばらしいと考えた。彼はソファイアの「才能」[5]を兄ウィリアムに宛てた手紙で自慢し、家族と、チャールズのいまだに嘆き悲しんでいる婚約者エリザベス・ホアのために、八枚の円形浮彫りの肖像を石膏で作らせた。ホーソーンもまた感心した。「君はお墓のなかに隠された顔を呼び起こした」と彼はソファイアに書き送った。「君自身が奇跡であり、奇跡を起こすんだ。」[6]その一年後の一八四一年六月、ソファイアはミルトンにいて、中国との貿易商ジョン・マレー・フォーブスの家族のために、三つ目の同じような作品を完成させていた。その夏の終わりに、彼女はサミュエル・グリドリー・ハウの盲人施設から、ハウの優秀な教え子である十二歳の盲目で聾唖者のローラ・ブリッジマンの胸像を彫刻する依頼を受けた。

五月後半、ソファイアはブルック・ファームで所帯を持つ見通しを自分自身で判断しようと、そこに滞在中のホーソーンを訪れた。それまで彼女はブルック・ファームでの生活をホーソーンからの手紙でのみしか知らなかった。もともと二人はせめて三月には結婚し、一緒に共同体に入ろうという希望を持っていた。しかしホーソーンが、ジョージ・リプリーの妻でさえ五月までボストンに滞在する計画であり、主に男性メンバーが農業のために畑の開墾を行うのだと知ったため、結婚は延期された。ホーソーンはソファイアに、「僕が先に行くのは、僕の小鳩さんのために家を用意して、ちょうどいい頃合いに彼女のために戻ってくるためだ」と考えるようにと指示した。

四月の吹雪のなか、ホーソーンはブルック・ファームに一人で到着した。しかし天気はすぐに良くなり、彼はソファイアに牛のミルクを絞る方法を学びながら過ごした最初の日々について、意気揚々と書き送った。さらにそれに続いて、ブルック・ファームの住人たちが好んで呼んでいた「金鉱」、すなわち牛の糞の山を、シャベルですくって過ごした日々についても知らせた。それは、彼らの生計がかかっている、この予想外に岩だらけの土を豊かにするために、行われたものであった。ホーソーンは、「日々どれだけ大きく、肩幅広く、怪力の人間に自分はなることだろう」と自慢した。彼は、「兄弟たち」と、すなわち自ら書いたように、「社会の偽の状態にその起源を持つめかしこみやお追従などをすべて投げ捨てて」リプリーの共同体に参加した、不満を抱いたり夢見たりしているような様々な牧師たちや社会不適合者たちの一群と一緒にいることを、楽しんでいるようだった。「農夫」としての最初の一カ月間、ホーソーンはソファイアが、夏には「僕たちの家」に加わることを期待しており、二人が目を覚ましたまま横たわり、家の側を流れる小川のさざなみを聞く暖かい夜を期待していた。彼は「そのような僻地を、大都市からこんなに短い距離のところに」発見して驚いた。「もし僕たちが千マイル遠くに行ったとしても、ここより完璧に世界から逃れることはできないだろう。」ホーソーンは共同体農家の自室の壁に、二枚のコモ湖の絵を飾り、いまだに想像画が現実のものになることを期待していた。

ブルック・ファーム（ジョサイア・ウォルコット画）

　結婚式を延期することは、ソファイアにとってがっかりすることだった。彼女は婚約以来のどの季節よりも、その春何度も風邪を引き、熱を出した。そして未来の家がある環境を調べに五月の後半にブルック・ファームに到着したときはまだ咳が出ており、ホーソーンの心配げな判断では、「青白く弱った」状態であった。しかしソファイアは自分自身の目で、この共同体での生活は、結婚生活を始めることは言うまでもなく、「夫」にとっても何から何まで間違っていると見て取ることができた。「これまで以上にあなたといつも一緒にいることを望んでいます」と彼女はボストンに戻るとすぐにホーソーンに書き送った。「私はあなたが一日中人と交わりあった後で戻ってくる家が欲しいのです。あなたが私自身の世話のもとに安らげて、二十ではなく一つのことのみが起こっているような、そんな場所を望んでいるのです。」彼女は二人の家は「あらゆる人」からの「聖なる避難所」であるべきだと心に決めていた。ソファイアは婚約者が、「すばらしい同好の仲間たちの様々な契約や洒落」を、うなずいたり微笑んだりしてやり過ごすのを見てきたが、しかしその表情は、「同志というより立会人であり、聞き役としての表情」だということがわかっていた。おそらくホーソーンの孤独の必要を、ソファイアのようによく理解できるものはいなかっただろう。彼女は騒がしい家庭のなかで、一人きりで引きこもることを長く必要としてきたのであり、それを確保するために病気に頼ってきたからである。ブルック・ファームそのものについては、その田園地方は「その美しさで……私の期待をはるかに上回っていた」し、ソファイアは「あなたと一緒に、そのような美しい場所の一つに立てられた小さな家で暮らすこと以上に大きな幸せを考えつく」ことはできなかった。しかしそれが可能になるまでは、彼女はずっと待たなければならないだろう。

しかし先送りすることは、恋人たちのどちらにとっても、それほど簡単な事柄ではなくなっていった。ナサニエル・ホーソーンはとうとう手紙を書くことにもどかしさを感じるようになっていた。徐々に「一枚の紙が僕たちの間にあるヴェールでしかない」かのように思われ出した。彼はソファイアに、「あらゆる情熱、感情、心や精神の状態も想像できると、かつての僕は思っていた。でも別の存在と混じり合うことがどんなものか、僕はあまりにも知らなすぎたのだ。君だけが僕に心があることを教えてくれた」と書いた。ソファイアにとっても、ホーソーンは「私の本質にとって必要な存在」だと、五月のブルック・ファーム訪問後に書き送っていた。「言葉では私の魂があなたをどれだけ必要としているか伝えることはできません。時々私はあなたの心に向かって大きく引き上げられて、ほとんど息が止まるほどです。私にとってあなたからの生の感応のない人生など存在しないということは、わかりきったことなのです。」もしブルック・ファームが場所を提供してくれないのであれば、「私たちの天国は私たちが作るところどこにでもありますわ」とソファイアはホーソーンを促した。

エリザベスは末妹の計画の噂を聞きつけた。できなかったはずがあるだろうか？　エリザベスはソファイアが風景画を描いているのを見ており、ソファイアが一八三九年の夏の間それに取り掛かっているとき、ナサニエル・ホーソーンに「いくつかのことが進行しています」と報告していた。正確にはどれだけピーボディ家全員が──そしてブルック・ファームの「兄弟たち」でさえ──二人のロマンスを知っていたかはわからない。[7] しかしホーソーンはソファイアの父親気付で彼女に手紙を送っており、メアリーかリプリー夫妻のどちらかの手渡しで、ソファイアからの手紙を受け取っていた。彼らの定期的な「内緒の」文通は、公然の秘密であった。一八四一年の春、ホーソーンのブルック・ファームへの出発とそれに必然的に伴うように思えた結婚は、エリザベスにホーソーンの愛情あふれる友情を失った痛みを思い出させ、初めてその悲しみを新しい友人、セオドア・パーカーに打ち明けることとなった。

一八四〇年の夏以来、三十歳のパーカーはかつてホレス・マンが、それからナサニエル・ホーソーンが占めていた場所──知的な話し相手であり精神的な支え──に入りこんできていた。エリザベスは新しい本屋の開業前に保証を求める際、パーカーに頼った。この事業とエリザベスに対する彼の熱意は、彼女に行動する自信を与える助けとなっていた。「親愛なるエリザベス」とパーカーは手紙を書き始め、彼女を知っている他の男性のほとんどが採用する形式的な「ピーボディ嬢へ」という呼びかけをすぐに止めてしまい、「あなたは私の文通相手のなかで唯一のエリザベスですが、その〈唯一無比〉はけっしてその名前にはないのです」と説明した。

他のどの男性よりも、エリザベスが親しくなったパーカーの知性は、彼女の知性に匹敵するものだった。エリザベスと同様、パーカーは子どもの頃、一度読み通しただけで百行もの詩を記憶してしまうなど、桁外れの知的行為を行うことができた。二十歳でハーヴァード大学の入学試験に通ったが、授業料を払うだけのお金がなかった。代わりに彼は独学で学問を修め、日中は教師を務めてハーヴァード大学神学部に通うお金を貯めたのだった。そこで、大学図書館が所蔵する六カ国語の哲学や神学の膨大な蔵書を読み通し、通常の三年ではなく二年で学位を取得した。パーカーの最初の教会はウェスト・ロクスベリーの小さな教区であったが、他の多くの新しく任命されたユニテリアン派の説教師たちが、仕事を見つけるためにその知的世界の中心を離れなければならなかったのに対し、彼は少なくともボストン近くに任命された。一八四〇年にパーカーは、ハーヴァードから学士号も取らないまま名誉修士号を授与された最初の人間になった。

セオドア・パーカー

パーカーは結婚していたが、幸せな結婚生活ではなく、子どももいなかった。エリザベスもまた渇望していたプラトニックな親密さには、機が熟していた。力強い顔つきをしたハンサムなパーカーは、ボストンでもっとも有名な女性文学者[8]エリザベス・ピーボディに似ていると友人たちが言うのを聞いて喜んだ。その類似は身体的なものだけではなかった。パーカーもまた同じ様に、エネルギーにあふれ、理想主義的で、衝動的であった。そしてエリザベスが喜んだことに、エマソンよりも信仰心が強かった。パーカーは、自分に従って反抗的な道を歩むようにと教会に要求するかもしれないが、ユニテリアン教会を去ることはないだろう。六歳年上だったエリザベスは、十一歳で母親を亡くした男性にとって、母親的人物の役割を果たすことができたのかもしれない。パーカーの妻リディアの元教師として、エリザベスはその結婚には何の反対もしなかったけれども、リディアの知性や感情の幅の狭さに対するパーカーの失望に共感することができた。そしてエリザベスはパーカーに、競争心を刺激することなく、ボストンの反抗的な聖職者たちの誰にも匹敵するほどの知的刺激を与えたのであった。

パーカーは、エリザベスが自分のなかでもっとも重視していた資質のために、彼女を評価した。エリザベスを「あらゆるものに共感する人」と呼び、家族や友人を助けようとする彼女の努力を賞讃した。「それほど多くの者を把握できる心とは、どれほど賢いことでしょう」とパーカーはかつて彼女に書き送った。「それに彼らが皆そこから飲んで満足できる精神的な泉とは、どれだけ深いことでしょう。」彼はエリザベスが「幅広く豊かなのに……自分自身の限界や欠点などについて話す」のを聞きたがらなかった。本屋で一緒だったとき、パーカーは彼女の話を楽しみ、彼女を超絶主義の「ボズウェル」、「物語のようなピーボディ嬢」と呼んだ。パーカーはかつて、「前にもよくしてきたように、この手紙に含まれているヒントからいくつかの説教を生み出すでしょう」と書き送り、日曜日の説教のための彼女の提案を歓迎した。またその悪名高い「キリスト教における一過性のものと恒久的なものについての講話」の思いつきを、彼女とくり返し話した。パーカーは説教を行った後、批評を求めてしばしばエリザベスにその原稿を送り、「私はあなたが適当だと見なして示すどんな厳しさも耐えられると思います」と語った。パーカーはエリザベスの詩まで賞讃し、とくに彼女が彼に送った三つのソネットは、「私に多くの慰めを与えてきた」彼女の手紙の「力強さと美しさ」とともに、「私を励まし祝福します」と述べた。さらにパーカーはエリザベスの常連客の一人であり、ウェスト・ストリートにある本のセットをすべて買い上げ、海外からの取り寄せ図書の大口注文を行った。

このパーカーからの愛情あふれる賞讃の洪水によって、エリザベスは一八四一年の春の苦しい恋愛事件を打ち明ける気になったのであろう。このとき彼女は、おそらく初めて、ホーソーンに「残酷なほど傷つけられた」[9]と感じていた。最初に「理解」を捨てられたことよりもずっとエリザベスを戸惑わせることになったのは、ソファイアとの婚約以来の、ホーソーンの彼女に対する扱いであった。一時はエリザベスが望んでいたように、ホーソーンは彼女を仕事の仲介者として頼り続けており、児童向けの歴史物語の出版者としても頼っていた。婚約者の姉に気を持たせたことで、ホーソーンがどのような罪悪感を持っていたとしても、それは恨みを静めたいという望みへと変わっていた。ソファイアとの婚約の数カ月後に、ホーソーンはジョン・オサリヴァンに対して、「自分の唯一のペティコートすら、自分よりも必要としていると考えた人になら誰にでもあげてしまうような、善意の年配者」としてエリザベスを推薦した。[10] しかしエリザベスのワシントン・ストリートの出版社に、『おじいさんの椅子』の売れない本が積み残され――結局それは印刷された紙の値段よりも低い値段でトランクの裏地として売られることになるのだが――またエリザベスが、ホーソーンの考えによれば、第二版に向けたジェイムズ・マンローとの取引をしくじると、彼女の善行を徐々に快く思わなくなり、長い間彼のもっとも熱心な支援者の一人であり、また短い間であっても彼がもっとも親しく心を打ち明ける相手であった女性に対して、よそよそしい態度を取るようになった。

エリザベスがその話をセオドア・パーカーに話したときには、かつては「愛情」だったものが、「違ったものに――ほとんど正反対のものに変わって」しまっていた。彼女はいまや、「それに耐える」以外にできることはほとんどないと認めた。彼女の驚くべき告白に対し、パーカーは、「あなたが話している人がこの点でいつまでも無知のままであるとは思えません。いつかは彼の曇ったまぶたに光があたり、彼がかき乱した愛情の深さを知ることになるでしょう」と書き送ったが、エリザベスはそれほど確信を持てず、ほとんど即座にホーソーンを悪人のように語ったことを後悔した。エリザベスは自分に共感してもらう以上に、パーカーがこの作家にいい印象を持つことの方を願っており、それはパーカーにとっては驚くことではなかった。「日曜の夜、寝ようとしているとき、私は自分に言い聞かせたのです」とパーカーは次の手紙でエリザベスに書き送った。「これだけのことがあった後でも、ピーボディ嬢は不愉快な相手に対して……その人間が私の眼に正当に見えるよう、なんらかの言い訳を見つけるのだろう」と。

パーカーはまた、「悲しみを抱えて」いるにもかかわらず、「あなたの善良な心の扉は以前と同じく広く開いており、喜んで迎えられる客でいっぱいだ」ということに、率直な驚きを示した。パーカーの情に満ちた呼びかけの言葉――「親愛なるエリザベス」「もっとも我慢強く辛抱強いエリズ」「大切で親愛なエリザベス」――だけでも、エリザベスの悲しみを癒し、なだめて前向きにさせるのに十分だっただろう。しかし彼はさらに大きな慰めを差し出した。「もし私の心が十分大きければ、母親が傷ついた子どもにするように、あなたをそこで寝かしつけ、眠りにつくまで歌って聞かせるでしょう。」パーカーは「これが子どもにしか似合わない」のを残念がった。

パーカー自身の親切な共感のお返しに、またおそらくは個人的な悲しみから気をそらせる手段として、エリザベスは彼が一八四一年五月十九日に行った説教「キリスト教における一過性のものと永遠なるものについての講話」によって巻き起こった論争で、もっとも歯に衣着せずに主張するパーカーの擁護者の一人となった。今までのところパーカーの経歴上一番聴衆の多い説教となった、この南ボストンの若い牧師のための任職式講話で、彼は大胆にも、キリストの奇跡――ラザロを死から蘇らせたことや、水をワインに、小石をパンに変えたこと――を文字どおりの真実であると信じることは、キリスト教徒の信仰とは無関係であると断言したのである。今まで誰も、「神学部講演」を書いたエマソンでさえ、公の場で正統派からこれほど思い切ってかけ離れたことはなく、パーカーはボストンのキリスト教原理主義の牧師たちだけではなく、ほとんどのユニテリアン派の牧師たちからもまた、激しく非難されたのであった。

パーカーが、「不可能な奇跡の物語」はただ素朴な人々の心に及ぼしたキリストの影響力の光の「屈折作用」であると結論づけることとなった、その徹底的な学問を、おそらくほかの誰よりも理解できたのはエリザベスだった。ジェイムズ・フリーマン・クラークからウィリアム・エラリー・チャニングまで、ボストンのユニテリアン派の牧師たちに対して、エリザベスは手紙で、あるいは面と向かって、パーカーを擁護した。その説教を支持する長い記事を書き、「もしユニテリアン派が、この説教が何について語っていたのかを知っていたなら……もしこの宗派がもともと生まれてきたその思想を完全に忘れてしまったのでないのなら、パーカー氏を自分たちの最後の希望として容認し、その説を支持したでしょう」と彼女は主張した。それは彼女がもっともわかりやすく書き、情熱的に論じた記事の一つであったが、誰も印刷しようとしなかった。（結局その記事は、一年後にオレスティーズ・ブラウンソンの過激な『ボストン・クォータリー・レビュー』誌に、「パーカー氏とユニテリアンたち」と題して掲載された。その頃には論争も立ち消えていたが、エリザベスはまだ「現在のユニテリアン派の指導者たちがどんな見解を否定し、それが彼ら自身にとってどれほど致命的であるか」示したいと望んでいた。）

その間、エリザベスが一八四一年六月後半に友人の一人に興奮して報告したように、パーカーの説教の印刷版がボストンで「野火のように売れていた」。「第一版はほとんどすべて売り切れです――熱心で、満足した読者が彼にはついているのです。」エリザベス自身その需要に応えるため説教の第三版を印刷した。パーカーはボストンのほぼすべての牧師に非難されてきたが、「これは人をとても陽気にしたので、自分自身でやろうじゃないかとみんなお互いに言い合っています」とエリザベスは友人に書き送った。やがて人々の要求に従って、パーカーは週末にはボストンで講演をするようになり、無所属で説教壇に登るようになり、結局ボストンの音楽堂に落ち着くことになる。そこでパーカーは一八五〇年代に入っても、日曜日の朝にはあふれるほどの聴衆を集め、それは同時代の影響力という点で、ウォルドー・エマソンに匹敵するほどの活動であった。

パーカーの「大きな心の持ち主」という賞讃に元気づけられたエリザベスは、ひょっとしたらホーソーンの愛情も同時に取り戻したいと願ってか、次にその関心を、ジョージ・リプリーのブルック・ファームでの実験を支援することに向けた。結局、実際にこの共同体で生活しなかったすべての超絶主義者たちのなかで、この事業の成功を確実なものにしようともっとも熱心に働いたのは、エリザベスであった。彼女は一八四一年五月の会合のために本屋を開き、そこでリプリーは、土地と農場の居宅を購入するのに必要な一万ドルの資金を集めるため、投資家に関心を持ってもらおうと願った。またこのとき開始直後の共同体の十六条の協定が、そこで提案されたのであった。彼女はまた参加者の勧誘にも取り組んだ。参加者のなかには最近聖職位を授与されたジョン・サリヴァン・ドワイト牧師もいた。聖職よりも音楽を好んだ彼は、教会以外に聖域を求めることとなる。ドワイトがためらっているとき、エリザベスは彼に、「ホーソーンはとても優れた魂を持っており、いい働き手です」と告げ、共同体の人数は少なく、仕事はきついが、「彼らの健康と勇気はその状況に見合うよう高まっています」とも話した。ドワイトが正式にノーサンプトンの説教壇を辞することになると、彼女は彼に、聖職衣や説教壇や説教、それに聖餐式などの助けもなく、またお金や物価なども関係なく……信心ぶった様式もなく、友人たちの本当の教会を真に超絶主義的なやり方で世話する方がよいと彼に保証した。ブルック・ファームの共同体に参加することは、まさに、「現在の堕落した――あるいは硬直化した――組織から生まれる悪」を破るための手段なのだ。ドワイトのブルック・ファーム時代のある記述によれば、彼は「情熱のなくなってしまった職業によって、生計を立てるという嘆かわしい義務から解放され」、共同体に署名して参加した。ドワイトはブルック・ファームのもっとも熱心な参加者の一人となり、付属学校ではラテン語と音楽を教え、ブルック・ファームの新聞である『ハービンジャー《先駆者》』紙では、音楽評論からはじめ、副編集員まで務めた。

それでもまだエリザベスは、より多くの参加者や投資家を惹きつけるための、なにか「魔法のようなもの」がすぐにでもなされなければ、ブルック・ファームの「共同体」が「揺籃期から抜け出る」ことはけっしてないのではないかと心配し続けた。彼女は『ダイアル』誌に掲載しようと、ブルック・ファームの目的と設立原理を広告する二つの記事を書いた。彼らがその計画を最終的なものにしようと集まった一八四一年十月に出版された最初の記事、「キリストの社会観瞥見」のなかでは、参加者「個人の魂に無限の価値と深み」を養うと同時に、「お互いを愛し支える」ための契約を結ぶことによって、参加者が「社会的な原理をより公平に評する」ことができるようにするという共同体の目的を賞讃した。ブルック・ファームの参加者たちは、来世よりも「今現在において純粋で美しく生きるだろう」。一八四二年一月に出版された二つ目の記事「ウェスト・ロクスベリー共同体の計画」では、エリザベスは、「男性や女性としてその性質に完全に忠実であること」に熱心な「私たちのなかにいる小さな一団」であり、「ある程度世界から出て、共同体としてまとまる必要を感じている人たち」について、より具体的に書いた。農業が「彼らの生活の基盤」になるだろうと彼女は説明し、「それは自然とのもっとも直接的で簡素な関係である」が、「たんに肉体労働に従事するだけの人は誰もいないだろう」。農場の仕事は無理のない時間数に限られ、「知的向上や社交のための手段は、洗練と発展のために計算され、全員に与えられることになるだろう」。なぜなら「この共同体は、富を金属で示すのではなく……魂のあらゆる機能を用いて生きる余暇という点で、豊かであることを目指しているからである」。一八四二年の春までには、いくつかの新しい建物のうち、最初のものの建設はすでに始まっており、農場と近くの村の子どもたちのための学校も開設され、ブルック・ファームの「小さな一団」は、前年四月の六人という人数から五十人ほどにまで増えていた。

しかしソファイア・ピーボディとナサニエル・ホーソーンは、その数のなかに入らないことになる。真夏までには、ホーソーンはまた再び、執筆を日中の労働と一緒に行うのは不可能だと認識していた。「僕の精神は一種のにぶい興奮で悩まされている。そのせいでどんな題材についても連続的に考えることができないのだ」と彼はジョージ・ヒラードに書き送り、ヒラードが編集していた『トークン』誌のために約束していた物語は提供できないと知らせた。「僕の以前の物語はすべて、静かな生活から自然に生まれてきた」と彼は説明した。「今ではまったく静けさなんてない。」さらに悪いことに、書かれていない物語について考えることが、「ここに来て以来ずっと僕を苦しめ、わずかしかない余暇のなかで、さもなければ得ていたかもしれないあらゆる安楽を奪っているのだ。」ヒラードには、彼はソファイアに時々していたように、当世のエデンにおける新しいアダムとして自分を見せる必要はなかった。いまやホーソーンは、手紙を書くことすら難しいと認めていた。彼の手は「干し草をかき集めることによって新しくできた水ぶくれという収穫」で覆われていた。数日後、彼は知人に、「自然や自分の考えを楽しむこともほとんどないまま夏が過ぎ去りつつあるので」、ボストンの埠頭で塩や石炭を測量していたのと同じようなものだと書き送った。

ホーソーンは、リプリーの改革への「熱意」が自分の判断を曇らせたのだと思い始めていた。そして、「その実験を十二分に試してみよう」といまだに考えつつも、「外的な状況から――適切な資金が集められるとか、かなりの資本金もないまま実施するために実行可能ななんらかの計画が提案されるとか、そういった可能性がないことから」、その空想的な事業全体が失敗するのではと恐れていた。彼は八月末に、共同体への実際の参加から手を引こうと決意した。畑での農作業を止め、その代わりに、共同体の住人たちに今では「巣箱」として知られている農場家屋で下宿する代金として、一週間四ドルを払うことにした。そうすれば「書き始める」ことができるだろう、と彼はセイラムにいる妹ルイーザに知らせた。ルイーザはこの間ずっと、ブルック・ファームの人々が、「イギリス式農業のもっともリベラルで科学的な原則を」実行し、それによって大地が「ニューイングランドでこれまで知られていないやり方でその生産高の増加をもたらす」ようにしようと計画していたとしても、なんらかの利益を実現させるには、作物の植え付けが遅すぎたのではないかと心配していた。

ホーソーンがソファイアに一週間後に手紙を送り、その新しい取り決めについて告げたとき、彼はブルック・ファームでの自分たちの将来について自身が感じていた不安を隠し、代わりに彼女に、「君の夫がその束縛から解かれ――小鳩さんについて自由に考え――自然を自由に楽しみ――自由に考えたり感じたりできる」という「喜ばしい思い」を共有してほしいと頼んだ。彼は今では、「僕の税関での経験ですら、それほど奴隷的で疲れるものではなかった。僕の精神も心もより自由だったからね。……僕の魂が完全に肥やしの山に埋もれていないことは、やれありがたいことだ」とソファイアに認めたのであった。あるいは彼が状況をそのように極端に語ったのも、自分たちが見つけたどんな「楽園」ででも、結婚して落ち着くことにソファイアは熱心だろうと想像してはいたものの、執筆に必要としていた「静けさ」を獲得するために行わざるを得ないと感じたその決意を、彼の「小鳩さん」と自分自身のどちらに対しても、弁護するためだったのかもしれない。

しかしそのちょうど十日後には、ホーソーンはソファイアに、「僕たちは他の計画を立てなければならない」という懸念を率直に書き送った。彼は、「僕たちはこの共同体に頼ってはならない。何をすべきであれ、それは君の夫自身の個人的力によってなされなければならないとますます確信するように」なっていた。それでも彼は、「君の夫の才能が何であれ、そいつは金を集めるのに役立ちそうなものはこれまで何一つ示してこなかった」と認めた。彼はまた再び、本で生計を立てることになるだろう。より見栄えのよい本にすることでもっと売れるのではないかと期待して、ソファイアに挿絵を頼んだ『おじいさんの椅子』の再版と、『トワイス・トールド・テールズ』の追補版である。「どれだけ多くのことがこの小さな本たちにかかっていることだろう。」彼はソファイアに、「春に僕たちのための家が用意されるという絶対の確信がないかぎり」、この冬をブルック・ファームで過ごすつもりはないと約束した。おそらくホーソーンが確実に知っていたのは、彼が「親愛なる奥さん」に書いたように、「僕は君をとても強く愛しているし、君のことを常に思っている。そしてこれまで以上に君を望んでいる」ということだけだっただろう。今では、彼が求めていた静けささえ、ソファイアがいなければ空虚な静寂になるだろう。

　しかしホーソーンは、生産のプレッシャーにひるんでいた――「外からの圧力は、僕を助けるのではなく、いつも邪魔になるんだ」。彼がソファイアに送った挿絵へのあふれるほどの提案は、毎回前のものより詳細なものとなり、同じような効果をソファイアに与えたようであった。ソファイアはいつも、「私は自分への期待は何も欲しくない」と主張していた。結局彼女が制作したのは、ホーソーンが構想した一ダースかそれ以上ではなく、ほんの一握りの素描だけで、その後彼女は、サミュエル・グリドリー・ハウの一番の教え子であるローラ・ブリッジマンという、正式な教育を受けた初めての聾唖で盲目の子どもの彫刻に取り組むことになった。少なくともこの仕事では、彼女は手数料を保証されていた。

『おじいさんの椅子』口絵
（ソファイア・ピーボディ画）

　ソファイアが制作したその作品は、かつて制作した三つの円形浮彫りの肖像画と同じく、非常に本人と似ており、それ自体実力のある見事な彫刻であり、ほんの数カ月前に、ある伝記作者によれば「アメリカでもっとも有名な子ども」であり、「ヴィクトリア女王という例外を除けば……全世界でもっとも有名な女性」となったこの少女に、静かな威厳を与えていた。ソファイアの胸像は、名声を得る寸前の、もの思わしげな風情のローラをとらえており、その見えない眼は、彼女がいつも着けていた帯状の布で覆われ、彼女の若さと傷つきやすさが、繊細なむき出しの肩と、ほどけた細く長い髪に痛切に表現されていた。一八四二年の初頭には、ローラ・ブリッジマンの業績は企業家的なハウによって非常にうまく宣伝されていたため、チャールズ・ディケンズがアメリカを訪れた際、この盲目の少女が読んだり授業内容を暗誦したりするのを見るため、ハウのパーキンズ施設を特別に訪問したほどであった。その著『アメリカ紀行』でディケンズは、ほとんど一章分を、この「目が見えず、耳も聞こえず、声も出せない」少女について書いており、それによってローラの国際的な知名度を確かなものとし、ハウ

ローラ・ブリッジマン
（ソファイア・ピーボディ作）

の学校を一大観光地という地位にまで高めることとなった。ある意味、ソファイアの彫刻はその題材である少女に負けず劣らず驚異的なものであった。生きているモデルから彼女が粘土で制作した最初の三次元の作品であるこの像は、ハウがローラ・ブリッジマンの宣伝に広く成功したおかげで、将来アメリカ中の盲学校のために複製が作られることとなる。[11]

九月には、ソファイアは若きローラの似姿を「冷たい粘土」で制作するためにパーキンズ施設に通い、その間ホーソーンはブルック・ファームに下宿人として留まって、いまだ「この人たちと彼らの事業を新しい視点で眺め、もしかしたら彼らの間で君と僕も運命を共にするかどうかを決められるかもしれない」と期待していた。彼はソファイアへの「渇望」に苦しんでおり、遠くの牧草地で生えていた野生のブドウを見つけたことに触発されて、「たわわに実って熟れた白と紫のブドウの、その房を手でつぶすと豊かな果汁があふれ出した」という白昼夢に浸った、と書いた。ホーソーンは、「もし僕たちがここに住んだら、自分たちでワインを造る」ことを想像し、ソファイア――「僕の小鳩さん」――が「たくさん欲しがるだろう」と確信していた。四日後、彼はブルック・ファームの管財人兼新しく設立された財政委員会の委員長に選ばれ、これを受諾した。

しかしホーソーンの新しい地位は、その秋にソファイアに打ち明けたように、ブルック・ファームでの生活が「不自然で不似合いで、それゆえ非現実的なものだ」とのますます大きくなる確信を抑えることにはなんの役にも立たなかった。「本当の僕はけっして共同体の仲間ではなかった。」ソファイアが気づいていたように、ホーソーンは超然とした目撃者であり、もし必要とあれば、「角笛を鳴らし、牛の乳を搾り、ジャガイモを掘り起こし、干し草をかき集める人」を演じることができると本人は書いていたが、彼をそのような人間ととらえる「仲間たち」の誰も、「現実と影の違いがわからないのだ」。管財人を引き受けて一週間も経たないうちに、彼はソファイアに焦がれて書いた手紙のなかで、「君だけが僕の現実だ」と語り、荷物をまとめてブルック・ファームの「巣箱」から出た。彼はこの「天に祝福された正しい生き方」を六カ月だけ「十二分に試し」たのだった。

婚約者がブルック・ファーム計画にためらっている間、ソファイアがどのような気持ちだったかを明らかにする手紙は、まったく現存していない。しかしその年、彼女は親指をペンナイフで切り、足首をひねってしまい、頭痛に悩まされ、咳と風邪がほとんど二カ月も長引いた。ホーソーンは、永久に彼女をこの腕に抱くことができたらいいのに、そこでなら「君もずっと具合がよくなるだろうし、ひょっとして完全によくなるかもしれない」と書き送った。「とても優しく繊細な僕の小鳩さんがすばらしい仕事ができるように、僕は君がそこで安らげるよう遣わされたんだ。」しかし彼はソファイアに対し、自分の才能を再保証し、挿絵を頼み、仕事上の助言さえ求めることがますます多くなっていったけれども、これまでのところその約束を実現することができずにいた。ホーソーンが短篇集にと考えていたいくつかの物語を彼女に送ったとき、彼女は意見を差し控えることはなく、ある作品には「もっとも手厳しい非難」を送った。彼はすぐさまそれを短篇集から外した。ソファイアの厳しい批評は、婚約者に対するいらだちの表れだったのだろうか？　あるいは、彼女の病気と、ホーソーンの挿絵への提案に対する抵抗が、彼女もまた創作のプレッシャーにひるんでおり、「夫」と同様に、結婚生活が絵画や彫刻の制作に必要としてきた孤独や静けさや期待されないでいることなどを終わらせてしまうかもしれないという、不安な確信と直面していたというしるしだったのだろうか？　貧困は単に、どちらの厳しい現実も悪化させるのみだろう。

ホーソーンはそのような考えに苦しんでいた。時々、ソファイアへの愛に助けられるよりは、無力感を覚えさせられることがあった。「君は強力な魔女だよ、僕の小鳩さん、世界のすべてから独立していると思っていた強い男を、完全に征服してしまったんだから」と、三回目の婚約記念日が近づいている頃、彼は冗談半分に書き送った。「僕は君の小さな足の下に捕えられ、命を求めて君を見上げるんだ。かがみこんでキスしてくれなければ、僕は死んでしまうだろう。」新しい短篇を求めていた一組の編集者に対し、彼は自分のもっとも大きな恐怖を打ち明けた。「僕はこれ以上書けるとは思えません。少なくとも過去の作品のようなものは。そのような作品は以前の生活の静けさと孤独から自然に生まれたものなのです。」「この三、四年というもの、世界はその渦のなかに僕を引き込んでいったのです。たとえそうしたいと思っても、僕は再び孤独には戻ることができません」と彼は説明した。ソファイアが彼を引きずりこんだ「現実」は、渦巻く大渦だったのだろうか、それとも高く舞い上がる天上だったのだろうか。

皮肉なことに、ホーソーンはこの「奇妙な共同体」を永遠に去る一カ月前に、ブルック・ファームに自ら千ドルの投資を行っていた。結局彼は、約束された五パーセントの利子の一銭も受け取ることができず、ほんの少しでもその投資額を取り戻そうと、ジョージ・リプリーを訴えなければならなくなる。ブルック・ファームの実験はもう五年は続くことになるが——エマソンの言葉によれば、「永遠のピクニックであり、小規模のフランス革命、小鍋のなかの理性の時代」として一時は栄えるものの——ソファイア・ピーボディとナサニエル・ホーソーンにとっては、それはすでに「爆破された新しい楽園生活を始める計画」になってしまっていた。千ドルを失い、将来の収入の見込みもわずかしかないナサニエル・ホーソーンは、ソファイアの絵を飾る壁さえ持っていなかった。

第30章　二つの葬儀とひとつの結婚式

　ホレス・マンのいるボストンに住むことと、彼に対するあこがれの気持ちを抱くことは別ものだった。メアリーがこの悲嘆にくれた改革者に出会って恋に落ちてから、いまや十年近くが経とうとしていた。きっといつかは、「私は彼と一つになって、彼は私と一つになる」といった「予言的な希望」を抱いたときもあった。たとえば、キューバから戻ってきたメアリーを「深く喜びをあらわに」してマンが出迎えたとき、あるいはボストンの学校で教えるためにセイラムから移って来るようにと彼女に勧めたときなどがそうだった。そんなときメアリーは、「私と彼を守るために築いた」「警戒と抑制」の壁を壊して、彼に対する想いを伝えてしまいたいという衝動に駆られそうになった。けれども彼女は、マンの信頼を完全に失ってしまうことを怖れていた。そこで代わりに、友人となって、会話のなかでマンが彼女と「その悲しみ、不安、取り戻しつつある人生への興味を分かち合う」方向へと持っていったのである。こうすることでメアリーは、再婚することに対するマンの懸念——「金銭的逆境」や、過労と悲しみによって衰弱した健康を経て「人生が短いものになったという不吉な予感」——を嫌というほど理解するようになっていた。

　メアリーは自分の焦がれる想いを家族に、特にソファイアに秘密にしておくために最善を尽くした。それほど秘密でもないソファイアのナサニエル・ホーソーンに対する愛情は、ソファイアの結婚式への期待がふくらんだりしぼんだりするにしたがって、ますますピーボディ家の空間を埋め尽くしていった。「私はなんて上手にあなたの小さな眼に埃を撒いたことでしょう」と、メアリーは自画自賛した。「彼を知って愛するという大きな喜びが、けっして完全には彼のそばで暮らすことはできないのではないかという不安の大きな悲しみにどれほど近いかを、私はあなたに知らせたりすることはなかったわ。」メアリーは誰にも、特に目に見えて有頂天になっていたソファイアには、かわいそうに思われたくなかった。虚弱だったにもかかわらず、ソファイアには、少なくとも町にいるときには毎日彼女を訪れてくれる恋人がいたし、二人が見つけることのできた人目につかない場所であればどこであれ、彼が「彼女を両腕で抱きしめて」くれるという代償があった。結局のところ、ソファイアとホーソーンは婚約していたのだから。今ではピーボディ家全員がそのことを知っていた。

　ソファイアとホーソーンがブルック・ファーム計画の失敗に陥った年の冬、メアリーは三十五歳になっていた。ホレス・マンはメアリーに対して「ひそかな愛情」を抱きはじめていたが、彼は個人的な感情に関しては断固として口を開かなかったので、彼女はそのことを知る由もなかった。メアリーは、マンが日記にいつか打ち明けることになるように、自分が彼の「賞讃と愛情」を「とうの昔に勝ち取って」いたことも知らず、彼が意識していたとおりに「初恋の情熱が再び燃え上がることは二度とないだろう」と考えていた。メアリーに対するもっと「穏やかで、落ち着いた」、また「継続が予測できる」と彼が望んだ感情は、あの「激しく、焼けるような、熱情的な精神の興奮」に取って代わって、彼を満足させることができるのだろうか？　一八四〇年の春に西部への旅行に出かけて以来ずっと、マンの友人であるジョージ・クームは、「運命を乗り越えて、愛情を持つことのできるパートナーがもう一人いるという考えを受け入れる」ようマンを説得していたが、このこともメアリーは知らなかった。メアリーにしてみれば何も——恋文も、ブローチも、本も、婚前の「夫婦間の抱擁」も——なかったのである。「それが私自身の悲しみ」である限りなんとか隠し通してきたメアリーの「傷心」だけが、彼女の誇りと同じくらい強固に彼女を守っていた。

メアリーは二階の自分の教室にあるもの——紫色のカーペット、地図、仕事台——を自分の世界の家具と見なした。幼いクインシー家の子どもたちとその仲間たちは、世話の行き届いたその世界の住民であった。生徒たちのことを考えながら、彼女は夜遅くまで働き、自身の教育法に見合った教科書を作成した。それは地理の本や小祈祷書などで、のちにエリザベスが、これまでよりもずっと姉妹の絆を強めることになった家内工業で出版することになる。メアリーは『花びと』にとても満足していた。これはある少女と、その母親の庭に咲いた話のできる不思議な花との会話形式で書かれた、季節の植物の子ども用ガイドブックだった。メアリーはエリザベスの雑誌『家庭学校』の連載物として、この本を五年前に書き始めていた。今回エリザベスは挿絵付の版を準備していて、印刷版はウェスト・ストリートに住む姉妹とその母親の手によって彩色されることになっていた。それ以前にエリザベスは、ワシントン・オールストンによって選び抜かれた、輸入品の美術道具にまで仕入れを広げており、その「美しい色彩」は、断固として言語中心主義者だったウォルドー・エマソンの目さえ釘付けにするものだった。

しかしエマソンも気づいていたように、エリザベスがウェスト・ストリートで売り出していた塗料は、「オールストン氏」や版画家「チェイニー氏」のような芸術家の要求を満たしたかもしれないが、「彼女の店は家屋建築家や商人にとっては魅力のないものであった」。エリザベスの店が仕入れる多くのものは、けっして裕福ではないボストンの「文壇階級」といった、もっとも急進的だがきわめて限られたグループのみを惹きつけたのだった。友人たちは、「店には私が〈選んだもの〉しか」置かないという、言い換えれば、ある程度お薦めできるものだけしか置かないというエリザベスの決意を賞讃した。そこには「価値のない本——紛い物のなかの紛い物——はなかったし、どのような種類のものであれ二流品は置かれていなかった」。でも誰が買うのだろうか？　寛大にも「本当に仕方がないときには評判の良い本を購入しよう」と申し出ていた、余裕のあるウォルドー・エマソンでさえ、本を「めったに」買わないことを自慢にしていたし、可能であれば好んで友人やハーヴァード図書館から借りるようにしていた。売り上げの低い月が何カ月も続いたことで、エリザベスの代理人であるジョン・ワイリーが契約期間を変更した。そのためエリザベスは本の支払猶予期間を十日に制限されてしまい、取引のほとんどを特注にしなければならなくなった。同じ理由で彼女の購読書籍も危うくなっていた。[1] ワイリーが、購入代金に見合うだけの貸し出しがまだ十分になされていないのに、支払いの請求をしたからだった。

一八四一年六月、店を開いてまだ一年も経たないうちに、エリザベスはチャニング牧師に自分の「失望」について報告している。彼女の「失望」は、商売だけでなく、「小売業のあり方がこれほどまでに道徳的に低下していて、事業そのものが腐敗していることを知った」ことにあった。彼女は「そこここで、お金よりも良心のほうを重視する人」に出くわしていた。だがいずれもエリザベスのように「貧しく、小さな業者」だった。ヨーロッパへの旅費の足しにするのに十分な稼ぎを得たいという希望は、とうの昔に色褪せてしまっていた。というのも、彼女の店は「それ自体に価値はあっても、それ以上のものではほとんどない」とわかったからである。本屋は「少なくとも私のように、それほど多くを望まない人の生活に必要なものくらいは満たすべきだ」とエリザベスは信じていたが、実際ウェスト・ストリート十三番地の家賃を払っていたのはメアリーの学校だった。

エリザベスの本屋は、ほとんどの超絶主義者の事業のように、お金よりも熱意によって切り抜けていた。ブルック・ファームはけっして利益を得ることはなかったが、一八四〇年代前半に全盛期を迎えたときには、総勢百人もの理想主義者たちがそこをわが家としていた。それはホーソーンが、「それほどまでに奇抜な生活の発展と成果を目にする」機会を逃したことを後悔するほどであった。エリザベスの本屋と購読書籍は、とりわけ人々が集まる場所――ある伝記作家の言葉を借りていえば「超絶的交流」――として成功していた。マーガレット・フラーは談話会をこちらに移し、一八四四年の春まで年一回の会合を開いた。姉妹が水曜夜に行っていた自宅開放は継続して行なわれた。そして一八四二年初めには、ウェスト・ストリートは超絶主義者が苦労したもう一つの事業、『ダイアル』誌の本拠地となった。

『ダイアル』誌が商業的に成功するだろうとは誰も思っていなかった。創設者の任務は思想を広めることにあったからである。けれども一八三九年秋、マーガレット・フラーが編集者を務めることに同意したとき、フラーは仕事に対して報酬があるものだと思い込んでいた。もちろんそうはいかなかった。どう考えてもボストンにはそのような出版を支えるだけの購読者の数がなかったからである。もっとも多いときでさえ三百人の購読者では、七百五十ドルの年間費で、なんとか制作費をカバーできるくらいだった。創刊号でブロンソン・オルコットが、やっと出版できるようなもの——彼の「神秘的格言」——を書き上げたことや、ヘンリー・デイヴィッド・ソローという名の失業した教師が初めて自身の書いたものをその雑誌のなかで出版したことは、超絶主義者の仲間以外にはほとんど見向きもされないような出来事だった。ボストンの人々がいまだセオドア・パーカーのキリスト教教義における異端的解釈に戸惑っていた頃、『ダイアル』誌は年四回の発行のなかで、毎回「異教徒の聖典」という題名でコラムを掲載し始めていた。それは、「古代ヘブライ語とギリシャ正教会の聖典を除いて、人類によるもっとも古い道徳的また宗教的文献からの抜粋」であった。東洋の宗教の基本的文献をキリスト教の聖典と同じくらい価値があると認めることは、十九世紀のボストンでは実に異教的であった——そのことにわざわざ気づいた人がいたとしてではあるが。一八四二年夏、最初のコラムであるビシュヌ・シャルマの『ヒトーパデーシャ』からの抜粋を紹介するのに、エマソンは、「各国の聖書は、程度の差はあれ、純粋なものである」と書いている。続いて発行された号では、孔子の智慧、ペルシャの預言書の数々、大西洋の両側で印刷されることになった重要な仏教本、『法華経』の初の英語訳などを、少しではあるが掲載している——最後の英語訳は、一八四四年初めにエリザベス・ピーボディが完成させた。[2] こういったものすべてが、勇敢で斬新な表現であった。だがアメリカではまだ熱心な読者は存在しておらず、特にすすんでこれらの発言に耳を傾けようとする読者さえいなかった。

『ダイアル』誌が最初の打撃を受けたのは、一八四一年秋、その出版社であるウィークス＝ジョーダン社が倒産したときだった。フラーとエマソンはその仕事を「好意的な出版社」、すなわちエリザベス・ピーボディに回すことに決めた。エマソン自身は、『ダイアル』誌の出版におけるエリザベスの初期の努力に対して、あまり好意的ではなかった。エマソンは一八四〇年の秋、アンドリューズ・ノートンが一八三四年に出版禁止とした「古代ヘブライ語聖書の精神」に関する未発表の連載三本を拒否していたし、いまや「超絶主義という言葉」が「何か時宜を得ない雰囲気」[3] を持ったものであるとして、彼女が初期にこの言葉を使うことを止めさせていた。しかしエリザベスは、この事業に積極的にかかわる機会を得たことを喜び、この職を引き受けた。エマソンは、エリザベスの「社会的道義」の説明に納得することはなかったかもしれないが、自分の大義のためには熱心に彼女の善意を活用しようとした。エマソンにしてみれば、『ダイアル』誌の寄稿者の一人でもある詩人クリストファー・ピアス・クランチへの手紙に書いているように、この新しい「取り決めは……F嬢と私たち全員にとって、これまでよりもずっと満足のいくものになる見込みがある」[4] のだった。エマソンは、「少なくともこれまで一ペニーも手にしてこなかった編集者に手当を支払う」ことができるように、エリザベスがこの雑誌をうまくやりくりしてくれるものだと思っていた。エリザベスの収入に関しては何も考慮されなかった。

それでもエリザベスは、ニューイングランド以外の場所や海外にまで購読者を広げるのに力を尽くした。本屋を通じてエリザベスは、当時『ニューヨーク・トリビューン』紙の編集者だったホレス・グリーリーと『ダイアル』誌の取引を計らっている。グリーリーは親切にも、「より価値が低く、そのためにより人気のある新聞」と書いてはいるが、彼の新聞はすでに約二万人の読者を持っていた。グリーリーは「いつか私が『ダイアル』誌のために味方や読者を勝ち取ってあげることができるかもしれない」と願って、『トリビューン』紙に宣伝と抜粋を印刷しようと約束した。グリーリーはたまに「理想に逃避」する余裕があるときなど、自身もこの雑誌の「贅沢さ」を大いに楽しんでいることを打ち明けたばかりか、エリザベスのブルック・ファームの説明を聞いて、病弱な妻を夏の間そこに送って下宿させることを考えたほどだった。しかしグリーリーは、エリザベスとその仲間たちがその雑誌を長い間「維持」できるかどうかに関しては、「出版業にかかわる私自身の経験からは疑わしい」と警告もしていた。

さらにもう二号が発行されてからも、フラーに支払うのに十分な財源はなく、彼女は職を降りた。編集の仕事は莫大な時間を取るものであったし、エマソンには後からけちをつけられるので、まったく割に合わなかったのである。しかもエマソンは創刊号のフラーの主要論説を没にして、自分のものと置き換えていた。フラーがこの哲学者と親しい関係であり続ける口実を、喜んでいなかったわけではない。一八四一年のほとんどにわたる彼らの親密な仕事関係は、エマソンが結婚という主題に対してますます暗い考えを持つようになった主な原因だったのかもしれない。その年の日記に彼は、「結婚が一時的な関係であるのは明らかだ」と書いている。「二つの魂が、もう片方に対してそれぞれが抱いていた良さを枯渇させてしまったとき……また新しい関係に魅かれたとき、二人は別れるべきだ。その新しい愛は、古い愛が去った後に傷口ができるのを防いでくれる鎮痛剤となる。」

エマソンは、他の女性たちに魅かれていたことに加え、注意を仕事からそらしてしまう家庭生活によっても悩まされていた。「私は守銭奴が懸命に金を守ろうとするように、自分の気持ちを守ろうとしている」と彼は書いている。「家の雑用は私の心を乱して執筆活動をできなくさせる」からだ。理想的には、作家は「結婚すべきでなく、家族を持つべきではない」。もし結婚したとしても、「哲学者は書斎にいるのが一番だと考えて」家のことを自分でやりくりし、その間夫を好きなだけ書斎に居させてくれるような妻を、作家は持つべきだ。どうやらリディアンは、いつもうまくやりくりしているわけではなかったようだ。夏の終わり、マーガレット・フラーが九月に再び長期の滞在にやってくるのを期待しながら、そしてリディアンが三度目の妊娠の臨月に入って調子がすぐれないなか、エマソンは自身が「メーゼンティウス風の結婚」と称するものについて、さらに気が滅入るようなことを書いていた。この発想は、死体と一緒に人間を括りつけ、死ぬまで放置した邪悪なメーゼンティウス王の物語に由来している。恐らく魂にとっては、どのような結婚も致命的だったのだろう。「このように人と人が性急に結ばれることは、魂の計画や見通しには入っていない」とエマソンは書いている。「魂は孤独」なのだ。彼は「すべてを創造し、すべてを破壊する魂の資質」を信じて、自給自足を陶冶するよう自分を促していた。このような考えにおいては、「すべての世俗的な結婚に付随する悲しみは二流のものだった」。エマソンはますます妻から離れていく自分の感情を正当化して、独立独歩の人間にとって「宇宙がその花嫁である」と述べている。[5]

エマソンの三人目の子供で、二番目の娘でもあるイーディスは、エリザベス・ピーボディが『ダイアル』誌の出版を引き継いだばかりの十一月に生まれた。それから一月には、エマソンが寵愛し、いまや五歳となったリトル・ウォルドーが猩紅熱にかかり、病気になってたった三日で逝ってしまった。両親は打ちひしがれた。エマソンはひどく青ざめ書斎にこもった。「また何かを愛そうとすることがどうしてできるだろうか」と彼はマーガレット・フラーに書き送っている。家庭生活と「すべての世俗的な結婚」のつまらない「悲しみ」に対する彼の不平は、いまや取るに足りないもの、恥ずべきものにさえ思えた。リディアンは鬱病に陥り、それがあまりにも長く続いたので、のちになって彼女は長女エレンの幼少期を「失って」しまったのではないかと信じこむほどだった。エリザベス・ピーボディはコンコードの外でこのことを知った最初の一人だった。エマソンはリトル・ウォルドーが亡くなった翌日に手紙を書き、当時アメリカ旅行でボストンに来ていた「チャールズ・ディケンズに会うことのできる数少ない人々」のためにエリザベスが用意していた会合への参加を断った。「友よ、親切にも招待をしてくれてありがとう」、「だがあらゆる苦痛のなかでもっとも耐え難いこと、息子の死に見舞われました……そして息子とともに、私にとって喜ばしいもの、陽気なものすべてが、社会生活と言えるようなものでさえ、ほとんどすべてこの世から消え去ってしまいました」と説明している。この訪問のとき、エマソンはディケンズに会うことはなく、エリザベスも会ったかどうか定かではない。[6]

それから二カ月も経たない一八四二年三月、マーガレット・フラーが『ダイアル』誌の編集長を辞めたとき、エマソンはその職を引き継いでほっとしたと言ってもよいだろう。いまやフリーランスの講演家として身を立てていたエマソンは、給料は必要なかったものの、気晴らしとして他の仕事を歓迎したのである。彼は深い悲しみを振り払うために、「苦難にも循環がありますように」とフラーへの手紙に書いている。彼が多くの努力と集められるすべての希望を注ぎ込んだこの「若いアメリカ人のための大胆な聖書」に取り組む上で、とても親しく働いていたのは、いまやエリザベス・ピーボディだった。次の二年間にわたってエマソンは、『ダイアル』誌のために五十三本の作品を書き、同時にこの雑誌への寄稿作品のほとんどすべての出版を要請したり監修したりした。彼の計算によると、勤務時間の三分の一という多くの時間が『ダイアル』誌に費やされていたが、その行為は「小規模の文学を通じた愛国心」であるとエマソンは日記に記している。同時に一八四二年初め、エリザベスは年四回の『ダイアル』誌の骨折り仕事」に加え、「E・P・ピーボディ出版社」の事務所からいくつか新しい本を出版することで出版数を増やしていた。それらは、マーガレット・フラーによるベッティーナ・フォン・アルニムの小説『ギュンデローデ』のドイツ語からの翻訳や、アメリカの出版者によって初めて出版されることになった聖アウグスティヌスの『告白』、あるいはフランス語から翻訳した初期の原稿が『自然論』を執筆中のエマソンに霊感を与えた、ギヨーム・エーガーの『真の救世主』といったエリザベス自身による刊行書だった。

ウォルドー・エマソンと同様、喪失に対して身構えながら、エリザベスは忙しさに追われていた。一八四二年の春、ピーボディ家全員が生涯家に残っているだろうと思っていたエリザベスの一番下の妹が、ついに「どこか小さな家」を見つけてきた。それは妹の将来の夫、すなわちエリザベスが唯一結婚したいと思っていた男性と一緒に住むための家であった。次の夏、三十二歳になったソファイアは、とうとう「姉妹の連帯」から離脱した。彼女は住み込みの芸術家や病人、気難しい「温室育ちの植物」である自分と決別して、ウェスト・ストリートを去ったのである。

それはエリザベス・ホアの計らいだった。ソファイアはのちに、このような計画を立ててくれたホアを「天国からの代理人」と呼んでいる。しかしエリザベス・ホアは、いまは亡き婚約者チャールズ・エマソンに驚くほどそっくりな円形浮彫りを作ってくれた友人ソファイア・ピーボディに感謝する方法を、ただ探していただけではなかった。チャールズの残された兄であり、家ではチャールズの死後何年もの間妹として接してくれたエマソンのためにも、何かしてあげたいと思っていたのである。このときエマソンは、長子であり唯一の息子が亡くなった後の辛い月日を送りながら、超絶主義者の親しい仲間たちで構成される「よい隣人関係」をコンコードに作ることで、わが身を慰めていた。ナサニエル・ホーソーン、ソファイア・ピーボディ、ヘンリー・ヘッジ、マーガレット・フラー、そしてその他にも何人かを惹きつけることができれば、彼らは「信頼できる社交的満足」を与えてくれるだろうし、家庭生活に支障をきたすことがわかって、いまや「訪問による嫌悪や憂鬱」と彼が見なしているものにも、終止符を打ってくれるだろう。こういった人たちは、「たとえ現在の王や王妃に加えられたとしても、めったにないほどのこの上なくすばらしい仲間」となるだろうと彼は日記に記している。「我々のなかで共同体を信じていないもの」は、「隣人のよしみを信じ、天の王国がそのようなものでできていると信じている」と、エマソンはブラウン大学の若い卒業生であり、ブルック・ファームで一シーズンを過ごしたことのあるフラーの友人チャールズ・ニューカムに書き送った。

一八四二年三月、コンコード川を見渡すことができる一軒家、旧牧師館が賃貸可能になった。この家の近くには、アメリカ独立戦争の戦場跡地――風化した橋や輝かしい御影石の記念碑などすべて――があった。独立戦争後にこの牧師館は、ウォルドー・エマソンの祖父ウィリアムや、九十歳で亡くなるまで六十年以上の間コンコード初の教区牧師として務めた彼の義理の祖父エズラ・リプリー牧師の牧師館として使われてきた。エマソン自身はリディアンとの結婚以前、弟チャールズの死以前のことでもあったが、この家で『自然論』の執筆に取りかかっていた。彼はこの家の賃貸代理人の役割を果たすことになる。

新しく塗装された一階と、一年間でたった七十五ドルの家賃というだけでは、その春にエマソンが家に案内した最初の夫婦を魅了するのに十分ではなかった。エリザベス・バンクロフトと歴史家でありボストン港の収税吏として一度はナサニエル・ホーソーンの後援者でもあったジョージ・バンクロフトは、その家を夏の別荘にしようと思っていたが、結局断ってしまっていた。その後、この場所のことをエリザベス・ホアがソファイア・ピーボディに伝えたのである。エマソンはすでにソファイアのことは知っていたものの、彼女の婚約者には会ったことがなく、彼の仕事に対しても仕方なく敬意を払っていたにすぎなかった。五月初め、二人に家の案内をしているうちに、エマソンはコンコードの宣伝係としての新しい役割に熱中し、ホアへの手紙に書いているように、「彼のことは結構好きだ」と思うようになったばかりか、ホアにホーソーンを紹介してくれたことを感謝していた。マーガレット・フラーもホーソーンの良いところを宣伝していた。「あなたはきっと、彼があなたの食卓にあるほとんどの果物よりも円熟していて、しかも際立った味を持っていることに気づくことでしょう。」自身の結婚や作家の結婚に対しても一般的に暗い考えを持っていたエマソンだったが、ソファイアとホーソーンの結婚については希望的観測を持っていた。そしてなによりも、サラ・クラークがその訪問について耳にした際にマーガレット・フラーに報告したように、「彼は集めつつある入植者たちに満足していた」。関係者全員にとって非常に重要だったのは、ホーソーンとソファイアが旧牧師館を気に入っているということだった。ソファイアはすぐに、この家と場所が二人の望んでいた「完全な休養所」となり得ることを見てとった。ホーソーンにとってこの「古風」な家は、「僕たちのために特別に、僕たちがちょうど望んでいたときに、神が創ってくれた」ように思えた。

コンコードの町の公有地を十分歩くと、その大きな灰色の家が一軒、コンコード川の曲がったところにそびえ立っている。ホーソーンは、そこでは水があまりにも穏やかに流れているので、どちらに流れているのかわからないと言ったほどだった。黒いトネリコの木が立ち並んだ、草深い長い車道は、町への道路につながっていた。家の前には菜園や一面に広がる芝生があり、丘の斜面には果樹園があった。たくさんの魚が――「風味のよい」淡水魚であるブリームがあり余るほど――いる川は、

旧牧師館（コンコード）

裏戸から五十歩も行かないところにあった。家賃はコンコードにしては高かったけれども、ボストンの値段に比べるとお手頃で、庭で採れるものや、リンゴ、ナシ、モモ、サクランボといった果樹園の果物も含まれていた。料理人を雇うことさえできるかもしれないと二人は思った。ホーソーンは、将来の妻の「豊かな成長と発展」を「妨げるかもしれないすべてのものを取り除くこと」、そしてできるだけ彼女を「家庭の骨折り仕事から解放」することを決意していた。というのも「彼女はキャンバスや大理石に多くの偉業を成し遂げようとする理想がある」のだから。[7]

初めてソファイアは、「青い空、美しい川、長くて静かな芝生——そして近くにある森——このような天と地の限りない豊かさがあり……これほどにも幸せな世界が私を囲んでいる」結婚生活を、心に描くことができた。家そのものは十分に広く、ホーソーンには「書斎を、私にはアトリエを、次々に」用意することができた。二人はすでに日課を立てていた。ソファイアは、「午前中、彼がミューズの掌中にある間、私は私自身のミューズの掌中にいることでしょう」とセイラムに住む友人メアリー・フットへの手紙に書いている。「休暇中は、起きてから数時間は、仕事をしながら能力を発揮することを楽しんで、それから午後には一緒に、未知の世界の奥深くからやってきた考えを交換しあうのです。」彼女はホーソーンが自身の物語を読んで聞かせてくれるという「至福」を想像し、「また私が発見したことのすべてを彼に——とても公正で、厳しく、真の批評家である彼に——伝えて、鉛筆と彫刻道具で私が彫ったものを彼に見せること」を想像した。二人が違った分野の専門家であることは問題ない。「芸術家の心と目は全てにおいて一致しているのですから。」

新しい計画を前に「喜びでいっぱい」[8]だと、ソファイアはマーガレット・フラーに書いている。ウェスト・ストリートをしょっちゅう訪れていたフラーは、一年の間にソファイアの親しい友人になっていた。というのも、その計画はそれほどすぐには実現されなかったからである。二月初旬、欲求不満のソファイアは、そもそも自分の発案ではなかった秘密にしておくことに嫌気がさして、ホーソーンに自分たちの婚約について彼の母親と姉妹に伝えるようにと「指令」を出した。秘密にしたいという彼の要望に彼女が合わせていたのは、主にエリザベスとの最初の気まずい思いからであった。しかし三年が経ち、ついにソファイアは、親しい身内に打ち明けようとしない婚約者が、その恋愛をどれほど真剣に思っているのか疑っていたのかもしれない。また公表した後で、ホーソーンが結婚式の日取りを決めざるをえないと思うことを期待していたのかもしれなかった。

しかし作家は彼女に懇願した。ホーソーンはつい最近セイラムを訪れ、自分の昔の寝室に泊まっていた。そこで彼はわびしい冗談を述べている。「次の時代には、まちがいなく、巡礼者がやってきて崇敬の讃辞を送ることになるだろう。」彼は後の賞讃者が、指差しながら次のような感嘆の声をあげることを想像していた。「マツ材のテーブルに、底が垂れ下がった古い椅子――そこで彼は座ってインスピレーションを得ようと苦しみながら執筆していたのだ！　古い引き出しもある。そこには貧しい作家が所有していたシャツが入っていたはずだ。そのクローゼットのなかには、彼のすり切れた黒いスーツが保管されていたのだ！」　皮肉に述べていたにしても、ホーソーンの野望は計り知れなかった――それは、これらの野望を実現できないのではないかという彼の怖れと同じくらい大きなものであった。ソファイアだけが、彼がどんなに名声を望んでいるか知っていた。収入もたいした名声もない彼が、どうして結婚したいなどと母親や姉妹に告げることができただろう？　彼女たちもまた、彼が最後には作家としての名声を得るだろうと期待していたし、結婚は絶対に障害になると考えていた。

それだけではない。ホーソーンはソファイアに、彼の家族の間には「感情に関わることについての奇妙な抑制」があることを打ち明けていた。「心の奥深くの関心事についてはしゃべるべきではない、という暗黙の掟のようなものがあった」と彼は書いている。「僕は感情を手に取って、家族に見せることができないのだ。」[9] それは彼がエリザベスに初めて打ち明け、彼を二人の姉妹との親しい間柄へと駆り立てた疎遠の話――「僕たちは自分の家には住んでいなかった」――と同じものだった。ホーソーンは、「僕たち家族の初期の交流において誤ってしまった何か」――父親の死が家族にもたらした最初の衝撃と同じくらいきわめて破壊的な何かが、「とくに必要なときに、自由に交流することができない」原因であり、自身の家族関係をひどく制限していたのではないかと考えていた。原因はなんであれ、ホーソーンは、呪縛を解くことができない、すなわち、家族の輪を断ち切ってまで自身の計画を公表することはまだできないと感じていた。

実際ホーソーンは、「君のこと――〈まさに〉君のこと――を誰かに話すのは難しいんだ」とソファイアへの手紙に書いていた。婚約の早い時期から、彼は自分たちの恋愛が秘密であるという考えを楽しんでいた。その二年以上も前に彼は、「僕たちのような話はこれまでに書かれたことがない――これから書かれることもないだろう――なぜなら僕たちが人に秘密を打ち明けたいと思うことはないだろうから」とソファイアに宣言している。今では彼は、「僕の本質という深淵の上にどんなに不透明なヴェールが広がっているか」をソファイアに理解して欲しいと頼み、彼女が「そこに自分なりのやり方で到達する」ことを強く迫った。というのも、ホーソーンがソファイア以外のほとんどすべての人に感じていた「無意識の抑制」は、彼が変えることのできない、あるいは変えようとしないものだったからである。彼はその「抑制」が「僕の作品に客観性を与えてきた」と信じていたが、「僕が自分自身を物語やエッセイに注ぎ込んでいると人が思う」ときでさえ、そう信じることを止めなかった。むしろ「僕が彼らに共鳴しているのであって、彼らが僕に共鳴しているのではない」と彼女に語っている。それは彼が高く評価すると同時に苦しんだ個性であり、彼はソファイアにだけはそこに入り込むことを許した。そのために彼女への思慕は増していった。自分たちの恋愛を秘密にしておくことを主張し、その結果「僕たちの永遠で無限の結合を第三者に誓う」ことを延期しさえした。彼が好んで信じた世俗的な結婚の神聖化は、すでに天国で実現されていた。そこには、自分たちだけに彼の献身が向けられることで、感情を維持しようとする母親や姉妹は存在しなかった。

今ではホーソーンは、愛情を堂々と表現する離れた恋人という点で達人とも言えるほどになっていた。彼はソファイアの「指令」に従うことを拒否した手紙のなかで、「君を求め、君を思って溜息をつき、君がいなければすべてが無であると思うことは喜びだ」と書いている。たとえ彼が決めるのに手間取っていたにしろ、どうしてこれほどまでに雄弁な求愛者に対して怒り続けることがソファイアにできただろうか？「僕の呼吸を乱すこのあこがれ――僕の魂から君に熱烈に向かい、深淵から君を求めて呼び、君がすぐに与えられないことに不平を述べる僕の心の声――これらすべてが喜びなのです。なぜならこれらは、僕たちの存在がそれぞれに入り込んで、完全に一つになっていることを教えてくれるからです」とホーソーンは書いている。「存在と同様に不在がこの知識を与えてくれる――そしてこの知識がある限り、僕は生き続けるのです。」おそらく自分の実家の部屋でソファイアは、同じように相反する感情の中間地点に留まっているように感じていたことだろう。

そしてちょうどソファイアが、かりそめの愛の世界に住むことに「夫」が満足しているのではと怖れていたであろうときに、ホーソーンは現実世界に感謝の讃歌を送っていたのだった。一八四二年一月、セイラムからの手紙で、「僕たちは表現を、少なくともペンとインクで達成されるような表現を、ずっと置き去りにしてきた」と彼女に書いている。そこでは家族との「自由な交流」の欠如が彼を苦しめ、ソファイアをひどく恋しく思わせていた。「話し言葉でさえ長い間不十分だった。実際に見て――唇と手が触れ合い、胸と胸が接触する――こういった言語のほうが勝っているのだ。」春の初旬、彼は「僕の胸は君でいっぱいだ。君は僕のすべての血管の至る所で激しく脈打っている」と書いている。「まるで以前には何も存在していなかったかのように――まるで、まさにこの瞬間、僕たちだけが肉体的世界と精神的世界を発見したばかりであるかのように」彼は感じていた。

結局ソファイアは、自分たちの計画を公にしたいと願っていたにもかかわらず、彼の好きなようにさせていた。しかしなぜか三月には、婚約の話がボストン中に広まってしまっていた。ソファイアは四月に、噂を聞いたセイラムに住む友人のメアリー・フットに宛てて、「誰かが私の秘密を漏らしたに違いないわ」「だからこんなに至る所で噂になっているのね。でも正式に発表されたことはなかったのに」と書いている。正式な発表があれば、ひっきりなしにくり返されることになった噂――ホーソーンがソファイアではなく、エリザベス・ピーボディと婚約しているという噂を防ぐことができたかもしれない。噂はセイラムでも広まっているようだった。そこではエリザベスとの最初の頃の親密な友情が注目を招いていたのかもしれなかった。噂の提供者の一人であるベンジャミン・メリルは、セイラムの弁護士で政治家でもあるリヴェレット・ソルトンストールに、「N・ホーソーンとE・P・ピーボディ嬢かその姉妹の誰かが婚約したという噂を聞きました――ということは、この世は超絶主義者の文学的産物に恵まれるかもしれないということです――彼らが著作権を取れるように願いましょう」と書いている。ようやく発表が印刷されたときには、ソファイアはある新聞に簡単に「学識深きピーボディ嬢」と載せられていたが、それは事態の収拾にはならなかった。

それまでには五月の半ばに入っていた。すでに旧牧師館を借り、結婚式の日取りは六週間後の六月二十七日に決まっていた。このときになってようやく、ナサニエル・ホーソーンはホーソーン家の女性たちに結婚を知らせるためにセイラムを訪れた。『優しき少年』の共同出版にまでさかのぼる、ホーソーンとソファイアの間にできつつあった婚姻関係の明らかな兆候に加えて、セイラムを飛び回っていた噂を見逃すことが、彼の母親と姉妹にできただろうか？[10] 彼女たちは見逃したふりをしていた。そうすることで反対に固執することができたし――あるいはこの「恋愛沙汰」すべてを不快に思うことができたのだった。

困難だったに違いない夫の家族への最初の挨拶についての記述は何も残っていない。「おめでとう」の言葉は入っていなかったものの、後からソファイアにお祝いの短い手紙を書いてよこしたのは、ナサニエルの姉エビー・ホーソーンだった。「来たる私の弟とあなたの結婚に対して、私が二人の共通の幸せを真に願っているのだと保証するのが妥当でしょう」と、エビーはよそよそしく手紙を書き始めている。「私たちの将来の親交が、快いもの以外になるようなことが、起こらないことを願っています。とくに、私たちの新しい関係のなかで、お互いに合わなかったとしても、相互にとっての善意以上のものを求めるほど、親密で親しくなる必要はないのですから。」この知らせは、「とくに私の母には当然伝えられているべきだったもの」だとエビーは感情をいらだたせた。というのも、ホーソーン夫人には、なぜ「一人息子」が、「その結婚に向けて心の準備をするために」、たった数週間しか母親に残せなかったのか、理解することが容易ではなかったからだ。だがエビーの怒りの大部分は弟のために取っておかれていた。「このように私がはっきりと申し上げるのは」、「弟が私に正しいことだけを話すことを望んでいるからです。でも〈真実〉について彼が語る権利を私は認めません。この事情を私たちにこれほど長い間隠していたのですから」とエビーは書いている。ホーソーン家の三人の女性たち全員が、結婚式の招待を断る口実を見つけていた。

ソファイアはそれほどひどく驚きはしなかっただろう。そもそもピーボディ姉妹からの春の花束のお返しに、ドングリのへた、苔、海藻——それらをジョージは「ぞっとする」と表現した——をチャーター・ストリートの家に送ったのは、他でもないエビーだったからである。はっきり言うなら、エビーは生涯ずっと、その非常に変わった気質と強い意見とで知られていた。「自分にとっての快適さを求め、自己犠牲を断固として否定する」ことが、後年彼女のモットーの一つとなるのだが、この考え方は彼女が生きた時代の女性にとっては、ほとんど考えられないことだった。おそらくエビー自身が常習的な隠遁者だったので、彼女は「慢性的な病弱者には冷酷」であったと書いている。そのような人たちが、彼女の選んだ人生に悪評を与えたからである。エビーは「閉じこもるための特権」を行使するのに病気になる必要はなかった。だが愛する弟が結婚しようと決めた女性、すなわちソファイアが、そのように慢性的に病弱であり、これからもそうあり続けるかもしれないと心配していたのかもしれない。おそらくもっとも重要だったのは、はっきり物を言い、弟と同じくらい多読だったエビーが、彼の「もっとも厳しい批評家」としての役割を長い間満喫していたことであろう。今ではソファイアが——超絶主義的な楽観主義と、自身がそれなりに優れた芸術家であるということによって——それをエビーから取り上げてしまったのである。

ソファイアは、ホーソーンにすれば「思いやりがあって、優しく、寛大な——とても美しい」手紙の返事を、なんとか翌日に届けることに成功した。「もし彼女たちが君を愛さないならば、それは彼女たちに人を愛する心がないからに違いない」と婚約者は彼女を慰めた。エビーの返事は二週間以上かかったが、彼女が実際に返事を寄こしたとき、そこには「あなたに対してとてもよそよそしく、冷淡にさえ」見えたこと、そして「少しでもあなたに苦痛を与えるようなことを手紙のなかで述べた」ことに対する謝罪が加えられていた。今では母親は「あなたを娘として受け入れ、愛する準備ができて」いるとエビーは説明した。エビー自身はソファイアが「過去を忘れ」、「多くの幸せをあなたに約束するような」「未来を待ち遠しく思って」欲しいと望んでいた。彼女はソファイアに、「きっとあなたの性格と弟の性格は、お互いによく合っているのだろうと思います」と請け合った。代わりにエビーは、今度はソファイアの結婚の決断に当惑していた。「あなたは結婚生活に不可欠な気苦労と悩みの種を怖れてはいらっしゃらないのでしょうか？」まるでソファイアの心を読んでいるかのように、エビーは自分自身の結婚に対する不安、すなわち「自分の手に負えない状況によって私に押し付けられたわけではない責任」について書いていた。「私は、多くが自分にかかっているかのように感じることは嫌なのです。」この文章は、ソファイア自身が何度も語ったり書いたりしたものだった。

実際、いったん結婚式の計画が決まって「世間に知れ渡り」、銀製の果物ナイフ、花模様の食器、詩集、石膏の花瓶といった贈り物がウェスト・ストリートに届きだすと、ソファイアは不可解な熱に襲われ始めた。彼女は同毒療法医で催眠術師でもある友人のコニー・パークに相談した。コニーは不在の夫トムがカリフォルニアから自分を呼び寄せないことがわかると、失望してこの職業に就いたのだった。しかしソファイアがもっとも必要としていたのは、将来の夫が彼女の世話を快く引き受けてくれるかどうかを確かめることだった。前年の秋、ソファイアがローラ・ブリッジマンの彫刻と『おじいさんの椅子』の挿絵の仕事を同時に行って、頭痛と疲労に襲われたとき、ホーソーンはすでに「僕にとって重要なのは、君が何をしているかではなく、君が誰なのかということです」とソファイアを安心させていた。そして六月中旬の今、彼女が病気になり、結婚式が一週間、また一週間と引き延ばされると、ソファイアは「この中断」に感謝していることをメアリー・フットに書き送っていた。「私は自分がこの病気になって喜んでいるわ。だってホーソーン氏のもう一つの優れた面を作り上げてくれたのだから。こんなに見守られ、こんなに看護されて、喜んで神経性の熱に罹らない人なんているかしら。」

六月が七月になり、新たな婚礼の日取り、七月九日が近づくと、「あまりにも力強くて優しく、あまりにも愛情に満ちて立派な」婚約者の献身のおかげで、ソファイアは「蘇った不死鳥のように」感じていた。ソファイアへの手紙に書いているように、ホーソーンは「君の寝床を毎晩訪れ、君が昨夜よりも良くなっていると言うのを聞きながら」、「ここでゆっくり過ごすこと」に非常に長けていることを証明してみせた。病気のソファイアに代わってメアリーは、家の手はずを整えるためにコンコードへ向かった。グイド・レーニのローマのフレスコ画からの細部をソファイアが塗装した寝室のカエデ材の家具、二年前にソファイアが選んだカーペット、ホーソーンの書斎に掛けられる予定だった『コモ湖』の絵画の配置を彼女は監督した。ウォルドー・エマソンによると、故リプリー牧師の後継者が手配して、何十もの塗装がほどこされ、新しい壁紙に張り替えられた。そしてそれは、家が「再びおもちゃのようにまっさらに輝く」までくり返されたのだった。ヘンリー・ソローはこのときエマソンの家に住み、家賃や食費の支払いの代わりに雑役夫として働いていたが、二人の菜園に何種類ものカボチャ、エンドウ、スグリ、キュウリ、トウモロコシ、サヤインゲンを植えており、これらすべての野菜が熟し始めていた。

七月九日の朝がやってきた。十一時三十分、ジェイムズ・クラーク・フリーマンのもとで、「執行」がなされた。これはセイラムの実家への手紙のなかで、挙式について言及する際、ナサニエル・ホーソーンが唯一使うことのできた言葉だった。彼の家族は誰も出席しなかった。ウェスト・ストリートの奥の客間で、白いドレスに身を包み、髪にユリの花を編みこみ、母親と姉たち、そして親しい友人たち、サラ・クラークとコニー・

パークに囲まれたソファイアは、まるで「夢うつつ」のように感じ、短い式の後、父親が祝いの言葉を言ったかどうかさえ覚えていないほどぼうっとしていた。まもなく新婚夫婦は、夏の暑さのなか、馬車に乗ってコンコードへ向かった。途中でまず軽く「ダイヤモンドのような」にわか雨に遭い、それから午後の雷雨のどしゃぶりに見舞われ、そして「磨かれたエメラルドのように輝いた」緑の景色をずっと通り抜け、日没前には旧牧師館に辿り着いた。ソファイアとナサニエルには六月の結婚にありがちなバラやスイカズラはなかったものの、ハルシャギク、シモツケソウ、スイレンといった七月の野花で、家のなかで見つけることのできる花瓶のすべてをエリザベス・ホアが満たしてくれていた。ホアはその前の週にソファイアへの詩のなかで書いた約束をちゃんと守ってくれていた。

……これらやもっと多くの花を七月は開かせ
あなたを待って花開く
そして六月には希望でしかなかったものが
美しく満ちることでしょう

翌日に実家の家族に向けて書かれた花嫁の手紙によると、ソファイアとナサニエルはすぐに自分たちの「完全な楽園」で「アダムとイヴ」の満足感を味わっていた。別の週には「私のすばらしい回復」と「日々この上ない完全へとますます開花している」夫のことをソファイアは自慢している。一方で彼女の両親と姉たちは、ワインでではなくボストンの飽くことなき夏の暑さで、「ウェスト・ストリートの祝杯」を挙げ続けた。そして急に空っぽになった家のことを語り合った。結婚式の二日後メアリーは、「ここには中心がないように思えるわ」とソファイアに書いている。

ウェスト・ストリート十三番地のソファイアの部屋――彼女の「寝室、アトリエ、私室（全部が一つになっているもの）」――はまもなく彫刻家であるセス・チェイニーに貸し出された。やっとソファイアの嫁入り準備の手伝いをする必要のなくなったメアリーは、放課後、通りの向かい側にある厩舎の職人たちに、「彼らが本を読み、文明化する」ことを願ってエリザベスの書斎の本を分け与えたり、ホレス・マンの『公立学校ジャーナル』に掲載するためにデッサン教育に関するドイツ語の記事を翻訳したりして、忙しく過ごしていた。マン自身は三月に、彼の公立学校改善を後援する州議会から一年間六千ドルの委託を得て意気があがっていた――彼は自身の日記に「すばらしい仕事がなされた！」と書いている。資金を集めるために彼が発行した一万八千部の報告書は、ニューヨーク州だけで急いで印刷された。そこでは同じ考え方を持つ改革支持者がマンの勝利を真似ようとしていた。マンは、パーキンズ盲学校でローラ・ブリッジマンと共に仕事に成功し、同様に興奮していた友人サミュエル・グリドリー・ハウに宛て、「私たちはこのいまいましい世界から、現在よりも良い何かを作り出すのです」と書いている。「けっしてあきらめないこと」、これこそマンが自身の勝利から学んだことだった。「マサチューセッツはまだ人間や天使にとって美しい光景なのかもしれない。」もちろんマンは、すぐに次の挑戦で苦しむことになる。それは七月四日にボストンで演説を行なうよう招待されたときであった。このとき彼は、自身の計画をもう一度「一般の人々の意見というひどく苦しい試練」を受けるために「提出」したのだった。

五月にエリザベスは、ナサニエル・ホーソーンが「私のいちばん下の妹と結婚」する「前日」、ワーズワースに再度手紙を書いている。[11]彼女は手紙と一緒にホーソーンの『トワイス・トールド・テールズ』の新版を、いまだ職を持っていないブロンソン・オルコットの手で届けさせた。オルコットの友人たちは彼を一年間イギリスに送るために寄付を募っていた。イギリスでは『ある学校の記録』に概説された基本方針にもとづいて、オルコット・ハウスと呼ばれる国立寄宿学校が設立されていた。ワーズワースへのエリザベスの手紙によると、彼女はエマソンや他の人たちと同様に「きっとイギリスの良識が彼に――結局人がそうすべきように――有限のものと妥協することを教えてくれるでしょう」と願っていた。

エリザベス自身も、二十一歳のときに初めてワーズワースに手紙を書いた時点から長い時間を経てようやく、「人生の責任が重くのしかかるなか、感性と熟考が出会うことで深く苦しむ心」と必要な妥協をすることができるようになったと考えていた。今では、詩人への手紙のなかで以前そうしたように、彼女の精神を注ぎ込むのではなく、むしろ「歴史ロマンスの……才能を示したアメリカで唯一の作品」としてホーソーンの本を差し出していた。そしてワーズワースの古い友人ワシントン・オールストンのことを書いた――「彼とはしょっちゅう会っています。そして私たちは〈いつも〉あなたとコールリッジさんのことを話しています」。六十三歳になったオールストンは、やや自暴自棄ぎみに、自分が長年取り組んで終えることのなかった代表作『ベルシャザールの饗宴』を巨大なキャンバスに描いていた。彼はキャンバスの上部分の様相を整えるために梯子を登ったり、遠くから修正した効果を判断するためにまた梯子を降りたりすることに、疲れきっていた。だがその会話は相変わらず才気あふれるもので、エリザベスが書いているように、「非凡な才能の生命力によって」かきたてられた「不滅の若さ」を示していた。

エリザベスは昔の保護者がまともでいられるように、オールストンをイギリスの友人のもとに呼び戻そうとしていた。だが、その他の面においては、彼女は昔の保護者を離れようともしていた。同じ年の春に彼女は、セオドア・パーカーを擁護する論説のなかで、「ユニテリアン派を見渡すと、もっとも優秀な人たちの顔には悲しみが見られ、彼らの声には悲哀の旋律が聞こえる」と書いている。「私の精神的経験においては、何年も前から、ユニテリアン派教会が私の本当の起源ではないことが立証されています。」六月、エリザベスはバークシャーで夏を過ごすために荷造りをしていたチャニング牧師を訪れ、自身の宗教的見解が「新しい転換期」を迎えていることを告白した。彼が賛成してくれるだろうとは思っていなかった。それから数カ月の間、彼女はトリニテリアン派の教徒になることさえ考えていた。だが同時に彼女は、『ダイアル』誌のために、ビシュヌ・シャルマの『ヒトーパデーシャ』からの物語に注釈をつける仕事にも従事していた。チャニングはエリザベスに、夏の間自分に手紙を書いて、「私をあなたの新しい考えの仲間にしてください」と頼んだ。「〈私こそ〉がその〈最初の〉権利を持っていると思いませんか?」しかし人生でたった一度だけ、エリザベスは恩師からの要望を拒否した。彼女は手紙を書かなかったのである。

エリザベスがのちに述べているように、この新しい「私自身の経験を解放し、その謎を説明する宗教の哲学」の探求が、どれだけソファイアの結婚とかかわっていたのかを知ることは難しい。エリザベスは自分が独身であるという事実と葛藤していた。メアリーを仲間に持ちながらも、ほとんどの女性――米国国勢調査の統計によると十人のうち九人――が結婚しているという事実について、考えざるをえなかったのである。[12]エリザベスはマーガレット・フラーの談話会の一つを記録している。そのなかで参加者たちは、なぜ女性は天才的芸術作品を生み出すことができずにいるのかという問題に取り組んでいた。それは、そのような仕事に「男性が人生のある時期打ち込んでいるとき」、「ほとんどの女性は母親になる」からだろうか? それならば、結婚しない女性はどうなのだろうか? なぜ彼女たちはもっと生産的でないのか? その場にいた独身女性のなかでもっとも成功していた二人、エリザベスとフラーが、この問題について口論した。エリザベスは、独身女性は結婚する機会を逃したことを「嘆くことで、残りの人生を費やしすぎている」という意見を述べた。「社会があまりにも一様に、女性は結婚していることでより尊敬に値するのだと言ってきたので、女性が完全に望みを失うまでに長い時間がかかるのです。」フラーは、「でもすべての人に〈あきらめなくてはいけない〉時期は来ます」とすばやく言い返した。エリザベスは、「では若さが過ぎてしまい、精神が平凡さに傾倒することが、あまりにもありふれてしまっているのです。そのような平凡さは、多くの場合、絶望した希望の結果生まれたものなのです」と答えている。

エリザベス・ピーボディが平凡さに傾倒していたとは、誰も言うことはできなかっただろう。だが彼女はこのとき、「〈あきらめなくてはいけない〉」時期にきていたのだろうか? エリザベスは三十八歳だった。何年か前、ホーソーンに拒絶された痛みがまだ新しい頃、彼女は自身の日記のなかで、「ああ、恋をしていようがいまいが、女性の性質はずっと同じなのだ。女性はそのロマンスに具現化されたヒーローがいてもいなくても、望みのないくじかれた恋の苦しみのすべてを、あるいは幸せに満ちた愛情の喜びを、経験しなくてはならないのだ。私は優れたものを愛した……その理想を満たす栄光が、人の形として現れるかどうか、誰にわかるだろうか」と書いている。しかしそれは四年前のことで、ウェスト・ストリートや、水曜日の夕方の日々、ブルック・ファーム、それに『ダイアル』誌以前のことだった。それはエリザベスが超絶主義者にとって「親切な出版者」になる前のことだったし、セオドア・パーカーが彼女の「独り身」を賞讃しようと考える前でもあった。

エリザベスは妹の結婚式後の夏の間、新しい「宗教の哲学」を探し始めていたのかもしれない。けれども彼女は自分のことを十分によくわかっていたので、セイラムを離れボストンに向かってから作り上げてきた道筋——「本来の私となって〈行動する〉」こと——から外れたりはしなかった。チャニングが彼女の精神的成長をなんとか監視しようとするのを払いのけ、本屋や『ダイアル』誌の仕事で忙しくしていた。七月下旬のある午後、八千人の購読者を持つ雑誌『ボストン・ミセラニー』誌の出版者サミュエル・ゾーデンがウェスト・ストリートに立ち寄り、新しい編集者を見つけるのにエリザベスの助言を求めたとき、彼女はすぐに義理の弟を提案した。ホーソーンと妹の結婚は、彼の出世の手助けをしようとする彼女の努力に終止符を打つことにはならなかった。

メアリーもまたホーソーンのためにある考えがあった。ドイツ人の線画の達人で、彼女が伝記を翻訳していたペーター・シュミットが、理想的な題材に思えたのだ。ホーソーンは「事実を取り上げて、そこからもっとも美しい物語を作る」ことができるだろう。そこでメアリーはソファイアに、わかりやすくほのめかしてみた。「ハウ博士は、ホーソーンさんがローラ［ブリッジマン］の伝記を書くためなら、彼女に関して博士が持っている資料をなんでも提供すると言っているわ。」ホーソーンはボストンで、ハウとその弟子に会うために一晩を割くことはできなかったのだろうか？　おそらくソファイアは、その提案を伝えることさえしていなかったに違いない。彼女はメアリーに、自分の夫が「人を訪問することに対する嫌悪……をまだ強く持っていて、それはたとえどんな天使に会うためであろうと変わらない」ことを知らせていた。

いずれにしてもホーソーン夫妻は、ソファイアがはっきりと母親への手紙に書いていたように、「お互いを楽しむ」こと以外は何もしないで夏を過ごすことに決めていた。婚礼の祝いにアポロンの半身像を持って旧牧師館を訪れたキャロライン・スタージスは、ソファイアに「このような長く静かな夏の時間に多くの絵が生み出される」ことを期待していると伝えて去っていった。しかしソファイアは、「親愛なるキャロライン、あなたが私の立場だったら、絵を描くことはまだ不可能だって気がつくはずよ。どんな形の表現を試みても、馬鹿げていて役に立たないように思えるわ。この夏の月日……私はこのうえなく幸せであることに、そして夫の広い性格を考察することに、完全に没頭しているの」と答えていた。以前病気がちだったソファイアを心配し、「文学的に卓越し、洗練された男性」であるロイアル・タイラーによって、自身の家庭生活の初期の頃を台無しにされた記憶の名残りで悩まされていたかもしれない彼女の母親は、娘が「自分のアダムに従属しすぎている」のではないかとの心配を表明していた。それに対してソファイアは、「彼は意志の強い人ですが、他の人を支配しようとするほどではありません。私たちの愛はそれほど広く、深く、平等なのです」と返事をしている。

ソファイアが心に描いていた書斎とアトリエでの朝の仕事は、延期されていた。野花を摘んだり、とても貴重な新しい友人ヘンリー・ソロー——ホーソーンはソローが「罪深いほど醜い」が、「とても自然で独特な性質をいまだ持ち続けている」と思っていた——から購入したカヌーに乗って川で漕いだり、あるいは森のなかを歩き回ったりすることが優先されていた。こうして彼らは、「乾燥した松の葉のカーペットの上に」横になったり、「愛する母なる大地の胸の上でしばらくの間」休んでみたりする時間を、自分たちに与えることができた。ソファイアは次のように、ホーソーンと一緒につけている日記に、ある朝の散歩を詳しく説明している。「それから彼を、素敵な日陰で私の腕に抱きしめた……ああ、なんて素敵なことでしょう……世界は私たちの鼓動以外動いていないように思えたのです。」別の日に夫妻は、エマソンに薦められたピクニックの名所「絶壁」を探しに出かけたが、その代わりに「素敵なサファイア色の小さな海」を見つけたので、「私たちがこの海を発見したのだと決めることにした」。ホーソーンが泳いでいる間ソファイアは、彼の「澄んだ水のなかにいる足首の上で櫂を漕いでいた」。彼らはその池を「ホーソーン」と名付けた。

共通の日記に記述しながら、ホーソーンは次のように認めている。「僕たちの世界のようなところでは、一生をこのように過ごすことは罪で恥ずべきことかもしれない。」しかし彼は、「夏の数週間の間、この世界がまるで天国であるかのように過ごすことはいいことだ」と結論付けた。夜になると、星のランプの光に照らされながら、ホーソーンは婚礼の祝いとして受け取った見事なオルゴールのハンドルを回した。夫妻はそれを「私たちの自家製のハーモニー」と呼び、ソファイアは夫のために「カチューシャやクラコヴィエンヌ、あるいはジグであれば何でも」踊ってみせた。キューバ以来久しぶりのダンスだった。ホーソーンは、彼女がとてもうまく踊るので、「僕が洗礼者ヨハネの首を受け取ってもおかしくないくらいだ」と彼女に伝えた。

九月下旬、ホーソーンはソファイアと一晩を離れて過ごすことになった。マサチューセッツ州ハーヴァードの近くにある町のシェーカー共同体を訪問するために、ウォルドー・エマソンと一緒に歩いて旅行したからだった。ホーソーンは小旅行を楽しんだし、この哲学者の同行さえ楽しむことができた。旧牧師館に引っ越してからは、エマソンがコンコードに引き寄せたいと望んでいる他の「独創的な人々」を、「そのうち数人に会えば、[彼らは]普通の人生を送っている人々より、退屈で平凡にすらなってくるだろう」と疑い始めてはいたのだったが。一泊二日しか離れていなかったものの、ホーソーンは妻——「僕の心の奥の奥にまで入り込んで、僕の至る所を輝かせてくれる」あの「最愛の女性」——を恋しく思った。戻ってきたとき、ホーソーンは自分たちの日記に、「僕が家に戻ってきたのは人生でこれが初めてだ。僕はそれまで家を持ったことがなかったのだから」と記している。

旧牧師館では初霜が菜園のカボチャや豆の蔓を枯らしてしまっていた。しかしその後は「穏やかで心地がよく、完璧な日々」が続き、「暖かい日の光が、愛と優しさで、大地と大地の子すべてを包み込んでいるようだった」とホーソーンは書いている。同じ時期、移住してきたペノブスコット・インディアンの一族が、コンコード川のほとりの橋の近くで野営していた。そのときにはすでにヘンリー・ソローが、家の裏側の草地のどこを探せば矢じりを見つけることができるのかをホーソーン夫妻に教えていた。ペノブスコット族は毎年、手作りの籠を町で売るために、川の湾曲部の同じ場所に戻ってきていた。ある日の午後遅く、ソファイアは彼らの間を歩きながら、英語と混ざった「ゴボゴボ、サラサラと流れるような」言語を彼らがしゃべっているのを聞いた。そして彼らがテントを広げるのを眺め、テントのキャンバス地の「美しい細工」に見とれ、女たちが長い髪の毛を、「神々しい夕焼けが金色に染めた」かのように布の袋で頭の後ろに結んでいるのをじっと見つめた。段々と薄暗い夕暮れに近づくと、女たちは火を焚いて食事を作り始め、ソファイアは丘の斜面にある灰色の家に戻った。家へ戻った彼女は、「自分でパンを作ったのですが、とても上手にできました」と母親への手紙に書いている。

チャニング牧師が旅行先のヴァーモント州ベニントンで亡くなったという知らせを、エリザベスがボストンで受け取ったのは、同じように穏やかで心地よい十月の一日だった。ワシントン・オールストンが本屋に入ってきたとき——それは本屋に「彼が唯一訪れたとき」だったが——「私はまだ手紙を手に握ったまま」頬を「涙で濡らしていた」と、彼女はのちに思い出す。エリザベスはオールストンに知らせを伝えた。するとその芸術家は青ざめ、打撃を受けたかのように後ろに一歩下がり、近くの椅子に沈み込んだ。オールストンはようやく話ができるようになると、チャニングは、自分の最初の結婚で義弟となり、生涯の友となっていたけれども、あまりにも頻繁に病気をしていたので、「私は彼が死ぬことについて考えなくなってしまっていたのだ」と説明した。二人の男はほとんど同じ年だった。六十二歳のチャニングは、オールストンよりもたった一歳若いだけだった。どんな用でエリザベスの店に来たのかを思い出すこともできずに、オールストンは明らかにまだ動揺したまま、店を出ていった。

牧師の遺体は、彼が三十九年間務めていたフェデラル・ストリート教会での葬儀と、マウント・オーバーン墓地での埋葬のために、列車でボストンまで送り返された。エリザベスは二カ月前にチャニングが、マサチューセッツ州レノックスで最後の説教を行なっていたことを知った。この反奴隷制の感動的な演説は、「すばらしい表現」で会衆に向けて行なわれ、人々は一時間以上もの間彼の話に没頭した。こういった頑張りがチャニングを疲れさせ、腸チフスに感染しやすくし、その命を奪ったのだった。だが亡くなる前には、彼の弟ウォルターがやってきて、その最期の日々を看病した。その頃には熱によって、「押し寄せるイメージ……限りない幻覚やどっと流れ込む思考」に襲われていたが、チャニングは自分の注意を「ありふれたもの」へ向けてくれないかと家族に頼んでいた。というのも、エリザベスの言葉を借りるならば、「新しい転換期」にある彼女でさえ認めたであろうが、「私たちは現実を、精神的生活の〈現実〉を感じる必要があるのだ」と彼は主張したのである。

結局チャニングの死は「あまりにも穏やかで、はっきり父が生きているのかそうでないのか、十五分間わかりませんでした」と彼の娘メアリーはエリザベスに伝えた。かつて家庭教師だったメアリー・ピーボディを苦しめ、エリザベスのラテン語の教師としての能力を父親に証明することになった少女メアリーは、今では成長し、ユニテリアン派の牧師フレデリック・ユースティスと結婚していた。エリザベスはこのとき、チャニングの家にいるメアリー・ユースティスを訪れていた。そこでは恩師の遺体が威厳を持って横たわり、柔らかくまだ濃い色をした髪が、常に青白かった顔を縁取っていた。メアリー・ユースティスはエリザベスに、父親が死の床でエリザベスがいないことを寂しがっていたと伝えた。だが彼の家族と同様に、エリザベスはフェデラル・ストリートの葬儀には行かず家に留まっていた。チャニングのさえない後継者で「気の毒な」エズラ・スタイルズ・ガネットに「苦しめられる」のが嫌だったからである。

エリザベスは過去の重大な死――特に十年前のJ・G・シュプルツハイムの死――によって途方にくれたことがあった。しかし今、夏の間の断交にもかかわらず、エリザベスはチャニングが結局「よりいっそう私に近づき」、そして「いまや表現の難しさはなくなった」と感じるだけだった。二人はいつも「まったく同じ愛と真実への希求」を分かち合っていた。「ユニテリアン派の教義」に「彼の知性は留まり続けた」けれども、それを「彼の信仰はいつも超越していた」と彼女は信じていた。

かつてホレス・マンをめぐる口論の最中に、エリザベスは「私と同様にあなたも信じているより良い世界がある」と妹メアリーに書いたことがある。「私はそれが、あなたが信じているよりももっと近くに――手元に――そしてうちにさえあると信じているわ。」エリザベスは、ソファイアがコンコードでナサニエル・ホーソーンとともに見いだした、世俗的な「天国」にある「晴朗で新しい人生」に達成することはなかったかもしれない。また妹の、「他の人間に夢中になる」という経験をうらやましく思っていたのかもしれない。だがエリザベスは自身のやり方で、毎日が「まるでこの世が天国であるかのように」生きることに成功していた。それは擁護するための大義、育成するための才能、主張し主張される考えによって作られた天国だった。

いまや二人の姉妹が心配していたのはメアリーだった。メアリーが生きているのは「〈半分の人生〉で……毎年毎年自分以外のすべての人のために精を出して働き、努力のしすぎでどんどんやせ細り、そして青白くなっている」ようだとソファイアは書いている。エリザベスが昔の口論で非難した真ん中の妹メアリーは、「現状という領域を超えたところ」にある天国を信じていたので、「あの世に行くまでそれを見つけることはけっしてない」のかもしれなかった。

エピローグ　一八四三年五月一日

結婚式の朝、雨が止むことなく降っていた。ウェスト・ストリートにあいついで知らせが届いた。ローリンズ・ピックマン嬢はセイラムから列車に乗ろうとせず、ソファイア・ホーソーンは泥の海につかった旧牧師館で途方にくれているとのことだった。牧師のジェイムズ・フリーマン・クラークは、教師をしている二人の花婿の姪を待って、できる限り結婚式を遅らせた。姪たちはニューベッドフォードの町の南に取り残されていて結局現れなかった。しかし、時間はきわめて重要だった。まさしく、三月二十六日以来、時間はけっして無駄にはできなかった。その五週間前のこと、ホレス・マンは突然メアリー・ピーボディに結婚を申し込み、サミュエル・グリドリー・ハウと彼の未来の花嫁でありニューヨーク社交界の女性ジュリア・ウォードと一緒に、学校や刑務所、それに保護施設を視察する六カ月のヨーロッパ旅行にメアリーを誘ったのだ。マンはすでにキュナード汽船会社の汽船、ブリタニア号での五月一日の船旅を自分用に予約していた。旅行を決めたことによって、彼は「大変愛らしくて、僕がとても気になっている人を残して行くのは辛すぎる」と認めるようになった。メアリーが結婚を承諾したとき、マンは二枚目の乗船券を購入した。「今では、これ以外はありえない」と彼は、翌日の自分の結婚式を考えながら四月の最後の夜、日記に書いた。「ああ、メアリー、君は私を幸せにしてくれると思う。私もきっと君を幸せにしよう。」

船はその日の午後二時に出港するはずだった。十一時半にジェイムズ・フリーマン・クラークが「神聖な言葉」をようやく口にして、メアリーとホレス・マンが結婚したときに居合わせたのは、ピーボディ医師とピーボディ夫人、エリザベス、それにナットとその妻と二人の娘たち——五歳と七歳のメアリーとエレン・エリザベス——だけだった。二人の結婚は、ホーソーン夫妻の結婚の「執行」が執り行われたのと同じ時刻だった。メアリーはそれを「承認の時」と呼んだ。花嫁は、首にレースで縁取りをした刺繍入りの簡素な白い亜麻のドレスを着ていた。その襟は、以前の教え子で今は中国貿易王のジョン・マレー・フォーブスと結婚しているサラ・ハサウェイからの贈り物だった。ホレス・マンは、メアリーが頭につけていた金の鎖を贈っていた。それは、メアリーの薄い眉毛にかかり、滑らかな黒味がかった髪と対比をなして輝いていた。メアリーは結婚祝いとして受け取った宝石、教え子のアニーとウィリー・フーパーから贈られたアメジストや、友人のサラ・ショーからの真珠のピンを、すでに旅行鞄のなかにしまっていた。今日は、メアリーは夫の贈りものだけで身を飾りたかった。そして、エリザベスがのちに書いているように、「結婚式の最大のアクセサリー」は、かつて苦痛の表情が常となり、見ると胸が引き裂かれるようだったホレス・マンの顔つきだった。いまや、「喜びと優しさに満ちあふれたマン氏の明るい顔が、あなたも見たら私と同様にいちばん喜んだと思われる結婚式の飾りでした」と、エリザベスは欠席したローリンズ・ピックマン嬢に書き送った。

正午までに空は晴れ、一足早い早春には使える花がなかったため、刺激性の強いジェラニウムの葉で飾られたテーブルで、マン夫妻は結婚式の昼食を急いで済ました後、東ボストンのキュナード波止場に向かった。その日が「いつもと変わらない」「美しい」午後となったのを、ホレス・マンはブリタニア号の甲板から眺めた。その船は、三年前にリヴァプールから大西洋を渡った最初の蒸気船であり、その栄光のときには「浮かぶ宮殿」と呼ばれていた。従来型の大西洋を横断する定期船の一・三倍近い大きさの船は、贅沢な紳士用と淑女用のラウンジ、食堂、それに百人の乗客のための船室に加え、四機の巨大なボイラーに燃料を供給する十二の石炭燃焼炉と船の中央部にある二つの巨大な外輪を備えていた。キュナード社が西廻りで目的地に向かうのにニューヨークよりもボストンを選択したことは、ボストンの町にとって大当たりと見なされており、そしてまさに新婚のハウ夫妻は、大西洋横断時間を通常六週間かかるところ十二日間に短縮したその船に乗るために、ニューヨークからボストンへ旅をしてきたのだった。

エリザベスはマン夫妻の特別室を見学するためについていった。その部屋はおよそ横六フィート、縦十二フィートの広さで、壁の片方には幅の狭い寝台、反対側にはさらにもっと狭い長椅子、端に「備品がすべてそろった」タンブラー付の洗面台、コート掛け、それに二段ベッドの下段の寝台の下にはめ込まれた二つの引き出しが付いており、エリザベスには部屋が手狭に見えた。メアリーは「どちらかと言えば小柄なので」、上段の寝台の足元に旅行用鞄を置き、夫のために引き出しをとっておいた。マンの六フィートの身体を伸ばすのに寝台の長さはぎりぎりだった。天窓のお陰で狭い船室に太陽が当たり、ドアは新鮮な空気と大海原の眺めのために開いたままにしておくことができた。どのような蒸気の乗り物でもボイラーの爆発の危険はまだかなりあったので、エリザベスは二着の救命胴衣が「船室内に」あることに気づいて安心した。

まもなく、エリザベスは「大勢の見物人や友人」のいる岸に戻った。彼らは、船が波止場から離れた二時七分過ぎに三回歓呼した。甲板の上に集まった乗客は、歓呼のたびに応えたが、ホレス・マンが後で語ったところでは、このまだ新しい交通手段での旅の危険性を考えると、「三回目の歓呼に応じる私の声は喉でつまった」。大西洋横断中にマンは四十七歳に達することになる。このような晩年に十歳若い女性と結婚するとは、彼は運命をあえて試していたのだろうか。マンは、自分もメアリーもこれから先の「仕事に立ち向かう勇気は十分ある」と考えることで、自分自身を落ち着かせた。「私たちは戻ったときにもっと良いことをするための準備をしておきたい。これこそが

新婚のメアリーとホレス・マン
（シルエット画、オーギュスト・エドゥアール作画）

この旅のすべてを支える動機なのだ。」結婚は、マンの強く励ますようなレトリックにほとんど変化は与えなかったものの、そのなかで使う代名詞を「私」から「私たち」に変えることとなった。

まさに、乗船の七日間、この二組のハネムーンにおけるマン夫妻の同行者、サミュエルとジュリア・ウォード・ハウ夫妻は、二人が結婚しているとは信じられないとくり返し驚きの声を上げた。メアリーも一時は同じことを感じた。「まさにこれから結婚しようというとき、私は自分のものになった幸せが、自分でも理解できないものであることがわかったの」とメアリーはエリザベスに書いていた。「でも、じきにそれはまったく自然になったわ。星や海が存在するのと同じくらい。太陽が東から西へ進んでいくのと同じくらい自然に。」メアリーにとって同じくらい重要だったことは、いまや妹を奪われたエリザベスが、どのように事の突然の変化を受け取っていたかであった。「私たちが蒸気船に降りていったあの日、姉さんは完全に満足していたように見えたわね」とメアリーは書いた。「それで、私はあの表情を浮かべた姉さんのことをよく考えるの。見ていた人は、私たちはみな状況をとても静かに受けとめていたと言うでしょう。」

しかし、エリザベスは実際にはどのように感じていたのであろうか。エリザベスは、マンの妹のレベッカに二人の出発の様子を知らせる手紙のなかで、メアリーとその新しい夫のことを「とても喜んでいます」と断言し、「メアリーが私たちの家から出て行ったからといって、私は自分のために涙は流しません。それでも、妹のような人物の計り知れないほどの喪失を表現するのは難しいのです」と書いた。セイラムに住む家族の古い友人のローリンズ・ピックマン嬢に対しては、エリザベスはキュナードの波止場であの日に自分が感じた微妙な心情をほのめかした。「私たちは微笑んで、涙を流さず、別れました。そして巨大な怪物が彼女とゆっくり去っていくのを見たとき、私の心に不協和音はなかったのです。」

ソファイアがホーソーン夫妻共有の日記に書いたように、いまやソファイアとメアリーは、「生意気な挑戦的態度で互いに鷹揚にうなずきあい、(内心自分の方がもっと幸せだわと思いながら)あなたと同じくらい私は幸せだと言う」ことができ、またエリザベスが「驚くべきロマンスの物語を始めて、『そして私もあなたたちと同じくらいにね』とくり返す」のを見たいという願いでは一致していた。ソファイアのハネムーンは、過ぎ去った夏の暑い天気とともにひっそり終わっていた。もっとも彼女とホーソーンは、午前中も午後でさえも仕事に没頭し始めていた。ソファイアは夫の粘土の胸像に、ホーソーンは、当時原稿料を払ってくれそうもなかったけれども、雑誌の編集者たちに簡単に売れる物語を書くことに、熱中したのだった。メアリーの結婚式の時までに、ソファイアの健康状態に加え、金銭の問題が火急の心配事になっていた。ソファイアは初冬には妊娠していたが、夫と氷の張ったコンコード川を歩いているときに転倒して、二月の末には流産していた。その事故はちょうど夫婦が、「時が経てば明らかになる」祝福された出来事として、「希望の子ども」を期待し始めていたときに起きた。ソファイアもホーソーンも立ち直った。「私たちが一緒に長く生きれば生きるほど、互いに深く入り込み、互いに混ざり合い、より幸せになる」とホーソーンは旧牧師館時代の日記に書いた。「神は必ず私たちの結びつきに子どもを授けるだろう。なぜなら子どもは結婚の最高の状態を実現するからだ。」

三月に、エリザベスは自分自身の勝利を生み出した。ジェームズ・ラッセル・ローウェルの新しい雑誌、『パイオニア』三号の巻頭の記事である。「ヴィジョン」と呼ばれたその記事は、エリザベスが読書を通して得たある経験と関係していた。その経験とはすなわち、世界史、文学、それに宗教のすべてが彼女の頭のなかで同時に一緒になった霊感の瞬間のことだ。彼女は想像のなかでアジア中を駆け巡った――「華麗で壮大であるが、憂鬱な東洋」――「輪廻で変身を経験する」ビシュヌやバラモン、それに「彼らに従う何百万もの賢者」を見た後、エジプトやギリシャにも行った。そこでは「歴史上の実在の人物ばかりでなく、同じくらいの実感をもった詩やロマンスの虚構の人物がいて、また芸術の巨匠のあらゆる創造物も存在した。彼女はソクラテス、クレイオそれにプラトンとも話をした。「それが国家の神話において語られているすべて、いや、それ以上だった。」

エリザベスがその経験から受け取って読者に送ったメッセージは、「あなたが重大だと言う人間存在の陰気な領域は置いておき、生きた魂そのものになりなさい。思想と美の世界を理解しているが、同時にそれには限界があり、長くは続かないことも知っている魂におなりなさい」ということであった。「私の魂は限りない切望を抱え、芸術のエリュシオンから、さらに自然の楽園からでさえ、人生の秘密を求めて叫びながら突進するようだった」と彼女は書いた。彼女の叫びはぞくぞくするような静寂で応えられ、彼女はそのなかに、「愛のように優しい、思想のように美しい、権力のように恐ろしい個人の存在」と一緒に自分がいることに気づいたのであった。すなわちそれは、エリザベスが子ども時代から直感で知っていた統合された神であり、今では自分でもわかっていたが、ユニタリアンの神ではなく、三位一体の神でも、ヒンズー教、あるいは仏教の神でもなく、彼女自身の神であった。

ヴィジョンを持ち、それについて書くことによって、エリザベスは前年の夏に経験した精神的な危機をなんとか解決した。しかしメアリーがある日、姉について感嘆して述べたように、「世界は姉さんにとっていつも新しい世界」なのだった。エリザベスにとって、危機から解決へ、混沌から啓示へ至ることは、生き方、人生そのものだった。エリザベスが、ウォルドー・エマソンの驚くほど博学な叔母メアリー・ムーディ・エマソン宛てにその年の暮れに書いたように、彼女は「人生は変化」なのだと認識するようになっていた。もし、ソファイアとメアリーがエリザベスに結婚して欲しいと願っていたならば、おそらく彼女たちの姉、すなわち活力と知性によってすでに超絶主義のもっとも影響力のある「神秘主義者」[1]の一人になっていた女性にとって、誤った類の完成の域を望んでいたということになる。エリザベスが研究そのものにたいそう耽っているときに、どのような類であれ、妹たちが完成の域を望むのは、おそらく誤っていた。エリザベスは失恋を悲しんでいたものの、男性を惹きつけるが結局は拒絶する女性に自らを仕立てあげることを、最終的に選んでいたかもしれない。それは、彼女が自分自身の思想やヴィジョンを追求し、多くの色々な男女と関わり、子どもを養うのでなく教える自由をもった独身女性として、もっともよく認識できる手段、激しい熱情を守る手段として選んだものだった。二十年近く後で、この不断の探求はエリザベスを、自身も国家も打ち込むこととなる大義へと向かわせる。その大義とは、世紀末までに国内の全ての州で幼稚園を設立することであった。

そこでエリザベスは、ピーボディ家の他の家族とともに、メアリーが大洋航海を生き延びたことを一八四三年五月末に知って満足した。メアリーはまさに、ブリタニア号がボストン港を出て、外洋で「波にもまれ、縦に揺れ」始めたとき、船酔いにかかることもなく甲板で「元気だった唯一の婦人」だった。メアリーから実家に宛てた最初の手紙には、リヴァプールからロンドンへ行く途中であわただしく訪問した学校や工場のこと、それにホレス・マンが公爵の娘の「富と教養」は「慈善事業に向けられる」べきだと不満をもらしたイートン・ホールに立ち寄ったことが告げられていた。イギリスの田舎を抜けて一日乗車した後、マンは「畑はとても単調な緑色なので、しまいには変化のあるケープコッドが待ち遠しくなり始めた」と断言した。

一方メアリーは、船酔いにならなかったように、ホームシックにもならなかった。「自分自身が見知らぬ土地にいると感じたことがなかったわ。というのも私の家庭は基本的にここ……この祝福された人のそば」、新しい自分の夫ホレス・マンのそばなのだから、とメアリーはソファイアに書いていた。しかしメアリーの注意は、人の惨めさに——列車で通り過ぎたバーミンガムの工業都市近くの「惨めな」村に向けられた。「ここでは、すべてが無視され、品位を下げられ、押しつぶされた人間の印を携えています。」その上、メアリーには緑の田舎も耐え難かった。「これら何マイルも何マイルも広がったすばらしい公園が、空間を占領し、とてもたくさんの人々を快適にするはずのお金を浪費しているのだと考えると、その栄光の半分は奪われているのです。」メアリーはロンドンで一度、「四六時中、私の耳を襲う」通りの怒鳴り声に動揺した。彼女は、それらのあまりにも多くは空腹のためにパンを求める叫び声だと思った。

しかし、ロンドンで二、三日過ごした後、旧世界の景色が感銘を与え始めた。「ウェスト・ストリートを全部合わせた」大きさの豪邸や、王室の宮殿やセントポール寺院があった。その空間はニューイングランドの教会の集会場を七十や八十も「詰め込めるくらい」広かった。その日マン夫妻が訪問したセントポール寺院には、聖歌隊のコンサートのためにリハーサルをするロンドンのチャリティスクールの一万人の子どもたちが詰め込まれていた。子どもたちが歌うと、音楽は三百フィートの高さの天井へ「お香のように上っていった」。それでも、ほとんどの日々マン夫妻は、行わなければならない良い「仕事」を実行して過ごした。すなわち、二人はチャールズ・ディケンズと一緒に、ハンフォード精神病院や、サイレンス・システムで運営され秩序と鍛錬のモデルとなるよう計画されたウェストミンスター・ブライドウェル刑務所を回った。ディケンズは、子どもたちを収容するどんな刑務所も推奨することを拒絶した。メアリーはディケンズが、そのような運命に子どもが生まれついたとわかった母親が「嬰児を殺したとしてもそれは正当なことなのだ」と「本気でののしって」叫ぶのを耳にした。

二、三週間後、スコットランド行きの馬車に乗っているとき、メアリーは敬愛するウォルター・スコット卿のアボッツフォードの屋敷を垣間見て、「本当に誰をも魅了するほどに美しく、こんな広い土地を、所有したいという卿の奇妙な野望に対して」不思議に思い、「それにしてもなぜそれが一人の所有物になる必要があるのだろうか」と疑問を覚えた。彼女は、スコットランドの女王メアリーが生まれ、生き、投獄された数カ所の城の方を優先して、エディンバラやグラスゴーで夫婦が訪問した学校や刑務所について描くことをほとんど諦めた。スコットランドのごつごつした海岸は息もつけないほど彼女を圧倒した――「比較するとナハントの岩は小石だわ」と彼女はエリザベスに伝えた――そしてロッホ・ローモンドの土手にあるロブ・ロイの洞窟の景色に感動した。

メアリーのロマンスに対する趣味は、彼女がついに自分自身の話の主人公になったと感じた今、高まっていた。彼女は誇りをもって、「心を静穏にし、誰にもその苦悶を気づかせないことが自分にできるすべてだった」「神聖な十年間」を振り返った。実際メアリーは、ホレス・マンに対する秘密の情熱を「漏らして」いなかった。「愛することを恐れるな」がついに彼女が学んだ教訓だった。「その揺らぎに身を任せなさい。たとえ地上の感情をボロボロにしたとしても、愛は天上の感情を強くするでしょう。そのような愛が不死の唯一の証明なのだから。」メアリーはこの愛への献身が正しかったと証明され続けることになる。ホレス・マンとの結婚は、互いにきわめて生産的な歳月をもたらした。マンは連邦議会での輝かしい経歴に進み、夫婦は最初の男女共学の高等機関であるアンティオキア大学を創立するために西部のオハイオまで引っ越した。一八五九年にマンが若くして亡くなった後、メアリーはようやく作家になる。[2]最初に亡くなった夫を賞讃した伝記を、またパイユート族の先住民のサラ・ウィネマッカ・ホプキンズに関する伝記を上梓し、最後に死後エリザベスの監修で、キューバの奴隷生活に関する小説『フアニータ』を出版した。

一八四三年の夏の間、ニューイングランドもまたにぎわいを見せていた。二百二十一フィートのバンカーヒル記念塔が、チャールズタウンについに完成したのである。これは国中でもっとも大掛かりな戦争記念碑であった。エリザベスは一八二五年の定礎式をまだ覚えていた。当時彼女はブルックラインから徒歩でやってきて参列し、ダニエル・ウェブスターが風にコートをなびかせながらスピーチをするのを聴いたのであった。彼女は年老いた退役軍人を見て涙ぐみ、生真面目なラファイエット派の一員と握手をした。彼女はその日にしていた手袋をまだ持っていた。当時は誰も記念碑の完成に二十年近くかかるとは思ってもみなかった。その完成には、巨大なみかげ石の塊を市の南の石切り場から、湾を横切ってチャールズタウンまで航行する荷船まで運ぶための、アメリカ初の鉄道の完成が必要だった。婦人たちによる慈善バザーやその他資金集めのキャンペーンが行われていたが、資金はたびたび底をつき、作業は止まった。結局バンカーヒル記念塔の建設団体は、かつての戦場で現在は家屋敷が立っている十エーカーの土地の大半を、壮大な塔の建設費用を払うために売ることを余儀なくされた。

一八四三年六月十七日は、独立戦争の最初の火蓋が切られてから六十八回目の記念日で、三マイルの行列がボストンの通りを練り歩き、戦いで殉死したジョゼフ・ウォーレン将軍の名前にちなんで名づけられたウォーレン橋を渡ってチャールズタウンに入り、さらに広い緑の丘を上ってみかげ石の尖塔へと到着した。その行列は六頭の馬が引くバルーシュ型馬車に乗ったジョン・タイラー大統領を先頭に、連邦や州あるいは地元の有力者、マーチングバンド、そしてニューヨークやニューイングランド全域から集まった四千人を数える市民兵があとに続いていた。百八人の退役軍人のうち、多くは足を悪くし、全員が「歳月とともに腰が曲がって」おり、馬車で到着し、塔の台座部分を陣取ったが、そこに群衆がやって来て彼らを力強く励ましたのであった。そのうちの十二人はその戦場で戦ったことがあった。『ボストン・ポスト』紙が報じたところによると、彼らはみな「軍の代表者たち」であり、彼らが、旧世界のあらゆる英雄や演説家によってこれまで確立されてきた以上に合理的な政治の自由や国民一般の美徳を守るために、武器でより大きな貢献をしたのだった。

その日ボストンの人口は、住人と同じくらい集まった「よそ者」を加えると通常の二倍の二万人に達し、パレードの道に沿ってモニュメント広場まで大挙して押しかけ、ダニエル・ウェブスターがその戦場でふたたび演説を行うのを聴いた。その十八年前、ウェブスターは次のように聴衆に呼びかけ、現在のまさにこの場面を思い描かせようとしたのだった。「記念碑を建てよう。やがてそれは昇ってくる太陽と出会うだろう。それを暁光で輝かせよう。その頂上を日の光で煌かせよう。」今、その日と同様、夏の午後の明るい日差しのなかで、彼の演説を聴きに丘の上に集まった十万人の市民と「よそ者たち」を前に、ウェブスターは塔のことを「過去の記念碑、現在の記念碑、未来の続くすべての世代にとっての記念碑」であり、「それ自体が時代の偉大な演説者である」と宣言し、そのあと一時間以上、演説を続けた。

ピーボディ医師はパレードを見ようとボストンの街角に立っていたが、家族の誰もウェブスターの演説を聴かなかった。ニューイングランドにおいて奴隷制反対論者の数は少なかったが増えつつあり、彼らは、エマソンが次の年の日記に書いているように、ウェブスターの「背信」と自分たちが見なすこと、つまり「議会で奴隷制廃止運動を支持しようとしないこと」について腹を立てていたという。もしエリザベスや超絶主義者の仲間が近くに居合わせていたら、ウェブスターが、この記念碑は「分裂」の脅威をもたらす者に対する非難を目に見える形にしたものであると発言したとき、彼が偽善者であることにきっと気づいただろう。

超絶主義者たちはその代わり、『ダイアル』誌の最新版(一八四三年七月号)の一つに注目していた。そのなかでマーガレット・フラーは、「大いなる訴訟——男対男たち、女対女たち」という当時のジェンダー・ポリティクスの多岐に及ぶ分析を発表したのだった。二年後フラーはそれを発展させ、『十九世紀の女性』という本の形で発表する。しかしとりあえず今、女性は単に「愛情と習慣だけの存在」ではなく、独身の女性がますます自立するようになることは、近代史においてもっとも積極的な発展の一つであるというフラーの主張や、「男は虚栄心が強く、不相応に女より偉くなりたがる」という彼女の告発について深く考えたのは、『ダイアル』誌の三百人という限られた定期購読者とその友人であった。フラーは結婚の問題について長い文章を寄稿しており、「文明化された」社会であっても、「結婚については実践面でも思想面でもなお過渡期にある」と書き、「仕事や人生のパートナーを、公私ともに利益を平等に共有しながら」支える能力に応じて分けた、四つのタイプを昇順で描写した。

エマソンがフラーに伝えたところによると、ヘンリー・ソローは、「どんなものも気に入るということがない」人のはずなのに、フラーのエッセイを、「ペンを手に語るような気高い作品、豊かな即興の書物」と称したという。エマソンはこのエッセイの出版は、「女性の歴史のなかできわめて重要な出来事である」と述べ、その一方でフラーの考えよりもむしろ彼女の「機知」や「性格」を誉めている。しかしソファイア・ホーソーンは、おそらく自分の最初の結婚記念日の頃にそのエッセイを読んだに違いないのだが、それはかつての自身のヒロインが身にまとう鎧にできた一つの裂け目だと考えた。「マーガレット・フラー女王が王座から行ったスピーチをどう思う?」とソファイアは自分の母親に聞いた。「もし彼女が本当に結婚していたら、もはや女性の権利のことで頭を悩ませることもないだろうと私は思うわ。」

イライザ・ピーボディは長い結婚生活を経験していたため、ソファイアよりは評価を下す資格があった。ソファイアからの問いかけを受けて「これほど立派に話す人がこんなにも漠然としか書かないなんて、いったいどうなっているのかしら」といぶかった。しかしピーボディ夫人がこの作品に見出した欠点は、娘が指摘したものとは違っていた。ピーボディ夫人自身認めていたかもしれないが、彼女はフラーの分析に関しては直接コメントしていない。その一方で彼女自らの、より悲観的な見解を明らかにしている。「私はライオンが羊とともに横たわるまで女性は待っていなければいけないと思います。そうすれば男性の友人や伴侶となることを期待できるようになるでしょう。男性には、女性をおもちゃか奴隷のように扱うだけの伝統的な権力もありますし、肉体的な力もあります。ですから、人間とは次元の違う神によって設定された基準に自らの魂が高められるまで、男性はその力を行使するでしょう。」

皮肉なことに、フラーが「作家や芸術家が自分の妻のなかに、感情のみならず思想においても同胞や親友を見出すような」「知的交わり」[3]から得る繋がりについて、賞讃の言葉を書いていたとき、頭のなかにはホーソーンの結婚のことがあった。彼女はまた、ホーソーン夫妻の結婚は、ホーソーンが「至高の状態」と呼んだものを達成したと信じていた。その前の冬に書かれた手紙のなかで、フラーはホーソーンのことを「もっとも落ち着いた、もっとも意志堅固な男性」だと語り、彼女が夫婦の「幸せなデュエット」と呼ぶものに対して、少しだけ羨望を表した。というのも、ホーソーンとソファイアは、「ものを書いたり、絵を描いたり」、粘土で「彫像をしたり」する日々を過ごしていたからである。その強力なカリスマ女性の妬みが自分の歩む道に向けられているのを、もしソファイアが感じていたとしたら、おそらくその女性のとりとめもないエッセイの解釈を彼女が誤ったことも許されるだろう。

ソファイアの最初の結婚記念日が明けたとき——それは「もっとも美しい晴天で、かつ満月が出ていて」「幸せな時間が美しくよみがえった」ときであったが——ソファイアは自分自身の幸せ以外はほとんど考えられなかった。金銭的に逼迫した状況や、妊娠初期の流産といった災難にもかかわらず、彼女は自分を幸せだと言い張っていた。夫婦は古い家で暖房もほとんどないなか、主に果樹園や庭で取れたものを食べて一冬を生き延びた。「私たちは今、この前の七月九日よりは、はるかに深い幸せの状態にある」と彼女は牧師館の日記に記している。「そのとき私たちは天国を思い描き、夢見た。いまや天国はここにあり、私たちのもっとも美しいヴィジョンが目の前に実現している。」ソファイアはふたたび妊娠し、「ここ二週間体調がよくなかった」が、妊娠という状態の「どんな小さな証拠」にも喜び、「そんなにも優しく私のあらゆる気まぐれや愚痴にも寛大な」夫のことを嬉しく思った。ソファイアにとって、ナサニエルは常に「無類の美しさ」をもった人であり、いまや彼女は「私たちのかわいい赤ちゃんがあなたに似ますように」と祈っていた。

ソファイアはホーソーン家が「三人家族」になる日を待ちわびていた。彼女はそのことを、ある友人に宛てて書いている。ソファイアは自らの家族を持つことを期待するようになる何年も前に、その友人の赤ちゃんを人体描写の練習としてスケッチしていたことがあった。ある時期は、ソファイアは自分の体の変化を信じられなかった。「私の義務はただ、苦しみによってではなく喜びによって、聖者になることだと思える。」このように、かつて「痛みというもの言わぬ聖職者」に占領され、病気の生活にほとんど自らを委ねていたソファイアは書いたのだった。

遠く離れたドイツで、メアリーも妊娠していた。そこでマンは彼らのヨーロッパ旅行を早く切り上げるつもりで、急いで学校訪問を行っていた。翌年二人の姉妹は、一週間違いでそれぞれ二月の末と三月の初めに第一子を出産した。姉妹は十年以内に、それぞれ三人の母親になった。しかし今コンコードでは、ソファイアが玄関のすぐ前の草の生えたかつての戦場に踏み入り、エリザベスのお気に入りの花のオダマキをウェスト・ストリートに住む姉のところへ届けるために集めていた。ソファイアは「こんないい季節にお母さんとお姉さんが部屋に閉じこもっているかと思うといやだったの」と母親に書き送っている。しかしソファイアはエリザベスが田舎に住んでいて幸せなのだろうかと疑問に思っていた。「なぜなら男性や女性はお姉さんにとって花のように大切なものだけど、人は花のように丘や斜面には成長しないのですから。」

しかし最近エリザベスと母親は、次の世代に関心を抱くようになっていた。ナットの娘たちは成長しつつあったが、ナットは彼女たちにもっとも基本的な技能以外何も教えようとせず、外国語は古典語も現代語もだめ、絵画や音楽のレッスンもだめで、スタール夫人の著作や『ローランド夫人の追憶』といった書物も読ませなかった。ピーボディ夫人は息子のなかで唯一生き残ったナットについて、「彼は、当世風の少女たちの欠点が、彼女たちに教え込まれた教養のせいだと思っているのよ」と書いている。夫人は孫娘たちが「洋裁師」、つまりお針子で終わるかどうかは気にしてないと主張している。お針子は、自分の母親や伯母がそうだったし、ピーボディ夫人自身は必死になって遠ざけようとしてきたが、ウォータータウン全体の関心事であったからだ。しかし彼女はナットにも、自分が娘たちにしてやったように、「あたかも将来女王になるかのように」、娘たちの「精神を陶冶して」ほしいと願っていたのである。

実際、母親や姉たちの女子教育観に対するナットの批判は、ピーボディ夫人が認識している以上に徹底したものであった。ナットは「〈美学的〉教養」めいたものを学ぶ価値を疑っており、「われわれの社会の美学的な部分」そのものを非難していた。彼は数年後エリザベスに宛てて次のように書いている。「僕は才気煥発な人を賞讃したり、崇拝したりすることにはほとんど共感しないし、多くの人が芸術に対して感じる熱狂も持っていない。」そういった非常に多くの「人が、才気あふれることを口にしたり、優れた思想を語ったり、深遠な見解を話題にしたりすることに対してのみ注目されるけれど、彼らは性格面では嫌悪すべき連中なのだ」。このとき、ナットは誰を念頭に置いていたのだろうか？　姉たちとその夫たちか？　あるいはエリザベスやその友人であるエマソン、オルコット、フラー、ソロー、オールストンだろうか？

オールストンもすでに亡くなっていた。七月九日、ソファイアとナサニエルが最初の結婚記念日を迎えた日に、二人が「そのあらゆる時間、あらゆる状況に親しんだ」祝福の日に、その画家は『ベルシャザールの饗宴』に一日苦労して取り組んだ後、椅子に座って休んでいるときに心臓発作で亡くなったのである。その訃報を聞いて、ソファイアはエリザベスに手紙を書いている。「あの最高に美しい月夜に彼がラファエルとミケランジェロに会いに旅立ったのはすばらしいことじゃないかしら。」「彼の地上最後の日」が、「この世でももっとも完璧な日の一つであったなんて。」

エリザベスはちょうど三週間前にオールストンを訪問し、対談を始め、二人とも近々もう一度会ってその続きをするのを楽しみにしていた。オールストンの訃報を聞いたとき、エリザベスは彼を最後に一目見たい一心で、ボストンから彼のケンブリッジポートのアトリエまで橋を渡って歩いて向かった。そこで彼女は、長い白い服に身を包んだオールストンの「威厳のある」遺体とほんの少しの間だけ対面することを許された。一方の腕は胸のところで曲げられていて、その手はまるで今にも描き始めるかのように「鉛筆を握ったかたち」になっているとエリザベスは思った。彼女はもっと早く対談をしておけばよかったという思いにひどく打ちのめされ、「今彼は何を考えているだろう？　ここにいるのだろうか？　私の考えていることをわかっているだろうか？」などと自問していた。もしオールストンが話すことができたら、エリザベスに何と言っただろうか。

それから数日後の七月のある夜、オールストンの葬儀が執り行われた。エリザベスがのちに書いているのだが、「月と暗い雲がお互い猛烈に空を取り合っていた。それは私たちの気分にとても共鳴していた。その気分は一旦信仰の勝利の羽によって高揚したが、今では悲しみの重荷によって頭をたれた状態である」。エリザベスは、ハーヴァード大学の関係者の一団とともにケンブリッジ教会の庭に立って、オールストンがもっとも親しかった男性の親戚が彼の棺を墓に下ろし、それを土で覆い始めるのを見たとき、オールストンの最後の晩について耳にしたことについて考えた。彼は友人や家族の小さな集まりのなかで、「人格を完全にすること」について一心不乱に話していた。同席していた誰もが、こうやってオールストンの話を聞くのも最後になるだろうとわかっていたようだった。オールストンは姪に最期の別れの言葉を口にしていた。動揺した精神状態のエリザベスは、その言葉を自分に向けられたかのように今では感じていた。「神様が祝福してくださいますように！」と彼は言って、姪の頭に手を置いて、かがんでキスをした。「いいかい、完璧を目指すのだよ！」

これら三人のピーボディ姉妹の人生は、十九世紀の大半に及んでいる。予想されたことかもしれないが、ソファイアがいちばん短命で、二十二年の結婚生活の後、七年は未亡人として過ごし、ロンドンで六十一歳で亡くなった。彼女を偲んで友人の一人が頌徳の言葉として書いたものによると、ソファイアは「夫の人生のなかに包まれた」人生を生きた。彼女の最後の絵は、最初の子供ユーナが生まれる直前の一八四四年、牧師館で描き上げた男性の裸の座像『エンデュミオン』である。

メアリーは八十歳まで生きて、マサチューセッツ州のジャマイカ・プレインにエリザベスと暮らしていたアパートで亡くなった。メアリーの机の引き出しには、少なくとも一冊分の小説原稿と、二人の女性が「理想の存在」である男やもめの愛を求めて張り合うという筋の短篇小説があった。

エリザベスが一八九四年に九十歳近くで亡くなったとき、彼女はアメリカの幼稚園の創始者として広く世に知られていた。彼女を記念したセツルメントハウス、エリザベス・ピーボディ・ハウスが作られ、それはいまだにマサチューセッツ州のソマヴィルで運営されている。その栄誉は、ヘンリー・ジェイムズが小説『ボストンの人々』のなかで、ミス・バーズアイとして彼女のことを穏やかに皮肉を込めて描いたことによっても、減じられることはなかった。エリザベスは仲間の超絶主義者たちより長生きした。彼女の「実践的」超絶主義は、彼らの誰よりも長く続いたのだった。

謝辞

伝記作者の仕事は孤独な作業のように見えるかもしれない。過去の人物の生涯の事実を裏付けようと、机に座ってノートや参考資料を仕分けるのに非常に多くの時間を費やすのだから。だが古文書保管所に行くたびに、新しい同僚との出会いが待っていた。彼らのアドバイスがあったおかげで本書はこの上なく良くなり、彼らとの友情が生き生きとした共同作業を可能にしてくれた。当初から、ジャスティン・キャプラン、ジーン・ストラウズ、それにジョエル・ポーティは、私にはこの本が書けると信じさせてくれた。執筆の途中では、仲間の学者たち、マーガレット・ニューゼンドルファー・ビリアス、ポーラ・ブランチャード、マリー・クリアリー、ヘレン・R・ディース、ロバート・デリー、エリザベス・ジッター、リタ・ゴリン、ゲイリー・スー・グッドマン、ジョアン・グッドウィン、ディーン・グロドジンス、ロバート・A・グロス、ロバート・N・ハドスペス、バフォード・ジョーンズ、アマリー・キャス、メアリー・ケリー、ルイーズ・ナイト、ダイアナ・コーゼニック、リー・リプトン、シャロン・オブライエン、スティーヴン・D・プラット、ロバート・D・リチャードソン、サラ・シャーマン、ナンシー・シモンズ、ダイアナ・ストラステス、ユーリイ・ストリーター、アマンダ・ヴァイル、それにキャロル・ザッカーマン博士らとの会話や交信が大いに有益だった。デボラ・ピックマン・クリフォードや、T・ウォルター・ハーバート、スーザン・クィン、フィリス・コール、それにジョアン・デミング・エンソーは、親切にも様々な段階で本書の原稿を読んで、私を励ましつつ貴重な批評を与えてくれた。

ボストン地域の女性伝記作者たちが月一回開催するグループ集会がなければ、本書に取り組み続けることは不可能だっただろう。そのメンバーはこの二十年間ほんの少ししか変化がなかった。この先輩作家たち——フィリス・コール、スーザン・クイン、ルース・バトラー、ロイ・パーケン・ルドニック、ジュディス・ティック、ジョイス・アントラー、フランシーズ・マリノー、それに故バーバラ・ミラー・ソロモンは、私が作家として成長するのを手助けしてくれた。

精力的に調査を行った最初の何年間か、マサチューセッツ歴史協会が私にとって第二の家となった。ピーター・ドラミー、セレスティ・ウォーカー、キャサリン・H・グリフィン、ブレンダ・ローソン、アン・E・ベントリー、リチャード・A・ライアソン、コンラッド・E・ライト、そしてルイス・レオナード・タッカーは、私がとても必要としていた古文書調査について様々な教示をしてくれた。他の図書館や古文書館の司書たちも同様に惜しみなく知識を授けてくれた。ハーヴァード大学のワイドナー図書館のデボラ・ケリー・ミルバーン、アンティオキア大学オリーヴ・ケタリング図書館のアンティオキアナ・コレクションのキュレーターであるニーナ・マイアット、スタンフォード大学図書館特別コレクションのジョンとケイト・マステイン夫妻、ボストン・アセニーアムの印刷物及び写真部門のキュレーターであるサリー・ピアス、ピアポント・モーガン図書館のクリスティーン・ネルソン、パーキンズ盲学校のケネス・スタッキー、アンドーヴァー＝ハーヴァード神学図書館のアラン・シーバーグ、ランカスター歴史委員会のテレサ・A・トーマス、ボストン美術館のアメリカ装飾工芸品部門のキュレーター、ジョナサン・フェアバンクスとレベッカ・レノルズ、スミス・カレッジのソファイア・スミス・コレクションのエレノア・M・ルイス、ピーボディ・エセックス博物館のポーラ・リヒター、リチャード・ファイフィ、エレン・スティーヴズ、ユージニア・ファウンテン、クリスティーン・ミケリーニ、そしてアイリーン・エクセルロッド、それにコンコード公立図書館の特別コレクションのキュレーターであるレズリー・ペーリン・ウィルソン、さらにはニューヨーク公立図書館のバーグ・コレクションの故ローラ・ズロディィッツ。彼らには非常にお世話になった。

マサチューセッツ以外の調査旅行については、オハイオ州イエロー・スプリングスのリーとヴィッキー・モーガン夫妻から寛大なもてなしを受けた。ワシントンDCのトッドとケイト・セジウィック夫妻、ニューハンプシャー州ハノーヴァーのエレノアとサム・オズボーン夫妻、ニューヨーク市のエイミー・マーシャルとティム・ゼンカー、メイン州ハロウェルのジョージ・W・ギブソン一家、カリフォルニア州オークランドのウッディ・マーシャルとポリー・コヴェル、カリフォルニア州サンホセのサリーとアーサー・ザーノヴィッツ夫妻、これらの調査も、エイミー・ハッシンガー、トレーシー・ハワード、マリア・マドックス・ヒューーズらの現地での子守の手助けがなければ成功しなかっただろう。キャロライン・プレストンとクリストファー・ティルマンもまた、私が最終稿を書き始めたヴァーモント州ドーセットで、執筆のために引きこもることができる場所を提供してくれた。

数多くのピーボディ家の子孫たちが、一族ゆかりの品や逸話を惜しみなく分かち合ってくれた。彼らには感謝してもしきれない。そのなかには、ホーソーン家の子孫たち、ジョアン・デミング・エンソー、オルコット・デミング、イモジェン・ホーソーン・ハウ、ロザモンド・ミッケルセン、それにアリソン・ホーソーン・デミングがおり、またナサニエル・クランチ・ピーボディの子孫、ジーン・ジョンストン・ホームズ、マーガレット・ジョンストン・キンスラー、ブラッドフォード・G・ジョンストンらがいる。スティーヴンとリンダ・ウェルドは、ピーボディ姉妹のかつての生徒であったハサウェイの双子たちについての情報を快く提供してくれた。バークレイ・ピーボディ夫妻は親切にも、彼らが姉妹の遠縁というだけで、直系の子孫ではないことを誤解のないよう指摘してくれながら、セイラムのチャーター・ストリートにある、かつてピーボディ姉妹の家でもあった自宅を案内してくれた。

ほとんどが自身も作家である多くの友人たちが、私が気力を失っているときに、本書執筆に対する私の信念を支える手助けをしてくれた。アン・バーネイズ、サリー・ブレイディ、ゲイル・コールドウェル、ジェイムズ・キャロル、クリストファー・ジェイン・コーケリー、スーザン・コーリー、エリザベス・コックス、マーク・エドマンドソン、ヘレン・エピスタイン、スティーヴン・フォックス、エリカ・ファンクハウザー、ボニー・リー・グラッド、スコット・ハーニー、エミリー・ヒースタンド、アリス・ホフマン、ジョゼフ・P・カーン、トニー・カーン、ペリ・クラス、ローズマリー・マホーニー、フレッド・マーチャント、アレクサンドラ・マーシャル、ゲイル・メイザー、アリッサ・マッケイブ、ジル・マッコークル、ダイアン・マクフォーター、スー・ミラー、パメラ・ペインター、キャロライン・プレストン、ハリエット・ライセン、ロイド・シュワルツ、それにスーザン・トワログの諸氏である。ハーヴァード大学のキャボットハウス上級コモンルームは、ハーヴァード大学への必要不可欠なアクセス権と刺激的な知的交流を与えてくれた。私の出版エージェント、キャティンカ・マットソンと出版社であるヒュートン・ミフリンは、当初からずっとこの企画の真の支援者であった。ロビー・マコーリーは最初の編集者を務めてくれたが、彼がこの最終的な結果について誇りに思ってくれていると考えたい。ジョン・スターリング、カトリーナ・ケニソン、ジャネット・シルヴァー、そしてディアンヌ・アーミーはそれぞれ、この本の出版について一役を担ってくれたが、特にディアンヌ・アーミーは最後にこの重荷を引き継いで、この企画に彼女の持てるすべてを注いでくれた。ジェイン・ヤッフィ・ケンプのまさに専門家らしい原稿編集が、この本を輝かせてくれた。

『ピーボディ姉妹』に対する私の仕事は、全米人文科学基金からの助成金（そのおかげで疲れを知らない研究者タマラ・ハーヴェイのアシストを一年受けることができたが、彼女は今では独立した学者となっている）、さらにはジョン・サイモン・グッゲンハイム財団や、マサチューセッツ芸術家基金の助成金によって支援を受けた。『ピーボディ姉妹』は娘たちの支え、サラ・セジウィックとジョージー・セジウィックの愛情に満ちた忍耐と賢い洞察がなければ完成しなかっただろう。

原註

（紙数の関係で、原著から訳者が必要不可欠と考えた注を抜粋した。）

序文

1　文芸批評家のF・O・マシセンが一九四一年に出版した『アメリカン・ルネサンス』（*American Renaissance: Art and Expression in the Age of Emerson and Whitman*）で作りだした用語。同書は、無意識であれ、共同でアメリカ文学を作り上げようとした作家たちとして、エマソンとソロー、ホーソーン、メルヴィル、ホイットマンを結びつけた最初の総括的な研究である。この用語が広く使用されるようになって以来、特に有名なものとしては、ジョエル・マイヤソンが編集し一九七七年から一九九六年の間に毎年刊行していた二十巻の『アメリカン・ルネサンス研究』（*Studies in the American Renaissance*）のシリーズがあるが、これ以降アメリカン・ルネサンスの作家や思想家のリストは大幅に広がった。ジェイン・トンプキンスは同時代の女性作家たちを、その著『扇情的な意図』（*Sensational Designs: The Cultural Work of American Fiction, 1790-1860*）の一章「別のアメリカン・ルネサンス」のなかで取り上げた。最終的にシャーリーン・アヴァロンが、「何のアメリカン・ルネサンスなのか?——批評ディスコースのジェンダー化された系譜」（*PMLA* 112, October 1997）のなかで、この用語の妥当性に疑問を投げかけた。アヴァロンは賢くも、そもそもアメリカの文芸文化が存在していなかったときに、なぜアメリカ文芸文化に「ルネサンス」（復興）がありえるのかと問いかけている。しかしこの用語はあまりに広く受け入れられ、広範囲に再定義されているので、いまでも役に立つ用語であり続けている。

2　エリザベスからウィリアム・ワーズワース宛書簡（一八二九年三月二七日付）より。

3　John White Chadwick, *William Ellery Channing: Minister of Religion* (Boston and New York: Houghton Mifflin, 1903), p. 82。

4　ナサニエル・ホーソーンからソファイア宛の書簡（一八四四年一二月二日付）より。

5　ジョージ・ブラッドフォードの表現。

6　Ralph Waldo Emerson, William Ellery Channing, and James Freeman Clarke, eds., *Memoirs of Margaret Fuller Ossoli.* (Boston: Phillips, Sampson, 1852), pp. 321-22.

7　一八二二年六月にソファイアがエリザベスに宛てた書簡より。

8　エリザベスから弟ジョージ・フランシス・ピーボディ宛書簡（一八三八年八月六日付）より。

プロローグ　一八四二年七月九日

1　ピーボディ夫人から娘エリザベスとメアリー宛書簡（一八二四年十月四日付）より。

2　ピーボディ夫人からエリザベス宛書簡（一八二三年十月十二日付）より。ピーボディ夫人は文字どおり自身や姉妹にあやかり自分の娘たちに命名したのではあったが、一八二三年十月十二日付エリザベス宛ての手紙にあるように、「同名の偉人」としてエリザベス女王一世を念頭においていた。メアリー・ピーボディが成長するにつれ、夫人はその同名人としてはスコットランドのメアリー女王を思い描いていた。

3　一八四二年にローマへ移住したアメリカの天才的彫刻家ショーバル・クレヴェンジャーは、ローマまでソファイアが送ってくれるなら、自分が監督して彼女の作品を大理石に刻ませてもいいと申し出ている。

4　エリザベス・ピーボディとマーガレット・フラーの二人から目をかけられた若い超絶主義者の一人キャロライン・ヒーリーも、たまたまソファイア手塗りのこの家具を目にしているが、これはもう現存しない。一八四二年六月十三日の日記にヒーリーは、「いくつか頼まれ仕事をしてから急ぎ帰宅――エリザベス・ピーボディのところでいちばんゆっくりし、ソファイアの調度品を拝見。彼女自ら椅子の上の綺麗な下絵を示しながらの説明では、それはペネロペの生涯やイーニアスの帰還などから着想したものだった。化粧台には美の女神たちを侍らせたヴィーナスやペイトが装飾され、洗面台の一方にはネプチューンが、もう一方にはみそぎをすませ波の上に立つヴィーナスが描かれていた。彼女の寝台には、ギドの夜――高々と明けの明星を松明としてかかげ東方を照らす夜明け、オーロラ――駿馬を駆り従者をしたがえたアポロなどがあった」と書いている。

5　マーガレット・フラーのソファイア宛書簡（一八四二年六月四日付）より。

6　エリザベス・マニング・ホーソーンのソファイア宛書簡（一八四二年六月十五日付）より。

7　ナサニエル・ホーソーンのソファイア宛書簡（一八四二年六月二十日付）より。

8　一八三九年から一八四一年にかけボストン税関に検量人として勤務した間に、ホーソーンは積荷の検査のためたびたび船舶に乗りこみはしたが、この資格での航海は一度もしていない。

9　ホーソーンのソファイア宛書簡（一八四〇年六月十一日付）より。結婚して六カ月後には、ホーソーンはコンコードから、ここで自分は結婚生活によって「学校時代の楽しみをたくさん取り戻せて嬉しいです……怠けるってことがどういうことなのか知っている人は、ほんとに少ないですね！　どんな有用性とか技量よりもはるかにすぐれた能力ですのに」と書いている（一八四三年二月一日付）。

10　ホーソーンは、一八二八年に匿名で出版した最初の小説『ファンショー』（Fanshawe）をうまく発禁にしてしまったので、その存在を、彼の死後までソファイアは知ることはなかった。一八四一年十二月、彼はソファイアと相談して選んだ二十一篇を追加し、『トワイス・トールド・テールズ』（*Twice-Told Tales*）の増補版を出版している。

第1章　家母長

1　ピーボディ夫人のソファイア宛書簡（一八三八年もしくは一八三九年）より。

2　ソファイアの母宛書簡（一八四二年八月）より。

第2章　代々の遺しもの

1　これは、原稿ではパーマーの家名は出てこず「ローソン」とされているが、ピーボディ夫人の手になる虚構化されたパーマー家の歴史である。

2　ピーボディ夫人の子どもたちは、母の生地はマサチューセッツのウォータータウンということでは意見が一致しているが、町の記録に確証はない。彼女が生まれたのは二月という点でも子孫たちの意見は一致しているが、その生年と月日については見解がばらばらである。メアリー・マンの家庭用大型聖書には、母は一八五三年一月十一日に「ほぼ七十六歳」で亡くなったという記入があり、それなら生まれたのは一七七七年二月になるが、じつは「一八五三年一月十一日、七十六歳にて死去」という記入もあり、それなら生年は一七七六年ということになる。夫人の息子ナサニエル・クランチ・ピーボディにしても、その手になるパーマー家の家系覚え書きにおいて矛盾をきたしている。はじめ母の誕生日を一七七七年二月二日としていながら、あとで彼女の生涯は一七七八年から一八五三年にわたるものだったとしているからである。彼女の孫ベンジャミン・ピックマン・マンも家系について調べあげているが、彼は祖母の誕生日を一七七八年二月二十八日としている。私はこの本においては、ピーボディ夫人の年齢は一七七七年を生年としている。夫人自身この年を彼女の生年としているようだからである。娘メアリーに宛てた一八四七年二月二十八日付の手紙において、夫人は「男性の平均寿命を生きてきました」と述べている。それは聖書にもあるように、二十の三倍と十なのである。

3　Frederick Tupper & Helen Tyler Brown, eds., *Grandmother Tyler's Book: The Recollections of Mary Palmer Tyler* (New York: G. P. Putnam's Sons, 1925), p. 16.

第3章　誘惑劇

1　人間関係が緊密だった独立戦争後のボストンにおいては、驚くほどのことではあるまいが、パーマー家の下宿人のなかにクラーク夫人という女性がいて、彼女の将来の義理の娘は、一八三〇年代のボストンでピーボディ姉妹に部屋を貸すことになるのだった。彼女のほかにも、下宿人のなかには、画家ワシントン・オールストンの家族数人がいた。このオールストンもまた、ピーボディ姉妹にとってはきわめて親しい間柄の一人となる。

2　ナサニエル・クランチ・ピーボディは自分の家系についての覚え書きで、母について以下のように書いている。「私は、母の幼年期の体験よりのちの若い日については、一八三三年の『クリスチャン・イグザミナー』誌のために母が書いた誘惑劇についての手記で述べていること以外に知りようがない。あの手記の結びのあたりの大まかな趣旨が本当はどういうことなのか知りたいという思いが、ながらく私の心にくすぶりつづけた。母は自分が目撃したことについて言及しているからだ。名指しされている誰からも、その謎を明快に説き明かすものは得られなかった……この謎にはどうにも言説を拒むものがあるようだ」。この「誘惑劇」という小文には、謎めいた「U・A」の署名があるが、これはおそらくイライザ・パーマーが愛読した『妖精の女王』の高潔なヒロイン、Ｕｎａ（ユーナ）に符合するものであり、のちにソファイア・ピーボディ・ホーソーンの第一子の名となるものである。

ナットは、大伯母のメアリー・クランチ・スミスと母の末妹キャサリンは一部始終を知っていたと書き、母は「このことについては、息子たちよりは年長の娘たちと話し合っていた」と説明している。ナットは姉のメアリー・ピーボディが、「タイラーがメアリー・パーマーとの結婚に際し、すんでのところでロマンスが破綻したかもしれないほどの秘密を抱えていたこと、それにかかわるさまざまな出来事について、たっぷり説明してくれたことがあった」とも打ち明けている。この姉の説明や断片的に一家に言い伝えられてきたことなどから、ナットは彼なりに、ロイアル・タイラーとパーマー家のかかわりについて、結論を導きだした。パーマー家についての覚え書きを通じ、ナットは、ロイアル・タイラーこそが母の末妹ソファイアの血統上の父だったことを、あからさまにほのめかしている。ロイアル・タイラーのパーマー家滞在中に妊娠し生まれたソファイアのことを、「一風かわったおもしろい子で、顔立ちも性格もほかの子たちとは違っていた。この子のタイラー氏似には、著しいものがあった」とナットは記述している。さらに彼は、ソファイア・パーマー［・ピックマン］は結局、ロイアル・タイラーの生命を奪ったのと同じ、長引く両眼の癌によって死んだ、と記している。

ロイアル・タイラーとベッツィ・ハント・パーマーの密通の決定的な証拠は、一七八六年九月のソファイア・パーマーの誕生前後に書かれた、メアリー・クランチ・スミスが妹のアビゲイル・アダムズに宛てた一連の手紙のなかにあり、本文中に引用してある。

3　ベッツィ・ハント・パーマーの末子、一七九一年フレイミングハムで生まれたキャサリンは、ジョゼフ・ピアス・パーマーの子ではなかったという証拠がいくつかあるが、近親者たちは「彼の子だったと固く信じていた」という。

4　イライザの息子ナットは、家系についての覚え書きで、一七九八年に母が書いた一通の手紙を説明している。イライザがフレイミングハムで過ごした年月のうちに体験した数々の悲痛を数えあげているものだが、そのなかには「母の姉の、婚約妻としての、タイラー氏との関係」も含まれている（イライザは姉の結婚生活については言及していないのにである）。ナットもまた、メアリー・パーマーとロイアル・タイラーの間には内密の結婚など絶対になかったと思いこんでいたようである。

第4章　「ベリンダ」

1　イライザ・パーマーの「ベリンダ」詩篇は、『ヘイヴァリル・フェデラル・ガゼット』紙の一七九九年二月十五日、三月十五日、四月五日、五月十日、三十一日、六月十四日、八月十五日号に載った。彼女が実作者であることを裏付けるのが、翌一八〇〇年二月十七日と三月一日付けで、将来の夫ナサニエル・ピーボディ宛てに書かれた二通の手紙である。最初の手紙で彼女は、自作の「たいへん下手な詩」を同封しましたと書いている。二番目の手紙で、再びその詩に言及し、それから引用もしている。その詩が、ベリンダの三月十五日の「ある真の淑女」だった。

イライザの子どもたちもこれらの詩については知っていたし、読んでもいたはずである。それらについて、息子のナサニエルは、パーマー家の家系覚え書きにおいて言及している。その主題が母の心情にきわめて近く、その作者は母だったのかもしれないと思われるほどの、同紙に載った二篇の散文作品についても、彼は知っていたようだ。サラ・ローリング・ベイリーは、ほとんどナサニエルの証言に基づきながらエリザベス・パーマー・ピーボディ夫人の略伝を『ボストン・デイリー・アドバタイザー』紙（一八七九年二月五日）に書いたが、ここで彼女は、イライザは『フェデラル・ガゼット』紙のために「散文と詩」の両方を寄稿したと記している。

その一つに、「誘惑劇」と題された短い小文があった。匿名で発表されたこの小文には、以下のような部分がある。「無垢な魂を圧倒し、あまつさえ汚れない心を悲嘆と悔いの海に投げこむという致命的な罪、その罪の元凶とされる胸のうちの、いかに悲惨なることよ！美しい女を護るべく生まれてきながら、男は悪魔の役を演ずるだけなのか——まず誘惑の魔手により誘っておきながら、勝利の勝ちどきをあげるなどして？　美しい女人よ、かような輩に気をつけなされ！」（一七九九年四月十二日）。この短い行文の言い回しが、母と姉の陥った誘惑に言及するイライザの、より長い一八三三年の「誘惑劇」という小文に酷似しているのである。

一七九九年五月十日、「アミーリアの悲しみ、あるいはもてあそばれた無垢――事実に基づく秘話」と題された短篇が『ヘイヴァリル・フェデラル・ガゼット』紙に載った。ヒロインであるアミーリア（イライザ・パーマーの姉妹の一人の名でもある）の運命は、まごうことなく、姉メアリー・パーマーのそれに似ている。このアミーリアは、「愛らしさと繊細な感受性において比類なかった」。彼女は「愛らしい顔立ち」をしており、「幼くして、両親の優しい愛情を奪われ、その花もはじらう美貌は、手練手管の狡猾さを秘めた、ありとあらゆるまやかしの魅惑にさらされていた」。アミーリアが十六歳になったばかりというのに、「巧みなお世辞をつかう、見たところ魅力的ながら不実なアロンゾは、彼女の多感な心を誘惑し、神聖なる婚姻の誓いを方便とし、彼女の純潔をもてあそんでしまった」のである。

イライザ・パーマーがいずれかの作品は書かなかったとしても、数知れない同様の作品は、まちがいなく読んでいたはずである。誘惑の物語は、事実であれ虚構であれ、しばしば当時の諸新聞に掲載され、大衆小説ではその道徳的な重大性がことこまかく記述されていたからである。キャシー・N・デイヴィッドソンは、ピューリタニズムの倫理綱領が腐食し、アメリカの若者たちがヴィクトリア朝の上品らしさにでもすがりつこうかとしていたこの当時登場してきた「誘惑小説」について論じている。Cathy N. Davidson. *Revolution and the Word: The Rise of the Novel in America* (New York: Oxford University Press, 1986).

第5章　結婚への逃避

1　『ナサニエル・ホーソーンとその妻』（*Nathaniel Hawthorne and His Wife*）で、ジュリアン・ホーソーンは、フランシス・ピーボディが一六四〇年にアメリカへ移住し、十人の子どもを育てたと書いている。「ほぼ百年にわたり、その直系の世代ごとに十人の子どもたちがいた。言うまでもなく傍系親族の息子や娘たちもいた。したがって、いまやニューイングランドには、ピーボディの名をもつ人たちが多数いるのである」（第一巻、四十四頁）。この拡大の結果、十九世紀初頭のセイラムやボストンには、ナサニエルおよびエリザベス・パーマー・ピーボディの家族からは親族とまではみなされない間柄のピーボディたちが多数いた。

2　イライザ・パーマーのナサニエル・ピーボディ宛書簡（一八〇〇年三月十六日付）より。一七七〇年から一八四〇年にかけての求愛と結婚生活について、エレン・K・ロスマンは、「結婚のタイミングが、結婚相手の選択よりも、さらに多くの葛藤を生みだしてしまった」と書いている。さまざまな実際的な事柄が、たいてい二年以上も婚約期間を長びかせたが、男性の場合は妻子を扶養する手段を見つけることに腐心し、女性の場合は比較的安泰な実家を出て行くのにためらいをおぼえていたからである。しかし、ロスマンによれば、「きまって女性たちは婚約期間の長いことを、男性たちは短いことを求めていた」という。イライザ・パーマーの当時の通常の求愛作法からの逸脱を指摘したエリザベス・スミス・ピーボディは正しかったようだ。Ellen K. Rothman, *Hands and Hearts: A History of Courtship in America* (New York: Basic Books, 1984), 56, 72.

第6章「わが望み、すべて幸せ」

1 「家庭学校」(family school) は、当時のこのような学校についてて、エリザベス・パーマー・ピーボディが用いた呼称である。彼女は、一八三六年にセイラムから短期間発行した家族雑誌の題名としても、この呼称を用いている。

第7章 セイラムでの少女時代

1 Alonzo Lewis and James R. Newhell, *History of Lynn, Essex County, Massachusetts* (Boston: John L. Shorey, 1865), p. 369.

2 ナサニエル・ホーソーンは一八〇四年七月にユニオン・ストリートにある家で生まれた。しかし、ピーボディ家の人々がユニオン・ストリートへ越して来る前にホーソーンの父は亡くなり、ホーソーン家はハーバート・ストリートの街区の角にある家に住むマニング家の人たちと暮らすようになっていた。この家の裏庭が、ユニオン・ストリートとエセックス・ストリートの交叉する角にあったピーボディ家と接していたのである。

3 ピーボディ姉妹はまったく知らなかったであろうが、彼女らは、メイフラワー号の巡礼者であったジョン・オールデンとプリシラ・マリンズの末裔であった。

4 実際にエリザベスは、母の妹のうちの二人、すなわち、キャサリンとアミーリアが、セイラムで女子のための学校を開設するのを目のあたりにすることとなった。

5 ピーボディ医師は、すくなくともさらに十年は違う下剤を推奨しつづけたが、誰よりもはやく、水銀の服用が歯そのものにも有害であることを認識していた。セイラムでの歯科診療に顧客ともいうべき患者を引きつけるべく、一八二四年に公刊した冊子の「幼児期の乳歯」の項で彼は、「この主題で報告している経験ゆたかな歯科医のなかには、歯の形成期ならびに成育期に摂取される水銀剤は歯の組織に有害との見解を抱く者もいる。観察の結果は、たしかにこの見解と矛盾しない。そうであれば、水銀剤や安易に用いられる下剤の使用には、大いに慎重でなくてはならない」と書いている。しかし、一八二四年までには、ソファイアは十五歳になり、すでに損傷を受けてしまっていた——おそらく彼女の歯も、父親がその目で早期の水銀服用により脆弱化されたものと確かめたものの部類だった。

6 ウォータータウンの物語は、ニューヨーク公立図書館のバーグ・コレクション (Berg Collection) に集められた草稿に含まれており、「祖母を訪ねたときの記憶」(一八五九年) として分類され、「ソファイア・ホーソーンが彼女の子どもたちのために書いた物語の抄本、いくつかは祖母ベッツィ・ハント・パーマーや伯母アリス・パーマーとの幼年期の体験に基づく」と題されている。おそらく大伯母ケイト・ハントが「伯母アリス」のモデルであろう。ソファイアは物語のなかで伯母をアリスとしているが、アリス・パーマーという伯母は実在しない。ジュリアン・ホーソーンは、この物語のいくつかの部分を『ナサニエル・ホーソーンとその妻』に載せているが、原本に若干の改変を加えている。(第一巻、五十五頁)

7 ごく幼い頃のソファイアは、ときおり夏の間、父方の親戚にも預けられた。そのことを、のちに彼女は、「田舎暮らしになじませること」だったと言っている。このように預けられることは、彼女の健康に利するためではあっただろうが、イライザの家事の負担を軽減するためでもあった。ここでもまた、ソファイアは葛藤を体験していた。あるとき彼女は、懸命に雌牛の乳をしぼろうとしているうちに、大切な牛乳を桶から溢れさせてしまった。祖母ピーボディの厳しい叱責が、「私の良心の呵責を倍加させました」と、ずっとのちになってソファイアは書いている——それでもソファイアの納屋の庭での厄介な仕事は、これで運よく終ったのであった。

8　この脅迫めいた事件をつたえるため、ソファイアが「撲る」(maul) という言葉を選んでいるのが注目される。わずか数年前に彼女の夫が出版した小説において、つましいセイラムの村人、マシュー・モール (Maule) は、妖術のかどで絞首されるが、死刑を言い渡した判事を呪いながら死んでいくからである。

9　この角の家は、ホーソーン家の分家が長らく住んできたものだった。ホーソーン家とピーボディ家の、セイラムの不動産を介しての関わりは、じつに多数である。一八〇四年にナサニエル・ホーソーンが生まれたユニオン・ストリートの家は、昔のピックマン家の一人によって、一六八五年以前に建てられたものだった。このピックマン家の人たちに、ケンブリッジ・ストリートとエセックス・ストリートの角に越してきたのち、すっかりなついてしまったのがメアリー・ピーボディであった。

第8章　医師とその妻

1　ウェリントンは一八一五年十二月十六日に生まれた。彼の生年が多くの古文書で一八一六年と誤って記されているのは、おそらく、その受洗日が一八一六年一月と『セイラム人命録』に記録されているからであろう。

第9章　「異端的傾向」

1　William Ellery Channing, *A Sermon, delivered at the ordination of the Rev. John Emery Abbot to the pastoral care of the North Church of Christ in Salem: April 20, 1815* (Salem: Thomas C. Cushing, 1815), 15, 18.

2　エリザベスのソッツィーニ派についての紹介は、ナサニエル・ラードナーの「神の言葉についての親書」("Letter on the Logos") を通じてなされた。同書については彼女もほかの人たちも、ナサニエル・ラードナー神学博士の手になる「はたして神の言葉はイエス・キリストの姿をとり人の心を満たしたのか否かにつき一七三〇年に書かれた親書」(一七九三年) として言及している。彼女はラードナーを、「根深い偏見をもって読み始めました……しかし読み終わるまえに、私はこの書に深く、すっかり心とらえられていました。くり返しくり返し読みました……そのうちにソッツィーニ派についての不安は、きれいにすべて払拭されていました」と回想している (日記、三十二—三十三夏)。彼女はラント・カーペンター著『福音の教義としてのユニタリアニズム——ユニタリアニズムの聖書的根拠』(*Unitarianism the Doctrine of the Gospel: A View of the Scriptural Grounds of Unitarianism*, London, 1811) からも影響を受けたと書いている。

第10章　「これからが本当の人生だ」

1　Norman Holmes Pearson, "Elizabeth Peabody on Hawthorne," *Essex Institute Historical Collections*, July 1958, 270. 一八八〇年代に彼女の甥ジュリアン・ホーソーンのために書いたこの回想記で、エリザベスは、「十歳の私はずいぶんませていた」ので、ソファイアの「信仰上の保護」を委ねられていたと書いているが、彼女の十代を通じて展開されたこの時期のエリザベスと母との葛藤の証拠からすれば、その精神的教育の責任をエリザベスが委ねられていたとき十歳だったのは、ソファイアだったように思われる。この時期すでに、一家はエリザベスの考えに同意していたのである。

2　Alethea Hayter, *Opium and the Romantic Imagination* (Berkeley & Los Angeles: U of California P, 1968), 57.

第11章　ランカスター

1　従来の伝記作家は、「L・B」とは、ピーボディ家の人たちが手紙のなかで単に「ブラウン」と呼んでいるジョン・F・ブラウンのことか、エリザベスが数年後にメインに向かう船上で出会っていたかもしれないレヴィ・ブリッジ（Levi Bridge）という人物のことではないかと考えている。ホレス・マンの伝記作家で、ピーボディ家の研究者でもあるロバート・リンカーン・ストラッカーは、ブラウン説のほうを支持している（彼の未出版の原稿「虚飾の上のさらなる虚飾」（"A Gloss Upon Glosses"）十二頁参照）。ルイーズ・ホール・サープは『セイラムのピーボディ姉妹』（一九五〇）の中で、「L・B」は彼女がメインの家系図をたどることでその名前を発見したレヴィ・ブリッジのことだとしている。しかし、エリザベスより三十歳も年上のレヴィ・ブリッジは有力候補ではないことをサープ自身認識し、異例の脚注のなかで次のように付け加えている。「この本を読んだどなたかが古い書簡や記録に目を通す気になってこの謎を解いてくださることが私の望みです」（三四三頁）。

2　エリザベスからマライア・チェイス宛書簡（一八二二年一月十八日付）より。この「アロンゾ」はマサチューセッツ州リン在住の詩人であり郷土史家でもあったアロンゾ・ルイス（一七九四―一八六一）のことかもしれない。彼は二冊の詩集を一八二三年と一八三一年に出版した。また十九世紀の間に数回版を重ねることになる著書『リンの歴史』を一八二九年に出した。エリザベスはまた、一八二一年の夏、マライア・チェイスに宛てた手紙のなかでも、アロンゾのことに言及している。その手紙はランカスターから六月十四日に書き送られたもので、次のように締めくくられている。「アンナ［チェイス？］と、私たちの友人アロンゾにくれぐれもよろしく。」

3　ナット・ピーボディからエリザベス宛書簡（一八三八年四月十三日付）より。「僕は姉さんの人生ほど、模倣に対して私欲のない自己犠牲的な例は、他に知りません。というのも、姉さんが僕に、ボストンで学校経営をしていた最初の頃の試みについて話してくれたことを忘れたことがないからです。そのような自己否定は、兄弟姉妹として、お互いが助け合うべき人々のなかで、つまり人類全体のなかで、正しいかどうかは疑問です。おそらく、もし姉さんが機会があったときに結婚していたなら、姉さん自身の運命も僕たち家族の運命も違っていたでしょう。おそらく豊かになっていたでしょう。そして、姉さんが本当に独身を好むというわけではないなら、独身のまま一人で働いて、自分や他の人の生活の糧を得るために苦労をすることと同様、できるときに結婚してしまうことも姉さんの義務だったのです。」

第12章　ボストン

1　ワシントン・オースルトンの婚約者マーサ・デイナは、彼の最初の妻であるウィリアム・エラリー・チャニング牧師の姉アン・チャニングのいとこであった。

2　エリザベスが視力を失ったのは、当時抗生物質が出る前で、結膜炎のような感染症を放置した結果だと考えられる。しかし彼女は、一時的に目が見えなくなる症状以外の兆候について何も言及していない。最近では、十九世紀の文学作品の登場人物が患っていた眼病の原因をつきとめようとして、作家たちがあらゆる可能性を探っている。なかには、かつて結核菌が目のなかで増殖した結果と考えられていたブドウ膜炎の可能性を指摘する者もいる。しかしこの診断は、眼に結核菌が入ることはきわめて稀であるということを発見した医学史家のC・マイケル・サムソン医学博士によって否定されている。感染症の兆候もないことから、起きたかと思うと、あっという間に魔法のように消えてしまう症状の説明としては、（エリザベス自身の言によると）目にかかる負担と心的ストレスが組み合わさったものというのが一番妥当の説明だと思われる。

第*13*章　メイン州

1　メアリーからマライア・チェイスに宛てた書簡（一八二六年十一月十日付）より。ブルーストッキング・クラブの元祖は――アメリカのクラブはそこから名前を取ったのだが――イギリスの作家グループであった。エリザベス・モンタギュー、エリザベス・ヴェッシー、ヘスター・スレイル、ハンナ・モアがそのメンバーで、十八世紀後半、知的な議論をするために定期的に集まっていた。クラブの名前は、数少ない男性メンバーの一人、ベンジャミン・スティリングフリートが、見慣れない青の毛糸の靴下を履いていたのに目をつけた部外者が愚弄してつけたものである。（中略）ハロウェルでこれらの集会が開かれていた数年の間に、「ブルーストッキング」という言葉は、女権拡張を熱心に唱える女性たちと結び付けられた。その結果、一八二六年までにメアリー・ピーボディは、作家のキャサリン・マライア・セジウィックに会うやいなや「彼女は、ブルーに染まることもなく、完璧に謙虚で完璧に魅力的です」と述べている。メアリーからマライア・チェイス宛書簡（一八二六年十一月十日付）より。

2　一八二四年四月発行の文芸雑誌『平和の友』（*The Friend of Peace*）に掲載された「インディアン」という詩は、アメリカ先住民に対する合衆国政府の扱いに対して強く非難したものである。偶然にもその雑誌は、ノア・ウースターが編集していた。彼こそ十年前に雑誌『バイブル・ニュース』を編集して議論を呼び、ピーボディ家の宗教的探究のきっかけを与えた人物であった。この詩は匿名で発表されたが、ナットはこの詩を母親の作品と認定している。

ピーボディ医師も一八二四年に出版している。『歯の健康維持法』（*The Art of Preserving Teeth*）は主に、彼が歯科医としての専門分野を確立するつもりで書いた小冊子であった。全体で三十二ページの本文には、歯磨きから抜歯まであらゆることに関する有益で細かい助言があふれていた。しかしながら、例によって自嘲ぎみの風変わりな序文から始めるものだから、患者になりそうな人はもとより、一般読者も気がそがれたかもしれない。彼が書くところによると「著者は、長年の経験と鋭い観察の結果をもとにしたことだけを述べ、過剰な期待は持たせないように気をつけた」という。彼は、すでに歯磨きの大切さを知っている人にとって、この冊子は「取るに足らぬ、退屈な」ものだと思うかもしれないと警告し、「プロの歯科医に役立つこと」は何も書いてないと断っている。そして最後にこう付け加える。「この冊子が役に立ちそうにない人はまだいる。あまりに無知か、懐疑的で聴く耳を持たない人、あるいは、歯科医というものはみな歯に処置を施すことで歯によいことをしているふりをしているのであって、単なる金もうけの商売として、正直さのかけらもなく、ペテン師か大道薬売り同様にそれを行っているのだと考えている人たちなどだ。」

3　エリザベス・ピーボディから弟ナットあるいはジョージ宛書簡（［一八二五年］二月一日付）より。ピーボディ夫人は、エリザベスが大学教授から化学を学ぶつもりであることを聞いて喜んでいた。それはエリザベス自身が化学を生徒に教えるのに役立つと思ったからである。この機会は、教育法に関する夫人の鋭い考察の一つを促すことになった。「子どもの精神にとって、長々とした複雑な説明を与えるほど、科学好きの芽をつむことはありません」。ピーボディ夫人からエリザベスとメアリー宛書簡（一八二四年十月四日付）より。

一八二四年から二五年にかけての冬に、エリザベスは次のようなことを書いている。「私はかつて、実験について書かれているトンプソン博士の分厚い本で化学を学ぶことに夢中になりました。私は想像のなかでその実験を何度もくり返し、この上なく楽しみました。すべての物の割合が十進法で表せるとわかった後何年もの間です。」エリザベスからホレス・マン宛書簡（一八六二年一月一日付）より。

第*14*章　「私はいつも私の物語のヒロインよ」

1　虚栄心にたいする非難はあまりに激しかったので、メアリーが自分の美を認めることができたのは、このわずかに脚色した伝記的遺稿の一部のなかだけだった。

2　オハイオ州立大学編纂ホーソーン全集センテナリー版（*The Letters, 1813–1843*, p. 689）で引用されたホレイショ・ブリッジの手紙より。ナサニエル・ホーソーンの友人のホレイショ・ブリッジは、ボードン大学に行く途中で、偶然メアリーと同じ馬車に乗り合わせたのだが、そのときのことは何年のちになっても語ることができた。彼はメアリーのことを、「十八、九のとびきりかわいい女の子」と記憶している。彼女はあまりに静かに座っていたので、彼女の右側の二人の男と左側の一人の男は、彼女がそこにいることを忘れてしまっていた。現代の基準では、このエピソードは警戒心を抱かせるものではない。しかし一八二四年の時点では、同じ馬車にいたホレイショ・ブリッジにとってあまりに衝撃的なものであったため、半世紀もの間忘れられず、メアリー・ピーボディのうわさを再び耳にしたとき、そのエピソードを詳細に語った。メアリーはブリッジの心のなかで「馬車の物語の女の子」として忘れられない存在となったのであった。

それとは対照的に、エリザベスは同じ年、「彼女がこの上なく尊敬している」ロングフェロー氏なる人物、おそらくボードン大学理事で、当時ボードン大学の学生であったヘンリー・ワズワース・ロングフェローの父親のステファン・ロングフェローとともに、「とても楽しい旅」をしたのだった。彼は「非常に愉快な人物で、ともに馬車で旅をした二日間、私に対してとてもとてもとても優しく、父親のように気を配ってくれた」とエリザベスはメアリーに書き送っている。おそらくエリザベスの楽しい旅とメアリーの恐ろしい旅を大きく分けたのは、エリザベスの社交的な性格だった。［一八二四年十一月後半か十二月初旬の］ソファイアとエリザベスからセイラムのメアリー宛書簡より。

第*15*章　「ブルックラインにはスキャンダルがない」

1　エリザベスが一八四〇年頃にオレスティーズ・ブラウンソンに宛てた書簡より。この手紙にエリザベスは、ブロンソンが彼の『ボストン・クォータリー・レヴュー』誌に取り上げてくれるのではないかと期待して、シリーズもののエッセイのうち、まだ出版していない四本目を添えた。それは書かれてから十六年が経ち、最初の三本のエッセイが一八三四年の『クリスチャン・イグザミナー』誌に掲載されてから（結局編集者のアンドリューズ・ノートンに検閲されてしまったのだが）六年が経過していた。その手紙のなかでエリザベスは次のように説明している。「そのとき［一八三四年］でさえ、霊感の奇跡やその他もろもろに関する問題が、私たちの集まりで取り上げられたことはありませんでした。それは今これほど熱心に議論されてきているわけですが。超絶主義という言葉も、コールリッジの雑誌『友』(*Friend*) 以外では見たことはありませんでした。もしノートン氏が私の六篇からなる小さな連載を折悪しく途中で掲載中止にしていなければ、ちょっとした歴史的事実を記録していたでしょう。つまりユニテリアニズムの内部に、コールリッジの『友』を精読することによって蓄えた哲学思考の原則だけに助けられ、また……聖書解釈の原則を自身の詩的理解だけに頼っている無学な少女が、ここで表現されていることをまさしく理解していたのかもしれないという事実を。」

2　しかしながら、不満を持ったブルックラインの生徒の父親が、エリザベスのやり方に疑問をぶつけてきた別の例では、彼女は自分の立場を貫いた。この父親は「私のところにとても厳しい表情でやってきて、『私が英語の文法を教えていない』ことに対して抗議しました」とエリザベスは書いている。彼女はその父親に、クラスで次の日に議論することになっているトムソンの『季節』の一節を研究し、エリザベスの指導のもと、クラスが「言葉の吟味」を徹底的に行うのを参観してはどうでしょうかと誘った。「授業が終わったとき、その紳士は、おかげで自分の疑問や不安は解消した、自分はこれほど知的な時間を過ごしたことがないし、文法の分析でこれほど徹底的な授業を受けたことがない、と私に言ったのです」。Elizabeth Peabody, "My Experience as a Teacher," *Female Education in Massachusetts*, republished from *Barnard's American Journal of Education* (Hartford, Conn., 1884), p. 292.

3　メアリーからローリンズ・ピックマン宛書簡（一八二五年一月二十七日付）より。明らかにフランシスは『反逆者』のなかの人物の一人を、ボストンのマザー・バイルズ牧師 (Mather Byles, 1707-1788) をモデルに描いている。彼は独立革命の間、イギリスに忠誠を示して投獄されていた。フランシスの描写は、バイルズの死後遺された二人の娘たちを怒らせた。彼女たちは、フランシスが本のなかでその題材を使うつもりであることを知らせずに、自分たちに父親について根掘り葉掘り尋ねたのだと主張した。フランシスが謝罪の言葉を書き送り、直接会ってほしいと頼むと、バイルズの娘たちは「とてもそっけないメモをよこして、彼女には会いたくないと断り……そしてあの世で会うことを望んでいますと書いてきた」。一八二六年九月二十二日後のエリザベス・ピーボディの日記より。

第16章　「人生は今私にとってこの上なく面白い」

1　エリザベスの教育方法に対して、最初のうち反応しなかった生徒の一人がファニー・アップルトンで、彼女はローウェル・ミルズの創始者ネイサン・アップルトンの娘であり、ヘンリー・ワズワース・ロングフェローの未来の妻であった。エリザベスは気がとがめることもなく、その問題について、ファニーの父親宛てに手紙に書いて送った。手紙のなかで、彼女はファニーのことを「このうえなく不注意で、怠惰である」と表現した。「持って生まれた才能はたくさんあるのに」、ファニーは「助けてもらおうとする気持ちが強く、しばしば私たちが自分の力でやらせようとすると、今度は級友たちから助けを借ります」。産業界の大物にあてたこのきわめて率直な手紙のなかで、二十三歳のエリザベスは、自分のカリキュラムや教育方法の概略を述べ、娘の性格がそうなのを堂々とアップルトン家の家庭のせいにした。彼女はアップルトン氏に対し、ファニーに家で学習の埋め合わせをすることを許可してやってほしいと強く要求した。それは、「学校で怠けたり不注意だったりしたときの、一つの罰」だった。明らかに氏は自分の娘に「家ではけっして勉強しない」という「特権」を認めていた。この方針は、エリザベスにとってほとんど想像もできず、「[ファニーの]心の健康」に有害なものだと思われた。エリザベスは自分の計画を受け入れるのも拒否するのもアップルトンに任せた。結局ファニーは「ピーボディー嬢の学校」に留まり、兄には手紙で「私は先生のことが大好きよ」と書いたのであった。[一八二七年]エリザベス・ピーボディからネイサン・アップルトン宛書簡より。*Letters of Elizabeth Palmer Peabody*, pp. 78-82.

2　エリザベス自身は、幼い子どもたちに宗教教育をするのは早すぎるとするチャニングの意見に反対であり、日曜学校の教師たちの集会のなかで、彼にもっと違った見方をするように説得していたかもしれない。一八二六年九月、サラ・ラッセル・サリバンという名のブルックラインにいる友人に宛てた手紙のなかで、彼女は次のように書いている。「チャニング博士が、いかなる宗教的な影響も子どもたちに与えられるとは思わないと言ったとき、自分もその場に居合わせたらよかったのにと思います。私は、彼が多くの経験から反論されている立場を擁護するために何を仰るのかを聞きたいし、彼が正確にどういう意味で仰ったのかを知りたいのです。私からすれば、ある行動を控えるべきだと感じるのは良心というもので、それは必ず従わなければいけないものであるということ、この良心は、全能の神の息であり、汲めども尽きない泉から流れ出る一筋の川であって、それによって共感が保たれてきたということを、なぜ子どもには教えられないのかわかりません。確かに子どもは正義感や自尊心といった感情を考慮して行動させられるかもしれませんが、もしこれらの抽象概念が彼の教育によって、神の現存と呼ばれるならば、これこそ宗教的な気持ちに他なりません。」

3　チャニングは、ボストンの病弱な牧師たちのなかで、もっとも高名だったというだけである。他には、キングズ・チャペルのフランシス・グリーンウッドがいた。彼の忠実な信徒たちは、彼が新しい説教を書いて朗読することで疲労困憊するよりは、毎週日曜日自身の古い説教――「珠玉の文学作品」と広く認められていたが――を読んで済ますのを許していた。さらにはジョゼフ・タッカーマンは、病気のためチェルシーでの牧師職を辞めざるを得なかったが、その後ボストンの救貧院の自由契約の監督役を引き受けた。エリザベスはチャニングとタッカーマンが、自らに割り当てられた「わずかな体力」の最良の使い方――説教を書いて朗読するのに使うか、牧会訪問に使うのか――について議論するのをよく耳にしたものだった。病気は、霊的生活に身も心も捧げている証のように見えた。William. B. Sprague, D.D., *Annals of the American Pulpit; or Commemorative Notices of Distinguished American Clegymen of the Various Denominations* (New York: Robert Carter and Brothers, 1865), Vol. 8, pp. 491,356.

第17章　内面の革命

1　エリザベスの最初の手紙に対するワーズワースの返信のごく一部だけが残っている。そのなかで、彼は子ども向きの詩を書いてはどうかという彼女の提案に対して、次のような見解を添えて断っている。「私が自分の著作で幼い子どもたちに奉仕する義務があるというなら、彼らの両親くらいの大人に恩恵を与えることで、その子どもにも奉仕したことになるのではないでしょうか」Alan G. Hill, ed., *The Letters of William and Dorothy Wordsworth, Part 1, 1821-1828* (Oxford: Clarendon Press, 1978), p. 565. 一八二九年三月二十七日のエリザベスの返信から、ワーズワースが非のうちどころのない立派な返事をしたことは明らかだった。二人のやり取りは、ワーズワースが亡くなる五年前の一八四五年まで長い間隔を置きながら続いた。

2　この選集の副題は、『子どもたちや若者たちへのクリスマスと新年の贈り物　一八二九年版』（*A Christmas and New Year's Present for Children and Young Persons 1829*）であった。この選集が、エリザベス自身の企画なのか、彼女が完成するために雇われただけなのかは、不明である。彼女の名前は本のどこにも書かれていない。「水の精」は、彼女の作品であると広く認められており、編者による序文は彼女の文体で書かれている。わかっている選集の大半が、エリザベスや彼女の友人や家族の作品である。ピーボディ夫人は、「二つの肖像画」という歴史物語を寄稿している。

3　イライザ・リー・キャボットには、様々な分野において作家として長く多産な経歴があった。彼女は翻訳『フェネロン著作集』（*Selections from the Writings of Fenelon*, 1829）に加えて、子どものための数多くの物語や詩の本（「三匹の小さな子猫」（"The Three Little Kittens"）は彼女が書いたもので人々にもっともよく記憶されている子守唄である）、二冊の小説、反奴隷制の小冊子、夫であるチャールズ・フォレンについての回顧録を書いた。そのうちの大半は、彼女の結婚後の名前、イライザ・キャボット・フォレン（Eliza Cabot Follen）で出版されている。おそらくキャボットは子ども向けの物語集『有意義に使われる時間』（*The Well-Spent Hour, 1827*）を出版していたので、彼女が『カスケット』に自分の作品を載せるときには「E・L・C」とイニシャルをいれて作者を特定させたが、一方でエリザベスや彼女の母親の作品は匿名で出された。

第18章　ウォルター医師

1　「ソファイアの父親は、天候が穏やかなときには、彼女にくり返し、一定の期間水ぶくれを作ろうとした。」ピーボディ夫人からメアリー宛書簡、およびソファイアからメアリー宛書簡の追伸（一八二七年一月二十六日付）より。『偏頭痛——よくある不調を理解するために』（*Migraine: Understanding a Common Disorder*, 1985）において、オリヴァー・サックスは十六世紀のギリシャの医師であるアレクサンダー・トラリヌアスのこの理論に関する説明を引用している。それは偏頭痛の原因と治療法に関する二つの対立する主要な見解の一つとして、一八世紀の末まで存続していた。「もし、それゆえに過剰なひどい体液のせいで頭痛が頻繁に起こるなら、その回復は、ひどい体液を清め、取り除く治療法によって引き起こされるだろう」三頁。

2　概して、ソファイアは知覚したイメージの特別な記述もせず、そのような幻覚にしばしば言及した。おそらく夜の恐怖に似た幻覚は、彼女にとって睡眠が妨げられるという共通した形をとったようだった。一八三四年から一八三五年に静養のために滞在したキューバにおいて、ソファイアは母親に「私にとって夜はかつてよりましになったと言い忘れてはいけませんね。恐ろしい幻覚にあまり［悩まされ］ませんし、一旦眠った後はめったに目が覚めません。自然はそのような死に物狂いの行動や長年の不眠の後で休息を取り始めているのです」と手紙を書いた。ソファイア・ピーボディ『キューバ日記』二五頁。

3　ソファイアの一八二九年四月一日から八月八日の日記。一八三一年三月三〇日の記載。［この日記は一八三一年からの記載もまた含んでいる。］
一八二八年四月のソファイアの危機について述べたサラ・ラッセ

ル・サリバン宛ての手紙のなかで、エリザベスは次のように書いている。ソファイアは「まだとても病気が重く」、父親は彼女が亡くなってしまうと思ったが、「幸福以外のどのような感情も、彼女への思い……に結びつくと実感することはほとんど不可能です。ソファイアはどのような心配も希望もないようですが、つかの間の状態であるとしても、現在を平静に楽しんだり、耐えたりしています。『なんて幸福ってすばらしいことかしら（と彼女は私に一日か二日前に言いました）。幸福は明らかな原因がなくてもやって来て、苦しめば苦しむほど、私の心の奥にあると感じるの。』彼女は目を開けるときはいつでも、この感情に表情を輝かせています」と書いている。

第19章「私の魂は画紙の上で前進する」

1 ［フランシス・グレーター著］『メアリーの旅――あるドイツの物語』（[Francis Grater] *Mary's Journey: a German Tale*, 1829）一二六頁。ボストンに来る前に、グレーターはマサチューセッツ州ノーサンプトンの進歩的なラウンド・ヒル・スクールで短期間ドイツ語と絵画を教えたが、ジョージ・ピーボディがそこで学んでいた短い学期と重なっていた。

2 ルイーズ・ホール・サープは、マサチューセッツ歴史協会所有のハーディングの『ワシントン・オールストン』の署名のない模写を、ソファイア・ピーボディによるものであると推測しているが、ハーディングがソファイアに与えた模写の許可に基づく推測にすぎない（*Peabody Sisters of Salem*, p. 345）。彼女がそのような模写をした証拠はないが、模写しなかったことを示唆するものは多い。

不幸にも、リー・リプトンは、そうでなければ権威ある彼女のハーディング作品の伝記的カタログのなかでサープの判断を受け入れている。『真の類似――チェスター・ハーディングと彼の肖像画』（*A Truthful Likeness: Chester Harding and His Portrait*）一五六頁。リプトンは一八三〇年七月十四日の日記の文章を証拠として引用している。そのなかでソファイアは、ハーディングの『オールストン』について熱情的な言葉で記述している。しかしこの記載は、ソファイアがハーディングのアトリエで、最初は自分自身の肖像画を描いてもらうために座り、のちにハーディングの『マーガレット』をコピーするために、定期的に訪問し始める数週間前に遡る。パトリシア・ヴァレンティは彼女の伝記『ソファイア・ホーソーン――ある人生、第一巻、一八〇九年―一八四七年』（*Sophia Peabody Hawthorne: A Life, Volume One, 1809-1847*, 2004）において、作品の作者に関するこの間違いを永続化させた。同様に、ヴァレンティは、セイラムの七破風の家所有の『エジプトへの逃避』を誤ってソファイアの「原画」として記述している。たとえソファイアが『エジプトへの逃避』を完成させたとしても、それについては疑問が残るが、それは原画ではなく、ボストンのライス家所有の絵画の模写で、フランス人の風景画家クロード・ロランの作品と考えられていた。ヴァレンティ、一二七、八八頁参照。

ソファイアは『マーガレット』が彼女の関心と能力により適していることがわかったに違いない。彼女は子どもたちを描いたデッサンや絵画が好きで、トーマス・ローレンスの有名な『ランプトン少年像』（「赤い少年」）を、自身は「岩の上の少年」と呼んで、その絵画から制作され広く印刷されたエッチングの模写を、ペンとインクで幾度となく試みたことがあった。それは油絵に取り掛かる前のことだった。エリザベスは『ランプトン少年像』のエッチングを、一八二八年のアンソロジー『カスケット』に収められた母親の作品「二つの肖像画」のために使用したことがあった。

ソファイアは一八三二年の春と夏に数回、『マーガレット』の完成した模写について述べている。一八三四年の手紙で、彼女はこれまでにちょうど二つの肖像画を書いたことがあるが、最初のものは模写で（例えば『マーガレット』）、二番目のものは友人のであると書いている。それは彼女が一八三二年の八月と九月に描いたトーマス・パークの肖像画に違いない。一八三四年九月のソファイアからイザベル宛書簡より。

3　ソファイアからエリザベス宛書簡（一八三二年十月二十二日付）より。ソファイアが自分の部屋に置き、使用した絵画の道具が、彼女の絶え間ない不健康にどのような影響を与えたかを考えることは興味深いことである。ソファイアの頭痛は、油絵具や鉛をベースにしたうわぐすりを使う前から始まっていたが、絵具の刺激臭や鉛の粉末は、頭痛を悪化させたり、若い頃の水銀の吸入により既に損なわれた「体質」をさらに弱めたりしたのかもしれない。

4　ソファイアの詩人か視覚芸術家と結婚したいという明確な願望を、彼女の姉たちの生徒であるファニー・アップルトンが表現した感情と比較することは興味深い。彼女はソファイアよりほんの八歳若い少女で、成長してナサニエル・ホーソーンの大学時代の級友であるヘンリー・ワズワース・ロングフェローと結婚することになった。一八二七年十歳の時にファニーは、その時ノーサンプトンのラウンド・ヒル・スクールに通っていた兄のトーマス・ゴールド・アップルトンへ、彼女のダンス教師が「詩人になってはいけません。なぜなら、もしなったら貧しくなるから」と兄に告げるように彼女に指示したと書いている。しかしながら、彼女がロングフェローと結婚したとき、彼女の父親、織物産業の大実業家であるネイサン・アップルトンの寛大さのお陰で、ファニーはボストンでもっとも裕福な女性の一人だった。ファニー・アップルトンからトーマス・ゴールド・アップルトン宛書簡（一八二七年二月二十日付）より。

ソファイア自身はこれだけでなくもっと多くの機会に詩を書いた。もっとも彼女はその芸術を絵画ほど真剣に受けとっていなかったが。一八三〇年の夏、彼女はコールリッジの未完の「クリスタベル」（一八一六）に大変興味を抱いていたので、九連の優れた詩に彼女自身の「続き」を書いて完成させ、それを七月二十一日に自分の日記に載せた。Patricia Valenti, "Sophia Peabody Hawthorne's Continuation to 'Christabel,'" *Nathaniel Hawthorne Review*, vol. XIII, no. 1, Spring 987, pp. 14-16.「まだ見ぬ大切な方」の日付は確定できないが、ソファイアがすくなくとも一八三〇年から詩を書いていたことは確かである。

第20章　「孤独への最初の撤退」

1　ソファイアからピーボディ夫人宛書簡（一八三〇年十月十四日付）より。引用部分は以下の通り。「……とうとう私は、外部のどこにも存在しない平和が見つかるかもしれない内なる聖域へと入り始めました。『神はここにおられる』と私の魂の声が言いました……。身体全体が興奮の絶頂に達し、脈が激しく打っていました。しかしその後私は苦痛の頂きから沈んで、全てが静かになり、そして私は実際に微笑んだのです！」

2　エリザベスから弟ジョージ宛書簡（［一八三七年］十月十四日付）より。ピーボディ家の子孫間の家族の言い伝えによると、ウェリントンは父親との喧嘩の後「航海に出た」。しかしながら、その時の資料ではその計画は家族全員に認められたものだった。その話は、ピーボディ医師の「厳しいしつけの人」や、すぐ怒る人としての評判の大きさについてより多くを語っており、何世代も超えて伝えられたようだ。

3　ちょうど二、三年後、ナサニエル・ホーソーンは「婚礼の弔鐘」において、そのような場面を不気味に語り直した自身の脚色版を創作した。彼がソファイアに会ってから作られた後期の短篇「リリーの探求」や「痣」もまた、結婚直後の若い妻の死や、真の愛は「不滅である」という見解の表明で締めくくられている。当時結核による若年死の頻度が高かったので——ウォルター・チャニング医師、ホレス・マン、ラルフ・ウォルドー・エマソンやヘンリー・ワズワース・ロングフェローは、皆若くして男やもめになった——ホーソーンが病弱な女性とロマンティックな関係になったとき、そのような見方がホーソーンの関心事だったことは驚くことではないかもしれない。

第21章　離散

1　メアリーからエリザベス宛書簡（一八三二年七月十一日付）より。ピーボディ一家だけが一八三〇年代の十年間にボストンを出入りしたわけではなかった。ある人口統計学者は、一八三〇年から一八四〇年の間に三万五千七百七十五軒もの世帯が同じ道を辿ったと見積もっている。その十年間にボストンの総人口は、六万人強から十万人近くまで増加をみた。短期居住が標準であった。人口が全体的に増加していたにもかかわらず、一八三〇年のボストン在住者の五人のうち二人だけが次の十年間にボストンに留まったようだった。

人口のもっとも安定した層は富裕層で、ピーボディ姉妹の学校の有望な客候補だった。ニューイングランドは、とくに都市において、急速に階級差のある地域になりつつあった。人口の五パーセントがあらゆる課税対象の富のちょうど四十四パーセントを所有していた一七七〇年代初期に対して、一八三三年のボストンでは、人口の四パーセントの最富裕層が富の五十九パーセントを支配していた。しかし一八三〇年代の初めの頃にエリザベスが報告しているように、くり返し起きる金融恐慌がこれらの富裕層家族さえも脅かした。下方への社会的流動性は、南北戦争前の数十年間にますますありふれたことになった。Howard P. Chudacoff, *The Evolution of American Urban Society*, 1981, pp. 53, 51 参照。

2　ソファイアは旅行ガイドブックのなかで見たエッチングから『ロッホ・ロモンド』と『影の湖』を採用した。『影の湖』をソファイアは、「色あせた版画」（ソファイアからメアリー・T・ハサウェイ宛書簡（一八三一年十一月十六日付）より）をモデルにしたモンブランの景色と書いているが、それがおそらく彼女が完成させたこの絵画のことであろう。「オールソン氏の絵が、あなたのをよりよく完成させる力を私に与えてくれました——でもそれ自体に力があるとは思いませんが——『影の湖』のことです。」ソファイアからエリザベス宛書簡（［一八三一年？］十二月二十七日付）より。

3　ソファイアの一八三二年一月から二月の日記より。一月一日の記載。ソファイアは「偏頭痛のアウラ（aura）」として知られている症状を経験していたのかもしれない。その際には、明るく輝く幻影が、時には悪夢のような影であるが、しばしば急速に連続して動く輝く図案として、よく病人に現れる。オリヴァー・サックスは、偏頭痛の幻影から作品を生み出した芸術家として、ビンゲンのヒルデガルトについて書いている。*Migraine: Understanding a Common Disorder* (Berkeley and Los Angeles: University of California Press, 1985), pp. 106–108 参照。ソファイア自身は、古典的な偏頭痛のアウラのようなものを経験した機会について次のように記述している。「私はあの激しい苦しみの最中にいました——私の思いは稲光のようで、私の感情は雷のようでした——なんという光景を見たことでしょう！　それらは壮麗さと華麗さで私の目をくらましました。私はそのとき、薄明かりの涼しげな日陰になった銀色の小川が流れる美しい谷にいたのです。」ソファイアからメアリー宛書簡（一八三五年秋？セイラム）より。

ソファイアはこれらの幻影を時々描こうとしたが、翌日にはこれまでより頻繁に「コマのようにぐるぐるめまいがする」のに気いた。気分が悪くてベッドから起き上がることができず、「注意を集中する」ことがほとんどできなかった。ソファイアからメアリー宛書簡（一八三二年十一月二十日付）より。

4　ソファイアからピーボディ夫人宛書簡（一八三二年五月十二日―十五日付）より。イライザ・タウンゼント（一七八八―一八五四）は、この会見のときには四十代半ばであったが、彼女は明らかに一風変わっていた。一時は「その著作が慎重な批評家の賞讃を集めている女性初のアメリカ生まれの詩人」と考えられていたタウンゼントは、ニューイングランドの雑誌に十九世紀初めの数十年間、匿名で作品を発表していた。彼女の詩は、その死後遺された姉メアリーによって出版するためまとめられた。彼女は姉と、「血族の最後として、ボストンの古い屋敷に隠遁していた」と言われていた。*American Authors: 1600-1900* (New York: H.W. Wilson, 1938) p. 775 参照。

5　ソファイアからピーボディ夫人宛書簡（一八三二年五月十二日―十五日付）より。四年後、ラルフ・ウォルドー・エマソンは、オールストンの一八三二年の『ジェシカとロレンゾ』のソファイアによる模写をほとんど同じ言葉で誉めた。「私はその若いご婦人の非凡な才能を大変喜ばしく思いました。というのも、彼女は誉められすぎてきたのではないかと思っていたからです。」ラルフ・ウォルドー・エマソンからリディアン・エマソン宛書簡（一八三六年四月二十二日と二十三日付）より。*Letters of Ralph Waldo Emerson*, vol. 2. pp. 12-13. ニューイングランドの著名な男性芸術家や知識人は、女性の「非凡な才能」を進んで認めていたようだが、彼らは当初疑念を抱く傾向にあった。そのような意見に含まれる横柄さは——「彼女は誉められすぎてきたのではないかと思っていた」や「私が思ったより優れていた。もっとも大いに語られるのを聞いたことがあったが」など——女性芸術家が、作品を賞讃してくれる女性の友人たちといった家庭的な輪を越えて、自分の作品を見せることに感じる気の重さへとつながった。ジョージ・フラッグの初期の努力は、同じような不信をもっては迎えられなかった。むしろ彼は別の意味で叔父に誉められすぎた。最後には、ニューヨークの収集家のルーマン・リードに数年援助されたにもかかわらず、彼の才能は早く燃え尽きてしまった。

第22章　純潔

1　偶然、レベッカ・クラーク夫人の義理の母である同名のクラーク夫人は、ボストンのキングズ・チャペル近くの最初の下宿屋の女主人だった。そこにジョセフ・ピアース・パーマー一家は、一七八〇年代にフレンドシップ・ホールを売却した後住んでいた。当時都会の下宿人は主として、自分たちの家を持つ余裕のない家族や夫婦、あるいはロイアル・タイラーのような独身男性たちだった。レベッカ・クラークもピーボディ姉妹もこの関連を知っていたとは考えられない。

2　エリザベスからホレス・マンへの日付なしの書簡［一八三三年十二月三十日］より。メアリー・ムーディ・エマソンが、甥のラルフ・ウォルドーをエリザベス・ピーボディに向かわせようとしたという見解は、伝説のようだ。そのことは、半世紀以上後になって、フランクリン・サンボーンの「コンコード・ノートブック——コンコードの女性たち　III．ルイーザ・オルコットとその仲間たち」のなかで、検証されることもなく、ピーボディ嬢は「おそらくその組み合わせとしては賢すぎ、社交的すぎたのだろう」という彼の憶測とともに報告されている。チャールズの場合はもっと強い証拠がある。メアリー・ムーディ・エマソンはエリザベスについて、一八三三年三月十三日チャールズに宛てて手紙を書いた。「あなたは私のある書簡が『気に入っていませんね』。彼女はあなたが気に入っていますよ――あなたが訪問してくれることを望んでいます。私の心からの願いは、あなたの人生に新しい興味をもたらすような、女性のある［この箇所判読不可能］気質を大いに気に入ることです。」

チャールズは一八三三年四月十一日に返事を出して、エリザベス・ピーボディに関する意見を述べている。「僕たちは今後もありえないほど十分知り合っていると思います。僕が女性に魅力を感じるためには、ある程度の趣味のよさと繊細なマナーが女性には必要なのです。」一八三三年八月にチャールズは、超絶主義的な傾向のあるコンコードの隣人で、著名な判事の娘のエリザベス・ホアと婚約した。Mary Moody Emerson to Charles Chauncy Emerson and Charles Chauncy Emerson to Mary Moody Emerson, Emerson Family Papers, bMS Am 1280. 226 (724) and (76), Houghton.

3　新しい鉄道のための許可状は、サウスカロライナにおけるアメリカ初の商業鉄道の開通と同時だったが、マサチューセッツ州西部のバークシャー地方のごつごつしたみかげ石があるなかを鉄道を敷設するというほとんど解決不可能な問題が、結局、南北戦争終了後まで西部へつながる鉄道の完成を遅らせた。この遅延は、十九世紀半ばまでにボストンがニューヨーク市に商業力で後れをとった主な理由だったのかもしれない。

4　ホレス・マンの髪の色が実際一晩で変化した話は広く語られ、かなり真実味がある。もっとも、ある説明では髪の色を白としており、他の説明ではグレーであった。一八三四年エリザベスは、ホレス・マンとデダムの友人、キャサリン・ヘイヴン・ヒラードとの会見の手筈を整えた。彼女はシャーロットが一八三二年に亡くなる直前からずっと、マンに会っていなかった。「彼の髪がグレーだったことを除いたら、思ったよりも元気そうに見えたとキャサリンは言いました」とエリザベスはメアリー宛ての手紙で書いている。「私は彼女に、そのことを前から知らなかったのかと尋ねると、彼女は知らなかったわと言いました。私は、最初に彼に会ったときからそうだったわよと彼女に伝えました。彼女は、そうね、それはきっと即時効果だったのねと言ったのです。」エリザベスからメアリー宛書簡［一八三四年八月二十六日―三十日（?）］より。

5　一八六四年から一八六五年の冬に、キャロライン・ドールがクラーク夫人に行ったインタビューからよく引用される文のなかで、クラークは次のように述べている。「エリザベス嬢はホレス・マンに関して熱心だと誰もが思っていました。彼は最初の奥さんが亡くなった後、一週間部屋から出てこようとしませんでした。それで私は食事を運ばねばなりませんでした。ある日、エリザベス・ピーボディが食事を運びたがりました。『いいえ』と私は言いました。『それは好ましくありません。あなたにそうさせたくありません。』『ええ、でも私はしなくてはいけません』と彼女は言いました。『マン氏に言うことがあるのです。』それから人々はみな、マン氏の再婚について話し始めました。エリザベスは直ちに、マン氏はけっして再婚しませんと憤慨して宣言しました。『あなたの目前で、エリザベス嬢、あなたの目前で彼は再婚すると思いますよ』と手を胸に置いて、フェアバンクス氏は言いました。本当に愚かな人！　彼は、まさしく正しいことを言ったと思ったようです。」

インタビューの他の箇所でも同様であるが、ホレス・マンの妻が亡くなった日を、彼が自分の家に滞在中のこととしたように、その文にはクラーク夫人の回想の正確性に疑問を挟む余地が多くある。クラーク夫人は、エリザベスを間借り人としてとくに好んだわけではないかもしれないが、このインタビューの時には、エリザベスのきわめてよく知られた風変わりな人格のことを考えていたようだ。さらに、年下で癇癪持ちのドールは、かつては彼女の助言者だったエリザベスと最近不仲になっており、ここでは自身の崇敬の対象をクラーク夫人に変えたようだった。ドールはひどい噂話を聞く気があり、クラーク夫人はそれを与えて満足だった。Caroline Dall, "Studies towards the life of 'A business Woman' being Conversation with Mrs. R.P. Clarke in the winter of 1864-5," Caroline Wells Healey Dall Papers, Schlesinger.

6　Messerli, *Horace Mann*, p. 168. メッサーリは、マンは法律事務所に引っ越し、そこでその後の三年間を「馬毛のソファーに眠って」暮らしたと書いている。しかしメアリー・ピーボディは、マンが「そのフランスの婦人用の部屋で孤独な生活を始めていました。そこで朝食とお茶を一人で取り、トレモントで食事をすることになっています」と報告している。日付なしのメアリーからソファイア宛書簡［一八三三年七月初め］より。

第23章　盲人バザー

1　Oliver Sacks, *Migraine: Understanding a Common Disorder* (Berkeley and Los Angeles: University of California Press, 1985) p. 215.

2　『セイラムのピーボディ姉妹』(*Peabody Sisters of Salem*, Boston: Little, Brown, 1950) においてルイーズ・ホール・サープは、また『同時代のナサニエル・ホーソーン』(*Nathaniel Hawthorne in His Times.* Boston: Houghton Mifflin, 1980) においてジェイムズ・メロウは、ピーボディ夫人は過保護の母親で、自分の末娘を支配し、行動を制限したいという彼女の願望が、ソファイアの病弱の主な原因だったという理論をともに推し進めた。ピーボディ夫人に対するこの見解は、それ以後出版されたホーソーン家や超絶主義者の時代に関する書物のなかで、姉妹について公表された多くの説明を通して広がっていった。しかしピーボディ夫人の娘たちへの手紙を徹底的に読むと、この理論を支持する証拠はほとんどない。実はピーボディ夫人は主に、自立心を持った娘たちにとってはインスピレーションであり、支えであったようだ。

3　ソファイアからエリザベス宛書簡（［一八三三年］五月二十一日—二十二日付）より。ソファイアは、リトグラフ用の石にフリーハンドで描くことに気が進まなかったので、その過程に特別な段階を加えた。それは間違った箇所の修正ができない技法だった。ソファイアは最初にティッシュペーパーに輪郭を描き、それからエリザベス宛ての数年後の手紙で記述したような方法に従った。「私の過程は、片面をやすり棒の先端で絵をなぞった後で、ティッシュペーパーの裏を赤い粉で擦ることでした。それから動かないように隅を固定して、石の上にきわめて慎重に粉をかけた方の面を置き、それから石の上に赤色で線を押し付けるために、再びそれぞれの線をやすり棒の先端でなぞりました。それから特別の刷毛とインクで線を描きました。最初の一筆で線を黒く目立つようにすることが必要です。そうでないと、見栄えが悪くなります……。それを考えると私の心は痛みます。」ソファイアからエリザベス宛書簡（［一八三六年?］五月十九日付）より。

ソフィアの言う「赤い粉」とは、赤いオークルのことである。エリザベスからメアリー宛書簡（一八三六年六月十七日付）より。

4 アセニーアムの一八三四年第八回展覧会には、作品が展示された女性が他にも数名いた。一人は、メアリーとエリザベスの下宿屋の女主人レベッカ・クラークの娘であるサラ・クラークで、彼女の『月光』は、次の二十年間でいくつかアセニーアムに出した数点の出品のうち最初のものだった。もう一人のS・C・リチャードソン夫人は、細密画の部門で『S・B・ノックスの肖像画、合衆国海軍』を出品した。「頭部はスチュアートによって、織物はその娘によって」描かれたグリズウォルド司教の肖像画や、プロヴィデンスのサラ・W・リペットによるダ・ヴィンチの『洗礼者ヨハネ』の模写があった。それは、おそらくアセニーアムの常設コレクションに加わった最初の女性による作品で、作者からの寄贈だったのであろう。展覧会には二百二十五点の絵画と九点の細密画があった。*Catalogue of the Eighth Exhibition of Paintings in the Athenaeum Gallery* (Boston: J. H. Eastburn, 1834) を参照のこと。

第24章　キューバ日記

1 エリザベスからメアリー宛書簡（［一八三四年］六月二十三日―二十六日付）で引用されたウォルター・チャニング医師の言葉より。肺結核は回復を望んでカリブ海へ旅行した病人のありふれた死因だった。ラルフ・ウォルドー・エマソンの弟エドワードは、成人期のほとんどをこの病気で苦しんだ後に、一八三四年二十九歳のときにプエルトリコで亡くなった。しかし一八三〇年から一八三一年の冬をセント・クロイ島で過ごしたことのあるチャニング牧師は、病気からいくらか解放された。しかし肺結核は別であった。肺結核は十九世紀の前半において、全ニューイングランドの人々の死亡原因の四分の一にものぼっていたのかもしれず、当時北アメリカ唯一の命とりの病気だった。肺結核の患者にとって、熱帯への航海は容赦ない悪化からの気晴らし以上のものを提供した可能性は低い。Karen Robert, ed., *New Year in Cuba: Mary Gardner Lowell's Travel Diary, 1831–1832.* (Boston: Massachusetts Historical Society, Northeastern UP, 2003), p. 13 参照。

2 一八三四年二月十六日、メアリーはローリンズ・ピックマンに宛てた手紙で、「私はこの奴隷制に慣れることができないし、慣れたくもありません」と書いた（筆者の日付は一八三四年二月（十日あるいは十六日か）。エリザベスは二月十六日付の手紙を読んだか、メアリーが同じ心情を示した彼女自身の手紙を受け取ったに違いない。一八三四年四月十九日に「あなたのことが心配です……。この奴隷制はあなたの心に重過ぎます。もし気分がよくならなかったら、あなたと入れ替わるわよ」と返事を出していた。エリザベスからメアリー宛書簡（一八三四年四月十九日［―二十日］付）より。

3 エリザベスからメアリー宛書簡（一八三五年二月二十八日―三月十五日付）より。一八三三年八月、姉妹がキューバへの出航計画を立てていたとき、『ホボモック』（一八二四）と『反逆者』（一八二五）を携え一八二〇年代半ばのボストンの文学界に突然現れ、それから『つつましい主婦』（一八二九）のベストセラー作家になったリディア・マライア・チャイルドは、『アフリカ人と呼ばれる人々の階級を支持する訴え』を出版した。それは最終的に、「他の出版物よりも多くの男女を奴隷制廃止論に転向させた」功績を持つと考えられた作品である。チャイルドは直ちにボストンで公然と非難され、ボストン・アセニーアムの図書館の特権は廃止され、子どもの雑誌、『ジュヴナイル・ミセラニー』（*Juvenile Miscellany*）の編集者の地位は、取り上げられ、り消された。彼女の奴隷制廃止論者仲間であるジョン・グリーンリーフ・ホイッティアは、『訴え』の後、チャイルドは「自分の本や随筆のための市場を見出すことができず、彼女への賞讃が突然静まった」と回顧した。エリザベス・ピーボディは一八三三年に同じような立場を取るには、あまりにもボストン的で、ボストンに頼りすぎていた。

しかしチャニング牧師は、チャイルドの本について議論するために彼女を訪問した。チャニングは奴隷制廃止論の大義に転向したのではなかった。南部の奴隷所有者は、最終的には奴隷たちを解放するよう説得されるだろうと信じて、「漸進主義者」にとどまっていた。しかし一年後の一八三四年秋、反奴隷制廃止論者の暴徒がボストンコモンでウィリアム・ロイド・ギャリソンを襲撃すると、チャニングは奴隷制について雄弁な説教を行い、ボストン人たちに数少ない奴隷制廃止論者の作品を許容するよう忠告し、人の魂を所有させるものとして奴隷制度を非難した。それは聖職者たちや彼の会衆の間に異議申し立ての嵐を起こすのに十分なものであった。チャニングはその説教を百五十ページの一冊の本『奴隷制』（一八三五）に発展させ、そのせいで自身の教区民の多くから罵られることになったものの、その本は全国的なベストセラーとなった。それでもチャニングは、一つの論争点だけを提唱する人間ではなかった。出版のために『奴隷制』を改訂していたのと同時期に、一八三四年の復活祭説教『未来の生』（一八三五）も出版しようとしていた。同時に、エリザベスがジェランド男爵の『自己教育』を翻訳しているときに彼女としばしば議論していた話題、「自己修練」についての一八三九年の演説も何度も再版することとなった。奴隷制に関してチャニングをもっとも怒らせたことは、この進歩的なユニテリアン信徒にとって典型的なものであった。それは、奴隷制が全人類を「代々単なる動物的で改善しない存在へと」委ねてしまうことであった。Deborah Pickman Clifford, *Crusader for Freedom: A Life of Lydia Maria Child* (Boston: Beacon Press, 1992), pp. 99–107; Jack Mendelsohn, *Channing: The Reluctant Radical* (Boston: Unitarian Universalist Association, 1979), pp. 233, 245–60; Anne C. Rose, *Transcendentalism as a Social Movement, 1830–1850* (New Haven, Conn: Yale UP, 1981), pp. 20–21 などを参照。

4　ソファイアは、モレル家の少年たちに、もっと大きな尊敬を抱いて家庭内奴隷を扱うよう諭す程度には、この計画においてメアリーに加担した。のちの回想録においてメアリーは書いている。「六歳の少年が自制心を失って怒りをジェンテ（gente）、つまり〈あの人たち〉と奴隷たちは呼ばれていたのだが、その一人に対して向けたある日、私の妹は『そんな風に人を扱うものではないわ』と言った。その子は驚いて彼女を見て、「テクラは人なの？」と叫んだ。それに対して妹は、たとえ肌の色が何色でも、すべての魂は白いのだという原則を公にした。その子は彼女の言うことを完璧に理解し、その時からそれに従って振舞った。Mary Tyler Mann “Reminiscences of School Life and Teaching,” p. 317.「すべての魂は白い」という見解は、今日では人種差別主義者のように聞こえるが、奴隷制に反対した白人のアメリカ人の間では普通だった。

5　メアリーからローリンズ・ピックマン宛書簡（一八三四年八月六日付）より。メアリーの小説『ファニータ――五十年前のキューバでの実生活のロマンス』（*Juanita: A Romance of Real Life in Cuba Fifty Years Ago* (Boston: D. Lothrop Company) は一八八七年、彼女の死の直後に出版された。メアリーは何年もかけて、その本の執筆作業を折にふれ行った。最初は一八三四年と一八三五年にキューバにいる間に小説の概要を書き、それから一八五〇年代に下書きの多くを仕上げ、ようやく出版するために一八八〇年代に下書きを改訂した。一八八七年版のエリザベスの序によると、メアリーはモレル家の家族がまだ生きている間は、その小説を出版できないと心に決めていた。パトリシア・M・アードによる有用な序の付いた『ファニータ』の新しい版は、ヴァージニア大学出版会（二〇〇〇）から出版された。

メアリーと母親と姉妹は、一八三〇年代、ホレス・マンやウィリアム・エラリー・チャニングとともに、奴隷制問題に関しては「漸進主義者」だったということは注目すべきだろう。事実上、彼らの仲間たちは、全員奴隷制は間違っているという点で同意していたが、奴隷制を終結させるいちばん良い方法については大きな論争があり、ピーボディ姉妹はもっとも暴力的でない方法を支持していた。一八二九年の日記の記載では、ピーボディ夫人の多様な改革問題や彼女たちの間での奴隷制に対する立場に関する見解が示されている。

「率直にかつ正確に、社会の実際の進歩の跡を辿ることは、美徳への励みです……。聖書の教えは流布しているので、奴隷制はゆっくりですが、確実に文明化した世界から退却し、道徳の教えは罪の住処に入り込み、食料や衣類は極貧の住居に運ばれるのです。科学と文学の宝は、知識を得ようと希望するあらゆる人の手の届く所に置かれます。女性は存在の座で適切な場所へと向上しつつあります。平和な社会は増えているのです……。」

6　エマソン、ソロー、セオドア・パーカーについて書きながら、ローレンス・ビュエルは、超絶主義者たちの文学作品を「芸術でも論証でもなく、両者の組み合わさったものだ」とうまく定義した。彼らの作品は、「示唆、修辞的な力、適切な認識」という肯定的な特質を共有していたが、それらのすべてをソファイアは日記のなかで切望し、しばしば達成した。Lawrence Buell, *Literary Transcendentalism: Style and Vision in the American Renaissance* (Ithaca. N.Y.: Cornell University Press, 1973), pp. 1–2.

ソファイアのアヘンの使用に関してはわずかなことしか突き止められていないが、彼女は一八三八年にエリザベスに、当時は毎朝アヘンを摂取することが習慣だったと書いている。ソファイアからエリザベス宛書簡（［一八三八年］四月二十四日付）より。そのようなアヘンの使用が、キューバでの毎朝の乗馬や、帰国の途で毎日書いた日記の文章に与えたかもしれない影響を考えると興味深い。ソファイアは彼女が英雄視していたイギリス人の一人、サミュエル・テイラー・コールリッジによるアヘン使用の程度に気づいていなかったようだが、アヘンはもう一つの彼女のロマン派詩人たちとのつながりだったかもしれない。彼らはすべてのアメリカの超絶主義者たちにとって先導者だった。

7　ソファイアの書簡（一八三五年一月十三日付）より。エマソンのこの時期の日記には、自然界に対する同様の反応が含まれている。これらの考えは、自由な気質のニューイングランドの人々が吸っていた空気のなかに存在した。彼が最初に公にした超絶主義的見解は、彼が『自然論』（一八三六）と呼んだ小冊子にあった。これは彼の長い生涯においてもっとも首尾一貫した変わらぬ主義だった。自然がソファイアにしたように、自然はエマソンに「完全な昂揚感」と「永遠の若者」という感情を与えた。しかし何よりも重要なことに、彼の自然界の経験は有名な一節に見られるように、より高度な精神的な真理を啓示した。「むきだしの土地に立ち、頭を爽快な大気に洗わせ、無限の空間にもたげるとき、すべての卑しい利己心は消える。私は透明な眼球になる。私は無である。私はすべてを見る。普遍的存在者の流れが私の中を巡る。私は神の一部か、片鱗である。」Ralph Waldo Emerson, *Essays and Lecture* (New York: Library of America, 1983), p. 10.

8　エリザベスからメアリー宛書簡［一八三四年三月二十二―二十四？日付］より。妹たちがキューバに行って不在の間にエリザベスが出版した記事のほとんどは、理論的なものだった。しかし、彼女はウィリアム・ワーズワース風の子ども時代への賞讃である「誕生日の祝福」という詩も、『ボストン・オブザーバー・アンド・リリジャス・インテリジェンサー』(*Bostonian Observer and Religious Intelligencer* (January 8, 1835, p. 16) のなかで発表した。この雑誌は、のちにブルック・ファームを創設することになったジョージ・リプリー牧師により編集されたユニテリアン派の週刊誌だった。(［一八三五年］一月三十日付のメアリー宛ての手紙において、エリザベスは「私の詩は大変好まれています。とくに「誕生の祝福」は。彼は私があらゆる種類について書いて欲しいと思っています」と語っている。)

9　Madelon Bedell, *The Alcotts: Biography of a Family* (New York: Clarkson N. Potter, 1980), p. 90. エリザベスはオルコットから学んだが、彼の教授法の多くは、ランカスターやブルックラインで彼女自身が始めた実験を拡大したものだった。ピーボディ夫人がオルコットと彼の成功についてエリザベスからもっと多くを知るにつれて、夫人も自分が教師になりたてのころの考えや実践が進歩的だったことに十二分に気づくようになった。一八三五年四月、彼女はメアリーとソファイアに次にように書いている。「教育に関する概念の段階的な発達に対して深い満足をもって注目しています。もし私が裕福で影響力を持っていたなら、三十年前にそれを声に出して国中に広めていたことでしょう。そんなにも前に私が考えたことを書き留めた覚書がなかったら、これを単なる想像と思ったかもしれません。」一八三五年四月五日付書簡より。

10　エリザベスからメアリー宛書簡［一八三五年二月二十八日―三月十三日付］より。三月五日の夜、エマソンの「伝記の使用」シリーズの最終講義を祝したパーティで、エマソンはエリザベスに、彼女がチャニング牧師一家に読み聞かせられるように、自身の手書きの説教を貸すことを申し出ていた。これは明らかに深まりつつある友情における信頼の兆候である。翌日、エリザベスと、婚約したカップルのためにわざわざ設定された、一八三八年に歴史家ジョージ・バンクロフトと結婚することになる未亡人エリザベス・デーヴィス・ブリス夫人の家でのお茶会の席で、エリザベスは「素晴らしい時間を過ごしました」。この機会にエリザベスはまた、「ジャクソン夫人がブリス夫人に、私のことが本当に好きだし、ウォルドーも自分と同様に感じていることがわかって嬉しい、と語ったことも知りました」。

第25章　テンプル・スクール再訪

1　ボストンの鍛冶屋ルイ・ローリア (Louis Lauriat) についての一八三六年五月下旬か六月初旬のエリザベスからメアリー宛ての書簡より。ピーボディ夫人はさらに、セイラムでの「熱気球流行の著しさ」について書いている。「デュラント氏と彼のすばらしい乗り物は、ここことマーブルヘッドの間の湾に着地し、ほとんど溺れるところを救出されました。」ピーボディ夫人からメアリーとソファイアへの書簡（一八三四年九月二十三日付）より。

2　この絵画は以来『ロレンゾとジェシカ』として知られてきた。オールストン自身は『ヴェニスの商人』第五幕第一場の次のセリフとともに、ソファイアが使った同じタイトルを絵の裏面に記した。「この川岸に月がなんと優しく眠ることか！」私がこの絵画について読んだソファイアの模写当時の手紙では、男性は『ロレンゾとジェシカ』

と呼び、一方女性たちはソファイアと同じく『ジェシカとロレンゾ』と呼ぶ傾向にあった。オールストンは一八〇七年ヨーロッパに住んでいるときに有名な「カスケットの場面」を描いていた。

3　神智学（theosophy）という言葉を、エリザベスは一八三〇年代半ばから手紙のなかで、特にリディアン・エマソンとの交信のなかで使い始めている。この言葉は、ヤコブ・ボエームというプロシアの神秘主義的なルター信奉者の著作を読むことで、彼女が身につけた用語なのかもしれない。彼は一般には現代の神智学の父と見なされているが、「神智学」は彼自身が使った言葉ではなかった。「神の愛は人が探す前からその人のなかにある」や「目に見える世界は内なる精神世界の表明である」といった表現は、超絶主義者たちに早くから多大な影響を与えた。しかしこの言葉は、文字通りには「神からの知恵」と定義されるものだが、エリザベス自身の語彙のなかでは、彼女の「社会的原理」も含むものだったようだ。その原理とは彼女がのちに「真の宗教の社会主義」と呼ぶことになる他者への内なる共感だった。

4　最初に一八三六年を超絶主義者たちにとっての「驚異の年」（annus mirabilis）と描写するようになったのはペリー・ミラーだった。この年の出来事をより最近もっと広範囲に扱った描写としては、ピーボディとオルコットの役割を強調したバーバラ・パッカーによる『ケンブリッジ版アメリカ文学史』の「超絶主義者たち」についての記述がある。一八三六年はまた超絶主義クラブの最初の会合があった年でもあった。会員は、一八三七年九月にコンコードのエマソン邸で開かれた有名なピクニックに女性たちが出席を許されるまで、ブロンソン・オルコットを例外として、ユニテリアン派の牧師たちだけで構成されていた。そのピクニックは、エマソンがのちに「アメリカの学者」として知られることになるファイ・ベータ・カッパ講演を行った翌日に行われた。

5　エリザベスからオレスティーズ・ブラウンソン宛書簡より。ここでエリザベスは、一八二六年に『クリスチャン・イグザミナー』誌のエッセイで「ヘブライ語聖書の精神」について書いたことを説明しており、そのとき印刷されていたとしたら、「ユニテリアニズムのど真ん中で、無学な少女が、コールリッジの『友』を熟読したことによって得た思弁法の手助けだけで、『超絶主義という言葉』を議論したことは、かなりの歴史的事実になったでしょう」と述べている。もしノートンが一八三四年に六点のエッセイの掲載を許していたとしたら、その時点でも「かなりの歴史的事実」となっただろう。最初の三つのエッセイは一八三四年の五月、七月、九月に出版された。印刷されなかったエッセイは、ブラウンソンへの手紙が証明するように、エリザベスは一八四〇年に出版しようと再び回覧したけれども、見つかっていない。

6　一八三六年から三七年の間、エリザベスは「教育マニュアル」を編集しようと努力していた。しかしプロジェクトが進むにつれ、それは文学アンソロジーの形態を取るようになっていき、ジョン・サリヴァン・ドワイトやジョーンズ・ヴェリー、ラルフ・ウォルドー・エマソンなど多様な作家たちからの原稿が集まっていた。本は完成しなかったが、十年後、エリザベスは似たようなアンソロジーを出版した。その『美学論集』（*Aesthetic Papers*, 1849）を彼女としては定期雑誌にしたいと考えていた。

7　『ある学校の記録』が出版された直後、オルコットは自分の日記にそのタイトルページを、『ウェスタン・メッセンジャー』紙の好意的な書評とともに貼り付け、そこに「E・P・ピーボディ著」と記した。『記録』の一部に添付してワーズワースに送った一八三五年九月五日付の手紙で、エリザベスはそれを「自分自身の手による本」と述べ、「英語を話す子どもたちを真の英文学の教育的な影響力のもとに連れ出すことにかかわった、非常に興味深い精神について、何かしらお伝えすることになるでしょう」と語っている。彼女にとって「真の英文学」とは、ワーズワースの詩のことであった。オルコットは「不滅のオード」を生徒たちとの重要な会話の基盤としていた。

8　エリザベスは『ある学校の記録』を五部、ボストンの出版者であり本屋でもあったネイハム・ケイペンに、彼が一八三五年の秋にヨーロッパに旅行する際に渡していた。彼は『自己教育』(*Self-Education*) と『歴史を解く鍵』(*Key to History*) の二巻と三巻を一八三三年に出版していた。エリザベスはケイペンが五冊目を、イギリスとヨーロッパの出版者たちを説得してヨーロッパの読者のための本を作るために使ってくれることを期待していた。

ワーズワースがエリザベスの手紙と贈り物に翌年の四月七日に返信したとき、彼は次のようにその遅れを謝罪した。「お聞きになったかもしれませんが、私の眼は炎症にかかりやすく、そのためにわずかな読書の時間も短くなってしまっており、まして書く時間はほとんどないのです。」ワーズワースの返信からは、彼が実際にエリザベスの本を読んだかははっきりわからないが、彼は「面白い内容のあなたの本」に感謝し、「未来の世代に対するあなたの努力が当然得られるべき成功で報われますように」と伝えていた。彼はまたダヴ・コテージの庭で摘んだ花も同封していた。

9　初版千部という売れ行きは当時では良いものであった。たとえばエマソンは、講演者として六年の実績があったが、最初のエッセイ集を千五百部売るのに四年かかった。彼の最初の本『自然論』の売れ行きはさらに遅かった。当時の作家にとっては、ピーボディからエマソン、ホーソーンまで、自身の本の出版費用を前もって支払い、その利益を自ら受け取るというのはよくある慣習であった。メアリーとエリザベスが『ある学校の記録』の販売収益に頼りたいと思ったのもあながち間違いではなかった。この事業の収益額がどれだけだったかはわからないが、エリザベスが二年後に考えていた企画では、二千五百部の印刷に対し、一部十二・五セントの印刷費用、九十七・五セントの小売値を計上していた。それによってエリザベスは一部につき八十五セント、初版が売り切れるまでには――売り切れたとしてではあるが――二千ドル以上を清算することができるはずであった。問題は、前もって費用を立て替えてくれる支援者やお金を見つけることであり、その本を売る方法を探して、売上金を回収することであった。

10　エリザベスのメアリー宛書簡（一八三六年五月十五日付）より。一方マーガレット・フラーは自身の割り当てを『アメリカン・マンスリー』誌のために手に入れようとするエリザベスの努力をさげすんでいた。知り合って最初の頃の日付のない手紙で、フラーは次のように書いている。「『アメリカン・マンスリー』誌についてあなたの言っていることに関してですが、私は金銭的報酬のために、あるいは時間を自由に使えるようになるために、精神の一部は喜んで売りますが、魂は売りません。」フラーはその代り、「私がドイツ文学についての連載記事を掲載するのにふさわしいと考え、私が望むとおりに語る紙面と完全な自由を与えてくれるような雑誌が、そのうち現れてくれるのを期待します」と語った。不幸にもフラーの大胆な告白は、「プライドが堕落に先行する」ケースであることが判明した。一年もたたないうちにフラーはエリザベスに追従的な手紙を書き、「タッソー・ラッソー」というドイツ文学の掌篇の翻訳を同封した。「見直してみて、それが現状で出版に適していると考えたなんて、恥ずかしく思っています。……どうかそれを読むのはあなたと妹さんだけにとどめてください。もし妹さんが本当に見たいと思って下さるならですが。」マーガレット・フラーからエリザベス宛の書簡（一八三六年二月三日付）より。

11　エリザベスからエイモス・ブロンソン・オルコット宛書簡（一八三六年八月七日付）より。エリザベス自身、自分の出版作で適切な鑑識眼の範囲を越えているという批判を受けなかったわけではない。一八三六年の後半、自身の雑誌『家庭学校』を出版するという計画を発表した際、ホレス・マンは彼女に手紙を書き、「一般の人が、不純な連想と結びつけて考えるような類の題材に触れることを警告させてください。天使であれば、自然のどんなプロセスについても人体のどの部分についても論じることができるでしょうが、それは地上では行えないのです。少なくともまだ今は。『歴史を解く鍵』のなかにそのような個所があると言えばすぐあなたにもおわかりになるでしょう。おそらくは『イーリアス』から採ったと思われるある個所では、通常は公衆の目に触れないようカーテンが引かれるであろう脱衣シーンが描かれています。……またあなたの『ある学校の記録』の序文、十一ページと十二ページにも、程度は低くても部分的にそんな箇所があります。あなたのように、ある種の連想もなくそういうことを書くことができるということは、あなたが真に純粋だからだとわかっていますが、大衆の心はそれに耐えられるほど純粋ではなく、この種のことを少しでも含んだ文章があると、ほとんどの家庭からそのような出版物や本は締め出されるのです。あなたには理由はおわかりにならなかったのでしょう。なぜならそれは、兄弟以外の誰もあなたに告げない理由だからです。」

12　Charles Capper, *Margaret Fuller: An American Romantic Life, The Private Years* (1992) pp. 196–97. カッパーによれば、フラーは一八三六年の十二月初旬にテンプル・スクールで教え始めて、一八三七年の四月中旬に職を辞した。テンプル・スクールはフラーの「ボストンの超絶主義哲学が凝縮したもの」との最初の接触であった。

13　サラ・クラークもまたこのエピソードを知っていた。彼女はこの喧嘩の際オルコット家に寄宿するエリザベスを訪れるために立ち寄っていて、エリザベスの部屋で彼女につきあってその晩を過ごしたのだった。

テンプル・スクール辞職のほぼ二年後に書かれたワーズワース宛ての書簡で、エリザベスはオルコットの事業と彼女のそこでの役割についてどれだけ大切に思っていたかを示す言葉で、自身の離職について報告している。彼女はオルコットの『子どもたちとの福音書についての会話』の「無分別な」出版について、自分の反対を次のように話している。「私が彼の相談役としての役割を降りるにあたっては、彼はペスタロッチがニーデラーを手放したのと同じような過ちを犯したのです。」彼女はここで、スイスの偉大な教育者ヨハン・ハインリッヒ・ペスタロッチ（一七四六―一八二七）について言及している。彼の革新的な理論は近代初等教育の礎を築いたといえる。ヨハネス・ニーデラーは彼のパートナーで、「それほど創造的ではなかったが、ペスタロッチの思想を明確な言葉にし、それを他人に伝えることができた。」ペスタロッチもまたニーデラーの高い教育と、論争の際に学校をすすんで擁護してくれることを大切に考えていた。“Elizabeth Palmer Peabody to William Wordsworth: Eight Letters, 1825–1845,” p. 200.

14　おそらく一八三六年の七月に書かれたのであろう日付のないエリザベス宛ての手紙で、メアリーは「現代的不敬」についての『クリスチャン・イグザミナー』誌のある記事について書いている。三年後にアンドリューズ・ノートンはエマソンや超絶主義への攻撃を『不敬の最新の形態に関する講演』と名付けている。

15 "Mr. Alcott's Book and School," *Christian Register and Boston Observer* 16 (April 29, 1837), p. 65. エリザベスのアビー・オルコットへの見方は時間とともに和らいだ。一八七七年のアビーの死後、彼女はルイーザ・メイ・オルコットに次のように書き送った。「私はあなたのお母さんと、おそらく彼女の人生の苦しい経験のなかでも、もっとも辛い時期に一緒に住んでいました。そしておそらくはあなたとアンナだけがわかるように、お母さんの大きな心の高さも深さも知っているかのように感じています。数カ月の間、とても悲劇的な状況における感情のストレスで、私たちは離れていました――そしてお母さんは私の友情を疑っていました。……でも神は私にヴェールを取り去る機会を与えてくれました。そしてお母さんは直筆で、その当時私が彼女に心から誠実で、本当に役に立ってくれたことを確信していると書いてくれたのです。私はあなたのお母さん以上にすばらしく、献身的で、優しく、自己犠牲的な人は知りません。想像に何も負っていなかったので、それはまさに純粋な道徳的力であり、性質でした。……彼女にとっては人生の杯に空疎な泡は一つもありませんでした――まさに滓にいたるまで地に足のついた現実だったのです。」[一八七七年十二月?」エリザベスからルイーザ・メイ・オルコット宛書簡より。

第26章　リトル・ウォルドー、ジョーンズ・ヴェリー、「神学部講演」

1 収入を増やす新奇な手段を試すことにいつも意欲的だったエリザベスは、郵便で戻ってこない限り、読者が雑誌購読をしたいと思っていると考えますという勧告付きで、雑誌を様々な仲間たちに送っていた。『アトラス』誌でこの雑誌について「厚かましい文章」を書いたチャールズ・P・カーティスのように、一部の人々はこのシステムをずうずうしいものと見なし、その雑誌を返したり、購読料を払ったりすることを拒んだ。

2 『子どもたちとの福音書についての会話』は結局二巻本で、一巻目は一八三六年に、二巻目は一八三七年に出版された。どちらもソファイアによる二つの同じ絵を挿絵とした。テンプル・スクールの教室を図式的に描写したものと、「博士たちと会話するイエス」を描く聖書の一場面からの挿絵である。

3 ソファイアからエリザベス宛書簡(一八三五年九月二十九日付)より。結局のところ、強く主張した後、ソファイアは若いクララ・ピーボディに読解の授業を行うことに同意した。この女性はセイラムにいた裕福な遠縁の娘であった。しかしソファイアは十一月まで授業を延期し、気分がすぐれないときには一度に何週間も授業を放棄した。おそらく課題を一緒にまとめようという努力の結果、ソファイアの『ジェシカとロレンゾ』の模写は次の年の春まで終わらなかった。一八三六年四月、ウォルドー・エマソンがセイラムで一連の講演を行っていた際、この絵を見に来たときには、その絵はほぼ完成していた。メアリーがこの時の訪問について書いているところによれば、エマソンは「ソファイアが完全に満足するほどその作品を気にいり」、「ソファイアのスケッチブックや作品集をすべて」見て、「その間私たちは会話をし、彼の顔は明るく輝き、ソファイアはまさに光り輝いていた」。エマソンはこの訪問を妻のリディアンにこう書いた。「わたしはソファイア・ピーボディのロレンゾとジェシカの模写と、オールストン氏の原画を横に並べてみてみた。模写はすばらしく、中国人的な正確さで模倣されていた。私は午後遅くにそれを見たが、明りがそんな状態だったので、もし同じような額縁が使われていたならば、どちらが原画なのか決めきれなかっただろう。」*Letters of Ralph Waldo Emerson*, vol.2, p. 12.

4　ジョージの家族にとっては幸運だったことに、消化管の結核は肺結核よりも感染力が低く、汚染ミルクによってかかったのかもしれない。

5　一八三六年八月のリディアン・エマソンからエリザベス宛書簡より。エリザベスはその招待に応えるのを遅らせていた。おそらくはテンプル・スクールを辞めた後、セイラムで身を立てたいと願っていたからであろう。十一月になる頃にはウォルドー・エマソン自身が、新生児の世話を手伝ってもらうためにエリザベスに「時間ができ次第すぐに」訪問するようにと迫っていた。「この親切心をとくに母親があなたに願っているのです。」エマソンからエリザベス宛書簡（一八三六年十一月十五日付）より。

6　六人目のエマソンの弟は、二人の姉妹と同様、子どものときに亡くなっていた。

7　エマソン家に伝わる逸話によれば、通常ニューイングランドの発音では二つの母音が省かれて、「リディア」(Lydia) という名前の後に「r」の音が入ってくることを恐れたのだという。その場合当然「リディアー・エマソン」(Lydiar Emerson) となってしまうのを避けるため、彼はより響きのよい子音「n」を入れたのである。彼はまた「y」を「i」に変えたのであるが、自分が彼女の名前を、ピタゴラスに由来する十二の音楽の「旋法」【ヨーロッパの音楽で用いられた古い旋法で、カトリック教会で歌われている聖歌などに用いられる】の一つ――哀感を響かせながらもおもには長調である「リディア」旋法 (Lydian mode) ――に変えたことに当然気付いていただろう。

8　一八三八年八月十日金曜日のエリザベスの日記の記載より。この頃メアリーはエリザベスや共通の友人サラ・クラークとともにエマソンの講演のいくつかに出席した際の面白い逸話を記録している。おそらくそれは一八三七年後半にボストンで行われた「人の文化」シリーズだったのであろう。講演の後メアリーは、「サラと私はエマソン氏が語ったことを伝えようとしました。最初にサラが口を開いたのですが、私の方を向いて「メアリーどんな言葉だった？」と聞いてきました。私も口を開いて言おうとしたのですが、言えなかったのです。その間Ｅ［エリザベス］は期待した態度で座っていましたが、その後でエマソンが言っただろうと彼女が推測したことを私たちに語ってくれました。」メアリーからサリー・ジャクソン・ガードナー宛書簡（一八三七年十二月二十九日付）より。

9　エマソンへの「頌歌」は、「自然――散文の詩」と題され、『自然論』とファイ・ベータ・カッパ講演の長い批評としてまとまったもので、一八三八年二月の『ユナイテッド・ステイツ・マガジン・アンド・デモクラティック・レビュー』一巻二号三一九―二九頁に掲載された。そこでエリザベスはエマソンの才能と「神聖な思想」としての彼の本を絶賛しながら、「文学の司祭」と自身が呼んでいる批評家の一人に自らを暗に位置付けている。彼女の説明では、「批評は、そのもっとも価値ある意味において、しばしば考えられているように粗探しなのではなく、天才の託宣の解釈なのです。」

10　Richardson, *Emerson: The Mind on Fire*, p. 298. しかしエマソンは神学部卒業生たち自身に講演を依頼されていた。少なくとも一人、自分の天職に留まることなく、自分自身の教会を作ろうとしたセオドア・パーカーは、違った反応をした。彼はエマソンの講演を「今まで耳にしたなかでもっとも高尚で感動的な響き」だと考えた。

11　「法王アンドリューズ」ノートンは、ハーヴァード神学部の卒業生に向けた一八三九年の講演のなかで、エマソンの講演への反対を明らかにし、その反論は『不敬の最新の形態に関する講演』(*A Discourse on the Latest Form of Infidelity*, 1839) として出版された。エマソンの危険の程は計り知れないが、一八三八年十一月二十四日付の手紙でメアリー・ピーボディはセイラムからボストンにいるエリザベスに、脅された行為について次のように書き送っている。「彼らはエマソン氏をアブナー・ニーランド (Abner Kneeland) 氏と並べ、もし彼の不敬罪の容疑が証明できれば、彼らはＡＫにしたように彼から自由を奪うでしょう。」この情報はジョーンズ・ヴェリーからメアリーにもたらされたので、セイラムの聖職者たちがヴェリーからの証言をエマソンの有罪宣告に使おうと期待していたとはいえ、彼女自身はその信憑性にいくぶん懐疑的であった。

第27章　歳月の姉妹

1　Norman Holmes Pearson, "Elizabeth Peabody on Hawthorne," Essex Institute Historical Collections, July 1958, p. 264. エリザベスはエビーの知的能力を鮮明に憶えていたので、最初は『ニューイングランド・マガジン』誌の物語は、エビーが書いていて、弟をプライバシー保護のための代理人に使っているのだと考えていた。

2　一八八〇年代に甥ジュリアンのために回想したエリザベスは、ソファイアは十一月十一日の「すぐ後」の次の訪問で、ナサニエル・ホーソーンに会うことに同意したのだと書いている。しかしその時期の手紙や日記からは、ソファイアがその冬中ずっとベッドに伏せっていたことが明らかである。おそらくエリザベスは、ピーボディ家の家族のなかで、妹のホーソーンとのロマンスの物語を、エリザベス自身がホーソーンの主な関心の対象であった時期を隠すように語るのに慣れてしまっていたのであろう。しかしエリザベスはいつも、ソファイアではなく、彼女こそがこの作家の主な相談相手だったこの同じ時期に、自分とホーソーンとの間で深まった親密さについてことさら言及していた。

3　エリザベス・ピーボディからエリザベス・M・ホーソーン宛書簡（一八三八年三月十二日付）より。エリザベスは続けて、エビーは「私をかなり熱心だと思う」かもしれないと認めながらも、「私はしょっちゅう過大評価したりはしませんというとき、自分は本当のことを話していると思いますし、あなたの弟さんは才能があって、これまで自然が特別に秘密にしてきた場所でよりすぐられてきたため、自国の為に偉大なことをされるだろうと思います」と語っている。

4　ブレンダ・ワイナップルは、そのホーソーン伝のなかで、ホーソーンの母親は彼が幼い時家庭の外での活動をいくらかは行っていたと指摘している。聖書の討論会を主催したり、何年かはメイン州の田舎で一家の家長役を務めたりもした。しかしホーソーン夫人のセイラムでの隠棲は大学からナサニエルが帰ってくる頃には確立していた。

5　この時期ホーソーンはまた、『ファンショー』（一八二八）という、メイン州のボードン大学のあったブランズウィックをモデルとした大学町を舞台とした小説を書き、出版費用を払っている。その本の評判が良くなかったので、ホーソーンは印刷屋に残りの部数はすべて破棄するように命じ、以降はこの小説についてけっして語らなかった。

6　その女相続人とは、メアリー・クラウニンシールド・シルスビーという、引退したアメリカ上院議員でセイラムの商人であったナサニエル・シルスビーの娘である。エリザベス・ピーボディからすれば、「大いなる男たらし」で「トラブルメーカー」であり、「争いごとを生み出したり悪だくみをしたりするのが好き」なメアリー・シルスビーは、ホーソーンを焚きつけて、彼女の名誉のために、彼の友人であり編集者でもあったジョン・オサリヴァンに決闘を申し込もうという気にすらさせた。最初からこのロマンスは成功する見込みはほとんどなかったし、シルスビーがホーソーンに、結婚費用として三千ドルを稼ぐよう期待していると知らせてからは、ますます見込み薄になっていた。結局シルスビーは、サマセット・コートでピーボディ姉妹と一緒に下宿していた、歴史家であり未来のハーヴァード大学学長ジャレッド・スパークスと結婚した。

7　エリザベスはマンに宛て一八三八年三月三日、ホーソーンを「驚くほどの隠棲生活」を送っている「第一級の天才」と紹介する手紙を送った。しかし彼女は、「彼は本屋との交渉にはなんの才能もない」と記し、マンがネイハム・ケイペンという、マサチューセッツの公立学校の教室に備える図書を出版していた出版者に、彼を推薦してくれないかとほのめかした。（中略）しかしマンは、大学時代に「フィクションに反対して」と題するエッセイを書いたこともあり、『トワイス・トールド・テールズ』を不快に思い、エリザベスには「私たちが必要なのは義務と仕事により近いものです。私はわが国の大衆文学の大部分を大衆の呪いと見なしています。それはすべて人間性の外にあるものです」と書き送った。ホレス・マンからエリザベス宛書簡（一八三八年三月十日付）より。

8　実際には、匿名で一八二八年に出版された小説『ファンショー』がホーソーンの最初の本であった。しかしホーソーンはそのことを非常にうまく隠したので、一八三八年までにはその存在はほとんどの人に知られていなかった。

9　一八三八年二月にウィリアム・ワーズワースに宛てたエリザベスの書簡より。Margaret Neussendorfer, ed., "Elizabeth Palmer Peabody to William Wordsworth: Eight Letters, 1825–1845," *Studies in the American Renaissance* 1984, p. 198。ニューゼンドルファーによれば、エマソン自身一八三六年に自著を友人トマス・カーライルに大西洋を越えて送ったが、この書簡が、ワーズワースが『自然論』を送られたという最初の記録である。しかし次の春までワーズワースがそれらの本を受け取っていない可能性は高い。一八三九年四月にエリザベスは彼に宛てて、「もしお受け取りになっていないとお考えなら、［キャサリン・マライア・］セジウィック嬢の手でまたお送りしようという誘惑に駆られたでしょう」と書いている。この手紙でエリザベスは、イギリス詩人がホーソーンの物語に対して、彼のキャリアの後押しに使えるかもしれない賞讃の言葉を何か贈ってもらえないかと期待しているとはっきり述べている。ホーソーンは「あまりにも内気で謙虚ですので、一般大衆を相手に成功するとはまったく考えていないのです」と彼女は書いた。Neussendorfer, ed., p. 201。

10　エリザベスへのメアリー・ヴァン・ウィック・チャーチのインタビューより。エリザベスはこの「理解」の事実を、生涯にわたって何度か友人に打ち明けている。一八四〇年以降エリザベスの友人となっていたキャロライン・ドールは、一八七二年三月二十一日の日記に、ホーソーンはいつもエリザベスが妹ソファイアに送る手紙を読んでいたとエリザベスに聞いたことを記録している。ドールは、「これがどんな手紙に対してもホーソーンが行っている慣習なのか、あるいは彼がかつてエリザベスと婚約していた――そして彼女を捨てて妹を取った――という事実から生じているのかは分からない。その事実をエリザベスは確信していたし、ソファイアはそのことを許せたはずがないと思う」と記している。エリザベスはまたこのことをセオドア・

パーカーにも打ち明けていた。さらにもう一人エリザベスの親友サラ・スタージス・ショーも、彼女の友人で隣人であるアニー・アダムズ・フィールズに宛てた手紙によれば、「義姉となったE・P嬢との婚約のせいで［ナサニエル・ホーソーンを］よく思っていない」ことが知られていた。

チャーチはこの告白をエリザベス・ピーボディの伝記草稿で詳しく記していたが、エリザベスの甥で遺作管理者であるベンジャミン・ピックマン・マンは、チャーチがこの話を出版する意図を知って、チャーチに伝記執筆の目的で預けていた手紙や書簡を使用する許可を撤回し、この伝記は出版されなかった。マサチューセッツ歴史協会に彼がのちに寄贈したピーボディ書簡のコレクションにこれらは含まれていないため、マンがこの時エリザベスの日記の多くを破棄した可能性は高い。（中略）一八八六年六月三十日の手紙でエリザベスは、アメリア・ボールトに宛てて、「急いで言いますが、それはみんな間違いです。ホーソーンと知り合って彼が家族を訪れるようになって最初の三年間、彼と私の婚約があったのではないかという噂があったのは本当です。私たちはとても親しい友人でしたし、ソファイアは病弱で、本人やホーソーンを含め、私たちの誰も彼女が結婚できるとは思っていなかったのですから。」しかし彼女は、ソファイアとナサニエルが出会ったとたん、「彼はソファイアに一目で恋してしまったので、おそらく他のどんな女性とも結婚しないでしょう」とわかったと付け加えている。

11　エリザベスからソファイア宛書簡（一八三八年七月三十一日付）より。あきらかに仕事そのものは厳しくほとんど報われないものでもあった。当時ニュートン・コーナーで隣人だったサラ・クラークは、五月十八日にジョージに宛てて、「［エリザベスが］私たち田舎者の精神力を発達させようとして死ぬほど働くことがないようにと願っています。私自身も彼女の生徒の一人で、若い友人と一緒にドイツ語を習っているのですが、むしろ私に合う鉄道のようなやり方で受け取っているという感じです。しかし最初は地面を掘り起こすような感じなのだと思います。」

12　［一九三八年十月十九日］金曜日のエリザベスからエリザベス・マニング・ホーソーン宛書簡より。そのなかでエリザベスはエビーに、ジョージ・バンクロフトの任命で当時合衆国海軍病院の事務長を務めていたオレスティーズ・ブラウンソンに、助言をお願いする手紙を書いたと語っている。ブラウンソンのこの職は、彼が民主党寄りの『ボストン・クォータリー』誌を編集する時間が割けるようにと与えられたものであった。エリザベスはブラウンソンが、「私たちの同郷人であるホーソーンに自身と同じような職――ほとんど時間を要求されない仕事」を見つける手助けをしてくれるようにとお願いした。

13　ソファイアはまた、イギリス人肖像画家トーマス・ローレンスの『ランプトン少年像』からいくつかデザイン要素を拝借したが、その版画はアメリカで当時非常に人気があった。エリザベスはその版画を、彼女の初期アンソロジー『カスケット』に収めた母親の作品「二つの肖像画」の挿絵に使っており、ソファイアは以降鉛筆画でそれを何度か模写していた。またキューバでは幼いエデュアルド・モレルの肖像をこの様式で描いたのであった。ときに「赤い少年」として知られ、またソファイアは「岩の上の少年」といつも呼んでいたこの『ランプトン少年像』は、ベルベットのスーツを着て、枝や蔓のかかった岩のアームチェアに見えるものに寄り掛かった、顔立ちの良い、感情にあふれた子どもを描いている。そのイメージはイギリスのロマン主義（とアメリカの超絶主義）の二つの重要なテーマを結び付けている。自然への尊敬と、子どもは自然の聖なる真実に特別に近づけるという思想の二つである。

14 ホーソーンは年下のソファイアのほうを選んでいたけれども、彼はまだ——愛情についてでさえ——エリザベスの意見に左右されることがあった。一八三九年の初頭、彼は日記に次のように書き、それを「E・P・P」に帰していた。「愛情の抱擁は過剰で、なので神が触れたように思える。自然のなかにある神の最後の接触が人の愛情にある。」同じページの後のほうで彼はソファイア、すなわち「S・A・P」に触れた。「僕の愛情には〈尺には尺を〉はない。もし地上で愛情に敗れたら、僕は死んで神のもとに行けるだろう。」

ソファイアが作家の創造的意識に入り込んでいたことは、主には物語のアイディアを記録するのに使っていた同じ日記の、別のページによっても明らかである。ほとんどのそのようなアイディアは、悲劇や後悔や心理的危機や喪失によって暗いものとなっていた。しかしソファイアによって暗示された次のような記載もまた、おそらくホーソーンが「歳月の姉妹」の若く明るい〈新年〉を生み出した同じ頃に登場している。「浪費された長い生活を振り返り、もし彼が再び人生をやり直すことが許された場合、生きていくであろう美しい人生を思い描く人物。最後には彼は、実際には若者であるが、老年の夢を見ていただけで、思い描いたような人生が送れるのだとわかる。S・A・ピーボディ。」Mouffe, ed. *Hawthorne's Lost Notebook*, pp. 83, 82.

第28章 談話会

1 ピーボディ医師は、メアリーが四半期に十五ドルで二十人の学生を学校に集めることができれば、一年間に千二百ドルの収入を得られるだろうと計算した。二月中旬にはメアリーは既に弟ナットにかなりの額のお金を送っていた。彼のニュートンの学校はうまくいっておらず、借金がさらにかさんでいた。

2 クレヴェンジャーはソファイアが彼に最初にボストンで会ったとき、まだ三十歳にもなっていなかったが、既にダニエル・ウェブスターとマーティン・ヴァン・ビューレン大統領の胸像の注文を受け、それらを仕上げていた。当時ニューヨーク市に立派なアトリエを構えていた彼は、シンシナティで石工として仕事を始めた時に、墓石の彫刻を行って後援者の注意を惹いたのだった。クレヴェンジャーは多くの場合直接軟石に掘っており、ソファイアが学んでいた段階的な作業——大理石に直す前に、まず粘土で原型を作り、それから石膏で成形するという作業——は飛ばしていた。クレヴェンジャーは、石粉を吸った結果肺結核を引き起こし、三十一歳の時にヨーロッパで死亡したと広く信じられている。

3 ホーソーンからソファイア宛書簡(一八三九年四月二日付)より。ホーソーンが自身の仕事ぶりで感心させるのに成功したのはソファイアだけではなかった。エリザベスによると、一八三九年の六月中旬までにホーソーンは、ジョージ・バンクロフトの言葉を使うなら、「税関役人のなかでもっとも効率的でいちばんだ」という評判を得ていた。

4 ホーソーンの手助けがあって、エリザベスは『デモクラティック・レビュー』誌の編集者であり、ホーソーンの友人であったジョン・オサリヴァンに、「美なる芸術の権利」を送っていた。そのエッセイは一八三八年十一月号に掲載された。一八三九年五月にホーソーンはオサリヴァンに宛てて、エリザベスから『美なる芸術』についての原稿料支払いで心配する必要はないと請け合って」欲しいと頼まれたけれども、「僕は彼女に、そんなことするべきではないし、そんな取り決めに同意しないようにと言ったよ。とはいえ、彼女が今すぐそのお金を必要としているのではないと知ったら、君も楽になるだろう」と書き送った。ホーソーンからオサリヴァン宛書簡（一八三九年五月十九日付）より。しかしホーソーンが、エリザベスが「すぐにそのお金を必要としていない」と言ったのはおそらく正しくなかっただろうし、彼女の記事が、ホーソーンのような苦労している作家のために、芸術家への政府助成金を主張するものであったことを考えると、皮肉でもあった。

5　フラーはエリザベスに宛てて、「まだメアリーの部屋を見せて頂いていませんが、おそらくあなたの親切な申し出を受けると思います」と書いている。マーガレット・フラーからエリザベス宛書簡（一八三九年九月二十四日付）より。談話会が実際にメアリーの部屋で行われたという証拠は他にはないが、その最初の何回かは、多くの説明で書かれているように、ウェスト・ストリート十三番地のエリザベスの本屋で行われなかったことは確かである。一八四〇年八月までウェスト・ストリートに本屋はなかった。ピーボディ家は一八四〇年七月まではセイラムに住んでおり、最初の何回か談話会に出席するためにセイラムから通ったことをエリザベスはのちに思い出している。

6　エリザベスからベンジャミン・ギルド夫人への書簡より。エリザベスの説明はそのすべてを引用する価値があるだろう。

「[エマソンの]教義について言えば、それが彼のものだと知る前からそれは私の信条でした。一八二五年に私は聖ヨハネの福音をいくらか言い変えて、「言葉」を道徳的真実とし、神のまさにこの教義を付随する文書に書きとめようとしたことがありましたが、エマソン氏がそれをうまく行い、ノートン氏がそれを無神論と呼んでいるというのは、奇妙な状況です。その文書を私はサリヴァン夫人に見せましたが、彼女はとても興味を持ってくれて、いくらかを複写し、それが彼女の死後私の手元に戻ってきました。チャニング牧師もそれを見て下さって、それが私たちの親密さの基盤となったのです。(中略)まぁたまたま七年も放っておかれたこの文書が再び日の目を見て、メアリー・エマソンさん［ウォルドー・エマソンの叔母］の手に渡ったのです。彼女は一八三二年に私に会いに来て、私が何を考えているのか、彼女のすべての思想のテーマでもある神について私がどう感じているのか知りたがりました。私は非常に忙しかったので、一般的な話題について語ることができず、ただ彼女にこの文書を渡しました。彼女はそれを、ちょうど教区民のもとを離れたばかりのウォルドー・エマソンのところに持っていったのです。私は彼が神学を科学的に学び始めて以来、お会いしたことも噂を耳にしたこともなかったので、彼の見解については全く何も知りませんでした。彼とチャールズはそれを読んで、チャールズの方はすぐに私の知己を得ようと訪ねて来てくれました。ウォルドー・エマソン氏は私の言い変えの複写を欲しがりました。ですので、この異説が彼の心にだけ属するものでないのは明らかですし、私自身の魂にこれほど親しく、その生命の理論であり、私の心の以前の悲惨さからの復活であるその見解を、エマソン氏が広める機会を手に入れることに私が多いに関心を抱いているのも、不思議ではありませんよね。……私は彼が無神論者でも汎神論者でも、反キリスト者でもないことを知っています。ちょうど私自身がそうでないのを、私が知っているように。」

五十年後、一八三三年にエマソンが亡くなった次の年のコンコード哲学学校で行われた彼の記念式典で、エリザベスはこの点を再び明らかにし、一八二二年にギリシャ語の家庭教師として最初にエマソン氏と知り合ったことに触れている。F. B. Sanborn, ed., *The Genius and*

Character of Emerson: Lectures at the Concord School of Philosophy (Port Washington, N.Y. Kennikat Press, 1971, reprint of 1885 edition, pp. 151-52.) エリザベスは超絶主義の重要な概念のいくつかを共同で考え出した功績を認められようと試みていたけれども、この時点になってすら、エリザベス自身がそれを「私のちょっとした文書」と呼んで、自身の聖ヨハネの言い変えの重要性を低く捉えていたのは興味深い。

7　エリザベスは当初セイラムで本屋を開く計画だったのかもしれない。なぜなら一八四〇年五月にも、彼女は友人レベッカ・アモリー・ローウェルに宛てて、次の冬までは再び街を離れるつもりはないと書いていたからである。セイラムのスーザン・バーリーもこの計画を当初支持していた。一八四〇年七月一日、セオドア・パーカーはエリザベスに、「その計画は当初、あなたや、あの賢いバーリー嬢のようには、私にとって良いものと思えませんでした」と書き送った。しかしその時までには、エリザベスはすでに家族全員でウェスト・ストリートに引っ越し、そこで本屋を開く計画を立てていた。

8　ワイリーはエリザベスの従弟ジョージ・パーマー・パトナムと出版業でパートナー契約を結んでいた。パトナムは、かつてセイラムで学校教師をしていたエリザベスの母の一番下の妹、キャサリン・パーマー・パトナムの息子であった。ピーボディ医師によると、ニューヨークとロンドンに会社を持っているエリザベスの従弟ジョージ・パトナムが、「彼女に本を揃えさせることに同意した」のだった。しかしエリザベスが自身の商取引を描写する数少ない現存する手紙で言及しているのは、ワイリーの名前であった。

9　どのように行動を取るべきか、あるいは、そもそも行動を取るべきか否かという点についても議論があった。ヘッジや他の人々は一八三九年九月という早くから、グループの見解を出版する手段として『ダイアル』誌を創刊するという計画に反対していた。しかしエマソンやフラーはとりあえず計画を進め、一八四〇年七月に第一号が刊行された後、その意見の相違とうまくやっていくのは難しいとわかったのかもしれない。フラーが名目上編集者であったが、エマソンがかなりの支配力を持っていた。第一号は、エマソンの亡くなった妻エレンや弟エドワードによる詩、あるいは弟チャールズの書いたホメロス論が含まれており、彼の亡くなった家族たちに捧げる無言のオマージュとなっていた。『ダイアル』誌はエマソンの超絶主義の実験となっていた。Joel Myerson, "A Calendar of Transcendental Club Meetings," *American Literature*, vol. XLIV, no. 2, May 1972, pp. 199-200.

第29章　リプリー氏のユートピア

1　一八四一年十一月十五日「一八四一年十一月十五日」土曜日朝のセオドア・パーカーからエリザベス宛書簡より。若いキャロライン・ヒーリーは日記のなかで一八四一年四月十五日水曜日夜のそんな集まりの一つがどのようなものだったかを伝えている。「ピーボディ嬢のところで楽しい夜を過ごした。クラーク氏は――キーツ牧師からの手紙を読んでくれた……。ホィーラー氏は私に――テニソンの傑作集の再版を許可する――彼からの自署入りの手紙を見せてくれた。作家はすばらしく読みやすい筆跡をしている。」クラークは新しい使徒教会の創立者だったジェイムズ・フリーマン・クラーク牧師であり、「キーツ牧師」はイギリスの詩人ジョン・キーツの兄ジョージのことであった。チャールズ・スターンズ・ホィーラーは一八四二年にアメリカ版のテニスンの詩集を出版した人物である。

2　ソファイアからホーソーンに宛てた書簡（一八三九年十二月三十一日付）より。この書簡は婚約期間中のソファイアのものとして残っている数少ない一通である。一八五三年、ホーソーンがリヴァプール領事として勤めることになっているイギリスに一家で旅立つ前、彼はソファイアのラブレターをほとんどすべて燃やしてしまった。それらは「何百通」とあり、コンコードの彼らの屋敷の裏手に彼がおこした焚き火のなかで手紙や書類とともに燃やされた。彼がそうした理由についてはは推測するしかない。おそらくもっとも単純な理由が最上の理由なのだろう。用心深く秘密主義のナサニエル・ホーソーンは、私的な手紙を大西洋を越えて持っていきたくなかったのだろうし、他の誰にも見つけられないようにしたかったのだろう。伝記作者たちはもっとうがった見方も提供してきた。そのうちの一つは、三人の子どもの誕生後、夫婦がバースコントロールの手段の一つとして禁欲主義を実践しようとしたかもしれない婚姻中の一時期に妻が見せた、最初のうちの情熱の証拠を、彼が破棄したいと願った可能性も含まれている。(禁欲主義は当時この階級の夫婦が行うありふれた慣習の一つであった。)またホーソーンが、ソファイアがまだ持っていた駆け出しの頃の文学的野心を消してしまいたいと望んでいたのではないかと推測したものもあった。

しかしそれらが書かれた当時、ナサニエルがソファイアの「黄金の」手紙を大切にしていたことは明らかである。彼は彼女を、高度な書簡を書く能力を示すことができる「霊感に満ちた小さな文筆婦人」と見なし、しばしば彼女のより優れた描写力に従っていた。「なぜ君は僕が何か美しいものを書いたことがあるなどと言うことができるのだろう、君自身が最高に美しいものを何でも作り出す力があるのに。……もし僕が君のペンを持っていたなら、君自身にふさわしい美しい絵をあげよう。」ホーソーンからソファイア宛書簡(一八四〇年六月二十二日付)より。三年間の通常の文通の後、ナサニエルはまだ彼女の手紙を賞讃していた。「君は……天上的な言葉で愛情を表現する。」ホーソーンからソファイア宛書簡(一八四一年九月三日付)より。それらを燃やした後、ホーソーンは日記に次のように書いた。「世界にはもうこのようなものはない。今ではすべて灰になってしまった。」『アメリカン・ノートブックス』(センテナリー版)五五二頁。

3　一八四〇年九月に送られたウィリアム・エラリー・チャニングからエリザベス宛書簡より。チャニングは、大学教育が必要な専門職で働く男性と、エリザベスのように教師や作家である女性たちで構成された、「教育を受けた階級」のようなものを意図していたようだ。

4　ソファイアがコモ湖を描いた二つの風景画は、現在マサチューセッツ州セイラムにあるピーボディ・エセックス博物館に展示されている。

5　ラルフ・ウォルドー・エマソンからウィリアム・エマソン宛書簡(一八四〇年四月五日付)より。元々エマソンは、チャールズの婚約者だったエリザベス・ホアに同日付の手紙で書いたように、六つの彫型を注文していた。一八四〇年六月六日に弟ウィリアムにもう二つ追加注文するつもりだと書き送っている。

この手紙は、エマソンがソファイアの芸術的「才能」について言及した最初のものではなかった。一八三六年四月にセイラムで一連の講演を行っている間、ピーボディ家を訪れた際、オールストンの『ジェシカとロレンゾ』を模写したソファイアの絵に感心し、留守を預かっていたリディアンに宛てて、「この若い女性の才能を大変喜んだ」と書き送っている。エマソンからリディアン宛書簡(一八三六年四月二十二日二十三日付)より。

二年後の一八三八年一月、ソファイアがエマソンに彼の『自然論』と最近出版されたファイ・ベータ・カッパ講演を賞讃する手紙を送った際、エマソンはソファイアを「風景を神々しくする美を作り出す眼」をもった芸術家と認め、彼女の健康や病がオリジナルの作品を作る能力を制限していることへの懸念を示す返信を送り、その際に再び彼女の「才能」について触れている。「自身の芸術への独創的な試みに関するあなたの精神状態については、けっして異議を唱えることはできません。私はむしろそれを尊敬しています。それにあなたの才能が克服しようとずっと頑張ってこられた身体的な苦痛への耐えがたい抵抗を思うと、胸が痛みます。」エマソンからソファイア宛ての書簡（一八三八年一月二十日付）より。

6　ホーソーンからソファイア宛書簡（一八四〇年四月五日付）より。原文は以下の通り。「君は素晴らしいことを成し遂げたんだ。君はお墓のなかに隠された顔を呼び起こした――塵になってしまった後で、それを再創造した――そうすることで〈死〉から彼の栄光を奪い取ったんだ。愛しい君、君には驚かされるよ。君自身が奇跡であり、奇跡を起こすんだ。君がやったようなことが可能だとはとても信じられなかったよ。死者の顔立ちをこれほど完璧に復元したからには、彼を愛していた女性でさえこれ以上のものは要求できないだろう。そのうえ、彼の生きているときの顔を君はほとんど知らなかったのだからね。神が君を助けたのでなければ、君に成し遂げられたはずはない。これこそまさに、聖なる類の、聖なる目的のための霊感だったんだ。」

ここでホーソーンは、自分自身の創作のときに行うこととは違って、芸術的な成功を外部の神聖な霊感のお蔭だとするソファイアの傾向を取り入れている。おそらくホーソーンは、ソファイアがこのような説明を好むことを知っていたか、あるいは男性より女性に対して芸術の作用を帰すことが難しかったのだろう。しかし関係者すべてにとって、チャールズ・エマソンの肖像にソファイアが成し遂げた本人への酷似については、何かしら魔法のようなものがあったように思えたのである。

7　ジュリアン・ホーソーンは両親の伝記のなかで、「E・P・ピーボディ嬢の支援で、恋人たちは常に文通を続けられた」と記している。Julian Hawthorne, *Nathaniel Hawthorne and His Wife* (1884) p. 200. 彼女自身とナサニエルとの婚約の噂（一八八四年にジュリアンの本が出版されたときにその噂は再び浮上したが）をきっぱり否定するための手紙で、エリザベスは自身を、妹が十分健康になったらホーソーンが彼女と結婚するという「決意」を打ち明けられた、彼の「相談者」だとしている。エリザベスからアメリア・ボールト宛書簡（一八八六年六月三十日付）より。しかし、自分の本屋を何度も訪れる人に提供していたサービスとして、店を郵便の投函場所として使わせたということ以外、エリザベスが妹の求婚におけるパンダラスの役を演じたという証拠は現在もない。

一八四二年四月の手紙でソファイアは友人メアリー・フットに宛てて、一八四〇年にピーボディ一家がボストンに引っ越したとき、ホーソーンが「毎日来たがったので、少なくとも玄関口で彼によく会う人物には「婚約について」告げなければならなかった」と書き送っている。ソファイアからメアリー・ワイルダー・ホワイト・フット宛書簡（一八四二年四月二十二日付）より。

8　この呼び名を競う主なライバルたちは今ではボストンの外に住んでいた。マーガレット・フラーは郊外のジャマイカ・プレインに住んでおり、リディア・マライア・チャイルドはノーサンプトンに引っ越していた。いずれにせよフラーは年下で、まだそのキャリアを始めたばかりであった。パーカーはいつもフラーの影響力はより小さいと考えていた。彼女の「物差しは一ヤードの長さで――うまく『フィートやインチ』に分割できます。……そしてあなたの物差しによって測られるのは森なのです。」と彼はエリザベスに一八四一年頃書き送っている。

9 セオドア・パーカーからエリザベス宛書簡（一八四一年十一月十五日付）より。パーカーの手紙のなかでナサニエル・ホーソーンの名前は言及されていないが、エリザベスの不満の言葉使いは、のちのキャロライン・ヒーリー・ドールとメアリー・ヴァン・ウィック・チャーチへの告白を正確に予測しているため、状況を考えると――ホーソーンのブルック・ファームへの引越しやエリザベスの『おじいさんの椅子』への扱いの稚拙さに対する彼の怒りなど――ホーソーンこそが、エリザベスがパーカーに打ち明けた「不愉快な相手」であり、「あなたの人生におけるきわめて悲劇的なこと」の原因であったことは疑う余地のないものに思われる。

ホーソーンがブルック・ファームでの経験に基づいてのちに書いた小説、『ブライズデイル・ロマンス』で示されているように、ホーソーンはこの時、姉妹たちとのロマンスのもつれに明らかに悩まされていた。実際ブルック・ファームには何組か姉妹がおり、彼がブルック・ファームにいる間にはさまざまな誘惑話があったが、主人公のホリングズワースが自ら姉妹だと考えている二人の女性たちの愛情の対象となるというホーソーンのプロットには、深い内的原因もあった。ホリングズワースが二人のうちより力の弱く、慣習的により女性的なプリシラを選んだ後、彼女は「私たちは姉妹なのです」とゼノビアの許しを懇願する。年下の弟子的なプリシラに対して感じたであろう敵意を押し殺したゼノビアは、「確かに、私たちは姉妹だわ」と同意する。ナサニエルは、二人の姉妹が彼の愛情をめぐって争ったことで、いっそう強くソファイアに惹かれたのかもしれない――彼は両方の心をつかみ、後はただ彼が選べばいいだけだった。彼はまた、姉妹同士の忠誠心が彼の側の過ちを紛らわせてくれるのではと期待したのかもしれない。この点で彼は正しかった。

10 ホーソーンからジョン・オサリヴァン宛書簡（一八三九年五月十九日付）より。もちろんエリザベスはナサニエル・ホーソーンと同じ年齢であり、彼よりも「年配」ではなかった。彼は「歳月の姉妹」で始めた奇想を続けていたようだ。この短篇では〈旧年〉が、世間をほんの一年余分に経験しただけで、地上の所有物をすべて若々しい顔つきの妹、来たる〈新年〉に譲ってしまうのである。

11 ソファイアの『キューバ日記』の編者序文でクレア・バダラッコは、ニューヨーク公立図書館の手稿部門によって貼られた一八八三年頃の「日付なしのニュース記事」を引用している。そこでは次のように記されていた。「わずかな費用を拠出できるこの国の盲目者向け聾唖者向けの学校のほとんどが……一つ制作し、複製についての問い合わせが、イギリス、フランス、スコットランド、その他の諸外国から届いた。」オリジナルの石膏型は今でもパーキンズ校に残されているが、保存状態は悪い。

第30章 二つの葬儀とひとつの結婚式

1 結局それは〈海外図書〉となる――それは最終的に千冊を超え、人手から人手に渡る際に装丁を守るためにハトロン紙に包まれて棚に置かれ――エリザベスの顧客たちにもっとも人気を博した。購読図書館を通じて本や思想の調達者であったエリザベスの功績についての詳細な説明については、以下を参照のこと。Leslie Perrin Wilson, "No Worthless Books: Elizabeth Peabody's Foreign Library, 1840–1852," *The Papers of Bibliographical Society of America*, vol.99, no.1, March 2005.

ウィルソンはまたエリザベスの海外図書の蔵書でいまだ残っている本の完全なリストも入手可能にした。"Bibliography of the Remainder of a Gift of Books, Pamphlets, and Periodicals Presented by Elizabeth Palmer Peabody to the Concord Free Library," 2004. The Bibliographical Society of America, http://www.bibsocamer.org/Bibsite/bibsite.htm.

2　ユージーン・ビュルヌフのフランス語訳『法華経』(*La Revue Independante* 一八四三年四月号五月号初出) からのエリザベスの翻訳は、『ダイアル』誌一八四四年一月号に「仏陀の教え」として掲載された。その訳はエリザベス・ピーボディが行ったもの、あるいはソローが行ったものと、様々に推測されたが、アンディ・ナガシマが「ダイアル誌と法華経」("*The Dial and The Lotus Sutra*," *Concord Saunterer*, vol.12, 2004, p. 43) でその翻訳がエリザベスの仕事であることを証明している。毎号『ダイアル』誌はかなりの数イギリスに送られ、そこでイギリス人読者からの好意的な反応を得ていた。エマソンが一八四七年に講演旅行でイギリスに渡ったとき、彼は『ダイアル』誌が聴衆に「途方もなくよく知られている」ことを知った。雑誌は三年前に廃刊となっていた。

3　一八四〇年十月のエマソンからエリザベス宛書簡より。エマソンの手紙しか残っていないため、エリザベスが『クリスチャン・イグザミナー』誌の連載から残った記事を彼に送った目的は、『ダイアル』誌の検討のためだった。しかし彼女は同時にそれらを『ボストン・クォータリー・レヴュー』の編者オレスティーズ・ブラウンソンにも送っていた。『ダイアル』誌は一八四〇年夏と秋に登場し始めたため、エリザベスがエマソンに記事を送ったとき、同じ目的を考えていたのかもしれない。エマソンがエリザベスの聖書の預言者——彼は「これら年取った死者たち」と呼んでいた——についての解釈が「若い集団のなかにいる八十代の人たち」に出会うような感じだと考えていたとき、エリザベスの本屋にやってきた若い訪問者キャロライン・ヒーリーは、エリザベスにこの時その記事を見せられ、かなりの関心をもって読んだ。「どれだけうらやんでいることか——男性たちや書籍の知識——それらがこの作者に十四年間そのような記事を書くことを可能にしたのだわ。」ピーボディはヒーリーに、手紙でブラウンソンに語ったように、もともと一八二六年にそれらの記事を書いたのだと言ったのだろう。そのときエマソンがこれらの記事を読んでなかったのは不幸であった。このときエマソンもまたハーヴァード大学の神学生として聖書解釈を吸収していたのである。彼女の思想の過激な性質は当時すぐに明らかになっただろう。

4　エマソンからクリストファー・ピアス・クランチ宛書簡 (一八四一年十月一日付) より。クランチは一八三〇年代後半にユニテリアン派の牧師を務めたが、ハドソン・リヴァー派の様式の画家としてより知られるようになった。彼の超絶主義仲間たちの風刺画、特に、頭の代わりに巨大な「透明の眼球」を支えているひょろ長い人物としてエマソンを描いた有名な絵はいまだによく知られている。クランチはまた、ピーボディ家の遠い親戚だった。彼の祖母であるメアリー・スミス・クランチはピーボディ夫人の大叔母であり、かつての保護者であった。

5　一八四一年八月二十七日後のエマソンの日記記載より。リディアン・エマソンが夫のマーガレット・フラーへの関心に嫉妬していたことは、この訪問時に何度か涙ながらに感情を爆発させたことで表面化しており、ウォルドーはフラーに、自分は「この結びつきの不完全さにひどく悩まされている」と打ち明けていた。Joan von Mehren, *Minerva and the Muse: A Life of Margaret Fuller* (Amherst: U of Massachu-

setts P, 1994), pp. 156–58. を参照のこと。
6　ナサニエル・ホーソーンもまた、一八四二年二月一日ボストンのパパンティーズ・ホールでジョージ・ヒラードが主催した夕食会に、ディケンズと会えるよう招待された。ディケンズは国際版権法の取り決めに同意するスピーチを行う予定だった。大規模な社交的集まりを警戒したホーソーンは、招待は受けたものの、出席はしなかった。
7　ホーソーンからマーガレット・フラー宛書簡（一八四二年八月二十五日付）より。ホーソーンはフラーから、彼とソファイアが、フラーの新婚の妹と義理の弟、エレンとエラリーのチャニング夫妻を、旧牧師館の下宿者として受け入れたらどうかという提案に対する返信として、この発言を行った。
8　ソファイアからマーガレット・フラー宛書簡（一八四二年五月十一日付）より。ソファイアはフラーの談話会に少なくとも数回は出席したことがあるに違いない。彼女はフラーに夢中になっており、彼女を記念するソネットを書いたほどであった。それは「手で作られたのではない神殿の女司祭」と名付けられ、彼女の「黄金の韻律を持つ施設」を称えている。
9　ジュリアン・ホーソーンは両親の伝記のなかで、父親の秘密主義に対してこの理由を挙げている。それは奇妙な話ではあるが、ここで報告する価値はあるだろう。なぜならいくつかの要素が、その話を裏付ける証拠が現在もまったくないにもかかわらず、秘密のロマンスの他の説明に組み込まれてきているからである。
「三年にわたる彼らの婚約期間中ほぼずっと、その婚約に関する秘密はしっかりと守られた。この秘匿の理由はどこか奇妙なものであった。ホーソーン夫人の極端な記銘力については十分語られてきた。それで彼女の息子は、自分とソファイア嬢との関係を知らせることが、母親に衝撃を与え、彼女の生命も脅かすかもしれないと想像するようになったようだ。それでは、既に示されたように、ホーソーン夫人が個人的にはソファイア嬢のことを気にいっていたにもかかわらず、彼女に反対したのはどんな理由だったのだろうか。それはソファイア嬢が絶望的に病身であると思われたことにあった。ホーソーン夫人は（息子の確信するところでは）、彼が常に神経症の頭痛を患っている女性と結婚するという考えにけっして耐えられなかったのである。にもかかわらず彼がそうすることで、もっとも嘆かわしい結果が予想された。今となってはこれ以外のどんな考えうる障害もホーソーンに少しも影響しなかっただろう。しかし彼は、母親に逆らい、ひょっとしたら「殺してしまう」かもしれないという考えに向き合う準備はできていなかった。しかし母親がこのような態度を取るだろうという考えを彼の頭に吹き込んだのは誰だったのだろうか。残念ながら問題のマキャヴェリは、誰あろう彼自身の姉エリザベスだったと告げなければならない。この明るい目をした頭の良い小柄な女性は、弟とソファイア嬢の間で物事がどう進展するか明白に見て取って、それを防ぐためにできることは何でもしようと決意していたのである。さらに彼女は、ソファイアは結婚生活の義務を満たすのに十分な強さをけっして持てないだろうという信念を強く持っていた。そしてこのことが、弟が結婚するということ自体が気にいらないことに対して、実体のある理由をつけ加えたのであった。」*Hawthorne and His Wife*. pp. 196–98.
10　実際、ホーソーンの次のセイラムへの訪問では、彼の母親は「何年も前からどんな事情なのかわかっていた」と認めた。ホーソーンからソファイア宛書簡（一八四二年六月九日付）より。この同じ手紙で、ホーソーンはソファイアに、「これまで母の人生で怒りを覚えるような状況はほとんどすべて、母に病の発作を起こさせた。今もそうなのかはわからない。」ナサニエルが、同じことが言えそうな未来の妻に対して、どう世話したらいいかこれほどよく知っていたのも不思議はない。

11　エリザベスからウィリアム・ワーズワース宛書簡（一八七二年五月七日付）より。もしエリザベスがワーズワースの超絶主義についてのおぼろげな見解を知っていたなら、オルコットを彼のもとへ送りだすことにそれほど自信を感じなかったかもしれない。「ボストンで今哲学としてまかり通っているものは、どこで止まるのだね」と、ワーズワースは前年、エリザベスからエマソンの『エッセイ集』を一部受け取った後、彼のアメリカ人編集者に書き送っていた。ワーズワースはエマソンを、そのイギリス人の友カーライルと共に、「彼らが英語だと思っている言語を自身の表現手段としてきた、われらが二人の現代哲学者たち」と切って捨てている。

12　しかしボストンでは、独身女性たちはたくさん仲間がいた。一八四五年の都市調査では、女性の住民の三分の一が未婚だった。Joan von Meheren, *Minerva and the Muse*, p. 169.

エピローグ　一八四三年五月一日

1　一八四〇年のJ・G・パルフレイ宛の手紙のなかで、［法王アンドリューズ・］ノートンは、もし食い止められないならば、「リプリーとブラウンソンとフラー嬢とピーボディ嬢は、チャニング博士や他の人の時々の助けにより、共同体のどのくらいの割合がそうなのかはわからないが、神秘主義者になるだろう」と書いていた。Kenneth Sacks, *Understanding Emerson: "The American Scholar" and His Struggle for Self-Reliance* (Princeton, N.J.: Princeton University Press, 2003, p. 95.

2　Mary Mann, *The Life of Horace Mann* (Boston: Walker, Fuller 1865)、Sarah Winnemucca Hopkins, *Life Among the Piutes*, Mary Mann, ed. (New York: G. P. Putnam's Sons, 1883) この初期の「聞き書きによる」自伝のために、メアリーは多くの執筆をした。『フアニータ―五十年前のキューバにおける真の生活のロマンス』(*Juanita: A Romance of Real Life in Cuba, Fifty Years Ago*. Boston: Id. Lothrop, 1887) もそうである。メアリーはまた記事も書き、幼稚園に関する本をエリザベスと共同で執筆した。幼稚園は二人が共有した大義であった。彼女は大学における男女共学を擁護する記事をジュリア・ウォード・ハウの『性別と教育――E・H・クラーク博士の「性別と教育」に対する返信』(*Sex and Education: A Reply to Dr. E. H. Clarke's 'Sex and Education.'* Boston: Roberts Brothers, 1874) に寄稿した。さらに彼女は、アルゼンチンの改革者かつ革命家であり、大統領となったドミンゴ・ファウスティーノ・サルミエントのアメリカ人の翻訳者で擁護者でもあった。彼はホレス・マンの信奉者であり、夫の死後もメアリーは彼との絆を維持した。

3　伝記作家ジョアン・フォン・メーレンの『ミネルヴァと詩神』(Joan von Meheren, *Minerva and the Muse*, p184) によると、「ホーソーンの結婚は、マーガレットの価値基準からいって、もっとも崇高なタイプの結婚であった。というのも二人の完成された芸術家が平和な家庭においてお互いの向上心を高めあうことに専念するというものだからである。」

訳者あとがき

本書は、二〇〇五年ヒュートン・ミフリン社から出版された、メーガン・マーシャル（Megan Marshall）著『ピーボディ姉妹——アメリカ・ロマン主義に火をつけた三人の女性たち』（*The Peabody Sisters: Three Women Who Ignited American Romanticism*）の翻訳である。（ただし原著で一二〇ページにものぼる注については、紙面の関係上、著者と相談し、訳者が必要と思われる箇所を中心に訳出している。）惜しくも受賞は逃したものの、原著は二〇〇六年のピュリツァー賞伝記部門の最終候補三作の一つに選ばれており、その他フランシス・パークマン賞など歴史書に送られる賞をいくつも受賞している。訳者たちが二〇一一年にボストンやコンコードを訪れた際も、本書は街の書店や博物館売店などでは平積みで販売され、またキュレーターの推薦書として取り上げられるなど、十九世紀アメリカの文化や社会、あるいは当時の女性たちの活躍について幅広く知りたい人にとっても、必読の一冊となっている。

本書は題名の通り、ピーボディ家の三人の姉妹、エリザベス、メアリー、ソファイアを扱った伝記である。三姉妹の両親の生い立ちから三姉妹のうち二人が結婚するまで、すなわち十八世紀末から十九世紀前葉までが取り上げられ、このアメリカ国家揺籃期に生きた若き三姉妹の人生が、その内面や社会的・文化的背景も含め、詳細にかつ生き生きと描かれている。著者は何年もかけて、姉妹が発表した著作や論文はもとより、彼女たちが家族や友人に宛てた私信や日記など、あらゆる一次資料を全米中の図書館を巡って一つ一つあたった上で、本書を執筆したという。著者は現在、ボストンのエマソン大学で准教授としてライティングやリサーチなどを教えているが、元々はカリフォルニア州出身で、大学進学を機に東部に移り、ハーヴァード大学などでアメリカ文学や女性史などを学んだあと、歴史や文学について『ニューヨーカー』や『アトランティック』誌などに寄稿してきた。第二作 *Margaret Fuller: A New American Life* (2013) も刊行されている。

本書が扱う三姉妹のうち、一八〇四年生まれの長女エリザベスは、アメリカにおける幼稚園の創始者として現在よく知られているが、同時にナサニエル・ホーソーンやラルフ・ウォルドー・エマソン、ウィリアム・エラリー・チャニング、エイモス・ブロンソン・オルコットら、日本でも馴染み深いアメリカ十九世紀を代表するニューイングランドの作家や思想家たちと深く交流し、彼らの作品を出版したり、本屋業を営んだり、あるいは教師として彼らの経営する学校の手助けをしたりするなど、熱心に彼らの活動の後押しをし、まさに「アメリカのロマン主義に火をつける」多大な貢献をした女性である。

一方、著者マーシャル氏と同様、姉と妹に挟まれた次女メアリーは、控え目な性格ながら、姉と同じく優秀な教師として同時代の少女たちの教育に熱心にあたり、また文筆活動も行った。彼女は本書にあるように、同時代の教育改革者として著名であったホレス・マンと結婚し、彼が亡くなるまでその教育活動を手助けしたことで、現在もっぱら知られている。しかし彼女のキューバでの短い滞在を元にした歴史ロマンス『ファニータ』は、その当時のカリブ海とアメリカとの関係やその反奴隷主義からも、今後注目が集まるだろうと期待されている。さらに末妹のソファイアは、同時代のアメリカを代表する作家ホーソーンとの結婚によって、その作品への影響がこれまでも議論されてきた女性であるが、近年、アメリカ初期の傑出した女性芸術家の一人として、また優れた日記の書き手として、徐々に再評価が行われてきている。このように、文学、教育、思想など幅広く影響を与えたこれら三姉妹の人生を通じて、読者は同時代のアメリカの社会や文化全体を概観しつつ、彼女たちの苦悩や喜びを追体験することが可能となっている。

本書の日本語翻訳には、日本ナサニエル・ホーソーン協会の会員である大杉博昭、城戸光世、倉橋洋子、辻祥子の四名であたった。最初の企画から五年以上の年月が経ち、その間忍耐強く待って頂いた南雲堂の原信雄氏、そして著者のマーシャル氏には、心より感謝申し上げたい。また忙しいなか全文を通して読んで頂き、貴重な助言を下さった広島経済大学・本岡亜沙子氏、インデックス作業を手伝って下さった当時九州大学院生であった生田和也氏にも深く感謝の意を表したい。担当は、日本版読者への序文翻訳を辻が、原著序文を城戸が、プロローグを大杉が担当し、その後、第一部第二部を大杉、第三部第四部を辻、第五部第六部を倉橋、第七部第八部を城戸が担当し、エピローグを倉橋と辻が担当した。何年もかけて全員で訳文を検討しながら統一をはかり、推敲に推敲を重ねたものの、まだ不十分な点は数多く残っていることと思う。読者諸氏のご叱正を頂ければ幸いである。訳者たち同様、本書を通じて三人の非凡な女性たちのそれぞれに共感を覚え、その人生や作品に関心を持つ人が増えてくれれば、訳者にとってこれに勝る喜びはない。

訳者一同

索　引

（人名・作品名）

ア行

アダムズ、アビゲイル（旧名アビゲイル・スミス） Adams, Abigail (formerly Abigail Smith) 36, 47, 49, 57-58, 59, 64, 302, 484

アダムズ、ジョン Adams, John 35, 36, 47, 63

アダムズ、ハンナ Adams, Hannah 99, 116, 125, 203

アップルトン、ファニー（後のファニー・ロングフェロー） Appleton, Fanny (later Fanny Longfellow) 146, 491-492, 495

アトキンソン学院 Atkinson Academy 59, 60, 64, 65, 67

アパム、チャールズ Upham, Charles 235, 367, 368

アボット、エイビエル Abbot, Abiel 296-297, 300, 302-303

アボット、ジョン・エメリー Abbot, John Emery 96, 107, 115, 176, 414

アメリカ合衆国銀行 United States Bank 25, 311

アメリカン・ルネサンス American Renaissance 8, 13, 481

イギリス奴隷解放令（1833年） British Emancipation Act of 1833 298

『イタリア』（ロジャース作） *Italy* (Rogers) 281, 284, 288, 429

ウェインライト、イライザ（後のイライザ・チャニング） Wainwright, Eliza (later Eliza Channing) 222, 223, 307

ウェスト・ストリート、ボストン West Street, Boston 415-419, 421, 424, 425, 436, 445, 446, 450, 452, 457, 458, 461, 513, 514

ウェブスター、ダニエル Webster, Daniel 160, 174, 226, 398, 472, 473, 512

ヴェリー、ジョーンズ Very, Jones 361, 366-370, 378, 394, 417, 504, 509

ウォーカー、ジェイムズ Walker, James 160, 176, 215, 418

ウォード、ジュリア（後のジュリア・ウォード・ハウ） Ward, Julia (later Julia Ward Howe) 405, 466, 468, 520

ヴォーン、ベンジャミン Vaughan, Benjamin 153-155

ウスター、サミュエル Worcester, Samuel 107, 112

ウスター、ノア Worcester, Noah 106

ウルストンクラフト、メアリー Wollstonecraft, Mary 62

『ウンディーネ』（ラ・モット・フーケ作） *Undine* (La Motte-Fouque) 207-209, 224, 275

エッジワース、マライア Edgeworth, Maria 99, 154, 182, 338, 341

エマソン、ウィリアム Emerson, William 432, 515

エマソン、エドワード Emerson, Edward 500, 514

エマソン、エレン（R・W・エマソンの最初の妻） Emerson, Ellen 357, 359, 514

エマソン、ジョージ・B Emerson, George B. 123, 139, 141, 144, 152, 161, 206

エマソン、チャールズ Emerson, Charles 264, 357, 359, 371, 432, 450, 451, 498, 513, 514, 515, 516

エマソン、メアリー・ムーディ Emerson, Mary Moody 264, 470, 497-498

エマソン、ラルフ・ウォルドー Emerson, Ralph Waldo 8, 13, 14, 15, 17, 21, 22, 110, 127, 134, 144, 145, 147, 149, 152, 155, 181, 183, 206, 209, 214, 233, 234, 236, 238, 246, 264, 265, 298, 300, 301, 320, 321, 327, 336, 337, 338, 340, 341, 343, 344, 345, 348, 349, 350, 351, 352, 356-372, 373, 377, 381, 386, 391, 392, 393, 394, 402, 403, 408, 409, 410, 413-415, 417, 418, 420, 421, 424, 425, 432, 435, 437, 438, 443, 445-446, 447-451, 457, 459,

462, 470, 473, 476, 481, 496, 497, 500, 502, 503, 504, 505, 507, 508, 509, 510, 513, 514, 515, 516, 518, 520, 521
「アメリカの学者」 "The American Scholar" 206, 340, 362, 363, 368, 504
『自然論』 *Nature* 336, 340, 357, 360, 361, 364, 381, 450, 451, 502, 505, 508, 510, 515
「神学部講演」 "Divinity School Address" 340, 349, 368-369, 371, 391-392, 413, 414, 415, 437
エマソン、リディアン（旧名リディア・ジャクソン） Emerson, Lidian (formerly Lydia Jackson) 298, 320, 338, 356-360, 361, 362, 364, 365, 371, 393, 420, 448, 449, 451, 497, 504, 507, 508, 515, 518
エマソン、リトル・ウォルドー Emerson, Little Waldo 357, 358, 359, 364, 371, 449
エンフィールド、ウィリアム Enfield, William 154

オールストン、ワシントン Allston, Washington 87, 137-138, 140, 142, 145, 176, 203, 227, 228, 229, 232, 251, 252, 253-255, 284, 289, 290, 291, 298, 333-334, 339, 345, 352, 366, 395, 396, 405, 406, 407, 429, 445, 459, 463, 476-477, 483, 503-504, 507, 515
『ジェシカとロレンゾ』 *Jessica and Lorenzo* 333-334, 497, 503-504
『ベルシャザールの饗宴』 *Belshazzar's Feast* 459, 476
オサリヴァン、ジョン O'Sullivan, John 426, 431, 436, 510, 512-513, 517
オルコット、アビゲイル・メイ「アビー」（旧名アビゲイル・メイ） Alcott, Abigail May "Abby" (formerly Abigail May) 317, 318, 330, 343, 348, 349, 353, 507
オルコット、アンナ Alcott, Anna 317, 340, 507
オルコット、エイモス・ブロンソン Alcott, Amos Bronson 181, 298, 317-320, 321, 323, 324, 326, 327, 330, 331, 336, 337-350, 351-353, 359, 363, 369, 391, 394, 404-405, 409, 410, 411, 417, 420, 447, 459, 476, 503, 504, 505, 506, 520, 521
『ある学校の記録』 *Record of a School* 336-341, 342, 343, 344, 358, 459, 504-505, 506
『子どもたちとの福音書についての会話』 *Conversations with Children on the Gospels* 342, 346-347, 349, 353, 369, 405, 410, 506, 507
オルコット、エリザベス「ベス」 Alcott, Elizabeth "Beth" 340, 349
オルコット、ルイーザ・メイ Alcott, Louisa May 8, 16, 317, 340, 498, 507

カ行
カークランド、ジョン・T Kirkland, John T. 128, 140, 151, 152, 156, 176, 187, 192, 205, 226, 388, 414
カーティス、アミーリア（旧名アミーリア・パーマー） Curtis, Amelia (formerly Amelia Palmer) 47, 71, 107, 150, 224-225, 485, 486
ガーディナー一家 Gardiner family 152, 158, 159, 162, 163, 164
ガーディナー、エマ・ジェイン（ガーディナー夫人） Gardiner, Emma Jane 159, 160, 161, 162, 163, 164, 171, 173, 177, 183
ガーディナー、ロバート・ハロウェル Gardiner, Robert Hallowell 159
ガードナー、サリー・ジャクソン Gardner, Sally Jackson 375, 402, 410, 508
カーライル、トーマス Carlyle, Thomas 357, 375, 431, 510, 520
会衆派／会衆派教会 Congregationalist / Congregational Church 87, 105, 162, 236, 265
『ガニュメート』（ゲーテ作） *Ganymade* (Goethe) 364
ガネット、エズラ・スタイルズ Gannet, Ezra Stiles 190, 464
ガロデット、トーマス Gallaudet, Thomas 286

ギブズ、ウルコット Gibbs, Wolcott 259
ギブズ、ジョージ二世 Gibbs, George II 199
ギブズ、ルース（後のルース・チャニング） Gibbs, Ruth (later Ruth Channing) 145, 181, 198, 199-201, 258, 260
キャボット、イライザ・リー（後のイライザ・フォレン） Cabot, Eliza Lee (later Eliza Follen) 179-180, 190, 192, 197, 207, 493
ギャリソン、ウィリアム・ロイド Garrison, William Lloyd 298, 337, 501
キューバ Cuba 221, 241, 291, 293-307, 309, 311, 313, 314, 315, 318, 320, 322, 325, 326,

327, 330, 331, 334, 353, 354, 383, 388, 391, 444, 462, 472, 493, 500, 501, 502, 503, 511, 522
旧牧師館　Old Manse　28, 451-452, 455, 458, 461-463, 466, 469, 519
共同体主義者　Associationist　209, 419, 420, 421

クインシー、ジョサイア（ハーヴァード大学学長）　Quincy, Josiah　36, 319, 367
クインシー、ジョサイア・フィリップス（ジョサイア・クインシーの孫）　Quincy, Josiah Phillips　319, 340, 346, 367, 402
クインシー、メアリー、ジェイン　Quincy, Mary Jane　402, 410
クインシー大佐、ジョサイア　Quincy, Colonel Josiah　43
クーム、ジョージ　Combe, George　262, 424, 445
クーパー、ジェイムズ・フェニモア　Cooper, James Fenimore　179, 235
クザン、ヴィクトル　Cousin, Victor　198, 270
クラーク、サラ、アン　Clarke, Sarah Ann　27, 270, 273, 289, 293, 363, 378, 407, 421, 430, 451, 457, 500, 506, 508, 511
クラーク、ジェイムズ・フリーマン　Clarke, James Freeman　21, 27, 264, 352, 363, 410, 421, 425, 430, 437, 457, 466, 514
クラーク、レベッカ　Clarke, Rebecca　260, 261, 263, 264, 270, 272, 273, 276, 277, 281, 291, 310, 311, 312, 483, 497, 498-499, 500
クランチ、エリザベス・パーマー（旧名エリザベス・パーマー）　Cranch, Elizabeth Palmer (formerly Elizabeth Palmer)　39, 43-45, 46, 47, 71, 73, 86, 91, 184
クランチ、クリストファー・ピアス　Cranch, Christopher Pearse　447, 518
クランチ、ジョゼフ　Cranch, Joseph　44
クランチ、ナサニエル　Cranch, Nathaniel　43, 45
クランチ、メアリー　Cranch, Mary　49-50, 57-58, 59, 60, 63, 64, 65, 69, 71, 483, 484, 518
クランチ、リチャード　Cranch, Richard　36
クリーヴランド、ドーカス・ヒラー　Cleveland, Dorcas Hiller　122-123, 125, 134-135, 139, 146, 147, 159, 162, 173, 177, 183, 294, 303, 304-305
グリーリー、ホレス　Greeley, Horace　379, 448
クルマッハー、フレデリック・アドルフォス「小鳩」　Krummacher, Frederic Adolphus, "The Little Dove"　272
グレーター、フランシス　Graeter, Francis　224, 229-230, 231, 233, 251, 254, 256, 289, 341, 429, 494
『メアリーの旅――あるドイツの物語』　*Mary's Journey; A German Tale*　224, 229, 494
クレヴェンジャー、ショーバル　Clevenger, Shobal　398, 406, 407, 482, 512
クロフォード、トーマス　Crawford, Thomas　405

ゲーテ、ヨハン・ヴォルフガング・フォン　Goethe, Johann Wolfgang von　364, 395
ゲリー、エルブリッジ　Gerry, Elbridge　42, 46
ケロッグ、デイヴィッド　Kellogg, David　54

コールリッジ、サミュエル・テイラー　Coleridge, Samuel Taylor　138, 183, 184, 186, 345, 416, 428, 459, 491, 495, 502, 504
コールバーン、ウォレン　Colburn, Warren　123, 125, 206
「小鳩」（クルマッハー作）　"The Little Dove" (Krummacher)　272
『コレッジョ』（エーレンスレーヤー作）　*Correggio* (Oehlenshlager)　226, 234
コンスタン、ベンジャミン　Constant, Benjamin　270

サ行
サウジー、キャロライン「淑女の婚礼」　Southey, Caroline "The Ladye's Brydalle"　245
サックス、オリヴァー　Sacks, Oliver　218, 243, 244, 282, 493, 496
サムナー、チャールズ　Sumner, Charles　155, 264
サリヴァン、イライザ　Sullivan, Eliza　296, 513
サン・ピエール、ベルナルダン　St, Pierre, Bernardin　95

シアーズ、リディア　Sears, Lydia (later Lydia Sears Haven)（後のリディア・シアーズ・ヘイヴン）（ヘイヴン、リディア・シアーズの項参照）
シェイクスピア、ウィリアム　Shakespeare, William　39, 51, 52, 95, 104, 270, 284, 319, 338, 366, 368, 395, 405, 415, 416
ジェイムズ、ヘンリー　James, Henry　477
ジェイムソン、アンナ　Jameson, Anna　270,

302-303
ジェファソン、トーマス　Jefferson, Thomas　82, 267, 270
ジェフリーズ、ジョン　Jeffries, John　78, 79, 90
ジェランド男爵、ヨセフ＝マリー・ド　Gérando, Baron Joseph-Marie de　198, 237, 238, 339, 341, 342, 358, 501
『自己教育』 *Self-Education*　237-238, 358, 501, 505
『貧者の客』 *Visitor of the Poor*　237-238, 342
使徒教会　Church of the Disciples　421, 430, 514
ジャクソン、アンドリュー　Jackson, Andrew　311
ジャクソン、ジェイムズ、ジュニア　Jackson, James, Jr.　333
ジャクソン、チャールズ　Jackson, Charles　249, 415
ジャクソン、ファニー　Jackson, Fanny　194
ジャクソン、リディア（後のリディアン・エマソン） Jackson, Lydia（later Lidian Emerson）（エマソン、リディアンの項参照）
シュプルツハイム、ヨハン・ガスパー　Spurzheim, Johann Gaspar　262-263, 272, 281, 415, 464
ショー、ウイリアム・スミス　Shaw, William, Smith　63
ショー、サラ・スタージス　Shaw, Sarah Sturgis　466, 511
ショー、レミュエル　Shaw, Lemuel　319
シラー、フリードリッヒ・フォン　Schiller, Friedrich von　245, 416
シルスビー、メアリー・クラウニンシールド　Silsbee, Mary Crowninshield　146, 509-510

スウェーデンボルグ、エマニュエル　Swedenborg, Emanuel　106-107, 114, 184, 412
スカーレット、サミュエル　Scarlett, Samuel　287
スタージス、キャロライン　Sturgis, Caroline　319, 410, 461
スタージス、ラッセル　Sturgis, Russell　128, 129, 135, 143, 155, 167
スタール＝ホルシュタイン男爵夫人、アンヌ・ルイーズ・ジエルメーヌ・ネッケール（スタール夫人） Stael-Holstein, Anne-Louise-Germaine Necker, Baronne de（Madame de Stael） 99, 134, 145, 148, 177, 191, 225, 260, 302, 341, 416, 429, 475
『ドイツ論』 *De l'Allemagne*　134, 177
『コリンヌ』 *Corinne*　134, 225, 302, 429
『十年の放浪』 *Ten Years' Exile*　134
スタントン、エリザベス・ケイディ　Stanton, Elizabeth Cady　21
スチュアート、ギルバート　Stuart, Gilbert　59, 138, 191, 193, 203, 226-227, 293, 307, 500
スチュアート、ジェイン　Stuart, Jane　193, 226, 252, 500
ストーリー、ジョゼフ　Story, Joseph　361
ストウ、ハリエット・ビーチャー　Stowe, Harriet Beecher　116
スミス、アビゲイル　Smith, Abigail（アダムズ、アビゲイルの項参照）
スミス、エリザベス　Smith, Elizabeth（ピーボディ、エリザベス・スミス・ショーの項参照）
スミス、メアリー　Smith, Mary（クランチ、メアリーの項参照）
スパークス、ジャレッド　Sparks, Jared　112, 123, 127, 146, 206, 264, 270, 414, 510
スプリンガー、リディア　Springer, Lydia　60, 63, 64
スペンサー、エドマンド　Spenser, Edmund　56, 104, 405, 416, 426
スペンサー将軍、ジョゼフ　Spencer, General Joseph　37-38, 50

セアー、クリストファー　Thayer, Christopher　167
セアー、ナサニエル　Thayer, Nathaniel　121-122, 123, 127, 129, 130, 167, 176, 178
セジウィック、キャサリン・マライア　Sedgwick, Catharine Maria　195, 202, 310, 344, 489, 510

ゾーデン、サミュエル　Soden, Samuel　461
ソッツィーニ派　Socinians　108, 184, 412, 487
ソルトンストール、リヴェレット　Saltonstall, Leverett　288, 455
ソロー、ヘンリー・デイヴィッド　Thoreau, Henry David　13, 22, 110, 145, 149, 181, 209, 246, 300, 420-421, 447, 457, 462, 463, 473, 476, 481, 502, 518

タ行

『ダイアル』誌　*The Dial*　20, 21, 409, 415, 418, 439, 446-448, 449-450, 460, 461, 473, 514, 518
タイラー、アミーリア　Tyler, Amelia　125
タイラー、ウィリアム　Tyler, William　170, 247

タイラー、ジョン　Tyler, John　149, 311
タイラー、メアリー・パーマー　Tyler, Mary Palmer　39, 46-47, 48-49, 52-55, 78, 90, 102, 113, 301
タイラー、ロイアル　Tyler, Royall　47-50, 51, 53-54, 55, 56, 57, 67, 94, 168, 301, 461, 483-484, 497
ダウティ、トーマス　Doughty, Thomas　227, 228, 230-232, 233, 250, 251, 254, 255, 256, 284, 289, 290, 293, 339, 429
タウンゼント、イライザ　Townsend, Eliza　253, 497
タッカーマン、ジョゼフ　Tuckerman, Joseph　197, 238, 492
タッパン、ベンジャミン　Tappan, Benjamin　157, 158
タッパン、ルイス　Tappan, Lewis　189-190

チェイス、マライア　Chase, Maria　134, 137, 139, 140, 145, 148, 160, 195, 259, 306, 488, 489
チェイニー、セス　Cheney, Seth　458
チャイルド、リディア・マライア（旧名リディア・マライア・フランシス）　Child, Lydia Maria（formerly Lydia Maria Francis）　21, 153, 191, 193, 287, 500-501, 516
チャップマン、マライア　Chapman, Maria　287
チャニング、イライザ（旧名イライザ・ウェインライト）　Channing, Eliza（formerly Eliza Wainwright）　222-223, 307
チャニング、ウィリアム（W・E・チャニングの息子）　Channing, William　258-260
チャニング、ウィリアム・エラリー　Channing, William Ellery　13, 21, 33, 87-88, 97, 105, 106, 107, 109-110, 112, 113, 115, 122, 123, 127, 128, 130, 134, 135, 142, 143-144, 145, 160, 161, 164, 174, 175, 176, 179-186, 187, 188, 190, 194, 195, 196, 197-198, 199-201, 202, 206, 207, 209, 215, 224, 232, 237, 239, 247, 249, 254-255, 258-260, 264, 269, 280, 281, 291, 292, 298, 302, 313, 314, 319, 337, 341, 364, 366, 409, 410, 411, 412, 413, 414, 415, 417, 418-419, 420, 437, 446, 459-460, 461, 463-464, 488, 492, 500, 501, 502, 503, 513, 515, 519, 520, 521
　『奴隷解放』 *Emancipation*　419
　「未来の生」説教　"The Future Life" sermon　313, 501
　ユニテリアニズムについての説教（「ボルティモア説教」）　sermon on Unitarianism（"Baltimore Sermon"）　112
チャニング、ウィリアム・ヘンリー（W・E・チャニングの甥）　Channing, William Henry　123-124, 417, 420
チャニング、ウォルター　Channing, Walter　33, 215-223, 229, 230, 234, 236, 241, 243, 297, 307, 313, 378, 386, 429, 496, 500
チャニング、メアリー（後のメアリー・ユースティス）　Channing, Mary（later Mary Eustis）　190, 194, 198, 258-260, 464
チャニング、ルース（旧名ルース・ギブズ）　Channing, Ruth（formerly Ruth Gibbs）（ギブズ、ルースの項参照）
超絶主義　Transcendentalism　15, 20, 22, 144-145, 149, 180, 181, 186, 187, 199, 206, 237-238, 246, 289-290, 298, 300-301, 336-337, 338, 339, 349-350, 352, 357, 358, 362, 363, 364, 366-367, 369-370, 389, 406, 408, 414, 415, 417, 418, 420, 425, 426, 430-431, 435, 438, 446-447, 450, 455, 456, 461, 470, 473, 477, 482, 490-491, 498, 499, 502, 504, 506, 507, 511-512, 514, 518, 520
超絶主義クラブ　Transcendental Club　351-352, 362-363, 366, 409, 418, 419-421, 425, 504

デイヴィス夫人（チャニングの教会区民）　Davis, Mrs.　109, 110
ティクナー、ウィリアム・D　Ticknor, William D.　406
ティクナー、ジョージ　Ticknor, George　139, 145
ディケンズ、チャールズ　Dickens, Charles　239, 441-442, 449, 471, 519
ディックス、ドロシーア　Dix, Dorothea　197, 258
デイナ、ソファイア（後のソファイア・デイナ・リプリー）　Dana, Sophia（later Sophia Dana Ripley）　140, 141-143, 149, 232, 410, 432, 434
デイナ、フランク　Dana, Frank　140, 147
デイナ、フランシス　Dana, Francis　79
デイナ、リチャード・ヘンリー　Dana, Richard Henry　79, 361
デイナ、リチャード・ヘンリー・ジュニア　Dana, Richard Henry, Jr.　140

『ティマイオス』（プラトン作）　*Timaeus*（Plato）　197
テイラー、エドワード　Taylor, Edward　238-240, 269, 272
テイラー、デボラ　Taylor, Deborah　239
テンプル・スクール　Temple School　319-321, 336-350, 356, 357, 367, 404-405, 410, 506, 507, 508

ドール、キャロライン（旧名キャロライン・ヒーリー）　Dall, Caroline（formerly Caroline Healey）（ヒーリー、キャロラインの項参照）
ド・クインシー、トーマス　De Quincey, Thomas　114
トクヴィル、アレクシス・ド　Tocqueville, Alexis de　44
奴隷制廃止運動　Antislavery movement　287, 337, 345, 375, 419, 421, 473, 500-501
トロロープ、フランシス　Trollope, Frances　303
ドワイト、エリザベス（イライザ）　Dwight, Elizabeth（Eliza）　244
ドワイト、ジョン・サリヴァン　Dwight, John Sullivan　438-439, 504
ドワイト、マリアン　Dwight, Marianne　310, 315

ナ行

ニーランド、アブナー　Kneeland, Abner　370, 509
ニューイングランド盲人教育施設（後のパーキンズ盲人学校）　New England Asylum for the Education of the Blind（パーキンズ盲人学校の項も参照のこと）　285-288
ニューカム、チャールズ　Newcomb, Charles　450
ニュートン、ギルバート・スチュアート　Newton, Gilbert Stuart　227, 307
ニューホール、メアリー（クエーカー説教師）　Newhall, Mary　236, 283
ニューホール、メアリー（クエーカー説教師の娘）　Newhall, Mary　236, 283-284, 285, 301

ノートン、アンドリューズ　Norton, Andrews　139, 145, 191-192, 312, 339, 349, 369, 414, 415, 418, 447, 490-491, 504, 507, 508-509, 513, 520

ハ行

ハーヴァード大学　Harvard College　8, 13, 15, 36, 40, 41, 47, 70, 78, 79, 80, 87, 89, 97, 105, 107, 109, 110, 112, 122, 123, 127-129, 130, 131, 135, 139, 140, 141, 142, 144, 145, 146, 149, 151, 152, 155, 157, 160, 167, 176, 187, 191-192, 195, 197, 205, 219, 226, 235, 240, 263, 264, 267, 276, 284, 308, 312, 319, 333, 361, 367, 368, 369, 370, 377, 380, 388, 402, 415, 418, 435, 476, 478, 510
　神学部（神学校）　Harvard Divinity School　107, 110-111, 122, 130, 183, 191, 202, 236, 264, 312, 349, 361-363, 368, 369, 417, 418, 435
　医学部（医学校）　Harvard Medical Institution　78, 79, 89, 219, 262, 263, 286
パーカー、セオドア　Parker, Theodore　14, 21, 409-410, 415, 417, 418, 420, 421, 425, 430, 434-438, 447, 459, 461, 502, 508, 510-511, 514, 516-517
パーカー、リディア　Parker, Lydia　409, 435
パーキンズ、トーマス・ハンダサイド　Perkins, Thomas Handasyd　288
パーキンズ盲学校（旧ニューイングランド盲人教育施設）　Perkins Institution for the Blind　288, 441-442, 458, 479, 517
バーク、エドマンド　Burke, Edmund　270
ハーディング、チェスター　Harding, Chester　159, 203-204, 206, 214, 215, 226, 228, 229, 232-233, 247, 253, 255, 261, 293, 339, 405, 494
バーナード、トーマス　Barnard, Thomas　87
バーバー、ジョナサン　Barber, Jonathan　262
バーボールド、アンナ　Barbauld, Anna　154
パーマー、アミーリア（後のアミーリア・カーティス）　Palmer, Amelia（later Amelia Curtis）（カーティス、アミーリアの項参照）
パーマー、エリザベス「イライザ」（後のイライザ・ピーボディ）　Palmer, Elizabeth “Eliza”（later Eliza Peabody）（ピーボディ、イライザの項も参照のこと）　32, 34, 35-36, 39-40, 42, 44-74, 483, 484-485
パーマー、エリザベス（後のエリザベス・パーマー・クランチ）　Palmer, Elizabeth（later Elizabeth Palmer Cranch）（クランチ、エリザベス・パーマーの項参照）
パーマー、キャサリン（後のキャサリン・パト

ナム）　Palmer, Catherine（later Catherine Putnam）　57, 73, 84, 483, 484, 486, 514
パーマー、ジョージ　Palmer, George　52-53, 57, 73
パーマー、ジョン・ハムデン　Palmer, John Hampden　54
パーマー、ジョゼフ（イライザの兄）　Palmer, Joseph　36, 39, 46, 73
パーマー、ジョゼフ（イライザの祖父）　Palmer, Joseph　35-39, 41-44, 46, 50, 51-52, 73, 81, 137
パーマー、ジョゼフ・ピアス（イライザの父）　Palmer, Joseph Pearse　36-39, 40-42, 46-55, 73, 102, 484, 497
パーマー、ソファイア（後のソファイア・パーマー・ピックマン）　Palmer, Sophia（later Sophia Palmer Pickman）　49, 50, 52, 54, 56, 84, 114, 168-169, 309, 484
パーマー、メアリー（後のメアリー・パーマー・タイラー）　Palmer, Mary（later Sophia Palmer Tyler）　39, 46-48, 51-56, 90, 483, 484, 485
パーマー、メアリー「ポリー」　Palmer, Mary "Polly"　39, 42-45, 46, 282
パーマー、ベッツィ（旧名ベッツィ・ハント）　Palmer, Betsey（formerly Betsey Hunt）　36-42, 46-53, 55, 56, 57-58, 65, 69, 84, 87, 91-92, 138, 143, 151, 168, 203, 484, 486
バーリー、スーザン　Burley, Susan　288-289, 385, 395, 514
バイロン卿、ジョージ・ノエル・ゴードン　Byron, George Noel Gordon, Lord　22, 144, 219, 286, 377, 384, 425
ハウ、サミュエル・グリドリー　Howe, Samuel Gridley　285-287, 426, 432, 441-442, 458, 461, 466-468
ハウ、ジュリア・ウォード（旧名ジュリア・ウォード）Howe, Julia Ward（formerly Julia Ward）　405, 466-468, 520
ハウ、スーザン（後のスーザン・ヒラード）　Howe, Susan（later Susan Hillard）　323
バウディッチ、ナサニエル　Bowditch, Nathaniel　95-96, 176, 226, 414
ハサウェイ、サラ（後のサラ・ハサウェイ・フォーブズ）　Hathaway, Sarah（later Sarah Hathaway Forbes）　14, 194, 466, 479
ハサウェイ、メアリー（後のメアリー・ワトソン）　Hathaway, Mary（later Mary Watson）　14, 194, 479, 496
バックミンスター、オリヴィア　Buckminster, Olivia　161
バックミンスター、メアリー　Buckminster, Mary　141
バックミンスター、ライマン　Buckminster, Lyman　129-132, 136, 139, 141-142, 143, 146, 147, 161-163, 173, 178, 183, 305, 306, 316, 385
パトナム、キャサリン（旧名キャサリン・パーマー）　Putnam, Catherine（formerly Catherine Palmer）（パーマー、キャサリンの項を参照）
パトナム、ジョージ・パーマー　Putnam, George Palmer　309, 514
パトナム、ヘンリー　Putnam, Henry　84
バローズ、ジェイムズ　Burroughs, James　294, 303-307, 315, 326
バンクロフト、エリザベス・デイヴィス・ブリス　Bancroft, Elizabeth Davis Bliss　395, 410, 451, 503
バンクロフト、ジョージ　Bancroft, George　394-395, 397, 415, 425, 451, 503, 511, 512
ハンコック、ジョン　Hancock, John　35, 38, 50, 137
ハント、ケイト　Hunt, Kate　42, 46, 57, 486
ハント、ベッツィ（後のベッツィ・パーマー）　Hunt, Betsey（later Betsey Palmer）（パーマー、ベッツィの項参照）

ピアソン、A・L　Peirson, A.L.　333
ビーチャー、キャサリン　Beecher, Catharine　100
ビーチャー、ヘンリー・ウォード　Beecher, Henry Ward　181
ピーボディ・アイザック（ピーボディ医師の父）　Peabody, Issac　66-67
ピーボディ、イライザ（エリザベス）（旧名エリザベス・パーマー／ピーボディ夫人）　Peabody, Eliza（formerly Elizabeth Palmer / Mrs. Peabody）（パーマー、エリザベスの項も参照のこと）　16, 20, 21, 27-29, 32-34, 35, 76-80, 81, 83-90, 92-95, 97, 99, 102-108, 111, 112-114, 115-116, 118, 122, 124, 136, 141, 146-148, 150, 155, 157, 159, 161, 168, 169, 170-172, 176, 184, 193, 203-205, 207, 214,

450, 460, 461, 518
超絶主義　20, 144-145, 187, 206, 237-238, 336-337, 339, 352, 363, 366, 369-370, 406, 414, 417, 420, 435-436, 438, 446, 447, 461, 470, 477, 490-491, 504, 514
超絶主義クラブ　363, 419, 425
ブルック・ファーム　438-439, 448
盲人バザー　286-287
ユニテリアン神学　127, 152, 161-163, 166, 182-184, 187-189, 414, 437-438, 459
歴史の講義　217, 277, 311-312, 320, 409
ロッチ大スキャンダル（ニューベッドフォード事件）　247-249, 261
著述『ある学校の記録』 *Record of a School* 336-341, 342, 344, 358, 504-505, 506
「ヴィジョン」 "A Vision"　469-470
『カスケット』 *The Casket*　207, 493, 494, 511
『家庭学校』 *The Family School*　352, 356, 360-361, 365, 445, 486, 506
『自己教育』翻訳 *Self-Education* 237-238, 358, 501, 515
「純潔」 "Chastity"　274
『真の救世主』翻訳 *The True Messiah* 358, 450
「誕生日の祝福」 "A Birth-day Blessing" 503
『トワイス・トールド・テールズ』書評 Review of *Twice-Told Tales* 379-380
「パーカー氏とユニテリアンたち」 "Mr. Parker and the Unitarians"　437-438
『貧者の客』翻訳 *The Visitor of the Poor*　237-238, 342
「ヘブライ語聖書の精神」 "Spirit of the Hebrew Scriptures"　185, 187, 209, 312, 314, 318, 339, 349, 369, 447, 504
『法華経』翻訳 *The Lotus Sutra*　447, 518
「水の精」 "The Water-Spirit"　207-209, 275, 287, 493
『歴史を解く鍵』 *Key to History*　250, 277, 290, 505, 506
ピーボディ、エリザベス・スミス・ショー Peabody, Elizabeth Smith Shaw　58-60, 63, 64-65, 69-70, 113, 485
ピーボディ、エレン・エリザベス　Peabody, Ellen Elizabeth　355-356, 466
ピーボディ、オーガスタス　Peabody, Augustus 137, 144
ピーボディ、キャサリン・パトナム　Peabody, Catharine Putnam　112-114, 168, 282, 411
ピーボディ、ジョージ・フランシス　Peabody, George Francis　101, 150, 204, 212, 229, 250, 259, 277, 310-311, 331, 344, 355, 356, 373, 374-375, 377, 382-383, 386, 391-392, 394, 402, 406, 411-412, 423, 426, 427, 456, 481, 489, 494, 495, 508, 511
ピーボディ、ジョン　Peabody, John　81, 100, 149-150
ピーボディ、スティーヴン　Peabody, Stephen 59, 61, 63, 66, 67, 70-71
ピーボディ、ソファイア・アミーリア　Peabody, Sophia Amelia
アミーリア・カーティスと　224-225
ウェリントンと　121, 222, 231, 333, 375, 377, 412
ウォルター・チャニングと　215-223, 229, 236, 241, 297, 307, 378, 429
エリザベスと
エリザベスとの正直さをめぐる争い 390-391, 393-394
オルコットをめぐる衝突　346-347, 353
キューバ旅行の手配　291-292
芸術キャリアの支援　228-233, 283-284, 286-287, 289-291, 293
ソファイアの病に対する懐疑　215, 283, 353-355, 384
バローズの求婚　303-307
文学的才能　302-303
ホーソーンをめぐるライバル関係 384-389, 398-399, 516, 517
霊的成長の指導　112, 116, 301, 487
オールストンと　251-255, 290, 333-334, 395-396, 476
オルコットと　317, 330, 346-347, 348, 349, 353
グレーターと　224, 230, 233, 251, 254, 256, 429
クレヴェンジャーと　406-407, 482, 512
ジョージと　375, 383, 394, 406, 411

結婚　457-458, 464-465
バローズの件での関与　303-305
病気　214
ピックマン家と　94-95, 96, 114-115, 150, 168, 169
ホレス・マンと　14, 18, 23, 265, 269-276, 277-279, 285-286, 292, 314-315, 322-323, 326, 327, 330, 335-336, 346, 352-353, 389, 402-403, 422-424, 444-445, 466-468, 470-472, 475, 499
キューバ　291-293, 294-296, 297-300, 322, 330
教育　158-160, 164, 171-172, 174, 176-177, 179, 191, 331, 338, 340-341, 403-405
反奴隷制　297-300, 500, 501-502
著述 『家庭学校』 *The Family School*　352, 403, 445
『公立学校ジャーナル』 *Common School Journal*　23, 403, 458
『セイラム・レコーダー』 *Salem Recorder*　170, 272
『花びと』 *The Flower People*　21, 445
『フアニータ』 *Juanita*　472, 501-502, 520
ピーボディ・モーゼズ　Peabody, Moses　100, 102
ピーボディ・リディア　Peabody, Lydia　100
ヒーリー、キャロライン（後のキャロライン・ドール）　Healey, Caroline (later Caroline Dall)　416, 482, 498-499, 510, 514, 517, 518
ピール、レンブラント　Peale, Rembrandt　226, 227, 229, 293
ピカリング、チャーリー　Pickering, Charley　96-97, 128, 167
『ヒトーパデーシャ』 *Hitopadesa* (Vishnu Sarma)　447, 460
ピックマン、ソファイア・パーマー（旧名ソファイア・パーマー）　Pickman, Sophia Palmer (formerly Sophia Palmer)（パーマー、ソファイアの項も参照のこと）　27, 94, 114, 168-169, 308, 309, 323, 484
ピックマン、トーマス　Pickman, Thomas　94, 308
ピックマン、ベンジャミン　Pickman, Benjamin　93-95, 96, 101, 114, 168
ピックマン、メアリー・タッパン（「メアリー・トップ」）　Pickman, Mary Tappan ("Mary Top")　114, 168, 334
ピックマン、ラヴ・ローリンズ（「ローリンズ嬢」）　Pickman, Love Rawlins ("Miss Rawlins")　95, 96, 114, 168, 169, 177, 251, 259, 288, 334, 338, 466, 467, 468, 491, 500, 501
ビドル、ニコラス　Biddle, Nicholas　311
ヒバード、エリザベス　Hibbard, Elizabeth　240-241, 250, 307, 325, 331
ヒラード、ジョージ・スティルマン　Hillard, George　264, 270, 323, 427, 429, 439-440, 519
ヒラード、スーザン（旧名スーザン・ハウ）　Hillard, Susan (formerly Susan Howe)　323, 427

ファーナム、シャーロット　Farnham, Charlotte　158, 249
ファラー、ジョン　Farrar, John　139, 141
ファラー、ルーシー・バックミンスター　Farrar, Lucy Buckminster　140, 141
フィスク博士（催眠術師及びソファイアの医師）　Fiske, Dr.　378
フィリップス、ジョナサン　Phillips, Jonathan　197
フーパー、アンナ・スタージス　Hooper, Anna Sturgis　14, 410, 466
フーパー、ウィリー　Hooper, Willie　410, 466
フーパー、エレン・スタージス　Hooper, Ellen Sturgis　14, 410
フェヌロン、フランソワ　Fénelon, François　197
フェリアー、スーザン　Ferrier, Susan　166, 175
フェルトン、コーネリアス　Felton, Cornelius　377
フォーブス、サラ（旧名サラ・ハサウェイ）　Forbes, Sarah (formerly Sarah Hathaway)（ハサウェイ、サラの項参考）
フォーブス、ジョン・マレー　Forbes, John Murray　432, 466
フォルサム氏（イタリア人講師）　Folsom. Mr. (Italian instructor)　140, 141
フォレン、イライザ（旧名イライザ・キャボット）　Follen, Eliza (formerly Eliza Cabot)（キャボット、イライザ・リーの項参照）
フォレン、チャールズ　Follen, Charles　197, 263, 493
フット、メアリー・ワイルダー・ホワイト

Foote, Mary Wilder White（formerly Mary Wilder White） 452, 455, 457, 516
フューズリ、ヘンリー　Fuseli, Henry　254-255
フラー、マーガレット　Fuller Margaret　8, 21, 23, 100, 145, 186, 264, 298, 344, 348, 349, 360, 362, 363, 368, 370, 405, 408-411, 414, 415, 417, 418, 419, 420, 425, 446, 447, 448, 449, 450, 451, 452, 460, 473-474, 476, 482, 505-506, 513, 514, 516, 518, 519, 520
「大いなる訴訟――男対男たち、女対女たち」 "The Great Lawsuit. Man *versus* Men. Woman *versus* Women" 473
『十九世紀の女性』 *Women in the Nineteenth Century* 360, 473
ブラウン、ジョン・F　Brown, John F.　128-129, 132, 151, 488
ブラウン、トーマス　Brown, Thomas　154, 160, 170, 177, 272
ブラウンソン、オレスティーズ　Brownson, Orestes　336, 395, 437, 490, 504, 511, 518, 520
フラッグ、ジョージ　Flagg, George　252, 254, 284, 497
フラックスマン、ジョン　Flaxman, John　33, 290-291, 346, 377, 395
フランクリン、ベンジャミン　Franklin, Benjamin 154, 267
フランシス、リディア・マライア（後のリディア・マライア・チャイルド）　Francis, Lydia Maria（later Lydia Maria Child）（チャイルド、リディア・マリアの項参照）
プリーストリー、ジョゼフ　Priestley, Joseph 153-154
フリスビー、リーヴァイ　Frisbie, Levi　156-157
ブリタニア号　*Britannia*　466-468, 470
ブリッジ、ホレイショ　Bridge, Horatio　490
ブリッジマン、ローラ　Bridgman, Laura　432, 441-442, 457, 458, 461
ブルーストッキング・クラブ　Blue Stocking Club　153, 155-157, 489
フルートランズ共同体　Fruitlands　420
プルタルコス　『英雄伝』 Plutarch, *Lives*　125
ブルック・ファーム　Brook Farm　20-21, 26, 238, 421, 430-434, 438-443, 444, 446, 448, 450, 461, 503, 517
ブルフィンチ、チャールズ　Bulfinch, Charles 137, 212
フレンドシップ・ホール　Friendship Hall　35-36, 38, 39, 41, 42, 43, 44, 46, 50, 56, 57, 66, 80, 86, 120, 241, 282, 302, 497

ヘイヴン、サミュエル　Haven, Samuel　220, 242, 256, 280, 285, 335
ヘイヴン、フォスター　Haven, Foster　280, 345-346
ヘイヴン、リディア・シアーズ　Haven, Lydia Sears（formerly Lydia Sears） 193-194, 220-221, 242, 244, 256, 261, 276, 280, 285, 330, 335, 340, 345
ベイリー、ジャン＝シルヴァン　Bailly, Jean-Sylvain　194
ペイリー、ウィリアム　Paley, William　127, 132
ヘイル、ベンジャミン　Hale, Benjamin　161
ペイン、ユーニス　Paine, Eunice　302
ペスタロッチ、ヨハン・ハインリッヒ　Pestalozzi, Johann Heinrich　123, 182, 506
ヘッジ、フレデリック・ヘンリー　Hedge, Frederic Henry　418, 420, 450, 514
ペン、ウィリアム　Penn, William　106, 117
ベンジャミン、メアリー　Benjamin, Mary　377
ベンジャミン、パーク　Benjamin, Park　344, 377, 396
ペンシルヴァニア美術学校　Pennsylvania Academy of Fine Arts　138, 226, 228, 254
ヘンツ、キャロライン・リー（旧名キャロライン・ホワイティング）　Hentz, Caroline Lee（formerly Caroline Whiting）　123
ベントリー牧師、ウィリアム　Bentley, Reverend William　101

ホア、エリザベス　Hoar, Elizabeth　357, 432, 450, 451, 458, 498, 515
ホーソーン、エリザベス・クラーク・マニング（ナサニエル・ホーソーンの母）　Hawthorne, Elizabeth Clarke Manning（Nathaniel Hawthorne's mother）　23-24, 81, 378, 382, 455, 509
ホーソーン、エリザベス「エビー」・マニング Hawthorne, Elizabeth "Ebe" Manning　23-24, 85, 86, 376-377, 378-379, 382, 455-457, 482, 509, 511
ホーソーン、ジョン　Hathorne, John　377

ホーソーン、ナサニエル（ナサニエル・ホーソーンの父）Hathorne, Nathaniel（Nathaniel Hawthorne's father） 81, 378, 486
ホーソーン、ナサニエル Hawthorne, Nathaniel 8, 14, 15, 17, 21, 22, 23-28, 33, 101, 207, 375-382, 384-399, 402, 406, 407-408, 416, 419, 421, 423, 424, 425-434, 436, 438, 439-443, 444, 446, 450, 451-458, 459, 460, 461-463, 464, 469, 474-475, 481, 482, 486, 487, 490, 495, 496, 505, 509, 510-511, 512-513, 514-515, 516, 517, 519-520, 521, 522
「エドワード・ランドルフの肖像画」"Edward Randolph's Portrait" 388, 398
『おじいさんの椅子』 *Grandfather's Chair* 419, 431, 436, 441, 457, 517
「歳月の姉妹」 "The Sister Years" 398-399, 512, 517
『トワイス・トールド・テールズ』 *Twice-Told Tales* 27, 376, 379, 380, 381, 395, 398, 441, 459, 482, 510
『ファンショー』 *Fanshawe* 482, 509, 510
『優しい少年』 *The Gentle Boy* 376, 395-396, 416
ホーソーン、マライア・「ルイーザ」 Hawthorne, Maria "Louisa" 23-24, 376-377, 378-379, 382, 455
ボードマン、メアリー Boardman, Mary 356, 373, 374
ホームズ、エイビエル Holmes, Abiel 141
ホームズ、オリヴァー・ウェンデル Holmes, Oliver Wendell 141, 155, 361, 362-363, 408
ボストン・アセニーアム Athenaeum Gallery 138, 226-228, 230, 231, 252-253, 289, 293, 414-415, 500
ボストンコモン Boston Common 19, 20, 25, 142, 144, 180, 193, 212, 315, 318, 330, 337, 342, 343, 403, 404, 415, 424, 501
『法華経』 *Lotus Sutra* 447, 518
ホプキンズ、サラ・ウィネマッカ Hopkins, Sarah Winnemucca 472
ホプキンズ、ダニエル Hopkins, Daniel 87
ホワイト、エリザベス White, Elizabeth 116
ホワイト、メアリー・ワイルダー（後のメアリー・ワイルダー・ホワイト・フット） White, Mary Wilder （later Mary Wilder White Foote）（フット、メアリー・ワイルダー・ホワイトの項も参照） 116, 306, 383, 516
ホワイティング、キャロライン（後のキャロライン・リー・ヘンツ） Whiting, Caroline （later Caroline Lee Hentz） 123

マ行

マーティノー、ハリエット Martineau, Harriet 303, 338, 341, 343, 351
マイルズ、ソロモン・P Miles, Solomon P. 123, 141
マソニック・テンプル Masonic Temple 319, 321, 350, 403
マディソン、ジェイムズ Madison, James 82
マン、シャーロット・メッサー（旧名シャーロット・メッサー） Mann, Charlotte Messer （formerly Charlotte Messer） 265, 267-269, 270, 271, 276, 277, 278, 285, 292, 315, 335, 393, 422, 498
マン、ホレス Mann, Horace 14, 15, 17-18, 22-23, 25, 265-279, 285-286, 292, 298, 304, 307, 310, 312-317, 320-327, 330, 335-336, 345, 346, 347, 348, 350, 352-353, 359, 361, 362, 363, 365, 377, 380, 381, 382, 383, 384, 389, 392, 393, 394, 402-403, 405, 412, 414, 416, 422-424, 425-426, 434, 444-445, 458-459, 464, 466-468, 470-472, 475, 488, 490, 496, 497, 498-499, 502, 506, 510, 511, 520, 521
マンロー、ジェームズ Munroe, James 340, 358, 436

ミッチェル、S・ウィア Mitchell, S. Weir 218
ミルトン、ジョン Milton, John 61, 68, 104, 247, 321, 340, 416

メイ、アビゲイル（後のアビゲイル・メイ・オルコット） May, Abigail （later Abigail May Alcott）（オルコット、アビゲイル・メイの項参照）
メッサー、エイサ Messer, Asa 266-267
メッサー、シャーロット（後のシャーロット・メッサー・マン） Messer, Charlotte （later Charlotte Messer Mann）（マン、シャーロット・メッサーの項参照）
メリック、ジョン Merrick, John 155
メリック、ハリエット Merrick, Harriet 158

モア、ハンナ More, Hannah 132-133, 148,

489
盲人バザー　Blind Fairs　286-289, 293, 429
モース、サミュエル・F・B　Morse, Samuel F. B.　291
モース、ロイアル　Morse, Royal　48
モレル、エドゥアルド　Morrell, Eduardo　291, 297, 299, 501, 511
モレル、カリート　Morrell, Carlito　291, 297, 299, 501
モレル、ルイーサ　Morrell, Luisa　291, 302
モレル、ローレット　Morrell, Laurette　299, 303-306
モレル、ロバート　Morrell, Robert　291, 294-299, 302

ヤ行

ユースティス、フレデリック　Eustis, Frederic　464
ユースティス、メアリー（旧名メアリー・チャニング）　Eustis, Mary（formerly Mary Channing）（チャニング、メアリーの項参照）
ユニテリアニズム　Unitarianism　87, 106, 108, 112, 114, 161, 162, 164, 168, 180, 182-183, 184, 187, 192, 197, 199, 230, 232, 235, 238, 239, 265, 272, 312, 349-350, 351-352, 361, 365, 367, 368-369, 370, 409, 417, 418, 421, 435, 437-438, 459-460, 464, 491, 501, 503, 504, 518

ラ行

ライス、ヘンリー　Rice, Henry　251, 312
ライス、マライア・バローズ　Rice, Maria Burroughs　251, 294, 305, 312, 323
ラッセル、ウィリアム　Russell, William　195-196, 202, 312, 314
ラファイエット侯爵　Lafayette, Marquis de　160, 174-175, 178, 261
ラ・モット・フーケ男爵（『ウンディーネ』）La Motte-Fouqué, Baron, *Undine*　207-208

リヴィア、ポール　Revere, Paul　41-42
リチャードソン、サミュエル　Richardson, Samuel　41, 170
リヒター、ジャン・ポール　Richter, Jean-Paul　245, 416
リプリー、エズラ　Ripley, Ezra　451, 457
リプリー、ジョージ　Ripley, George　232, 238, 336, 363, 408, 410, 417, 419-420, 421, 425, 430-434, 438, 440, 443, 503, 520
リプリー、ソファイア・デイナ　Ripley, Sophia Dana（デイナ、ソファイアの項参照）
リンジー、ベンジャミン　Lindsey, Benjamin　271, 292, 306, 403
リンド、ジェニー　Lind, Jenny　239

ルソー、ジャン・ジャック　Rousseau, Jean Jacques　61, 123, 182
ルター、マルティン　Luther, Martin　117, 321

レオナルド・ダ・ヴィンチ　Leonardo da Vinci　246, 500
レッチュ、モーリッツ　Retzsch, Moritz　395
レーニ、グイド　Reni, Guido　22, 457

ローウェル、ジェイムズ・ラッセル　Lowell, James Russell　361, 469
ローランソン、メアリー　Rowlandson, Mary　121
ローリア、ルイ　Lauriat, Louis　330, 503
ローレンス、トーマス　Lawrence, Thomas　228, 494, 511
　『ランプトン少年像』　*Master Charles William Lambton*　494, 511
ロジャース、サミュエル　Rogers, Samuel　281, 284, 288-289, 429
ロビンソン、シルヴァヌス　Robinson, Sylvanus　156, 158, 163
ロラン、クロード　Lorrain, Claude　293, 494
ロングフェロー、ファニー　Longfellow, Fanny（アップルトン、ファニーの項参照）
ロングフェロー、ヘンリー・ワズワース　Longfellow, Henry Wadsworth　146, 380, 381, 431, 490, 491, 495, 496

ワ行

ワーズワース、ウィリアム　Wordsworth, William　14, 183-185, 186-187, 205-206, 207, 266, 314, 337, 340-341, 357, 361, 379, 381, 397, 416, 420, 428, 459, 481, 492-493, 503, 504-505, 506, 510, 520
ワイリー、ジョン　Wiley, John　416, 446, 514

挿絵説明

頁
28　ソファイアとナサニエル・ホーソーンのシルエット画、オーギュスト・エドゥアール、1843 年（Antiochiana, Antioch College）
32　エリザベス・パーマー・ピーボディ夫人、ソファイア・ピーボディによる鉛筆画、1832-33 年頃（Henry W. and Albert A. Berg Collection of English and American Literature, The New York Public Library, Astor, Lenox and Tilden Foundations）
36　ジョゼフ・パーマー将軍、ジョン・シングルトン・コプリーによる肖像画からの彫版画（Quincy Historical Society）
47　ロイアル・タイラー、リトグラフ（Massachusetts Historical Society）
59　エリザベス・スミス・ショー・ピーボディ（スティーヴン・ピーボディ夫人）、ギルバート・スチュアートによる肖像画、1809 年（Collection of the Arizona State University Art Museum, オリヴァー・B・ジェイムズ寄贈）
82　「クロウニンシールズ・ウォーフ、セイラム」、油彩画、ジョージ・ロペス、1806 年（Peabody Essex Museum）
87　ウィリアム・エラリー・チャニング牧師、ワシントン・オールストンによる肖像画、1811 年（Museum of Fine Arts, Boston, ウィリアム・フランシス・チャニング寄贈、写真提供 ©Museum of Fine Arts, Boston）
94　ベンジャミン・ピックマン、バスリリーフ（Peabody Essex Museum 写真許可）
97　「ギャロウズ・ヒルからのセイラムの眺め」油彩画、アルヴァン・フィッシャー、1818 年（Peabody Essex Museum 写真許可）
137　ペンバートン・ヒルから見たボストン港、E・デクスターによる手塗り印刷画、1832 年（Boston Athenaeum）
145　ラルフ・ウォルドー・エマソン、サラ・グッドリッジによる細密画より、1829 年（Concord Free Public Library）
153　ベンジャミン・ヴォーン、トマス・バッジャーによる肖像画（Vaughan Homestead Foundation 使用許可）
156　ヴォーン・ホームステッド、メイン州ハロウェル、写真（Vaughan Homestead Foundation 使用許可）
159　ロバート・ハロウェル・ガーディナー、チェスター・ハーディングによる肖像画（個人所蔵）
160　メイン州ガーディナー、「オークランズにおける最初の家」、エマ・ジェイン・ガーディナー画（個人所蔵）
173　トルマン・ハウス、マサチューセッツ州ブルックライン、エリザベスとメアリーの学校敷地、写真
180　ウィリアム・エラリー・チャニング牧師、スピリドーン・ガンバーデラ画、1838 年（Harvard University Portrait Collection、メアリー・チャニング・ユースティスの遺志によるフレデリック・A・ユースティスからの寄贈、1835 年卒）
193　「ボストンコモンの遊歩道」、ジョージ・ハーヴェイによる水彩画、1830 年（Bostonian Society / Old State House）
199　オークランド、ロード・アイランド州ニューポートにあるチャニングの夏の別荘
203　チェスター・ハーディング、自画像、1829-1830 年頃（個人所蔵、National Portrait Gallery, Smithsonian Institution 写真許可）

212　ボストン、トレモント・ストリートのコロネード通り、リトグラフ（Boston Athenaeum）
216　ウォルター・チャニング医師、ウィリアム・フランクリン・ドレイパーによる肖像画（Harvard University Portrait Collection、1947 年 10 月ハーヴァード大学医学部へのウォルター・チャニング氏からの寄贈）
227　ボストン、パール・ストリートのアセニーアム・ギャラリー、1830 年頃（Boston Athenaeum）
231　トーマス・ダウティ、リトグラフ（Print and Picture Collection, The Free Library of Philadelphia）
232　ソファイア・ピーボディ、チェスター・ハーディングによる肖像画、1830 年（個人所蔵、写真許可 National Portrait Gallery, Smithsonian Institution）
253　ワシントン・オールストン、チェスター・ハーディングによる肖像画、1828 年（Providence Athenaeum, Providence, Rhode Island）
265　ホレス・マン、ジェシー・ハリソン・ホワイトハーストによるダゲレオタイプ、1840 年頃（Massachusetts Historical Society）
286　サミュエル・グリドリー・ハウ、リトグラフ（Perkins School for the Blind, Watertown, Massachusetts）
289　「イギリス、ブリストル近くの光景」、ソファイア・ピーボディによるリネンに書いた油彩画、1833 年頃（Peabody Essex Museum 写真許可）
295　「キューバのカポックの木」、ソファイア・ピーボディによる鉛筆画、1834 年頃（Department of Special Collections, Stanford University Libraries）
297　「カフェタル・ラ・エルミータ・エン・ラス・ロモス・デル・クスコ（クスコ丘のエルミータ・コーヒー農園）」、1834 年頃、La Isla de Cuba Pintoresca よりリトグラフ（New York Historical Society）
301　夜咲きのサボテン、ソファイア・ピーボディのキューバ日記のページより、1834 年 5 月 27 日記載（Henry W. and Albert A. Berg Collection of English and American Literature, The New York Public Library, Astor, Lenox and Tilden Foundations）
316　「私は愛という感情がどんなものか知っている。」エリザベス・ピーボディからメアリー・ピーボディへの交差上書きされた手紙より。土曜日の夜（9 月 20 日）から月曜日（1834 年 10 月 6 日）より。（Henry W. and Albert A. Berg Collection of English and American Literature, The New York Public Library, Astor, Lenox and Tilden Foundations）
318　A・ブロンソン・オルコット、鉛筆画
319　マソニック・テンプル、ボストン、彫版画（Houghton Library, Harvard University）
331　ピーボディ一家、シルエット画、1835 年 11 月 8 日（Peabody Essex Museum 写真許可）
332　ピーボディ邸、チャーター・ストリート、セイラム（Peabody Essex Museum 写真許可）
333　「ジェシカとロレンゾ」画家の板に書かれた油彩画、ワシントン・オールストン、1832 年（個人所蔵、Childs Gallery, Boston）
341　テンプル・スクール、内部、フランシス・グレーターによる線描画、1835 年頃（Houghton Library, Harvard University）
351　ラルフ・ウォルドー・エマソン邸、コンコード、リトグラフ（Concord Free Public Library）
356　ラルフ・ウォルドー・エマソン、ダゲレオタイプ（Concord Free Public Library）
358　リディアン・エマソン、ダゲレオタイプ（Concord Free Public Library）
366　ジョーンズ・ヴェリー、ダゲレオタイプ（Peabody Essex Museum 写真許可）

371　リトル・ウォルドー・エマソン、ダゲレオタイプ、1841 年（Houghton Library, Harvard University）
376　ナサニエル・ホーソーン、チャールズ・オズグッドによる肖像画、1840 年（Peabody Essex Museum 写真許可）
380　ヘンリー・ワズワース・ロングフェロー、マライア・ロールによるスケッチ、1835 年（National Park Service, Longfellow National Historic Site）
383　ジョージ・フランシス・ピーボディ、ソファイア・ピーボディによる鉛筆画、1839 年頃（Department of Special Collections, Stanford University Libraries）
395　『優しい少年』へのソファイア・ピーボディの挿絵、1839 年（Betsy Beinecke Shirley Collection, Beinecke Rare Book and Manuscript Library, Yale University）
397　ナサニエル・ホーソーン、ソファイア・ピーボディによる鉛筆画、1838 年（個人所蔵）
408　マーガレット・フラー、ダゲレオタイプ、（Museum of Fine Arts, Boston、父ジョサイア・ジョンソン・ホーズの思い出に、エドワード・サウスワース・ホーズ寄贈、写真提供 ©Museum of Fine Arts, Boston）
415　ボストンコモンから見たウェスト・ストリート、写真（The Bostonian Society / Old State House）
433　ブルック・ファーム、ジョサイア・ウルコットによる板版への油彩画、1844 年（Massachusetts Historical Society）
435　セオドア・パーカー、ロイアル・M・アイヴスのダゲレオタイプを元にレオポルド・グローゼリアにより描かれたリトグラフ（Boston Athenaeum）
441　『おじいさんの椅子』へのソファイア・ピーボディの挿絵、Boston: Tappan and Dennet、1842 年（Houghton Library, Harvard University 使用許可）
442　ローラ・ブリッジマン、ソファイア・ピーボディによる石膏胸像、1841 年
452　旧牧師館、コンコード（Concord Free Public Library）
468　メアリーとホレス・マン、シルエット画、オーギュスト・エドゥアール、1843 年（Antiochiana, Antioch College）

訳者について

大杉博昭（おおすぎ　ひろあき）　宮崎大学名誉教授

著書『灯心記――作家・詩人論他十二章』（近代文芸社、一九九〇）『ホーソーンの軌跡――生誕二百年記念論集』（共著、開文社、二〇〇五）ユドーラ・ウェルティ『ハーヴァード講演――一作家の生いたち』（訳書、りん書房、一九九三）

城戸光世（きど　みつよ）　広島大学准教授

著書『環大西洋の想像力――越境するアメリカ・ルネサンス文学』（共著、彩流社、二〇一三）、『ロマンスの迷宮』（共著、英宝社、二〇一三）、ヘンリー・デイヴィッド・ソロー『野生の果実――ソロー・ニュー・ミレニアム』（共訳書、松柏社、二〇〇二）

倉橋洋子（くらはし　ようこ）　東海学園大学教授

著書『ホーソーンの軌跡――生誕二百年記念論集』（共著、開文社、二〇〇五）、『テクストの内と外』（共著、成美堂、二〇〇六）、ルーシー・マドックス『リムーヴァルズ――先住民と十九世紀アメリカ作家たち』（共訳書、開文社、一九九八）

辻　祥子（つじ　しょうこ）　松山大学教授

著書『カウンターナラティヴから語るアメリカ文学』（共著、音羽書房鶴見書店、二〇一二）、*Melville and the Wall of the Modern Age*（共著、南雲堂、二〇一〇）、『かくも多彩な女たちの軌跡――英語圏文学の再読』（共著、南雲堂、二〇〇四）

ピーボディ姉妹
――アメリカ・ロマン主義に火をつけた三人の女性たち

二〇一四年三月二十八日　第一刷発行

訳　者　大杉博昭　城戸光世　倉橋洋子　辻祥子
発行者　南雲一範
装幀者　岡孝治
発行所　株式会社南雲堂
東京都新宿区山吹町三六一　郵便番号一六二－〇八〇一
電話東京（〇三）三二六八－二三八四（営業部）
　　　　（〇三）三二六八－二三八七（編集部）
振替口座　〇〇一六〇－〇－四六八六三
ファクシミリ（〇三）三二六〇－五四二五

印刷所　啓文堂
製本所　長山製本所

乱丁・落丁本は、小社通販係宛御送付下さい。
送料小社負担にて御取替えいたします。
〈IB-321〉〈検印廃止〉

ISBN978-4-523-29321-7　C3098

ウィリアム・フォークナー研究
大橋健三郎

I詩的幻想から小説的創造へ II「物語」の解体と構築 III「語り」の復权 補遺 フォークナー批評・研究その後―最近約十年間の動向。
A5判上製函入 35、680円

ウィリアム・フォークナーの世界
自己増殖のタペストリー
田中久男

初期から最晩年までの作品を綿密に渉猟し、フォークナー文学の全体像を捉える。
46判上製函入 9379円

若きヘミングウェイ
生と性の模索
前田一平

生地オークパークとアメリカ修業時代を徹底検証し、新しいヘミングウェイ像を構築する。

4200円

新版 アメリカ学入門
古矢旬
遠藤泰生 編

9・11以降、変貌を続けるアメリカ。その現状を多面的に理解するための基礎知識を易しく解説。
46判並製 2520円

物語のゆらめき
アメリカン・ナラティヴの意識史
巽孝之
渡部桃子 編著

アメリカはどこから来たのか、そして、どこへ行くのか。14名の研究者によるアメリカ文学探究のための必携の本。
A5判上製 4725円

＊定価は税込価格です。

亀井俊介の仕事/全5巻完結

各巻四六版上製

1＝荒野のアメリカ

アメリカ文化の根源をその荒野性に見出し、人、土地、生活、エンタテインメントの諸局面から、興味津々たる叙述を展開、アメリカ大衆文化の案内書であると同時に、アメリカ人の精神の探求書でもある。

２１６１円

2＝わが古典アメリカ文学

植民地時代から十九世紀末までの「古典」アメリカ文学を「わが」ものとしてうけとめ、幅広い理解と洞察で自在に語る。

２１６１円

3＝西洋が見えてきた頃

幕末漂流民から中村敬宇や福沢諭吉を経て内村鑑三にいたるまでの、明治精神の形成に貢献した群像を描く。比較文学者としての著者が最も愛する分野の仕事である。

２１６１円

4＝マーク・トウェインの世界

ユーモリストにして懐疑主義者、大衆作家にして辛辣な文明批評家。このアメリカ最大の国民文学者の複雑な世界に、著者は楽しい顔をして入っていく。書き下ろしの長編評論。

４０７７円

5＝本めくり東西遊記

本を論じ、本を通して見られる東西の文化を語り、本にまつわる自己の生を綴るエッセイ集。亀井俊介の仕事の中でも、とくに肉声あふれるものといえる。

２３４７円

＊定価は税込価格です。